Südindien

Richtig Reisen

Petra Haubold/
Günter Heil

DUMONT

Inhalt

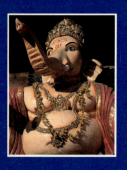

Vielfalt eines Kontinents – Das Reisegebiet Süd-Indien

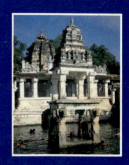

Reisen in Süd-Indien

Maharashtra

Goa

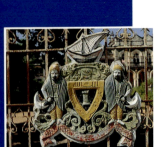

Karnataka

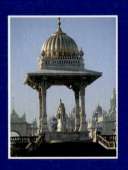

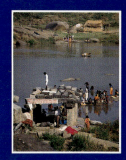

Andhra Pradesh

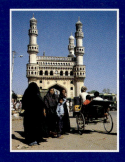

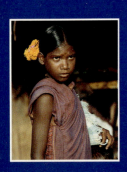

Tamil Nadu

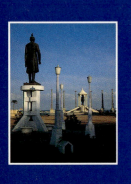

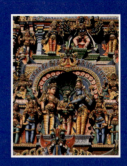

Kerala

Serviceteil

Verzeichnis der Karten und Pläne

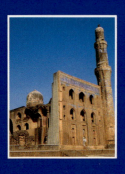

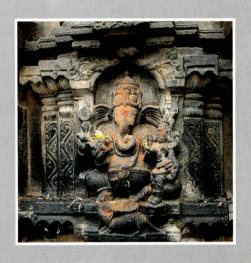

Vielfalt eines Kontinents – Das Reisegebiet Süd-Indien

Süd-Indien, so wie dieses Buch es behandelt, umfaßt die Bundesstaaten Maharashtra, Goa, Karnataka, Andhra Pradesh, Tamil Nadu und Kerala sowie das Gebiet Pondicherry. Die nördliche Begrenzung verläuft über weite Strecken – entlang der Grenze von Maharashtra zu Madya Pradesh – zwischen dem 21. und 22. Grad nördlicher Breite, nur im Westen ragt an der Küste ein Teil Gujarats weiter nach Süden hinein, und im Osten unterbrechen die von altindischen Stämmen bewohnten Waldgebiete von Bastar (Madya Pradesh) sowie das südliche Orissa diese Linie. Dieser südliche Teil des Subkontinents entspricht mit 951 500 km² knapp der vierfachen Fläche der Bundesrepublik Deutschland.

Den Kern der südindischen Halbinsel bilden der **Dekhan** (Sanskrit: dakshina = südlich), eine riesige, von West nach Ost geneigte Hochebene von durchschnittlich 600–700 m Höhe und die sie abschließenden Randgebirge. Die nördlichen Begrenzungen dieses zentralen Tafellandes – das Vindhya-Gebirge, der Fluß Narmada und das Satpura-Gebirge – liegen bereits in Madhya Pradesh. Entlang der Westküste erheben sich aus der schmalen Küstenebene jäh die **Westlichen Ghats** (Ghat = Anstieg, Treppe), höchst beeindruckende, meist dicht bewaldete Gebirgszüge mit schroffen Felsen und tiefen Schluchten. Südlich von Mumbai und Pune, im Stammland der Marathen, erreichen die Berge Höhen bis zu 1400 m. Im Gegensatz dazu sind die **Östlichen Ghats**, eine Reihe von Hügelketten geringerer Höhe, landschaftlich weniger attraktiv.

Im Süden steigt der Gebirgsstock der **Nilgiri-Berge** unvermittelt aus der Ebene auf und erreicht am Dotabetta mit 2670 m seine größte Höhe. Hier, in den ›Blauen Bergen‹, lebt seit grauer Vorzeit das Volk der Todas, und später wußten auch die britischen Kolonialherren die Vorzüge der kühlen und schönen Höhen zu schätzen.

Jenseits der Palghat-Senke, der wichtigsten Verbindung zwischen Tamil Nadu und Kerala, erheben sich dann noch einmal drei Gebirgszüge: die **Palani-Berge**, die **Anaimalai-Berge** mit dem Hauptort Kodaikanal und die **Kardamom-Berge** mit der höchsten Erhebung Süd-Indiens, dem 2695 m hohen Anaimudi. Den südlichen Ausläufer des Berglandes bildet das Kap Komorin; das Kap ist der südlichste Punkt Indiens.

Das gewaltige Dekhan-Massiv säumt im Südwesten die tropische **Malabar-Küste**, die im Norden in die alte Kulturlandschaft des Konkan übergeht. Entlang der Ostseite des Subkontinents bis hoch in den Golf von Bengalen erstreckt sich die **Koromandel-Küste** (Cola Mandala = Land der Cholas), die die fruchtbaren Gebiete um die Mündungen der großen Flüsse miteinschließt. Von hier liefen in der großen Zeit der Pallavas und der Cholas die Schiffe aus, die die indische Kultur nach Osten und Südosten trugen.

Der nördlichste der großen Flüsse, die **Tapti**, entspringt in der Nähe von Nagpur, fließt westwärts und mündet bei Surat in das Arabische Meer. Alle anderen großen Flüsse haben ihre Quellen in den Westlichen Ghats, fließen ostwärts durch den gesamten Dekhan, bilden nahe der Küste von Andhra Pradesh und Tamil Nadu große Deltas und ergießen sich in den Golf von Bengalen. Da Wasser in Indien kostbar ist und die Flüsse heilig sind, standen und stehen Hauptstädte und wichtige Heiligtümer an den

Teepflanzungen in den Nilgiri-Bergen

Ufern der Flüsse. Andererseits bildeten diese oft die Grenze zwischen Herrschaftsbereichen: Die Tungabhadra z. B. trennte über Jahrhunderte die Einflußgebiete der Chalukyas von Badami und ihrer Nachfolger, der Rashtrakutas, von denen der südlichen Reiche der Pallavas und Cholas.

Schon zur Zeit dieser großen Dynastien wurden die Flüsse gestaut und für künstliche Bewässerung genutzt. Heute werden die Stauwerke immer größer und zahlreicher, das Landschaftsbild ändert sich radikal, und alte Kulturlandschaften verschwinden für immer in den Fluten. Die kritischen Stimmen, die auf die negativen Folgen dieser extensiven Ausbeutung der natürlichen Ressourcen aufmerksam machen, werden aber auch in Indien immer lauter und drängender.

Die **Godavari** ist der heiligste und mit 1440 m Länge zugleich der längste dieser großen Flüsse. Sie entspringt bei Trimbak im Nordwesten von Maharashtra, nur 80 km von der Westküste entfernt. Mit ihren Nebenflüssen Penganga, Wardha und Wainganga bildet die Godavari das wichtigste Bewässerungssystem im nordöstlichen Maharashtra. Bei Bhadrachalam passiert der mächtige Strom in seinem breiten Bett einen der heiligsten Orte an seinen Ufern, bevor er sich dann in engen Schluchten durch die Östlichen Ghats drängt. Südlich von Rajahmundry spaltet er sich in zahlreiche Mündungsarme auf und bewässert noch einmal ein riesiges, fruchtbares Gebiet.

Die **Krishna** oder Kistna entspringt hoch oben in den Bergen bei Mahabaleshwar und durchfließt dann das südliche Maharashtra und das nördliche Karnataka. Oberhalb von Raichur vereinigt sich der Fluß Bhima mit der Krishna, und östlich von Kurnool nimmt diese dann die Tungabhadra auf. Von hier ab, wo der Fluß in die Nallamala-Berge eintritt, wird er mehrfach nacheinander über lange Strecken aufgestaut. Der größte dieser so entstandenen Stauseen ist der Nagarjunasagar. Immer wieder intensiv für die Bewässerung weiter Gebiete genutzt, tritt die Krishna bei Vijayawada in das große fruchtbare Deltagebiet ein und mündet in den Golf von Bengalen.

Die **Tungabhadra**, die mit zwei Quellflüssen in den Bababudan-Hügeln nordwestlich von Mysore entspringt, wird oberhalb Hospets zu einem gewaltigen See aufgestaut, passiert bei Hampi die Ruinen der Hauptstadt des Vijayanagar-Reiches und durchfließt dann bis zu ihrer Einmündung in die Krishna über weite Strecken bizarre und karge Felslandschaften.

Die **Cauvery**, die besonders den Tamilen heilig ist, nennt man auch den ›südlichen Ganges‹. Die Cauvery entspringt in den Brahmagiri-Hügeln, westlich von Mecara (Madikere), in Coorg. Bei Mysore wird die Cauvery zum Krishnasagar aufgestaut und versorgt diese Großstadt mit Wasser. Danach nimmt sie aus dem Hochland von Karnataka und im weiteren Verlauf von den Gebirgsketten des Südens wichtige Flüsse auf, so die Bhavani und die Amaravati, durchfließt die alte Kulturlandschaft Süd-Indiens und passiert schließlich Tiruchirapalli, Tanjavur und Kumbakonam, wo sie sich bereits in unzählige Deltaarme auffächert.

Die **Vaigai**, der südlichste der größeren Flüsse Südindiens, entspringt in der Nähe des Naturschutzgebietes von Periyar, fließt durch Madurai und mündet bei Rameshvaram in den Golf von Mannar.

Landeskunde im Schnelldurchgang

Fläche: 3 287 590 km^2
Ausdehnung: NS: 3214 km, OW: 2933 km
Bevölkerung: (1996) ca. 920 Mio.
Hauptstadt: New Delhi
Nationalsprache: Hindi
Währung: Indische Rupie (Rs) = 100 Paise
Zeit: MEZ + 4^1/$_2$ Stunden

Geographie: Indien gliedert sich in drei große unterschiedliche Landschaftsräume. Den Norden beherrschen die Gebirgsketten und die anschließenden Vorgebirge des Himalaya. Dann folgen die großen Ebenen Nordindiens, im Westen mit einem Teil des fruchtbaren Fünfstromlandes (Punjab) beginnend, das nach Süden in die trockenen Weiten der Wüste Thar übergeht. Nach Osten schließen sich die dichtbesiedelten Ebenen beiderseits von Yammuna und Ganges und noch weiter östlich die Tiefebene des Brahmaputra an. Den dritten landschaftlichen Großraum bildet die Dekhan-Halbinsel. Das Dekhan-Plateau ist eine riesige Scholle, die von den bis auf 2600 m schroff ansteigenden Randgebirgen, den Westlichen Ghats, kontinuierlich nach Osten bis zu den Hügeln der Östlichen Ghats abfällt. Vorgelagert sind im Westen eine schmale Küstenebene, im Osten u. a. ausgedehnte Küstentiefländer mit riesigen Deltaablagerungen der großen Flüsse.

Klima: Das Klima Indiens wird vom Monsun geprägt. Die Intensität seiner Niederschläge bestimmt über gute Erträge in der Landwirtschaft, die Beschäftigung für Millionen von Menschen und die Versorgung der Bevölkerung. Der Monsun ist verantwortlich für den jahreszeitlichen Wechsel von Regen und Trockenzeiten, von Hitze und angenehmeren Temperaturen, und bestimmt so auch die Reisezeit und Touristensaison.

Geschichte: Die Anfänge indischer Geschichte liegen im Industal. Mit dem Niedergang dieser ersten Hochkultur und dem Auftreten der Arier Mitte des 2. Jt. v. Chr. verlagerten sich die Zentren politischer Macht in die Gangesebene. Unter Kaiser Ashoka reichte im 3. vorchristl. Jh. das erste Großreich auf indischem Boden bis weit in den Süden – an die Siedlungsgebiete der Pandyas, Cheras und Cholas, die bis ins 16. Jh. wechselweise eine wichtige Rolle in der Geschichte des äußersten Süden Indiens spielten. Im weiteren Verlauf der Geschichte entwickelte sich der Norden weitgehend unabhängig von den Gebieten südlich der Vindhya-Berge.
Auf dem Dekhan entstand um 150 v. Chr. das Reich der Satavahanas. Ihre Nachfolger, die Vakatakas, gerieten bald unter den Einfluß des nordindischen Großreiches der Guptas (320–500 n. Chr.). Im 6. Jh. entfalteten auf dem Dekhan die Frühen Westlichen Chalukyas ihre Macht und wurden zu erbitterten Rivalen der drawidischen Pallavas. Ihnen folgten im 8. Jh. die Rashtrakutas, die ihre Herrschaft zeitweise bis an den Ganges ausdehnen konnten, und im 10. Jh. die Späten Westlichen Chalukyas, die mit den Cholas rivalisierten. Diese beherrschten den tamilischen Süden vom 10. bis zum

13. Jh. Im Norden begann 1001 mit den Raubzügen Mahmuds von Ghazni die Zeit der islamischen Eroberungen. Knapp 100 Jahre später eroberte der Afghane Mohamed von Ghur Nordindien. Mit den Dynastien des Sultanats von Delhi und ab dem 16. Jh. den Moghulen regierten moslemische Herrscher den Norden Indiens bis zur britischen Zeit.

Auf dem Dekhan zerfiel im 12. Jh. das Chalukya-Reich in mehrere rivalisierende Kleinstaaten und bot so den Moslems Gelegenheit, nach Süden vorzudringen. Bis zum 14. Jh. brachten die Khiljis erst die Yadavas und später die Tughlugs die Reiche der Kakatiyas und Hoyshalas unter ihre Kontrolle. 1347 entstand als erster unabhängiger Moslemstaat auf dem Dekhan das Bahmani-Reich. Aus ihm gingen um 1500 die fünf Dekhan-Sultanate hervor. Diese wurden zum Verhängnis des hinduistischen Großreichs von Vijayanagara, welches sie in der Schlacht von Talikota 1565 vernichtend schlugen. Mit der Gründung erster Stützpunkte an der Westküste durch die Portugiesen begann Anfang des 16. Jh. die Einflußnahme der Europäer auf die indische Geschichte. Aus den Rivalitäten der Europäer untereinander und mit einheimischen Kräften gingen die Briten schließlich als Sieger hervor. Das Moghulreich erlangte unter Aurangzeb Ende des 17. Jh. seine größte Ausdehnung und bedrängte im äußersten Süden die Reste des Vijayanagara-Reiches. Dann ging es unter schwachen Herrschern kontinuierlich bergab. Mit den Marathen bildete sich eine neue Großmacht heraus, die bald weite Teile Südindiens beherrschte und sich erst im 19. Jh. den Briten beugen mußte. 1947 endete die britische Kolonialherrschaft. Aus dem ›Juwel der Krone‹ entstanden die unabhängigen Staaten Pakistan und Indien.

Staat und Politik: Nach der Verfassung von 1950 ist Indien eine bundesstaatlich gegliederte, demokratisch-parlamentarische Republik. Das Parlament besteht aus zwei Kammern. Die Mitglieder des politisch wichtigeren Unterhauses (Lok Sabha) wie auch die der Parlamente der 25 Bundesstaaten werden im Turnus von fünf Jahren in allgemeinen Wahlen vom Volk bestimmt. Die Bundesstaaten stellen die meisten Vertreter im Oberhaus (Rajya Sabha). Der Präsident bestellt für jeden Bundesstaat als obersten Repräsentanten einen Gouverneur. Die Kongreß-Partei beherrschte über Jahrzehnte die Parlamente. Nur in wenigen Bundesländern dominierten von Kommunisten geführte Linkskoalitionen (Bengalen, Kerala) oder von Filmhelden gegründete bzw. geführte Lokalparteien (Tamilnadu, Andhra Pradesh). Mit dem heutigen Erstarken der fundamentalistisch-nationalistischen Hindupartei BJP (Bharatiya Janata Party) geraten der gesellschaftliche Konsenz und die Grundlagen religiöser und politischer Toleranz ins Wanken.

Bevölkerung und Sprachen: Indien ist mit ca. 920 Mio. Menschen nach China das bevölkerungsreichste Land der Erde. Diese 15 % der Weltbevölkerung leben auf nur 2,4 % der Erdoberfläche – und die Zuwachsrate beträgt jährlich 2,11 %. Trotz allgemeiner Schulpflicht liegt die Analphabetenrate um 48 % (Männer 36 %, Frauen 60 %). Etwa 30 % der Menschen leben unter der Armutsgrenze.

In Indien wird eine Vielzahl von Sprachen vier verschiedener Sprachfamilien gesprochen. Die Verfassung benennt allein 18 offizielle Schriftsprachen. Hindi, zur Nationalsprache erklärt, ist eine indoarische Sprache und sowohl dem Sanskrit als auch den meisten in Nordindien verbreiteten Sprachen verwandt. Es wird wie die meisten auch in Devanagari-Schrift geschrieben. Im Süden spricht man in vier Bundesstaaten vier drawidische Sprachen, die jeweils in einer eigenen Schrift geschrieben werden. So kommt dem Englisch als ›lingua franca‹ eine wichtige Rolle zu. Kenntnisse des Englischen sind Voraussetzung und Grundlage für Staatsdienst und Studium, für die Kontakte zum Ausland, aber auch oft zur Verständigung untereinander.

Religion: Die Mehrheit der Inder sind Hindus: 82 %. Die Moslems stellen 12 %, die Christen 2,5 %, Sikhs 2 %, Buddhisten 0,5 % und Jainas 0,45 % der Bevölkerung. Die Verfassung Indiens garantiert uneingeschränkte Religionsfreiheit. Da die indischen Religionen untrennbar mit der Gesellschaft verwoben sind, kommt es durch neuzeitliche Entwicklungen vermehrt zu Spannungen.

Wirtschaft: Grundlage der indischen Wirtschaft ist immer noch die Landwirtschaft, die 66 % der Bevölkerung beschäftigt (Industrie 19 %, Dienstleistungen 15 %). Angebaut werden Reis (im Osten und Süden), Weizen (im Nordwesten), verschiedene Hirsearten, Zuckerrohr, Mais, Hülsenfrüchte und Gemüse sowie Produkte für den Export wie Baumwolle, Tee, Kaffee, Tabak und Gewürze. Die lange Zeit geförderte Schwerindustrie basiert auf ergiebigen Vorkommen von Kohle, Eisenerz und Kupfer. Die Erdölgewinnung deckt 70 % des Eigenbedarfs. Autarkiebestrebungen Indiens führten zur Entwicklung vielfältiger Fertigungszweige, wie Textil-, Chemie- und Nahrungsmittelindustrie, Maschinen- und Fahrzeugbau. Die neue liberale Politik befreit die Wirtschaft zunehmend von Zwängen und Behinderungen infolge der Bevormundung durch die Staatsbürokratie und fördert ausländische Investitionen.

Tourismus: Der Tourismus entwickelt sich trotz wiederholter Rückschläge durch Regionalkonflikte, religiöse Auseinandersetzungen und das sporadisch stärkere Auftreten von Tropenkrankheiten zu einem wichtigen Wirtschaftsfaktor. So stiegen die Deviseneinnahmen innerhalb eines Jahres bis zum März '96 um 24,7 % auf 4,17 Mrd. DM. Von den jährlich über 2 Mio. Besuchern stellen die Deutschen hinter den Briten das zweitgrößte Kontingent.

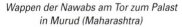

Wappen der Nawabs am Tor zum Palast
in Murud (Maharashtra)

Klima, Monsun, Jahreszeiten

Diese drei Begriffe gehören zusammen, worauf schon der Ursprung des Wortes Monsun (Arabisch/Urdu: Mansim = Jahreszeit) hindeutet. Das Leben in Indien wird auch heute noch weitgehend vom Monsun bestimmt. Er bringt den Regen, der die Natur nach langer Trockenheit wieder zum Leben erweckt. Er bringt Fruchtbarkeit für die Felder und sichert so die Existenz unzähliger Menschen (80 % aller Inder leben auf dem Lande).

Er füllt die Trinkwasserreservoirs auf und hilft den Dreck vieler Monate zu beseitigen.

Der **Südwestmonsun** bringt 90 % der jährlichen Niederschläge. Über das Arabische Meer kommend, trifft er zuerst auf die Malabarküste und den südlichen Teil der Westlichen Ghats. Große Wassermengen regnen an dieser Barriere ab. Dichte Tropenwälder resultieren aus diesem Überfluß. Während

Während des Monsuns werden im Cauvery-Delta die Reisfelder bestellt

Thema Nr. 1 – Der Monsun

Der Monsun ist für viele Inder der Inbegriff des Lebens. Wenn im April die Temperaturen steigen und in den Städten das Leben schier unerträglich wird, steigt im gleichen Maße die Sehnsucht nach dem Regen, und der Monsun wird zum Thema Nr. 1. Das sehnsüchtigen Warten, die Spannung vor dem ersten Schauer und die Erleichterung, wenn der Regen auf das ausgetrocknete Land niedergeht, ist von vielen Dichtern besungen worden. In der Musik werden die Stimmungen in Ragas ausgedrückt, die Maler in reizvollen Miniaturen interpretiert haben.

Der Monsun bestimmt schon vor seiner Ankunft die körperliche und geistige Verfassung der Menschen. Viele sind gereizt, andere können nicht schlafen. Er ist Inhalt fast aller Gespräche, und auch für die Medien gibt es kein wichtigeres Thema. Sieht es nach Verzögerung aus, engagiert mancher Bürgermeister schon mal einen Yogi, der den Regen herbeibeten soll. Der Jakobinerkuckuck wird freudig begrüßt, denn er kündigt den Regen an, und ebenso die Hakenlilie, die eine Woche vor dem Eintreffen des Monsuns erblüht. Das Meteorologische Zentrum in Thiruvamandapuram rückt in den Mittelpunkt des Interesses. Denn hier wird schon seit 1840 von einem ›Monsunbeauftragten‹ das Eintreffen des Monsuns bekanntgegeben. Die Zeitungen feiern das Ereignis mit Sonderausgaben.

Ist es soweit, reisen viele Menschen aus dem Landesinneren an, um ›dabeizusein‹. Man trifft sich am Strand und läßt die ersten Schauer ergriffen und freudig auf sich herunterprasseln. Am Strand von Cochin steigen in den ersten Böen Drachen. Und dann steigen auch die ›Monsun-Parties‹, für die besonders Goa bekannt ist. Wohlhabende Inder aus Mumbai reisen an, um im ›nassen‹ Goa zu feiern. In Kerala unterzieht man sich mit dem Einsetzen des Regens ›Monsunkuren‹, bei denen mit Diät und Massagen unterschiedlichste Leiden erfolgreich behandelt werden. In Mumbai wiederum treffen Araber mit ihren Kindern ein, die erleben sollen, wie ›Wasser aus dem Himmel fällt‹. Mühe mit diesem Segen haben die Bewohner der Slums, die oft alle Energie und Findigkeit aufbieten müssen, nicht mit ihren wenigen Habseligkeiten von den Fluten hinweggerissen, von Erdrutschen verschüttet oder in den Trümmern ihrer aufgeweichten Behausungen begraben zu werden. Zum Teej-Fest wird der Monsun landesweit ausgelassen gefeiert. Junge Mädchen schwingen auf blumengeschmückten Schaukeln und huldigen dem neuen Leben, das nun überall zu sprießen beginnt. Und die Statistik wird – wie in jedem Jahr – im nächsten März die Geburt besonders vieler Kinder belegen.

Über dieses Thema hat der britische Schriftsteller Alexander Frater ein amüsantes und lesenswertes Buch geschrieben: Regen-Raga. Eine Reise mit dem Monsun.

der Monsun weiter nach Nordosten vordringt, nehmen die Niederschlagsmengen ab. Erst Mitte Juni erreicht der Regen Kalkutta. Was im Osten weniger vom Himmel fällt, bringen die Flüsse kurze Zeit später mit sich. Mit ausgedehnten Bewässerungssystemen wird dann die ›Ungerechtigkeit‹ der Natur ausgeglichen.

Der **Nordostmonsun** kommt über den Golf von Bengalen, unregelmäßig und an der Küste oft in Verbindung mit gefährlichen Wirbelstürmen. Er bringt im November/Dezember die restlichen 10 % Regen – im küstennahen Andhra Pradesh und hauptsächlich in Tamil Nadu.

Aus dieser Konstellation ergeben sich drei Jahreszeiten für Süd-Indien:
– Monsun/Regenzeit von Mai/Juni–September: Im Südwesten ist es dann sehr feucht. In weiten Gebieten Süd-Indiens hat aber gerade das Ende der Regenzeit seine Reize. Kräftige Schauer wechseln mit heiterem Wetter. Es ist nicht mehr so heiß, und die Luft ist sauber.
– Oktober–März: Nach dem Regen kühlt es merklich ab – um so stärker, je höher und je weiter man sich im Landesinneren befindet. In den Nilgiri-Bergen oder auch im nördlichen Dekhan kann es nachts sogar empfindlich kalt werden. In Andhra Pradesh oder Tamil Nadu dagegen können im November/Dezember Straßen und Dörfer im Schlamm versinken, was aber nie sehr lange dauert.
– April/Mai: Nun wird es bis zum Einsetzen des Regens immer heißer, staubiger und schmutziger. Die Farben verblassen, und oft wirkt selbst der Himmel eher grau als blau – keine angenehme Reisezeit.

Flora und Fauna

Entsprechend der Vielfalt seiner Landschaften präsentiert sich auch Indiens Pflanzen- und Tierwelt besonders artenreich. Im starken Kontrast zu Nord-Indien stehen die feuchten und üppig grünen tropischen und subtropischen Gebiete Süd-Indiens mit ihren ausgedehnten Wäldern und charakteristischen Kulturpflanzen. Die steilen Hänge der Westlichen Ghats sind bestanden von immergrünem tropischen Regenwald. Mit Erreichen der Kammhöhen und des Hinterlandes ändert sich das Aussehen der Wälder. Die Bäume erreichen nicht mehr die gewaltige Höhe wie am Westhang. Zu den charakteristischen Bambusgehölzen kommen laubabwerfende Bäume wie z. B. der Teak-Baum mit seinen großen Blättern, der, auf ausgedehnten Plantagen kultiviert, über weite Strecken die Landschaft prägt. Mit dem Abnehmen der Niederschlagsmengen nach Osten werden die Wälder niedriger und lichter, um dann auf den steinigen Ebenen des östlichen Dekhan in karge Dornbuschvegetation überzugehen. An der Koromandel-Küste gibt es Formen trockener immergrüner Tropenwälder und besonders im Mündungsgebiet der großen Flüsse Gezeitenwälder mit verschiedenen Arten von Mangroven.

Während die Malabar-Küste über weite Strecken regelrecht im Schatten riesiger Kokospalmenhaine liegt, wird das Landschaftsbild der Ostküste geprägt von der hohen, struppigen und kaum Schatten werfenden Palmyra-

Palme. Überall, wo es Wasser gibt, gedeihen Bananenstauden, Gehöfte liegen oft unter den dichten sattgrünen Wipfeln riesiger Mango-Bäume versteckt, und auch Papaya-Bäume in ihrer charakteristischen Form gehören zum Bild südindischer Dörfer. Die Vielzahl unterschiedlicher Kulturpflanzen erlebt man eindrucksvoll bei einer Fahrt von Kottayam hinauf nach Periyar. Das ›Dschungelbuch Indien‹ führt zwar noch viele der klassischen Wildtiere im Register, zu sehen sind sie jedoch nur noch in wenigen geschützten Rückzugsgebieten – oder im Zoo. Der asiatische Löwe, den die Indische Union im Staatswappen führt, überlebt als kleine Population im ›Gir Forest‹ in Gujarat, das Panzernashorn in Kaziranga (Assam) und der Gharial, Vorbild für das Seeungeheuer Makara, wird noch in einigen abgelegenen Seitenflüssen des Ganges gehegt. Dem Überleben des indischen Tigers, einst bevorzugter Trophäenlieferant fürstlicher und kolonialherrschaftlicher Nimrods, galten mit dem ›Project Tiger‹ ab 1973 besondere und erfolgreiche Bemühungen; seine Zahl stieg von damals gezählten 1800 auf heute wieder über 4000 Tiere an. Und der indische Elefant, den Buddhisten besonders heilig, einst mobiler Thron der Herrscher, Kriegsmaschine, Arbeitstier und Elfenbeinlieferant (nur Bullen), ist auch nur noch in einigen Reservaten, wie Periyar und Mudumalai, in freier Wildbahn zu beobachten.

Aufbauend auf früheren Aktivitäten der Briten wurde 1952 der ›Indian Board of Wildlife‹ gegründet. 1972 wurde dann mit dem ›Indian Wildlife Protection Act‹ die gesetzliche Grundlage für einen wirkungsvollen Schutz der gefährdeten Tierwelt in ganz Indien geschaffen. Heute besteht das ›Imperium‹ der Tiere und ihrer Beschützer aus über 445 Schutz-

Lotus

gebieten (Nationalparks und Wildlife Sanctuaries). Damit stehen ca. 4 % der Gesamtfläche Indiens unter besonderem Schutz. Hier leben, neben den schon aufgeführten, eine Vielzahl unterschiedlichster Tiere wie der indische Bison (Gaur), viele Arten Hirsche und Antilopen, verschiedene Wildkatzen, Wildschweine, Affen und zahlreiche Vögel. Der von Afrika verwöhnte Tierfreund wird aber feststellen, daß viele Tiere hier ausgesprochen publikumsscheu und nur mit Geduld und Ausdauer aufzuspüren sind.

Aber auch im täglichen Leben muß man in Indien nicht auf die Gesellschaft von Tieren verzichten. Da ist vor allem die allgegenwärtige Kuh; dieses nützliche Tier, eine Leihgabe der Götter, dient dem Menschen als Zugtier, Milchlieferant und Brennstoffproduzent. Die mächtigen Wasserbüffel, auf dieselbe Art nützlich, sind da viel scheuer. Affen, sowohl die rotgesichtigen Makaken als auch die langschwänzigen Hanuman-Languren mit ihren hübschen schwarzen Gesichtern, können zur Plage werden; nichts ist vor ihnen sicher, am allerwenigsten (bananengelbe) Kodakfilme.

Indischer Tiger

Das possierliche Streifenhörnchen gilt als Krishnas Liebling, und die aufgeregten Papageien (Alexandersittiche), oft so zahlreich wie bei uns die Spatzen, sind so laut wie grün. Fledermäuse gibt es überall; die großen ›fliegenden Hunde‹ verlassen zu Hunderten jeden Abend geräuschlos ihren Schlafbaum (z. B. beim Ashoka-Hotel in Hassan) und kommen in der Morgendämmerung zurück, um sich lautstark um die Schlafplätze zu streiten.

Eine Kobra bekommt man gemeinhin nur – für ein paar Rupien, dafür aber mit Musikbegleitung – beim Schlangenbeschwörer auf der Straße zu sehen. Nicht vermeiden lassen sich dagegen Begegnungen mit Kakerlaken und Moskitos; erstere sind oft erstaunlich groß, aber harmlos, letztere jedoch nicht nur lästig, sondern meistens auch gefährlich.

Die demokratische Verfassung

Die Indische Union, die 1947/48 aus den von Großbritannien direkt verwalteten Provinzen und den Herrschaftsbereichen von 400 nominell selbständigen Fürsten (ein Drittel der Gesamtfläche) mit mehrheitlich hinduistischer Bevölkerung (Ausnahme: Kaschmir) hervorging, gab sich am 28. Januar 1950 eine Verfassung, in der die föderalistische Struktur des Staats verankert ist. Dieser gliedert sich in 25 Bundesstaaten und 7 Unionsterritorien.

Staatsoberhaupt ist ein Präsident mit Repräsentationsaufgaben, vergleichbar der englischen Königin. Ähnlich dem englischen Vorbild gliedert sich auch die Legislative in zwei Kammern. Dem Unterhaus entspricht die Lok Sabha (Volks-

versammlung), deren 525 Mitglieder alle fünf Jahre in allgemeinen Wahlen bestimmt werden. Die stärkste Fraktion stellt gewöhnlich den Premierminister, der sich sein Kabinett zusammenstellt; er hat das Recht, das Parlament vorzeitig aufzulösen.

In der Rajya Sabha – dem Oberhaus oder unserem Bundesrat vergleichbar – mit ihren maximal 250 Mitgliedern sitzen die Vertreter der Bundesstaaten und -territorien, ergänzt durch zwölf hervorragende Vertreter aus Wissenschaft und Kunst oder mit gesellschaftlichen und sozialen Verdiensten und Engagement. Sie werden vom Staatspräsidenten berufen. Als Oberhäupter der Bundesstaaten fungieren vom Staatspräsidenten eingesetzte Gouverneure. Die jeweilige Regierung führt ein Chief Minister, der gewöhnlich die stärkste Fraktion des Parlaments repräsentiert und der direkt gewählten Volksvertretung verantwortlich ist.

Die Mehrheiten in den Bundesparlamenten entsprechen oft nicht denen der Lok Sabha. Für bestimmte Ausnahmesituationen, die u. a. daraus resultieren können, sieht die Verfassung die Unterstellung einzelner Bundesstaaten unter ›President's Rule‹ vor, d. h. New Delhi übernimmt dann die Regierungsgewalt. Die Zentralregierung kann unter bestimmten Bedingungen die Verfassung außer Kraft setzen und mit Notstandsgesetzen regieren, was Indira Gandhi von 1975 bis zu den Wahlen von 1977 19 Monate lang praktizierte.

Indien wurde die ersten 42 Jahre seiner neueren Geschichte von der Kongreß-Partei dominiert, die, 1885 gegründet, wesentlich zur Erringung der Unabhängigkeit beigetragen hatte. Nacheinander führten Jawaharlal Nehru (ab 1946 Interimsregierung, dann 1950–1964), Lal Bahadur Shastri (1964–66), Indira Gandhi, die Tochter Nehrus (1966–1977 und 1980–1984) und Rajiv Gandhi, deren Sohn (1984–1989), die Regierung, unterbrochen nur von der zweijährigen Regierungszeit (1977–1979) Morarji Desais, dessen Parteienbündnis Janata bei den ersten Wahlen nach der Notstandsregierung die Mehrheit erlangte, und der 6monatigen Interimsregierung unter Charan Singh 1979.

Bei den Parlamentswahlen im Dezember 1989 verlor die Kongreß-Partei die absolute Mehrheit und Rajiv Gandhi trat zurück. Der Führer der ›Nationalen Front‹, einer Koalition mehrerer Parteien, V. P. Singh (Janata Dal), wurde neuer Premierminister. Seine kurze Regierungszeit wurde überschattet von den schweren Unruhen im Punjab und in Assam. Der Versuch, die Vorschläge der ›Mandal Commission‹ zu realisieren, führte zu landesweiten Protestaktionen. Der Kaschmirkonflikt eskalierte erneut und die BJP (Bharatiya Janata Party) schürte die Auseinandersetzungen um die Babri-Moschee in Ayodhya. Als deren Parteiführer Advani verhaftet wurde, verlor die Minderheitsregierung V. P. Singhs die Unterstützung der BJP im Parlament und mußte im November 1990 zurücktreten. Der neue Premier Chandra Shekars war von Anfang an auf die Unterstützung durch die Kongreß-Partei angewiesen und warf bereits Anfang März 1991 das Handtuch. Am 21. 5. 1991 wurde Rajiv Gandhi während einer Wahlversammlung in Tamil Nadu ermordet. Seine Partei errang drei Wochen später bei den Wahlen zum Parlament einen großen Sieg und der neue Vorsitzende Narasimha Rao wurde am 23. 6. 1991 als Regierungschef vereidigt. Im Februar/März 1992 billigte das Parlament das weitreichende wirtschaftliche Reformprogramm des Premiers, mit dem Indien seine selbstgewählte Isolation verläßt und sich ausländischen Investoren öffnet. Die belastenden Begleiterscheinungen des Neuanfangs könnte Narasimha Rao die Gunst der ›kleinen Leute‹ gekostet haben, denn die Kongreß-Partei erlitt bei den Parlamentswahlen im April/Mai 1996 eine schwere Niederlage. Narasimha Rao trat mit seiner Regierung Anfang Mai 1996 zurück. Präsident Shankar Dayal beauftragte A. B. Vajpayee von der BJP, die als Sieger aus den Wahlen hervorging, mit der Regierungsbildung.

Bevölkerung

Indien, mit mehr als 4,3 Mio. km² Fläche das siebtgrößte Land der Erde, beherbergt eine Bevölkerung von ca. 920 Mio. Menschen. Damit belegt Indien den zweiten Platz in der Weltbevölkerungsstatistik: Diese 15 % der Menschheit leben auf nur 2,4 % der Erdoberfläche, 267 Menschen auf einem Quadratkilometer – und es werden jährlich um 18 Mio. mehr. Das ist eines der Hauptprobleme, die zur dringenden Lösung anstehen. Zwar bemüht sich die Regierung seit 1977 mit Familienplanungsprogrammen – mal sanfter, mal ausgesprochen rabiat – um Geburtenkontrolle. Aber der erreichte Rückgang der Geburtenrate (jetzt bei ca. 2,1 %) wird noch vom Rückgang der Sterberate übertroffen. Die mittlere Lebenserwartung liegt heute bei knapp über 60 Jahren. Trotzdem sind zwei von fünf Indern unter 15 Jahre alt.

Der Gedanke der Familienplanung greift bei Gebildeten eher als beim einfachen Volk, also in den Städten mehr als auf dem Lande, wo drei Viertel der Menschen leben. Hier ist überkommenem religiösem Denken und traditioneller Heiratspolitik ebenso schwer beizukommen wie der Tatsache, daß Kinder – je mehr, desto besser, und am besten Söhne – als billige Arbeitskräfte benötigt werden und eine nicht existierende staatliche Altersversorgung ersetzen.

Frauen der nomadisierenden Lambadis verdingen sich in Hyderabad als Hilfsarbeiterinnen

Blumenverkäufer vor einem Tempel

Adavasi-Mädchen in Andhra Pradesh

Die Inder bilden kein homogenes Staatsvolk: In Indien werden 18 Sprachen mit 200 Untersprachen und noch wesentlich mehr Dialekten gesprochen. Der weitaus größte Teil der Bevölkerung ist noch immer in eine außergewöhnlich stabile Gesellschaftsordnung, das Kastensystem, eingebunden, aus dem sich in den Großstädten eine aufgeklärte Industriegesellschaft emanzipiert, der aber am anderen Ende das Elendsheer der Dalits, der ›Unberührbaren‹, und nicht weniger als 68 Mio. Stammesangehörige, Adivasi, gegenüber stehen. Die Regierungsstatistik klassifiziert einen Anteil von über 20 % der Gesamtbevölkerung als ›scheduled castes and tribes‹, benachteiligte Gruppen, deren Stellung durch Schutzbestimmungen, Quotenregelungen (Schulen, Universitäten, Staatsdienst) und Förderprogramme verbessert werden soll, was

aber vielfach auf erbitterten Widerstand stößt.

Neben einer kleinen reichen Oberschicht und ca. 100 Mio. Menschen, die zum Mittelstand zu zählen sind, lebt die Hälfte der Bevölkerung am oder unter dem Existenzminimum. Der gesetzliche Mindestlohn pro Monat beträgt Rs. 300/–, aber 40 % der Bevölkerung sind unterbeschäftigt oder arbeitslos.

Wirtschaft

Indien steckt auch wirtschaftlich voller Widersprüche. Einerseits gilt es als Entwicklungsland, dessen Armut sprichwörtlich ist: Das jährliche Pro-Kopf-Einkommen beträgt ca. 300 $. Andererseits zählt Indien zu den zehn größten Industrienationen. Es ist Atommacht, schickt mit eigenen Raketen Satelliten ins All, produziert von Plastikeimern bis zu Flugzeugen alles selbst und exportiert komplette Industrieanlagen in die Nachbarländer. Die Konflikte mit China und Pakistan implizierten größere Rüstungsanstrengungen und ließen Indien zu einem führenden Hersteller und Exporteur von Kriegsmaterial werden.

Die Wirtschaft im unabhängig gewordenen Indien stand von Anfang an – entsprechend den sozialistischen Neigungen der Staatsgründer – unter starkem staatlichen Einfluß. Wichtige Bereiche wurden direkt als Staatsbetriebe geführt. Durch ein rigoroses Lizenzsystem und eine Strategie der Importsubstitution wurden Privatunternehmen kontrolliert, gelenkt – und zunehmend behindert. Importe wurden auf das Nötigste beschränkt und ausländische Investitionen begrenzt und unter Kontrolle gehalten. Diese Absicht, wirtschaftliche Abhängigkeiten zu vermeiden, führte zu einer gewissen Autarkie. Indien schuf seiner Wirtschaft eine solide Grundlage und vermied die hohe Verschuldung anderer Entwicklungsländer. Aber die Nachteile dieser Politik der Abschottung – z. B. ein Zurückbleiben gegenüber dem technologischen Fortschritt – wurden bald sichtbar. und schon unter Indira und später Rajiv Gandhi begann man umzudenken. 1991 hatte sich die Lage dramatisch zugespitzt. Der Staat stand vor dem Konkurs. Die neue Kongreß-Regierung unter Narasimha Rao leitete, maßgeblich von Wirtschaftsminister Manmohan Singh konzipierte, Liberalisierungsmaßnahmen von großer Tragweite ein, im Zuge derer die staatlich dominierte Wirtschaft in ein marktwirtschaftliches System überführt werden soll. U. a. werden die ausschließlich staatlich geführten Industriezweige von 17 auf 8 reduziert. 80 % der Industrie wird von der Lizensierung befreit. Die Anteile ausländischer Investoren an Unternehmen dürfen jetzt 51 % statt bisher nur 40 % betragen. Exporteure dürfen Devisenguthaben halten und ausländische Kredite aufnehmen. Die indische Währung ist inzwischen weitgehend konvertierbar. Aber die Liberalisierung der Preise hat teilweise zu empfindlichen Verteuerungen geführt. Der Abbau der aufgeblähten Bürokratie und die Sanierung defizitärer Staatsbetriebe und anderer maroder Industrieunternehmen wird auf den Widerstand der betroffenen Gruppen und ihrer Interessenvertreter stoßen. Nicht zuletzt durch den politischen Wechsel ist der Umgestaltungsprozeß in Gefahr zu stocken oder gar zum Stillstand zu kommen.

Die Industrieproduktion trägt ca. 27 % zum Sozialprodukt Indiens bei, Dienstleistungen um 41 % und die Landwirtschaft nur ca. 32 %, obwohl 66 % der Menschen in der Landwirtschaft beschäftigt sind. Die wachsenden Bevölkerungszahlen und durch Naturkatastrophen wie Überschwemmungen und Ausbleiben des Monsuns hervorgerufenen Notsituationen mußten auch auf diesem Gebiet zu verstärkten Bemühungen um Verbesserungen führen. Die ›Grüne Revolution‹ erbrachte beachtliche Fortschritte.

Durch Entwicklung und Einsatz neuer, ertragreicherer Getreidesorten und finanzielle Unterstützung der Mechanisierung konnten die Hektarerträge z. T. erheblich erhöht werden. Der Staat förderte außerdem die Anlage von Reserven aus Überschüssen und verbesserte dafür die Lagerkapazitäten. Die Erfolge wurden jedoch hauptsächlich mit den großen landwirtschaftlichen Betrieben erzielt. Jetzt stagniert die Entwicklung, weil die Masse der Kleinbauern nicht die Möglichkeiten hat, hier mitzuziehen. Sie bewirtschaften meist extrem kleine Flächen, die kaum die Familien ernähren, so daß in vielen Fällen die Frauen auch noch die Aufgabe übernehmen müssen, das Land zu bestellen, während die Männer versuchen, in der Industrie dazuzuverdienen.

In manchen Gebieten sind zudem die landwirtschaftlichen Nutzflächen in zunehmendem Maße durch Erschöpfung der Böden, Erosion und Versalzung gefährdet: Erschöpfung durch übertriebene Nutzung, Erosion durch die fortschreitende Abholzung der letzten Waldbestände und Versalzung durch Fehler bei der künstlichen Bewässerung bzw. mangelnder Entwässerung. Die forcierte Nutzbarmachung der enormen Reserven an Wasser und Wasserkraft für die Gewinnung von landwirtschaftlichen Nutzflächen und Energie gerät immer mehr ins Kreuzfeuer der Kritik. Irreparable Schäden für die Umwelt treten immer deutlicher zutage.

Bei dem bislang ehrgeizigsten Projekt soll der Fluß Narmada im Süden von Madhya Pradesh durch einen gewaltigen Hauptdamm und 35 weitere Sperrwerke gestaut und genutzt werden. Das Ziel sind 5 Mio. Hektar bewässertes Land und 2700 Megawatt elektrischer Strom – in 50 Jahren. Zunächst einmal werden dem Eingriff 350 000 Hektar Wald und 200 000 Hektar landwirtschaftliche Nutzfläche zum Opfer fallen. 1 Mio. Menschen, vielfach noch in Stammesverbänden lebende Ureinwohner, werden umgesiedelt – und landen letztendlich in den Stadtslums. Die Proteste der Gegner dieses Gigantismus und warnende Stimmen von Wissenschaftlern in aller Welt haben zwar die Weltbank veranlaßt, ihre Kreditvergabe an strenge Auflagen zu binden, aber der Wahnsinn geht weiter – nun eben ohne internationale Unterstützung.

Mädchen in einer tempeleigenen Spinnerei in Alappuzha (Kerala)

Geschichte – Endlose Kämpfe um Macht, Land und Ruhm

Die Frühzeit

Die Frühzeit Süd-Indiens liegt im Dunkeln und tritt erst mit dem Maurya-Kaiser Ashoka (ca. 268–233 v. Chr.) in das Licht der Geschichte. Unter seiner Herrschaft dehnte sich das nordindische Reich über das Vindhya-Gebirge bis weit in den drawidischen Süden hinein aus und grenzte an die drei Königreiche der Cheras, Pandyas und Cholas. Auf Felsinschriften bekundete er seine politische und soziale Verbundenheit gegenüber diesen südlichen Nachbarn, die damit erstmalig genannt wurden.

Die **Cheras, Pandyas und Cholas**, die ältesten Vertreter der Volksgruppe der Tamilen, erhielten sich trotz erbitterter Kämpfe und Niederlagen bis ins 16./17. Jh. ihre Stammessouveränität. Die Nähe zum Meer hat die Südspitze Indiens geprägt. Ein blühender Handel entwickelte sich mit den Hafenstädten der malayischen Inselwelt, mit dem Vorderen Orient und den Ländern des Mittelmeers. Ausgrabungen alter Hafenanlagen wie in Arikamedu und zahlreiche römische Münzfunde sind ebenso wichtige historische Quellen dieser Zeit wie die Sangam-Literatur, eine zeitgenössische tamilische Verssammlung; dazu kommen die Berichte der ersten europäischen Reisenden wie die Werke des unbekannten griechischen Kaufmanns ›Periplus der erythräischen Meere‹, des Geographen Ptolemäus oder von Plinius, dem Älteren.

Während im südlichsten Indien bereits Schriftkulturen existierten, lagen weite Teile des **Dekhan** noch im Dunkel der Vorzeit. Im Museum von Nagpur kann der Besucher heute die **Vor- und Frühgeschichte** dieser Region anschaulich nachempfinden. Siedlungsgebiete und Orte werden in den beiden großen Epen, dem Mahabharata und dem Ramayana, und alten religiösen Schriften genannt. Noch nicht eindeutig erforscht ist die Besiedlung Süd-Indiens durch die von Norden kommenden Aryas (Arier). Hier stellt sich die Frage, ob von einer Ausbreitung der nordindischen Kultur gesprochen werden kann oder ob es sich eher um eine Vermischung der nördlichen arischen und der südlichen tamilischen Kultur handelte. Auf jeden Fall fand die Veränderung langsam statt. Mit der Ausdehnung des Maurya-Reiches nach Süd-Indien wurden die alten Handelswege zum Bindeglied zwischen Nord und Süd, und der Dekhan blieb nicht mehr lange nur Durchgangsland. Noch vor der Zeitenwende entstanden eine ganze Reihe von jainistischen und buddhistischen Klosteranlagen, die einen entscheidenden Beitrag zur kulturellen und kunsthistorischen Entwicklung geleistet haben. Die geopolitische Trennung Süd-Indiens in das Hochland des Dekhan und den drawidischen Süden hat sich durch Jahrhunderte hindurch bis zur moslemischen Invasion im 13./14. Jh. erhalten.

Die ersten großen Dekhan-Dynastien vom 2. Jh. v. Chr. bis zum 6. Jh.

Die erste, bedeutende Großmacht auf dem Dekhan war die **Dynastie der Sa-**

tavahanas von ca. 150 v. Chr. bis ca. 250 n. Chr. Das Kerngebiet ihres Reiches auf dem nordwestlichen Dekhan dehnte sich bis an die östliche Küste von Andhra Pradesh aus. Ihre Hauptstadt, Paithan an der Godavari, war seit alters her ein wichtiger Marktflecken und Knotenpunkt der traditionellen Handelswege, die von den Häfen an der Westküste ins Inland führten, vom Süden über das Vindhya-Gebirge in den Norden, in die Häfen der Ostküste oder ins entfernte Orissa und Bengalen.

Die politische Weitsicht besonders der späteren Satavahanas dokumentierte sich in ihrer wirtschaftlichen Expansion und in ihrer religiösen Offenheit. Sie pflegten einen ausgedehnten Küstenhandel mit der Malabar- und der Koromandel-Küste und bauten intensive Beziehungen mit dem Ausland auf. Die Römer, auch im Süden engagiert, wurden zu ihren wichtigsten Handelspartnern. Die Herrscher, Hindus wie auch ihre Untertanen, unterstützten die buddhistischen Mönch- und Nonnengemeinschaften, die aus dem fernen Bihar gekommen waren, um hier ihre neue Heimat aufzubauen. Die Einkünfte aus Dörfern und Ländereien wurden für den Bau neuer Klosteranlagen zur Verfügung gestellt, an deren Finanzierung sich auch einfache Leute, Handwerker und Kaufleute beteiligten, wie aus zahlreichen Stifterinschriften hervorgeht.

Das Reich der Satavahanas hatte sich in zahlreiche Kleinfürstentümer aufgesplittert, aus dessen Reihe die **Vakatakas** erstarkten. Ihr Stammland, mit der Hauptstadt Nandiwardhana, lag im nördlichen Maharashtra nahe des Vindhya-Gebirges. Die Vakatakas herrschten zwar über den Dekhan, waren aber höchstwahrscheinlich schon Vasallen der nordindischen Gupta-Dynastie, als sich **Samudragupta (330–375)** auf-

machte, Süd-Indien zu erobern. Gegen Ende des 4. Jh. kam das Reich durch Heirat endgültig unter die Kontrolle der Gupta-Herrscher.

Das Paithan der Satavahanas blieb weiterhin ein wichtiger Warenumschlagplatz, und auch die Tradition, den buddhistischen Gläubigen Raum und Unterstützung zu gewähren, lebte fort. So entstanden unter dem Vakataka **Harisena (460–478)** die berühmten Kultstätten in Ajanta.

Süd-Indien von der Mitte des 6. bis zur Mitte des 9. Jh.

Im 6./7. Jh. etablierten sich die ersten drei Großdynastien: die Frühen Westlichen Chalukyas im Hochland des Dekhan, die Pallavas im Tiefland des Südostens und die Pandyas im drawidischen Süden.

Im Laufe ihrer 200jährigen Geschichte entwickelte sich die Dynastie der **Frühen Westlichen Chalukyas** von lokaler Bedeutung zu einer zentralen Großmacht auf dem Dekhan mit der Hauptstadt Vatapi/Badami. Es lassen sich zwei Regierungsphasen unterscheiden, die beide ungefähr 100 Jahre dauerten, unterbrochen durch eine kurzfristige Besetzung durch die Pallavas.

Nach Inschriften begründete **Pulakeshin I. (543–566)** die Dynastie, seine Nachfolger Kirtivarman I. und Mangalesha dehnten das Reich weiter aus. **Pulakeshin II. (610–642?)** besiegte an der Narmada den mächtigen Harshavardana und verhinderte damit die Beherrschung des Dekhan durch eine nordindische Macht. Sein Ruhm ging über die Grenzen Indiens hinaus: Der persische König Kushrau II. empfing 625 eine Delegation der Chalukya, möglicherweise erfolgte ein Gegenbesuch. Diese Diplomatie sollte den drohenden Einfall der Araber zurückhalten, was jedoch nur für kurze Zeit gelang. Überzeugt von seiner Stärke versuchte Pulakeshin II., Kanchipuram, die Hauptstadt der Pallavas, einzunehmen. Doch er scheiterte, und im Gegenzug eroberte der Pallava-König Narasimha I. Badami und machte sich zum ›Vatapikonda‹, zum Eroberer von Vatapi/Badami. Erst 13 Jahre später konnte **Vikramaditya I. (654–681)**, einer der Söhne Pulakeshins, das Stammland der Dynastie wieder in Besitz nehmen. Er machte seinen Sohn zum Mitregenten, zum Yuvaraja. Der Yuvaraja hielt sich in der Hauptstadt auf und leitete die Amtsgeschäfte, wenn der König Krieg führte. Auf seinem großen Feldzug in den Norden begleiteten den alten König Vikramaditya I. sein Sohn Vinayaditya, der Yuvaraja, und sein Enkel Vijayaditya, die ihm beide nacheinander auf den Thron folgten.

Dem letzten großen Chalukya-Herrscher, **Vikramaditya II. (733–744)**, stellte sich erneut das Problem einer arabischen Invasion. Arabische Truppen besetzten Gujarat und den nördlichen Konkan. Ihr weiteres Vordringen auf den Dekhan konnte jedoch gemeinsam mit den Rashtrakutas, den langjährigen Vasallen, erfolgreich abgewehrt werden. Vikramaditya gelang endlich auch die Eroberung der Pallava-Hauptstadt Kanchipuram, deren Schönheit ihn so beeindruckte, daß er sie nicht zerstörte. Zur Zeit des letzten Chalukya, **Kirtivarmans II. (744–755)** , übernahm der Rashtrakuta Dantidurga, sein Kampfgenosse gegen die Araber, die Herrschaft über den Dekhan. Sein Nachfolger Krishna I. ließ Kirtivarman ermorden. Nach über 200jähriger Regierungszeit

der Rashtrakutas sollten dann die Späten Westlichen Chalukyas die chalukische Geschichte fortsetzen.

Die **Pallavas** werden erstmalig im 4./5. Jh. in der Geschichtsschreibung erwähnt, als sie sich erfolgreich gegen die Kalabhras, einen Bergstamm, wehren konnten. Ihr erster Herrscher **Simhavishnu (574–600)** erweiterte das kleine Gebiet um Kanchipuram herum in den Süden und bis zum Deltagebiet von Krishna und Godavari im Norden. Es entstand das Tondai-Mandalam, das erste bedeutende Herrschaftsgebiet im drawidischen Süden. Sofort nachdem **Mahendravarman I. (600–630)** die Nachfolge seines Vaters angetreten hatte, setzten die von nun an nicht mehr abreißenden Konflikte mit den Chalukyas ein, die vorläufig mit der Eroberung der chalukischen Hauptstadt Badami durch **Narasimhavarman I. (630–668)** endeten. Doch schon 13 Jahre später überließ er den ehemaligen Herrschern wieder das Feld: Den Pallavas war mehr daran gelegen, die Oberherrschaft über den tamilischen Süden zu erlangen, d. h. die Pandyas im Südwesten zu unterwerfen. Bis in die Mitte des 9. Jh. konnten sich die Pallavas noch halten, nachdem ihre Erzrivalen, die Chalukyas, schon längst entmachtet worden waren.

Die Perlen der **Pandyas** wurden schon im 4. Jh. v. Chr. gerühmt. Berichten der Kalinga-Könige von der nördlichen Ostküste zufolge galten Perlen aus dem Pandya-Gebiet als Tributzahlungsmittel. Und auch **Marco Polo**, der auf seinem Heimweg von China **(1293)** die Koromandel- und Malabar-Küste besuchte, berichtete von dem unermeßlichen Perlenschatz der Pandyas. Die Gründung ihrer Dynastie erfolgte etwa zeitgleich mit den Pallavas um das Jahr **560**. Die Regierungsdaten ihrer Herrscher sind ungesichert und Informationen über ihre Religion und Kultur weitgehend unbekannt. Das Pandya-Reich wurde im Westen von den Cheras und im Osten von den Pallavas und Frühen Cholas begrenzt, die klassische Grenze im Norden war die Cauvery. In ihrer Blütezeit dehnte sich ihr Reich nahezu über den gesamten drawidischen Süden aus, doch schwächten fortwährende Erbfolgestreitigkeiten die Stabilität der Herrschaft. Die Hauptstadt Madurai, schon in der Sangam-Literatur erwähnt, ist heute eine der größten und schönsten Tempelstädte Süd-Indiens. Nachdem die Pallavas, die Erzfeinde der Pandyas, den drawidischen Süden und damit die Oberherrschaft über das Pandya-Reich zu Beginn des 9. Jh. übernommen hatten, erstarkten die Pandyas erst wieder im 13. Jh. **Jatavarman Sundara (1253–1275)** errang noch einmal eine kurzfristige Vormachtstellung in Süd-Indien. Interne Uneinigkeiten verleiteten seinen Nachfolger **Maravarman Kulashekara I. (1275–1310)** zu dem unklugen Schritt, die Moslems, die 1296 begonnen hatten, den Dekhan und den Süden zu okkupieren, zu Hilfe zu rufen. Damit war das Ende der Dynastie vorbestimmt.

Anfang des **7. Jh.** hatte der Chalukya **Pulakeshin II.** das fruchtbare Delta zwischen Godavari und Krishna erobert und seinen Bruder als Herrscher einer neuen Dynastie, der **Östlichen Chalukyas von Vengi**, eingesetzt (624), – eine weitsichtige Entscheidung, denn für die nächsten 130 Jahre sorgten die familiären Bande nun für eine unangefochtene Vorherrschaft der Chalukyas von der West- bis zur Ostküste des Dekhan.

Erst mit der neuen Dynastie der **Rashtrakutas** setzte Mitte des **8. Jh.** der Streit um dieses begehrte Gebiet wieder ein. So standen die nächsten Jahrhunderte im Zeichen fortwährender Kämpfe mit den Pallavas im Süden und den westlichen Nachbarn, den Rashtrakutas und den Späten Westlichen Chalukyas. Dennoch wurden die Östlichen Chalukyas nie von einer anderen Macht vereinnahmt – andererseits gelang es ihnen auch nicht, aus ihrem begrenzten Gebiet zu expandieren.

Der Dekhan vom 8. bis zum 13. Jh.

Mitte des 8. Jh. hatten die Rashtrakutas die Nachfolge der Chalukyas angetreten. Sie wurden Ende des 10. Jh. von den Späten Westlichen Chalukyas von Kalyani abgelöst. Während der Süden unter den Cholas zu einer bedeutenden Großmacht heranwuchs, zerfiel der Dekhan in Regionalstaaten. Die Zeiten einer politischen Neuorientierung kündigten sich im 13. Jh. an.

Als der Vater des Chalukyas Kirtivarmans starb, sah der **Rashtrakuta Dantidurga (735–755)**, bislang ein treuer Verbündeter der Chalukyas, seine Chance gekommen. Durch geschickte Bündnispolitik im Norden, Westen und Süden des Dekhan und die Heirat seiner Tochter mit dem Pallava-Herrscher, dem Erzfeind der Chalukyas, unterhöhlte er die Souveränität Kirtivarmans und ernannte sich zum Herrscher über den Dekhan (752). Die frühe Hauptstadt der Rashtrakutas ist unbekannt, eine spätere war Manyakheta in der Nähe von Golkonda. In den ersten Jahrzehnten errangen die Rashtrakutas überwältigende Erfolge. Kaum hatte **Krishna I. (756–772)** die junge Dynastie gefestigt, als **Dhruva Dharavarsha (780–793)** mit einem großen Heer über das Vindhya-Gebirge in das Ganges-Tal zog und die vorübergehend labilen Machtverhältnisse der

›Hoy, Sala‹ – Wappen der Hoyshalas am Kedareshvara-Tempel in Balgame (Karnataka)

nordindischen Gurjara-Pratiharas und Palas ausnutzte. Als Zeichen seines Sieges über den Norden schmückten von nun an die Flußgöttinnen Ganga und Yamuna das Staatsbanner.

Govinda III. (793–814) zog nochmals in den Norden, doch seine Eroberungen waren nicht von Dauer. Nahezu das gesamte folgende Jahrhundert stand unter dem Primat, Ruhe und Frieden zu erhalten und die Grenzen des Kernlandes zwischen Vindhya-Gebirge und Tungabhadra/Krishna zu konsolidieren. Der große Herrscher dieser Zeit war **Amoghavarsha I. (814–880)**. Der arabische Kaufmann Sulaiman nannte ihn den viertmächtigsten Herrscher der Welt nach dem Kalifen von Bagdad, dem Kaiser von China und dem Kaiser von Byzanz. Auseinandersetzungen in den eigenen Reihen, mit Verbündeten und erstarkten Vasallen und Streitigkeiten mit den Östlichen Chalukyas von

Vengi schmälerten seine Autorität nicht.

Erst sein Enkel **Indra III. (914–916)** zeigte wieder den früheren Expansionswillen und zog Anfang des 10. Jh. nochmals gen Norden. Sein größter Triumph bestand darin, daß er als Dekhan-Herrscher die bedeutende nördliche Hauptstadt Kanauj einnehmen und weite Gebiete des Nordwestens unterwerfen konnte. Die Araber waren in der Zwischenzeit in bedrohliche Nähe des Dekhan gerückt und hatten bereits Gujarat unter ihrer Kontrolle. Trotz ständiger Kriege im Osten und Westen konnte der fähige und souveräne **Krishna III. (939–967)**, der letzte bedeutende Rashtrakuta, den politischen Verfall noch einmal aufhalten. Die nachfolgenden schwachen Herrscher unterlagen endgültig den Späten Westlichen Chalukyas gegen Ende des 10. Jh.

Der erste Herrscher der **Späten Westlichen Chalukyas von Kalyani**

(973–1189), war **Taila II. (973–997)**. Er wurde noch vom Rashtrakuta Krishna III. als Gouverneur über weite Teile des Dekhan eingesetzt und hatte freie Hand in den Kämpfen mit den Cholas. Schließlich wurden die Rashtrakutas von ihren erstarkten Vasallen abgelöst. Über 100 Jahre fanden fortwährend Kämpfe gegen die Östlichen Chalukyas und die Cholas statt. Erst dann trat unter **Vikramaditya VI. (1073–1126)** eine verhältnismäßig ruhige Zeit ein. Mitte des 12. Jh. begann dann auch diese letzte große Dekhan-Dynastie sich aufzulösen, während sich kleinere und größere Regionalstaaten zusehends selbständig machten.

Als erste machten sich südlich der Tungabhadra die **Hoyshalas (1108–1346)** mit der Hauptstadt Dorasamudra/Halebid selbständig. Es folgten im Osten die **Kakatiyas (1150–1325)** mit Warangal und schließlich im Norden die **Yadavas (1191–1326)** mit Devagiri/Daulatabad. Die Gründung dieser Regionalreiche und ihr egoistisches Machtstreben zersplitterte die politische Einheit des Dekhans, so daß sie schließlich den moslemischen Invasoren überrascht und unvorbereitet gegenüberstanden.

Die Raubzüge des Sultans **Ala-ud-din Khilji** aus Delhi und seines Heerführers Malik Kafur begannen **1296** im nördlichen Dekhan. Objekt ihrer Begierde waren die unermeßlichen Schätze des Königs in Devagiri. So gelangten die Yadavas als erste unter direkte Kontrolle des **Sultanats von Delhi**. Devagiri diente von da ab als Zwischenstation der moslemischen Heere auf ihren Raubzügen gen Süden, zudem stellte der Yadava-Herrscher den Moslems militärische Unterstützung gegen die Kakatiyas und Hoyshalas zur Verfügung. Diese blieben zwar vorerst selbständig,

mußten aber die moslemische Oberhoheit anerkennen und sich zu Tributzahlungen verpflichten. Anfang/Mitte des 14. Jh. hatte Ghazi Malik Tughluk mit seinem Heer weite Teile des Dekhans und des tamilischen Südens unter seine Kontrolle gebracht.

Mit dem letzten großen **Hoyshala-Herrscher Ballala III. (1292–1342)**, der, in eine zweifelhafte Bündnispolitik verwickelt, unter erbarmungswürdigen Umständen starb, endete die Vorherrschaft der hinduistischen Könige auf dem Dekhan.

Der tamilische Süden vom 8. bis zum 13. Jh.

Nachdem sich die Stammesfürsten der Musakas im Norden, der Cheras in der Mitte und der Ays im Süden des Landes von der Vorherrschaft der Kalabhras hatten befreien können, übernahmen **925** die **Cheras** die Oberherrschaft über den mittleren und südlichen Teil des Landes. Sie nutzten wie ihre Vorfahren den Reichtum der Malabar-Küste und der angrenzenden Gebirge – Kardamom wuchs im Kardamom-Gebirge – und bauten einen gewinnträchtigen Handel auf, der nun auch Südostasien und China einbezog. Ihr zentraler Hafen war Quilon.

Die chinesischen Fischernetze in Kochi zeugen noch heute von dieser Vergangenheit, während die arabischen Segelboote, die Daus, von den Arabern im 8. Jh. mitgebracht wurden, als sie sich hier niederließen. Ihre Nachkommen sind die Moplas im Norden des heutigen Kerala. Die Anhänger der syrisch-orthodoxen Kirche, die nach Reiseberichten des byzantinischen Mönchs Cosmos Indicopleustes schon im frühen 6. Jh. an der Küste Keralas gesiedelt hatten, ließen sich hauptsächlich im mittleren Kerala nieder. Sie pflegten jedoch zu ihren südindischen Nachbarn keine besondere Verbindung.

Die **Cholas** waren Mitte des 9. Jh. noch kleine Vasallen der Pallavas, als sie Tanjavur (Tanjore) an der Cauvery eroberten und zu ihrer Hauptstadt erklärten. Die Gebietsauseinandersetzungen ihrer Nachbarn stärkten die Position des kleinen Chola-Reiches, die **Aditya I. (871–907)** in einer Schlacht mit dem letzten Pallava Herrscher Aparajita endgültig festigte. Ende des 10. Jh. schließlich begann unter dem bedeutendsten Chola-Herrscher, **Rajaraja I. (985–1016)**, der Aufstieg zur größten und stärksten Land- und Seemacht in Südostasien. **Rajendra I. (1012–1044)** setzte die Expansionspolitik seines Vaters fort. Mit einem schlagkräftigen Heer und einer starken Flotte zwangen die Cholas dem gesamten Süden ihre Vorherrschaft auf, ebenso wie weiten Gebieten des südlichen Dekhan, den reichen Küstengebieten der Cheras im äußersten Westen, den Malediven und Ceylon. Es gelang ihnen auch, den Arabern die Kontrolle über die See- und Handelsstraßen des Indischen Ozeans abzunehmen.

Um im gewinnträchtigen Südsee-Handel die nordindische Konkurrenz auszuschalten, zog Rajendra I. 1023 mit Heer und Flotte gleichzeitig entlang der Küste durch Orissa und Bengalen bis zur Ganga. Dieser Siegesmarsch fand seinen Niederschlag in der Gründung der neuen Hauptstadt Gangaikondacholapuram (1030). Die ehemals freundschaftlichen Beziehungen nach Sumatra änderten sich mit den zwei großen Südsee-Expeditionen Rajendras und dessen Sohnes **Rajadhiraja I. (1018–1054)**, die Burma, Sumatra, Malaysia und Java unterwarfen. Auch nach China fanden Expeditionen statt.

Ende des 11. Jh. mangelte es den Cholas an einem Thronfolger. Die Erbfolgeprobleme wurden dadurch gelöst, daß die Östlichen Chalukyas unter **Kulottunga (1070–1118)** der Chola-Dynastie ›einverleibt‹ wurden. Damit war für weitere hundert Jahre die wirtschaftliche und politische Macht gesichert. Mit **Rajendra III. (1246–1279)**, einem unbedeutenden Vasall der Pandyas, endete schließlich die mächtige Chola-Dynastie.

Aufbruch in die Neuzeit (13. bis 18. Jh.)

Der Verfall der politischen Ordnung auf dem Dekhan machte es den Moslems, die bereits den ganzen Nordwesten Indiens erobert hatten, einfach, weiter über das Vindhya-Gebirge in den Süden des Landes vorzudringen. Ihre Expansion provozierte die Gründung des hinduistischen Vijayanagar-Reiches, das bis zur Schlacht von Talikota im Jahre 1565 ein weiteres Vordringen der Moslems verhindern konnte. Den Untergang des Vijayanagar-Reiches machten sich dann die Moghul-Herrscher aus Delhi und später die Europäer zunutze, die am Ende des 15. Jh. nach Indien kamen.

Eine Reihe politischer Unternehmungen hatte die Macht des Delhi-Herrschers Muhammad Tughluk geschwächt. Das nutzte Ala-ud-din Hasan Bahman, der moslemische Statthalter der Yadavas in Daulatabad, im nördlichen Dekhan, indem er sich vom Sultanat von Delhi lossagte und als **Zafar Khan Bahmani (1347–1358)** das unabhängige **Bahmani-Reich** gründete. Er wurde so der erste moslemische Herrscher auf dem Dekhan, seine Hauptstadt war Gulbarga, später Bidar (1423). Das große Reich dehnte sich über den Dekhan bis in den Osten von Andhra Pradesh aus und wurde in vier Verwaltungsprovinzen unterteilt, die die politische Grundlage der nachfolgenden Sultanate bildeten. Im Süden grenzte das Reich an die gleichfalls aufstrebende Großdynastie der Vijayanagars. Das dazwischen liegende fruchtbare Raichur Doab, ein ständiger Konfliktherd in den folgenden Jahrhunderten, wechselte fortwährend den Besitzer.

Zafar Khans Ruhm und Fremdenfreundlichkeit lockte Poeten, Kaufleute und Reisende aus Persien, Arabien und dem Osmanischen Reich in die glanzvollen Zentren des Dekhan. Die shiitischen Fremden, Afakis oder Pardesis genannt, besetzten schon bald alle wichtigen öffentlichen Positionen, was Neid und Haß bei den einheimischen sunnitischen Moslems, den Dakkhnis, erzeugte.

Unter **Firoz Shah (1397–1422)** erlebte das Bahmani-Reich seinen Höhepunkt. Der liberale Herrscher, der Kunst, Architektur, Wissenschaft und Religion förderte, war mit einer Marathin verheiratet und zeigte bewußt seine Absicht, die beiden Kulturen der Hindus und Moslems miteinander zu verbinden. Ein berühmter Afaki, Mahmud Gavan, ursprünglich ein persischer Kaufmann, wurde unter Muhammad III. zum Premierminister. Seine kluge und weitsichtige Politik verhinderte vorerst den offenen Bruch zwischen Afakis und Dakkhnis, der jedoch nicht mehr aufzuhalten war, als er einer Intrige zum Opfer fiel und ermordet wurde (1481). Mit seinem Tod setzte der rasche Verfall der Dynastie ein.

Die Gouverneure des geschwächten Bahmani-Reiches erklärten nach und nach ihre Unabhängigkeit, und aus den bestehenden Verwaltungsprovinzen des großen Bahmani-Reiches bildeten sich **fünf unabhängige Sultanate:** die **Imad Shahi-Dynastie (1490–1568)** in Berar, die **Nizam Shahi-Dynastie (1490–1633)** in Ahmadnagar, die **Barid Shahi-Dynastie (1504–1609)** in Bidar, die **Adil Shahi-Dynastie (1490–1686)** in Bijapur und die **Qutb Shahi-Dynastie (1512–1687)** in Golkonda. Berar kam später an Ahmadnagar, Bidar an Bijapur.

Die südliche Grenze zum **Vijayanagar-Reich** bildete nach wie vor das Raichur Doab. Im Westen des Bijapur-Sultanats dagegen tauchten bis jetzt ganz unbekannte Gegner auf: die **Portugiesen**, denen es gelang, sich **1510** in Goa niederzulassen. Feindseligkeiten der Sultanate untereinander versuchte der Vijayanagar-Herrscher **Ramaraja**, der mit dem Hof von Bijapur und Golkonda bestens vertraut war, auszunutzen und zu forcieren. Doch seine Rechnung ging nicht auf. Die Sultanate Bijapur, Golkonda und Ahmadnagar vereinten sich schließlich gegen Ramaraja, und **1565** kam es zur historischen **Schlacht bei Talikota**. Die moslemischen Truppen siegten, Ramaraja wurde getötet, sein Bruder floh mit dem Kron-

Vexierbild an der Thronplattform von Vijayanagar (Hampi, Karnataka)

schatz nach Penukonda und überließ die Hauptstadt Vijayanagar der Plünderung und Zerstörung. Damit stand einer moslemischen Eroberung über den Dekhan hinaus in den Süden nichts mehr im Wege.

Erstmalig seit dem Untergang der Chola-Dynastie entstand mit dem Vijayanagar-Reich wieder ein hinduistisches Großreich in Süd-Indien. Schon Ende des 14. Jh. hatte es seine größtmögliche Ausdehnung erlangt. Politische Kontrolle, straffe Verwaltung und eine stabile Wirtschaft bildeten die Grundfesten ihrer Macht. Diese Macht jedoch wurde durch fortwährende Frontkriege mit dem nördlichen moslemischen Nachbarn, durch Auseinandersetzungen mit aufständischen Vasallen in den eroberten Gebieten und durch Verschwendung und Mißwirtschaft geschwächt. Immer neue Dynastien regierten das Reich, womit das Vordringen der Moslems in den tieferen Süden vorläufig verhindert werden konnte: die erste der **Sangamas (1336–1485)**, die zweite der **Saluvas (1485–1503)**, die dritte der **Tuluvas (1505–1565)** mit Krishnadevaraya, dem hervorragendsten und bedeutendsten aller Vijayanagar-Herrscher und die vierte der **Aravidus (1567–1664)**.

Anfang des 16. Jh. führte Krishnadeva ein Verwaltungssystem ähnlich dem des Bahmani-Reiches ein. Den Nayaks, meist Offiziere, wurde als unabhängigen Gouverneuren Land übereignet. Sie waren berechtigt, Steuern einzutreiben, dafür verpflichteten sie sich zu jährlichen Tributzahlungen und zu militärischer Hilfeleistung. Noch lange nach der entscheidenden Schlacht von Talikota 1565 blieben die großen **Nayaks von Madurai (1529–1739)**, **Tanjavur (1526–1649)** und **Gingee (1532–1649)** treue Stützen des Vijaya-

nagar-Reiches. Nach 300 Jahren schließlich hatte das große hinduistische Vijayanagar-Reich 1664 mit dem letzten Herrscher endgültig aufgehört zu existieren und war von den Sultanaten Bijapur und Golkonda eingenommen worden.

1689 wurde nahezu der gesamte Süden durch den Moghul-Herrscher **Aurangzeb (1685–1707)** dem **Moghul-Reich** einverleibt. Sein Großindisches Reich dehnte sich nun im Süden bis an das Nayaktum Mysore aus und verlief entlang der Ostküste bis nach Tanjavur und Trichy. Dieser Küstenstreifen, das Karnatik genannt, stand in den **Karnatischen Kriegen** kaum fünfzig Jahre später im Mittelpunkt der Rivalitäten zwischen den Franzosen und Briten, die Anfang des 17. Jh. ihre Ostindischen-Handelsgesellschaften gegründet hatten.

Mit der Auflösung des Moghul-Reiches machte Nizam-ul-Mulk, ein ehemaliger Moghul-Feldherr und Politiker, den Dekhan wieder unabhängig und gründete **1724** die **Dynastie der Nizams von Hyderabad**, die die wichtigsten Bundesgenossen der Briten wurden. Während sich hier die Herrschaftsstrukturen stabilisierten, unterlagen die übrigen Kleinstaaten und Nayaktümer schließlich der britischen Oberherrschaft. Die jahrelangen Kleinkriege hatten die Kräfte zermürbt und die Finanzen ruiniert.

Etwa zeitgleich mit dem Untergang des Vijayanagar-Reiches trat eine neue hinduistische Macht auf den Plan, die **Marathen**. Sie etablierten sich **1646** auf dem nordwestlichen Dekhan unter dem legendären Anführer **Shivaji**, der sich als Erneuerer des Hinduismus verstand. Sie erkannten die Realität der moghulischen Stärke, begnügten sich in ihrer Rolle, ein ernstzunehmender Geg-

Grabmal und Sarkophag des hl. Franziskus Xavier in der Basilika Bom Jesus in Old Goa

ner des Moghul-Reiches zu sein, und sahen es als vornehmliche Aufgabe an, ein Viertel der Staatseinkünfte, Chauth genannt, in den Moghul-Provinzen einkassieren zu dürfen. Während Shivaji noch plündernd mit seiner schnellen Reitertruppe durch die Lande zog und zur Verteidigung ein Netz von Festungen in den Westlichen Ghats aufbaute, errichteten seine Nachfolger eine Konföderation von marathischen Kleinkönigtümern in Nordindien, auf dem nördlichen Dekhan und im östlichen Orissa. Sie blieben eine bedeutende Macht, bis sie sich der Militär- und Finanzgewalt der Engländer im 19. Jh. beugen mußten.

Die ersten Europäer in Indien

Nachdem **Marco Polo** nach 24 Jahren **1295** von seiner Reise ›Von Venedig nach China‹ zurückgekehrt war, sprach sich langsam die Kunde vom sagenhaften Reichtum Süd-Indiens im mittelalterlichen Europa herum. Angelockt von all den exotischen Verheißungen, machten sich im Laufe des 15. Jh. mehr und mehr Abenteurer und Kaufleute auf den Weg nach Indien. Auch sie haben wie der Araber **Ibn Battuta** oder der Russe **Athanasius Nikitin** Reiseberichte hinterlassen. Noch mußten sie den langen und beschwerlichen Weg durch die Wüsten Arabiens auf sich nehmen und in

Aden oder Ormuz auf die günstigen Monsunwinde warten. **1488** endlich hatte der Portugiese Pero de Covilhan im Auftrage seines Königs **Juan II.** die letzten wichtigen Informationen zusammengetragen, die den **Portugiesen** als den ersten Europäern den freien und unabhängigen Handel mit Indien öffnen sollten. So wußte **Vasco da Gama**, was er entdecken wollte, als er nach zehn Monaten Seereise im Mai **1498** direkt in Calicut landete.

Die Portugiesen kamen nach Indien, um Handel zu treiben und um ›Christen zu suchen oder welche zu machen‹. Als Handelspartner waren sie willkommen, als Missionare jedoch machten sie sich so verhaßt, daß die später nachfolgenden Europäer um so bereitwilliger von den Indern willkommen geheißen wurden. Die Portugiesen errichteten entlang der West- und Ostküste Süd-Indiens und auf Ceylon eine Reihe befestigter Handelsniederlassungen und Flottenstützpunkte. So waren sie gut vorbereitet für ihre Plünderungszüge durch südindische Tempelstädte, und auch ihre Missionare hielten sich nicht zurück, die Bewohner der südlichsten Küstengebiete schamlos auszunehmen. Die Araber wurden von ihren angestammten Seewegen im Indischen Ozean verdrängt. Ein beachtlicher Teil des Handels im südostasiatischen Seegebiet kam damit unter portugiesische Kontrolle, während der Handel in Kleinasien und im Roten Meer in den Händen des Osmanischen Reiches blieb.

Die portugiesische Handelsmacht beherrschte uneingeschränkt im ganzen **16. Jh.** den indischen Küstenhandel und den europäischen Markt. Der Warentransport nach Europa war allein der königlichen Flotte vorbehalten. Der Gewürzhandel entwickelte sich zu der gewinnträchtigsten Einnahmequelle im Staatshaushalt. Fremde Schiffe liefen Gefahr, vor dem Erreichen der indischen Küste gekapert und ausgeraubt zu werden. Auslaufende Schiffe konnten sich dagegen an den Zollstationen der Stützpunkte mit dem Kauf eines Freibriefes gegen Überfälle absichern. Goa war das Zentrum aller Macht und Hauptumschlaghafen. Der gesamte Handel der anderen portugiesischen Häfen wie Diu, Daman, Chaul, Bhatkal und Mangalore wurde über Goa abgewickelt. Der wichtigste Handelspartner der Portugiesen waren die Vijayanagars. Die Portugiesen mischten sich gern und viel in die internen Auseinandersetzungen der Vijayanagars und Moslems ein und zögerten nie, durch Intrige und Verrat ihre Vorteile zu erlangen. So hatten sie den Arabern den schon zu Marco Polos Zeiten gewinnträchtigen Pferdehandel abgenommen und verkauften nun die Pferde wahlweise an die moslemischen Sultanate und an das hinduistische Vijayanagar-Reich. **1580** fiel Portugal an die spanische Krone, die nicht am Orienthandel interessiert war, und die Holländer, Franzosen und Engländer tauchten als ernstzunehmende Konkurrenten auf. So wurden die Portugiesen nach und nach aus dem Indien-Handel verdrängt, bis ihnen schließlich nur noch Daman, Diu und Goa blieben. Diese letzten portugiesischen Besitzungen wurden 1961 von der indischen Regierung im Handstreich übernommen.

Von den Handelsgesellschaften zum britischen Kolonialreich (17.–19. Jh.)

England gründete um **1600** seine **Ostindische Handelsgesellschaft**, Holland 1602, Dänemark 1620, Frankreich folgte 1664. Sie wollten das Marktmonopol der Portugiesen brechen, ausländische Konkurrenz vom eigenen Markt verdrängen und ein unabhängiges Handelssystem mit dem Mutterland aufbauen.

Die **Holländer** hatten bereits ihre Niederlassungen in allen wichtigen Häfen wie Pulicat, Masulipatam, Nagappattinam und Chochin gegründet und den Portugiesen Ceylon abgenommen, als die **Engländer** eintrafen. Sie taten sich zunächst schwer in den Indien-Handel einzusteigen und mußten sich vorerst mit Madras und Mumbai begnügen, von wo aus sie dann Kontore an der nördlichen und südlichen Küste errichteten.

Die **Franzosen** konnten sich zwar in Pondicherry niederlassen, waren aber aufgrund von Mißerfolgen ihrer Handelsgesellschaft und jahrelangen Seekriegen mit den Briten und Holländern in Europa finanziell so ausgelaugt, daß sie erst im frühen 18. Jh. mit einer neugegründeten Finanzierungsgesellschaft erfolgreich am Indienhandel teilnehmen konnten. Die **Dänen** siedelten in Tranquebar.

Der europäische Handel in Indien entwickelte sich vorläufig ganz unabhängig vom innenpolitischen Geschehen. Die Pacht- und Handelsverträge, die die Europäer mit den hinduistischen Fürstentümern oder moslemischen Sultanaten um kleine und kleinste Gebiete abschlossen, waren von beiderseitigem Interesse. Die Inder erhofften sich damit eine Sicherung ihres Besitzes gegen Überfälle einheimischer Gegner, während die Europäer mit einem eigenen Stützpunkt die europäische Handelskonkurrenz ausschalten konnten. Aus diesen frühen Kontakten entwickelte sich nach und nach ein kompliziertes Geflecht unterschiedlichster Beziehungen und Abhängigkeiten, die in den **Karnati-** **schen Kriegen** Mitte des **18. Jh.** zum Tragen kamen.

Die Europäer bauten einen einträglichen Indien-Handel auf. Hatte die Ware erst einmal den langen Weg nach Europa überstanden, wurde sie von den Handelsgesellschaften öffentlich versteigert. Pfeffer und andere Gewürze fanden immer noch den größten Absatz und verschafften den dicksten Gewinn. Die Holländer spezialisierten sich bald auf den Textilhandel, die Engländer auf die Einfuhr von chinesischem Tee aus Kanton. Bezahlt wurde mit englischen Produkten und mit bedruckten indischen Baumwollstoffen.

Mit der Auflösung des Moghul-Reiches Anfang des 18. Jh. verloren die traditionellen zentralasiatischen Handelswege und die Umschlagplätze an der nördlichen Westküste ihre Bedeutung. Die neue Hafenstadt sollte Mumbai werden. Hier suchten viele parsische Kaufleute, Schiffseigner und -bauer Zuflucht vor den plündernden Marathen, während die chinesischen, arabischen und armenischen Kaufleute, die an allen Küsten des Indischen Ozeans handelten, Bengalen zum neuen Handelszentrum machten. Der Textilienhandel blühte. Aber auch die europäischen Händler interessierten sich mehr und mehr für die bengalischen Textilien, die in Europa großen Anklang fanden. Die ehemals exotischen indischen oder asiatischen Handelsgüter früherer Tage fanden schließlich nur noch geringen Absatz. In England und Frankreich durften bestimmte Waren, wie Stoffe, zum Schutze eigener Manufakturen überhaupt nicht oder nur eingeschränkt eingeführt werden.

Die Holländer zogen sich aus dem Indien-Handel nach Ceylon, Java, Borneo und auf die Gewürzinseln (Molukken) zurück, während die Dänen einen unbe-

Bombay am Ende des 19. Jahrhunderts

deutenden Handelsverkehr mit Malaysia aufrechthielten, der 1845 von den Briten übernommen wurde. So blieben die Engländer mit ihrer East India Company, die nun auch in Calcutta eine Niederlassung gegründet hatten, und die Franzosen mit ihrer Finanzierungsgesellschaft in Pondicherry. Da ihr Handelsvolumen nur die Hälfte von dem der Briten erreichte, wurden sie im Handelsgeschäft nie ernstzunehmende Konkurrenten. Doch ein anderer und für die weitere Geschichte der Kolonialisierung Indiens entscheidender Grund machte die Engländer und Franzosen zu erbitterten Feinden: In Europa war **1740** der **Österreichische Erbfolgekrieg** ausgebrochen, der auf indischem Boden eine Reihe von kriegerischen Auseinandersetzungen auslöste.

Die Provokation eines französischen Gouverneurs führte **1744** zum **Ersten Karnatischen Krieg**, den die Franzosen mit der Eroberung von Madras für sich entschieden. Die im Gegenzug geplante Eroberung von Pondicherry wurde durch den Friedensschluß von Aachen 1748 verhindert, nach dem die Franzosen Madras zurückgeben mußten. Doch die angestauten Feindseligkeiten, ehrgeizigen Eroberungspläne und das gegenseitige Mißtrauen waren durch diesen Frieden nicht beseitigt. Da kein offener Krieg ausgetragen werden konnte, nutzten die Kontrahenten die verworrene politische Lage im Karnatik und auf dem Dekhan, um mit Hilfe rivalisierender indischer Kleinfürsten die Streitigkeiten fortzusezten. Der **Zweite Karnatische Krieg (1750)** folgte und endete, als sich die englische und französische Regierung darauf einigten, den Krieg der Kompanien beizulegen.

Kaum hatte die Nachricht vom Siebenjährigen Krieg in Europa Indien erreicht, setzten die Kämpfe um die Vorherrschaft wieder ein. Mit der Eroberung Pondicherrys errangen die Engländer den endgültigen Sieg über die Franzosen. Nur noch einmal mischten sich die Franzosen in die indischen Angelegenheiten der Engländer ein, indem sie Haidar Ali, der die Macht des Herrschers von Mysore ursupiert hatte, und dessen Sohn Tipu Sultan mit Waffen und militärischem Personal unterstützten. Mit der Niederlage Tipu Sultans gegen die Allianz aus Marathen, dem Nizam von Hyderabad und den Briten bei **Srirangapatna 1799** und nach dem **Sieg über die Marathen 1818** herrschten die Engländer über ganz Südindien.

Der zu mächtig gewordenen Ostindischen Kompanie waren **1813** von der britischen Regierung das Handelsmonopol abgesprochen und **1833** jegliche Handelsrechte genommen worden. Ihr blieben die eroberten Gebiete, während die Gouverneure der britischen Regierung die Administration übernahmen.

Mitte des 19. Jh. war Indien vom nördlichen Punjab bis zum Kap Comorin in britischer Hand. Das riesengroße **britische Territorialreich** unterstand zum größten Teil direkt der britischen Administration, während die indischen Fürsten durch britische Residenten kontrolliert wurden. Vergessen war der 1784 in der ›East India Bill‹ festgelegte Grundsatz, daß Eroberungen »unvereinbar mit dem Wunsch, der Ehre und der Politik der britischen Nation seien«.

Einer der wichtigsten Grundpfeiler der britischen Herrschaft war der zielstrebig und effektiv aufgebaute Civil Service. Eliteschulen in England wie das Haileybury College bildeten den qualifizierten Nachwuchs für den Kolonialdienst aus. Die höhere Beamtenlaufbahn (Eintreibung der Steuern, allgemeine Verwaltung, Rechtsprechung) blieb den Briten vorbehalten, während die ebenso ausgebildeten Inder im allgemeinen nur Zugang zu den mittleren und unteren Dienströngen (Öffentliche Arbeiten, Forst- und Gesundheitswesen) erhielten. Die Polizei setzte sich lange Zeit aus unterbezahlten Dorfbeamten zusammen, denen ein ehemaliger englischer Offizier vorstand. Zur gleichen Zeit gaben eine Reihe von neugegründeten englischsprachigen Hindu-Colleges in Calcutta, Mumbai und Madras den Indern der neuen Bildungsschicht die Möglichkeit, westliches Kulturgut kennenzulernen.

Ein für die britische Macht in Indien einschneidendes Ereignis war die **Mutiny** von **1857**. Der Aufstand erfaßte weite Teile Indiens und beschränkte sich keineswegs nur auf die meuternden Soldaten. Seine Ursachen liegen in der politischen und wirtschaftlichen Entwicklung seit Beginn des 19. Jh. und der direkten oder indirekten Bereicherung der Briten auf Kosten verschiedener Kreise der indischen Bevölkerung. Die unmittelbare Folge der Mutiny war die endgültige Auflösung der East India Company, die schon lange ihre Funktion als Handelsgesellschaft aufgegeben hatte. Die britische Krone machte sich zum Herrscher über den Besitz der East India Company, und der Vizekönig von Indien nahm von nun ab die Stelle des Gouverneurs ein. Das Zentrum britischer Machtentfaltung lag in den nächsten Jahrzehnten in Calcutta. Von hier aus begann Ende des 19./Anfang des 20. Jh. die indische Unabhängigkeitsbewegung und dehnte sich erst spät nach Süd-Indien aus.

Der Weg in die Unabhängigkeit

Die ersten Ansätze des indischen Freiheitsgedankens zeigten sich in den religiös-kulturellen Vereinigungen, die Ende des 19. Jh. zu der Gründung von regionalen Reformbewegungen mit ganz unterschiedlichen Zielen führten; die Geburtsstunde der Rama-Krishna Bewegung fällt in diese Zeit wie auch die Befreiungsphilosophie des Tamilen Vivekananda. 1885 wurde der Nationalkongreß gegründet, der sich schon bald in das Lager der Gemäßigten und der Extremisten spaltete, was seine politische Handlungsfähigkeit immer wieder lähmen sollte. Erster politischer Unmut gegen die Fremdherrschaft äußerte sich, als der Vizekönig Lord Curzon 1905 den Versuch unternahm, Bengalen zu teilen. Doch noch waren die Massen unorganisiert und ohne gemeinsames Ziel.

Das änderte sich, als 1919 eine Verfassungsreform angekündigt wurde. Den zu erwartenden Neuerungen stand die breite Masse skeptisch gegenüber. Innere Unruhen, auf die die Engländer mit Inhaftierungen, Schutzgesetzen und brutalem Massaker reagierten, führten zur Eskalation. Die Zeit, den Kampf gegen die britische Unterdrückung aufzunehmen, war gekommen. An die Spitze des Freiheitskampfes stellte sich **Mahatma Gandhi (1869–1948)**. Es gelang ihm, die Idee einer gesamtindischen Vereinigung ins Volk zu tragen, die Massen aufzurütteln und zum Widerstand zu führen. Er predigte Toleranz zwischen den Moslems und Hindus, verabscheute Kastenhochmut und trat für die Unberührbaren ein. Sein erster Satyagraha-Feldzug (1920–22) bedeutete einen gewaltlosen Widerstand gegen Willkür und Brutalität der Briten, sein

Mahatma Gandhi

zweiter (1930–34) die bewußte Konfrontation, das Salzmonopol der Engländer zu übertreten und damit symbolisch ihre Rechte in Indien in Frage zu stellen.

Nun besaß er auch die Unterstützung des Nationalkongresses unter der Führung von **Jawaharlal Nehru (1889– 1964)**. Vorbereitet wurde dies durch eine landesweite Verkündigung eines Elf-Punkte-Katalogs mit Forderungen nach Steuersenkung, Abschaffung der Salzsteuer, Kürzung der Militärausgaben und Freilassung politischer Häftlinge. Der Tag der Verkündung wird heute als **Unabhängigkeitstag** gefeiert.

Die Verfassungsreform von **1935** bedeutete endlich eine entscheidende Wende im indischen Freiheitskampf: Autonome Provinzparlamente und -regierungen mit indischen Ministern entstanden. Die Kongreßpartei wurde schnell zur stärksten Partei und stellte die meisten Minister. Nach Ausbruch des **Zweiten Weltkriegs** legten die Minister der Kongreßpartei aus Protest gegen die einseitige Kriegserklärung des Vizekönigs ihr Amt nieder, während in Bengalen und im Punjab die regionalen Moslem-Parteien ihre Aufgaben weiterhin wahrnahmen. Dies leistete der Zwei-Nationen-Theorie des Führers der Moslem-Liga, Ali Jinnah, Vorschub und sollte die weitere Entwicklung ausschlaggebend beeinflussen.

Durch den Kriegsverlauf wurde die Position der Engländer auch in Indien entscheidend geschwächt. Als Indien **1942** mit einer Invasion der Japaner rechnete, wurde auf Anraten Gandhis die ›Quit India-Losung‹ ausgegeben, die den sofortigen Rückzug der Engländer aus Indien forderte. Gandhi und alle Kongreßmitglieder wurden daraufhin verhaftet, der Kongreß bis zum Kriegsende verboten.

Der letzte Vizekönig Mountbatten hatte die Aufgabe, Indien in die Unabhängigkeit zu entlassen: Das Datum der Machtübergabe wurde auf den **15. 8. 1947** festgelegt. Die Kontroversen von Kongreß und Liga und die anhaltenden Unruhen in Bengalen und im Punjab machten eine Teilung Indiens unvermeidbar. Die ersten Monate der beiden neuen Staaten Indien und Pakistan überschatteten blutige Ausschreitungen zwischen Moslems, Hindus und Sikhs, die zu Hunderttausenden aus ihrer Heimat vertrieben wurden oder flüchteten, aus Angst, als Minderheiten verfolgt zu werden.

Am **26. 1. 1950** wurde die indische Verfassung mit Rajendra Prasad als erstem Staatspräsident und Jawaharlal Nehru als Premierminister verkündet.

Fluch und Segen einer innigen Verbindung
Religion und Gesellschaft

Vielfalt, Bedeutung und Verbreitung der Religionen

Die ureigene Religion Indiens ist der Hinduismus, die Religion der Hindus, der Bewohner Hindustans, wie die westlichen Nachbarn Indien nannten. Hindu leitet sich her von Indus, der Lebensader des frühen Indien. Der Hinduismus ist das Ergebnis einer jahrtausendelangen Entwicklung, der Verschmelzung unterschiedlicher Glaubensinhalte und Kulte und der Integration fremder Götter und neuer Aspekte bis heute – eine Art ›Sammelreligion‹. Gleichzeitig beinhaltet er eine Lebensform und Gesellschaftsordnung, in der jeder von Geburt an seinen Platz hat. Die Hindus stellen heute etwa 83 % der Bevölkerung der Indischen Union. Aus dem Hinduismus heraus entstanden im 6. vorchristlichen Jh. als Reform- und Stifterreligionen Buddhismus und Jainismus.

Der Islam kam zuerst friedlich mit arabischen Kaufleuten übers Meer an die südindischen Küsten. Im Jahre 711 erreichte der junge Omayyaden-General Muhammad ibn al-Qasim mit seinem Heer Sind im heutigen Pakistan und etablierte die junge Religion auf indischem Boden; ab dem 11. Jh. brachen immer wieder islamische Eroberer von Nordwesten über Indien herein. Jahrhundertelang beherrschten und prägten Moslems weite Teile Nord-Indiens und des

Haaropfer für die Götter am See von Ambala bei Ramtek (Maharashtra)
links: Bettelnde Sadhus am Murugan-Heiligtum in Tirupparankundram (Tamil Nadu)

Dekhan. Der Islam faßte Fuß in der Bevölkerung – unter dem Druck fanatischer Herrscher, aber auch wegen seiner Einfachheit und dem Grundsatz der Gleichheit aller vor Gott. 1947, mit Erreichen der Unabhängigkeit, wurde Indien entsprechend der jeweiligen Bevölkerungsmehrheit in den Provinzen und Fürstenstaaten in einen islamischen Staat Pakistan mit heute über 86 % Moslems und die Indische Union aufgeteilt; hier beträgt der Moslem-Anteil der Bevölkerung um 12 %. Im 15. Jh. führten Bemühungen um einen Ausgleich zwischen Islam und Hinduismus zur Gründung der Religionsgemeinschaft der Sikhs.

Das Christentum kam ebenfalls in mehreren Wellen nach Indien. In den frühen Jahrhunderten nach Christus verbreiteten christliche Flüchtlinge aus dem Nahen Osten ihren jungen Glauben im äußersten Süden Indiens. Ein Teil der indischen Christen beruft sich auf den Apostel Thomas, der der Legende nach im Jahre 52 in Cranganore landete. Im 5. und 6. Jh. folgten nestorianische Christen, die in ihrer Heimat Syrien nach dem Konzil von Ephesos (431) als Ketzer verfolgt wurden. Ab dem 14. Jh. wurde dann der Katholizismus im Gefolge ebenso mutiger wie beutelüsterner portugiesischer Seefahrer und Eroberer an die Küsten Süd-Indiens getragen. 1542 begann Franziskus Xavier in Goa zu missionieren. Im 17. Jh. faßte mit den Holländern der Protestantismus Fuß in Südindien. Zu Zeiten des ›Raj‹, der britischen Kolonialzeit, wurde von verschiedenen Kirchen besonders unter der Urbevölkerung eifrig missioniert. 1947 schlossen sich die Holländisch-Reformierten, die Baptisten, die Anglikaner, die Kongregationalisten, die Methodisten und die Presbyterianer zur ›Kirche Südindiens‹ zusammen. Diese, die syrischen Kirchen und die Katholiken sind die wichtigsten christlichen Gemeinschaften in Indien. Die Christen machen 2,5 % der Gesamtbevölkerung des Staates aus.

Kleinere Religionsgemeinschaften spielen eher eine untergeordnete Rolle oder sind nur von lokaler Bedeutung. So kamen schon im 8. Jh., als der Islam Persien eroberte, Anhänger der altpersischen ›Feuerreligion‹, des Zoroastrismus, als Flüchtlinge nach Indien und siedelten in Gujarat. Heute stellen die Parsen in Mumbai einen kleinen, aber noblen Teil der Gesellschaft von nicht geringer wirtschaftlicher Bedeutung. Es gibt etwa 80 000 Parsen in Indien. In Kochi gab es bis 1948, als der größte Teil ihrer Mitglieder nach der Gründung des Staates Israel dorthin heimkehrte, eine bemerkenswerte jüdische Gemeinde. In ihren wenigen Rückzugsgebieten an den Dschungelhängen der südindischen Gebirge praktizieren einige Gruppen von Ureinwohnern, soweit sie nicht christianisiert oder vom Hinduismus ›eingemeindet‹ wurden, ihre alten Stammesreligionen.

Süd-Indien, besonders das ländliche, ist überwiegend hinduistisch geprägt. Die Moslems haben ihre Hochburgen in den großen Städten des Dekhan, vor allem in den ehemaligen Residenzstädten der Sultanate und entlang der Küste des nördlichen Kerala, wo die strenggläubigen Moplas, die Nachfahren der arabischen Kaufleute, leben. Die Jainas findet man hauptsächlich in den Städten Maharashtras und Karnatakas und um ihre religiösen Zentren Sravana Belgola und Mudabidri. Die Christen konzentrieren sich in Goa und im mittleren Kerala und verteilen sich darüber hinaus über ganz Tamil Nadu. In einigen ›Hill Stations‹ Südindiens, wie Kodaikanal, häufen sich die Kirchen regelrecht, denn hier befanden sich einst die Sommerhauptquartiere der verschiedenen Missionskirchen. Die Sikhs, auch hier im Süden oft dominierend in bestimmten Berufen, wie Fern- und Taxifahrer, Handwerker und Kleinunternehmer der KFZ- und Metallbranche und Kaufleute, haben ihre großen Zentren jedoch in Nordindien.

Das labile Gleichgewicht

Im großen und ganzen leben die Menschen in Süd-Indien friedlich miteinander. Man hat sich aufeinander eingestellt und beachtet genau die erprobten Regeln des Zusammenlebens. Die Feste der einzelnen Gemeinschaften werden meist von allen gefeiert. Noch weiter gehende Anpassungen sind z. B. die Herausbildung einer Art von Kasten bei Christen und Moslems in überwiegend hinduistisch geprägten Gemeinwesen.

Trotzdem kommt es, oft wie aus heiterem Himmel, immer wieder zu Zusammenstößen. Der Anlaß steht meistens in keinem Verhältnis zum Ausmaß der Gewalttätigkeiten und Zerstörungen. So brannte vor einigen Jahren der Basar von Nagpur ab und es gab 40 Tote, nur weil eine herumstreunende – den Hindus heilige – Kuh ihren Kopf in den Laden eines Moslem-Bäckers steckte und dieser verärgert mit einem Messer nach ihr stieß. Bedenklich wird es, wenn machthungrige Politiker die Rivalitäten der Religionsgemeinschaften für sich zu nutzen suchen. Die Ereignisse der letzten Jahre in Hyderabad, wo aufgeputschte radikale Gruppen von Hindus und Moslems die jeweils andersgläubigen Minderheiten in den Wohngebieten terrorisierten und religiöse Umzüge regelmäßig zu Straßenschlachten ausarteten, illustrieren drastisch, zu welchem Ausmaß an Verbohrtheit und Fanatismus, an Gewalt und Gegengewalt die leichtfertige Verletzung des labilen

Gleichgewichts zwischen den religiösen Gruppen führen kann. Aufschlußreich ist in diesem Zusammenhang die Geschichte der BJP, die bei der Wahl 1996 ihre größten Triumphe feiern konnte: Die BJP, die 1981 unter ihrem Führer Atal Behari Vajpayee antrat, eine Plattform für alle Inder – aus allen Kasten und jeglicher Religion – zu sein, erlitt damit zunächst eine Bauchlandung: 1984 errang sie lediglich zwei Parlamentssitze. Aus den folgenden Richtungskämpfen ging der hinduistisch-nationalistische Flügel unter Führung von Lal Krishnan Advani gestärkt hervor. Advani machte den Rama-Tempel in Ayodhya zum Brennpunkt der Bewegung. Hier, am Geburtsort des Gottes Rama, hatten die Eroberer (Moslems) auf heiligem Boden eine Moschee errichtet. Die Tilgung dieser Schmach, die Zerstörung der Moschee und der Bau eines neuen Rama-Tempels an dieser Stelle wurden zum Programm erhoben. Der Erfolg ließ Advani triumphieren: 1989: 86 Sitze im Zentralparlament; 1991: 123 Sitze und die Mehrheit in vier Bundesstaaten. Mit der Zerstörung der Moschee am 6. 12. 1992 begann der religiöse Eifer zu einem

regelrechten Religionskrieg zu eskalieren. Bombenanschläge und Pogrome mit Tausenden von Toten brachten aber wenigstens einen Teil der Verblendeten zur Vernunft – und der BJP empfindliche Verluste bei Nachwahlen in mehreren Bundesstaaten. Nun führen die Gemäßigten wieder das Wort. Im Wahlmanifest heißt es u. a.: »Die Politik, die Kaste gegen Kaste, Religionsgemeinschaft gegen Religionsgemeinschaft, Klasse gegen Klasse aufbringt, hat unsere soziale Einheit zerstört … Wir bekennen uns daher zur Förderung des sozialen Friedens – und nicht von Konflikten.« Einsicht oder Wahltaktik? – Die Zukunft wird es zeigen.

Die Frühzeit: Vedismus und Brahmanismus

In der Zeit um 1500 v. Chr. begannen die *Aryas* (Arier), hellhäutige Hirtenkrieger aus den zentralasiatischen Steppen, in die fruchtbaren Ebenen Nordwestindiens einzudringen. Die hochentwickelte ›Industalkultur‹, bereits im Niedergang begriffen, wurde endgültig zerstört. Die

Brahmanen am Opferfeuer, Ketapai-Narayana-Devasthana in Bhatkal (Karnataka)

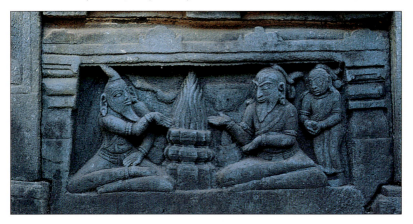

Menschen, auf die man traf, dunkelhäutige *Dravidas*, lebten vom Ackerbau und verehrten Fruchtbarkeitsgottheiten. Funde von Siegeln und Kleinplastiken weisen sowohl auf eine Art Phalluskult wie auch auf die Verehrung von Muttergottheiten hin. Im Gegensatz dazu huldigten die bis dahin nomadisierenden Eroberer Himmels- und Naturgöttern, d. h. vergöttlichten Naturgewalten und -erscheinungen. An ihren Kultplätzen unter freiem Himmel brannte das Opferfeuer; die Priester verkehrten mit den Göttern durch Orakel und Zauber. Später – bis um 800 v. Chr. – wurden die göttlichen Offenbarungen in den vier Büchern des *Veda* (Heiliges ›Wissen‹) in Sanskrit niedergeschrieben. Als Sammlung philosophischer Abhandlungen und Spekulationen zu den Veden entstanden die *Upanischaden* (Geheimlehre).

Hier begegnen wir erstmalig den Grundvorstellungen aller indischer Religiosität, der Lehre vom Kreislauf der Wiedergeburten: Die Einzelseele gilt als unsterblich, aber sie ist dem ewigen Gesetz der Vergeltung unterworfen. Gute und böse Taten bewirken ihre immer wieder neue Bindung an die vergänglichen Körper von Göttern, Menschen und Tieren, ja sogar Pflanzen. Nur das Erfassen der höchsten Wahrheit, daß nämlich alles Vergängliche der Seele fremd und sie eins sei mit dem ewigen Weltgeist, kann den Menschen befreien. Dann wird er nicht wiedergeboren, und seine Seele geht ein ins Absolute, ins Brahma.

Einer der großen Götter der Frühzeit war *Varuna*. Später stieg *Indra*, der Gott des Gewittersturms, zur höchsten Gottheit auf und besiegte jedes Jahr aufs neue den Dämon der Dürre. Von Wichtigkeit im vedischen Götterhimmel waren außerdem *Agni*, der Gott des Feuers, *Surya*, der Sonnengott, *Vayu*, der Windgott, und *Soma*, die Personifizierung des berauschenden ›Göttertranks‹, der beim Opfer eine wichtige Rolle spielte. Gottheiten geringerer Bedeutung waren *Rudra* und *Vishnu*. Ihre große Zeit sollte erst viel später kommen.

Die Aryas zogen weiter ostwärts und gründeten in der Ganges-Ebene Königreiche. In der vaterrechtlich organisierten Gesellschaft hatte sich das **Kastensystem** in Form der vier Hauptkasten oder Stände (Varna = Farbe), etabliert. Den drei oberen Ständen, den ›Zweimalgeborenen‹: *Brahmanen* (Priester), *Kshatriyas* (Krieger) und *Vaishyas* (Handwerker, Kaufleute, Bauern) haben die *Shudras* zu dienen. Letzteren bleiben auch die ›Heiligen Bücher‹ verschlossen, deren Studium den anderen Pflicht ist und in denen diese Ordnung als göttliche Offenbarung festgeschrieben steht. Die Massen der Ureinwohner standen außerhalb, d. h. unterhalb dieser Hierarchie.

Die Brahmanen gewannen im Laufe der Zeit noch an Macht, denn sie besaßen durch das Opfermonopol alleinigen Zugang zu den Göttern. In den *Brahmanas* – Texten, die ebenfalls als göttliche Offenbarungen gelten – wurden die Opferrituale beschrieben und weiter aufgewertet. Das Opfer geriet immer mehr zum Selbstzweck. Von den Priestern zelebriert, zwang es die Götter in die Rolle bloßer Vollstrecker des magischen Weltgesetzes. Als Reaktion auf die Institutionalisierung von Opfern, Göttern und Lehre in dieser Epoche des sog. Brahmanismus (um 900–400 v. Chr.) entstanden Buddhismus und Jainismus.

Buddhismus

Der Buddhismus, heute eine der großen Weltreligionen, geht zurück auf *Siddhartha Gautama*, geboren um 563 v. Chr. als Sohn eines Fürsten am Fuße des Himalaya. Begegnungen mit dem Leid der Welt veranlaßten ihn, mit 29 Jahren Frau, Kind und Palast zu verlassen und sich jahrelanger Askese zu unterziehen. Er mußte jedoch erkennen, daß ihn dies nicht weiterbrachte. In Bodh Gaya, unter einem Feigenbaum meditierend, erlangte er schließlich die Erleuchtung und wurde zu einem ›Erwachten‹, einem Buddha. 483 v. Chr. ging er der Legende zufolge ins Nirvana ein.

In den Augen Buddhas existiert kein großer Gott oder Weltenlenker. Das ewige Weltgesetz bewegt den Kosmos, und der Mensch befindet sich in einem leidvollen Kreislauf von Geburt, Tod und Wiedergeburt. Seine guten oder schlechten Taten in diesem Leben bestimmen die Bedingungen des nächsten. Das Ausscheiden aus diesem Kreislauf, der Stillstand des Rades der Wiedergeburten, das Eingehen ins Nirvana ist das Ziel. Diese älteste Form des Buddhismus nennt man *Hinayana* (kleines Fahrzeug); sie wird in modifizierter Form noch heute in Sri Lanka, Thailand und Burma praktiziert.

Eine entscheidende Wandlung des Buddhismus setzte in den ersten Jahrhunderten unserer Zeitrechnung ein. Das Ideal des egozentrischen Einsiedlers wandelte sich zu dem des *Bodhisattva*. Dieses ›Erleuchtungswesen‹ hat die Buddhaschaft erreicht, verzichtet aber auf das Eingehen ins Nirvana, um anderen Lebewesen den Weg aus dem leidvollen Kreislauf zu weisen. Dieser *Mahayana*-Buddhismus (großes Fahrzeug) verbreitete sich schnell in Indien, über Zentralasien bis nach China und später von dort nach Japan. Der historische Buddha war längst selbst zum Objekt religiöser Anbetung avanciert. Er sowie die zahlreichen anderen Buddhas, z. B. *Maitreya*, der ›messianische‹ Buddha der Zukunft, und die Bodhisattvas wurden in menschlicher Gestalt dargestellt und verehrt.

Parallel zum Mahayana entwickelte sich unter dem Einfluß des Tantrismus ein dritter Erlösungszweig: das *Tantrayana* (Fahrzeug der Tantra-Texte), woraus wiederum das *Vajrayana* (der Diamantweg) hervorging. Unter dem Einfluß des Tantrismus wurden weibliche Gottheiten ins Pantheon aufgenommen, hinduistische Götter assimiliert und die Zahl der Buddhas noch weiter erhöht.

Die Lehren des Buddha wurden nach dessen Tod im engeren Umfeld seines Wirkens in Mönchsorden gelebt und weitergegeben. Erst zwei Jahrhunderte später, als sich der große Maurya-Kaiser Ashoka (268–233 v. Chr.), der aus der Landschaft Magadha, dem heutigen Bihar, stammte, bekehrte und den Buddhismus zur Staatsreligion seines Imperiums machte, wurde dieser über fast ganz Indien verbreitet. Der Buddhismus hielt sich in Indien über Jahrhunderte, wenn auch im Süden immer neben anderen Religionen. Die Eroberung Nordindiens durch die Muslime im 13. Jh., die Zerstörung der Tempel, Bibliotheken und vor allem der Klöster leiteten den Untergang des Buddhismus in Indien ein. Die Mönche wanderten ab, und die verbliebenen Gemeinden verkümmerten. In Süd-Indien waren Amaravati, Nagarjunakonda und, ganz im Süden, Nagapattinam Zentren buddhistischer Prosperität und Kunst. Zeugnisse davon sind heute noch zu bewundern: wenig vor Ort, viel in Madras und in den großen Museen der Welt. Wiederbelebt wurde der Buddhismus in der

Neuzeit von den Japanern, die sich der historischen Stätten in Nordindien annahmen, durch die im indischen Exil lebenden Tibeter und in den 60er Jahren besonders durch den Übertritt von Hunderttausenden ›Unberührbarer‹ unter Führung von Bhimrao Ambedkar. Heute bekennen sich in Indien etwa 5 Mio. Menschen zum Buddhismus.

Jainismus

Der Jainismus in seiner heutigen Form fußt auf den Lehren des *Vardhamana Mahavira*, eines Zeitgenossen Gautama Buddhas. Der Legende nach wurde er von einer Brahmanen-Frau empfangen, dann aber als Embryo von Indra in den Leib der Fürstin Trishala übertragen, nach vielen glückverheißenden Träumen betreffs seiner künftigen Größe geboren und von Indra den Menschen vorgestellt und zeremoniell gebadet. Ob seiner erstaunlichen Kräfte nannte man ihn später Mahavira, ›großer Held‹. Mit 30 Jahren, nach dem Fastentod seiner Eltern, schloß er sich einer Asketengemeinschaft an und unterzog sich als nackter Bettelmönch strengsten Kasteiungen. Mit 42 Jahren erlangte er die Erleuchtung, zog danach predigend durchs Land, gewann Fürsten für seine Lehre, gründete Gemeinden und reformierte die Ordensregeln der alten Asketen-Gemeinschaften. Im Alter von 72 Jahren beschloß er, das Atmen aufzugeben.

Die reichlich pessimistischen und kompromißlosen Lehren des Mahavira wurden erst lange nach seinem Tode niedergeschrieben. Ihr Ziel ist, wie auch bei den anderen indischen Religionen, das Ausscheiden aus dem endlosen Kreislauf der Wiedergeburt, denn Leben bedeutet nach der Lehre Mahaviras Leiden ohne Sinn. In der Vorstellungswelt der Jainas gibt es zwei vollkommen gegensätzliche Grundelemente: *Jiva*, das Geistige, die immateriellen Seelen, und *Ajiva*, das Ungeistige, Stoffliche, wozu u. a. fast alles irdische Tun des Menschen zählt. Die Vollkommenheit der Seele wird durch das Ajiva beeinträchtigt, der Wiederherstellung ihrer Reinheit muß alles Streben gelten. Ist am Ende des Lebens die Seele wieder makellos, kann sie ins Nirvana eingehen.

Dies gelang bisher allerdings nur den *Tirthankaras* und wenigen anderen Heiligen. Der gewöhnliche Gläubige erreicht gemeinhin durch Selbstdisziplin, Askese, Meditation, Befolgung der strengen Regeln und gute Taten nur den Einzug in den Himmel – auf Zeit; entsprechend werden Seelen für ihren schlechten Lebenswandel in der Hölle gequält. Danach erfolgt unweigerlich eine Wiedergeburt als niederes oder höheres Lebewesen, je nach Karma.

Das unvergängliche und nicht von einer Gottheit geschaffene Universum unterliegt ewigen Gesetzen und ist unvergänglich. Wie im Hinduismus folgen guten Zeiten solche des Niedergangs. Jedes dieser Weltzeitalter hatte und hat Verkünder der rechten Lehre. Die Jainas verehren die 24 Heiligen des gegenwärtigen, als reichlich miserabel bewerteten Zeitalters als höchste Autoritäten und nennen sie Tirthankaras (›die, die eine Furt durch den Strom der Wiedergeburten gefunden haben‹) oder *Jinas* (Sieger), wovon sich der Name Jainismus ableitet. Der erste Tirthankara, Rishabhanatha, lebte der Legende nach in grauer Vorzeit, der bisher letzte war Mahavira. Nummer 23, Parshvanatha, zog wahrscheinlich im sechsten vorchristlichen Jahrhundert als Asket predigend durch Nord-Indien. In der Glaubenswelt der Jainas existieren auch Götter, die aber nicht unsterblich sind und meist als

Jain-Mönche und Pujari zu Füßen des Bahubali in Sravana Belgola (Karnataka)

untergeordnete Vertreter und Helfer der Tirthankaras fungieren. Bemerkenswerterweise werden die Kulthandlungen in den Tempeln gegen Bezahlung von Brahmanen, also Hindus, ausgeführt.

Die Gemeinschaft der Jainas zerfällt in viele Untergruppen ohne ein gemeinsames Oberhaupt. Diese starke Gliederung hat auf gesellschaftlicher Ebene zur Bildung von Heiratsgruppen geführt, einer Art von Kasten, obwohl die Jainas ursprünglich das Kastenwesen ablehnten. Die beiden Hauptrichtungen, die sich schon früh herausbildeten, gruppieren sich um ihre Mönchsgemeinschaften und nennen sich nach ihnen. Bei den *Shvetambaras* (›Weißgekleidete‹) tragen die Mönche weiße Tücher als Kleidung, während die *Digambaras* (›Luftgekleidete‹) nackt gehen. In Süd-Indien haben

wir es hauptsächlich mit letzteren zu tun.

Das oberste ethische Gebot der Jainas besteht darin, kein Lebewesen zu töten, was tiefgreifende Auswirkungen auf Lebensweise und Berufswahl hat. So sind alle Jainas strenge Vegetarier. Die Räume werden häufig gefegt und Insekten behutsam hinausgetragen, Gemüse und Obst vorsichtig von Hand geöffnet, um vorhandene Würmchen zu retten. Gemüse, die unter der Erde wachsen, meidet man ganz, um bei der Ernte kein Lebewesen zu gefährden. Strenggläubige essen aus diesem Grund viel Dörrgemüse. Und da Insekten ins Licht fliegen, wird nach Anbruch der Dunkelheit kein Feuer entzündet ... Ein Jaina kann unmöglich Bauer, Schmied oder Dachdecker sein, wohl aber Kaufmann, Bankier oder Juwelier. Der vorgeschriebene bedürfnislose Lebenswandel läßt dabei so manchen ein großes Vermögen ansammeln.

Viele Fürsten und Könige, angefangen beim großen Chandragupta Maurya, waren den Jainas wohlgesonnen, und ihre Lehre fand große Verbreitung bis weit nach Süd-Indien. Staatsreligion wurde sie jedoch nie. Andererseits waren die Jainas oft heftiger Verfolgung ausgesetzt, z. B. seitens der Shivaiten zur Zeit der Chola-Herrscher. Anders als der Buddhismus ließ sich der Jainismus in Indien jedoch nie völlig verdrängen oder ausrotten, verbreitete sich allerdings auch nicht über seine Grenzen hinaus.

Die Jainas leben heute vorwiegend in den Städten West- und Zentralindiens sowie in Maharashtra und Karnataka. Sie stellen knapp 0,5 % der Bevölkerung der Indischen Union. Meisterwerke jainistischer Kunst findet man in Südindien in den Höhlentempeln von Ellora, bei den Stätten der frühen westlichen Chalukyas: Badami, Aihole und Pattadakal sowie in Sravana Belgola, Mudabidri, Velor und Kankal im Süden von Karnataka, wo sich auch Zentren des heute praktizierten Glaubens befinden.

Hinduismus

Um die Zeitenwende begannen die alten Glaubensformen der Urbevölkerung, Schamanismus, Animismus und verschiedene Fruchtbarkeitskulte, langsam mit der Opferreligion der herrschenden Schichten zu verschmelzen. Yoga, ein sowohl bestimmte Moralvorstellungen als auch geistiges Training und körperliche Übungen umfassendes Schulungssystem mit dem Ziel der Erleuchtung, gewann an Bedeutung. Die alten vedischen Götter waren zu Gun-

sten von Brahma, Vishnu und Shiva in den Hintergrund getreten. Die Heldenepen Mahabharata und Ramayana entstanden. Das Gesetzbuch des Manu und die Puranas wurden aufgeschrieben. Der Hinduismus, wie wir ihn heute kennen, nahm langsam Gestalt an.

Um 500 begann der *Tantrismus*, eine esoterische Ganzheits- und Rituallehre vorarisch-altindischen Ursprungs, die im Kult der großen Muttergöttin wurzelt, verstärkt Einfluß auf die indischen Religionen zu nehmen. Der Shaktismus, die Verehrung der weiblichen Energie einer Gottheit als höchstem Prinzip, entwickelte sich. Eine Vielzahl heiliger Schriften, die *Tantras*, legten ein komplexes Weltbild und die verschiedensten Formen des Rituals fest. *Yantras* (Zeichen und Diagramme), *Mantras* (Sprüche und Keimsilben), Meditation, Yoga und Sexualriten wurden in den Kult übernommen, und das Pantheon wurde um viele neue Aspekte und Erscheinungsformen der Götter bereichert.

Das Lehrgebäude des modernen Hinduismus fußt in vielem auf den Upanischaden. Die unendlich vielen Götter werden als Aspekte und Erscheinungsformen der göttlichen Trias *Brahma – Vishnu – Shiva* gedeutet und diese wiederum mit dem Universalgeist, dem Brahma, identifiziert. So bekommt man von aufgeklärten Indern den Hinduismus oft als monotheistische Religion vorgestellt. Die göttliche Trias, der Brahma als Schöpfer, Vishnu als Erhalter und Shiva als Zerstörer angehören, geht einerseits auf älteste indische Vorstellungen zurück – so bildeten schon Indra, Agni und Surya eine frühe Dreiheit – und stützt andererseits die Vorstel-

Krishna lehrt Arjuna die Bhagavadgita, Tempel von Pushpagiri (Andhra Pradesh)

Das Mahabharata

›Der Krieg der Großen‹, ein literarisches Werk aus 18 Büchern mit 106 000 Doppelversen, über Generationen bis zum Jahre 400 zusammengetragen, präsentiert sich uns als ein Kompendium verschiedenster Inhalte mit Mythen und Legenden, historischen und geographischen Hintergründen, Ahnenreihen, Lobeshymnen und Liebesdramen.

Im Mittelpunkt des Hauptteils dieses ›Menschheitsepos‹ stehen die Auseinandersetzungen der beiden miteinander verwandten Geschlechter der Pandavas und der Kauravas.

In Hastinapura, der Hauptstadt des Kuru-Landes (zwischen Ganga und Yamuna), herrscht der Kaurava-König Dritarashtra. Seine hundert Söhne, von denen Duryodhana eine wichtige Rolle spielen wird, wachsen gemeinsam mit den fünf Pandava-Brüdern Yudhishtira, Bhima, Arjuna, Nakula und Sahadeva auf, nachdem ihr Vater, der König Pandu, gestorben war; gemeinsam werden sie in den Kriegskünsten ausgebildet. Die Rivalitäten beginnen, als die Pandavas ebenso wie die Kauravas die Königswürde für sich beanspruchen. Es gelingt den Kauravas schließlich, ihre Konkurrenten aus Hastinapura zu vertreiben. Die Pandava-Brüder fliehen mit ihrer Mutter Kunti in die Wälder.

Die Verkündigung eines Turniers, dessen Sieger Draupadi, die Tochter des Königs aus dem südlichen Pañcala zur Frau erhalten soll, lockt neben allen Königssöhnen auch die fünf Pandavas

lung von Leben, Tod und Wiedergeburt als ewigem Zyklus.

Historisch gesehen bildeten sich schon früh zwei Hauptrichtungen heraus: Die Shivaiten oder *Shaivas* verehren Shiva als absoluten Gott und die Vishnuiten oder *Vaishnavas* Vishnu oder eine seiner Inkarnationen als höchste Instanz. Dazu kommen die *Shaktas*, die allen Ursprung im Weiblichen sehen und *Mahadevi* oder Mahalakshmi in Durga oder Kali als die große Göttin anbeten (besonders in Bengalen und Orissa). Als um das Jahr 1000 die Moslem-Einfälle begannen und der Buddhismus langsam verlosch, bekam der Hinduismus neue Impulse. Zahlreiche Meister traten auf und gründeten neue vishnuitische, shivaitische und tantrische Sekten. Die Anhänger der unterschiedlichen Richtungen berufen sich alle auf dieselben heiligen Bücher, so auf die *Bhagavadgita*, den ›Gesang des Erhabenen‹ aus dem Mahabharata, oder auf die Puranas, deren Protagonisten wechselweise als die Größten verehrt werden. Der große Dichter Kalidasa z. B. besingt einmal Brahma ›als anfangslosen Urgrund und Herrscher der Welt‹, ein anderes Mal Vishnu ›als Ursprung und Herrn des Alls‹ und an anderer Stelle Shiva als den höchsten Gott.

herbei. Arjuna löst die gestellten Aufgaben, spannt den großen Bogen, trifft das in himmlischen Weiten aufgesteckte Ziel und gewinnt Draupadi, die nach einem Spruch der Kunti jedoch allen fünf Brüdern gehören soll.

Sie kehren heim nach Hastinapura und können nun ihrer Forderung nach Eigenständigkeit Nachdruck verleihen. Im gegenseitigen Einvernehmen erhalten die Pandavas das unwirtliche Gebiet des Khandava-Waldes, wo sie ihre Hauptstadt Indraprashta gründen und wo sich Yudhisthira zum König weihen läßt.

Yudhisthira wird von Duryodhana zu einem Würfelspiel herausgefordert, und der Pandava kann seiner Spielleidenschaft nicht widerstehen. Er setzt und verliert Hab und Gut, sein Königreich, seine Söhne und seine Brüder, schließlich sich selbst – und zuletzt sogar seine Frau Draupadi an die Kauravas. Verzweifelt und gedemütigt, stellt diese dennoch die verblüffende Frage, ob Yudhishtira überhaupt berechtigt war, sie zu verpfänden, da er

doch bereits seine eigene Freiheit verloren habe. Ein letztes Würfelspiel treibt schließlich die Pandavas für dreizehn Jahre in die Verbannung. Als sie nach Ablauf dieser Frist heimkehren, stellt sich erneut die Herrschaftsfrage zwischen den Kauravas und den Pandavas, die jetzt nur noch eine Antwort kennt: Krieg!

Krishna Vasudeva, der Herrscher von Dwarka, bietet sich Arjuna als Wagenlenker an. Doch vor Ausbruch der Schlacht überkommen Arjuna Zweifel am Sinn des Krieges, und Krishna Vasudeva verkündet ihm, angesichts der sich gegenüberstehenden Heere, die *Bhagavadgita*, das Lehrgedicht über indische Philosophie und Staatslehre.

Der Krieg findet statt und währt 18 Tage. Als Sieger zwischen den beiden großen Geschlechtern gehen die Pandavas hervor, denen es gelungen war, das gesamte Geschlecht der Kauravas zu vernichten. Aber auch die Helden, die fünf Pandavas, verlieren schließlich ihr Leben, und der Sohn Arjunas wird König.

Das indische Pantheon gewinnt noch an Farbigkeit durch den Umstand, daß von der Hochreligion bis zum primitiven Volksglauben eine Vielzahl von Ausdrucksformen des Religiösen entstanden, gar nicht zu sprechen von den vielen ›fremden‹ Göttern, die im Laufe der Zeit ›eingemeindet‹ wurden, indem man sie zu Erscheinungsformen der Hochgötter erklärte. Neben seinem persönlichen Hauptgott haben auch die anderen Götter ihren festen Platz in der Vorstellungswelt eines Hindus, entweder auch hier als Erscheinungsform des ›einen‹ Großen oder als eigenständige Instanz, deren Gunst man sich in bestimmten

Lebenslagen oder für spezielle Unternehmungen zu sichern sucht.

Wiedergeburt und Kastenwesen

In Glaubensfragen besitzt der Hindu also offenbar volle Freiheit. Wichtig ist aber, daß er die Normen der Ordnung beachtet, in die er hineingestellt, d. h. hineingeboren wird. Der *Dharma* (das Gesetz) fußt auf der ewigen Weltordnung und den Geboten Gottes. Er hält nicht nur die Ordnung des Kosmos auf-

Für die Rechte der Unberührbaren
Bhimrao Ambedkar

Den hageren Alten im Dhoti auf seinem Sockel kennt jeder: Mahatma Gandhi. Weniger geläufig ist den meisten Reisenden die Identität eines in Süd-Indien nicht weniger oft – meist naiv/naturalistisch im europäischen Straßenanzug – dargestellten Mannes: Bhimrao Ambedkar. Hochverehrt besonders von den Armen und Unterprivilegierten, gehört Bhimrao Ambedkar zu den bedeutendsten Politikern Indiens in diesem Jahrhundert.

1891 in die ›unreine‹ Kaste der Mahar in Mhow/Zentral-Indien hineingeboren, erfuhr er schon in der Schule schmerzlich, was es heißt, unberührbar zu sein. Statt ihn zu unterrichten, ließ der Lehrer ihn die Latrinen säubern. Aber dann erlangte Bhimrao Ambedkar für seine Schul- und Studienzeit die Unterstützung fortschrittlich denkender Hindus, unter ihnen der Maharaja von Baroda, die ihm sogar ein Studium im Ausland ermöglichten. An New Yorks Columbia-Universität erwarb er den Doktor der Philosophie, in London den Doktor der Ökonomie und den Barristertitel. Ungewöhnlich für das Indien der 20er und 30er Jahre!

Doch das Stigma des Unberührbaren wurde Bhimrao Ambedkar damit nicht los – er mußte kämpfen. Er gründete politische Vereinigungen und organisierte Protestmärsche und -aktionen zur Durchsetzung seiner Forderung nach Gleichberechtigung der Unberührbaren – und stieß auf erbitterten Widerstand. Auf einer Konferenz in London 1931 forderte Ambedkar auch für die unberührbaren Kasten reservierte Sitze im Parlament, wie es sie für Muslime, Sikhs und andere Minderheiten gab – und setzte sich damit in scharfen Gegensatz zu Gandhi, der das Kastensystem als ideale Gesellschaftsordnung erhalten wollte, gesetzliche Regelungen zur Gleichstellung der Unberührbaren ablehnte und das Problem durch ständige Appelle an das Gewissen der hohen Kasten lösen wollte.

1932 begann Bhimrao Ambedkar für seine Überzeugung zu fasten. Unter dem starken Druck der hinduistischen Öffentlichkeit willigte Ambedkar schließlich in einen Kompromiß ein, den sogenannten Poona Pakt. Enttäuscht von der mangelnden Reformbereitschaft der Hindus erklärte Ambedkar 1935 öffentlich, zum Buddhismus übertreten zu wollen, was er 20 Jahre später, 1956, knapp zwei Monate vor seinem Tode dann auch tat. Hunderttausende von Unberührbaren folgten seinem Beispiel, unter ihnen die gesamte Kaste der Mahar.

Ambedkar wurde der erste Justizminister des unabhängigen Indien. Er gilt als der Vater der indischen Verfassung, die die Kasten nicht ›abschafft‹, aber jegliche Diskriminierung auf Grund von Kastenherkunft unter Strafe stellt.

recht, er stellt auch alle Lebewesen darin auf ihren Platz und schreibt ihnen das richtige soziale und ethische Verhalten vor. Die lasche oder strenge Befolgung der zahlreichen Vorschriften wirkt sich zwangsläufig auf die Daseinsform der nächsten Wiedergeburt aus. Die Gebote für alle Lebensbereiche sind niedergelegt in den heiligen Schriften vom Veda bis zum Gesetzbuch des Manu.

Die Grundlage der Gesellschaftsordnung ist das Kastensystem. Im Laufe der Jahrhunderte haben sich die vier Hauptkasten – auch: Varnas (Farbe) in über 3000 Unterkasten (Jat = Geburt) geteilt; die Parias, die Unberührbaren, ihrerseits in zahlreiche Kasten gegliedert, setzen diese Hierarchie nach unten fort.

Dieses System der Trennung und Abkapselung nach außen und des Zusammenhalts und der sozialen Absicherung untereinander hat sich bis ins 19. Jh. zusehends verschärft. Gandhi forderte seine Rückführung auf die gemäßigte Form der Frühzeit. Das unabhängige Indien fixierte in der Verfassung die Gleichheit aller vor dem Gesetz, was aber nicht Abschaffung der Kasten bedeutet. Das Kastensystem kann nicht einfach durch Parlamentsbeschluß abgeschafft werden – und das strebt auch keiner an –, denn es stellt bei aller Einengung und Ungerechtigkeit auch eine Art Sozialversicherungssystem dar, dem man bis auf bescheidene Anfänge nichts auch nur annähernd Gleichwertiges gegenüberstellen kann. Unberührbaren und Stammesangehörigen (Scheduled Castes) wurde die Wahrnehmung ihrer Rechte durch Einführung eines Quotensystems erleichtert, das ihnen Sitz und Stimme in den öffentlichen Körperschaften, aber auch Studienplätze an Schulen und Universitäten freihält.

In Großstädten und industriellen Zentren bedingen die Umstände ein Verwischen der Kastenschranken. Kein Harijan (›Kinder Gottes‹), wie Gandhi die Unberührbaren aufwertend nannte, läuft da mehr mit Glöckchen behängt herum, damit ein verträumter Brahmane seinem unreinen Schatten rechtzeitig ausweichen kann, und auch ein Brahmane kann die Vorschrift, allein zu essen, kaum noch befolgen. Die Vorschrift, nur in der eigenen Kaste zu heiraten, wird dagegen noch fast überall beachtet. Auch entstehen noch immer neue Kasten, z. B. durch Ansiedlung von Industrien, Eingliederung von Flüchtlingen oder auch durch das Aufkommen neuer Berufe wie KFZ-Facharbeiter oder Computer-Fachmann.

Die Frau in der Gesellschaft

Im familiären Bereich hat sich an den überkommenen gesellschaftlichen Normen kaum etwas geändert. Die Rolle der Frau ist noch immer die von den heiligen Schriften vorgegebene. Die unbeschwerte Kindheit endet bei einem Mädchen früher als bei den Jungen. Schon in jungen Jahren schleppt sie die kleinen Geschwister auf der Hüfte umher und muß der Mutter zur Hand gehen. Mit der heißersehnten frühen Heirat wird sie zuerst einmal zur Magd der Schwiegermutter. Ihre Situation bessert sich erst mit der Geburt von Söhnen. Mit Töchtern bringt sie ihren Ehemann in die gleiche Lage wie vorher mit ihrer eigenen Geburt schon ihren Vater: Mädchen zu verheiraten kostet viel Geld und kann die Familie ruinieren.

Trotz Verbotes seit 1961 und Androhung hoher Strafen seit 1986 ist der Unsitte überzogener Mitgiftforderungen nicht beizukommen. Oft geht die Erpressung nach der Hochzeit weiter und endet bei Weigerung für viele der jungen Frauen mit einem tödlichen ›Unfall‹,

Manus Gesetzbuch. Verse aus den Büchern VIII und IX

VIII, 279. Vergreift sich ein Angehöriger der untersten Kasten mit irgendeinem Gliede an einem Mitglied der (drei) höchsten Kasten, so muß ihm eben dieses Glied abgeschnitten werden; dies ist Manus Gebot.
280. Hat er die Hand oder einen Stock (gegen ihn) erhoben, so gebührt ihm Abhackung der Hand; hat er im Zorn zu einem Fußtritt ausgeholt, so gebührt ihm Abhackung des Fußes.
281. Will ein Niedriggeborener sich neben einen Hochgeborenen setzen, so soll er auf der Hüfte gebrandmarkt und verbrannt werden, oder der König soll ihm das Hinterteil abschneiden lassen.
282. Speit er ihn aus Übermut an, so soll ihm der König seine beiden Lippen abschneiden lassen; pißt er ihn an, so soll er ihm das Glied, furzt er ihn an, so soll er ihm den After (abschneiden lassen).

VIII, 352. Männer, die mit fremden Frauen sträflichen Umgang pflegen, soll der Herrscher durch Schauder erregende Strafen (allen) kenntlich machen und sie aus dem Lande verbannen.
353. Denn hieraus geht in der Welt die Vermischung der Kasten hervor, durch welche zum allgemeinen Verderb das die Wurzel (des Daseins) abschneidende Laster entsteht.

VIII, 359. Wenn einer, der kein Brahmane ist, mit einer Brahmanin Unzucht begeht, so verdient er die Todesstrafe; in allen vier Kasten muß man die Frauen aufs strengste hüten.

IX, 2. Die Frauen müssen von den Männern, welchen sie untertan sind, bei Tag und bei Nacht in Unterwürfigkeit erhalten, und wenn sie sich weltlicher Lust hingeben, unter die Zucht des Mannes gebeugt werden.

IX, 18. Bei den Frauen wird keines der Sakramente unter Hersagung von heiligen Sprüchen vollzogen, so ist das Recht festgesetzt; schwach und von der Kenntnis der heiligen Sprüche (der Veden) ausgeschlossen, sind die Frauen die Falschheit selbst, dies ist die Regel.

IX, 65. Nirgends wird der Niyoga in den heiligen Hochzeitssprüchen, nirgends wird in dem Eherecht die Wiederverheiratung einer Witwe erwähnt.
66. Dieser Gebrauch wird von kundigen Zweimalgeborenen verachtet als eine nur für das Vieh passende Sitte.

IX, 80. Eine Frau, die geistige Getränke trinkt, gegen die Sitte verstößt, widerspenstig, (unheilbar) krank, boshaft oder verschwenderisch ist, darf in allen Fällen durch eine andere ersetzt werden.
81. Eine unfruchtbare Frau darf man nach acht, eine, deren Kinder gestorben sind, nach zehn, eine, die nur Mädchen zur Welt bringt, nach elf Jahren, eine zänkische aber auf der Stelle durch eine andere ersetzen.
82. Ist jedoch eine Frau zwar krank, aber freundlich und sittenstreng, so darf man sie nur mit ihrer Zustimmung durch eine andere ersetzen und ihr niemals die schuldige Achtung versagen.

Brautpaar nach einer Zeremonie im Minakshi-Tempel, Madurai (Tamil Nadu)

obwohl auf Mitgiftmord nach dem Gesetz von 1986 die Todesstrafe steht. Eine weitere Folge dieses unseligen Systems stellt die Tötung weiblicher Säuglinge dar, sowohl bei den Armen und auf dem Lande wie auch beim Mittelstand, wo die Abtreibung nach der Früherkennung des Geschlechts mittels Fruchtwasseranalyse und Ultraschall, einer ›Dienstleistung‹ in indischen Kliniken, boomt.

Die Partnerwahl ist nach wie vor Sache der Eltern, was erstaunlicherweise viele der ›Betroffenen‹ beiderlei Geschlechts und aller Schichten gutheißen und verteidigen. Sie argumentieren u. a. mit den hohen Scheidungsraten bei uns. Man muß es erlebt haben, wie den Eltern eines nach erfolgreichem Auslandsstudium zurückgekehrten jungen Mannes die Angebote ›guter Partien‹ mit blumigen Schilderungen der Vorzüge der Braut in spe ins Haus flattern.

Die Bemühungen militanter Hindu-Fundamentalisten in Rajasthan, den Brauch der Witwenverbrennung wiederzubeleben – die schon 1827 von den Engländern verboten wurde – stellen in Süd-Indien kein Problem dar. Aber das Los einer Witwe ist auch dort beklagenswert. Sie wird überflüssig. Für eine Wiederverheiratung besteht kaum eine Chance. Oft bleibt ihr nur die Wahl, die ›Haussklavin‹ in der Familie des Mannes zu werden oder sich in einer Stadt allein durchzuschlagen. Bei Tempeln und heiligen Stätten sieht man oft Gruppen von Witwen in ihren verschlissenen weißen Saris, die ihre Not zu den Göttern treibt.

Als Arbeitskräfte sind die Frauen gefragt. Schwere Arbeiten beim Straßen- und Hochbau werden überwiegend von ihnen verrichtet. Man kann sie noch schlechter bezahlen als Männer. Zehn Stunden Arbeit bringen den Gegenwert von DM 5,–, Kinder bekommen knapp die Hälfte; davon geht noch ein Teil an Kontraktoren und Vermittler. Besonders in den großen Städten lassen sich Ansätze zu einer Verbesserung der Situation der Frauen erkennen, so z. B. durch die von Fraueninitiativen gegründeten Banken und Kooperativen wie die SEWA in Ahmedabad oder den Annapurna Mahila Mandal in Mumbai.

Einer oder 6 Millionen? – Die Götter Indiens

Der Hinduismus ist keine Stifterreligion, sondern das Ergebnis einer langen Entwicklung mit zahllosen Einflüssen und Adaptionen aus anderen Religionen und Kulturen. Entsprechend vielfältig sind die Namen, Legenden und Darstellungsformen der Götter, ihrer Helfer und Gegner. Die Vielfalt phantasievoller Figuren an den Wänden der Tempel wirkt auf den Besucher erst einmal verwirrend und unverständlich. Aber mit wenigen Grundkenntnissen lassen sich die wichtigsten Götter leicht identifizieren und grüßen vom nächsten Tempel schon als ›alte Bekannte‹.

Die Götter werden stehend, sitzend oder auch liegend dargestellt, allein oder in Begleitung ihrer Gemahlin(nen), die ihrerseits auch solo auftreten und in eigenen Tempeln verehrt werden können. In ihren – meist mehr als zwei – Händen tragen die Gottheiten Symbole, die uns helfen, sie zu identifizieren; außerdem befinden sie sich meist in Begleitung eines ihnen zugeordneten Reit- oder Symboltiers.

Theoretisch stehen an der Spitze des hinduistischen Pantheons drei gleichrangige Götter, die sog. *Hindu-Trinität*: Brahma als Schöpfer, Vishnu als Erhalter und Shiva als Zerstörer. In der Frühzeit wurden sie auch gleichrangig, einzeln oder als *Trimurti* dargestellt, doch Vishnu und Shiva avancierten schnell zu alleinigen Hauptgöttern ihrer jeweiligen Anhänger und Brahma war nur noch Weltenschöpfer im Dienste Vishnus oder Wagenlenker Shivas. Als eine Wiederbelebung der alten Dreifaltigkeit ist die Verehrung von *Dattatreya* anzusehen, der das Wesen aller drei in sich vereint und in der Darstellung jeweils zwei von deren Hauptsymbolen in seinen sechs Händen hält.

Brahma

Brahma wird meist mit vier Köpfen (von denen bei Reliefs naturgemäß nur drei zu sehen sind), mit Flechtenkrone und häufig mit spitzem Bart dargestellt. In den Händen hält er die Symbole des Asketen und Opferpriesters: Opferlöffel, Opferkrug, Rosenkranz und ein Bündel Palmblattmanuskripte – die Veden. Sein Reittier ist die Wildgans, als seine Frau gilt Sarasvati, die Göttin der Gelehrsamkeit.

Vishnu

In der häufigsten und einfachsten Darstellungsform trägt Vishnu auf dem Kopf eine hohe Königstiara. Weitere ty-

Ganesha, der Überwinder aller Hindernisse, ist der populärste aller indischen Götter

pische Merkmale sind ein Brustjuwel und der Waldkranz, eine Blumengirlande, die um seinen Hals hängt und bis zu den Knien reicht. In den Händen seiner vier Arme hält er Rad (= Wurfscheibe) und Schnecke, Keule und Lotus. Oft zeigen die erhobenen zwei Hände Rad und Schnecke und die beiden anderen die Mudras (Handhaltungen) der Gewährung von Schutz und Gnade. In seinen Inkarnationen kommen meistens spezifische Symbole zu Rad und Schnecke hinzu, und in seiner kosmischen Form als *Vishvarupa* (der Allgewaltige) vervielfältigen sich die

Köpfe, Arme, Hände und Symbole. Vishnu reitet auf dem Göttervogel *Garuda*. Seine Gemahlin *Lakshmi* heißt in Süd-Indien *Shri* (Shri-Devi). Wird er mit zwei Frauen dargestellt, so handelt es sich bei der zweiten um *Bhu-Devi* oder *Prithivi*, die Erdgöttin.

Bei der in Süd-Indien sehr beliebten Darstellung Vishnus als *Narayana Anantashayi* ruht er auf der zu einem Lager zusammengerollten Schlange *Ananta* und treibt der Legende nach zwischen zwei Weltzeitaltern schlafend im Urozean. Die mehrköpfige Schlangenhaube schützt seinen Kopf. Aus seinem Nabel wächst ein Lotus, auf dem Brahma sitzt, bereit, die Welt neu zu schaffen. Zu seinen Füßen finden sich oft seine Gemahlin(nen). Eine gleichfalls gern dargestellte Szene, *Gajendra-Moksha* genannt, zeigt die Rettung eines Elefanten, der gerade von einem Krokodil ins Wasser gezogen wird, durch den auf Garuda herbeischwebenden Vishnu, was die Errettung der menschlichen Seele durch den Erlösergott symbolisiert.

Vishnus Erscheinungsformen: Die Avatare

Vishnu mußte im Laufe der letzten vier Weltzeitalter mehrmals eingreifen, um die Ordnung der Welt wiederherzustellen und Götter wie Menschen vor dämonischen Mächten zu schützen. Die heiligen Bücher sprechen von vielen solcher Rettungsaktionen, dargestellt wird mit Vorliebe ein Zyklus von zehn Inkarnationen: *Dashavatara*. In den Legenden zu den Inkarnationen spiegeln sich Weltschöpfungsmythen, Frühgeschichte sowie soziale und religiöse Konflikte.

In seiner ersten Inkarnation nahm Vishnu die Gestalt eines kleinen Fischs – **Matsya** – an, der von Manu, dem ersten Menschen, gehegt wurde, bis er so groß war, daß er ihn zum Ozean bringen mußte. Hier offenbarte sich der Gott, prophezeite eine gewaltige Flut und gebot Manu, mit den sieben Weisen, Tieren und Saatgut ein Schiff zu besteigen. – Eine indische Version des Sintflut-Mythos also. Dargestellt wird Vishnu hier entweder als Fisch, als Mischwesen (unten Fisch, oben Mensch) oder wie er in seiner vierarmigen menschlichen Gestalt dem Maul des Fisches entsteigt.

Zur Wiederherstellung ihrer erschütterten Macht empfahl Vishnu den Göttern den kosmischen Milchozean zu quirlen, um den Unsterblichkeitstrank *Amrita* (Soma) zu erlangen. Um den Berg Mandara als Quirlstock wurde die Schlange Vasuki als Seil gelegt und wechselweise zogen die *Asuras* (Dämonen), die die Götter mit Versprechungen für das Unternehmen hatten gewinnen können, am Kopfende und die Götter am Schwanz der Schlange. Vishnu sprang ein, als der Berg im Ozean zu versinken drohte und bildete als Schildkröte – **Kurma** – das Widerlager des gewaltigen Quirls. Schließlich kamen als Ergebnis der Anstrengung 14 Kostbarkeiten zu Tage, die sofort verteilt wurden. Vishnu erhielt sein Brustjuwel, Muschelhorn und Keule und seine Gattin Lakshmi – ein Bogen sollte ihm in seiner späteren Rama-Inkarnation gute Dienste leisten. Indra erhielt den weißen Elefanten Airavata und den Wunschbaum, der Dämonenfürst Bali einen weißen Hengst und die sieben Rishis (Weise oder Seher) die Wunschkuh Surabhi. Shiva steckte sich die Mondsichel ins Haar, Varuna nahm sich Varuni, die Göttin des Weines – und endlich tauchte Dhanvantari, der Götterarzt, mit dem Soma-Krug auf, den die Dämonen blitzschnell ergriffen. Wieder mußte Vishnu eingreifen. In Gestalt der schönen *Mohini* verdrehte er den Asuras dermaßen die Köpfe, daß sie ›ihr‹ die Verteilung des Unsterblichkeitstranks übertrugen. Mohini bediente die Götter – und verschwand mit dem Rest.

Einer der Dämonen jedoch hatte auch etwas vom Göttertrunk abbekommen und wurde von Vishnu mit seiner Wurfscheibe in zwei Teile gehauen – mit dem fatalen Erfolg, daß es nun zwei unsterbliche Dämonen gab. *Rahu*, der Kopf ohne Körper, und *Ketu* mit dem Schlangenleib wurden durch Brahma als Planeten an den Himmel gesetzt. Nicht geplant war, daß auch Shiva sich in die

Vishnu mit Lakshmi (o. M.) und seine 10 Avatare, Tempeleingang in Jeevottam Math (Goa)

verführerische Mohini verliebte. Aus dieser Verbindung entsproß die in Süd-Indien sehr populäre Gottheit Shasta oder *Ayyanar*. Als Shiva Mohini im Moment der Rückverwandlung umarmte, entstand *Harihara*, halb Vishnu, halb Shiva.

Das Quirlen des Milchozeans, gern in Malerei und Relief an Tempeln illustriert, ist leicht zu erkennen an der Szenerie, den beteiligten Göttern und den gewonnenen Kostbarkeiten. Vishnu ist die Schildkröte; oft erscheint er zusätzlich über dem Berg auf einem Lotus thronend. Einzeln dargestellt, meist im Kon-

text aller Avatare, wächst er von der Hüfte aufwärts menschenähnlich und vierarmig aus einem Schildkrötenpanzer.

Rahu und Ketu bilden in Süd-Indien zwei von neun freistehenden Figuren des Planetenaltars, den man in allen großen Tempelanlagen findet. Er wird von den Tempelbesuchern mehrmals umrundet. Hariharas rechte Körperhälfte zeigt Shiva mit Flechtenkrone, Dreizack oder Sanduhrtrommel und einem Kranz aus Totenschädeln, der sich in der Körpermitte als Waldkranz fortsetzt. Vishnu, die linke Körperseite,

Das Ramayana
Heldenepos und Liebesdrama

D as Ramayana, dieses große altin-
dische Liebesdrama, bewegt
nicht nur als Fernseh-Verfilmung
Millionen heutiger Inder; ebenso haben
zahllose vergangene Generationen die
tragische Liebesgeschichte von Rama
und Sita gebannt verfolgt, ob in Musik-,
Tanz- und Theateraufführungen, in der
Miniaturmalerei und der Steinskulptur,
im religiösen Kult oder schließlich
durch die Lektüre des großen Epos
selbst. Die 24 000 Doppelverse, verteilt
auf sieben Bücher, auch in ›handliche-
ren‹ Buchausgaben zu haben, werden
im 2. Jh. n. Chr. weitgehend abgeschlossen gewesen sein.

Eintracht und Zufriedenheit herrschen am Hofe von Ayodhya. Hier lebt
König Dasharatha mit seinen drei
Frauen Kausalya, Kaikeyi und Sumantra
und den Söhnen Rama, Bharata, Lakshmana und Shatrughna. Eines Tages
ernennt Dasharatha seinen tugendhaften Lieblingssohn Rama zu seinem
Nachfolger, was Zustimmung und
Jubel am Hofe und beim Volk auslöst.

Doch die Königin Kaikeyi, von ihrer
Zofe Mantara angestachelt, will ihren
Sohn Bharata auf dem Thron sehen.
Machtlos erliegt der alternde, von Lie-
bessehnsucht geplagte König ihren Ver-
führungskünsten und erfüllt ihre Forderungen: Ihr Sohn Bharata soll König
werden, und Rama zieht für 14 Jahre in
die Verbannung. Wehklagen und Jam-
mern erfüllt Ayodhya, als Rama, beglei-

*Der Affengott Hanuman trifft Rama und Lakshmana im Walde, rechts der verwundete
Geier Jarayus. Ramayana-Darstellung am Ketapai-Devasthana in Bhatkal (Karnataka)*

tet von der treuen Gemahlin Sita und dem ergebenen Bruder Lakshmana, ohne Hab und Gut ins Exil zieht. Für sie beginnt nun ein beschwerlicher und abenteuerreicher Weg in den Süden Indiens.

Doch der Herrscher über alle Dämonen und König von Lanka, der zehnköpfige und zwanzigarmige Ravana, begehrt die liebliche Sita, und gemeinsam mit dem Asketen Marica, der sich in eine goldene Gazelle verwandelt, gelingt ihm ihre Entführung. Sita widersteht beharrlich den Annäherungsversuchen Ravanas, der ihr schließlich unter wüsten Drohungen eine Frist von 12 Monaten gewährt.

Ziellos wandern Rama und Lakshmana auf der Suche nach Sita im Wald umher, bis sie schließlich auf den Affenkönig Sugriva treffen, der seinen Minister und General Hanuman beauftragt, Sita zu suchen. Er findet die gefangene Sita schließlich im Ashoka-Hain im fernen Lanka. Sogleich beginnen die Verbündeten eine Brücke über den Ozean nach Lanka zu bauen. Nach erbitterten Kämpfen gelingt es Rama, den mächtigen Dämonenfürsten Ravana, zu besiegen und zu töten. Nun beschuldigt Rama seine Gemahlin der Untreue. Sita beteuert jedoch ihre Reinheit, fordert Rama auf, ein Gottesurteil anzurufen, und entsteigt tatsächlich unverletzt dem Scheiterhaufen.

Nach Ayodhya heimgekehrt, wird Rama zum König geweiht. Die Helden verleben eine kurze und glückliche Zeit, bis die Untertanen Zweifel an der Treue und Reinheit Sitas äußern. Rama, besorgt um Sitte und Moral in seinem Königreich, läßt die schwangere Sita im Wald aussetzen. In der Einsiedelei des weisen Dichters Valmiki, dem das Ramayana zugeschrieben wird, bringt sie die Zwillinge Kusha und Lava zur Welt.

Jahre später kommen die beiden an den Königshof von Ayodhya und tragen ihrem Vater das Ramayana, das Lied von Rama, vor. Sofort läßt er Sita herbeiholen, die ihre Treue beteuert und die Erdgöttin als Zeugin anruft. Da tut sich die Erde auf, und die Göttin nimmt Sita mit sich in die Tiefe. Rama ist untröstlich und bittet vergeblich, ihm seine geliebte Sita zurückzugeben.

Die Entführung Sitas durch Ravana. Ramayana-Darstellung am Ketapai-Devasthana in Bhatkal (Karnataka)

erkennt man außerdem an der (halben) Königstiara sowie Rad und Schnecke in den Händen.

Der mächtige Dämon *Hiranyaksha* hatte seinem schlafenden Gönner Brahma die Veden gestohlen und die Erde auf den Grund des Ozeans hinabgezogen. Vishnu nahm die Gestalt eines Ebers – **Varaha** – an, entriß dem Dämon die Heiligen Schriften, erschlug den Aufsässigen im Kampf mit einer mächtigen Keule, tauchte in die Tiefe und errettete die Erde aus den Fluten. Dargestellt wird er entweder in Tiergestalt als ›kosmischer Eber‹ oder mit Vorliebe in menschlicher Gestalt mit Eberkopf, auf den Hauern die gerettete Erdgöttin Bhu und mit den Füßen den Dämon zertretend.

Der Dämon *Hiranyakashipu* hatte Brahma das Versprechen abgetrotzt, weder von einem Menschen noch von einem Tier getötet zu werden, nicht am Tage und nicht bei Nacht, weder im Haus noch außerhalb sterben zu müssen. Er fühlte sich göttergleich und benahm sich anmaßend. Bei einem Streit mit seinem Vishnu verehrenden Sohn Prahlada trat er wütend gegen eine Säule und forderte die Allgegenwart des Gottes heraus. Sofort sprang dieser als Löwenmensch – **Narasimha** – daraus hervor, ergriff in der Dämmerung den Frevler und riß ihm zwischen Tür und Angel die Eingeweide aus dem Leib. So unterlief Vishnu Brahmas Schutzzusage.

Narasimha war besonders im Vijayanagar-Reich ein beliebtes Thema der Künstler. Dargestellt wird er als Mensch mit dem Kopf eines Löwen, stehend oder sitzend, als Yoga-Narasimha, mit seiner Shakti auf dem Knie, vor allem jedoch in seinem furchterregenden Aspekt, wie er grimmig blickend dem vor ihm liegenden Dämon mit den Krallen die Därme aus dem Bauch reißt.

Als Ausdruck des erbitterten Konkur-renzdenkens militanter Shivaiten entstand in Süd-Indien das Fabelwesen *Sharabha*, eine Mischung aus Vogel und Löwe. Der Legende zufolge nahm Shiva diese Gestalt an, um seinerseits den überheblich auftretenden Narasimha zu besiegen und sich dessen Haut als Trophäe überzustülpen. Darstellungen Sharabhas findet man besonders an Tempeln aus der Vijayanagar-Zeit.

Bali, ein mächtiger König des Südens, war durch strenge Askese zu großer Macht gelangt und erstrebte die Herrschaft über die drei Welten. Um der drohenden Gefahr zu begegnen, wurde Vishnu von der Göttermutter Aditi als zwergwüchsiger Brahmane – **Vamana** – wiedergeboren. Am Hofe Balis erbat er sich vom König so viel Land, wie er mit drei Schritten abmessen könne, dann wuchs er zum Riesen und durchmaß mit zwei Schritten Himmel und Erde. Großzügig verzichtete er auf den dritten Schritt und überließ Bali die Unterwelt. Balis zehntägiger ›Urlaub‹ auf Erden wird an der Malabar-Küste alljährlich als Onam-Fest gefeiert. Dargestellt wird Vishnu in seinem fünften Avatar als dicklicher Zwerg, oft mit einem Schirm in einer der beiden Hände, häufiger jedoch als *Trivikrama* (Dreischritt), die Waffen Vishnus schwingend und mit hoch erhobenem Bein zu einem gewaltigen Schritt ansetzend.

Die Legenden um den ›ersten‹ Rama spiegeln die schweren Konflikte und die Kämpfe um die Vorherrschaft zwischen Brahmanen und Kshatriyas wider: **Parashurama** (Rama mit der Axt) war, obwohl eine Inkarnation Vishnus, auch ein Günstling Shivas, der ihn mit seiner furchtbaren Waffe, der Streitaxt, ausstattete. Damit erschlug er zuerst auf Anweisung seines zornigen Vaters wegen deren unkeuscher Gedanken seine Mutter (sie wurde auf seinen

Wunsch wieder zum Leben erweckt), sodann den hundertarmigen König *Kartavirya*, der seinem Vater die heilige Wunschkuh gestohlen hatte, und zu guter Letzt, nachdem des Königs Söhne den Tod ihres Vaters wiederum am Vater Parashuramas gerächt hatten, vernichtete er in 21 Schlachten gleich alle männlichen Kshatriyas auf Erden. (Die Kshatriyas späterer Zeiten sollen Nachkommen von Brahmanen und Kshatriya-Frauen sein.)

Parashurama wird meist im Kontext mit den anderen Avataren abgebildet. Er ist von stattlicher Figur, trägt die Haare als Flechtenkrone, die heilige Schnur, die Kleidung eines Brahmanen und in einer seiner zwei oder vier Hände unübersehbar die mächtige Axt.

Der in Lanka (Ceylon) residierende zehnköpfige Dämonenfürst *Ravana* hatte Brahma durch Askese und Meditation dazu gebracht, ihm Unverletzlichkeit von seiten der Götter und Dämonen zu garantieren. Als er Himmel und Erde zu tyrannisieren begann, inkarnierte sich Vishnu in Ayodhya als Königssohn **Rama**, und der bösartige Dämon wurde schließlich von ihm – und damit durch Menschenhand – besiegt und getötet. Vorher läuft Indiens beliebtestes Liebesdrama und Heldenepos ab: das *Ramayana*. Es ist spannend und vergnüglich zu lesen und als Reiselektüre zu empfehlen.

Rama, neben Krishna die wichtigste Erscheinungsform Vishnus, wird ihm vielfach gleichgesetzt. In vielen Teilen Indiens grüßt man sich mit ›Ram Ram‹, und Gandhi starb nach dem auf ihn verübten Attentat mit dem Namen Ramas auf den Lippen. Rama gilt den Hindus als Idealbild des gehorsamen Sohnes, des treuen Ehemanns und des tugendhaften Helden schlechthin, während seine Gattin *Sita*, eine Inkarnation der Göttin Lakshmi, die treue, unterwürfige Ehefrau verkörpert. Auf uns heute wirkt der moralisierende, ständig um die Keuschheit seiner Frau besorgte Held reichlich chauvinistisch.

Rama begegnet uns als stattlicher Mann mit der Königstiara Vishnus auf dem Kopf, einem großen Bogen in der linken und einen Pfeil in der rechten Hand. Oft stehen zu seiner Rechten Sita, einen Lotus haltend, und links, wesentlich kleiner und ebenfalls mit Pfeil und Bogen, *Lakshmana*, sein Bruder. *Hanuman*, der treue Affengeneral in devoter Haltung, vervollständigt die Gruppe.

Krishna, eine der populärsten Gottheiten Indiens, ist ein heiterer Gott, die Verkörperung von Liebe und Freude, und seine Anhänger begegnen ihm mit gläubiger Hingabe (Bhakti). Seine Lebensgeschichte erfahren wir aus dem *Bhagavata-Purana* (Buch X; Harivamsa), das über seine Geburt in Mathura, seine Kindheit bei den Hirten, seine Heldentaten und amourösen Abenteuer mit den Gopis (Hirtenfrauen) sowie die Bestrafung des Dämonenkönigs Kamsa berichtet. Im Mahabharata wird Krishna hauptsächlich als Held und Staatsmann, als Künder der Bhagavadgita, Indiens bedeutendstem philosophischem Werk, gefeiert und die Zeit Krishnas als König von Dwarka bis zu seinem Tode beschrieben. Die Heldentaten und Abenteuer Krishnas bilden den Inhalt zahlloser farbiger Albumblätter, Wandmalereien und Relieffriese an Tempeln und Palästen.

Besonders häufig begegnet uns Krishna in folgenden Formen: *Bala-Krishna*: Krishna als krabbelndes Kleinkind. *Kaliya-Mardaka-Krishna*: Krishna als Knabe, auf dem Kopf der von ihm bezwungenen Schlange Kaliya tanzend. *Govardhana-dhara-Krishna*: Krishna hebt den Berg Govardhana über seinen

Die Krishna-Legende

Heute noch wie in allen vergangenen Jahrhunderten ist Krishna der verwöhnte junge Gott aller Inder, der göttliche Liebhaber. Seine Schönheit, sein Charme, sein zartes Flötenspiel haben ihn menschlich gemacht. Große literarische Werke, Tanzspiele und Musikstücke sind ihm zu Ehren entstanden. Manche kleine Bronzeskulptur stellt ihn als Baby dar, mit drallen Beinchen und den Zeh in den Mund gesteckt, oder – schon ein wenig größer geworden – als witzigen, verschmitzten Butterdieb und schließlich als kleinen Jungen tanzend auf der Schlange. In jedem Lebensalter die Rolle, in der die indischen Eltern ihren Jüngsten zu gerne sehen.

Seine Kindheit und Jugend verbrachte Krishna bei seinen Pflegeeltern, dem Hirten Nanda und seiner Frau Yashoda, in dem Dorf Gokula in der Nähe von Mathura, und mußte zahlreiche Abenteuer überstehen, denn sein Onkel Kamsa, der unrechtmäßige König von Mathura, trachtete nach seinem Leben. Ihm hatte einst eine Stimme zugeflüstert: »Der 8. Sohn deiner Schwester Devaki wird dich töten«. Er setzte Devaki und ihren Mann Vasudeva ins Gefängnis, ließ jedes neugeborene Kind töten und wurde dennoch – mit göttlicher Hilfe – überlistet: Vasudeva konnte den neugeborenen achten Sohn, das Baby Krishna, vorbei an schlafenden Wächtern aus dem Gefängnis tragen und in die sichere Obhut des Hirtenpaares geben.

Krishna verlebte mit seinem Bruder Balarama und den Hirtenjungen eine unbeschwerte und freudige Kinderzeit und Jugend im Dorf Gokula. Er war der Liebling aller Kuhhirtinnen, immer zu Späßen und Schabernacks aufgelegt, erlöste manchen Dämonen aus seiner Verbannung und widerstand allen Versuchen Kamsas, ihn mit Hilfe seiner Dämoninnen töten zu lassen, einmal in Gestalt der Schlange Kaliya.

Die Schlange hatte bereits alle Bäume und Sträucher am Fluß mit ihrem Atem vergiftet, als Krishna mit den Kuhhirten das Vieh ans Wasser zum Tränken führte. Doch auch das Wasser war vergiftet, und das Vieh fiel tot um. Krishna lockte die Schlange ins Wasser und tanzte so lange auf ihrem Kopf, bis diese inständigst um ihr Leben bat und schnellstens aus der Gegend verschwand.

In der Zwischenzeit, durch zahlreiche Abenteuer gestärkt und zum jungen Mann herangewachsen, verwirrte er die jungen Gopis, die Kuhhirtinnen, mit seinem unwiderstehlichen Charme. Einst badeten sie im Fluß, als Krishna herbeikam, alle ihre Kleider versteckte, hoch in einen Baum kletterte und lieblich auf seiner Flöte spielte. Die Gopis stiegen aus dem Wasser, traten verehrend vor ihn hin und – erhielten ihre Sachen zurück.

Doch Kamsa hatte Krishna nicht vergessen. Da alle Anschläge auf sein Leben fehlgeschlagen waren, lud er ihn und seinen Bruder Balarama nach Mathura ein. Im Kampf gegen die berühmtesten Boxer sollten sie von einem wilden Elefanten getötet werden. Doch dieser Plan schlug ins Gegenteil um: Krishna tötete den Elefanten, die Boxer starben im Zweikampf oder flohen vor Angst und Schrecken in den Wald. Alle Hilferufe Kamsas blieben ungehört, und so bewahrheitete sich schließlich sein vorhergesagtes Schicksal: Er wurde von Krishna, dem achten Sohn seiner Schwester Devaki, getötet.

Die Eltern wurden aus dem Gefängnis befreit, der rechtmäßige König wieder auf den Thron gesetzt, und Krishna und Balarama zogen in die Einsamkeit, um die 64 Künste und die Wissenschaft des Bogenschießens zu erlernen. Damit endete seine Jugend und die Zeit als jugendlicher Liebhaber.

Nach Mathura zurückgekehrt, mußte er schon bald seine Kriegskunst unter Beweis stellen. Der König Jarasandha von Magadha, der Vater der Witwen Kamsas, belagerte mit seiner großen Armee Mathura und versuchte nicht weniger als achtzehn Mal, die Stadt zu erobern. Obwohl Krishna ihn erfolgreich bekämpfte, verließ er dennoch Mathura, nicht zuletzt, weil ihm das Geld für die Kriegszüge ausgegangen war, und überließ die Stadt den Söhnen Kamsas. Er machte sich zum Herrscher der Yadavas und zog in seine neue Heimatstadt Dvarka ein. Nun war die Zeit zum Heiraten gekommen. Seine erste Frau Rukmini hatte er kurzerhand entführt, da sie einem anderen zugedacht gewesen war. Er heiratete noch sieben Mal (der Legende nach über 1000 Frauen), wurde Vater von achtzig Söhnen und schließlich Großvater. Sein weiteres Leben war eng verbunden mit der Geschichte der Pandavas, die die Kauravas nach endlosen Kriegen endgültig besiegt hatten. Doch der Triumph

Krishna schützt mit dem Berg Govardhan die Hirten vor dem Zorn Indras. Szene aus der Krishna-Legende am Chintala-Venkatarame-Tempel in Tadpatri (Andhra Pradesh)

währte nur kurz. Heimgekehrt nach Dvarka, mußt er erkennen, daß der Fluch der Gandhari sich schon bald bewahrheiten sollte. »Du bist schuld am Tode der Kauravas und der Pandavas. In den folgenden 36 Jahren werden deine Familie, deine Söhne, deine Minister und Berater getötet werden, und du wirst durch einen Jäger im Wald sterben. Deine Frauen werden ebenso weinen wie wir jetzt.« Und schon bald verkam die Stadt, Ratten und Ungeziefer breiteten sich aus, die Bewohner verfielen dem Alkohol, die Schafe heulten wie Schakale, Kühe gebaren Esel, und Maulesel bekamen Katzen. Seine Söhne wurden getötet. So nahte die Zeit, daß Krishna von seinen Frauen Abschied nehmen mußte. Er zog in den Wald und wurde, wie es der Fluch vorhergesagt hatte, von einem Jäger erschossen.

Linga mit den Gesichtern Shivas (Chaturmukha-Linga), Mahakuta (Karnataka)

Kopf, um Hirten und Herden vor dem Zorn Indras in Form von Regenfluten zu schützen. *Venu-Gopala:* Krishna spielt Querflöte. Oft deutet nur die Handhaltung auf die Tätigkeit, das Instrument fehlt. Soll der Vishnu-Aspekt betont werden, halten zwei zusätzliche Hände Rad und Schnecke.

Die Einbeziehung Buddhas in das hinduistische Pantheon darf als besonders typisch für die Entwicklung des Hinduismus gelten: Die Brahmanen versuchten so, sich eines unbequemen ›Konkurrenten‹ zu entledigen. Buddha wurde als Hindu-Gottheit nie populär, wird dargestellt wie im Buddhismus und erscheint eigentlich nur in Gesamt-

darstellungen der zehn Avatare Vishnus. Am Ende dieses Zeitalters, des Kali-Yuga, wird Vishnu letztmalig erscheinen, auf einem weißen Pferd reitend und ein Flammenschwert schwingend (Kalkin). Als eine Art Messias wird er die Guten erretten, die Bösen richten und die Welt zerstören, um später die Schöpfung zu erneuern.

In weiten Teilen Süd-Indiens wird **Shiva** als höchste Gottheit verehrt. Wie Vishnu tritt auch er in unterschiedlichsten Formen auf (Murtis). Er kann friedvoll sein, gnädig, ein Held, aggressiv, zerstörerisch oder furchterregend – dementsprechend wird er mit 1008 Namen angerufen.

Die Grundform einer Shiva-Darstellung zeigt den Gott als Asketen, nur mit einem Lendenschurz bekleidet. Er trägt keine Tiara wie Vishnu, dafür bilden seine langen Haare eine Art hoher Flechtenkrone mit einer Mondsichel als Schmuck. Über der Nasenwurzel steht senkrecht das dritte Auge. Es symbolisiert gleichzeitig allumfassendes Wissen und destruktive Kraft. In der vierarmigen Form tragen die oberen Hände bei südindischen Darstellungen Axt und Gazelle (in Nord-Indien: Dreizack und Kobra), die beiden anderen zeigen die Gesten der Gewährung von Schutz und Gnade oder halten Symbole wie Sanduhrtrommel, Rosenkranz und Opferschale. Shivas Symbol- oder Reittier ist der Buckelstier *Nandi*.

Mit seiner Gemahlin *Parvati* (auch Gauri oder Uma) wird Shiva oft dargestellt in liebevoller Umarmung (Alingana-Murti oder Uma-Maheshvara), mit dem kleinen Sohn Skanda zwischen beiden stehend (Somaskanda) oder mit beiden Kindern und allen Symboltieren. Im Süden erfreut sich die Hochzeit Shivas mit Parvati großer Popularität und wird alljährlich feierlich im Festritus nachvollzogen – besonders in Madurai, wo Shiva als *Sundareshvara* die fischäugige Tamilengöttin *Minakshi*, eine Inkarnation Parvatis, heiratet. Vishnu, im Süden als Bruder Parvatis verstanden, vollzieht die Trauung.

Die mystische Unreinheit der polaren Gegensätze Mann und Frau kommt in der Darstellung Shivas als *Ardhanarishvara* sinnfällig zum Ausdruck. Die reizvolle Gestalt zeigt rechts männliche, links weibliche Körperformen, Kleidung und Schmuck.

Bei aller Vielfalt der Erscheinungsformen – in den meisten Tempeln, auf Hausaltären und an einfachen Kultstätten unter freiem Himmel wird Shiva in Form des *Linga* verehrt. Dieses Phallussymbol steht im Zentrum eines ringförmigen Sockels, der das weibliche Geschlechtsorgan (Yoni) oder den Mutterschoß symbolisiert, was auf die Herkunft aus einem Fruchtbarkeitskult hindeutet. Das Linga kann ein eiförmiger Stein oder ein stilisierter Phallus sein, manchmal ausgestattet mit ein, vier, fünf, 108 oder 1000 Gesichtern (Mukha-Linga), die die verschiedenen Aspekte Shivas oder seine Allmacht symbolisieren. Wasser und Schmelzbutter, beim Opfer über das Linga ausgegossen, werden über die Yoni abgeleitet.

Der Mythos vom Ursprung des Linga (Lingodbhava-Murti) stützt den Anspruch Shivas auf seine Vormachtstellung unter den Göttern und wird häufig dargestellt, meistens in einer zentralen Nische an der Rückseite des Tempels. Um Ursprung und Ausdehnung einer plötzlich erschienenen Feuersäule zu erkunden, erhob sich Brahma als Wildgans in die Lüfte, und Vishnu arbeitete sich als Eber in die Tiefe; sie konnten Anfang und Ende jedoch nicht erreichen. Da öffnete sich die Säule, ein gewaltiges Linga, Shiva, erschien und die Götter huldigten ihm als Herrn des Alls. Tiruvannamalai, als Ort des Geschehens ausgemacht, feiert das Wunder alljährlich ausgiebig.

Shiva als *Mahesha* (Mahesha-Murti), als allumfassender Gott, ähnelt in seiner Visualisierung einer Trimurti-Darstellung. Die drei Köpfe (oder Gesichter) symbolisieren Schöpfung, Erhaltung und Zerstörung als Aspekte seiner Allmacht (eindrucksvoll die Darstellung im Höhlenheiligtum von Elephanta).

Als *Nataraj* erschafft Shiva die Welt im kosmischen Tanz und zerstört sie wieder, um sie erneut zu schaffen – und so fort. Darstellungen des tanzenden

Shivas entstanden schon in Badami, Pattadakal und Alampur, lange bevor die Chola-Könige Shiva in diesem Aspekt favorisierten und ihre meisterhaften Bronzen in Auftrag gaben. Der vierarmige göttliche Tänzer zertritt im rasenden Tanz den Zwergdämon Apasmara, die Verkörperung der Unwissenheit, unter seinem Fuß. In den Händen hält er die Sanduhrtrommel und das Feuer, Symbole für Schöpfung und Zerstörung.

Zahlreiche Legenden berichten von Gnadenbeweisen des friedfertigen Shiva, deren Darstellungen wir ebenfalls überall in Indien begegnen:

Kiratarjuna-Murti: In Mamallapuram zeigt das größte Flachrelief der Welt u. a. eine Szene aus dem Mahabharata; Arjuna hat sich in den Wald zurückgezogen und übt strenge Askese, um von Shiva göttliche Waffen zu erlangen. Shiva erscheint in Gestalt eines Jägers, unterzieht den Held einer Prüfung, offenbart sich ihm, nimmt seine Huldigung entgegen und überreicht ihm schließlich den gefürchteten Dreizack.

Ravananugraha-Murti: Der zehnköpfige Dämonenfürst Ravana ist verärgert und beginnt den Kailash, auf dem Shiva und Parvati der Ruhe pflegen, aus den Angeln zu heben. Shiva rührt nur einen Zeh und schließt den Unbotmäßigen für 1000 Jahre unter dem Berg ein, um ihn dann zu begnadigen und seiner Ergebenheit sicher zu sein (schöne Reliefs u. a. in Pattadakal, Ellora und Belur).

Dakshinamurti: Als Herr der Yogis und Asketen sitzt Shiva in lässiger Haltung unter einem Banyan-Baum. Den Kopf ›ziert‹ eine verfilzte Mähne, außer ein paar Schlangen trägt er keinen Schmuck. Der herabhängende Fuß ruht auf Apasmara. Die rechte vordere Hand des Lehrers zeigt die Geste der Verkündigung, in den hinteren hält er meist

eine Gebetskette, das Feuer oder eine Schlinge. Sein Bild schmückt meist eine zentrale Nische in der Südwand des Tempels.

Groß ist die Zahl aggressiver, zerstörerischer oder furchterregender Manifestationen Shivas, die uns eindrucksvoll an den Tempeln Süd-Indiens entgegentreten. So besiegte Shiva zahlreiche Dämonen, wie Andhaka, der Parvati heftig begehrte; ihn zu überwinden gelang ihm erst, als er Camunda und die sieben Mütter geschaffen hatte, die das Blut auffingen, aus dem, wenn es den Boden berührte, immer neue Dämonen entstanden. Ein Relief am Kailashanatha-Tempel in Ellora zeigt Shiva als Überwinder des Dämonen Andhaka (Andhakasura-Murti) achtarmig kämpfend in Begleitung der furchterregenden Camunda. Darstellungen Shivas als Töter des Elefantendämons (Gajasurasamhara-Murti) zeigen ihn vier- oder achtarmig, wie er auf dem Kopf des Dämons tanzt und dessen Haut über sich gespannt hält, so daß sie eine Art Nimbus um ihn bildet.

Im Mahabharata wird die Legende von der Vernichtung der drei Städte (Tripurantaka-Murti) erzählt, die den Söhnen des Dämonenfürsten Andhaka gehörten. Shiva gelang es, die goldene Stadt im Himmel, die silberne in der Luft und die eiserne auf der Erde mit einem einzigen Pfeilschuß zu vernichten. Darstellungen zeigen ihn zwei- bis zehnarmig in der Pose des Bogenschützen auf einem Streitwagen stehend.

Beliebt sind in Süd-Indien auch Legende und Darstellung von Shiva als Überwinder des Todes (Kalari-Murti). Markandeya, der Sohn eines Weisen, sollte nach einer Prophezeiung mit 16 Jahren sterben. Yama, der Gott des Todes (auch Kala: Herr der Zeit) wollte ihn holen, als der Junge gerade vor einem Linga opferte. Verärgert entstieg Shiva dem Linga, trat Yama vor die Brust und bedrohte ihn mit seinem Dreizack. Der Junge wurde durch Shivas Gunst nie älter als 16 – und damit unsterblich.

Von den furchterregenden und heroischen Aspekten Shivas sind Bhairava und Virabhadra die bekanntesten und an vielen Tempeln dargestellt.

Einst rühmte sich Brahma vor den Rishis als Schöpfer und verweigerte Shiva die Anerkennung als höchster Gott. Daraufhin nahm Shiva die Gestalt des Bhairava an und machte Brahma um einen seiner ursprünglich fünf Köpfe kürzer – Brahmanenmord, eine schlimme Sünde. Als Asket zog Shiva zur Sühne nackt und bettelnd durchs Land (und erregte sexuelle Begierden bei den Frauen der Rishis!). Um zu erfahren, wie er die Schuld endgültig sühnen könne, suchte er Vishnu auf. Dessen Türhüter Vishvaksena, auch ein Brahmane, verweigerte ihm den Zutritt – und überlebte das ebenfalls nicht. Vishnu schickt ihn mit der Leiche Vishvaksenas zum Ganges, wo er sich im heiligen Fluß, an der Stelle, wo heute die Stadt Kashi (Varanasi) steht, von seinen Sünden reinwusch.

Von Bhairava, dem ›Schrecklichen‹, existieren zahlreiche Formen. Er wird nackt dargestellt, geschmückt mit Schlangen und einem langen Schädelkranz. Die Haare rahmen als Flammenaura das Gesicht mit den drei Augen und zwei Hauern in den Mundwinkeln. In seinen zwei, vier, acht oder zwölf Händen trägt er den abgeschlagenen Kopf Brahmas und Symbole wie Totenkopfstab, Schlinge, Feuer, Trommel und Dreizack. Ein großer Hund begleitet ihn. In dieser Form als Mahakala, und in der dieser verwandten Form des Kshetrapala (Schützer der Felder und Tempelbezirke), wird Shiva von den Niederkastigen und Kastenlosen verehrt.

Als nackter Bettler, *Bhikshatana-Murti*, wird Shiva von einer Gazelle begleitet. In einer seiner vier Hände hält er eine Schale aus dem Schädeldach Brahmas. Oft umgeben ihn die lüsternen Frauen der Rishis.

Dagegen ist Shiva als *Kankala-Murti* bekleidet. Über der Schulter trägt er seinen Dreizack, an dem ein Sack mit den Knochen des Vishvaksena hängt.

Virabhadra repräsentiert den heldischen Aspekt Shivas. Als solcher war er der Schutzpatron des Vijayanagar-Reiches. Im Zorn über seinen Schwiegervater Daksha, der ihn bei einem Opfer übergangen hatte, schuf Shiva den ›glanzvollen Helden‹, um das Opfer zu zerstören und Daksha zu bestrafen. Gezeigt wird er meist in heldischer Pose und mit grimmigem Gesicht, in seinen vier Händen Pfeil und Bogen, Schwert und Schild haltend. An den Füßen trägt er hohe Sandalen. Ihm zur Seite steht klein und in devoter Haltung Daksha, zwischen den Schultern nun statt des eigenen den Kopf der Opferziege.

Ganesha, der populärste aller indischen Götter, gilt als Sohn von Shiva und Parvati, genießt aber nicht nur bei Shivaiten, sondern bei allen Hindus, ja sogar bei den Jainas, hohe Verehrung. Er ist der Gott der Weisheit und des Lernens, der Schutzherr der Wissenschaften und der Überwinder aller Hindernisse. Sinnigerweise heißen seine beiden Frauen *Siddhi* (Erfolg) und *Buddhi* (Einsicht). Man ruft ihn an vor allen Unternehmungen wie Reisen, Vertragsabschlüssen, Prüfungen oder dem Bau eines Hauses. Außerdem ist er der Anführer der Ganas, des zwergenhaften Gefolges Shivas. Abgebildet wird er sitzend, stehend oder tanzend. In den vier bis zehn Händen hält er meist eine

Schale mit Süßigkeiten, seinen eigenen abgebrochenen Stoßzahn, Gebetskette, Schlinge oder Stachelstock. Sein Begleit- oder Reittier ist eine Ratte – für die es bekanntlich auch keine Hindernisse gibt.

Der Kriegsgott **Skanda**, zweiter Sohn Shivas, führt in Süd-Indien auch die Namen *Subramanya* oder *Murugan* (in Nord-Indien: *Karttikeya*) und ist eine sehr populäre Gottheit. Als sechsköpfiger, vielarmiger Vernichter des Dämonen Taraka trägt er außer einem Hahn oder einem Banner mit einem Hahn hauptsächlich Waffen in den Händen, von denen der Speer und ein einer Lanzenspitze ähnliches Gerät (Thanka) für ihn besonders typisch sind. Sein Reittier ist der Pfau, seltener ein Elefant.

Ayyanar schützt im Land der Tamilen von alters her Feld und Flur, wo ihm auch auf Kultplätzen unter freiem Himmel geopfert wird. Er wird als reichgeschmückter Jüngling dargestellt, sitzend, mit einem Yogaband um die Knie. Die rechte Hand zeigt die Geste des Lehrens, den linken Arm läßt er lässig über das Knie hängen. Er reitet auf einem Pferd oder einem Elefanten. In Kerala trägt er den Namen *Ayyappa* oder *Shastha* und ist Mittelpunkt einer religiösen Bewegung, deren schwarz gekleidete Mitglieder im November/Dezember überall in Süd-Indien ins Auge fallen.

Devi – Die Göttinnen

Der uralte Kult der großen Muttergottheit ist trotz jahrhundertelanger Überlagerung durch die Kulte der männlichen Hochgötter Vishnu und Shiva in Indien noch lebendig. Besonders im Shivaismus spielt der Shaktismus eine große Rolle. Mahalakshmi oder Mahadevi offenbart sich in zahllosen Formen. In ihren friedvollen Erscheinungsformen werden Göttinnen größtenteils als Shakti männlicher Gottheiten mit diesen gemeinsam dargestellt, während heroische, zornige und jungfräuliche Manifestationen eigenständig auftreten und oft auch in eigenen Tempeln verehrt werden. **Durga** wurde zwar auch Shiva assoziiert und gilt als heroischer Aspekt seiner Gemahlin; die Shaktas jedoch verehren in ihr den weiblichen Ursprung des Universums, und in zahlreichen Mythen und Darstellungen kommt ihre Überlegenheit gegenüber den männlichen Göttern zum Ausdruck. An südindischen Tempeln finden wir Durga verwirrenderweise mit den Insignien Vishnus abgebildet. Steht sie auf einem Büffelkopf, weist das auf ihre spektakulärste Heldentat hin. Als Bezwingerin des Büffeldämons *Mahisha* (Mahishasuramardini) überwindet sie mit den auf sie übertragenen Kräften und Waffen aller Götter den mächtigen Dämonenkönig. In frühen Darstellungen bricht die schöne Göttin dem Ungeheuer das Genick, später kommt sie furios auf ihrem Löwen daher, schlägt dem wandlungsfähigen Gegner den Kopf ab und durchbohrt ihn mit dem Dreizack.

Kali, die Göttin in ihrem furchtbaren Aspekt, ist häßlich, nackt, ausgemergelt und mit schlaffen Brüsten, höhnisch grinsend oder mit irrem Blick und heraushängender Zunge, geschmückt mit Totenschädeln und Schlangen, ausgestattet mit Attributen wie Schwert, Keule, Schlinge, Dreizack, Totenkopfstab, Sanduhrtrommel und Schädelschale. Als *Camunda* ist sie die Schutzgottheit der Maharajas von Mysore.

In Aihole, Ellora und vielen südindischen Tempeln begegnet uns die Gruppe der ›Sieben Mütter‹ (Sapta-Matrikas). Sie entstanden beim Kampf Shivas gegen den Dämon Andhaka und stellen die weiblichen Entsprechungen

Frauen verehren die Göttin Lakshmi unter einem heiligen Baum, Srirangam (Tamil Nadu)

einiger bedeutender Götter dar, an deren Symbolen und Begleittieren sie zu erkennen sind; sie verkörpern negative menschliche Eigenschaften, die überwunden werden müssen.

Lakshmi oder Shri ist die Gemahlin Vishnus und – unter jeweils anderem Namen – die aller seiner Avatare. Sie genießt Verehrung als Göttin der Schönheit, des Reichtums und des Glücks und als Schutzherrin des häuslichen Herdes; als Begleiterin Vishnus hält sie einen Lotus in der Hand. Nicht nur bei den Hindus erfreut sich ihr Aspekt als *Gajalakshmi* großer Beliebtheit. Sie sitzt auf einem Lotus, und zwei Elefanten über-

gießen sie mit Wasser. Dieses Motiv sieht man, wie auch Ganesha, oft über der Tür von Tempeln und Privathäusern.

Sarasvati, die Gemahlin Brahmas, wandelte sich von einer vedischen Fluß- und Fruchtbarkeitsgöttin zur Schutzherrin der schönen Künste, der Musik, des Tanzes und der Poesie. Neben Palmblattmanuskripten (sie gilt als Schöpferin des Sanskrit und der Devanagari-Schrift) und Attributen Brahmas wie Gebetskranz und Opferkrug trägt sie als Hauptsymbol eine *Vina* (Stabzither). Der Pfau dient ihr als Reittier.

Ganga und **Yamuna**, die Verkörperungen der beiden heiligen Flüsse, gelten als Spenderinnen von Wohlstand und Überfluß und fungieren oft als Wächterinnen an Tempeleingängen. Sie werden als schöne Frauen dargestellt und tragen einen Wasserkrug, Fliegenwedel und Lotus als Attribute. Ganga steht auf einem Seeungeheuer (Makara), Yamuna auf einer Schildkröte.

Zu Ehren der Götter
Kunst und Kultur in Süd-Indien

Die Sakralbauten Süd-Indiens

Eine buddhistische Mönchsgemeinde lebte abgeschlossen für sich allein, ganz im Sinne ihrer individuellen Religionsauffassung. Aus dieser Lebensweise entstanden **drei Bauformen,** die sich schon sehr früh herausbildeten und die eine typische Einheit einer buddhistischen Klosteranlage darstellten: der Stupa als zentrales Kultobjekt, die Chaitya-Halle als Versammlungshalle und Ort der Verehrung Buddhas sowie der Vihara als Wohnstätte der Mönche. Die ehemals übliche Bauweise aus Bambus, Holz und Mörtel ging in die Felsbauarchitektur ein, und die buddhistischen Höhlentempel vermitteln heute noch interessante Aufschlüsse über die damalige Architektur.

Der **Stupa** entwickelte sich aus dem Grabhügel vorbuddhistischer Zeit zu der uns heute bekannten Bauform. Er wird einerseits als Grabbau, andererseits als Abbild des Kosmos verstanden. In späterer Zeit wurden zahlreiche Stupas auch über den Reliquien von buddhistischen Heiligen errichtet. In Süd-Indien ist heute kein freistehender Stupa mehr erhalten. Ein Modell des Stupas von Amaravati, des größten Stupas von Andhra Pradesh, steht im Hof des Museums von Amaravati, eine Vielzahl von Reliefplatten und Teile des Steinzaunes sind im Madras Museum und im British Museum in London ausgestellt.

Die **Chaitya-Halle** wurde von ihrer Funktion geprägt. Aus der kleinen Halle mit dem angrenzenden, kleinen, kreisrunden Raum entwickelte sich in einem Zeitraum von 150 Jahren die große Chaitya-Halle wie in Bhaja (um 100 v. Chr.) und in höchster Vollendung in Karle (um 60 n. Chr.). Von den freistehenden Chaitya-Hallen blieben nur wenige erhalten, wie z. B. die in Chezarlia (Andhra Pradesh, im 3. Jh.).

Die Felsbauanlagen bestehen aus der Chaitya-Halle und den Viharas, die sich links und rechts zu ebener Erde oder über Treppen erreichbar in der Felswand befinden. Der große, hufeisenförmige Bogen der Eingangsfassade war ehemals mit einem hölzernen Fenster, dem Chaitya-Fenster, ausgefüllt, worauf die quadratischen Löcher in den Seitenwänden noch hinweisen; später wurde die gesamte Fassade aus Stein gearbeitet. Über der großen und tiefen Halle dehnt sich ein Gewölbe, dessen Rippenbögen zu Anfang aus Holz bestanden und später aus Stein ›gestaltet‹ waren. Die Säulen – schlank, achteckig und leicht nach innen geneigt, als sollten sie so das Gewölbe besser abstützen – stehen später senkrecht und sind mit Basis und Kapitell geschmückt. Die beiden links und rechts laufenden Säulenreihen folgen dem Verlauf der Apsis um den

Stupa herum und bilden zwei schmale Seitenschiffe mit halbtonnenförmigem Gewölbe, das später flach wird. Der Stupa in der Apsis repräsentiert die Gegenwart des Buddha, der in dieser Zeit, dem Hinayana-Buddhismus, jedoch noch nicht in menschlicher Form dargestellt wurde. Im Unterschied dazu wurde in den Chaitya-Hallen des Mahayana-Buddhismus 300 Jahre später (Ajanta und Ellora) eine Buddha-Skulptur vor dem Stupa verehrt.

Der **Vihara** enspricht ebenfalls ganz seiner Funktion: Im Vorhof können Steinbänke sein und auch eine Wasserzisterne, die Veranda ist von Säulen gestützt und durch eine – heute – offene Tür mit der Halle verbunden, von der die Wohnzellen abgehen, die mit einem oder zwei Stein-Betten ausgestattet sind. Die Veranda kann kunstvoll gestaltet sein, die Halle zeigt sich jedoch absolut schmucklos, – erst in den späteren Viharas finden sich an den Wänden Buddha-Darstellungen und -Legenden. Als die Funktion der Chaitya-Halle als Verehrungs- und Versammlungsort an den Vihara überging, wurde die Halle um eine oder mehrere Kultzellen erweitert, und es entstand ein Vihara-Typ vergleichbar mit einem Refektorium.

Vom 6.–8./9. Jh. entstanden in verschiedenen Gebieten Süd-Indiens eine Reihe von **hinduistischen** und wenigen **jainistischen Felstempelanlagen**, die alle bis auf wenige Ausnahmen demselben Grundschema folgen: Die Veranda wird durch Säulen gestützt, ein heute offener Eingang führt in die tief aus dem Felsen herausgearbeitete Halle, an der rückwärtigen Seite liegt die Kultzelle. Veränderungen können die Größe der Halle sowie die Anzahl und die Lage der Kultzellen betreffen. Im Unterschied zu den buddhistischen Höhlen werden die hinduistischen und jainistischen von

Anfang an mit Dekor, figürlichen Darstellungen und Götterskulpturen ausgestaltet.

Die theoretische Grundlage des **Tempelbaus** schrieben ab dem 4. Jh. die heiligen Texte des Vastushastras vor, die das theologische Konzept durch Vorschriften lieferten, wie z. B. Zeit und Ort des Tempelbaus. Dagegen lag die praktische Bauausführung in Händen von Baumeistern und Kunsthandwerkern. Auch die Bauform des Tempels prägt seine Funktion: Die rechteckige Halle (Mandapa), vorwiegend ost-westlich ausgerichtet, dient als Versammlungsort der Gläubigen, sie führt auf die nur vom Priester zu betretende Kultzelle (Garbha Griha). Um manche Kultzellen führt ein Umwandlungspfad (Pradaksinapatha). Über der Kultzelle erhebt sich der Turmaufbau. Aus diesem Grundschema haben sich im Laufe der Zeit baulich und stilistisch unterschiedliche Tempeltypen entwickelt: der nordindische und der südindische Tempeltyp.

Die folgenden Architektur- und Stilelemente des **nordindischen Tempels** sind in die Tempelarchitektur der Frühen Westlichen Chalukyas auf dem Dekhan integriert worden und haben in der Kombination mit südindischen Elementen einen ganz eigenen Tempeltypus geprägt. Ein grundsätzliches Baumerkmal stellt die durchgehende Struktur des Mauervorsprungs dar, der sich vom Sockel in die Haupt- und Nebennischen fortsetzt und in den Turm übergeht, womit die vertikal betonte Bauweise unterstrichen wird. Der Turm (nordind: Shikhara) – auf quadratischem Grundriß – weist die typisch kurvelineare Form auf, die sich nach oben hin verjüngt und von einer Art gerripptem, flachen Kissen mit einer Vase bekrönt wird. Diese Kissen wiederholen sich in Abständen an den vier Ecken und sind ebenfalls ein ty-

Chaitya-Halle Nr. 26 in Ajanta (Maharashtra)

pisches Erkennungsmerkmal des nordindischen Tempelturms.

Der Eingang ist mit dem klassischen
Dekor von Friesen, Rankenwerk, Rosetten und Liebespaaren, mit Torwächte-
rinnen und -wächtern sowie kleinen
Zwergen reich dekoriert; die zwei Pila-
sterkapitelle mit Topf und Blattwerk werden ebenso Grundbestandteil wie die
Flußgöttinnen Ganga und Yamuna, die
den Türsturz flankieren und später die
Basis der Türfüllung einrahmen.

Die betont horizontal gegliederte Bauform des **südindischen Tempels** kann
der Virupaksha-Tempel in Pattadakal

(8. Jh.) sehr gut verdeutlichen: Auf
einem hohen, profilierten Sockel stehen
die Halle und das Sanktum, die von
einem breiten Kranzgesims abgeschlossen werden. Der Turmaufbau (südind.:
Vimana) erhebt sich mit horizontal-ge-
treppt aufeinanderfolgenden Geschossen über der Kultzelle. Den gesamten
Komplex umgibt eine Tempelmauer.
Aus welchen bescheidenen Anfängen
die riesigen und unübersichtlichen Tempelanlagen des 12./13. Jh. entstanden,
verdeutlichen die beiden Grundrisse des
Vijayalaya Cholishvara-Tempels aus
Narttamalai (Tamil Nadu, Mitte 9. Jh.)

Liegender Buddha in der Chaitya-Halle Nr. 26 in Ajanta (Maharashtra)

und des Rajarajeshvara-Tempels aus Tanjavur (Tamil Nadu, Anfang 11. Jh.).

Die Fels- und Tempelbauten in der kunstgeschichtlichen Entwicklung

In den Höhenzügen, Talsenken und an Berghängen der Westlichen Ghats und Sataya-Hügelketten liegen zahlreiche Klosteranlagen: Ajanta, Ellora, Aurangabad und Pitalkora, Bhaja, Bedsa und Karle, Nasik, Junnar und Kanheri. Diese **buddhistischen Felsheiligtümer im nordwestlichen Maharashtra** stammen aus einem Zeitraum von etwa 200 v. Chr. bis 200 n. Chr., als der Hinayana-Buddhismus herrschte, und standen unter dem Patronat der wirtschaftspolitisch außerordentlich erfolgreichen hinduistischen Satavahana-Dynastie.

Ihre Herrscher unterstützten den Bau der Klosteranlagen, ebenso wie es Handwerker, einfache Leute und die Yavanis, die zugewanderten Fremden, taten. Die Bauleute und Architekten siedelten in der Nähe der Baustätten, vielleicht kamen sie auf den traditionellen

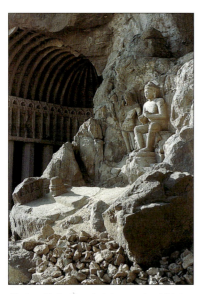

Chaitya-Halle Nr. 4 bei Aurangabad (Maharashtra)

Handelswegen von weither. Die Lage der neuen Klosteranlagen war gut gewählt und entsprach ganz den Erfordernissen der buddhistischen Regeln. Manche dieser frühbuddhistischen Klosteranlagen sind im ausgehenden 2. Jh. für immer verlassen worden, andere wurden so umgestaltet, daß die ursprüngliche Kunst und Architektur dieser Zeit nur noch schwer zu erkennen ist.

Im 5./6. Jh. etablierte sich mit dem Aufkommen des Mahayana-Buddhismus eine neue, große Gemeinde aus Mönchen und Laienbrüdern. Alte, vorhandene Klosteranlagen wie in Ajanta, Nasik oder Kanheri wurden erweitert oder neue wie in Aurangabad und Ellora geschaffen. Sie bilden den Abschluß der buddhistischen Felsbauarchitektur. In der bedeutendsten und berühmtesten Klosteranlage von Ajanta entwickelte sich im Unterschied zu der zurückhaltenden Zweckdekoration der frühen bud-

dhistischen Anlagen ein eigener Kunststil. Sorgfältig ausgeführte Steinmetzarbeiten schmücken so gut wie alle Bauteile mit Schmuckborten, Rankenwerk, Blumenmotiven, Girlanden oder Lotusmedaillons. Ebenso vielfältig ist der Skulpturenschmuck, der die Fassade der Chaitya-Halle und ihren Innenraum sowie die Säulenkapitelle und -friese mit unzähligen Buddha- oder Bodhisattva-Skulpturen überzieht, während lange erzählende Friese, Liebespaare, fliegende Wesen und zahlreiche Tiere wie Elefanten, Löwen oder Gänse den verbleibenden Raum ausfüllen.

Den Höhepunkt der Ajanta-Kunst bilden die Wandmalereien in den Chaitya-Hallen und Viharas, insbesondere die Malereien im Vihara Nr. 1, 2, 16 und 17. Obwohl 1920 restauriert, 1951 unter staatlichen Schutz gestellt und heute nicht mehr mit Blitz zu fotografieren, sind viele Malereien im Laufe der Zeit unwiederbringlich zerstört, d. h. abgeblättert oder bis zur Unkenntlichkeit verblaßt. Die a secco-Technik erforderte folgende Arbeitsschritte: Der rohe, unebene Felsuntergrund wurde mit einer Schicht aus Lehm, organischem Material wie Pflanzenfasern und Felsstaub verputzt, mit einer 2–3 mm dicken feineren Mischung aus demselben Material geglättet, und dann die trockene Malgrundfarbe mit einem Leim aus tierischen Stoffen als Bindemittel aufgetragen (schwarz: Ruß; weiß: Kaolin-Kalk; blau: Lapizlazuli; rot und gold: Ockererde; grün: Terraverde). Die am häufigsten dargestellten Themen sind Szenen aus der Buddhalegende und den Vorgeburtsgeschichten (Jatakas). Die Decken sind ausgefüllt mit Tieren, Pflanzen und geometrischen Mustern.

Die bedeutendsten und wichtigsten **hinduistischen Felstempel** entstanden im 6./7. Jh. – auf Elephanta in der

Nähe von Mumbai unter den Kalacuris, in Aihole und Badami unter den Frühen Westlichen Chalukyas, in Tiruchirapalli und Mamallapuram unter den Pallavas und in Ellora unter den Rashtrakutas. Die früheste und unübertroffen schönste Anlage der Kalacuris ist der Große Shiva-Felstempel, der Mahesha-Tempel auf Elephanta aus dem frühen 6. Jh., wo sich Architektur und künstlerische Gestaltung in höchster Vollendung miteinander verbinden.

Die Kunst der Frühen **Westlichen Chalukyas** auf dem südlichen Dekhan beginnt mit den Felstempeln Mitte bis Ende des 6. Jh. in Aihole und Badami und setzt sich in den freistehenden Tempeln aus dem 7./8. Jh. fort. Der Ravana-Phadi-Felstempel in Aihole, aus einem verhältnismäßig niedrigen Felsbuckel herausgearbeitet, soll mit seinem ausgefallenen Grundriß aus dem 6. Jh. stammen. Die dickbäuchigen Nidhis links und rechts vom Eingang werden als Glückssymbole an den späteren Chalukya-Tempeln allein oder mit den Flußgöttinnen Ganga und Yamuna, einem Elefanten und einem gefüllten Topf die Position der Türhüter einnehmen.

In der Halle stößt man auf dem Weg zur Kultzelle auf die beiden Türhüter und ihre Begleiter, zu deren Füßen lustige, musizierende Zwerge sitzen. Die Decken sind reich dekoriert. Die Hauptattraktion ist neben den zahlreichen vorzüglichen Skulpturen die beeindruckende Gruppe des tanzenden Shiva inmitten der Sieben Mütter. Schlank, in Überlebensgröße, locker oder in Tanzpose stellen sie eine der ungewöhnlichsten Müttergruppen in Süd-Indien dar. Ihre ausgefallene Haltung wird durch die schmalen, hohen Hüte, den überreichen Schmuck und das enge, plissierte Untergewand besonders betont.

In Badami liegen am Fuße eines hohen Felsmassivs drei hinduistische und ein jainistischer Felstempel. Ihre Bauform ist nahezu identisch, sie unterscheiden sich eigentlich nur in der Ausführung, am besten gelungen in der Höhle Nr. 3. Die quadratischen Säulen in der Veranda sind aufs reichste mit phantasievollen Steinschnitzmotiven verziert, ein ebenso typisches Kennzeichen dieser frühen Chalukya-Kunst wie die als Konsolen gearbeiteten Skulpturen, die Götter und Liebespaare darstellen – ein klassisches Motiv an allen späteren Tempeln auf dem Dekhan. Die Säulen zur Halle hin, betont vertikal von der Basis bis zum geriffelten Kissenkapitell, vermitteln so einen strengen Eindruck.

Schmale Relieffriese an den Kassettendecken zeigen Szenen aus alten Texten oder aus der Vishnu-Legende wie z. B. die Quirlung des Milchozeans. Ein weiteres Merkmal dieser Kunstrichtung stellen die Deckenpaneele dar, einige von ihnen tragen in kreisrunder Anordnung die Götter der vier oder acht Himmelsrichtungen. Die großen Skulpturen in den Nischen der Veranda mit Erscheinungsformen Vishnus sind tief und kraftvoll aus dem Gestein herausgearbeitet.

Auch die **Pallavas** schufen im 6./7. Jh. eine Vielzahl von Felstempeln. Kunstgeschichtlich spricht man von drei Stilen, die bestimmten Herrschern zugeordnet werden, dem Mahendra-Stil, dem Mamalla-Stil und dem Rajasimha-Stil.

Die frühen, einfachen Höhlentempel im Mahendra-Stil entstanden in großer Anzahl im gesamten Pallava-Gebiet unter Mahendravarman I. (600–630); sie sind kleiner und schmaler und wirken im ganzen kompakter als die auf dem Dekhan. Typisches Merkmal des Mahendra-Stils sind quadratische Säulen mit

Die fünf Rathas, monolithische ›Modell-Tempel‹ in Mamallapuram (Tamil Nadu)

achteckigem Mittelteil, schlicht mit einem Lotusmedaillon verziert, abgeschlossen mit breiten, halbgerundeten Konsolen, die wie ein Bündel von einem Band zusammengehaltener Bambusstäbe aussehen. Außen an der Veranda oder direkt neben der Kultzelle stehen, locker auf ihre Keule gelehnt, die für Süd-Indien unverzichtbaren Türhüter. Säulen, Wände, Decken sind ausgesprochen schlicht gehalten. Skulpturen von Gottheiten und mythologische Themen sind die Ausnahme. Ein früher Höhlentempel mit einem sehr schönen Paneel ist der Lalitankura-Felstempel in Tiruchirapalli.

Die unter dem nachfolgenden Herrscher Narasimhavarman I. Mamalla (630–668) erbauten Felstempel – sie stehen alle in Mamallapuram – unterscheiden sich in folgendem von ihren Vorläufern: Der Grundriß wird vielfältiger,

manche Höhlentempel haben überhaupt keine Halle, andere sogar drei Kultzellen. Schmale, elegante Säulen und Pilaster lockern die Fassade auf, großflächige und lebendige Bildwände füllen die Wände der Halle aus. Die Außenfront ist mit Nischen gestaltet, die, von Pilasterpaaren eingerahmt, auch an den späteren Monolithtempeln (aus dem Gestein geschaffene Tempel) und den freistehenden Tempeln auftauchen; das Gesims wird durch Kudus (kleine ›Fenster‹) und Miniaturpavillons geschmückt.

Der Varaha-Felstempel zeigt eine ganze Reihe dieser Veränderungen und darüber hinaus die für die spätere Pallava-Kunst charakteristischen Säulen im Mamalla-Stil: Der schmale, schlanke Säulenschaft wird von einem Löwen getragen, der dekorativ mit aufgerissenem Maul, wilden Haarsträhnen und einer gelockten Mähne auf einer mit Lotus-blättern geschmückten Basis sitzt. Der Säulenschaft ist mit einem breiten De-korband verziert. Dem Kapitell, einer Art Kissen, folgt ein lotusförmiger Aufsatz, abgeschlossen von einer quadratischen, dünnen Platte. Der Rajasimha-Stil ge-winnt seine Bedeutung in der nachfol-genden Tempelarchitektur.

Im nördlichen Teil des Pallava-Herr-schaftsgebietes, im heutigen Vijaya-wada, entstanden einige große, auch doppelstöckige sowie kleinere Felstem-pel im Mahendra-Stil. Weiter im Süden und Südwesten wurden unter den **Frü-hen Pandyas** und Cheras ebenfalls Höhlentempel im Mahendra-Stil erbaut. Eine herausragende Leistung der Frü-hen Pandyas stellt der kleine monolithi-sche Felstempel in Kalugumalai dar, der als einziges Beispiel der Pandya-Archi-tektur erhalten blieb.

Mitte des 8. Jh. entstanden unter den **Rashtrakutas** die Felsbauten von El-lora auf dem nördlichen Dekhan. Der im-posante Monolithtempel Kailasha, aus einem Bergmassiv herausgearbeitet und im südindischen Tempelstil erbaut, dominiert die gesamte Anlage. Er ge-hört mit zu den ersten Bauten der Rash-trakutas, dem König Krishna I. (756–772) zugesprochen, und zeigt eine Reihe von architektonischen und stilistischen Pa-rallelen zu dem chalukischen Viru-paksha-Tempel aus Pattadakal. Neben dem Kailasha entstanden eine ganze Reihe von kleinen, schlichten und gro-ßen hinduistischen Felstempeln sowie einige jainistische (und buddhistische). Die Rashtrakutas haben ganz bewußt in ihre Architektur übernommen und wei-terentwickelt, was sie an künstlerischen Vorgaben bei Freund und Feind für sich entdeckten.

Eine typische Erscheinung in den gro-ßen Felstempeln sind die breit angeleg-ten, erzählerisch gestalteten Paneele, die das klassische Ellora-Bildprogramm mit seiner Hauptgottheit Shiva zeigen. Ein weiteres Kennzeichen der Ellora-Kunst sind die Säulen: Ihr Schaft ist meist quadratisch, leicht zulaufend und kompakt – wohl weniger aus ästheti-schen als aus statischen Gründen, wenn man bedenkt, welche Felsmassen auf ihnen lasten; auf halber oder dreiviertel Höhe folgt ein runder Säulenteil, der fein kanneliert in das kissenförmige Ka-pitell übergeht und mit einem runden oder quadratischen Aufsatz endet. Man-che Säulenkapitelle ähneln interessan-terweise denen aus der Chaitya-Halle in Karle, andere wieder sind eine Kombi-nation aus chalukischen Konsolen, die ein Liebespaar darstellen, und dem Dekor eines nordindischen Gupta-Tem-pels mit dem klassischen Motiv des Top-fes mit Blattwerk.

Die Entwicklung des **südindischen Tempels** zeichnet sich in ganz deutli-chem Unterschied zum nordindischen durch Kontinuität und Geradlinigkeit aus. Von den Pallava-Tempeln des 8. Jh. bis zu den frühen Chola-Tempeln des 9./10. Jh. blieb das Grundschema von Kultzelle, Vimana und Halle erhalten. Die verhältnismäßig kleinen Tempel wurden erst im frühen 11. Jh. mit den äl-teren und mittleren Chola-Tempeln größer und dehnten sich zu den impo-santen Tempelstädten aus.

Die **Rathas**, die fünf Monolithtempel von Mamallapuram, hier mit dem Bei-spiel des Dharmaraja-Ratha vertreten, gelten als Beginn des südindischen Tempelbaus, da sie eine Reihe architek-tonischer Grundzüge und skulpturaler Details zeigen, die sich an den freiste-henden Tempeln direkt oder modifiziert wiederfinden:

– Der klassisch horizontal getreppte Turmaufbau mit der Faltkuppel (Shi-

Tanjavur, Brihadishvara-Tempel

krara) und der Spitze (Stupi), die an allen Rathas fehlt.

– Das umlaufende Kranzgesims mit kleinen quadratischen und rechteckigen Miniaturpavillons und einer Reihe sehr kleiner, fabeltierähnlichen Wesen (Yalis).

– Jedes Gesims und jeder Miniaturpavillon ist geschmückt mit zahlreichen kleinen ›Fenstern‹ (Kudu), aus denen hier und da ein Gesicht herausguckt.

– Das ›Fenster‹ im typischen Pallava-Stil, erkennbar an den beiden ›Ohren‹ links und rechts und der spatenförmigen Spitze; bei den Cholas wird daraus später ein kleiner Kirti-Mukha, ein Löwenkopf.

– Der vielfältige und einfallsreiche Skulpturenschmuck, für den Betrachter nahezu verborgen, in den von Pilastern eingerahmten Nischen.

– Auf dem Unterbau (bis auf die vier Veranden nicht vollendet) stehen die Säulen, deren unterer Teil von einem sitzenden Löwen getragen wird.

Der erste strukturelle Pallava-Steintempel ist der Ufertempel in Mamallapuram, Anfang des 8. Jahrhunderts aus Sandstein erbaut. Wind und Wetter ausgesetzt, hat er im Laufe der Jahrhunderte viel von seinem bildnerischen Dekor verloren. Hier interessiert vor allem die Wandgestaltung an dem kleinen Shiva-Tempel, die zur Grundausstattung auch in der späteren Dekhan-Architektur werden sollte: eine zentrale Nische eingerahmt von Pilastern, die ein Makara-Torana tragen, links und rechts davon zwei weitere Pilaster, wesentlich höher als die Nische; der verbleibende Raum ist mit kleinen, skulpierten Paneelen ausgefüllt. An den Ecken rund um den Tempel herum tragen nun große, sich aufbäumende Löwen die Pilaster.

Im Vimana findet man als neuen Dekorschmuck jene kleinen dickbäuchigen Zwerge, die die Pallavas auf einem der Kriegszüge an den Felstempeln von Badami entdeckt haben.

Die Tempelmauer läßt sich von außen betrachtet kaum als solche erkennen, so

durchgehend ist sie mit Pilastern, Löwen, Elefanten und den kleinen Zwergen geschmückt. Ein leicht erhöhtes Tonnendach betont den östlichen Eingang, worin der Anfang der später ins unermeßliche wachsenden Tortürme gesehen werden kann. Der Kailashana-

tha-Tempel in Kanchipuram, der Hauptstadt der Pallavas, ist so dicht mit Skulpturen, Dekor, Nischen und Pilastern übersät, daß kaum ein freier Platz bleibt. Das prachtvolle, dekorative Makara-Torana über den Nischen der Vorhalle wird zu einem wichtigen baulichen Bestandteil, die Türhüter (Dvarapala) nehmen ab dieser Zeit wie auch die kleinen Zwerge und Fabeltiere ihren festen Platz an der Tempelbasis ein. In Kanchipuram stehen noch eine ganze Reihe weiterer Tempel, von denen der Vaikunthaperumal-Tempel durch seine ausgesprochen harmonische Anlage auf den Höhepunkt der Pallava-Architektur hindeutet.

Der Übergang zu den Tempelbauten in der nachfolgenden Chola-Zeit gestaltet sich fließend. Der Brahmapurishvara-Tempel in Pullamangai aus dem 9./10. Jh. ist ein typisches Beispiel für die zahlreichen frühen Tempel der Chola-Architektur: verhältnismäßig klein, reicher Skulpturenschmuck und Dekor an den Wänden und Nischen, üppig gestalteter Vimana – ein Dekorstil, der sich ebenso in den späteren riesenhohen Tortürmen wiederfindet.

Die großen, sich aufbäumenden Löwen der Pallava-Pilaster sind verschwunden, statt dessen hat der Fries mit den Yalis den prominenten Platz über dem Tempelsockel eingenommen. Hier finden sich nun auch schmale Reliefplatten oder Paneele mit Darstellungen insbesondere aus dem Ramayana.

Die neugewonnene politische Unabhängigkeit der **Cholas** demonstrierte ihr großer Herrscher Rajaraja I. mit dem Bau des Rajarajeshvara-Tempel (Brihadishvara-Tempel) in Tanjavur (Tanjore), dem in der damaligen Zeit über Südasien hinaus größten Bauwerk. Dieser Tempel aus dem Anfang des 11. Jh. vereint in höchster Vollkommenheit die vorangegangene Tempelentwicklung mit neugeschaffenen architektonischen und stilistischen Schwerpunkten, die für weitere Tempelbauten der Cholas und nachfolgender Dynastien bestimmend werden sollten.

Die gesamte Tempelanlage ist um ein Vielfaches größer geworden. Eine hohe Tempelmauer umfaßt den Tempelhof, auf dem eine Reihe von kleineren Tempeln und Schreinen stehen. Der Haupttempel selber besteht nun aus mehreren axial angeordneten Bauten, der Unterbau des Vimana aus zwei übereinanderliegenden Nischenreihen.

Ab dem 12. Jh. veränderte sich das Bild der südindischen Tempel grundlegend. Der Vimana wurde immer kleiner und verschwand nahezu in einer Vielzahl von Hallen und Korridoren. Immer neue Höfe erweiterten den Komplex, eingefaßt von Mauern, deren Tortürme an den vier Seiten nach außen hin immer größer wurden, bis schließlich eine Tempelstadt wie der Minakshi-Tempel in Madurai, in Srirangam oder der noch größere Rameshvara-Tempel in Rameshwaram aus dem 18. Jh. entstand.

Die Tempelbauten auf dem Dekhan

Die **Frühen Westlichen Chalukyas** (Mitte 6.–Mitte 8. Jh.) zeigten viel Phantasie und Einfallsreichtum, als sie im 7./Anfang 8. Jh. mitten auf dem Dekhan – in Badami, Aihole, Pattadakal, Mahakuta und Alampur – eine Vielzahl von Tempeln errichteten. Seite an Seite wurden neben klassischen nord- und südindischen Tempeln die neuen Tempel im Dekhan-Stil errichtet, einer Mischung aus nord- und südindischen Elementen.

In Alampur entstand Anfang des 8. Jh. die Nava Brahma-Tempelgruppe, die alle bis auf einen im Chalukya-Mischstil erbaut wurden und von denen der Svarga Brahma-Tempel der schönste ist. Unübersehbar erhebt sich der nordindische Shikhara mit der klassischen kurvelinearen Form über der Kultzelle, dagegen wirkt der Unterbau – auf rechteckigem Grundriß – betont südindisch-horizontal, was sowohl durch das breite und schmalere Kranzgesims als auch durch den stark profilierten Sockel, der den Vorsprüngen der Nischen folgt, unterstützt wird. Eine Vorhalle führt in das Innere der Halle; im hinteren Teil liegt die Kultzelle, die man von der Halle aus umwandeln kann.

Die chalukischen Baumeister schufen an allen Seiten ihrer Tempel sowohl ungewöhnlich viele Nischen mit nordindischer Dekoration als auch Fenster mit den verschiedensten Gittermustern, die zum klassischen Merkmal der frühen Chalukya-Architektur geworden sind. Tempelwände, Nischen, Eingang und Säulen zieren prachtvolle Girlanden, Schmuckbänder und Friese – und auch der ›Topf mit Blattwerk‹ und der Kirti Mukha fehlten nicht. Der Skulpturenschmuck ist vielfältig und kunstvoll bearbeitet: Liebespaare traut beieinander stehend, Wächter links und rechts von den Nischen, fliegende Wesen im anmutigen Knieflug oben unter dem Kranzgesims, die südindischen Türhüter am Eingang, die Flußgöttinnen Ganga und Yamuna aus Nord-Indien am Türpfosten – der ganze hinduistische Skulpturenkanon einschließlich der chalukischen Besonderheit der Götter der acht Himmelsrichtungen rund um den Tempel.

Die **Späten Westlichen Chalukyas** von Kalyani (Ende 10.–Ende 12. Jh.) nahmen die Bautradition ihrer Vorfahren wieder auf und modifizierten nord- und südindische Elemente, so daß diese sich nun zu einem ganz eigenen, neuen Stil formierten. Ihre Tempel finden sich an vielen Plätzen im mittleren Karnataka wie in Gadag, Ittagi, Lakkundi, Dambal, Chaudadampur, Kuruvati, Haveri, Harihar, Rattehalli und Belgamvre.

Die ersten Tempel dieser Dynastie wurden noch wie die ihrer Vorfahren in Sandstein errichtet. Später gingen die Baumeister dazu über, feinen bläulich-schwarzen oder grünen Chlorit-Schiefer zu benutzen, der es ihnen erlaubte, Wände, Nischen, Säulen, Pilaster, Decken und Turmaufbauten mit feinster Ornamentik zu überziehen. So ist ein Merkmal aller ihrer Tempel, daß die Architektur nahezu unter dem Dekor verschwindet.

Zu den schon bekannten Grundelementen der Pallavas, Cholas und Frühen Chalukyas kommen nun einige Stilformen hinzu, z. B. die typischen Fensterdurchbrüche in Form eines vielfach gekerbten Blattes, gekrönt von einem Kirti-Mukha, getragen von einem Pilaster und angeordnet zwischen ›Pallava/Chola-Nischen‹. Die Nischen bekrönen Miniatur-Vimanas, von jetzt ab ein Standard-Schmuckdekor. Wie der Unterbau, so ist auch der Vimana mit den allerfeinsten Details reich skulpiert, er hat sich nun zu einer Mischung aus dem vertikalen Shikhara und dem horizontalen Vimana entwickelt. Besondere Aufmerksamkeit verdienen die Säulen: In nahezu spielerischer Perfektion haben die Handwerker sie, entweder auf der Drehbank oder durch manuelle Präzisionsarbeit, zu wahren Kunstwerken gestaltet.

Die Grundform der Tempel besteht – axial ausgerichtet – aus dem Sanktum, einer kleinen Verbindungshalle, der geschlossenen Haupthalle mit Ausgängen rechts und links und einer offenen Säulenhalle, einer Neuschöpfung des Dekhan-Tempels. In der weiteren Entwicklung nimmt der Grundriß der Kultzelle Sternform an, und zwei oder auch drei Kultzellen werden über eine gemeinsame Halle miteinander verbunden.

Parallel zur Chalukya-Kunst und in Fortsetzung ihrer Tradition schufen die Kakatiyas (Mitte 11.–Anfang 14. Jh.) auf

Filigrane Figurenfriese am Hoyshaleshvara-Tempel in Halebid (Karnataka)

dem östlichen Dekhan einen ähnlichen Stil. Im nördlichen Maharashtra entwikkelten die Yadavas (Ende 12.–Anfang 14. Jh.) ebenfalls eigene Bauformen, den Hemadpati-Stil.

Die **Hoyshalas** im südlichen Karnataka (Anfang 10.–Mitte 14. Jh.) übernahmen die Bautradition der Späten Chalukyas und formten sie zu eigener Perfektion aus. Die reiche Ornamentierung ihrer Tempel und die sternförmigen Grundrisse wie in Belur, Halebid und Somnathpur wurden zu Hauptmerkmalen des Hoyshala-Stils. Die gesamte Tempelanlage steht nun auf einer Plinthe, deren Form aufs genaueste der Außenkontur des Tempels folgt, was in höchster Vollendung am Tempel von Somnathpur gelang. Die Plinthe ermöglicht es, den Tempel zu umwandeln, da es im Innern keinen Umwandlungspfad gibt. Die sternförmige Grundform der Kultzelle setzt sich im Turmaufbau weiter fort, der, leicht glockenförmig gerundet, von einem lotusblättrigen Shikara abgeschlossen wird. Während dies die Senkrechte betont, hebt die horizontale Profilierung der Plinthe, des Tempelsokkels und des Turmaufbaus diesen Eindruck wieder auf – der gesamte Aufbau scheint sich ohne faßbare Formen in Details aufzulösen.

Bis in die kleinste Einzelheit sind die zahlreichen dekorativen, umlaufenden Friese an der Tempelwand in feinster Handarbeit plastisch und lebendig aus den schmalen Bändern herausgearbeitet: Elefanten, Löwen, Pferde, Makaras und Gänse, dazwischen Blumenranken und zahlreiche Erzählszenen aus Ramayana und Mahabharata.

Oberhalb des Frieses reiht sich an Turm und geschlossener Halle Götterfigur an Götterfigur, gleichfalls elaborierte Steinschnitzarbeiten; die große Halle wird in diesem Bereich durch kunstvoll bearbeitete Steingitter begrenzt. Die weiblichen Konsolenfiguren außen um den Tempel herum sind auch mit großer Kunstfertigkeit ausgearbeitet, das Innere des Tempels, die Säulen, Wände, Nischen und Decken in demselben ornamentreichen Hoyshala-Stil ausgeschmückt.

Der Keshava-Tempel in Somnathpur besteht aus drei sternförmigen Kultzellen, denen eine geschlossene Halle vorgelagert ist, woraus sich ein kreuzförmiger Grundriß ergibt. Andere Tempel besaßen sogar vier Kultzellen und riesengroße Vorhallen und waren mit zahlreichen kleineren Tempeln und Kultschreinen ganz im südindischen Stil mit einer Tempelmauer umgeben.

Der Höhepunkt der Kunst und Architektur der **Vijayanagars** verbindet sich mit dem bedeutendsten Herrscher Krishnadevaraya (1509–1529). Zu seiner Zeit entstanden in der Hauptstadt Vijayanagar und im ganzen Land eine Vielzahl weltlicher und religiöser Bauten, aber auch aus der vorangegangen und nachfolgenden Zeit blieben zahlreiche bemerkenswerte Tempel erhalten wie z. B. Lepakshi, in Sringeri, Tadpatri, Penukonda, Chandragiri, Bhatkal, Sri Kala-

hasti, Pushpagiri und Ahobilam. Das Vijayanagar Reich (1336–1664) lag südlich der Krishna/Tungabhadra und dehnte sich mehr oder weniger über den gesamten Süden aus, in dem einst die Späten Westlichen Chalukyas und Hoyshalas und die Pandyas, Pallavas und Cholas geherrscht hatten. So finden sich diese Vorbilder in ihren Tempel- und Palastbauten wieder und bilden mit Ansätzen aus der Moslem-Architektur einen eigenständigen Kunststil.

Ein typisches Merkmal der Vijayanagar-Tempelanlagen bilden die zahlreichen Erweiterungsbauten, so daß der ursprüngliche Tempel nur mit Mühe entdeckt werden kann. Klassische Ergänzungsbauten, die von jetzt ab in jeder Tempelanlage stehen, sind die Tortürme mit der Tempelmauer, die 1000-Pfeiler-Halle, der Hochzeitspavillon (der immer seitlich vor dem Haupttempel steht) und der Devi-Tempel in der Nordostecke. Der Vitthalashvami-Tempel in Vijayanagar vom Anfang des 16. Jh. vereint die wichtigsten Ergänzungsbauten einer Vijayanagar-Tempelanlage harmonisch und perfekt. Ein ausgesprochen breites Spektrum nimmt der schmückende Dekor ein, der, obwohl aus dem harten Granit herausgearbeitet, in nichts dem elaborierten Hoyshala-Stil nachsteht. So wird manches Relief an den Tempelwänden und Pfeilern der Halle zu einem Nachschlagewerk des hinduistischen Pantheons, zum ›Bilderbuch‹ der großen Epen.

Das Vijayanagar-Erkennungszeichen übrigens ist ein Löwe, der mit breitem Maul und großen Augen wie ein Frosch am Fuße der Pfeiler sitzt und gleichsam auf seinen Einsatz wartet. Manche Pfeiler sind ungewöhnlich hoch und sehr schlank, ebenfalls natürlich reich reliefiert – der sich aufbäumende Löwe der Pallavas findet auch hier wieder seinen

Platz. Ganz neu sind die sich ebenfalls aufbäumenden Pferde, die als Kunstwerke eigener Art später in der Nayak-Architektur die Pfeiler der Pferdehalle in Srirangam schmücken. Schließlich verdienen die ›Musikpfeiler‹ aus dem Hochzeitspalast des Vitthalashvami-Tempels als wahre handwerkliche Meisterstücke besondere Aufmerksamkeit. Unübersehrbar und wiederum typisch für die Vijayanagar-Zeit ist die immense Größe der Skulpturen: der Ugra Narasimha und der Ganesha in Vijayanagar und vor allem der Nandi in Lepakshi, mit 8 m Länge und 4 m Höhe sicher die gewaltigste Figur in Indien.

Die **Nayaks** übertrieben den Stil von Vijayanagar in jede Richtung: Die Tortürme wurden noch höher, noch dichter besetzt mit dramatisch bewegten Stuckfiguren, noch bunter. Die 1000-Pfeiler-Hallen entwickelten sich zu kilometerlangen Korridoren, die Tempelanlagen wuchsen zu labyrinthischen Tempelstädten.

Die Moslem-Architektur in Süd-Indien: Schwerpunkt Dekhan

Auf dem südindischen Kontinent begann um 1300 mit dem Vordringen der Moslems aus dem nördlichen Delhi eine neue Epoche. Daulatabad, vormals das Devagiri der hinduistischen Yadava-Dynastie, wurde die erste uneinnehmbare Festung der neuen Herrscher: Von hier zogen sie auf Kriegszügen über den Dekhan in den Süden.

Die erste Phase unter der Bahmani-Dynastie in Gulbarga/Bidar (1347–1504) und der Baridi-Shahis, ihrer direkten Nachfolger in Bidar (1504–1609), zeichnete sich vorerst durch Übernahme des

nordindischen Baustils aus, der sich im Laufe der Zeit durch den Einfluß der Kunst und Kultur von persischen Künstlern, Gelehrten und Kaufleuten, die an den Königshof geholt wurden, eigenständig weiterentwickelte. In einer zweiten Phase unter den Adil-Shahis in Bijapur (1490–1686) und der Qutub-Shahis in Golkonda (1512–1687) entstand eine ganz neue Bauform, die nun stark geprägt war durch die Vijayanagar-Baukunst, durch Einflüsse der Portugiesen aus Goa sowie persischer und arabischer Gelehrter.

Die intensivste Bautätigkeit herrschte auf dem Dekhan. Schon bestehende Festungen wurden durch Stadtanlagen erweitert, neue Festungen, Städte und Stadtmauern errichtet; weitläufige Palastanlagen, Verwaltungsgebäude, Bibliotheken, Schulen und andere öffentliche Einrichtungen entstanden neben den großen und zahllosen kleinen Moscheen und Grabbauten. Die weltlichen Paläste als Symbol von Herrschaft und Macht wurden in den Kriegen der kommenden Jahrhunderte zerstört – geblieben ist, was die Gegner verschonten: Moscheen und Grabbauten.

Diese Grabbauten wurden immer außerhalb der Festung bzw. der Stadt errichtet, auffallenderweise liegen sie in der frühen Phase jeweils im Osten oder im Westen der Stadt. Vielleicht verbirgt sich der viergeteilte Paradiesgarten hinter dem achsensymmetrischen Straßenkreuz in Nordsüd- und Ostwest-Richtung, wie es der Stadtplan von Gulbarga, Bidar, Hyderabad und anderen Städten aufweist. In Bidar steht mitten auf dieser Kreuzung das Chaubara (›Das Haus, das nach den vier Himmelsrichtungen geöffnet ist‹) und in Hyderabad das Char Minar, ›Vier Türme‹.

Die ersten Moscheen waren umgestaltete hinduistische oder jainistische

Grabbauten der späten Bahmani-Sultane in Gulbarga (Karnataka)

Tempel. 1367 wurde dann nach den Plänen des persischen Architekten Qazvin die Freitagsmoschee in **Gulbarga** erbaut, mit ihrem vollständig überkuppelten Innenhof eine einmalige bautechnische Glanzleistung auf dem indischen Subkontinent. Während sich die Moscheen im Prinzip nur in stilistischen Details veränderten, durchliefen die Grabbauten eine deutlich wahrnehmbare Entwicklung. Die allerersten Grabbauten erscheinen noch ganz dem nordindischen Tughluk-Vorbild nachempfunden: gedrungen, schmucklos, mit leicht ausgestellten Mauern, kompakter Eingangsgestaltung und flacher Kuppel.

Der Zinnenkranz mit den kleinen überkuppelten Ecktürmchen, der auch schon die Moschee von Gulbarga geziert hatte, blieb ein typisches Merkmal des Bahmani-Stils und setzte sich auf dem ganzen Dekhan durch.

Die nachfolgenden doppelten Grabbauten der Nekropole der ›Sieben Kuppel‹-Gruppe in Gulbarga mit den ebenfalls doppelten Kuppeln weisen auf die Überwindung des Tughluk-Stils und die Herausformung eines eigenen Bahmani-Stils hin, bei dem persische Konstrukteure maßgeblich beteiligt waren: Der Unterbau ist großzügig angelegt; die Kuppeln erheben sich über einer von einem Zinnenkranz umschlungenen Trommel; die Wände des Unterbaues sind durch Nischen und Jali-Fenster ganz klar in waagerechte und senkrechte Grundstrukturen aufgegliedert, deren Strenge durch die Form der Nischen und Fenster (Kielbogen) und Stuckrosetten aufgelockert wird; Konsolen oder Traufdachkonstruktionen sind nur in Resten erhalten.

Die Grabbauten in **Bidar,** die mit einem quadratischen Unterbau mehr-

heitlich eine Würfelform annehmen, setzen das Prinzip der Baugliederung in klaren geometrischen Formen und Strukturen fort. Dasselbe Prinzip läßt sich auch an der hervorragenden Madrasa des Ministers Muhammad Gawan nachvollziehen, die gleich nach Gründung der neuen Hauptstadt (1424) erbaut wurde. Die ›echt persische‹ Beigabe der einstmals prächtigen und farbigen Kacheln und Wandmalereien blättert heute unwiederbringlich ab oder verkommt

Die Madrasa des Khwaja Mahmud Gavan in Bidar (Karnataka) war mit Kalligraphie und leuchtendem Fliesenschmuck bedeckt

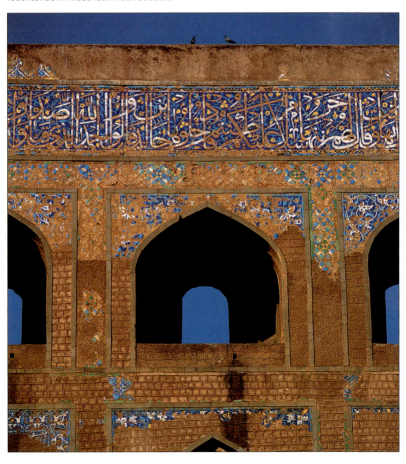

unter Fledermausdreck; das verschlungene Blattwerkmuster, die geometrischen Figuren und kalligraphischen Schriftzüge lassen sich nur noch ahnen.

Die Kuppel, in Persien schon lange eine traditionelle Bauform, bedeutete auf indischen Boden eine ganz neue Art der Raumgestaltung und -empfindung. Die Kuppeln der Bahmani-Grabbauten im Osten der Stadt erheben sich halbkugelförmig auf einer – im Verhältnis zum Gesamtbau überproportional hohen – Trommel, die von einem Zinnenkranz mit kleinen Türmchen an den acht Ecken umschlungen ist. Die späteren Grabbauten der Baridi-Shahis tragen eine Kuppel, die in ihrer nun voll entwickelten Form einer Lotusblüte gleicht; dies wird dadurch erreicht, daß ein meisterlich ausgearbeitetes blattförmiges Band die Trommel leicht einschnürt. Ein gelungenes Beispiel dieser späten Architektur stellt der Grabbau des Ali Barid Shah im Westen der Stadt dar.

Noch heute läßt sich die immense Bautätigkeit in der nur 135 Jahre währenden Baugeschichte von **Bijapur** an den zahlreichen Moscheen und Grabbauten ablesen, die weitverstreut innerhalb der Stadtmauer und einige wenige wie die Grabmoschee Ibrahim Rauza außerhalb der Stadtmauer liegen.

Die Juma Masjid von 1576, das früheste und bedeutendste Gebäude der Bijapur-Architektur, blieb höchstwahrscheinlich unvollendet, denn es fehlen die typischen Minarette an den Ecken wie auch die mit Zinnen geschmückte Brüstung auf dem Unterbau. Die von einem Lotusblätterband umgebene Halbkuppel über der unten achteckigen und oben runden Trommel war die revolutionäre Neuheit in der Bijapur-Baugeschichte, die bis zu diesem Zeitpunkt den Kuppelbau bis auf zaghafte Ansätze nicht kannte. Die Arkaden mit ihren Kielbogen sind weit gespannt, um viel Licht ins Innere zu lassen; eine dichte Konsolenreihe darüber trägt das Traufdach.

An der Grabmoschee Ibrahim Rauza – eine auch in Golkonda übliche Kombination von Grabbau und -moschee – aus der Blütezeit der Adil-Shahis vom Anfang des 17. Jh. lassen sich alle Charakteristika des indoislamischen Baustils aufzeigen: Türmchen, Türme, Minarette und Miniaturpavillons, kunstvoll gearbeiteter Stuck, Schnörkel, Rosetten und filigrane Balustrade, luftige Arkaden mit dem klassischen Kielbogen, eine dichte Reihe reich gegliederter Konsolen, herunterhängende Zapfen – und die Kuppel, eine ›Lotusblüte, eingebettet auf einem Blattkranz von Lotusblättern‹.

Auch **Golkonda** hatte eine eigenständige Baukunst entwickelt, die ganz vom architektonischem Stil bestimmt war, wie es der Grabbau des Abdulah deutlich macht: klare Linien, klare Formen, kein Detail, kein Schnörkel. Die Arkaden der Veranda reihen sich ebenso regelmäßig aneinander wie die Blendarkaden im ersten Stock, der Zinnenkranz verläuft schnurgerade, die Türmchen erheben sich an den Ecken und unauffällig auf der oberen Balustrade, dichte Konsolenreihen tragen das schmale Traufdach; auch hier ist die Kuppel zur Dreiviertelkugel geworden, lotusförmig mit einem Blätterkranz. Die reich ornamentierte Stuckarbeit blieb bis heute in Teilen erhalten, von dem prachtvollen Kachelschmuck dagegen zeugen nur noch kärgliche Reste.

Der islamische Baustil hat in der hinduistischen Tempelarchitektur keinen wesentlichen Niederschlag gefunden, um so mehr dagegen in den königlichen Palastanlagen der Vijayanagar-Herrscher und der nachfolgenden Nayaktümer von Tanjavur (Tanjore), Mysore und Madurai.

Der indische Film

»... Und wir sollen auch Unterhalter sein, auch das ist ein Dienst, den wir den Armen erweisen. Jemand das Unglück für kurze Zeit vergessen lassen, wenn man das getan hat, hat man wirklich was geleistet!« – Die Worte eines Filmproduzenten.

Indien steht mit über 800 Spielfilmen in zwölf Sprachen pro Jahr auf dem vierten Platz der Weltproduktion. Hauptabnehmer sind die umliegenden asiatischen und arabischen Länder, während sich in unsere Breiten nur selten ein indischer Kinofilm verirrt; sieht man ab von dem Spielfilm ›Salam Mumbai‹, der 1989 in unsere Kinos kam und in beeindruckender Weise das Leben eines kleinen Jungen in den Slums von Mumbai beschreibt. Auf einem Filmfestival dagegen bietet sich schon eher die Chance, Klassiker, einen Streifen des Bengalen Satyajit Ray oder des sozialkritischen Mrinal Sen beispielsweise, zu sehen. Allerdings sind auch in Indien das Fernsehen und der Video-Film zu Konkurrenten des Kinos geworden, wie sich gerade in unseren Tagen mit der Ausstrahlung des ›Ramayana‹ gezeigt hat.

Mumbai (heute Mumbai) ist heutzutage das größte Zentrum der Filmproduktion Indiens, gefolgt von Calcutta und Madras; in Mumbai führten am 6. Juli 1896 die Gebrüder Lumière mit überwältigendem Erfolg ihren *Cinematographe* erstmalig auf indischem Boden vor. 1899 drehte H. S. Bhatvadekar den ersten indischen Kurzfilm, einen Boxfilm in den ›Hängenden Gärten‹ von Mumbai. Der erste berühmte Produzent Indiens war Dhundiraj Phalke; sein erster Film, mit Untertiteln in Englisch und Hindi 1912 in Mumbai fertiggestellt, trug den Titel ›Raja Harishchandra‹, ein mythologischer Film, der für Indien seine Bedeutung erlangte wie der Western für Hollywood.

1919 entstand der erste südindische Film ›Keechaka Vadham‹ von Nataraj Mudaliar. Anfang der 20er Jahre gab es 150 Kinos in Indien. Sie zeigten Filme ganz im Stil Hollywoods – so fehlte auch ein indischer Western-Cowboy nicht, aber auch mit sozialkritischen Themen wie ›Sankari Pash‹ von Baburao Painter, der ersten indischen Produzentin und Regisseurin. Noch kamen jedoch 85 % der Filme aus dem Ausland, überwiegend aus den USA. 1931 wurde der erste indische Tonfilm auf Hindi, ›Alam Ara‹, mit zwölf Liedern in Mumbai uraufgeführt. Im sozialpolitischen Umfeld der Unabhängigkeitsbewegung entstanden eine ganze Reihe kritischer Filme.

Dann kam die Zeit der großen Filmproduzenten. Sie mußten zunächst die für das vielsprachige Indien so wichtige Frage lösen, in welcher Sprache das Publikum am besten erreicht werden konnte, das in Mumbai Marathi, in Kalkutta Bengali, in Madras Tamil sprach – oder Gujerati, Oriya, Telugu, Kannara, Malayalam und noch einige Sprachen mehr. Sie schufen den Hindi-Film: eine ›heiße‹ Mischung aus emotionalen Irrungen und Wirrungen und Action, aufgeputzt mit Musik, Gesang und Tanz. Dieser Filmtyp sollte die Sprachbarrieren überwinden und für die Mumbaier Filmproduzenten, Stars, Sängerinnen und Filmkomponisten in den 30er und 40er Jahren die Sternstunde und das große Geld bringen.

Da man in jedem Film möglichst viele Themen und Probleme ansprechen wollte, gerieten die meisten zu einem unpointierten Mischmasch. Eine große Bedeutung kam den Songs und Schlagern zu, was zu einer regelrechten Spezialisierung in Sachen Playback-Gesang führte. Der kommerzielle Erfolg eines Filmes hing immer mehr davon ab, ob es ihm gelang, die Massen mit seiner Musik zu begeistern und anzulocken. Die Popularität einiger weniger Sängerinnen wuchs ins Unermeßliche. Lata Mangheshkar, die in 25 000 Liedern den Schauspielerinnen ihre Stimme geliehen hat, ist sicher eine der berühmtesten Sängerinnen der Filmgeschichte.

Die Tradition der Filmmusik ist auch heute noch ungebrochen, und der Kinobesucher muß sich darauf einrichten, an passender oder unpassender Stelle Musikeinlagen – unterstützt durch aufwendige Tanzformationen – über sich ergehen zu lassen. Bestimmte ›nicht darzustellende Inhalte‹ werden symbolisch durch Blumen und Bienen, galoppierende Pferde, einem Sonnenuntergang oder auch Regentropfen umschrieben.

Die in Indien gleichfalls unverzichtbaren farbenprächtigen Filmplakatwände in Leinwandformat sind schon allein deswegen beeindruckend, weil sie in sorgsamer Kleinarbeit gemalt werden. Die inhaltliche Darstellung des angekündigten Films konzentriert sich darauf, so eindeutig wie möglich den Schurken, das Ungeheuer oder die Brave, die Verkommene oder die coole Intellektuelle (immer mit Brille!) herauszustellen.

Die Inder lieben das Kino und geben ihre letzten Rupees dafür aus. In der Provinz überragen oft protzige Filmpaläste ihre bescheidene Umgebung. Die großen Stars wurden zu quasi nationalen Institutionen – ihre immense Popularität führt sie nicht selten in die Politik. M. G. Ramachandran, der Held zahlloser Filme, regierte nach seiner großen Zeit viele Jahre in Tamil Nadu. Andhra Pradeshs Götterheld Rama Rao gründete eine Partei, gewann auf Anhieb die Wahlen, avancierte zum Regierungschef und fand inzwischen seinen Weg in die Zentralregierung. Nicht zu vergessen Amitabh Bachchan, der nicht nur die höchsten Gagen fordern kann und daneben Parteipolitik macht, sondern auch eine ganze Nation in Atem hielt, als er ernstlich verletzt im Krankenhaus lag. Jeder Indienreisende sollte sich also auf keinen Fall einen Kinobesuch entgehen lassen.

Südindischer Tanz

Das ›Natyashastra‹ des Bharata aus dem 5. Jh., ein Kompendium der vorangegangenen Jahrhunderte, stellt die klassische theoretische Grundlage des traditionellen indischen Tanzes dar und besitzt auch heute noch dieselbe Gültigkeit.

Der Verfall der politischen Einheit in Süd-Indien im 17. Jh., der zunehmende Einfluß der Europäer und die damit einhergehende hinduistisch-orthodoxe Erneuerungsbewegung ließen jedoch vorerst die jahrtausendealte Tanztradition nahezu in Vergessenheit geraten. 1936 gründete die Tänzerin Rukmini Devi das große Kulturzentrum Kalakshetra nahe Madras zur Pflege und Erforschung von Tanz und Musik und verhalf dem ›Bharata Natyam‹ zu neuem Ruhm. Das ›Kathakali‹ erfuhr dagegen durch den engagierten Vallatol N. Menon, der 1937 zusammen mit dem Tanzmeister Manakkulam M. R. Tamburan die Tanzakademie ›Kathakali Kalamandalam‹ in Cheruhuruthy bei Kochi gründete, seine Renaissance.

Das Bharata Natyam

In dem Gedicht ›Shippadikaram‹ aus der Sangam-Ära, einem frühen Dokument über Funktion und Arbeitsweise der Tempeltänzerinnen, wird bis in Details hinein der Tanz der Madhavi gerühmt, die »sieben Jahre lang Tanz und Gesang studierte, alle 64 Künste beherrschte und im Alter von nur zwölf Jahren vor dem König auftrat. Ihr Lehrmeister habe sie in der Kunst der ein- und beidhändigen Handhaltungen sowie in den zwei Arten des Tanzes unterrichtet, und sie unterschied sorgfältig zwischen dem nicht-erzählenden und dem mit Gesang verbundenen erzählenden Tanz«.

Die zwei Arten des Tanzes sind also nicht-erzählend, rhythmisch (Nritta) und erzählend, theatralisch (Abhinaya). Körperhaltungen- und -bewegungen, Kopf-, Rumpf-, Bein- und Armpositionen, Schrittfolge, Hand- und Fingergestik sowie Mimik, jede mögliche Ausdrucksform ist festgelegt und in allen Schulen des Bharata Natyam nahezu gleich stilisiert. Jede Bewegungseinheit wird durch bestimmte Lautsilben benannt, die während des Tanzes vom Sänger oder auch vom Tanzenden ausgerufen werden und mit schneller werdendem Rhythmus für das ungeschulte Ohr nicht mehr zu unterscheiden sind. Die Glöckchen an den Füßen der Tänzerin erklingen im Takt, unterstützt wird der Rhythmus durch den Mridanga-Trommler, während die Vina- oder Harmoniumspieler die begleitende Hintergrundmusik spielen. Neben dieser Tanztechnik kennt die Musiktheorie zwei grundlegende Begriffe, *Rasa* und *Bhava*. Rasa ist eine bestimmte emotionale Grundhaltung, die beim Zuschauer entweder Liebe, Heiterkeit, Erschütterung, Zorn, Kühnheit, Schrecken, Ekel oder Entzücken erwecken soll, die die Darstellerin mit den Bhava durch die differenziertesten Ausdrucksformen zu vermitteln anstrebt: heiteres Lächeln, Lachen, Weinen, Seufzen, Augenrollen, Zusammenziehen der Augenbrauen, Zittern, Kopfschütteln etc. Die Kunst gilt als perfekt, wenn es der Tänzerin gelingt, solch abstrakte Emotionen wie Haß, Rache, Sehnsucht, Schmerz oder Trauer auszudrücken. Ist das Repertoire der Tänzerinnen auch genauestens festgelegt, klassifiziert und stilisiert, so gibt es doch Unterschiede in der Beherrschung und gekonnter Kombination der Ausdrucksformen, die immer auch einen Dialog zwischen der Tanzenden und der begleitenden Musik darstellen.

Der *Sadir Natya* ist der klassische Solotanz des Bharata Natyam. Nachdem die Tänzerinnen und die Musiker zu Beginn der Aufführung mit Blumen und Räucherstäbchen den Gott Shiva als den Herrn des Tanzes verehrt haben, beginnt das fünfteilige Programm, das aus Nritta- und Abhinaya-Tanzeinheiten besteht. Zum Schluß kann ein besonders schneller Nritta-Tanz folgen, die Vorstellung endet mit einer kurzen mimischen Darstellung eines gereimten Verses.

Das Gruppentanzspiel *Kuravanji* aus dem südöstlichen Tamil Nadu, ausschließlich von Frauen aufgeführt, hat in zahlreichen Varianten das Thema der Liebe eines jungen Mädchens zu ihrem Geliebten – entweder dem Tempelgott oder dem königlichen Gönner – zum Inhalt. (Hier verbirgt sich die devotionale Gottesliebe des Bhakti-Kultes, der sich

Kathakali-Aufführung in Kochi (Kerala)

im 16./17. Jh. auch in Süd-Indien großer Beliebtheit erfreute). Eine weitere Hauptperson im Kuravanji-Tanzspiel ist die Zigeunerin Kuraji, die der jungen Liebenden einige Verwicklungen, Mißverständnisse und Streitigkeiten voraussagt, die sich schließlich zur Freude der Zuschauer jedoch heiter und in Wohlgefallen auflösen.

Das Tanztheater *Bhagavata Mela* aus Andhra Pradesh und Tamil Nadu, das sich bis ins 10. Jh. zurückverfolgen läßt, erfreute sich unter der Herrschaft der Vijayanagars großer Beliebtheit. Seine kulturelle Bedeutung erhielt es durch den Bhakti-Kult. Nach dem Zerfall des Vijayanagar-Reiches flohen zahlreiche

Künstler und Gelehrte nach Tamil Nadu. Der Legende nach soll der Herrscher von Tanjavur (Tanjore) 510 Bhagavatara-Familien in Melattur ein ganzes Dorf als neue Heimat gestiftet haben.

Der Bhagavata Mela wird im Solo- und Gruppentanz aus einer Kombination von Theater, Musik und Tanz mit einfacher, farbenfroher Kostümierung ausschließlich von Männern dargeboten. Die Handlungen entstammen der der vishnuitischen Mythologie und der Krishna-Legende. Eine der beliebtesten Darstellungsformen – Vishnu in der Form des Narasimha, des Mann-Löwen – wird alljährlich zum Tempelfest im Mai/Juni in Melattur aufgeführt.

Die Devadasis,
die Tempeltänzerinnen

Die Tempeltänzerinnen, als Dienerinnen der Götter, übernahmen die Aufgabe, die Götterstatuen zu betreuen und zur Freude der Könige, Fürsten, reichen Kaufleute und Pilger zu tanzen. Sie genossen hohes Ansehen und lebenslangen Schutz des Königshauses und waren materiell abgesichert. Als junge Mädchen in geheimen Zeremonien dem Tempelgott geweiht, erhielten sie Unterricht in Tanz, Musik, Literatur und Tamil oder Telugu. Nicht zuletzt aufgrund dieser umfassenden Bildung haben sie ganz entscheidend dazu beigetragen, die Tradition des südindischen Tanzes zu erhalten.

Der Tempeltanz kam unter dem Einfluß der puritanischen europäischen Kolonialmächte und der orthodoxen Hindu-Bewegung im letzten Jahrhundert in Verruf. Als der Tempeltanz schließlich verboten wurde, waren Hunderttausende von Tempeltänzerinnen der Prostitution ausgeliefert, da ihnen keine andere Erwerbsmöglichkeit blieb. Wenn es auch nicht gern publik gemacht wird, so ist doch bekannt, daß in Saundatti Yellamma noch heute junge Mädchen einmal jährlich dem Tempelgott geweiht werden und später ein kärgliches Dasein als Prostituierte in Mumbai führen.

Das Tanzdrama *Kuchipudi* stammt aus Andhra Pradesh und wurde nach dem gleichnamigen Dorf benannt, das der moslemische Herrscher von Golkonda nach der endgültigen Auflösung des Vijayanagar-Reiches den Bhagavatara-Familien, die nicht in den Süden geflohen waren, zur Verfügung gestellt hatte. So finden sich zahlreiche Übereinstimmungen zwischen Bhagavata Mela und Kuchipudi, dennoch kann man heute von zwei verschiedenen Tanzstilen sprechen.

Die reichhaltige Auswahl der Stücke bietet Ereignisse aus der Mythologie Vishnus und im besonderen aus dem Leben Krishnas an. Das ›Gita Govinda‹ gehört zum beliebten Repertoire des Kuchipudi. Hier wird in 24 Hymnen die Sehnsucht und Eifersucht der liebreizenden Radha erzählt, die immer wieder um die Liebe Krishnas bangt. Das umfangreichste getanzte, gesungene und gesprochene klassische Theaterstück überhaupt ist das ›Krishna Lila Tarangini‹. Besonders populär sind sein erster Teil, in dem die Abenteuer des noch jungen und schelmischen Krishna dargestellt werden sowie das ›Parijata Paharana‹. Da letzteres ungekürzt sieben bis zehn Nächte beansprucht, wird es in einer gekürzten Fassung unter dem Titel ›Bhama Kalapam‹ (Das Gespräch der Satybhama) aufgeführt. Im Mittelpunkt der Handlung steht die Liebe Satyabhamas zu Krishna, den sie um eine Blüte von dem himmlischen Blütenbaum aus dem Paradies bittet.

Ursprünglich sangen, sprachen und tanzten die Akteure – früher nur Männer – während der Aufführung. Heute übernimmt diese Aufgabe jedoch der ›Nattuvanar‹, der die Tänzer teils singend, teils sprechend vorstellt und auch sonst für angenehme Unterhaltung sorgt. Der Solo- und Gruppentanz, die den Grundprinzipien des Bharata Natyam sehr nahe kommen, zeichnen sich durch hohe tänzerische Geschicklichkeit und rhythmische Vielfalt aus.

Im nordwestlichen Karnataka ist das *Yakshagana*-Tanztheater zu Hause, eine Mischung aus Bhagavata Mela, Kuchipudi und Kathakali. Es wird nur von Männern mit häufig furchterregenden Masken und Kostümen getanzt, die dem Namen Yakshagana (Dämonengesang) alle Ehre machen.

Das Kathakali

Das Kathakali-Tanzdrama, im 17. Jh. entstanden, ist heute zu dem bedeutendsten Vertreter der vielen verschiedenen Tanzstile geworden, die sich in dem abgeschlossenen Küstenstreifen Keralas aus Volks- und Ritualtänzen entwickelt haben. Der *Kuttu*-Tanzstil, schon in der Sangam-Ära erwähnt, wurde nur von den Chakyars, einer Kaste von Tempeldienern, dargeboten. Sie erzählten, sangen und tanzten Ereignisse aus den klassischen Texten, wobei ein Chakyar sämtliche Rollen selbst darstellte.

Hieraus entwickelte sich der *Kutiyattam*-Tanzstil. Die einzelnen Rollen wurden nun von verschiedenen – auch weiblichen – Akteuren gespielt und getanzt. Dem Chakyar kam nun die Aufgabe zu, dem Publikum bestimmte Textstellen im einheimischen Malayalam zu erklären. Die Aufführungen konnten viele Nächte, ja sogar Wochen dauern,

was die enorme Bedeutung des Tanztheaters für die Bevölkerung bezeugt.

Mit dem Kutiyattam ähnlichen Kostümen, Masken und der Halsmanschette aus Reismehl und Pappe agierend, entstanden im 17. Jh. die Tanzspiele *Krishnanattam* (Leben Krishnas) und *Ramanattam* (Leben Ramas). Als das Ramanattam andere Texte als das Ramayana in sein Repertoire aufnahm, war die Stunde des Kathakali gekommen.

Wohl kein anderer Tanzstil stellt eine derart gelungene Mischung aus Theater, Tanz und Musik dar, die dramaturgisch höchst effektvoll die ereignisreichen Abenteuer der Helden, Könige, Bösewichte und Dämonen aus dem Ramayana, dem Mahabharata und alten Sanskrit-Texten in Szene setzen. Alle Rollen, tanzen ausschließlich Männer und Jünglinge, die nach jahrelangem Training eine akrobatische Körperbeherrschung besitzen. Eine Besonderheit des Tanzstils ist die Grundhaltung der Füße: Der Tänzer steht mit aufgerichtetem Zeh und seitlich gebogenen Beinen auf den äußeren Kanten der Fußsohlen.

Eine weitere traditionelle Eigenheit besteht darin, daß die Bühne jeweils eine der drei Welten (Himmel, Erde oder Unterwelt) präsentiert, Sonne und Mond symbolisiert durch die Dochte der auf dem Podium plazierten Öllampe. Überhaupt spielt die Symbolik in Form und Farbe der Kostüme und Masken eine entscheidende Rolle, um die reinen, die leidenschaftlichen oder die dämonischen Charaktere darzustellen. Der Kathakali kennt den Solotanz *Mohini Attam,* dessen Wurzel ebenfalls im Tempeltanz liegt. Heute üblicher ist jedoch der lebendige und mit humorvollen Einlagen angefüllte Solotanz *Ottan Thulla,* der eher schon ein Volkstanz ist.

Am Strand von Malwan (Maharashtra) ▷

Reisen
in Süd-
Indien

**Maharashtra
Von Mumbai
nach
Chandrapur**

Maharashtra, das Land der Marathen, war nach Erlangung der Unabhängigkeit ein Teil des Großstaates
Mumbai. Erst 1960 wurde dieser nach
sprachlichen Gesichtspunkten aufgeteilt. Es entstanden die Staaten Gujarat
und Maharashtra.

Maharashtra ist mit 307 690 km^2 ein
riesiger Flächenstaat von überwiegend
landwirtschaftlicher Bedeutung. Die
ausgedehnten Ebenen im Nordosten
gehören zu den wichtigsten Baumwoll-
anbaugebieten Indiens.

Darüber hinaus kultiviert man Getreide wie Millet (Hirse), Weizen und
Reis sowie Ölfrüchte, Tabak und Zuckerrohr. Um Nagpur herum gedeihen köstliche Orangen, die in ganz Indien als De-
likatesse begehrt sind. Für den Bergbau
sind Bauxitvorkommen, Eisen und
Kohle von Bedeutung.

Maharashtra ist aber auch einer der
führenden Industriestaaten des Landes.
In und um Mumbai (Bombay) und Pune
konzentrieren sich Industrie und Bevölkerung: Von den knapp 70 Mio. Bewoh-
nern des Staates Maharashtra zählt man
14 Mio. allein in Großmumbai. Dieser
Bundesstaat wird für die meisten Reisenden der Einstieg nach Süd-Indien
sein. Entweder betreten sie am Flughafen Mumbai Sahar überhaupt erst indischen Boden, oder sie kommen per
Bahn oder Bus von Norden. Nur wer in
Calcutta (Bengalen) oder Bhubaneshvar
(Orissa) den Nachtzug nach Madras
nimmt, wird Süd-Indien wohl von der
anderen Seite her aufrollen.

Mumbai (Bombay) – Stadt der Widersprüche

Geschichte

1534 überließ Sultan Bahadur Shah von
Gujarat den Portugiesen Bassein auf
dem Festland, die große vorgelagerte
Insel Salsette und Bombay (heute Mumbai). Letzteres bestand damals noch aus
sieben kleinen Inseln, dicht bewaldet
mit Kokospalmen, bei Flut durch Wasser, bei Ebbe durch malariaträchtige,
sumpfige Priele voneinander getrennt.
Die Portugiesen gründeten mit Bassein
eine starke, glanzvolle Stadt und nutzten
Mumbai wegen seiner günstigen, geschützten Lage als Hafen. 1626 wurde
diese Niederlassung bei einem englisch-
holländischen Überfall geplündert und
zerstört.

◁ *Varkari-Prozession auf dem Weg nach
Pandharpur*

Als 1661 Karl II. von England Katharina von Braganza, eine Schwester
König Alfons' von Portugal, heiratete,
kam Mumbai als Teil der Mitgift endgültig an England. Der König vermachte es
für 10 Pfund Pacht jährlich der ›East
India Company‹, die es vorerst noch von
Surat aus verwaltete, seinen Ausbau jedoch energisch in Angriff nahm. Die Inseln wurden zu dieser Zeit von den Kulis
bewohnt, die von den reichen Kokospal-
menbeständen und vom Fischfang lebten. Von ihrer Schutzgottheit Mumba
Devi, als Erscheinungsform der Parvati
ins hinduistische Pantheon integriert,
leitet sich wahrscheinlich der Name
Mumbai her: So heißt die Stadt auf Marathi. Die Portugiesen nannten den Platz
Bom Bahia – schöne Bucht.   Unter Gerald Aungier, dem Präsidenten der Faktorei von Surat (1669–1677), wurde

damit begonnen, die ungesunden Sümpfe trockenzulegen und durch Aufschüttungen aus den sieben Inseln eine einzige zu schaffen – ihre Namen blieben in den darüber entstandenen Stadtteilen erhalten: Colaba, Girgaum, Worli, Mazgaon, Parel, Mahim und Dongri. Mumbai wurde im Schutz des stark befestigten Fort George ein sicherer Handelsplatz. Der Gouverneur lud Kaufleute und Handwerker verschiedenster Herkunft ein, sich hier niederzulassen, und hatte Erfolg mit seiner liberalen Politik: 1670 z. B. begannen die Parsen sich hier anzusiedeln. Gerald Aungier wurde so zum eigentlichen Gründer Mumbais. 1720 wohnten bereits 50 000 Menschen in der nun von einer Mauer umgebenen Stadt.

1739 hatten die Marathen den Portugiesen Salsette abgenommen, 1776 jedoch wieder an die Engländer abgeben müssen. Auch diese große Insel wurde im Laufe der Zeit mit den benachbarten Inseln Dravi, Trombai und mit Mumbai verbunden: Es entstand die eine große Insel, auf der Groß-Mumbai heute liegt. Die Stadt wuchs weiter ins 19. Jh. und gewann an Bedeutung. Den größten Aufschwung nahm sie, als infolge der amerikanischen Sezessionskriege (1861–1865) der Baumwollimport von Amerika nach Europa unterbrochen wurde und mit indischer Baumwolle riesige Gewinne gemacht werden konnten. Auch in der Stadt selbst entwickelte sich ab der Jahrhundertmitte eine leistungsfähige Baumwollindustrie, obwohl die Engländer die in Mittelengland verarbeitete Rohbaumwolle als Fertigtextilien in großen Mengen nach Indien reimportierten.

1863 riß man unter Gouverneur Sir Bartle Frere die einengende Stadtmauer nieder. Wichtige Institutionen wurden gegründet und prächtige Gebäude dafür errichtet: 1836 die Handelskammer, 1857 die Universität, 1872 die Städtische Selbstverwaltung und 1873 die Hafenbehörde. Das Hinterland wurde verkehrsmäßig erschlossen. War schon 1804 eine brauchbare Straße das Bhor-Ghat hinauf bis nach Pune gebaut worden, so entstand nun bis 1853 die erste Eisenbahn Asiens auf der Strecke Mumbai–Thana. 1863 reichte sie bis Pune, und sieben Jahre später verband sie bereits Mumbai mit Calcutta. Auch die Öffnung des Suezkanals (1869) brachte Vorteile für Mumbai.

Nicht nur die Engländer, sondern auch ihre indischen Partner, besonders die Parsen, kamen zu großem Reichtum und wirtschaftlicher Macht. Mächtige Industriellendynastien wie die Tatas, die heute das wirtschaftliche Leben Indiens beherrschen, entstanden. Das große Wirtschafts- und Bildungspotential förderte jedoch auch den Nationalismus, und Mumbai wurde zu einer Hochburg der Unabhängigkeitsbewegung. 1885 wurde hier die Nationale Kongreßpartei gegründet.

Streifzüge durch eine facettenreiche Stadt

■ (S. 379) Das **Gateway of India** 1 ist der ideale Ausgangspunkt für die Erkundung der Stadt. Hier am Apollo Bunder legten die großen Schiffe von Übersee an. Hier betraten die Reisenden zuerst indischen Boden. So auch 1911 König Georg V. und Königin Mary; ihnen zu Ehren errichtete man den 26 m hohen Triumphbogen aus gelbem Basalt im Stil der Moslem-Bauten des 16. Jh. in Gujarat (eingeweiht 1926). Der Entwurf stammt von George Wittet, der in Mumbai auch noch für mehrere andere ›orientalische‹ Prachtbauten verantwort-

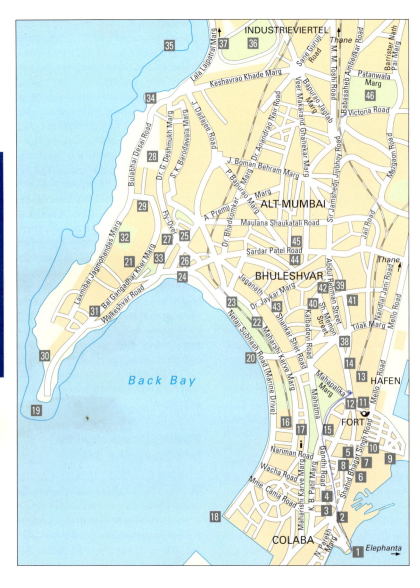

lich zeichnet, wie z. B. das Prince of Wales Museum und das Hauptpostamt.

Den Platz beherrscht das monumentale *Taj Mahal Hotel* von 1903 mit einem Bettenturm aus neuerer Zeit, ein Luxushotel mit ›Charakter‹; neben exklusiven Antiquitäten-, Schmuck- und Beklei-

dungsboutiquen findet sich hier auch eine gut sortierte Buchhandlung. Vor dem Hotel stehen ein martialisches Reiterstandbild des marathischen Nationalhelden Shivaji (1627–1680) und die bescheidene Figur des Swami Vivekananda (1862–1902), der sich für Frie-

HERITAGE HOTEL

हेरीनेज

Byculla Station (E)

NeXT to Gloria Church.

DAK – Eine Entscheidung mit gesundem Menschenverstand

Mumbai

1 Gateway of India
2 Mukherji Chowk (Wellington Fountain)
3 Prince of Wales Museum of Western India
4 Jehangir Art Gallery
5 Horniman Circle
6 Altes Zollgebäude
7 Town Hall
8 St. Thomas-Kathedrale
9 Alte Münze
10 Fort George
11 Hauptpostamt
12 Nagar Chowk
13 Victoria Terminus
14 Municipal Corporation
15 Hutatma Chowk
16 Churchgate
17 Tourist Office
18 Nariman Point
19 Malabar Point
20 Marine Drive
21 Malarbarhügel
22 Brabourne Station
23 Aquarium
24 Chowpatty Beach
25 Mani Bhavan
26 Bharatiya Bhavan
27 Babulnath-Tempel
28 Cumballa-Hügel
29 Türme des Schweigens
30 Walkeshvar-Tempel
31 Jain-Tempel
32 Hängende Gärten
33 Kamala Nehru Park
34 Mahalakshmi-Tempel
35 Grabmoschee des Haji Ali
36 Pferderennbahn
37 Nehru-Center
38 Crawford-Market
39 Baudi Bazar
40 Große Moschee
41 Zakaria-Moschee
42 Tempel der Mumba Devi
43 Parsen-Viertel
44 Nel Bazar
45 Shriman Khadwala Chowk
46 Victoria Gardens

den und Ausgleich zwischen den Religionen einsetzte.

Obwohl hier nur noch die Fährschiffe nach Elephanta an- und ablegen, ist immer etwas los. Tagsüber schlafen abgerissene Gestalten im kühlen Schatten des Tores, Studenten und Schüler büffeln ihre Lektionen. Händler bieten Tee, Softdrinks, Erdnüsse und Souvenirs an – und auch Hasch; die Dealer haben ihr Hauptquartier in den schmalen Gassen hinter dem Taj.

Der nach Norden anschließende Stadtteil heißt **Fort.** Er ist weitgehend identisch mit dem Gebiet der ehemals befestigten Stadt. Hier finden sich die meisten der prunkvollen Gebäude des kolonialen Mumbai. In der viktorianischen Zeit und danach betrachtete man die Kunstgeschichte vergangener Zeiten als großes Musterbuch und bediente sich ohne Hemmungen. Stile wurden phantasievoll kombiniert und in Indien besonders gern mit orientalischen Zutaten angereichert.

Vom Gateway of India führt die Shivaji Marg (Apollo Pier Road) zum **Mukherji Chowk 2**, einem großen Platz mit Brunnen, dem Wellington Fountain. Das Gebäude im Osten war ursprünglich die Council Hall der Stadt Mumbai. Gegenüber, neben dem **Regal Cinema** ist jetzt das Büro von **American Express** untergebracht. Nach Norden liegt an einem gepflegten Park das **Prince of Wales Museum of Western India 3**. Anläßlich des Besuchs des englischen Thronfolgers und späteren Königs Georg V. 1905 gegründet, wurde es bis 1921 aus gelbem und blauem Basalt und mit einer riesigen Kuppel im Stil der Gräber von Golkonda erbaut. Es beherbergt neben einer naturhistorischen eine sehr interessante archäologische Abteilung, eine repräsentative Sammlung indischer Miniaturmalerei, indische

Nagar Chowk im Herzen von Mumbai

Waffen, Kunst aus Nepal und Tibet, ein Münzkabinett, Bronzen und europäische Malerei aus dem Besitz von Sir Ratan Tata. An der Nordwestecke des Parks liegt das Gebäude (1952) der **Jehangir Art Gallery** 4. Hier finden Ausstellungen meist moderner indischer Kunst statt (Buchladen, nettes Restaurant).

Von der Wellington Fountain führt die Shahid Bhagat Singh Road nach Norden zum **Horniman Circle** 5, dem ehemaligen Bombay Green; auf der rechten Seite der Straße das **Alte Zollgebäude** von 1720 6. An der Ostseite des Platzes die **Town Hall** 7 von 1833 – außen do-

risch, innen korinthisch – der Sitz der Asiatic Society mit einer großen Bibliothek. Im Westen an der Veer Nariman Road die **St. Thomas-Kathedrale** 8, begonnen schon unter Gerald Aungier 1672, aber erst ab 1718 offiziell genutzt. 1836, anläßlich der Investitur des ersten Bischofs von Mumbai, wurde der Turm aufgestockt. Stil: klassizistisch-gotisch. Im Inneren befinden sich zahlreiche Erinnerungen an ›Helden des Empires‹. Schräg hinter der Town Hall die **Alte Münze** 9 von 1829, ein schlichter Bau mit ionischem Portal. Unmittelbar hinter Town Hall und Münze stand die ›Burg‹

von Mumbai, das **Fort George** [10], die Keimzelle der Stadt, dessen spärliche Mauerreste in die neueren Gebäude des Hafens integriert wurden. Die großen Gebäude nördlich der Münze, Ballard Estate, bergen Büros der Hafenverwaltung und gehören genauso zum künstlerischen Werk von George Wittet wie das **Hauptpostamt** (GPO = General Post Office) [11], das wir nordwärts über die Mint Road oder die Shahid Bhagat Road erreichen – ein gewaltiger Bau im Stile der Moslem-Bauten von Bijapur (hier erhält man postlagernde Sendungen und im ersten Stock Sondermarken; Paketannahme um die Ecke).

Neben dem GPO eine kleine, eingezäunte Grünanlage mit Bänken, einem sauberen Toilettenhäuschen und einem Hanuman-Tempelchen in einem Baum – mit zugehörigem Priester. Diese Oase der Ruhe gehört zum **Nagar Chowk** [12], einem prominenten Platz an der Grenze zur indischen Altstadt. Die prächtige ›gotische Kathedrale‹ am Platz, der **Victoria Terminus** [13], ist Endbahnhof und Hauptverwaltung der Central Railway. Der Bau mit der gewaltigen Kuppel wurde 1878–1888 vor den alten Bahnhof gesetzt, von dem heute die Vorortzüge verkehren.

Links daneben erhebt sich das Gebäude der **Municipal Corporation** [14] (Rathaus) von 1893, wie der Victoria Terminus ein Werk von F. W. Stevens. Stil: Orientalisch fermentierte Gotik. Von hier führt die belebte Einkaufsstraße Dr. Dadabhai Naoroji Road südwärts zum Hutatma Chowk. Hier findet man u. a. Schallplatten und CDs, Bücher, Baumwoll- und Seidenstoffe, traditionelle Baumwollkleidung für Männer und moderne indische Kreationen für Frauen sowie nette Restaurants – besonders in den Seitenstraßen. An der Ecke Dadhichi Road das viktorianisch prächtige

J. N. Petit Institute, daneben das Hauptquartier von **Thomas Cook**, gegenüber das **Khadi Village Industries Emporium**. Auf der anderen Seite der Hauptstraße ein parsischer Feuertempel. In der Pherozshah Mehta Road das **Kashmir Government Emporium** und eine Straße weiter, links in der Perin Nariman Street, ein **parsischer Brunnenbau** mit Uhrenturm; nach wenigen Metern, an der Ecke Agyara Lane, ein prächtiger **Feuertempel** und in der parallellaufenden Borabazar Street ein bunt bemalter Jain-Tempel mit lustigen Figuren.

Zurück zum **Hutatma Chowk** [14], dem Platz der Märtyrer, der an den Kampf um einen eigenständigen Staat Maharashtra erinnert. Der alte und noch gebräuchliche Name dieses Brennpunktes des Geschäftsviertels lautet **Flora Fountain** nach dem Brunnen, der dem Gouverneur Sir Bartle Frere (1862–1867) zu Ehren aufgestellt wurde. Hier konzentrieren sich die Banken der Stadt: an der Nordseite American Express (nur noch Geschäftsbank), an der Mahatma Gandhi Road nebeneinander die säulengeschmückten Hauptquartiere der Hongkong Bank, der Bank of India und der Grindlays Bank.

Die MG Road führt in südlicher Richtung wieder zur Wellington Fountain. Gegenüber der Jehangir Art Gallery die **David Sassoon Bibliothek** und das große viktorianische Gebäude des ehemaligen **Elphinstone Colleges** von 1890 im Stil viktorianischer Romanik. Das sich anschließende **Indian Institute of Science** (gegründet 1911), ein riesiger, von George Wittet im Renaissance-Stil errichteter Gebäudekomplex, zieht sich um die Ecke bis zur K. B. Patil Marg (Mayo Road).

Hier reiht sich ein Prachtbau an den anderen: nördlich des Indian Institute of

Ankunft in Mumbai

Nach mindestens siebeneinhalb Stunden Flug (nonstop) von Europa nach Indien ist es wegen des Fluges gegen den Lauf der Sonne noch einmal viereinhalb Stunden später als in Mitteleuropa. Die Paßkontrolle gestaltet sich problemlos, schlimmstenfalls etwas zeitaufwendig wegen des großen Andrangs. Der Zoll stürzt sich hauptsächlich auf die Importgüter der eigenen Landsleute. Wertvolle Kameraausrüstungen oder anderes technisches Gerät sollte man in ein Zollformular eintragen lassen, damit es bei der Ausreise keine Schwierigkeiten gibt. Nach Abschluß der Einreiseformalitäten ist es zweckmäßig, an einem der Bankschalter in der Halle Geld zu tauschen. Die Kurse von *Pheroze Framroze & Co* und der *State Bank of India* nehmen sich nicht viel. Sie sind auch nicht schlechter als in der Stadt, nur daß man da für den Geldumtausch womöglich einen halben Vormittag opfern muß. Travellercheques bringen mehr als Bargeld. Der Schwarzmarktkurs ist kaum günstiger als der offizielle, ein Tausch auf der Straße ohnehin nicht zu empfehlen. Bei großen Einkäufen im Basar kann man mit Dollars einen besseren Kurs erzielen.

Oft kommt man mitten in der Nacht an und befindet sich nun doch ungefähr 25 km nördlich des ersehnten Hotelbetts, wenn dieses nicht in einem der flughafennahen Luxushotels (Centaur, Airport Plaza) stehen soll. Kein Problem. Stündlich fährt ein Bus vom internationalen zum nationalen Flughafen und von da weiter über Juhu, Dadar, Malabar, entlang dem Marine Drive zum Nariman Point (Oberoi Towers) und dann nach Colaba zum Taj Mahal Hotel (für nur 25 Rupies). Ein Taxi zum Taj Mahal Hotel kostet um Rs. 300/–. Tickets für Bus oder Taxi sollte man am Schalter in der Flughafenhalle kaufen. Dort befindet sich auch ein ›Tourist Information Office‹ und ein Schalter für die Hotelvermittlung.

Science das alte **Secretary** (die Ministerien) Mumbais von 1874 im Stil der venezianischen Gotik. Daran anschließend die **Universität** aus demselben Jahr, aber im Stil französischer Gotik des 15. Jh., gefolgt von der **Universitätsbibliothek** im gotischen Stil des 14. Jh. mit dem 80 m hohen Rajabai Tower. Daneben steht der **High Court**, das Gebäude des Obersten Gerichtshofs von 1879. Stil: ›Early English‹. Der letzte Komplex vor der Veer Nariman Road ist das gotische **Bauministerium** von 1874. Auf der anderen Straßenseite das **Alte Hauptpostamt** im romanischen Stil, heute das Telegrafenamt und das Postamt für den Stadtteil Fort.

Bis dahin, wo heute diese Gebäude stehen, reichten früher von Osten her die Befestigungsanlagen der Stadt und von Westen die Wasser der Back Bay. Alles Land jenseits von Cooperage und Oval Maidan, schmale, in Nord-Süd-Richtung verlaufende Grünanlagen, wurde nach und nach dem Meer abgerungen. An der Veer Nariman Road, jenseits von Cross Main, einem weiteren Park in der Kette, steht das Gebäude der Hauptverwaltung der **Western Railway** (1890) mit seinem markanten 90 m hohen, rot-weiß-gestreiften Turm. Daneben befindet sich der Endbahnhof **Churchgate** 16 der Western Railway, deren Hauptbahnhof Central Station ist. In der Straße dazwischen – Maharshi Karve Marg 123 (ehemals Queens Road) – befindet sich das **Tourist Office** 17 der Zentralregierung mit einem reichen Angebot an Prospektmaterial.

Das Stadtgebiet südwestlich davon bis **Nariman Point** 18 gilt in der Geschäftswelt Mumbais als erste Adresse. Hier, wo sich nur noch wenige koloniale Bungalows zwischen den dichtstehenden Hochhäusern ducken, befinden sich die nobelsten Hotels, Banken, die Vertretungen internationaler Konzerne und diplomatische Vertretungen, z. B. die Konsulate Deutschlands und der Schweiz, Reiseagenturen und Büros von Fluggesellschaften, wie das von Air India in der Madame Cama Road/Ecke Marine Drive. Es ist nur eine Frage der Zeit, daß die Bucht südlich von Nariman Point verschwinden und der Marine Drive direkt zum Tata Institut für Grundlagenforschung weitergeführt wird – viel neues teures Land für weitere Hochhäuser!

Von Nariman Point im Südwesten bis **Malabar Point** 19 im Nordwesten beschreibt die Küste einen satten Halbkreis um die Back Bay. Über die Hälfte der Strecke, bis zum Chowpatty Beach, führt, sechsspurig ausgebaut, der **Marine Drive** (20;Netaji Subhash Road) der sich am **Malabarhügel** 21 sanft ansteigend in der Walkeshvar Road und der Bal Gangadhar Kher Marg fortsetzt. Bei Einbruch der Dunkelheit ein schöner Anblick, ›Halsband der Königin‹ genannt. Am Marine Drive liegen das **Brabourne Stadion** 22, oft im Blickpunkt der Kricketnation Indien, Sportanlagen der verschiedenen Religionsgemeinschaften und das **Taraporevala Aquarium** 23 mit sehenswerten Beständen tropischer Fische in Salz- und Süßwasserbecken. Diese Anlagen stehen auf Boden, der erst 1920 aufgeschüttet worden ist. Dahinter liegen Verbrennungsplätze der Hindus und alte Friedhöfe von Moslems und Christen, die sich ursprünglich direkt am Meer befanden.

Chowpatty Beach 24 ist weniger ein Platz für Wasserratten und Sonnenanbeter als vielmehr ein populärer Treffpunkt der Menschen Mumbais, die sich hier, besonders am Spätnachmittag, in der leichten Brise von ihrer heißen, abgas- und lärmgeplagten Stadt erholen. Berufs- und Hobbyschausteller zeigen ihre Künste, und Händler verkaufen die beliebten Süßigkeiten wie Bhelpuri, Eis und lecker aufbereitete Früchte (Vorsicht!).

Auch im politischen Leben Mumbais spielt Chowpatty Beach eine wichtige Rolle: Gandhi sprach hier oft, wenn er sich in Mumbai aufhielt; er wohnte dann ganz in der Nähe bei einem Freund. Das Haus ist heute als **Mani Bhavan** 25 ein kleines Museum mit informativen Ausstellungen und reichhaltiger Bibliothek. Standbilder von Vitthalbai Patel, unter Nehru erster Innenminister Indiens, und Lokmanya Tilak, dem marathischen Freiheitskämpfer, erinnern an die frühe Geschichte des Kongresses, der hier auch heute noch bevorzugt seine Massenveranstaltungen abhält.

Im August kulminiert hier Mumbais beliebtestes Fest, *Ganesha-Chaturthi*,

Am Wochenende vergnügt sich halb Mumbai am Juju Beach

die Geburtstagsfeier für Ganesha. Nachdem unzählige bunt bemalte und reich geschmückte Tonfiguren des elefantenköpfigen, dickbäuchigen ›Überwinders aller Hindernisse‹ vom Kleinstformat bis zu monumentaler Größe in Wohnungen, Büros und auf öffentlichen Plätzen aufgestellt wurden und der Lieblingsgott der Inder tagelang mit seinen bevorzugten Süßigkeiten verwöhnt worden ist, werden die Götterbilder in temperamentvollen Umzügen hierher gebracht und den Fluten des Meeres übergeben.

Nicht weit vom Strand liegt der **Bharatiya Vidya Bhavan** 26, das an seinem Tempelturm erkenntliche Zentrum der indischen Volkshochschulbewegung, mit öffentlicher Bibliothek, einem internationalen Zeitschriftenlesesaal und einem reichhaltigen Tanz- und Musikprogramm im eigenen Theatersaal.

Eine Straße weiter steht der **Babulnath-Tempel** 27 von 1900 an der gleichnamigen Straße.

Der **Malabar-Hügel** und der sich nach Norden anschließende **Cumballa-Hügel** 28 waren und sind eine exklusive Wohngegend, die jedoch immer mehr von Hochhäusern zugestellt wird. Besonders reiche Parsen errichteten sich auf dem Malabar-Hügel schon früh stattliche Anwesen. Am Nordhang liegen die geheimnisvollen **Türme des Schweigens** 29, auf denen die Parsen gemäß ihren religiösen Vorstellungen, daß weder Erde noch Feuer durch die Toten verunreinigt werden dürfen, die Körper der Verstorbenen den Geiern preisgeben. Die Türme, in einem privaten Park hinter uralten Bäumen versteckt, sind nicht zugänglich. Ein Modell der Anlage befindet sich im Prince of Wales Museum. An der äußersten Südspitze liegt

Mumbai, Geflügelabteilung auf dem Crawford Market

der **Raj Bhavan**, ehemals Sitz der britischen Gouverneure, jetzt Residenz des Gouverneurs von Maharashtra als höchstem Vertreter der Zentralregierung.

Nicht weit davon entfernt steht der **Walkeshvar-Tempel** 30, ein wichtiges Pilgerziel der Hindus. Rama soll auf seinem Weg nach Lanka hier gerastet haben. In Ermangelung eines besseren schuf er für seine Abendandacht ein Linga aus Sand – daher der Name ›Herr des Sandes‹. Der Tempel stammt aus dem 11. Jh., wurde aber später so gründlich umgebaut, daß man vom ursprünglichen Bau kaum noch etwas erkennt. Mit acht weiteren Tempeln steht er nahe einem großen Teich, zu dem

von allen Seiten Treppen hinabführen. Sein Name Vanatirtha (Pfeilteich) erinnert an Rama, der hier einen Pfeil in den Boden schoß, als ihn dürstete. Umstellt von modernen Wohntürmen, hat sich hier ganz überraschend ein Stück Altstadt erhalten.

Vorbei an einem typischen **Jain-Tempel** 31 aus Marmor, erbaut 1904, mit Spiegelschmuck und Wandmalereien, kommt man zu den **Hängenden Gärten** 32, so genannt, weil sie über einer Reihe von Wasserspeichern angelegt wurden. Eigentlich heißt dieser Park mit seinen abgezirkelten Rasenflächen und den auf die Form verschiedener Tiere getrimmten Hecken Pherozshah Mehta

Gardens. Der **Kamala Nehru Park** 33 auf der anderen Straßenseite bietet einen weiten Blick über Mumbai. Im Norden des Cumballa-Hügels steht der **Mahalakshmi Tempel** 34. Im modernen Gebäude des uralten Heiligtums wird die Göttin des Glücks und des häuslichen Friedens verehrt. Das Kultbild soll – mit den Skulpturen ihrer beiden Schwestern – im Meer gefunden worden sein. Östlich davon führt ein nur bei Ebbe begehbarer Steg zur vielbesuchten **Grabmoschee des Haji Ali** 35, eines Moslem-Heiligen, der hier ertrunken sein soll.

Folgt man entlang dem Meeresufer der Lala Lajpatrai Marg nach Norden, passiert man rechts die **Pferderennbahn** 36 (Rennen sonntags, November–März) und gelangt zum **Nehru Center** 37, einem modernen Gebäudekomplex für Ausstellungen, Theateraufführungen und Konzerte.

Zwischen den vornehmen Wohngebieten auf den Hügeln im Westen und dem Hafen im Osten liegt nördlich der ehemals befestigten Stadt der Engländer das alte Mumbai der Inder; die Wohngebiete der Moslems, der Parsen, der Gujaratis und all der anderen Volksgruppen, die sich hier niedergelassen haben.

Man kann diesen riesigen Basar nicht eigentlich ›besichtigen‹ – man muß ihn erleben. Auf den Straßen herrschen chaotische Verkehrsverhältnisse. Autos – meist Taxis – und Rikschas quälen sich durch die unglaublichen Menschenmengen, die mit Lasten auf Karren oder Köpfen den ganzen Tag in den engen Gassen unterwegs sind. Die hohen Häuser lassen oft die Herkunft ihrer Erbauer und ihre einstmalige Pracht erkennen. An den Straßen reihen sich Laden an Laden und Werkstatt an Werkstatt – nach Berufsgruppen organisiert. Wo ein Kupferschmied hämmert, hämmern Hunderte! In den vielen Stockwerken darüber wird ebenfalls gearbeitet – und nachts geschlafen. Verfolgt man die Dadabhoy Naoroji Road zwischen Rathaus und Victoria Terminus weiter nach Norden, passiert man links die **Sir Jansetjee Jujubhoy School of Art** von 1877, deren Leiter der Vater von Rudyard Kipling war, als dieser in Mumbai geboren wurde, und erreicht an deren Ende rechts den **Crawford Market** 38, umbenannt in Mahatma Jyotiba Phule Market. Das Gebäude von 1871 besteht aus einer Zentralhalle mit Glockenturm darüber und zwei Seitenflügeln; rechts für Obst und Blumen, links für Gemüse und Gewürze. Dahinter wird der Früchtegroßhandel abgewickelt; Abteilungen für Fleisch und Geflügel und eine Lebendtierabteilung mit Hunden, Katzen, Papageien usw. schließt sich an – Fisch bekommt man dahinter auf der anderen Straßenseite.

Die hier beginnenden Wohngebiete der Moslems reichen weit nach Norden. Die Abdul Rahman Street ist die orientalische Hauptstraße des Viertels **Baudi Bazar** 39. Links an der parallel verlaufenden Sheik Memon Street steht die **Große Moschee** 40; (Juma Masjid). Weiter im Norden an der Ecke Mohammed Ali Road/Yusuf Meherally Road stößt man auf die **Zakaria-Moschee** 41.

In dieser quirligen Gegend, gleich neben dem Kupferbasar, steht auch der **Tempel der Mumba Devi** 42, der Namenspatronin der Stadt. Er wurde zusammen mit dem Tempelteich (1753) hierher verlegt, weil er an seinem alten Standort den Erweiterungen der Stadtbefestigung weichen mußte. Zum Tempel gehören eine Schule, die den Platz des ehemaligen Tempelteichs einnimmt, und die umliegenden Häuser. In dem engen Hof, den man durch einen unscheinbaren Torweg betritt, geht es kaum weniger geschäftig zu als draußen auf den Straßen. Ein beinloser Oberbettler dirigiert seine Scharen; zahlreiche Barbiere helfen jungen Eltern, ihre Gelübde einzulösen, indem sie deren kleine Kinder kahl scheren. Vor dem offenen Sanktum unter dem hohen Shikara drängen sich die Gläubigen. Nebeneinander stehen hier die Kultbilder der Mumba Devi mit einem Löwen vor dem Schrein und der Jagadambha oder Annapurna, die auf einer Henne sitzt. Die Marmorfigur der Göttin ist prächtig herausgeputzt mit echtem Haar um das rot bemalte Gesicht, mit Seide und rei-

chem Silberschmuck. Um den Tempel herum warten viele Brahmanen auf Kundschaft, für die sie gegen Bezahlung die verschiedensten Rituale zelebrieren.

Zwischen Kalbadevi Road und Maharsi Karve Marg befindet sich das alte **Parsen-Viertel** 43 mit einigen Feuertempeln, die aber nicht zugänglich sind.

Im Zentrum der Altstadt, an der Sardar Patel Road, die diese von Ost nach West durchzieht, liegt in der Nähe eines mitten auf der Straße stehenden Hindutempels der **Nel Bazar** 44, eine weitere große, alte Markthalle umgeben von engen Gassen und wie diese von Waren überquellend. Zwischen hier und dem Mumba Devi Tempel erstreckt sich der

Alt-Mumbai, tanzende Hijras und Musikanten in der Falkland Road

Stadtteil **Bhuleshvar**, benannt nach einem Tempel, in dem Shiva als ›Herr der Reingesinnten‹ verehrt wird. In diesem farbenfrohen Viertel mit seinen vielen Tempeln und alten Häusern mit reich geschmückten Holzbalkonen unterhielten die Jainas früher ein Asyl für kranke und alte Tiere. Heute werden in **Panjrapole** prächtige Rinder der Gir-Rasse aus Gujarat aufgezogen. Gleich daneben der jainistische **Sheth Marisha Lalbagh Tempel**.

Am **Shriman Khadwala Chowk** 45 zweigt von der Sadar Patel Road die P. Bapurao Marg (früher Falkland Road) nach Nordwesten ab. Einige tausend Prostituierte bieten hier ihre Dienste an. Türen und Fenster der Räume, vor oder hinter denen diese stehen und arbeiten, sind von alters her mit Eisenstäben abgesperrt. Daher der Name ›Straße der Käfige‹.

Im Norden der Altstadt befinden sich die **Victoria Gardens** (46; Veermata Jijabal Bhonsle Udyan). Sie beherbergen das **Victoria and Albert Museum** mit einer interessanten stadtgeschichtlichen Sammlung und einen zoologischen Garten. Am Eingang zum Park steht ein großer Steinelefant, der der Insel Elephanta ihren Namen gab und von dort hierher gebracht wurde.

An die Altstadt schließen sich nach Norden die Industriegebiete an: erst die alten Fabriken aus den Gründerjahren, dann immer modernere Anlagen. Zwischen den Industriegebäuden abrißreif wirkende Neubausiedlungen, und überall, wo sich gerade ein freier Platz ergibt, Slums – ›provisorische‹ Dauerunterkünfte arbeitsuchender Zuwanderer, errichtet aus Pappkartons, Sackleinen und Altblech, ohne Wasser- und Energieversorgung, ohne Kanalisation. Wenn man die Stadt über Thane in Richtung Osten verläßt, scheint die zerstörte Landschaft kein Ende nehmen zu wollen. Auf dem Festland gegenüber der Insel soll Neu-Mumbai entstehen. Die ersten tristen Baukomplexe stehen schon.

Die Umgebung von Mumbai

Der nächste **Strand** von Mumbai ist **Juju Beach**: 20 km nördlich von Colaba, nicht weit vom Flughafen, erreichbar mit dem Vorortzug bis Santa Cruz und Bus/Riksha. Es gibt hier etliche teure Hotels, z. T. mit Swimmingpools, die sicher mehr Entspannung bieten als der 5 km lange Strand. Dieser ist als ›popular picnic spot‹ ausgewiesen!

Weiter nördlich liegen die Strände von **Versova** (29 km, erreichbar über Andheri Station), **Madh** (38 km), **Marve** und **Manori** (40 km) sowie **Erangal** (45 km), erreichbar über Malad. Auch weiter abgelegene und nicht so ausgebaute Strände wie Juju sind besonders am Wochenende Ziele von Invasionen aus der Millionenstadt.

Elephanta – Die Hohe Kunst der Steinbildhauer

Vom Apollo Bunder starten regelmäßig außer in der Monsunzeit Boote zur ca. 10 km entfernten Insel Gharapuri in der

Bucht von Thane. **Elephanta** 1 nannten die Portugiesen, die im 16. Jh. hierher kamen, die Insel nach einem großen steinernen Elefanten, den sie nahe der Landestelle im Süden beim Dorf Gharapuri vorfanden. Die Insel ist – besonders an Wochenenden und Feiertagen – Ziel vieler picknickfreudiger Städter. Die Boote legen im Norden der Insel an; ein steiler Stufenweg führt direkt zum Nordeingang des meistbesuchten Heiligtums, des Mahesha-Tempels. Die anderen sechs Höhlen liegen an den Hängen rechts und links des Tales, welches von Süden her den historischen Zugang zum großen Shiva-Felstempel bildet: Von dort wird der fromme Besucher einst den Tempel durch den Osteingang über den Vorhof betreten haben, wo auf einer runden Plattform wohl ein steinerner Nandi, das Reittier Shivas, gelegen haben mag, ausgerichtet auf das Sanktum in der Haupthalle.

Das Innere des Felstempels erweist sich als unerwartet breit und tief. Die nahezu quadratische Halle mißt ca. 50 × 50 m und besitzt vier angrenzende Vestibüle. Zu den Eingängen im Osten und

Norden kommt noch einer im Süden dazu, so daß das Licht von drei Seiten in die Halle einfällt. Es erhellt die großen Wandpaneele in den Vestibülen der Eingänge, streift die überlebensgroßen Türhüter mit ihren kleinen Begleitern am freistehenden Sanktum und erreicht gerade noch den großen Trimurti, den Mahesha oder Mahashiva (großer Shiva), an der rückwärtigen Wand, hinter zahlreichen Säulenreihen. Die eindrucksvolle Kombination von Architektur, Skulptur und Atmosphäre macht den besonderen Reiz dieser Felstempelanlage aus. Der östliche Zugang öffnet sich zu einem kleinen Hof mit Kultnische und einer Zisterne, während der westliche Zugang über einen Hof zu einem weiteren Felstempel führt. Auch hier findet sich eine freiliegende Kultzelle, rechts in der Nische der Veranda eine ›Müttergruppe‹ mit acht Muttergottheiten.

Leider nutzten die Portugiesen die Anlage für Schießübungen und, obwohl inzwischen sehr vieles restauriert wurde, sind insbesondere die Paneele zum großen Teil unwiederbringlich zerstört. In

Die Umgebung von Mumbai

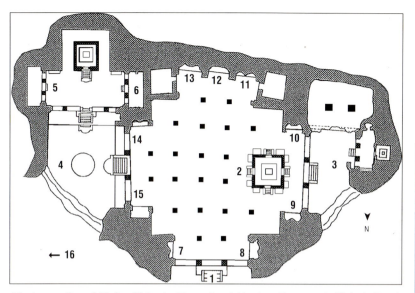

Elephanta, Grundriß des Mahesha-Tempels *1 Heutiger Eingang   2 Säulenhalle mit freiliegender Kultzelle/Türwächter   3 Westlicher Nebenhof   4 Östlicher Nebenhof 5 Felstempel mit freiliegender Kultzelle/Türwächter   6 Müttergruppe   7 Shiva als Asket (Lakulisha)   8 Tanzender Shiva (Natarai)   9 Shiva bezwingt den Dämon Andhaka (Andhakasura-Murti)   10 Hochzeit von Shiva und Parvati (Kalyansundra-Murti) 11 Shiva trägt die Ganga: Herabkunft der Ganga (Gangadhara-Murti)   12 Shiva-Maha-deva (Mahesha-Murti)   13 Shiva halb Mann, halb Frau (Ardhanarishvara-Murti) 14 Shiva und Parvati auf dem Berg Kailasha (Uma-Mahesha-Murti)   15 Ravana schüttelt den Berg Kailasha (Ravananugraha-Murti)   16 Weitere kleine Felstempel*

den vier Vestibülen des Mahesha-Tempels befinden sich acht Paneele, die hinsichtlich Größe und Pracht in der hinduistischen Felsbaukunst einmalig sind, ihre Themen stellen wie auch in Ellora ein klassisches Shiva-Bildprogramm dar.

In einer anderen Welt: Vor den Toren Mumbais

40 km nördlich von Colaba, hart an der Stadtgrenze, beginnen die 103 km² unberührte Natur des **Borivli-National-parks 2**, auch ›Sanjay Gandhi National

Park‹ genannt . In dem hügeligen Waldgebiet, das zu 40 % noch zur Stadt Mumbai gehört, liegen zwei Stauseen, die schon seit 100 Jahren zur Trinkwasserversorgung der Metropole beitragen, und die buddhistische Klosteranlage Kanheri. Im Park, dessen artenreiche Vegetation besonders durch die zu verschiedenen Jahreszeiten farbenprächtig blühenden Bäume begeistert, leben neben etwa 250 Vogelarten Axishirsche, Sambarhirsche, Muntjaks, Wildschweine und Affen. Von diesen leben die zahlreichen (knapp 50) Leoparden des Parks, wenn sie nicht in den Hüttensiedlungen der Umgebung wil-

Viharas der Klosteranlage Kanheri

dern. Die 3 Mio. Besucher im Jahr bleiben zum allergrößten Teil im Vergnügungspark Krishnagiri Upvan beim Haupteingang hängen. Neben einem Informationszentrum gibt es hier u. a. einen Safari-Park mit afrikanischen Löwen, Hirsch- und Krokodilgehege, eine Miniatureisenbahn und die Gelegenheit, Tretboot zu fahren. 5 km weiter beginnt eine andere Welt.

Die buddhistische Klosteranlage **Kanheri 3** (S. 364) besteht aus einer großen Chaitya-Halle (1. Jh.) und 109 früh- und spätbuddhistischen Viharas. Sie liegt an den beiden Abhängen einer Schlucht. Die meist kleinen Viharas sind über Treppenfluchten miteinander verbunden.

Die Chaitya-Halle wurde nicht vollendet, das bekannte Chaitya-Fenster später durch Betonstützsäulen ersetzt. Ein reich verzierter Steinzaun mit zwei Dva-

rapalas und ganz rechts einem Naga-König grenzt den weiten Vorhof mit seinen zwei hohen Säulen ab. Die Mithuna-Paare an der Eingangsfront und die mit Elefanten und Reitern geschmückten Säulenkapitelle erinnern an Karle, allerdings bleibt die künstlerische Ausarbeitung sehr schlicht.

Von den Viharas gilt die größte, Nr. 10 (Maharaja- oder Durbar-Halle mit Veranda, tiefer Halle und Steinbänken) neben Ellora als einzigartig in der spätbuddhistischen Baukunst. Typisch für die zahllosen Viharas ist, daß sie tief aus dem Fels herausgearbeitet wurden und eine Zisterne besitzen; auch liegt ein langer, schmaler Vorhof, sehr häufig mit einer Steinbank ausgestattet, vor der Veranda und der anschließenden Halle. Anders als bei vergleichbaren Anlagen in Nasik, Ajanta usw. gehen nur ein bis zwei Zellen von der Halle ab. Mit einiger

Ausdauer kann man in den Veranden und Hallen Skulpturen und sehr schöne Wandpaneele entdecken: In Nr. 41, für Indien einmalig, ein elfköpfiger Avalokiteshvara (zehn Köpfe von Bodhisattvas mit Krone und ein Buddha-Kopf); in Nr. 66 ein Avalokiteshvara und eine Tara (rechts); in Nr. 67 ein Dipankara-Jataka (Buddha in einer seiner Bodhisattva-Formen); in Nr. 90, wie auch in anderen Viharas, Buddha auf einem Lotusthron sitzend, getragen von zwei Figuren mit einer Schlangenhaube und umgeben von den wedeltragenden Bodhisattvas Padmapani und Vajrapani, den Göttinnen Tara und Brikuti sowie andere Begleitpersonen; dazu wie in Aurangabad Avalokiteshvara, der die Befreiung von den (hier) zehn Gefahren verspricht (rechts von oben nach unten: Elefant, Löwe, Schlange, Feuer, Schiffbruch; links: Gefangenschaft, Garuda, Krankheit, Schwert, Dämon?), links neben ihm Tara, rechts Brikuti.

Die Portugiesen überfielen und plünderten wiederholt die Küste nördlich von Mumbai und gründeten 1534 **Bassein** (**4**, 77 km nördlich von Mumbai, S. 352). Sultan Bahadur Shah von Gujarat, infolge von Auseinandersetzungen mit dem Moghul-Herrscher Humayun nicht gerade auf der Höhe seiner militärischen Macht, preßten sie das Recht ab, hier auf Dauer zu siedeln. Die Stadt erhielt eine kreisrunde Mauer mit Bastionen und zwei Toren und innerhalb dieses Mauerrings noch einmal eine Zitadelle. In der befestigten Stadt durften nur die Adligen, die ›Hidalgos‹ siedeln; sie bewohnten prächtige zweistöckige Paläste. Die Stadt besaß nicht weniger als 14 Kirchen und fünf Klöster. Reisende verglichen sie mit Goa und nannten sie den ›Hof des Nordens‹. Das Ende für die Portugiesen kam 1739 nach einer verlustreichen Belagerung durch die Marathen unter Chimnaji. Große Zerstörungen erlitt die Stadt noch einmal 1780, als die Engländer sie mit starker Artillerie angriffen und einnahmen.

Der Mauerring ist komplett erhalten und größtenteils begehbar. Man betritt das Stadtgebiet durch das Landtor. Als erstes fällt ein völlig deplazierter Neubaublock auf, der zum Glück jedoch bis jetzt der einzige geblieben ist. Auf in den Dschungel geschlagenen Wegen kommt man zu den verstreut liegenden Ruinen der Kirchen, Klöster und Paläste im verbliebenen Teil der Stadt sowie zur Zitadelle und der Kathedrale in ihrer Mitte. Der östliche Teil des ehemaligen Stadtgebietes wird größtenteils landwirtschaftlich genutzt.

Matheran **5** (S.378), 108 km östlich von Mumbai, ist die naheste ›Hill Station‹ – und die attraktivste, denn es liegt nicht wie z. B. Lonavala an einer großen Fernstraße, sondern isoliert auf einem Gebirgsstock und ist nicht so bequem zu

Hanuman-Langur im Borivli-Nationalpark

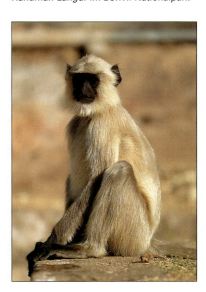

Die Ruinen von Bassein

erreichen. Es erstreckt sich in ca. 800 m Höhe auf dem flachen Gipfel eines alleinstehenden Berges der Sahyatri-Kette in den Westlichen Ghats. Diese typische Hill Station wurde – wie sollte es anders sein – 1850 von einem Engländer entdeckt. Hier ist es wesentlich kühler als im ›Hexenkessel‹ Mumbai. Das dicht bewaldete, hügelige Plateau fällt nach allen Seiten abrupt in tiefe Schluchten ab – ideal für die Lieblingsaktivität einer Hill Station: das Besuchen der ›Viewpoints‹, von denen es hier 23 gibt. Bei klarem Wetter kann man von Heart Point, Monkey Point oder Porcupine Point bis nach Mumbai sehen. Von den ›Points‹ im Westen hat man gute Ausblicke auf die Bergwelt der Ghats. Aber der berühmteste aller Aussichtspunkte ist der Panorama Point im Norden. Zum Sonnenuntergang trifft man sich dann wieder am Porcupine Point.

Höhepunkte frühbuddhistischer Höhlenarchitektur

Lonavala 6 (S. 371), 104 km ostsüdöstlich von Mumbai, 64 km westnordwestlich von Pune, Hill Station in 596 m Höhe, am National Highway Nr. 4 zwischen Mumbai und Pune knapp oberhalb des Bhor-Ghats gelegen.

Durch die Nähe der beiden Großstädte ist Lonavala an Wochenenden völlig überlaufen. Es eignet sich jedoch als Standquartier zum Besuch der Höhlentempel von Bhaja, Bedsa und Karle.

Bhaja 7, 12 km südöstlich von Lonavala.

Die Klosteranlage liegt am Südwesthang einer Bergkette und ist vom Dorf Bhaja aus über einen langen Aufstieg zu erreichen. Die hohe, weithin sichtbare Chaitya-Halle mit einem hufeisenförmigen Bogen dominiert die gesamte Anlage. Zahlreiche sorgfältig gearbeitete Balkone, Veranden, Geländer, Fenster und Nischen der Fassade, die zu beiden Seiten die Chaitya-Halle einrahmen, erinnern an die Holzbauweise prächtiger Paläste. Heute ist die Fassade leider zu

großen Teilen zerstört, so daß man ›freien Zutritt‹ zu den Viharas hat, die auf verschiedenen Ebenen schattige Plätze bieten, von denen man den Blick über die reizvolle Landschaft genießen kann. Weiter rechts liegt der Vihara Nr. 19; seine Ausstattung ist bis ins kleinste Detail die perfekte Übertragung der Holzbauweise auf Stein. Rechts und links des Eingangs zu einer Wohnzelle befinden

sich zwei berühmte Reliefszenen, die als Surya auf seinem Sonnenwagen und Indra gedeutet werden.

Bedsa 8, 23 km östlich von Lonavala.

Die Chaitya-Halle aus dem 1. Jh. liegt hoch oben an einem steilen Hang versteckt hinter einem Felsriegel, so daß man die prächtigen hohen Säulen der Veranda und die dahinterliegende Fassade mit dem großen Chaitya-Fenster erst sieht, wenn man direkt davor steht. Die glatten achteckigen Säulen haben eine vasenförmige Basis und ein Glokkenkapitell, dem ein in einen flachen Kubus eingeschriebenes kanneliertes Kissen aufliegt. Darüber folgt, in Stufen ansteigend, der Träger für den krönenden Abschluß der Säule: liegende Pferde mit aufsitzenden Reitern. Rechts neben der Chaitya-Halle ein ungewöhnlicher Vihara mit gewölbter Decke, Apsis und sorgfältig ornamentierten Eingängen zu Wohnzellen in einer fein gegliederten Wand.

Karle 9 (S. 365), 10 km nordöstlich von Lonavala, 50 km nordwestlich von Pune.

Die Klosteranlage aus dem 1. Jh. liegt weit oben im Hang eines Hügels, 120 m über der Ebene. Die Chaitya-Halle, die größte in Indien, ist gut erhalten und ein Meisterwerk der Kunst des Hinayana-Buddhismus. An der Fassade der Halle im Eingangsbereich sehen wir Mithuna-Paare in kraftvoller Gestaltung; in späterer Zeit hinzugefügte Buddhas und Bodhisattvas wirken dagegen ungeschickt und blaß. Die Seitenwände der Veranda, getragen von Reihen mächtiger Elefanten, sind wie die Fassade eines mehrstöckigen Palastes gearbeitet. Im klaren, eindrucksvollen Innenraum, der nur durch das Chaitya-Fenster Licht erhält, tragen zwei Reihen von 15 vollendet schönen Pfeilern und sieben einfachere Pfeiler in der Apsis das Tonnengewölbe mit originalen hölzernen Rippen. Besonders schön die Skulpturengruppe oben auf den Säulen: kniende Elefanten mit gemischten Paaren oder Paaren von Frauen als Reiter.

Karle ist leider kein Insider-Tip, sondern für Sommerfrischler aus Lonavala und Schulklassen ein favorisierter ›Picknick Spot‹, dessen Beliebtheit die Menge reichlich verstreuten Kulturmülls beweist.

Terra incognita:
Die Küste zwischen Mumbai und Goa

Glaubt man den Moloch Mumbai nicht mehr ertragen zu können, bietet sich der ›Fluchtweg‹ über das Wasser an: nur 1,5 Stunden benötigt die Fähre nach **Rewas** 1 (S. 394), wo man Tage von Mumbai entfernt zu sein glaubt. So ist es möglich, als Alternative zur direkten Schiffspassage nach Goa, eine Fahrt entlang der Küste zu starten und dabei interessante Plätze und unberührte oder nur von wenigen indischen Touristen frequentierte Strände kennenzulernen. Besonders der nicht motorisierte Reisende sollte aber bedenken, daß das Vorhaben Zeit kostet, da die Orte verkehrsmäßig meist nur über den im Hinterland entlangführenden National Highway 17 miteinander verbunden sind. Und anstrengend ist es auch: Hier scheinen nur Busse zu fahren, die anderswo ausgemustert wurden – und davon noch zu wenige!

Maharashtra läßt dem Küstenstreifen gegenwärtig touristische Entwicklungshilfe angedeihen. So soll Ratnagiri in die

Die Küste zwischen Mumbai und Goa

Der Strand von Alibag und die Festung Kolaba

Schiffsverbindung (Katamaran) zwischen Mumbai und Goa eingebunden werden. Für den südlichen Bereich um Sindhudurg will man wegen des Hotelmangels ein Bed-and-Breakfast-Modell ausprobieren. Die **Konkan-Eisenbahn,** die zwar über weite Strecken parallel zum NH 17 fährt und sich nur bei Ratnagiri der Küste nähert, wird bald viele der interessanten Orte schneller erreichbar machen.

Diese neue, 760 km lange Eisenbahnstrecke ist ein ingenieurtechnisch – und damit auch finanziell – sehr aufwendiges Projekt. Sie führt von Roha im Norden bis Mangalore und wird so Mumbai mit Goa und Kochi verbinden. 143 große und 1670 kleine Brücken sowie 88 Tunnel – der längste 6,5 km – waren nötig, um die vielen, während des Monsuns reißenden Flüsse und zahlreiche Höhenrücken zu überwinden. Die Bahn könnte helfen, die langen Küsten und schönen Strände Maharashtras und Karnatakas touristisch zu erschließen und so Druck vom zunehmend überlaufenen und ökologisch gestreßten Goa zu nehmen. Die Inbetriebnahme war für März 1996 geplant, aber z. Z. ist erst ein Teilstück bis Chiplun freigegeben.

Alibag 2 (S. 347), 23 km südlich Rewas, 112 km von Mumbai, Verwaltungszentrum des Raigad-Distrikts, 15 000 Einwohner.

Der weitläufige, in dichtem Grün versteckte Ort besitzt einen langen, breiten und sauberen Strand. Die Seefestung **Colaba** ist bei Ebbe zu Fuß zu erreichen. An Wochenenden und Feiertagen Touristeninvasion aus Mumbai.

Chaul 3 (S. 356) und **Revdanda** 4, 19 km südlich Alibag.

Chaul, ab 1522 eine portugiesische Besitzung, wurde von Reisenden als außerordentlich reiche Handelsstadt beschrieben. 1739, im gleichen Jahr wie Bassein, ging Chaul an die Marathen verloren. Von der eigentlichen Stadt ist kaum etwas erhalten, das ganze Gebiet ist dicht mit Palmen und Gärten überzogen. Einheimische zeigen dem Besucher die romantisch zugewachsenen Ruinen eines Bades aus moslemischer Zeit (Hamam Khane) und ein von Bäumen gesprengtes Kuppelgrab.

Gut erhalten blieb dagegen die **Hafenfestung** mit ihrer Ringmauer, auf der noch immer die Kanonen drohen, ausgerichtet auf den weiten, paradiesisch leeren Strand. Affen toben über die zugewachsenen Bastionen. Innerhalb der beiden Festungstore verlieren sich im Schatten dichter Palmenhaine Ruinen von Kirchen und ein Teil des Dorfes Revdanda. Auf der anderen Seite des Flusses liegen die Moslem-Festung **Korlai** und zu ihren Füßen das gleichnamige Dorf mit einer portugiesischen Kirche.

Murud 5 (S. 382), 36 km südlich von Revdanda, 12 000 Einwohner.

Die schöne Fahrt führt entlang dem einsamen, weiten Kashid Beach. Wo jetzt nur die Villen eines Baulöwen aus Mumbai und der Tata-Familie stehen, sollen große Hotelanlagen geplant sein. 23 km vor Murud passiert man den **Palast des Nawabs von Janjira,** in einem reizvollen italienisch-indischen Mischstil errichtet und von der armen Verwandtschaft des Nawabs bewohnt. Offiziell ist er nicht zu besichtigen, aber für ein fürstliches Trinkgeld führt ein junger Mann den Besucher durch die verblichene Pracht in Haus und Park. Interessant sind u. a. Gemälde und Fotos, die Janjira Fort noch völlig intakt zeigen. Herrlicher Blick von der Dachterrasse. Der Ort selbst liegt in Palmenhainen versteckt hinter einem schönen Strand. Vor der Küste scheint das kleine, angeblich von Sambaji erbaute **Fort Khasa Killa** auf dem Wasser zu schwimmen.

6 km südlich von Murud liegt in der Bucht vor Rajpuri die mächtige Seefestung **Janjira** 6, der alte Sitz der Herren dieser Gegend, die aus Eritrea stammten und einst als Seeräuber gefürchtet waren. Siddi Suru Khan soll die Burg 1434 erbaut haben, in ihrer heutigen Form stammt sie jedoch erst aus dem 17. Jh. Nachdem Siddi Ahmad Khan 1879 den Palast auf der Klippe über Murud hatte errichten lassen, begann Janjira Fort zu verfallen. Die mit Zinnen besetzten Mauern und Bastionen der Festung, die lange als uneinnehmbar galt, ragen hoch aus dem Wasser. Das eindrucksvolle Tor ist stark befestigt. Die hohen Wände des Palastes, Moscheen, Zisternen mit Badeanlagen und viele Ruinen sind ganz von Grün überwuchert. Besucher werden in Booten mit riesigen Segeln übergesetzt. Im nahegelegenen Dorf Rajpuri sind ebenfalls Reste eines Palastes und zwei Moscheen erhalten. In der nächsten Bucht, bei **Khokri** (1 km), stehen die Grabbauten der Nawabs und schöne alte Affenbrotbäume.

Fischauktion am Strand von Malwan

Die Festung von Janjira

Ganapatipule 7 (S. 358), 19 km nördlich von Ratnagiri, ist viel besucht wegen seines Ganesha-Tempels, eines bescheidenen Baus mit einem ›gewachsenen‹ Kultbild, d. h. einem zufälligen Steingebilde, das mit Augen versehen und rot angemalt wurde. Der Tempel steht, umgeben von einigen Pilgerunterkünften, direkt am Strand, der sich nach beiden Seiten endlos hinzieht.

Ratnagiri 8 (S. 394), 150 km südlich von Murud, 125 km westnordwestlich

von Kolhapur gelegen, Distrikt-Hauptstadt.

Die angenehme Stadt besitzt ein ausgedehntes Fort aus dem 15. Jh. und das kleinere **Bhagmati-Fort** mit einem bunten Tempel für die Göttin und einem herrlichen Rundblick. Unterhalb der Festung befindet sich **Mirya Bay** oder Bhagmati Port, ein malerischer Fischereihafen, der gerade ausgebaut wird, vor der Kulisse des Fischerdorfs mit mindestens vier Moscheen. In Ratnagiri

lebte Thiba, der letzte König von Burma, in der Verbannung; sein Palast dient heute als Residenz des ›Collectors‹, des höchsten Steuerbeamten.

Malwan 9 (S.376) und **Sindhudurg** 10, 152 km südwestlich von Kolhapur, ca. 50 km nördlich der Grenze zu Goa.

Malwan ist ein nettes Städtchen mit einer stattlichen Fischereiflotte und weiten Stränden. Morgens und abends, wenn die Fischer zurückkommen, wird der Fang direkt am Strand lautstark ver-

steigert. Vor der Küste liegt die ausgedehnte Seefestung Sindhudurg, die Shivaji 1661 als Hauptstützpunkt für seine Flotte errichten ließ, ein militärischer Zweckbau mit 4,5 km stark gekurvter, bastionenbewehrter Mauer. In seinem weiten Inneren stehen mehrere Tempel, darunter einer für Shivaji selbst, errichtet 1695 von Raja Ram. Vom Kultbild ist nur eine Silbermaske mit großen Ohren und ein typischer Shivaji-Turban in Rosa und Silber zu sehen.

Auf dem Dekhan

Pune 1 (S. 391) mit 2,5 Mio. Einwohnern zweitgrößte Stadt Maharashtras, liegt 170 km südöstlich von Mumbai in 560 m Höhe am Rande des Dekhan-Plateaus. Hier ist es auch vor dem Monsun nicht allzu heiß, und später bleibt viel Regen an den Westlichen Ghats hängen. Das war Grund genug für die Briten der ›Bombay Presidency‹, in dieser Zeit ihre Regierungs- und andere Geschäfte von hier oben aus zu betreiben; schon früh wurden auch verschiedenste Bildungseinrichtungen angesiedelt. Heute ist die schnell wachsende Stadt sowohl ein Zentrum für Forschung und Lehre als auch Standort wichtiger Industrien. Was der Stadt den Beinamen ›Königin des Dekhan‹ eingetragen hat, bliebe allerdings noch zu erforschen.

Pune: Von der Hauptstadt der Peshwas zur Sommerresidenz der Briten

Die Geschichte der Stadt ist eng mit der Geschichte des Marathen-Reiches verbunden. 1599 erhielt Malaji Bonsla vom Sultan von Ahmadnagar die Gegend um Pune als Lehen. Sein Enkel, der berühmte Shivaji (gest. 1680), erhob sich 1646 gegen die Herrscher von Bijapur, die hier inzwischen die Macht ausübten,

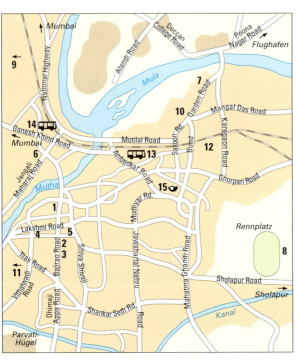

Pune
1 Shanvar Wada-Palast
2 Vishrambagh-Palast
3 Belbagh-Palast
4 Rama-Tempel
5 Raja Kelkar-Museum
6 Pataleshvar-Tempel
7 Bund Garden
8 Empress Garden
9 Universität
10 Max Mueller Bhavan
11 Film and Television Institute
12 Rajneesh Ashram
13 Bahnhof/Busbof
14 Shivajinagar-Bahnhof/Busbof
15 Hauptpostamt

Auf dem Dekhan

und eroberte mit seinen kriegserfahrenen Männern die Forts der Umgebung; Raigad machte er zu seiner Hauptstadt.

Sein Sohn Sambhaji wurde von dem Mogul-Herrscher Aurangzeb gefangen genommen, geblendet und hingerichtet, dessen Sohn Shahu bis 1707 gefangengehalten. Unter Shahu übernahm bald Balaji Vaishvanath als Minister oder Peshwa (1713–20) die Macht im Reich. Ihm gelang es, das Amt des Peshwa erblich zu machen und eine neue Dynastie zu gründen. 1817 nahm Baji Rao II., der letzte Peshwa, im Pindari-Konflikt Partei gegen die Briten, was ihm seine ›Pensionierung‹ einbrachte. Die Briten übernahmen Pune.

Sehenswertes in der Stadt

Die heutige Stadt wuchs zusammen aus der Stadt der Peshwas am rechten Ufer des Flusses Mutha, dem weiter östlich liegenden, großzügig angelegten ›Cantonment‹ der Briten, der ehemals selbständigen Stadt Kirkee nördlich der Altstadt zu beiden Seiten des Flusses Mula und den Wohngebieten am linken Ufer der Mutha, dem heutigen Shivajinagar.

Der zweite Peshwa Baji Rao I. ließ 1736, noch bevor Pune Hauptstadt des Reiches wurde, den **Shanwar Wada** (Samstagpalast) erbauen, umgeben von hohen Mauern mit einem prächtigen Tor. Die Gebäude brannten jedoch 1827 bis auf die Fundamente nieder. Der gewaltige Torbau mit Wachräumen und dem Nakhar Khane, dem Trommelraum, steht noch; die Tore selbst sind mit Eisenstacheln gegen Elefantenangriffe bewehrt. Von einem Balkon stürzte der Peshwa Madho Rao Narayan 1795 einundzwanzigjährig zu Tode.

In der Altstadt, die in 19 Bezirke (Peths) eingeteilt ist – teilweise nach dem Wochentag benannt, an dem Markt abgehalten wurde –, kann man noch manches sehenswerte Relikt aus der Peshwa-Zeit finden. So steht im Mittwochviertel (Budhwar) der dreistöckige **Vishrambagh-Palast** , mit seinem säulengeschmückten Eingang ein schönes

Auf dem Parvati-Hügel über Pune

Beispiel für die Profanarchitektur der Marathen. Die Tempel aus der Marathen-Zeit sind durchaus interessant, aber oft schwer zu finden, da sie in großen Innenhöfen stehen, die man durch unauffällige Tore zwischen den Läden betritt. In der Nähe der Lakshmi Road, der Hauptbasarstraße, befinden sich der **Belbagh-Tempel** mit einer schönen Halle und der **Rama-Tempel** im **Tulsibagh** mit dem höchsten Turm aller Marathen-Tempel. Sie stammen wie auch der wie eine Moschee aufgebaute **Omkaheshvara-Tempel** aus dem 18. Jh. Sehenswert ist das **Raja Kelkar-Mu-**

seum. Die interessanten Sammlungen von Musikinstrumenten, Miniaturen, Bronzen, Schnitzereien und Gebrauchsgegenständen trug ein einziger Mann zusammen, Shri Dinkar Kelkar.

Im Süden der Stadt erhebt sich der **Parvati-Hügel** mit sehenswerten Tempeln im Marathen-Stil. Der Parvati-Tempel wurde vom Peshwa Balaji Baji Rao (1740–1761) zu Ehren des nominellen Königs in Satara errichtet. Den zentralen Schrein mit Shiva, Parvati und Ganesha umgeben vier kleine Schreine für Surya, Vishnu, Karttikkeya und Durga. Zwei weitere Tempel sind Karttikkeya und

Vishnu geweiht. Von hier oben kann man einen weiten Blick über die Stadt und das umliegende Land genießen. Der letzte Peshwa beobachtete von hier aus im Jahre 1818 die Schlacht von Kirkee.

Das älteste Zeugnis der frühen Geschichte in Pune, der **Pataleshvar-Tempel** an der Jangli Maharaj Road im Stadtteil Shivahinagar, stammt aus dem 8. Jh. Dieser Shiva-Tempel wurde samt dem runden Nandi Pavillon davor aus einem Granithügel herausgearbeitet. Östlich und nördlich der Altstadt befinden sich die Einrichtungen und Gebäude der Kolonialzeit: Mehrere Kirchen, eine Synagoge, Schulen, Krankenhäuser, die Council-Hall, ihr gegenüber das Urkundenarchiv (Daftar), Parks wie der **Bund Garden** und die **Empress Gardens** mit prächtigen tropischen Bäumen sowie die Pferderennbahn, die eine der besten Indiens sein soll.

Im Nordosten der Stadt liegt die **Universität**, deren Hauptgebäude im Stil italienischer Gotik einst als ›Government House‹ gebaut wurde. Von den modernen Institutionen sind besonders das Indian Institute of German Studies, der **Max Mueller Bhavan** und das **Film and Television Institute of India** besuchenswert. Das Hauptquartier der Osho Commune International, ehemals **Rajneesh Ashram**, liegt in Koregoan Park, einem weiträumigen, grünen Stadtteil im Osten des modernen Stadtzentrums. Interessierten Besuchern wird die Anlage im Rahmen einer Führung gezeigt; Fotografieren ist nicht erlaubt.

Zur Erholung in die kühlen Höhen

120 km südwestlich von Pune, 1372 m hoch in den Sahyatri-Bergen der Westlichen Ghats, liegt **Mahabaleshvar** 2 (S. 376), Maharashtras höchstgelegene Hill Station. Das ausgedehnte Hochplateau mit herrlichen Wäldern und einem See, heute auch mit Erdbeerplantagen, Golfplatz und gepflegten Bungalowhotels im englischen Kolonialstil, begeisterte schon die Briten, die dieses Naturparadies 1828 für sich entdeckten. Wahrscheinlich fanden sie dabei auch den alten heiligen Platz nahe der Quelle der Krishna mit seinen antiken Tempeln: Old Mahabaleshvar. Heute ist Mahabaleshvar die bevorzugte Sommerfrische für Großstädter aus Mumbai und Pune, die sich die Reise und den Aufenthalt hier leisten können. Für den Reisenden dient der Ort im Herzen von ›Shivaji-Land‹ darüber hinaus als Basis für Besuche der historischen Stätten aus der marathischen Frühzeit.

Die Main Street und der Basar zu beiden Seiten bilden das kleine, kompakte Zentrum. Meist durch dichten Wald führen in alle Richtungen kleine Straßen und Wege zu den berühmten Points, wo das Plateau unvermittelt mehrere hundert Meter in tiefe Schluchten abfällt und sich überwältigende Fernblicke auftun. Nach dem Monsun bereichern Wasserfälle das faszinierende Landschaftsbild. Auf dem Weg zum **Mumbai Point** liegt links der Straße ein romantisch verwilderter Friedhof aus der Kolonialzeit. Die Nordwest-Spitze des Plateaus heißt **Arthur's Seat** und ist einer der markanten und vielbesuchten Aussichtspunkte über einem beeindruckenden Cañon. Am Wege dorthin liegt oberhalb des Krishna-Tals das Dorf Old Mahabaleshvar mit seinem hochverehrten **Shiva-Tempel**. Der Bau stammt im oberen Bereich aus neuerer Zeit, nur in einigen Teilen ist der ursprüngliche Hemadpani-Stil zu erkennen. Das Linga, eine Kraterlandschaft aus schwarzem Stein, gibt er-

Shivaji-Land:
Die Umgebung von Mahabaleshvar

Maharashtra

132

Die Hill Station **Panchgani** 3, 19 km östlich von Mahabaleshvar, bietet einen weiten Blick über das obere Tal der Krishna.

Die starke Festung **Pratapgad** 4, 23 km westlich von Mahabaleshvar, ließ Shivaji 1656 zur Überwachung der wichtigen Straße zwischen Konkan und dem Dekhan-Plateau erbauen. 1659 war sie Schauplatz einer denkwürdigen Episode im Leben Shivajis: Nach dem Friedensschluß mit den Moghuln schickte der Sultan von Bijapur ein Heer gegen Shivaji, der sein Reich immer weiter auf Kosten des Sultans vergrößerte. Die Armee operierte wenig erfolgreich in Shivajis Bergen, so daß ihr General, Afzal Khan, nun mit List zum Ziel zu kommen dachte. Während der Belagerung von Pratapgad, das Shivaji zeitweise auch als Hauptstadt diente, wurde ein friedliches Treffen der beiden Kontrahenten verabredet. Dabei attakkierte Afzal Khan Shivaji plötzlich mit einem Dolch, scheiterte aber an dessen

versteckter Rüstung. Dafür umarmte ihn Shivaji und schlug ihm die – ebenfalls verabredungswidrig mitgeführte – ›Tigerkralle‹ in den Rücken. Afzal Khan war tot, die Marathen fielen aus dem Hinterhalt über die führerlose Armee Bijapurs her und zerschlugen sie.

Gleich hinter dem mächtigen Tor gelangt man zu einer beeindruckenden Befestigungsanlage, die sich auf dem schmalen Kamm bis zu einem Vorwerk hinzieht. Palastgebäude, ein Tempel, ein kleiner Pavillon über der Stelle, wo Afzal Khan zu Tode kam, und die Hütten eines Dorfes stehen noch. Die gewaltigen Mauern umfassen jedoch ein sehr viel größeres Gelände mit verstreuten Gebäuderesten und Zisternen. Bei Spaziergängen auf dem bewachsenen Bollwerk ist man allein mit der grandiosen Natur.

Shivaji eroberte 1656 diese Festung und nannte sie **Raigad** 5 (S. 393, 80 km nordwestlich von Mahabaleshvar). Von 1664 bis zu seinem Tode diente sie ihm

staunlicherweise ständig Wasser ab. Der **Krishna-Tempel**, der etwas abseits vom Dorf in einmaliger Lage das Krishna-Tal überblickt, ist am besten erhalten. Er stammt aus der Zeit der Yadavas, wahrscheinlich aus dem 13. Jh. Das ursprüngliche Kultbild ging verloren, aber am Bau blieben einige schöne

Skulpturen erhalten. Im Dorf befindet sich ein schön gestaltetes Wasserbekken, unterteilt, von Treppen umgeben und wohl erst in späterer Zeit überdacht, das durch das Maul einer steinernen Kuh (Go-Mukha), mit Wasser gespeist wird. Dies soll die Quelle von fünf Dekhan-Flüssen sein (Krishna, Koyna,

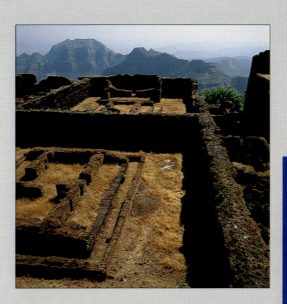

Shivajis Hauptstadt:
Die Festung von Raigad

als Hauptstadt. 1674 ließ er sich hier zum König krönen. Er starb 1680. 1689 gelang es den Moghulen, Sambhaji, seinen Sohn und Nachfolger, gefangenzunehmen. Raigad wurde von den Moghuln erobert und die königliche Familie gefangengesetzt. Nur Sambhajis Sohn Raja Ram entkam.

Die Festung umfaßt den gesamten oberen Teil eines gewaltigen Gebirgsstockes. Nach beschwerlichem Aufstieg entlang der Flanke des Berges passiert man den mäanderartigen Eingang zwischen den Torbastionen; auf dem hügeligen Plateau liegen dann die Ruinen der Residenz weit verstreut. Shivaji hatte u. a. 100 feste Häuser, Vorratsspeicher und Kasernen für 2000 Mann errichten lassen. An dem weitläufigen Palast fallen zwei schöne Türme aus schwarzem Stein auf, imposant von außen, luftig und innen sorgfältig gearbeitet. Von der Thronplattform sind Reste erhalten. Auf dem weiten Weg zum Grabmal Shivajis kommt man an der riesigen Anlage eines wohlgeplanten Basars vorbei. Hinter einem wie eine Moschee gebauten Tempel liegt dann Shivajis Grabmal und ein Denkmal für seinen treuen Hund.

Yenna, Savitri und Gayatri), die tatsächlich alle in dieser Gegend entspringen. Für jeden der heiligen Flüsse befindet sich im Hintergrund noch ein gesonderter kleiner Kultplatz – folgerichtig nennt man den Bau **Pañcaganga-Tempel**. Im Ort stehen zwischen den ärmlichen Hütten noch mehrere andere kleine Tempel.

Nachdem Shivajis Sohn Sambhaji von den Moghuln zu Tode gefoltert worden war und da dessen Sohn Shahu von Aurangzeb gefangengehalten wurde, kämpften die Marathen von Satara aus unter Raja Ram, Shivajis zweitem Sohn, später unter dessen Witwe Tara Bai weiter. Nach dem Tode von Raja Ram im

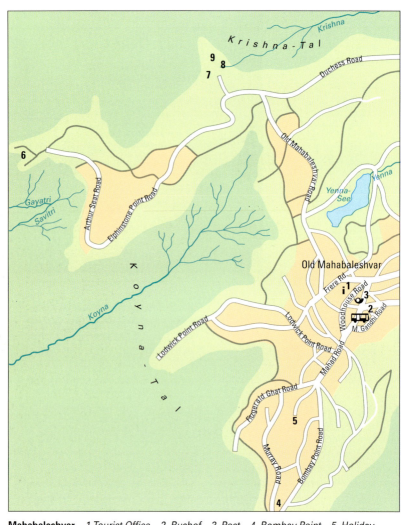

Mahabaleshvar *1 Tourist Office   2 Bushof   3 Post   4 Bombay Point   5 Holiday Resort   6 Arthur's Seat   7 Shiva-Tempel   8 Krishna-Tempel   9 Pañcaganga-Tempel*

Jahre 1700 ergab sich Wasota, die Festung von **Satara** 6 (S. 394, 106 km südlich von Pune), den Moghuln; 1705 konnte die Festung jedoch durch die List eines Brahmanen zurückgewonnen werden. Shahu wurde 1708 von Bahadur Shah, dem Nachfolger Aurangzebs, freigelassen und machte als ›König der Hin-

dus‹ Satara zu seiner Hauptstadt. Nach dem Ende des Marathen-Reiches (1817) residierten die Nachkommen Shahus bis 1847 in Satara als Fürsten von Englands Gnaden.

›Arthur's Seat‹ bei Mahabaleshvar

Der Mahalakshmi-Tempel in Kolhapur

Die erhaltenen Bauten sind an sich nur wenig aufregend, aber für die Geschichte der Marathen sicher von Interesse. Der alte Palast dient heute als Gerichtsgebäude, und in einem Gartenpavillon nahe dem neuen **Palast,** der im 19. Jh. für den letzten Fürsten von Satara, Appa Sahib, errichtet wurde, sind die Kronjuwelen der Rajas, Shivajis berühmtes Schwert ›Jai Bhavani‹ und neben anderen Kostbarkeiten auch die Requisiten des Kampfes mit Afzal Khan zu sehen. Das unscheinbare **Shivaji Maharaj Museum** gleich gegenüber der Bushaltestelle zeigt hauptsächlich

Dokumente zur Geschichte der Marathen-Zeit. Im weitläufigen Fort finden sich hinter dem mächtigen Tor nur noch Reste des alten Palastes und ein kleiner Tempel.

An dem heiligen Platz des Zusammenflusses von Yenna und Krishna beim Dorf **Kshetra Mahuli** 7 (5 km östlich von Satara), wurden in der Blütezeit des Marathen-Reiches mehrere Tempelanlagen errichtet. Großzügige Treppenanlagen, Gräber von Heiligen, unzählige Sati-Steine, darunter der von Shahus Witwe an deren Verbrennungsplatz beim Visheshvar Mahadeva Tempel von

1735 und kleine Schreine für volkstümliche Gottheiten – alles leicht verkommen und zugewachsen – machen den speziellen Reiz dieses vergessenen Platzes aus.

Ein Tempel für die Göttin: Kolhapur

Kolhapurs frühe Geschichte ist mit der seines berühmten Tempels verknüpft, der 634 vom Chalukya-König Karnadev für Mahalakshmi erbaut wurde, nach ihr hieß die Stadt Dakshin Kashi. Bis 1212 gehörte sie zum Reich der Yadavas von Devagiri und später bis zur Eroberung durch Shivaji 1675 zu dem der Moghuln. Als Shahu, der rechtmäßige Erbe des Marathen-Throns, 1707 aus der Moghul-Gefangenschaft zurückkehrte, sah Tara Bai, die sieben Jahre lang die Marathen geführt hatte, ihre Pläne mit dem eigenen Sohn gefährdet. So erwählte sie 1710 Panhala zu ihrer Hauptstadt und erklärte Shivaji II. zum wahren ›Chatrapati‹ (Königstitel der Marathen). Als dieser 1721 starb, wurde Sambhaji, der Sohn der zweiten Frau Raja Rams, auf den Thron gesetzt. 1731 bestätigte Shahu die Eigenständigkeit des neuen Staates, der sich inzwischen in Kolhapur etabliert hatte.

Kolhapur 8 (S. 368, 225 km südlich von Pune und 105 km nördlich von Belgaum, 420 000 Einwohner), die Metropole im Süden von Maharashtra, ist eine angenehme Stadt, weitläufig, modern, eingebettet in Gärten und Parks, in ihrer Mitte der historische Kern mit Palast, Tempel und Basar. Den alten Palast, durch dessen Tor sich der Verkehr drängt, okkupieren heute Ämter, eine Schule und ein Kadettencorps; daneben steht ein riesiger Pavillon, der ehemalige Haustempel der Rajas, vollgestellt mit Resten der alten Fürstenherrlichkeit: ausgestopfte Tiger, Büffel und Hirsche, zwei Throngestelle – und ein Standbild des letzten Rajas selbst. Nicht weit davon, umgeben von einer Mauer mit vier Toren, befindet sich der hochverehrte Ambabai- oder Mahalakshmi-Tempel. Der Bau im Hemadpati-Stil aus dem 7. Jh. blieb bis unters Dach erhalten, darüber erheben sich Shikharas aus Beton: schlicht, bunt und geschmacklos, der schöne Figurenschmuck wurde weitgehend verstümmelt. Im düsteren, heißen Inneren drängen sich die Pilger zwischen den engstehenden schwarzen Säulen. Das dunkle Kultbild mit den silbrig-starren Augen ist in zahllose kostbare Saris gehüllt, die halbnackten Brahmanen sind ständig dabei, es auszuziehen, zu waschen, zu salben und wieder anzuziehen. Um das Haupttheiligtum herum stehen die Schreine für die verschiedensten Götter: für Vithala, Rama, Datatreya, für die neun Planeten-Götter und natürlich für Ganesha und Hanuman, dazu Schlangen- und Sati-Steine, die verehrt werden. In den engen Gassen vor den Tempeltoren verkaufen die Devotionalienhändler frische Blumen für die Opferzeremonie, Farbpulver und billigen Schmuck.

Im Norden der Stadt, nahe dem Fluß Panchanganga, liegen die Begräbnisstätten der Fürsten mit Chatris für Tara Bai, Shivaji II. und Sambhaji II.

Die Umgebung von Kolhapur

Von **Panhale** 9 (S. 389, 25 km nordwestlich von Kolhapur) aus regierte vor 1200 ein Raja Bhoj sein kleines Reich; in der Umgebung gehen noch andere Forts auf ihn zurück. Panhale selbst war oft und heiß umkämpft. Lange gehörte

Pandharpur: Kumkum und Räucherwerk für die Pilger

telpunkt der Bhakti-Bewegung. Berühmte Dichter-Heilige wie Janadeva und Nanadeva, die in Maharashtra von jeher großen Einfluß ausübten, haben hier gewirkt und mit ihren Anhängern aller Kasten und beiderlei Geschlechts eine Art spiritueller Demokratie gelebt. Sie und ihre berühmten Nachfolger von Ekanatha über Tukarama bis zu Ramadasa, dem Guru Shivajis, hatten großen Anteil am Erwachen des marathischen Freiheitswillens und der Herausbildung einer nationalen Kultur.

Zweimal im Jahr – im Juli und Oktober/November – kommen aus allen Landesteilen und aus Karnataka Hunderttausende von Varkaris singend und musizierend nach Pandharpur, um ihren höchsten Gott Vithoba oder Vitthala, eine Form Vishnus, zu feiern.

Pandharpur macht außerhalb der Pilgersaison einen verschlafenen und leicht verkommenen Eindruck. Die mit vielen Tempeln bestückten Ghats entlang dem Ufer der Bhima sind mit Unrat übersät, ein Paradies für die überall herumschnüffelnden Schweine.

Der Vitthala-Tempel, laut Inschriften 1189 gegründet und 1273–1277 vergrößert, kann von außen nicht beeindrukken. Offensichtlich mehrfach zerstört und wiederhergestellt, weist er alle Stilelemente bis hin zur ›Wellblechkultur‹ auf. Gleich am Haupteingang, dem größten von insgesamt sechs, steht ein riesiger ›Hundi‹, ein Opferstock, mit der Messingmaske des Gottes und einem unbezwingbaren Vorhängeschloß, dahinter ein großer Ganesha. In der Halle im Marathen-Stil reicht die alte Tempelsubstanz meist nicht über Kopfhöhe hinaus. Ab und zu kann man im Wirrwarr der Hallen, Gänge und Schreine schöne Säulen und Decken, Skulpturen, Stifterinschriften, Türen und Rahmen aus getriebenem Messing entdecken. Von je

es zum Sultanat von Bijapur, 1659 eroberte es Shivaji, 1690 die Moghuln, aber schon 1707 wurde es von den Marathen zurückerobert. 1844 wurde es zum letzten Mal gestürmt – von den Engländern.

Die ausgedehnte Festung ist nur mäßig interessant und liegt knapp 1000 m hoch. Sehenswürdigkeiten sind zwischen Bäumen verstreut über das Plateau verteilt. Von den Toren ist das **Teen Darwaza** im Westen das beeindruckendste, daneben ein schöner Stufenbrunnen. Weiter im Inneren das **Ambarkhana,** drei große Vorratsspeicher. **Sujja Kothi,** ein zweistöckiger Bau in der Mauer im Osten wird mit Shivaji in Verbindung gebracht. Der **Ambabai-Tempel** ist ein schlichter Bau, und auch der **Sambhaji-Tempel** hat lediglich einige nette Details zu bieten. Panhale wird gern zum Picknick aufgesucht.

Pandharpur ☐10 (S. 389, 213 km südöstlich von Pune, 179 km nordöstlich von Kolhapur), spielte eine überragende Rolle in der Geistesgeschichte und im religiösen Leben Maharashtras. Es ist das wichtigste Wallfahrtszentrum des Landes; Ursprung und heute noch Miteiner Plattform blickt man auf die Kultbilder von Vitthala und – in einem eigenen Schrein stehend – Rukmini, seiner Shakti. Auch hier sind die Priester unter Absingen frommer Lieder ständig mit rituellen Handlungen beschäftigt. Ein System von metallenen Barrieren leitet die Pilger durch den Tempel zu den diversen Kultbildern und Hundis und wieder hinaus. Vor dem Tempel türmen sich in den Läden der Devotionalienhändler riesige Berge von Kumkum, einem roten Pulver. In der Gasse zwischen Tempel und Ghats gibt haben auffallend viele Musikinstrumentenmacher und -händler ihre Läden.

Aurangabad
Touristenzentrum im nördlichen Maharashtra

Aurangabad ▮1▮ (S. 348) 400 km ostnordöstlich von Mumbai, 225 km nördlich von Pune, Distrikt-Hauptstadt am Fluß Kham, 595 000 Einwohner) besitzt nichts mehr vom Flair der Weltstadt des 17. Jh. Es wirkt zersiedelt und unübersichtlich. Wegen seiner guten Hotels wird es aber von anspruchsvollen Einzelreisenden und besonders von Gruppen gern als Standquartier zum Besuch nicht nur der Höhlentempel in der Nähe der Stadt, sondern auch der von Ellora und Ajanta genutzt. Die Stadt wurde 1610 von Malik Ambar gegründet, der vom Sklaven afrikanischer Herkunft zum Ersten Minister und Heerführer des Sultans von Ahmadnagar aufgestiegen war. 1633 fiel die Stadt an die Moghuln, und Aurangzeb machte sie später zu seiner Residenzstadt auf dem Dekhan. Er gab der Stadt, die ursprünglich Khadke hieß, seinen Namen.

Von der Stadtbefestigung Malik Ambars sind noch Mauern und Tore erhalten, vor allem beachtenswert das **Mekka-Tor** im Norden der Stadt. Hier steht auch Malik Ambars erste Moschee aus schwarzem Stein, die **Große Moschee** (Juma Masjid), von Aurangzeb vollendet. Die Wasserspiele **Pan-**
Chakki, benannt nach einer dazugehörigen Mühle, sind Teil der schönen Gartenanlagen um den geschmackvollen kleinen Marmorschrein und die Moschee des Heiligen Baba Shah Muzaffar (gest. 1624), eines Lehrers und geistigen Führers Aurangzebs. Das Wasser, von einer Quelle über 4 km herangeführt, wird in ein Becken geleitet, von wo es in jeweils tieferliegende Becken überläuft. Nördlich der Altstadt steht das Mausoleum **Bibi-ka-Maqbara**; im Jahre 1679 von dem sparsamen Aurangzeb für seine Lieblingsfrau Babi'a Daurani errichtet, imitiert es – in bescheidenem Ausmaß – das Taj Mahal, doch stimmen die Proportionen nicht, und weiß übermalter Putz kann den Marmor des großen Vorbilds nicht ersetzen.

Noch weiter im Norden liegen neun sehenswerte **buddhistische Felsheiligtümer**, überwiegend aus dem 7. Jh. Die fünf Höhlen der westlichen Gruppe liegen an einem steilen Südhang. Die vier Höhlen der zweiten Gruppe, 1,5 km entfernt, blicken nach Osten. Die hochgelegene Höhle Nr. 1 blieb unvollendet, die Vorhalle ist eingebrochen, anmutige Trägerfiguren schmücken die Säulen. Im Sanktum von Nr. 2 befindet sich ein 3 m

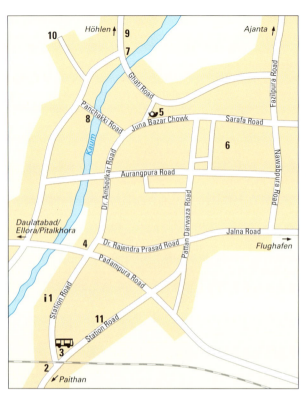

Aurangabad

1 Tourist Office
2 Bahnhof
3 Busbahnhof (Paithan)
4 Busbahnhof (Ajanta, Ellora, Pune), Taxistand
5 Hauptpostamt
6 Basar
7 Mekka-Tor/ Große Moschee
8 Pan Chakki
9 Bibi-ka-Maqbara
10 Museum
11 MTDC Holiday Resort

hoher sitzender Buddha mit der symbolischen Handhaltung des Lehrens; zu beiden Seiten des Eingangs sieht man Bodhisattvas mit einem großen Lotus, auf dem der Buddha Amitabha thront. In der quadratischen Halle von Nr. 3 stehen 12 extrem fein gearbeitete Säulen; die Kapitelle bilden Töpfe, die von Blattwerk überquellen, darüber sind Friese mit Miniaturpavillons und Szenen aus den Jatakas, den vorangegangenen Leben des Buddha, zu sehen. Nr. 4, eine Chaitya-Halle aus dem 1. Jh. v. Chr., besitzt keine Fassade und ist stark verwittert; auf der rechten Seite sitzt ein Buddha. Den Buddha im Sanktum von Nr. 5 deuteten die Jainas in den Tirthankara Parshvanatha um. Nr. 6, die erste der östlichen Gruppe, liegt hoch am Hang; der

Buddha ist von Männern und Frauen in Anbetungshaltung umgeben. Nr. 7, ein Vihara mit unorthodoxem Grundriß und reichem Skulpturenschmuck, bietet interessante Darstellungen aus dem Pantheon des Mahayana- und Vajrayana-Buddhismus. Am Eingang zur Halle stehen rechts ein Manjushri, Bodhisattva der Weisheit und Beschützer der Lehre, und links der Bodhisattva Avalokiteshvara, umgeben von acht Gefahren, vor denen er die Gläubigen schützt: Feuer, Schwert, Kerker und Schiffbruch, Raubtiere, Schlangengift, randalierende Elefanten und Tod, dargestellt durch einen Dämon, der einer Mutter das Kind entreißt. Im Sanktum blickt dem Besucher ein großer thronender Buddha entgegen, rechts von ihm an der Wand Avalokiteshvara und Tara, an der linken Wand die hinreißende Darstellung einer nur mit Schleiern und Schmuck bekleideten tanzenden Tara, umgeben von musizierenden Mädchen. Je drei große Frauenfiguren flankieren den Eingang zum Heiligtum. Oberhalb von Nr. 8, einem unvollendeten Vihara, befindet sich die Höhle Nr. 9 mit dem bekannten Skulpturen-Programm: großer Buddha, ins Nirvana eingehend. In der sich anschließenden Höhle entdeckt man die großen stehenden Figuren der hinduistischen sieben Muttergottheiten, flankiert von Shiva und Ganesha.

Die Umgebung von Aurangabad: Ajanta und Ellora, Highlights in Maharashtra

Das vom Fluß Waghora tief eingeschnittene Tal mit den berühmten buddhistischen Felsheiligtümern liegt je 8 km entfernt von den Städtchen **Ajanta** **2** (S. 346) und Faradapur. 29 Höhlen liegen auf halber Höhe des steilen Hangs, der einen Halbkreis um eine tiefe Schlucht beschreibt, die sich nach Südosten öffnet. Über 1000 Jahre bedeckte dichter Dschungel das vergessene Heiligtum, bevor es 1819 von einem Engländer auf der Jagd wiederentdeckt wurde.

Den ältesten Teil der Anlage bilden die beiden Chaitya-Hallen Nr. 9 und 10 und die dazugehörigen Viharas Nr. 8, 12 und 13. Sie stammen aus dem 1. Jh. v. Chr., der Zeit der Satavahanas, und zeigen sich in Architektur und Dekor der Geisteswelt des Hinayana-Buddhismus verpflichtet. Die übrigen Höhlen entstanden hauptsächlich im 5./6. Jh., zur Zeit der Vakatakas, und repräsentieren den Mahayana-Buddhismus. Besondere Aufmerksamkeit verdienen die Höhlen Nr. 1 und 2 mit ihren berühmten erzählenden Malereien, die aus dem frühen 7. Jh. stammen könnten, die Viharas Nr. 16 und 17 mit Skulpturen und Malereien, gestiftet von einem Minister des Königs Harisena (475–500), sowie Nr. 26, die Chaitya-Halle mit einem sitzenden

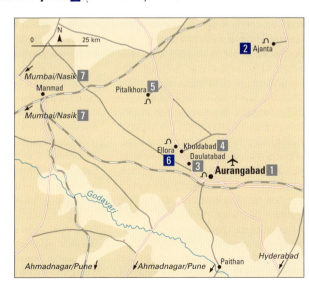

Die Umgebung von Aurangabad

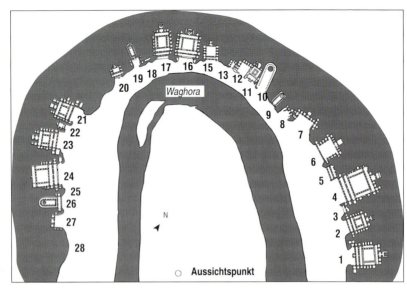

Ajanta, Felsheiligtümer *7–13 Frühe buddhstische Höhlen, davon 7, 8, 11, 12, 13 Viharas, 9 und 10 Chaitya-Hallen* *1– 6, 15–28 Späte buddhistische Höhlen, davon 1– 6, 15 –18, 20–24, 27 Viharas und Chaitya-Anlagen, 19 und 26 Chaitya-Hallen*

Buddha vor dem Stupa in der Apsis und der großartigen Skulptur eines liegenden Buddha im linken Seitenschiff.

Daulatabad **3** (13 km von Aurangabad, an der Straße nach Ellora) war als Festung unter dem Namen Devagiri Sitz der Dynastie der Yadavas (1183–1313), denen ihr legendärer Reichtum zum Verhängnis wurde. 1296 eroberte Alauddin Khilji die Stadt, setzte Raja Ramachandra gefangen und erpreßte das sagenhafte Lösegeld von 15 000 Pfund Gold, 25 000 Pfund Silber, 50 Pfund Diamanten und 175 Pfund Perlen; damit kaufte er sich ein Heer und usurpierte den Thron von Delhi. Daulatabad wurde noch zweimal von den Khiljis erobert und in Qutbabad umbenannt, bevor Muhammad ibn Tughluk es 1326 zu seiner südlichen Hauptstadt machte, ihr den Namen Daulatabad (Stadt des Reichtums) gab und in den nächsten drei Jahren den Hof, die

religiösen Autoritäten und die Kaufmannschaft nötigte, von Delhi hierher umzuziehen.

1346 ging von Daulatabad eine Rebellion aus, die zur Bildung des Bahmani-Reiches führte. 1500 ging die Stadt mit dem nordöstlichen Teil des zerfallenden Bahmani-Reichs an Ahmadnagar und war 100 Jahre später die eigentliche Hauptstadt Malik Ambars. 1630 fiel sie in die Hände der Moghuln; ab 1757 gehörte sie zu Hyderabad.

Die **Zitadelle** galt als uneinnehmbar. Obwohl die Wände des ca. 240 m hohen Felsens an sich schon sehr steil waren, hatten sie schon die Yadavas so bearbeiten lassen, daß sie aus 50–60 m Höhe senkrecht zum 15 m breiten Graben abfallen. Der Aufstieg führt durch Tunnel, die man mit Eisenplatten abdeckte, welche durch Feuer darüber zum Glühen gebracht werden konnten.

Zur Zeit Muhammad ibn Tughluks füllte die volkreiche Stadt das Oval des äußeren Verteidigungsgürtels von 2 km Länge und 1 km Breite, durch das heute die Straße nach Ellora führt. In der stark befestigten inneren Stadt von etwa 1200 × 400 m unterhalb der Zitadelle blieben einige beachtenswerte Gebäude erhalten. Das **Haupttor** im Osten mit seinen gestaffelten Bastionen und der gewundenen Straßenführung zeigt gut die damalige Verteidigungstechnik. Links der Straße steht hinter einem großen ausgetrockneten Wasserbecken die **Juma Masjid**, 78 × 78 m groß, errichtet 1318 von Qutbuddin Mubarak Khilji. Die Baumaterialien für die Gebetshalle, wie die 106 Säulen, stammen zu großen Teilen aus Hindu- und Jain-Tempeln. Heute dient der Mihrab als Mahadevi-Schrein. Nördlich der Basarstraße erhebt sich ein 30 m hoher Turm, **Chand Minar**, erbaut 1445 unter Alauddin Ahmad Bahmani in stark persisch beeinflußtem Stil. Er diente wahrscheinlich als Minarett für die Große Moschee und zur Überwachung der Umgebung. Innerhalb einer weiteren Verteidigungsanlage liegt am Fuße des Zitadellenhügels der Teil eines Palastes aus der Nizam-Shahi-Zeit. Reste von glasierten Ziegeln in blau und weiß weisen auf den Namen des eleganten Baus: **Chini Mahal**.

Khuldabad (Rauza) ▣ 13 km nordwestlich von Daulatabad, 3 km ostsüdöstlich von Ellora. Diese heilige Stätte der Moslems befindet sich in einem – heute – unbedeutenden Nest innerhalb einer von Aurangzeb erbauten Stadtmauer. Ungefähr in der Mitte liegt Alamgir Dargah mit einer Musikhalle, einer Moschee, dem Mausoleum des Heiligen Saiyad Zainuddin (gestorben 1370) und vor allem dem schlichten **Grab des Moghul-Kaisers Aurangzeb** (1658–1707), welches auf dessen Wunsch offen

ist für Sonne und Regen. Ein hier aufbewahrtes Gewand des Propheten Muhammad wird den Gläubigen einmal im Jahr gezeigt. In der Nähe liegt der Schrein eines anderen Heiligen, Hazrat Saiyad Burhanuddin (gestorben 1344), in dem einige Barthaare des Propheten als Reliquie aufbewahrt werden. Hier befinden sich auch die Gräber von Nizam ul-Mulk Asaf Shah (gestorben 1748), dem ersten Nizam von Hyderabad, und seines Sohnes Nasir Jang.

Ab 1953 wurden die Höhlen von **Pitalkhora** ▣ (75 km nordwestlich von Aurangabad nahe dem Dorf Satkund, nur mit dem Auto zu erreichen) erstmals systematisch untersucht, wobei zwei weitere, sehr frühe Höhlen gefunden wurden, Nr. 10 und 11, links einer von einem Bach gegrabenen Schlucht gelegen. Diese frühen Schöpfungen weisen nur ein schlichtes Dekor über den Eingängen auf. Im Fels gegenüber liegen halbkreisförmig angeordnet die Höhlen Nr. 1–9. In Aufbau und Ausführung der

Fassade der Chaitya-Halle 19 in Ajanta

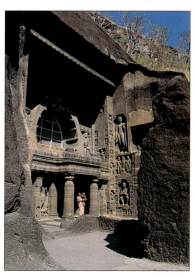

Räume ist die Anlehnung an zeitgleiche Holzbauten erkennbar; besonders gut zu sehen in Nr. 3, der einzigen Chaitya-Halle der Gruppe. An den leicht nach innen geneigten Pfeilern entdeckt man verblaßte Malereien aus dem 6. Jh. Leider ist ein großer Teil der Felswand heruntergebrochen und hat die Fassaden zerstört. Wichtige Skulpturenfunde sind im Museum in Mumbai ausgestellt. Vor Ort kann man einen Nagakönig, Dvarapalas und einen schönen Fries an der Flanke einer Treppenflucht bewundern.

Ellora 6 (S. 358, 29 km nordwestlich von Aurangabad) ist ein einzigartiges Freiluftmuseum frühindischer Felsbau- und Bildhauerkunst, gleichsam ein steinerner Bildband zur Ikonographie. Verteilt über 2 km am Westhang eines Felsplateaus, finden sich zwölf buddhistische Kulthöhlen, 26 Felsheiligtümer der Hindus und vier der Jains. Erstere wurden wahrscheinlich im 6./7. Jh. geschaffen, als in Ajanta die Bautätigkeit allmählich versiegte. Fast zeitgleich begannen die Hindus ihre Höhlen aus dem Felsen zu schlagen; ihre Meisterwerke schufen sie dann im 8. Jh. Die Jain-Mönche der Digambara-Richtung folgten mit ihren Kulthöhlen erst im 9./10. Jh.

Die Höhlen von Ellora gerieten nie ganz in Vergessenheit wie beispielsweise Ajanta; ihre Berühmtheit jedoch erlangten sie im vorigen Jahrhundert durch den Umstand, daß sie den Thags, einer fanatischen Sekte, die Kali verehrte und ihr Menschenopfer brachte, als Unterschlupf diente. Die Mitglieder dieses Geheimbundes überfielen Fremde, erdrosselten sie nach einem bestimmten Ritual und vergruben sie. Die Engländer begannen den Kampf gegen diese mörderischen Umtriebe schon 1829, konnten den Spuk aber erst 1861 beenden, nachdem sie erfolgreich Geheimagenten in diese verschworene Gemeinschaft eingeschleust hatten.

Man sollte die Tempel am Nachmittag besuchen, wenn sie in der Sonne liegen; die Jain-Höhlen bekommen auch am Morgen günstiges Licht. Die Zufahrtstraße führt direkt zum Kailashanatha-Tempel, es ist jedoch sinnvoll, im Süden bei den buddhistischen Kulthöhlen mit der Besichtigung zu beginnen.

Außer Nr. 10, der einzigen Chaitya-Halle, sind alle Höhlen Viharas. Nr. 2, ähnlich wie auch Nr. 3, zeigt schöne Säulen und das typische ikonographische Programm des fortgeschrittenen Mahayana-Buddhismus: Jambala, den Gott des Reichtums, an der Veranda; am Tor zur Halle Avalokiteshvara und Vajrapani, die zwei Bodhisattvas, als Wächter; im Sanktum Buddha auf dem Löwenthron, 2,5 m hoch; seine Handhaltung symbolisiert das Verbreiten der Lehre; ihm zur Seite Avalokiteshvara und Manjushri, in der Halle Tara, mit ihrem Gefolge. Nr. 5, die größte Halle der Gruppe, umgeben 20 Wohnzellen. Bemerkenswert sind die beiden langen Steinbänke, die sich parallel zu zwei Säulenreihen in die Tiefe des Raumes ziehen; sie könnten rituellen Rezitationen gedient haben. In Höhle Nr. 6 fällt an der rechten Wand des Sanktums, gegenüber von Tara, eine Mahamayuri auf, die Göttin der Gelehrsamkeit. Rechts und links vom Eingang an den Enden eines umlaufenden Frieses stehen die Flußgöttinnen Ganga und Yamuna. In Nr. 8 findet sich wieder eine Mahamayuri mit Gefolge und links außerhalb der Halle eine Darstellung der buddhistischen Göttin Hariti mit Kind und ihrem Gemahl Pancika. Die Chaitya-Halle Nr. 10 heißt auch **Vishvakarma-Höhle**. Oberhalb eines offenen Hofes und hinter einer eindrucksvollen Fassade erstreckt sich eine dreischiffige

Ellora, Felsheiligtümer

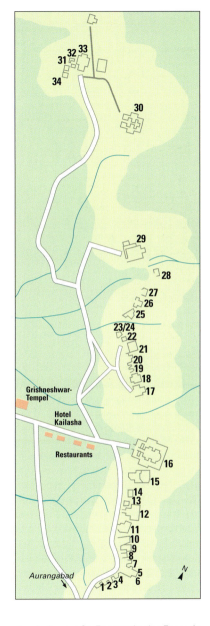

Halle, 25 m lang, 13 m breit und 10 m hoch. In der Apsis erhebt sich ein 9 m hoher Stupa mit einem sitzenden Buddha davor, auf den am Nachmittag durch das große Fenster in der Fassade das Licht fällt. Die steinernen Rippen an der Decke ahmen den Dachstuhl eines freistehenden hölzernen Baues nach.

Ellora, Höhle Nr. 14: Shiva und Parvati auf dem Berg Kailasha (Ravananugraha-Murti)

Nr. 12 ist, wie auch Nr. 11, eine dreistöckige Anlage, genannt **Tin Tala**. Hinter schmuckloser Fassade liegen drei große Hallen übereinander; den Besucher empfängt ein großartiger Aufmarsch der zahlreichen Buddhas und Bodhisattvas sowie männlicher und weiblicher Gottheiten. So sitzen in Reihen nebeneinander die sieben Manjushris oder irdischen Buddhas, die sieben Taras, die sieben Dhyani- oder Meditations-Buddhas im zweiten Obergeschoß und die Buddhas der zehn Himmelsrichtungen (vier Haupt- und vier Nebenrichtungen sowie Zenit und Nadir). Die acht Bodhisattvas stehen entweder zu beiden Seiten des Buddha im ersten Obergeschoß – oder bilden mit ihm in der Mitte ein Diagramm im Erdgeschoß.

Vermitteln die buddhistischen Bildwerke eine Atmosphäre der Ruhe und Harmonie, so beeindrucken die hinduistischen Skulpturengruppen durch den dramatischen Impetus der Hauptfiguren und die dynamisch gestalteten erzählerischen Inhalte. Die Höhlen sind alle Shiva geweiht, was in dieser Zeit nicht ausschließt, daß auch Vishnu in seinen vielfältigen Erscheinungsformen dargestellt wird.

Nr. 14, **Ravanas Höhle**, und Nr. 15, die zweistöckige **Dash Avatara-Höhle**, ein fälschlich nach den zehn Inkarnationen Vishnus benanntes Shiva-Heiligtum, zeigen in opulenten Bildern ein breites Spektrum der phantasievollen und phantastischen Götterwelt des Hinduismus.

Die Hauptattraktion Elloras ist der **Kailasha-Tempel Nr. 16**. Dieses größte Felsheiligtum Indiens, eine der letzten Arbeiten der Hindus in dieser Technik, bildet den absoluten Höhepunkt der Felsbaukunst in Südasien. Sein Name suggeriert, daß der Tempel ein Abbild des Götterberges im Himalaya darstellt, auf dem Shiva thront, Zentrum des Universums und Achse der Welt. Vermutlich schon unter dem Rashtrakuta-König Dantidurga (735–757) begonnen, entstand die Anlage im wesentlichen in der Regierungszeit seines Nachfolgers Krishna I. (757–773).

Technik und Arbeitsleistung sind beeindruckend. Aus dem leicht abfallenden Felsrücken wurde in einem Geviert von 60 × 90 m das harte vulkanische Gestein bis zu 30 m tief abgetragen, wobei in der Mitte ein Block von 30 × 60 m stehengelassen wurde, aus dem dann unter den Händen der Bildhauer-Architekten durch weitere Steinmetzarbeiten das Meisterwerk eines voll ornamentierten Tempels entstand. Man schätzt, daß 150 000 Tonnen Gestein entfernt wurden. Das Ergebnis ist ein vollständiger Tempelkomplex im südindischen Stil mit Torbau, Nandi-Pavillon, Haupttempel, diversen Nebenschreinen und umlaufender Kolonnade.

Der **Torbau** in Form eines zweistöckigen Gopurams wurde aus der Felsbarriere herausgearbeitet, die zwischen Tempelhof und dem Hang des Plateaus stehenblieb und quasi die westliche Umfassungsmauer bildet. Die Reliefs an der Außenwand sind leider stark verwittert. Der **Nandi-Pavillon** und der Haupttempel sind zweistöckig, wobei sich die Innenräume über dem massiv-

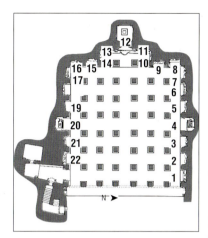

Ellora, Dash Avatara-Höhle
1 Vishnu als Löwe   2 Vishnu Trivikrama
3 Vishnu als Eber (Vahara)   4 Linga
5 Gajendra-Moksha   6 Vishnu auf der Weltenschlange (Narayana Anantashayi)
7 Krishna trägt den Berg Govardhana (Govardhanadhara)   8 Shiva zerstört die drei Städte (Tripurantaka-Murti)   9 Shiva steht im Linga (Lingodbhava-Murti)
10 Karttikeya   11 Gajalakshmi
12 Kultzelle   13 Parvati mit musizierenden Begleiterinnen (?)   14 Ganesha
15 Shiva trägt die Ganga im Haar (Gangadhara-Murti)   16 Shiva tötet den Dämon der Zeit (Kalari-Murti)
17 Ravana schüttelt den Berg Kailasha (Ravananugraha-Murti)   18 Hochzeit von Shiva und Parvati (Kalyanasundara-Murti)
19 Shiva und Parvati beim Würfelspiel
20 Linga   22 Shiva bezwingt den Dämon Andhaka (Andhakasura-Murti)

ven Untergeschoß im oberen Stockwerk befinden, was auch die Brükken zwischen Torbau, Nandi-Schrein und Tempel erklärt. Der **Tempel** besteht aus Vorhalle, Halle und Sanktum mit Umwandlungsgang. Über dem Sanktum, mit Linga und einer Mahesha-Darstellung an der Rückwand, erhebt sich ein klassischer dreistöckiger Vimana. Zu beiden

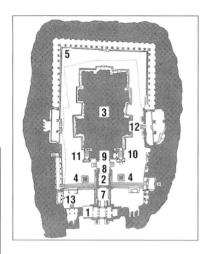

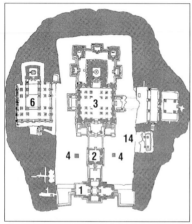

Kailasha-Tempel, Erd- und Obergeschoß

1 Torbau
2 Nandi-Pavillon
3 Tempelanlage
4 Ornamentierter Pfeiler
5 Säulenumgang
6 Lankeshvara-Tempel
7 Gajalakshmi
8 Shiva in der Haut des Elefantendämons
9 Shiva als Yogi
10 Ramayana
11 Mahabarata und Krishna-Legende
12 Ravana schüttelt den Berg Kailasha
13 Schrein der Flußgöttinnen
14 Sieben Mütter-Gruppe (Sapta-Matrikas)

Seiten des Nandi-Schreins steht ein 15 m hoher, reich **ornamentierter Pfeiler**. Ein **Säulenumgang** mit Nebenschreinen und zahlreichen Reliefpaneelen entlang der Rückwand wurde im Norden, Osten und Süden aus den senkrechten Felswänden geschlagen, weitere Nebenschreine und der große **Lankeshvara-Tempel** aus späterer Zeit befinden sich in der Ebene darüber. Aus der Vielzahl eindrucksvoller Bildwerke seien nur einige hervorgehoben. Gleich nach Passieren des Tores stößt man auf eine anrührende **Gajalakshmi-Darstellung**: Kleinere Elefanten tragen das Wasser herbei, das größere über die Göttin der Schönheit und des Wohlstands ausgießen. Auf der Rückseite des Nandi-Pavillons, im Portikus, bezwingt ein dynamischer achtarmiger Shiva den Dämon Andhaka, gegenüber dieselbe Gottheit, nun als abgeklärter, meditierender Yogi, umgeben von den acht Weltenhütern. An der Nordwestecke des Tempels erzählen sieben übereinanderliegende Friesreihen in Flachrelief aus dem Mahabharata und der Krishna-Legende. Das Gegenstück auf der Südseite zeigt in acht Reihen Szenen aus dem Ramayana. Weiter rechts schildert eine großartige Darstellung, wie der zehnköpfige Dämon Ravana sich müht, den **Berg Kailash** zu erschüttern, auf dem in lässiger Haltung Shiva und Parvati sitzen. Die 43 m Rückseite der Kolonade sind bedeckt mit Szenen aus den Puranas und den großen Epen. Bemerkenswert ist in der Nordwestecke des Hofes ein **Schrein** für die drei Flußgöttinnen Yamuna, Ganga und Sarasvati (letzteren Fluß gibt es nur in der Legende). Von den Schreinen im Obergeschoß beeindruckt vor allem auf der rechten Seite der Schrein der **Sieben Muttergottheiten** mit lebensgroßen Sitzfiguren an drei Seiten des Raumes.

Höhle Nr. 17 besteht aus einer Veranda, einer Halle mit acht Pfeilern und einem Schrein mit Umwandlungsgang. Man sieht Skulpturen von Brahma, Vishnu, Durga als Bezwingerin des Büffeldämons und Ganesha. Nr. 21, die **Rameshvara-Höhle**, wird auf den Anfang des 7. Jh. datiert. Auf hohem Sockel erheben sich fein gearbeitete Säulen mit Topf-und-Rankenwerkkapitell, geschmückt mit den Flußgöttinnen als Konsolenfiguren und untereinander verbunden durch den flachen Elefantenfries. Skulpturen von hoher Qualität zeigen Darstellungen aus der Vorgeschichte zur Hochzeit Shivas mit Parvati und anderer Shiva-Auftritte; im Vorhof steht eine Sapta-Matrika-Gruppe. In der Vorhalle von Nr. 22, der **Nilakantha-Höhle**, finden sich Ganesha und Karttikeya, in der Halle zehn Säulen mit Mithuna-Paaren als Konsolenfiguren, an den Wänden Ganesha, die Sieben Mütter, Virabhadra und Lakshmi. In Höhle Nr. 25 ist eine Darstellung vor dem Sanktum, Surya auf seinem von sieben Pferden gezogenen Wagen, besonders interessant.

Nr. 29, genannt **Sita-ki-nahani** (Sitas Bad) oder Dumar Lena, scheint eine Kopie des Shiva-Heiligtums in Elephanta zu sein, denn wie dort ist in der großen Halle mit drei Eingängen die nach vier Seiten offene Cella mit den riesigen Wächterfiguren um ein Joch aus der Mitte nach Osten verschoben. Auch die Säulen und ebenso die Skulpturenpaneele ähneln dem bauplastischen Schmuck in Elephanta, nur sind sie weit weniger gut ausgeführt.

Die fünf Jain-Höhlen liegen separat etwa 1,5 km weiter nordwärts. Nr. 30 (27 × 43 m) wird **Chota Kailasha** (Kleiner Kailasha) genannt, wahrscheinlich in Anlehnung an das große Vorbild. Am kleinen Torturm sieht man Tirthankaras

mit Gefolge, in der Vorhalle Dvarapalas, in der Halle wieder sitzende Tirthankaras sowie neben dem Eingang zum Sanktum links Gommateshvara und rechts Parshvanatha.

Die Höhlen Nr. 31, 32, 33 und 34 sind untereinander verbunden. Nr. 32, **Indra Sabha** (Indras Versammlungshalle), ist die schönste der Gruppe und ähnelt in der Anlage wirklich dem Kailashanatha-Tempel. Im abgeschlossenen Hof stehen ein schöner Schrein mit Skulpturen von Parshvanatha, Gomateshvara und Mahavira sowie ein großer Elefant und ein hoher Flaggenmast. Den Sockelbereich des Höhlentempels schmücken Reliefpaneele mit Parshvanatha, den großen Versucher Kumatha besiegend, Gommatesvhara mit seinen Schwestern, dem Yaksha Matenga (jainistischer Gott des Reichtums) auf einem Elefanten und der Yakshi Ambika auf einem Löwen sitzend. Das Untergeschoß blieb unvollendet. Im Obergeschoß die eigentliche Halle mit prächtigen Säulen und, vollplastisch herausgearbeitet, Matenga auf einem liegenden Elefanten thronend, ihm gegenüber die Fruchtbarkeitsgöttin Sidhaika unter einem Baum voller Früchte. Im Sanktum steht Mahavira, am Eingang flankiert von Parshvanatha und Gommateshvara. Die **Jaganatha Sabha** genannte zweistöckige Höhle Nr. 33 und die kleinere Nr. 34 sind ebenfalls mit sorgfältig gearbeiteten Skulpturen ausgestattet. Auf dem Hügel über der Höhle thront eine freistehende Skulptur des Parshvanatha unter einem später hinzugefügten Baldachin.

Im nahen Dorf Verul steht der hochverehrte **Grishneshvara-Tempel** mit einem der zwölf Jyotir-Lingas Indiens, errichtet im 18. Jh. von Ahalya Bai von Indore. In der Nähe liegt ein schön gestaltetes Wasserbecken mit Stufen und Schreinen ringsum.

Nasik

Nasik 7 (S. 385, 760 000 Einw.), in 600 m Höhe am heiligen Fluß Godavari gelegen, ist eine der vier gesegneten Städte, die beim Kampf der Götter mit den Dämonen etwas vom Unsterblichkeitstrank abbekamen und in denen deshalb abwechselnd alle drei Jahre – also in jeder einmal alle zwölf Jahre – das große Fest der Kumbh Mela gefeiert wird, welches Hunderttausende von Pilgern anzieht. Wie auch in den anderen drei Städten Ujjain, Hardwar und Allahabad säumen Ghats und zahlreiche Tempel und Tempelchen den Fluß, darunter als ältester der Stadt der Kapaleshvara-Tempel aus dem 14. Jh. und der Sundar-Narayan-Tempel von 1756.

Zur besonderen Heiligkeit des Platzes trägt bei, daß hier Rama im Exil gelebt haben und Sita durch Ravana entführt worden sein soll. Szenen dieses folgenschweren Kidnappings sind in naiv-bunten Reliefs im Hof eines Tempels in der Nähe der Grotte, in der Sita gelebt haben soll, **Sita Gumpha**, dargestellt. In der Höhle ist noch Küchengerät der braven Hausfrau zu bestaunen, welches sie verständlicherweise bei ihrer überstürzten Abreise nicht mitnehmen konnte.

Die Stadt insgesamt ist wenig attraktiv. Am Fluß allerdings, der von vielen Ghats gesäumt und aufgeteilt wird, sind auch außerhalb der Festivalzeit viele interessante Szenen zu beobachten. Pilger lassen sich den Kopf kahl scheren und baden im heiligen Wasser, Frauen waschen Kleidung, Männer ihre Scooter-Riksha. Brahmanen zelebrieren Opferzeremonien; Kühe, Krähen und Affen räumen anschließend die Göttergaben ab. Mehr oder weniger heilige Männer schnorren mehr oder weniger aufdringlich. Und überall ist Markt: Obst und Gemüse, Blumengirlanden, Devotionalien, ayurvedische Medizinen …

Die Umgebung von Nasik: Pandu Lena

8 km südöstlich von Nasik, mit dem Stadtbus zu erreichen, nahe dem National Highway 3 nach Mumbai. An der Nordseite eines felsigen Hügels, 90 m über der Ebene, liegt eine Gruppe von 23 frühbuddhistischen Kulthöhlen, bekannt unter dem Namen **Pandu Lena**. Nr. 18, die einzige Chaitya-Halle (ca. 50 v. Chr.), weist über dem Eingang einen Chaitya-Bogen mit feinem Flachrelief und Gitterwerk auf, darüber das große Chaitya-Fenster, umgeben von vielfältiger Scheinarchitektur. Die schlanken Pfeiler der Halle besitzen eine vasenförmige Basis und Figurenkapitelle sowie jene für frühe Bauten typische Neigung. Von den Viharas sind Nr. 5 und 6 sehenswert. In Nr. 3, **Gautamiputra** genannt, kontrastieren eine reich skulpierte Veranda mit der fast schmucklosen Halle ohne Säulen, um die 18 identische Wohnzellen der Mönche angeordnet sind. An der Rückwand zeigt ein Relief die Verehrung des Stupa durch Frauen und himmlische Wesen. Die Veranda tragen Atlanten in Menschengestalt; über eine reich verzierte Brüstung erheben sich Säulen vom ›Bedsa-Typ‹. Über die volle Länge der Veranda läuft ein Architrav, der die Holzbauweise nachahmt; darüber wiederum eine Reihe von Tieren, Gitterwerk und nochmals Tieren. Die drei frühbuddhistischen Symbole Baum, Rad und Stupa, die für Erleuchtung, Verbreitung der Lehre und Einzug Buddhas ins Nirvana stehen, prangen oberhalb des Eingangs.

Nasik, am heiligen Fluß Godavari

Nagpur, die Mitte Indiens

Nagpur 1 (S.384, 865 km ostnordöstlich von Mumbai, 1,7 Mio. Einwohner) liegt ziemlich genau im geographischen Zentrum des heutigen Indien und nennt sich selbst die zweite Hauptstadt Maharashtras. Es ist eine typisch indische Großstadt ohne speziellen Reiz mit einer florierenden Baumwollindustrie. Die weiten Gebiete um Nagpur werden zum großen Teil von Gonds bewohnt, einer alteingesessenen Volksgruppe, die mit Hindi vermischte Dravida-Dialekte spricht.

Die Region um Nagpur nennt sich Vidharbha. Man führt diesen Namen gern auf die Puranas oder das Mahabharata zurück. Archäologische Grabungen in Mansar bei Ramtek brachten

Die Umgebung von Nagpur

großartige Skulpturen aus der Zeit um das 5. Jh. ans Licht, die heute im Zentralmuseum zu sehen sind. Nach einem Intermezzo durch Muhammad Bahmani im Jahre 1467 regierten hier Gond-Könige bis 1740 Raghuji Bhonsla, ein Marathe, der sich mit seinem Heer ein Reich erobert hatte, Nagpur zu seiner Hauptstadt machte. Die Briten beendeten 1854 die Herrschaft der Bhonsla; 1861 wurde Nagpur Hauptstadt der britischen Zentralprovinz.

Nagpur, das selbst wenig zu bieten hat, eignet sich gut als Standquartier für den Besuch von Ramtek und als Ausgangspunkt für Exkursionen zu den Wildschutzgebieten von Nagzira und Bor sowie zum Nationalpark Nawegaon. Der Bahnhof befindet sich im Zentrum der Stadt. In unmittelbarer Nähe erhebt sich der Sitabaldi-Hügel mit einem Fort (nicht zugänglich). Im ehemaligen Cantonment westlich der Bahn liegen alle öffentlichen Gebäude, u. a. die Universität, das Hauptpostamt (GPO), das Telegraphenamt, die State Bank of India (nicht weit vom Bahnhof) und das sehenswerte **Zentralmuseum**. Die berühmten und wirklich vorzüglichen mandarinenartigen Orangen kauft man günstig und in größeren Mengen an der Straße hinter dem Bahnhof.

Im Südosten der Stadt, nahe dem Fluß Naga, kann man in der Altstadt mit einiger Mühe die wenigen Relikte der Bhonsla-Herrschaft finden. Vom Palast, der 1864 niederbrannte, ist nur ein Torbau übriggeblieben, in dem einst morgens und abends musiziert wurde. Noch etwas weiter, im Stadtteil Shukrawari, stehen in einem umbauten Garten die Chatris der Herrscherfamilie. Der größte und schönste Bau ist das **Grabmal Raghujis I.**, des Gründers der Dynastie. Die vernachlässigten Bauwerke zeigen sowohl Merkmale der Marathen-Architektur als auch starke bengalische Einflüsse.

Die Umgebung von Nagpur

47 km nordöstlich von Nagpur ragt ein einzelner Berg aus der weiten Ebene. Der Legende nach soll Rama hier auf dem Weg ins Exil verweilt haben; beste Voraussetzung für einen Hügel, zum indienweiten Pilgerziel aufzusteigen. Auf dem **Ramagiri** steht, umgeben von weitläufigen Befestigungsanlagen, eine Gruppe schneeweißer Tempel, die Rama, Sita, Lakshmana und Hanuman geweiht sind. Ihr Bau geht laut einer nicht ganz eindeutigen Inschrift auf das 13./14. Jh. zurück, doch mit Sicherheit wurden sie später oft ergänzt und umgebaut. Die Mauer des Forts wurde teilweise erst unter dem Bhonsla-König Raghuji I. errichtet. Am Eingang sitzen die Brahmanen des Tempel-Trusts und kassieren; und überall toben die Nachkommen der Heerscharen Hanumans herum. Vor dem Torbau steht ein kleiner Pavillon mit der Steinskulptur eines Ebers, die den Gott Vishnu in seinem Varaha-Avatar darstellt. Er gehört zu einer Gruppe von sieben unscheinbar wirkenden Bauten, die aber für den Kunstfreund besonders interessant sind, stammen sie doch aus dem 5. Jh., aus der Zeit der Vakatakas, deren Residenz Nandivardhana (heute: Nagardhan) nur 16 km entfernt lag. Die Bauten, deren erster noch z. T. ein Höhlentempel ist, zeigen eine interessante Entwicklung auf: vom Grundriß her, am Bauschmuck und mit den eindrucksvollen Kultbildern, z. B. in den beiden Narasimha-Tempeln.

An den unteren Hang des Hügels schmiegt sich im Süden der reizvolle Ort **Ramtek** 2 (S. 393) mit u. a. einem alten Devi-Tempel und einem sehr lebendigen Jain-Ashram. Im Osten des Hügels liegt im Grünen das kleine Dorf Ambala mit einem See, an dem malerisch zahlreiche kleine, von privaten Stiftern errichtete Tempel stehen. Von hier führt ein Treppenweg hinauf zum Gipfel.

6 km entfernt von **Wardha** 3 (72 km südöstlich von Nagpur) errichtete Mahatma Gandhi 1933 seinen Ashram: Sevagram, das ›Dorf des Dienens‹; hier lebte er mit seiner Frau 15 Jahre, von hier aus leitete er den Unabhängigkeitskampf seines Volkes. Und hier entwikkelte er seine Ideen zur Erneuerung der indischen Gesellschaft auf der Grundlage ihrer dörflichen Wurzeln sowie Modelle und Programme zum Aufbau von ländlichen Industrien und zur Verbesserung der Lage der Bauern. Der Ashram ist eine nationale Institution. Die einfachen Hütten Gandhis, seiner Frau und seiner Mitarbeiter mit ihrer schlichten Ausstattung beherbergen heute ein Museum; eine Ausstellung mit Fotos dokumentiert Werk und Leben Gandhis.

Um den Ashram, der von Anhängern des Mahatma und Verfechtern seiner Ideale unterhalten wird, gruppieren sich am Ort und in der Umgebung Einrichtungen im Geiste Gandhis: das Mahatma Ghandi-Forschungsinstitut für Medizin, das Kasturba-Hospital mit Ambulanz und Ausbildungsstätten, das Magan Sangrahalaya, ein Museum zum Thema Dorfentwicklung und Heimindustrie, und das ›Centre of Science for Villages‹ bei Wardha.

In **Punnar** 4 (S. 394) gründete Acharya Vinoba Bhave, den Gandhi als seinen geistigen Erben bezeichnete, einen Ashram. Bhave wird als der Vater der Bhudan-Bewegung verehrt: 1951 begann er anläßlich eines blutigen Aufstandes landloser Bauern in Andhra Pradesh mit seinem Kreuzzug ›Schenkung der Erde‹; er veranlaßte Grundbesitzer, Land an Arbeiter und Pächter abzugeben. 15 Jahre wanderte Bhave zu Fuß von Dorf zu Dorf und bewirkte, daß 3 Mio. Hektar Land an ehemals landlose Bauern übertragen wurden.

Das Bor-Wildschutzgebiet

5 (S. 354) 55 km südwestlich von Nagpur, 32 km nördlich von Wardha. Ein aufgestauter See am Fluß Bor bildet das Zentrum des Reservats in den Hingui-Bergen. Viele Vögel sowie u. a. Hirsche und Wildschweine sind zu sehen. Raubkatzen sind selten.

Chandrapur (Chanda)

6 (S.355) Distrikt-Hauptstadt, 150 km südlich von Nagpur, 228 000 Einw.

An dieser Stelle lag früher die Stadt Bhadravati, die der chinesische Pilger Huen Tsang im 7. Jh. besuchte und beschrieb. Später wurde Chandrapur die Hauptstadt eines Gond-Königs; heute ist

Chandrapur:
Vishnu in seiner Erscheinung als Fisch

es Industriestadt und Zentrum eines wichtigen Kohleabbaugebiets. Die moderne Stadt liegt im Norden, das von einer kompletten Mauer mit vier Toren umgebene Chanda Fort mit der Altstadt im Süden. Diese wirkt mit ihren vielen verfallenen Häusern und schmutzigen Straßen etwas verwahrlost. Am südlichen der vier Stadttore steht in einem von Mauern umgebenen Hof der **Achaleshvar-Tempel** mit einigen Nebenschreinen. Shikara und Mandapa erinnern stark an Marathen-Tempel. Daneben, in einem ebenfalls von Mauern umgebenen Garten verstreut, befinden sich die **Grabstätten** (Chatris) **der Gond-Herrscher**. Zum frühesten Grabmal, dem von Ballal Shah (1207–1242), gehört ein schöner Stufenbrunnen. Das größte und aufwendigste ist das von Bir Shah, der 1672 starb.

Wenige hundert Meter südlich steht der große **Mahakali-Tempel**. Er wird stark frequentiert, was auch die vielen Bettler anzieht, die in langen Reihen entlang dem Zugang zum Tempel sitzen. Der große Innenraum wirkt reichlich leer. Das Kultbild befindet sich in einem winzigen Raum unter dem Tempel; es ist ein von der Natur zufällig so geformter Stein, keine Skulptur von Menschenhand – eine silberne Gesichtsmaske, Kleidung und Schmuck wurden der Natur ›nachgeliefert‹. Die Gläubigen drängen sich mit ihren Opfergaben durch enge, niedrige Gänge bis zu einem kleinen, stickigen Raum, wo ein Pujari vor der Großen Göttin Dienst tut.

Eigenartig und rätselhaft wirkt ein kleiner buckliger Rasenplatz im Südwesten des Mahakali-Tempels. Umgeben von den ärmlichen Hütten der Arbeiter der Lalpeth-Kohlenbergwerke, stehen und liegen hier etwa ein Dutzend riesiger **Steinskulpturen**. Sie stellen vollplastisch den Fisch- und den Schild-

Ramtek

krötenavatar des Gottes Vishnu dar, als
Reliefs eine zehnarmige, zehnbeinige
und fünfköpfige Durga, einen gewaltigen Vishnu, Bhima, Hanuman, Ganesha,
einen Naga usw. Wer dieses bizarre Freiluftmuseum schuf und wofür diese
prächtigen Steinbildnisse bestimmt
waren, ist unbekannt.

Besonders im Süden der Stadt, bei
Ballalpur, ist die Landschaft vollkommen durch den Kohletagebau verwüstet. Zwischen den chaotischen Ab-
raumhalden liegen schlammige Pisten
und Tümpel, Wracks von Fahrzeugen
und technischem Gerät. In seiner perfekten Häßlichkeit schon fast wieder sehenswert! Auch die Luft ist total ver-
schmutzt.

Der Taroba-Nationalpark

7 (S. 397) 45 Kilometer nördlich von
Chanda und 208 Kilometer südlich von
Nagpur.

Der Nationalpark, mit 120 km^2 einer
der größten Maharashtras, wurde schon
1931 zum Schutzgebiet erklärt. Das Zentrum des Parks bildet ein großer runder
See. Eine Krokodilfarm befaßt sich mit
der Aufzucht der stark gefährdeten Art
des Paul-Stus-Krokodils. Im Park leben –
laut offizieller Angabe – eine stattliche
Zahl von Tierarten, vom Tiger bis zum
Faultier. Die meisten der Tiere sind ausgesprochen scheu. Wasservögel, Affen,
Wildschweine sowie Axis- und Sambarhirsche sieht man öfter.

Goa – Indien für Einsteiger

Goa ist das größte von drei Gebieten, die unter dem Namen ›Goa, Daman und Diu‹ gemeinsam als ›Union Territory‹ direkt der Zentralregierung unterstanden, bis Goa 1987 zum 25. und kleinsten Bundesstaat Indiens wurde. Sie waren die letzten drei von Ausländern beherrschten Gebiete in Indien, bevor Nehru 1961 die Portugiesen durch die Armee vertreiben ließ. Goa liegt 593 km südlich von Mumbai. Es wird begrenzt von den Staaten Maharashtra und Karnataka sowie vom Meer. Auf 3700 km² leben 1,2 Mio. Menschen, die Konkani und Marathi, die Älteren auch noch Portugiesisch, sprechen. Die Landwirtschaft liefert die typischen Produkte der tropischen Küste, besonders aber Cashew-Nüsse. Ertragreichster Wirtschaftszweig ist der Abbau von Eisenerz, Mangan und Bauxit. Die Industrie – Düngemittel, Reifen, Konserven – konzentriert sich um die Stadt Vasco da Gama. Goa ist eine der wenigen Regionen in Indien, wo der Tourismus eine wirtschaftliche Bedeutung hat.

Goa ist ›Indien in gefilterter Form‹. Im Gegensatz beispielsweise zu Mumbai

Wasserbüffel im Hinterland von Cabo de Rama

Arambol Beach

gibt es hier kaum Slums und nicht die vielen kranken und verkrüppelten Bettler, der Verkehr läuft weitgehend geordnet, die Busse sind sauber und selten überfüllt; hier geht es geruhsamer zu, die freundlichen Menschen sind an Fremde gewöhnt, viele sprechen englisch, Hotels und Restaurants haben sich auf den Geschmack der internationalen Klientel eingestellt. Die Strände sind gepflegt, und den indischen Voyeur-Touristen kann frau aus dem Wege gehen, indem sie sich nicht gleich unterhalb des Strandcafés in die Sonne packt. – Mit anderen Worten: Goa ist der ideale Einstieg ins Reiseland Indien.

Auch in Goa hatten die Götter die Hände im Spiel! Parashurama, Vishnu in seinem sechsten Avatar, gewann der Legende nach den Küstenstreifen mit einem Pfeilschuß dem Meer ab, um ihn mit seinen Anhängern zu besiedeln. Schon im Mahabharata, den Puranas und anderen alten Schriften wird Goa unter dem Namen Gomanta oder Gove erwähnt. Erstmals unter den Kadambas erlangte Goa im 11. Jh. eine gewisse Eigenständigkeit. Sie verlegten ihren Sitz von der alten Hauptstadt Chandrapur (Chandor) nach Goapuri, das zu einem bedeutenden Handelszentrum aufstieg. Von diesen beiden frühen Hauptstädten, die im südlichen Goa lagen, blieb jedoch nichts erhalten.

Für das Vijayanagar-Reich war Goa als Importhafen für arabische Pferde bedeutend. 1469 eroberte Mahmud Gawan den Konkan für die Bahmani-Sultane; als deren Reich auseinanderbrach, fiel Goa 1488 an das Sultanat von Bijapur. In den folgenden Jahren gedieh Alt-Goa zu einer reichen Handelsstadt und zur zweiten Hauptstadt des Reiches. Die Adil Shahis konnten die ersten Versuche der Portugiesen, hier Fuß zu fassen, abwehren, aber 1510 eroberte Afonso de Albuquerque mit 1500 Mann die Stadt und machte sie zu seiner Hauptstadt.

Die Portugiesen dehnten ihr Gebiet schrittweise aus. Im 16. Jh. kamen die Provinzen Bardez und Salcete hinzu; im 18. Jh. erhielt die Kolonie ihre endgültige Größe. Bedroht wurde das Reich noch einmal von den Marathen. Sambhaji stand mit seiner Armee schon vor den Toren der Stadt. Auch die Engländer nahmen Goa im 18. Jh. kurz in Besitz; endgültig verloren ging Goa den Portugiesen jedoch erst 1961, als es ohnehin längst seine Bedeutung verloren hatte.

Panaji (Panjim), die Hauptstadt

1 (S. 387) 594 km südlich von Mumbai, 184 km westlich von Hubli, 331 km nördlich von Mangalore, 85 200 Einw.

Die meisten Reisenden werden in Panaji ankommen. Die Stadt liegt im mittleren Bereich der Küste, an der breiten Mündung des Mandovi-Flusses. Hier legen die Schiffe von Mumbai an, starten die Langstreckenbusse. Der **Flughafen** Dabolim und die **Bahnhöfe** Verna (Konkan Railway), Vasco da Gama und Margao liegen ganz in der Nähe. Panaji ist nicht nur die politische Hauptstadt, sondern auch das wirtschaftliche und kulturelle Zentrum von Goa. Es ist keine hektische Metropole, sondern in weiten Teilen, besonders in der Altstadt, ist die europäisch-südländische Atmosphäre noch präsent, vermischt mit dem Flair des tropischen Indien.

Die schönste Art, in Goa anzukommen, ist per Schiff: Am frühen Morgen passiert man links die ausgedehnten Befestigungsanlagen von **Fort Aguada** und steuert dann gegenüber dem **Reis Magos Fort** die Stadt in der tiefen Mün-

Panaji *1 Flughafen Dabolim/ Endbahnhof Vasco da Gama/ Agassaim/ Margao 2 Fort Aguada 3 Fort Reis Magos 4 Anlegestelle 5 Palast der Sultane von Bijapur 6 Municipal Gardens 7 Karnataka Tourist Office 8 Tourist Office/Railway Booking Office 9 Kirche der Unbefleckten Empfängnis 10 Hauptpostamt 11 Hospital 12 Markt 13 Busbahnhof*

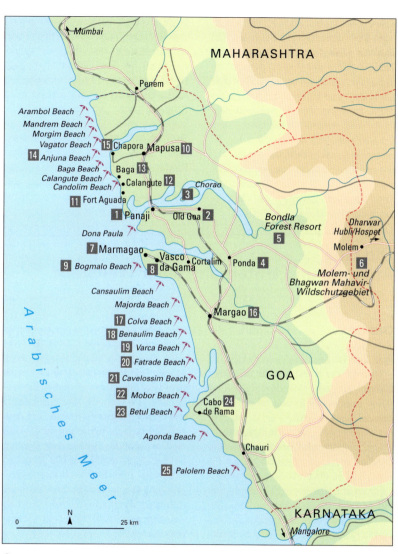

Mumbai

MAHARASHTRA

Penem

Arambol Beach
Mandrem Beach
Morgim Beach
Vagator Beach
14 Anjuna Beach
Baga Beach
Calangute Beach
Candolim Beach
11 Fort Aguada

15 Chapora Mapusa 10

Baga 13
Calangute 12
3 Chorao

1 Panaji Old Goa 2

Dona Paula

7 Marmagao
9 Bogmalo Beach 8

Vasco
da Gama Cortalim Ponda 4

Bondla
Forest Resort
5

Dharwar
Hubli/Hospet
Molem

Molem- und
Bhagwan Mahavir-
Wildschutzgebiet

6

Cansaulim Beach
Majorda Beach
17 Colva Beach
18 Benaulim Beach
19 Varca Beach
20 Fatrade Beach
21 Cavelossim Beach
22 Mobor Beach
23 Betul Beach

Margao 16

GOA

Cabo 24
de Rama

Agonda Beach

Chauri

25 Palolem Beach

Arabisches Meer

0   N   25 km

KARNATAKA

Mangalore

Goa

dung des Flusses an. Die **Anlegestelle** im Zentrum der Stadt liegt nicht weit vom alten **Palast der Sultane von Bijapur** entfernt, einem großen, aber wenig spektakulären Bau aus der Zeit Yusuf Adil Shahs, der heute die Ministe-

rien beherbergt. Viele Hotels sind zu Fuß oder auf einer kurzen Rikscha-Fahrt erreichbar.

Im Winkel zum großen zentralen Platz der Stadt, den **Municipal Gardens**, steht am Hang eines Hügels, zugänglich über eine repräsentative Treppenanlage, die Hauptkirche der Stadt, die **Kirche der Unbefleckten Empfängnis**. Von der Spitze des Hügels, genannt Altinho, hat man einen schönen Blick über Stadt, Fluß und Umgebung. Auf der anderen Seite, im Winkel zwischen dem Fluß und einem Wasserarm, dem Ourem Creek, liegt der erhaltene Teil der romantischen **Altstadt**, die wie ein portugiesisches Provinzstädtchen anmutet. Hier, zwischen den alten Häusern mit ihren hölzernen Balkonen und dem üppigen Blumenschmuck, gibt es zahlreiche einfache und billige Hotels und kleine Restaurants wie das Hotel *Venite*, wo man die Spezialitäten der Goa-Küche probieren und zum Ausklang des Tages einen Feni, den einheimischen Schnaps, oder ein köstliches Bier genießen kann. Die nächstgelegenen **Strände** sind **Miramar** (auch: Gaspar Dias), 3 km flußabwärts, und **Dona Paula**, auf der anderen Seite von Cabo Raj Nivas, quasi in der Mündung des Flusses Zuari.

Old Goa
Aufstieg und Untergang einer Weltstadt

Old Goa

2 (S. 385) 10 km östlich von Panaji.

Eine schöne Uferstraße mit reizvollen Blicken auf den Mandovi-Fluß führt durch üppiges Grün und alte Siedlungen zur alten Hauptstadt Goas, wo man gut einen ganzen Tag verbringen kann.

Ursprünglich eine Gründung der Kadambas im 11. Jh., entwickelte sich die Stadt bald zu einem wichtigen Handelszentrum. Ibn Battuta, der berühmte arabische Reisende, besuchte sie 1342. Durate Barbosa berichtet aus der Zeit, da sie die zweite Hauptstadt der Adil Shahi-Dynastie von Bijapur war, von einer stark befestigten, großen Stadt mit hohen Gebäuden, zahlreichen Moscheen und Tempeln und prächtigen Plätzen.

Nach der Eroberung durch Afonso de Albuquerque 1510 wuchs sie schnell zu einer Metropole heran, die man mit Lissabon und Rom verglich. Schon 1517 kamen die Franziskaner nach Goa, andere Orden folgten, und alle bauten sie prächtige Kirchen und Klöster. Doch bereits 1543 raffte eine Epidemie einen großen Teil der Bevölkerung von annähernd 200 000 Menschen dahin. Die Niederlage Vijayanagars 1565 bei Talikota wirkte sich äußerst negativ auf die Wirtschaft Goas aus. 1635 dezimierte erneut eine Seuche die Bevölkerung. Die Vorherrschaft auf dem Meer war längst an Holländer und Briten verlorengegangen, und die Inquisition beschleunigte mit ihrem fanatischen Terror den Niedergang der Stadt. 1695 verlegte der portugiesische Vizekönig seine Residenz nach Panelim außerhalb der Stadt und 1759 in den Palast der Adil Shahis in Panjim, was dann 1843 offiziell zur Hauptstadt erhoben wurde. Eine restriktive Politik der Regierung zwang 1835 die religiösen Orden, Goa zu verlassen. Die letzten Menschen wanderten ab und überließen die Geisterstadt dem Verfall.

Umgeben von gepflegten Grünflächen liegen die Kirchen von Old Goa wie

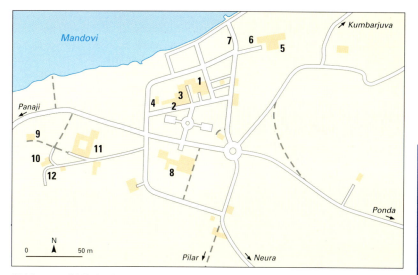

Old Goa 1 *Sé-Kathedrale/Palast des Erzbischofs* 2 *Kirche des hl. Franz von Assisi* 3 *Museum* 4 *Kapelle der hl. Katherina* 5 *Kirche und Kloster St. Cajetan* 6 *Tor des Adil Shahi-Palastes* 7 *Ehrentor des Vizekönigs* 8 *Basilika Bom Jesus* 9 *Kirche der Jungfrau mit dem Rosenkranz* 10 *Königliche Kapelle des hl. Antonius* 11 *Kirche und Konvent der hl. Monika* 12 *Klosteranlage der Augustiner*

auf einer Insel in einem weiten Meer von Kokospalmen.

Die **Sé-Kathedrale** oder **Kathedrale der Heiligen Katharina**, der größte Kirchenbau in Old Goa, wurde in den Jahren 1562 bis 1619 für den Orden der Dominikaner errichtet und aus dem Kronschatz finanziert. Der prächtige Hochaltar wurde 1652 vollendet, der Nordturm neben der Renaissancefassade brach 1776 zusammen. Im erhaltenen Südturm hängt die berühmte ›Goldene Glocke‹. Im kürzlich renovierten Inneren sind die 16 reich geschmückten Kapellen, der vergoldete Hauptaltar mit Darstellungen des Martyriums der Heiligen Katharina von Alexandria, zahlreiche Gemälde sowie die anschließende Sakristei beachtenswert.

Die **Kirche des hl. Franz von Assisi** wurde 1661 an der Stelle errichtet, wo die acht Franziskaner-Mönche, die 1517 hier eintrafen, eine Kapelle errichtet hatten und ab 1521 eine erste Kirche stand. Die Renaissancefassade des heutigen Baus besitzt ein schönes Portal im manuelinischen Stil. Das Innere ist reich mit Wandmalereien ausgestattet. So zeigen die Bilder zu beiden Seiten des barocken Altars Szenen aus dem Leben des Heiligen. Das anschließende Kloster dient heute als **Museum**. Zu sehen sind u. a. hinduistische Skulpturen von den Kadambas bis zur Vijayanagar-Zeit und zahlreiche Sati- und Heldensteine. Die frühen Heldensteine zeigen, daß die Kadambas sich auch als Seemacht etabliert hatten. Im 1. Obergeschoß kann man auf Gemälden einheimischer Künstler alle portugiesischen Gouverneure und Vizekönige sehen; die Bilder hingen ursprünglich in der Residenz.

Old Goa, Ruine des Augustiner-Klosters

Die **Kapelle der hl. Katharina** wurde 1552 auf den Fundamenten eines Vorgängerbaus errichtet, den Afonso de Albuquerque 1510 zur Erinnerung an die Einnahme der Stadt am Tag der hl. Katharina hatte errichten lassen und der 1550 erweitert worden war. Er diente ab 1534 bis zur Fertigstellung des Neubaus als Kathedrale.

Die **Kirche St. Cajetan** wurde im 17. Jh. von italienischen Mönchen des Theatiner-Ordens errichtet, die Papst Urban III. ausgesandt hatte, in Golkonda zu missionieren. Da ihnen vom Sultan eine Arbeitserlaubnis verweigert wurde, ließen sie sich 1640 in Goa nieder. Die Kirche wurde genau nach dem Vorbild

von St. Peter in Rom errichtet. Im hellen Innenraum sind neben den sechs kleineren Altären besonders der prächtige barocke Hauptaltar und die Kanzel sehenswert. Der anschließende Konvent wird als Priesterseminar genutzt.

Im Park vor der Kirche steht ein **Tor des Adil Shahi-Palastes** als einziges Relikt des prächtigen mehrstöckigen Baus, der nach dem Sultan auch den Vizekönigen als Residenz gedient hatte, bis sie diese nach Panelim verlegten. Der Palast verfiel und wurde 1820 auf Anordnung der Regierung als Steinbruch benutzt. Über die Straße, die von St. Cajetan zum Fluß führt, wölbt sich das **Ehrentor des Vizekönigs**. Der kurz nach der Eroberung erbaute Triumphbogen wurde mehrfach umgebaut und 1954 komplett rekonstruiert, er zeigt auf der Flußseite eine Skulptur Vasco da Gamas und auf der Gegenseite eine Darstellung der Argonauten. Zwei Originalinschriften erinnern an Vasco da Gama und an die Wiedererlangung der Unabhängigkeit von Spanien im Jahre 1656.

Die **Basilika Bom Jesus**, die berühmteste Kirche in Goa und hochverehrt in der gesamten Welt, birgt in einem kostbaren Sarkophag die sterblichen Überreste des Heiligen Franziskus Xavier. 1541 damit beauftragt, den Menschen im weiten Osten des portugiesischen Kolonialreichs das Christentum nahezubringen, kam Franziskus Xavier, ein Schüler Ignatius' von Loyola, 1542 nach Goa, von wo aus er entlang den Küsten Süd-Indiens missionierte. 1547 ging er auf die Molukken und 1548 nach Japan. 1552 starb er auf einer kleinen Insel vor China. Seine Gebeine gelangten über Malacca 1554 nach Goa. 1622 sprach ihn Papst Gregor XV. heilig. Alle zehn Jahre wird der gut erhaltene, wenn auch infolge dringender Reliquiennachfrage aus aller Welt nicht mehr vollständige Körper des Heiligen den Gläubigen gezeigt. Jedes Jahr am 3. Dezember, seinem Todestag, feiern die Gläubigen in Old Goa und in der Basilika ein großes Fest.

Nachdem die Jesuiten ihr Kloster 1585 fertiggestellt hatten, errichteten sie daneben von 1594–1605 die Basilika Bom Jesus. Sie steht auf einem kreuzförmigen Grundriß; nach rechts schließt sich die Sakristei an. Auf der dreistöckigen Renaissancefassade prangt oben in der Mitte das Ordenswappen der Jesuiten. Im schlichten Innenraum sind gleich links die barocke Holzskulptur des Heiligen zwischen zwei gedrehten Säulen

und die Kanzel auf der rechten Seite mit schönen Schnitzereien bemerkenswert. Der ganz in Gold gehaltene barocke Hauptaltar zeigt übereinander das Jesus-Kind, Ignatius von Loyola, den Gründer des Jesuiten-Ordens, ein strahlendes Medaillon mit dem Ordenswappen IHS und ganz oben die heilige Dreifaltigkeit. In der südlichen Seitenkapelle befindet sich der überladene Schrein des hl. Franziskus Xavier. Das prunkvolle Grabmal wurde von einem Herzog der Toskana gestiftet und von dem Florentiner Bildhauer Giovanni Batista Foggini in zehnjähriger Arbeit bis 1698 geschaffen. An den Wänden der Kapelle zeigen Gemälde Szenen aus dem zur Legende gewordenen Leben des Heiligen.

Die schön gelegene **Kirche der Jungfrau mit dem Rosenkranz** wurde zwar erst 1544–1549, also nach dem Tode des Vizekönigs, erbaut, gilt aber als Einlösung eines Gelübdes Afonso de Albuquerques, der von hier aus die Schlacht seiner Truppen gegen die Armee Bijapurs beobachtete. Der kleine, wie eine Festung anmutende Bau zeigt sowohl Anklänge an die Gotik als auch Elemente des Manuelinischen Stils. Von hier ergibt sich ein herrlicher Blick über den Fluß in Richtung Panaji.

Die **Königliche Kapelle des hl. Antonius**, des Nationalheiligen Portugals, wurde im frühen 17. Jh. erbaut, ist aber in ihrer heutigen Form ein Werk des späten 19. Jh. **Kirche und Konvent der hl. Monika** stammen ebenfalls aus dem 17. Jh. Der dreistöckige Gebäudekomplex dient noch als Nonnenkloster und ist nur nach Voranmeldung zu besichtigen. Von der **Klosteranlage der Augustiner** aus dem Jahre 1602 stehen nur noch Ruinen, deren eindrucksvollste die 46 m hohe Hälfte eines der Türme ist; die andere Hälfte und die Fassade der Kirche stürzten 1931 ein.

Links an der Straße nach Ponda ist vom einst berühmten Colegio des heiligen Paul nur noch ein schönes Eingangsportal zu sehen. Eine kurze Stichstraße führt von hier zur kleinen Kapelle des heiligen Franziskus Xavier, wo seine Gebeine vor der endgültigen Unterbringung in der Basilika Bom Jesus für zwei Jahre ruhten.

Umgebung und Hinterland von Panaji

Goa

166

Chorao Island-Vogelschutzgebiet

3 In dem nur 180 ha großen Vogelschutzgebiet an der Südspitze der Mandovi-Insel Chorao befindet sich auch eine WWF-Beobachtungsstation für den Mangrovenwald. Von dieser für den Artenreichtum wichtigen Pflanze wachsen hier allein 14 Arten. 200 Vogelarten wurden gezählt, und zwischen November und Februar überwintern hier Tausende Zugvögel. Man erreicht die Insel von Ribander aus (3 km von Panjim – an der Straße nach Old Goa) mit der Fähre.

Hindu-Tempel bei Ponda

4 35 km südöstlich von Panaji, 14 700 Einwohner.

Die Portugiesen zerstörten bei ihrer Ankunft in ihrer maßlosen Intoleranz alle erreichbaren Hindu-Tempel und Moscheen. Hindus, die nicht bereit waren zu konvertieren, zogen sich ins schwer zugängliche Hinterland zurück. So entstanden im 16./17. Jh. an versteckten Plätzen um Bicholim im Norden, um Ponda sowie weiter südlich neue Tempel. Sie zeigen einen interessanten, eigenwilligen Stil, der sich einerseits an die Marathen-Bauweise anlehnt und andererseits Elemente des christlichen Kirchenbaus adaptiert – so haben die Tempel statt eines Shikhara oft eine Kuppel. Von den Marathen wurden die weiten Hallen und vor allem die Stambhas übernommen, Säulen bzw. Türme, in deren Nischen unzählige Lichter aufgestellt werden können.

Von Old Goa kommend erreicht man zuerst den **Shri Manguesh-Tempel** im Dorf Mangueshi, ein kleines Shiva-Heiligtum auf einem Hügel mit einem weithin sichtbaren weißen Turm am Eingang oberhalb eines Tanks. Im **Shri Mahalsa-Tempel**, nur 1 km weiter, in Mardol, wird Vishnu als Mohini verehrt. Der ältere Teil des Tempels ist interessant: In der großen Halle tragen acht prächtige geschnitzte Säulen das Dach. Darunter eine Art Galerie mit geschnitzten und farbenfroh bemalten Figuren, wie den Weltenhütern, Vishnus Avataren, Ganesha ... Außen erinnern naive Schnitzereien und vor allem ›Balkone‹, mit senkrechten Stäben abgeschlossen, an Tempel in Kerala. Im Dorf Nagueshim-Bandora, 4 km östlich von Ponda, stehen der **Shri Nagueshi-Tempel**, eine schöne Tempelanlage für Shiva mit Holzschnitzereien der acht Weltenhüter sowie Szenen aus dem Ramayana an der Galerie der Halle, und der stark modernisierte **Shri Mahalakshmi-Tempel**, ein Zentrum des Shakti-Kults. Das Kultbild ähnelt dem in Kolhapur, die Galerie der Halle zeigt Holzskulpturen der Erscheinungsformen Vishnus. Der

Haupttempel des Shri Ramnath bildet mit vier kleineren Tempeln für weitere Götter den **Shri Ramnath Panchayatan**. In Kavlem steht ein interessanter Tempel für **Shri Shantadurga**.

In **Ponda**, der Hauptstadt der alten Provinz und heute des Kreises Ponda, steht außerdem eine sehenswerte Moschee, die **Safa Shahouri Masjid**, mit einem großen Wasserbekken davor. Sie wurde 1560 von Ibrahim Adil Shah errichtet und vor kurzem renoviert.

Die Wildschutzgebiete von Bondla und Molem

Das Bondla Forest Resort [5] (S. 354), 55 km östlich von Panaji, ist mehr ein Natur- und Freizeitpark mit weiten Tiergehegen, Minizoo, einem Rosengarten und Dschungelspazierwegen. Das **Molem-** und das angrenzende **Bhagwan Mahavir-Wildschutzgebiet** [6] bilden zusammen mit 240 km² tierreichen Dschungelgebiets entlang den Westlichen Ghats und der Grenze zu Karnataka das größte Wildschutzgebiet Goas. Der National Highway A 4 und die Eisenbahn erklimmen innerhalb des Gebiets die steile Gebirgsstufe. Nur mit der Bahn erreichbar sind die Dudhsagar Falls. Diese ›Milchwasserfälle‹ sind während oder kurz nach der Monsunzeit durchaus beeindruckend. 13 km nördlich von Molem liegt im Schutzgebiet der **Tambdi Surla-Tempel** aus dem 13. Jh., der einzige, der aus der Zeit der Kadambas erhalten blieb.

Vasco da Gama, Marmagao und Bogmalo

Auf einer Halbinsel, südlich der breiten Mündungsbucht des Zuari-Flusses, lie-

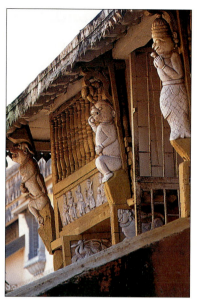

Shri Mahalsa-Tempel in Mardol bei Ponda

gen der Hafen **Marmagao** [7] mit einem Marinestützpunkt, die moderne Stadt **Vasco da Gama** [8] ohne irgendwelche Sehenswürdigkeiten, aber mit dem für Panaji nächsten Bahnhof für Züge ins Landesinnere, und nur 3 km entfernt der Flughafen Dabolim. Man erreicht die drei Plätze entweder mit Fähre und Bus von Dona Paula aus oder schneller mit dem Bus über die neue Brücke von Agassaim nach Cortalim und dann auf einer schönen Uferstraße entlang dem Fluß.

Unterhalb des Flughafens, an der Südseite der Halbinsel, liegt in einer kleinen Bucht **Bogmalo Beach** [9] (S. 354) beherrscht vom vielstöckigen *Oberoi Bogmalo Beach Hotel*. Wer ein frühes Flugzeug nicht verpassen möchte, kann auch im *Airport Hotel* (angenehm, mit gutem Restaurant) an der Zufahrtsstraße zum Flughafen übernachten.

Der Norden und seine Strände

Mapusa

⏹10 (S. 378), 15 km nördlich Panaji, 31 700 Einw.

Mapusa, die Hauptstadt der alten Provinz Bardez, ist ein nettes Landstädtchen ohne besondere Sehenswürdigkeiten, abgesehen vom malerischen Freitagsmarkt. Für den Individualtouristen aber ist Mapusa von Bedeutung als Ausgangspunkt und Versorgungszentrum für die Strände im Norden. Busbahnhof, Taxi- und Riksha-Stand, die State Bank of India und das Tourist Hostel liegen am Südende der Stadt dicht beieinander. Nahe dem Taxi-Stand warten auch die Jungen mit ihren Motorrädern auf Kundschaft – ein schnelles, luftiges und angenehmes Verkehrsmittel im Hinterland der Strände (vorher den Preis aushandeln). Wer mit dem Bus von Norden kommt und nicht an einen der Südstrände will, kann hier umsteigen.

Von Mapusa aus erreicht man über den NH 17 nicht weit von der Grenze zu Maharashtra die verschlafene Distrikthauptstadt **Penem**. Nahe dem wenig interessanten Shri Bhagavati-Tempel steht die Villa Deshprabu, Stammsitz der ehemaligen Herrscher. Das Innere, Gästehaus und Tempel sind leider nicht zugänglich. Hinter dem Haupttor rosten interessante alte Autos vor sich hin.

Bicholim, östlich von Mapusa, und besonders der nahe, künstlich angelegte Mayem Lake werden bevorzugt von indischen Touristen zum Picknicken besucht. Die Landschaft dort ist stark vom Eisen- und Manganabbau gezeichnet. Noch weiter östlich, bei Sanquelim, findet der Kunstfreund mehrere sehenswerte Tempel; so den Shri Dattatraya-Tempel nahe dem Fluß Valvanta und den Shri Rudreshwar-Tempel dicht beim Harvalem-Wasserfall.

Fort Aguada, Calangute, Baga

Die Kette der schönen Strände nördlich der Hauptstadt beginnt gleich an der Mündung des Mandovi-Flusses, am **Fort Aguada** ⏹11. In die alte Festung aus dem 16. Jh. wurde geschickt – und in dieser Form akzeptabel – eine von Goas besten Strandhotelanlagen hineingebaut: *Fort Aguada Beach Resort*. Dazu gehört auch das gleich daneben liegende *Taj Holiday Village*, eine große, gepflegte Anlage mit vielen, recht gleichförmigen Komfortbungalows.

Von hier nordwärts bis Baga erstreckt sich durchgehend, über fast 8 km, ein breiter, feinsandiger Strand. Seine Teilstücke heißen nach den Ortschaften, die, in dichten Palmenhainen versteckt, an einer parallel zur Küste verlaufenden Straße liegen: Sinquerim, Candolim, Calangute, Baga. Sie sind vom Strand aus nicht zu sehen und reichen nur mit einzelnen ›touristischen Spitzen‹ über die den Strand begrenzende Düne.

In **Calangute** ⏹12 (S. 354), dem aus der Frühzeit des Goa-Tourismus berühmten Zentrum des Küstenstreifens, ist von der alten Hippie-Seligkeit nicht viel geblieben: Die Nostalgiker haben sich an abgelegenere Strände zurückgezogen. Tagsüber, besonders aber zum Sonnenuntergang hin, bestimmen indische Touristen das Bild des Hauptstrandes. Die Straße dorthin säumen dann fahrbare Restaurants, Snack-, Cold Drink-

und Souvenir-Shops. Nur wenig abseits, besonders südlich des touristischen Zentrums und im Hinterland, gibt es noch die netten einfachen Unterkünfte und Restaurants, kann man für längere Aufenthalte Häuser mieten. Zwischen dem Abzweig nach Baga und dem alten Dorfkern liegen nützliche Einrichtungen wie das Tourist Office, die Post, die Bank von Baroda und die State Bank, die beide Geld wechseln, ein Second Hand-Buchladen, das hilfreiche Reisebüro MGM und ein Fahrradverleih. Reger Busverkehr nach Mapusa, Baga und Panaji.

Die kleineren Komfortherbergen entlang der Küste, im Stil der Umgebung angepaßt und oft in Gärten eingebettet, mindern nicht den Charme dieses Küstenstreifens. Wenn man jedoch mit dem Fahrrad die Straße nach Baga entlangfährt, erlebt man mit Schrecken, wie hier die Räume zwischen den Palmen mit Protzbauten regelrecht zubetoniert werden, und versteht den Unwillen der Bevölkerung gegen die maßlosen Pläne von Regierung und Investoren.

In **Baga** 13 selbst herrscht dann wieder eine angenehme Atmosphäre. Bei dem alten Kirchlein gibt es einige feinere romantische Restaurants, in den kleinen Kneipen und Restaurants am Strand trifft man sich zum ›Sunset Highlife‹.

Anjuna, Chapora, Arambol

Anjuna Beach 14 (S. 348) ist ein reizvoller, überschaubarer Strand mit Palmen im Hintergrund, gerahmt von wilden Klippen. Oberhalb eines Steilhangs im Norden endet die Straße, die vom bescheidenen Ort kommt, an einem Aussichtspunkt bei einigen Kneipen, Restaurants und Souvenir Shops. Entlang der Straße findet mittwochs ein Hippie-

Kunsthandwerkermarkt in Anjuna

Markt statt. Anjuna mit seiner begrenzten Zahl meist einfacher Unterkünfte und wenigen neuen Hotels hat sich seinen intimen Charme weitgehend bewahren können. (Zum Hippie-Schutzgebiet ist es aber noch nicht erklärt worden.)

Nördlich des beschriebenen Aussichtspunktes erstrecken sich bis zu einem ähnlichen Platz mit Restaurants und Shops am Ende einer Stichstraße einige Sandbuchten und von da bis zum Chapora Fort ein großer Strand: **Vagator Beach**. Der Ort **Chapora** 15 liegt, jenseits des Bergrückens zu Füßen der Festung, reizvoll an einer weiten palmengesäumten Bucht, der Mündung des Chapora-Flusses. Hier werden Boote gebaut, Fische angelandet und Kokosnüsse geerntet; die zahlreichen ›Traveller‹ sind integriert und fallen gar nicht auf. Baden geht man zum Vagator Beach oder zu einer der vielen kleinen

Buchten zwischen den Felsen rund um das Fort.

Die hochgelegene Festung, deren eindrucksvolle Mauer heute einen weiten, unbebauten Innenraum umschließt, wurde aus einem Stützpunkt der Adil Shahi von Bijapur 1717 von den Portugiesen zu ihrer endgültigen Größe ausgebaut. Von hier genießt man einen großartigen Rundblick. Nach Norden erstrecken sich jenseits der breiten Flußmündung, auf deren Sandbänken oft Hunderte von Vögeln lagern, einsame Strände, soweit das Auge reicht. Überquert man bei Siolim den Fluß Chapora, hat man die Möglichkeit, flußabwärts den einsamen **Morgim Beach** zu erreichen. Von der Hauptstraße nach Arambol zweigt eine Straße zum ebenfalls einsamen **Mandrem Beach** ab, in dessen Nähe man aber schon vereinzelt Privatquartiere finden kann. Das Dorf

Arambol, erreichbar auch mit dem Bus von Mapusa aus, ist das Versorgungszentrum für den in bescheidenem Maße erschlossenen **Arambol Beach**. Ein halbes Dutzend Strandkneipen sorgt für das leibliche Wohl der Traveller, die in einfachen Unterkünften an der Felsenküste nördlich des breiten Strandes oder im Dorf wohnen. Die Idylle scheint ernsthaft bedroht durch geplante Luxus-Strand-Resorts, einen Golfplatz und die zugehörige touristische Infrastruktur.

Weiter im Norden erreicht die Straße den Fluß Terekhol, wo eine Fähre die Verbindung zum Fort Terekhol ermöglicht, welches quasi als Enklave auf dem Gebiet von Maharashtra liegt und ein staatliches Hotel beherbergt. So aufregend und blutig die wechselvolle Geschichte der Festung verlief, so geruhsam gestaltet sich heute ein Ferienaufenthalt in den alten Mauern.

Der Süden und seine Strände

Margao

16 (S. 378), 72 000 Einwohner

Margao, das alte Zentrum der Provinz Salcete und die größte Stadt im Süden Goas, ist Ausgangspunkt und Versorgungszentrum für die Strände von Colva und Benaulim. Reizvoll sind die alte Kirche und die umliegenden Straßen im nördlichen Teil der Stadt und der überdachte Bazar in der Stadtmitte. Das moderne Leben konzentriert sich um die Municipal Gardens, einen langen Platz mit Grünanlagen. Hier liegen das Tourist Office, die State Bank of India, der allgemeine Busbahnhof, das Hauptpostamt, das Mabai Hotel und die Bushaltestelle für Colva. Nach Südosten führt die Station Road zum Bahnhof, links der Straße liegt der Markt, in der Umgebung einfachere Hotels.

Lohnend ist ein Ausflug in das 15 km östlich von Margao gelegene **Chandor**. Ehemals Hauptstadt der Kadambas, war der Ort in portugiesischer Zeit Zentrum der Plantagenwirtschaft. Sehenswert sind die vielen noblen Villen der lusitanischen Großgrundbesitzer und besonders die des Menezes Bragança mit einer 100 m langen Fassade.

Entlang dem NH 17 erreicht man den tiefen Süden Goas und über Stichstraßen dort die Sehenswürdigkeiten und Strände. Bei Cuncolim zweigt eine Straße rechts ab nach Betul, Mabor usw. Die nächste führt nach Fatorpa mit zwei

Abendstimmung am Colva Beach

Tempeln für Shanta Durga und weiter nach Cabo de Rama. 5 km hinter Chauri, bei Partagal, liegt im Walde der **Jeevottam Math**, Seminar für Hindu-Priester und Tempel mit schönem Portal.

Colva Beach und Benaulim

Von der Halbinsel, auf der Vasco da Gama und der Flughafen liegen, erstrekken sich nach Süden 25 km feinsten breiten Strandes. Auch hier heißen die Teilstücke oft nach den Fischerdörfern. **Velsao Beach** und **Cansaulim Beach** machen den Anfang im Norden. Beim **Majorda Beach** liegt das luxuriöse Majorda Beach Resort, eine der Spitzenanlagen in Goa. **Colva Beach** 17 (S.356) hat sich zum Zentrum des gesamten Küstenstreifens entwickelt, ohne daß sich deshalb der Tourismus hier überschlägt. Nach wie vor nutzen auch die Fischer einen Teil des Strandes – man kann ihnen aus dem Schatten der Palmen

heraus bei der Arbeit zusehen. Die Hotels, meist kleinere Bungalowanlagen, liegen unter Palmen hinter dem Strand. Häuser, Hütten und Privatzimmer kann man im Dorf mieten, das etwas weiter von der Küste zurückliegt. Dort gibt es auch ein Postamt und in der alten Kirche eine Filiale der Bank of Baroda. Die Busse von und nach Margao fahren über Benaulim.

Benaulim Beach 18 (S. 352), den man zu Fuß auf einem kurzen Strandspaziergang von Colva Beach aus erreicht, ist nördlich des Cabo de Rama das letzte Paradies für Individualreisende. Direkt am Strand gibt es nur das *L'Amour Beach Resort* mit netten einfachen Zimmern und einem guten Restaurant, auf der anderen Straßenseite die *O' Palmar Beach Cottages*, das Strandrestaurant Pedro und einige weitere Bars in Form von Palmblätterhütten, aber landeinwärts viele Kleinhotels, Pensionen und Kneipen.

Zum Cabo de Rama

Nach Süden geht der Strand endlos weiter. Hier liegen isoliert von der reizvollen Umgebung einige Luxusanlagen, z. B. das *Resort de Goa* in **Varca Beach** 19 (S. 400) und am anschließenden **Fatrade Beach** 20 das *Goa Renaissance*. Von **Cavelossim Beach** 21 bis zum Ende von **Mobor Beach** 22 reihen sich schließlich gleich ein halbes Dutzend Nobelherbergen aneinander. Mit einer Fähre überquert man den Fluß Sal und erreicht das Fischerdorf Betul und den einsamen **Betul Beach** 23. Ca. 10 km weiter südlich ragt **Cabo de Rama** 24 in die See, benannt nach dem Helden des Ramayana, der hier auf dem Weg nach Lanka Station gemacht haben soll. Die Festung mit ihren intakten Mauern und heute noch 21 Kanonen auf den Bastionen, einigen Häusern und einem Kirchlein im verwilderten Inneren wurde viel später gebaut und 1763 von den Portugiesen erobert. Der Ausblick ist großartig: weitgehend unberührte Natur entlang der schroffen Steilküste und weit im Süden der menschenleere **Agonda Beach**.

Palolem Beach

25 (S. 387) 40 km südlich Margao, nur wenige Kilometer westlich von Chauri (Canacona), liegt entlang einer halbkreisförmig geschwungenen Bucht der wunderschöne Strand von Palolem – gemeinsam genutzt von Fischern und den wenigen Travellern, die in einfachen Unterkünften unter Palmen am Strand oder im Dorf dahinter leben. Auf der kleinen Insel und bei den bizarren Felsen dicht vor der Küste kann sich jeder wie Robinson fühlen.

Fast noch ein Geheimtip: Palolem Beach

Karnataka
Von
Bangalore
nach Bidar

Karnataka ist aus dem Fürstenstaat Mysore hervorgegangen. Zusammen mit weiteren kannadasprachigen Gebieten wurde er 1956 zum Bundesland Mysore. 1972 beschloß das Parlament den neuen Namen für den Staat: Karnataka, d. h. ›Land der Kannada sprechenden Menschen‹. Das Staatsgebiet umfaßt 192 000 km² und wird von 40 Mio. Menschen bewohnt. Die weit überwiegende Mehrheit lebt – wie überall in Indien – in Dörfern und von der Landwirtschaft. In den Ebenen des Ostens werden Getreide, Baumwolle, Öl- und Hülsenfrüchte, Zuckerrohr und Tabak angebaut. Im Westen, entlang der Ghats, wird in ausgedehnten Wäldern Forstwirtschaft betrieben, an der langen Küste gedeihen Areca-, Cashew- und Kokosnüsse. Im Süden wachsen Kaffee und Gewürze.

Die bekanntesten Bergwerke des Landes, die Goldminen, liegen im Kolar-Distrikt. Die wichtigsten Industriezweige sind Flugzeugbau, Papier- und Textilindustrie (Seide) sowie die Produktion von Pharmazeutika, Uhren und Zement. Die Hauptstadt Bangalore gilt zu Recht als eine der schönsten modernen Städte Indiens.

Bangalore – Die sauberste Stadt Indiens

1 (S. 350) 140 km nordöstlich von Mysore, 357 km westlich von Madras, Hauptstadt v. Karnataka, 4,1 Mio. Einw.

Bangalore, in 920 m Höhe auf dem Dekhan-Plateau gelegen, werden ganzjährig moderate Temperaturen nachgerühmt; außerdem gilt die Stadt als eine der saubersten und am besten organisierten in Indien. Ersteres veranlaßte die englische Regierung in Madras, im Sommer die ›Presidency‹ von hier aus zu verwalten, sowie Pensionäre des Civil Service und der Armee, sich hier niederzulassen. 1809 wurde das britische Cantonment gegründet und im Laufe des 19. Jh. mit prächtigen offiziellen Bauwerken und privaten Bungalows im viktorianischen Mischstil bestückt. Selbst der Bangalore-Palast der Mysore Rajas wirkt wie eine Imitation von Windsor Castle. Parks und baumbeschattete Alleen wurden angelegt – und diese großzügige Stadtplanung auch nach Erlangung der Unabhängigkeit weitergeführt.

Bangalore, die ›Stadt der Bohnen‹, hat keine lange, dafür aber eine wenig aufregende Geschichte vorzuweisen. 1537 wurde ein kleiner lokaler Stammesfürst, Kempegowda, vom König von Vijayanagar mit einem größeren Stück Land belehnt. Er baute eine Festung aus Lehmziegeln, gründete eine Stadt und setzte auf vier Hügel der Umgebung Wachttürme zu ihrem Schutz. Nach dem Untergang von Vijayanagar wurden die Nayaks von Mysore im 17. Jh. zu selbständigen Fürsten. Haidar Ali, der 1761 den Thron von Mysore usurpierte, errichtete statt der Lehmfestung eine aus Stein und begann, sich hier einen Sommerpalast zu bauen, den sein Sohn Tipu Sultan vollendete. Nach dessen Tod übernahmen die Briten faktisch die Macht. Der Staat Karnataka entstand 1956. Um seine Hauptstadt siedelten sich viele Betriebe an, besonders aus den Bereichen der modernen Technolo-

◁ *Der Hafen von Bhatkal*

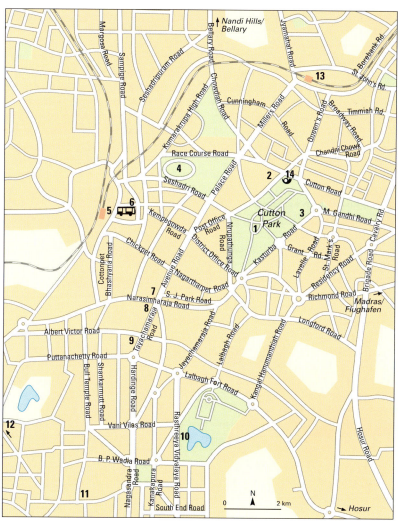

Bangalore 1 *Cutton Park/Bibliothek/Justizpalast* 2 *Vidhana Soudha* 3 *Vishveshva-raya Industrial and Technological Museum/Government Museum* 4 *Rennbahn* 5 *Bahnhof* 6 *Busbahnhof* 7 *Zentraler Markt* 8 *Reste des Forts* 9 *Sommerpalast des Tipu Sultan* 10 *Lalbagh* 11 *Bullentempel* 12 *Gavipuram/Gangadhareshvara-Tempel* 13 *Cantonment-Bahnhof* 14 *Hauptpostamt*

gien, der Kommunikationstechnik, des Flugzeugbaus und der Raumfahrt, und machten Bangalore zu einem der wichtigsten Industriezentren Süd-Indiens.

Die Stadt ist kein Muß einer Süd-Indien-Reise. Sie liegt jedoch verkehrsgünstig und hat eine breite Skala guter Hotels zu bieten. Die Sehenswürdigkeiten kann man gut an einem Tag besuchen.

Mitten in der Stadt liegt der 120 ha große **Cutton Park**. Er wurde 1864 angelegt. Um ihn gruppieren sich im aufwendigen Kolonialstil die öffentlichen Gebäude der Stadt wie die **Bibliothek** in Backsteingotik mitten im Park und der weitläufige **Justizpalast**. Am Nordende des Parks steht der imposante Granitbau des **Vidhana Soudha**, ein nachkolonialer Gebäudekomplex im neudravidischen Stil, in dem Parlament und Regierung ihren Sitz haben. Plenum und Sitzungssaal der Regierung können mit einem Permit (Erlaubnisschein) der Personalabteilung (im Hause) besichtigt werden. Auf der entgegengesetzten Seite des Parks, an der Kasturba Road,

stehen das **Vishveshvaraya Industrial and Technological Museum** und gleich daneben das **Government Museum** von 1886, eines der ältesten in Indien. Die Sammlungen sind übersichtlich, aber leider schlecht betreut. Die Beschriftungen fehlen häufig. Neben einer naturkundlichen Abteilung mit Massen ausgestopfter Tiere gibt es Münzen und frühgeschichtliche Grabungsfunde zu sehen. Sehenswert sind die Skulpturenabteilung mit zahlreichen Stücken aus der Hoyshala-Zeit und besonders die **Venkatappa Art Gallery** mit Miniaturen und interessanten Malereien der Mysore-Schule.

An der Albert Victor Road steht der **Sommerpalast des Tipu Sultan**. Der luftige, zweistöckige, größtenteils aus

Karnataka, der Süden

Bangalore, luftiger Pavillon im botanischen Garten

Holz gefertigte Bau ist 1778 von Haidar Ali begonnen und 1789 von seinem Sohn fertiggestellt worden. Eine kleine Ausstellung illustriert und kommentiert das Leben von Haidar Ali und Tipu Sultan.

Südwestlich des Palastes, im Stadtteil Vishveshvaram, liegt der ebenfalls von Haidar Ali und seinem Sohn angelegte **Lalbagh**, ein sehenswerter, 96 ha großer **Botanischer Garten** mit über 1000 Pflanzenspezies.

Aus der Zeit Kempegowdas stammen die zwei ältesten Tempel der Stadt: Der **Bullentempel** liegt im Südwesten des Lalbagh und etwas oberhalb von diesem ein **Shiva-Tempel**. Im benachbarten **Gavipuram** befindet sich der interessantere **Gangadhareshvara-Tempel**. Unter einem Felsüberhang öffnet sich eine große, aber flache Höhle mit mehreren Kultplätzen und interessanten Skulpturen, unter anderem einer des Feuergottes Agni. Vor dem Höhlentempel stehen auf vier Säulen, groß in Granit nachgebildet, ein Dreizack und eine Stundenglastrommel, Attribute Shivas, sowie die Sonne und der Mond als runde Scheiben dargestellt. In der Umgebung kleinere Tempel, Schlangensteine und Reste eines Kempegowda-Turms.

Mysore
Touristenzentrum des südlichen Dekhan

2 (S. 382), 138 km südwestlich von Bangalore, 653 000 Einw.

Mysore ist eine übersichtliche Stadt in 776 m Höhe mit breiten, baumbestandenen Straßen, Parks und Palästen und einer heiteren, entspannten Atmosphäre. Die Stadt mit ihrer großen Vergangenheit steht nicht unter dem Druck einer Metropole, sich als Motor des Fortschritts darstellen zu müssen. Obwohl sie selbst nur wenige Attraktionen zu bieten hat, wird sie gern von Touristen als Standquartier für Ausflüge aufgesucht und hat ein entsprechend großes Angebot guter Hotels und Restaurants.

Mysore wird erstmals Anfang des 12. Jh. als ›Mayisur‹ (Büffelstadt) erwähnt. 1524 errichtete Bettada Camaraja III. hier eine Festung, Mahisurunagara. Er war der erste historisch greifbare Herrscher aus der Dynastie der Wodeyars, die ihren Ursprung auf die Yadavas zurückführen und sich, wie mehrere rührende Legenden erzählen, um 1400 hier etablierten. Raja Wodeyar (1578–1617) übernahm von seinem Vorgänger immerhin schon 33 Dörfer und eine Armee von 300 Mann. Er legte sich mit Tirumala, dem Vizekönig der Vijayanagar-Herrscher, an und konnte diesen schließlich 1610 aus Srirangapatna vertreiben; König Venkata I. (1586–1614), nicht unglücklich über das Schicksal seines wenig loyalen Neffen, bestätigte Raja Wodeyar als neuen Vizekönig. Die Hauptstadt wurde nach Srirangapatna verlegt. Die Wodeyars blieben formal bis zum Ende des Reiches treue Gefolgsleute der Vijayanagar-Könige.

Auch unter den erfolgreichen Rajas des 17. Jh. wurden Fort und Stadt ausgebaut, Paläste und Tempel entstanden. Mitte des 18. Jh. usurpierte Haidar Ali die Macht im Staate – die Fürsten führten noch bis 1796 ein Schattendasein. Nach der endgültigen Niederlage (1799) Tipu Sultans, Haidar Alis Sohn, gegen die Briten, setzten diese die alte Dynastie wieder ein. Krishnaraja Wodeyar III. (1799–1868), ein fünfjähriges Kind, wurde als Maharaja inthronisiert und Mysore für weitere 150 Jahre wieder Hauptstadt.

Im Zentrum steht im weitläufigen, von Mauer und Graben umgebenen Fort, der **Stadtpalast der Maharajas von Mysore**. Dieser indische Märchenpalast wurde Anfang dieses Jahrhunderts an der Stelle eines 1897 niedergebrannten Vorgängerbaus von dem englischen Architekten Irwin errichtet. Die Fürstenfamilie der Wodeyars bewohnt immer noch einen Teil des weitläufigen Palastes. Der repräsentative Teil des Prunkbaus ist zur Besichtigung freigegeben und beeindruckt täglich Tausende von Touristen. Barfuß schieben sich Ausländer wie indische Bauern über die Marmorfußböden und bewundern die angehäufte Pracht: die farbigen Glasfenster und -kuppeln, die kunstvoll gearbeiteten Säulen und mit Gold und Spiegeln ornamentierten Wände, die mit Einlegearbeiten überzogenen, schweren Edelholztüren, Kristallüster und Kitsch der Jahrhundertwende. Im Kalyana Mandapa zeigen lange Wandgemälde die berühmte Dassehra-Prozession in allen Details. Der mit Gold, Silber und Elfenbein belegte Thron soll der Legende nach der der Pandavas aus dem Mahabharata sein. Wahrscheinlicher ist jedoch, daß er 1699 Cikka Devaraja von Mysore vom Moghul-Kaiser Aurangzeb geschenkt wurde.

Wer noch nicht genug hat, kann sich anschließend das **Maharaja's Residential Museum** ansehen. In dem viel bescheideneren Wohnpalast hinter dem Hauptbau bekommt man, nicht zuletzt durch viele historische Fotos, einen Eindruck vom privaten Umfeld der Fürstenfamilie. Außerdem wurde zusammengetragen, was man nur sammeln kann: von Möbeln, Waffen, Trophäen und simplen Mysore-Malereien über alte Radios, Projektoren und Spielzeugautos bis zu Puderdosen, Briefbeschwerern, Flachmännern und Kleiderbürsten.

Drei Straßenzüge westlich vom Fort befindet sich im **Jahanmohan-Palast** die **Shri Chamarajajendra Art Gallery** mit zahlreichen Portraits der Herrscher, Miniaturmalereien, Bildern der Mysore-Schule, der frühen Moderne, z. B. von Ravi Varma, sowie Musikinstrumenten. Der schöne, parkartig angelegt **Zoo** befindet sich östlich vom Fort. Die Hauptgeschäftsstraße **Sayaji Rao Road** beginnt an der Nordwestecke des Forts (New Statue Square) nahe dem **City-Busbahnhof** und zieht sich in nördlicher Richtung durch die geschäftige Basargegend. Sie führt mitten durch den

Mysore

1 *Stadtpalast der*
   Maharajas von
   Mysore
2 *Shri Chamaraja-*
   jendra Art Gallery
   im Jahanmohan-
   Palast
3 *Zoo*
4 *Busbahnhof*
5 *Devaraja-Markt*
6 *Government*
   Sandalwood Oil
   Factory
7 *Kaveri Arts and*
   Crafts Emporium
8 *Camundi Hil*
9 *Camundeshvari-*
   Tempel
10 *Sommerpalast*
11 *Granitskulptur*
   eines Nandi
12 *Lalitha Mahal-*
   Palast
13 *Bahnhof*
14 *Tourist Office*
15 *Hauptpostamt*

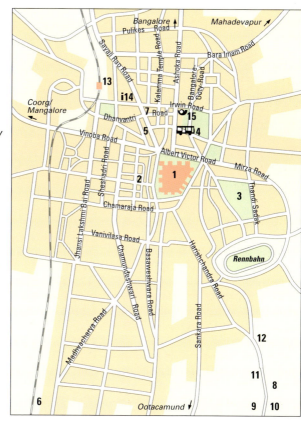

Mysore, H. H. Chamarajajendra Wodeyar und der Stadtpalast der Maharajas

farbigen und von allen Wohlgerüchen des Orients gesättigten **Devaraja-Markt**.

Mysore ist ein Zentrum der Parfumherstellung und Sandelholzverarbeitung. Wer sich für die Gewinnung von Sandelholzöl und seine Weiterverarbeitung interessiert, kann die **Government Sandalwood Oil Factory** im Süden der Stadt besuchen.

Im **Kaveri Arts and Crafts Emporium**, ebenfalls in der Sayaji Rao Road, gibt es die größte Auswahl an Elefanten: in Sandelholz, Rosenholz oder Teak und in allen Größen. Auch für Schnitzarbei-

ten in Edelhölzern und Einlegearbeiten ist Mysore bekannt.

Im Südosten der Stadt, ca. 3 km vom Zentrum entfernt, liegt der 1065 m hohe **Camundi Hill**. Auf seinem Gipfel steht der **Camundeshvari-Tempel** mit einem siebenstöckigen, 40 m hohen Gopuram. Camunda, eine furchterregende Form der Durga, ist die Schutzgöttin der Fürsten von Mysore und der Stadt, deren Name übrigens von Mahishasura abgeleitet ist, dem Büffeldämon, der von Durga besiegt wurde. Auf den Hügel führt eine Straße mit zahlreichen Kehren (10 km) und ein Treppenweg mit

1000 Stufen. Nach zwei Dritteln des Weges erreicht man die 5 m hohe **Granitskulptur eines Nandi**, datiert 1659. Sie ist das Ziel vieler Besucher, die die schwarz polierte Figur mit Blumen schmücken und dem Priester Opfer übergeben. Etwas abseits am Fuße des Hügels liegt der **Lalitha Mahal-Palast**. Er wurde 1931 nach dem Vorbild der St. Paul's Cathedral in London für ausländische Gäste des Maharajas gebaut und dient heute als Hotel.

Die Umgebung von Mysore

Brindavan Gardens

3 19 km nordwestlich von Mysore.

1932 wurde hier die Cauvery durch einen 2621 m langen und 39 m hohen Damm zum Krishnarajasagar aufgestaut. Seitlich unterhalb des Dammes legte man ausgedehnte **Terrassengärten** mit Teichen und Springbrunnen an, die am Abend farbig illuminiert werden – sehr beliebt bei Indern als ›Picnic Spot‹! Die beiden Hotels *Krishnarajasagar* und *Mayura Cauvery* werden meist von Gruppen genutzt.

Srirangapatna

4 (S. 395) 16 km nordöstlich von Mysore, an der Straße nach Bangalore.

Srirangapatna erlangte Bedeutung unter den Königen von Vijayanagar, die hier eine Festung bauen ließen, von der aus Vizekönige das südliche Karnataka regierten. Während es mit der Zentralgewalt im 16. Jh. bergab ging, erstarkten in der Nachbarschaft von Srirangapatna die Fürsten von Mysore. 1610 machte Raja Wodeyar sich selbst zum Vizekönig und Srirangapatna zu seiner Hauptstadt. Um 1760 usurpierte Haidar Ali (gestorben 1782) die Macht und startete von Srirangapatna aus seine Eroberungszüge und den erbitterten Krieg gegen die Briten. Diese belagerten 1792 unter Lord Cornwallis mit Unterstützung der Marathen und des Nizams von Hyderabad die Festung und zwangen Tipu Sultan (1784–1799), den Sohn Haidar Alis, zur Kapitulation. Er verlor die Hälfte seines Territoriums an die Verbündeten und mußte zwei seiner Söhne als Unterpfand künftigen Wohlverhaltens an die Briten ausliefern. Sieben Jahre später erschien wieder eine britische Armee vor den Mauern. Die Festung wurde sturmreif geschossen, und am nächsten Tag, dem 4. Mai 1799, drangen die britischen Truppen durch eine Bresche in der Mauer ein und überwältigten die überraschten Verteidiger. Tipu Sultan wurde verletzt und später von einem beutelüsternen Soldaten wegen seines prächtigen Schwertgurts erschossen.

Srirangapatna liegt auf einer 5 km langen Insel in der Cauvery. Am westlichen Ende befindet sich die geräumige **Festung**, umgeben von einer doppelten Mauer. Zu sehen sind nahe dem Delhi-Tor die schaurigen Kerker, in denen Haidar Ali und Tipu Sultan britische Offiziere gefangenhielten, und im äußersten Westen die verhängnisvolle Bresche von 1799; ein **Obelisk** von 1907 erinnert an das Ereignis. Innerhalb der Mauern steht der **Shri Ranganathaswamy-Tempel**, ein altes, vielbesuchtes Heiligtum, nach dem die später gebaute Festung benannt wurde. Über einem **Ha-**

numan-Tempel des 18. Jh. ließ Tipu Sultan, einem Gelübde entsprechend, um 1784 die Juma Masjid, die große Freitagsmoschee, errichten. Der Bau nahe dem östlichen Tor beherrscht mit seinen zwei hohen Minaretten das weite Fort. Von den Palastbauten sind nur unbedeutende Ruinen geblieben.

Einige hundert Meter östlich der Festung liegt in einem gepflegten Garten der **Sommerpalast Tipu Sultans** von 1784. Das luftige, zweigeschossige, Gebäude, das den Namen ›Daria Daulat‹ (Reichtum der See) trägt, erhebt sich auf einer quadratischen Plattform und ist von einer breiten, säulengeschmückten Veranda umgeben. Eine sehenswerte Ausstellung zeigt u. a. Zeichnungen von Tipus Söhnen und Gemälde mit Darstellungen aus dem Leben Tipus, wie die Übergabe der Söhne an die Briten und sein letztes Gefecht, Ereignisse, die die englischen Maler der Zeit stark beeindruckt haben müssen.

Am östlichen Ende der Insel liegt im **Lalbagh**, einer weiteren Parkanlage, das **Gumbaz** genannte Mausoleum Haidar Alis und Tipu Sultans, ebenfalls 1784 erbaut. Der kubische Bau ist von einer großen Kuppel überwölbt und von einer Galerie mit schwarzen Marmorsäulen umgeben, die einen starken Kontrast zum Weiß der Stuckdekorationen bilden. Im Inneren sieht man die **Gräber** von Haidar Ali, Tipu Sultan und seiner Mutter, in der Galerie und vor dem Mausoleum die von Kindern und anderen Familienmitgliedern. Im Park steht außerdem eine kleine Kirche des Abbé Dubois aus dem Jahre 1800.

Somnathpur

5 (S. 395) 35 km östlich von Mysore, 137 km südwestlich von Bangalore, kleines Dorf an der Cauvery.

Nach einer Inschrift am Tempel wurde im Jahre 1258 von Somanatha, einem Minister des Hoyshala-Königs Narasimha III. (1254–1292), der Ort Somanathapura gegründet und zehn Jahre später der **Keshara-Tempel** gestiftet. Narasimha herrschte über den Norden des Hoyshala-Reiches von Dvarasamudra aus, während sein Bruder im Süden regierte. Zu dieser Zeit hatten sich die Gegensätze zwischen Vishnuiten und Shivaiten so zugespitzt, daß wir an diesem Vishnu-Tempel kaum noch Darstellungen Shivas finden. Der Keshara-Tempel ist ein letztes großes Meisterwerk der Hoyshala-Kunst, geschaffen mit aller noch vorhandenen schöpferischen Energie in einer Zeit, da die Kräfte und Ressourcen des Reiches schon zu schwinden begannen.

Der Tempel liegt in einem rechteckigen Hof (75 × 60 m), den man von Osten durch eine Säulenhalle betritt. Entlang der Mauer zieht sich im Süden, Westen und Norden ein Säulengang, hinter dem regelmäßig angeordnet 64 quadratische Zellen liegen, in denen ursprünglich Skulpturen von Gottheiten standen. Über eine Treppe gelangt man auf das Dach des Umgangs.

Das Heiligtum in der Mitte besteht aus drei Schreinen mit einem 16zackigen Stern als Grundriß, die jeweils über eine kleine Vorhalle mit der gemeinsamen Haupthalle (14,5 × 11 m) verbunden sind. Der Hauptschrein für Vishnu als Keshara (der Haarige) liegt im Westen, gegenüber dem Eingang, im rechten Winkel dazu im Süden ein Schrein für Krishna als Venugopala (mit Flöte) und gegenüber als Janardhana (Krishna als der von der Menschheit Verehrte). Das Kultbild im Hauptschrein wurde später durch eine Lakshmi-Narayan-Gruppe ersetzt. Über den Schreinen erhebt sich je ein 11 m hoher Turm (Vimana). Die

Ibisse im Ranganathittoo-Wasservogelschutzgebiet

Decke der Halle (Navaranga), die von 16 gedrechselten, kannelierten oder mit Yakshas verzierten Säulen getragen wird, besteht aus 16 reich geschmückten quadratischen Feldern, von denen keines dem anderen gleicht und die alle in ihrer Feinheit an Elfenbeinschnitzereien erinnern.

Entlang der Außenwände laufen im Sockelbereich sechs Relieffriese übereinander mit Reitern auf Elefanten, Pferden und Kamelen, Pflanzenornamenten, Episoden aus Ramayana und Mahabharata, Makaras und ganz oben ein Hamsa-Fries. Auch dieser Tempel steht auf einer Terrasse, die in ihrer Form der Kontur des Tempels folgt. An den Spitzen der Sterne standen früher überall Elefanten, in den Vertiefungen dazwischen Nagas.

Das Ranganathittoo-Wasservogel-Schutzgebiet

6 (S. 393) 16 km nordöstlich von Mysore, 3 km von Srirangapatna.

Das landschaftlich ausgesprochen reizvolle kleine Schutzgebiet besteht aus einigen Inseln in der Cauvery, wo auf Bäumen, Felsen und in hohem Schilf Vögel in großen Kolonien brüten, so z. B. verschiedene Arten von Kormoranen, Störchen und Reihern, u. a. Löffelreiher, Schlangenvögel und Ibisse. Außerdem gibt es zahlreiche fliegende Füchse, die größten Fledermäuse Indiens, und im Fluß Krokodile. Die Tiere können von Booten aus beobachtet werden, dafür ist die beste Zeit von Mai bis November, Brut- und Nestzeit im Juni–August.

Der Bandipur-Nationalpark

7 (S. 350) Der Hauptort Bandipur liegt an der Straße Mysore (78 km) – Ooty (77 km) und nur 12 km von Teppakadu, dem Besucherzentrum des Mudumalai-Nationalparks, entfernt.

Der 840 km² große Nationalpark liegt durchschnittlich 800 m hoch und grenzt an die Wildschutzgebiete von Nagarhole, Mudumalai (Tamil Nadu) und Wynad (Kerala). Die höchste Erhebung in dem hügeligen Waldgebiet ist der 1454 m hohe Gopalswamy Betta. Wer das alte Fort und den Tempel auf seinem Gipfel besucht, genießt eine großartige Aussicht. Der Park ist bekannt für seine große Elefantenpopulation (100 Tiere). Es gibt reichlich Gaur- (500) und Axishirsche; außerdem Sambarhirsche, Muntjaks, Wildschweine, Hanumanlanguren und viele interessante Kleintiere wie Faultiere, Mungos, Stachelschweine und Riesenhörnchen. Die Zahl der Tiger ist im ehemaligen Jagdgebiet der Maharajas von Mysore von nur noch zehn im Jahre 1973 wieder auf 50 Tiere angewachsen.

Madikere (Mecara) und Coorg

8 (S. 372) 125 km westlich von Mysore, 30 000 Einw.

Madikere, in 1520 m Höhe gelegen und Hauptstadt des Distrikts Kodagu (englisch: Coorg), ist ein ländlich-ruhiger Ort mit Hill Station-Charakter. Und die Coorgs oder Kodavas, wie sie eigentlich heißen, sind ein eigener Menschenschlag, hochgewachsen und hellhäutig. Mit ihrer kriegerischen Art und ihrem unbändigen Freiheitswillen machten sie es den jeweiligen Oberherren, den Gangas oder Hoyshalas, nicht leicht. Um

1600 gründete ein hinduistischer Wanderprediger als Viraraja I. die Dynastie der Lingayats. Haidar Ali und Tipu Sultan eroberten und besetzten Coorg 1773 und 1782/83, mußten es aber 1792 nach dem Vertrag von Srirangapatna zurückgeben. 1834 schickten die Briten den letzten Lingayat-Raja ›in Pension‹.

Die Stadt besitzt ein wenig aufregendes Fort, dessen heutiges Aussehen auf das islamische Interregnum zurückgeht, und einen ebenfalls islamisch anmutenden Tempel aus dem vorigen Jahrhundert, den **Omkareshvara-Tempel**. Die Hauptsehenswürdigkeit ist ihre wunderschöne, grüne Umgebung mit Reisfeldern im Tal, Kaffee- und Orangenplantagen an den Hängen und herrlichen Wäldern. Einen guten Eindruck vom besonderen Reiz der Gegend bekommt, wer sich zum Sonnenuntergang am Viewpoint **Rajas Seat** einfindet.

Besuchenswert ist Bhagamandala, 36 km östlich von Madikere, mit den Triveni-Ghats am Zusammentreffen von drei Flüssen und dem Bhandeshwara-Tempel inmitten vieler kleinerer Schreine. 8 km weiter entspringt die Cauvery, der ›Ganges des Südens‹. Die Quelle ist natürlich heilig und wird von vielen Pilgern besucht.

Der Nagarhole-Nationalpark

9 96 km westsüdwestlich von Mysore, 65 km südöstlich von Madikere.

Der 573 km² große Nationalpark liegt im Süden der Landschaft Coorg auf einer Höhe von 800 bis 850 m. Für Besucher sind die Gebiete um den Ort Nagarhole und westlich der *Kabini River Lodge* bei Kanapura freigegeben. In dem hügeligen Gelände wechseln dichte Wälder mit grasbedeckten Sumpfflächen und eingestreuten Teakholzpflanzungen. Häufig zu sehen sind Elefanten,

Wildschweine, Herden von Gaurs und Axishirschen, außerdem Sambarhirsche, Muntjacs und Affen sowie eine Vielzahl von Vögeln und Reptilien und anderen Kleintieren. In der Region leben Angehörige vier verschiedener Stämme, von denen einige Trekking-Touren führen (beste Zeit Oktober–Mai).

Von Hassan zu den Meisterwerken der Hoyshala

Hassan

10 (S. 360) 120 km nordwestlich von Mysore, 109 000 Einw., Distrikthauptstadt.

Das Provinzstädtchen besitzt einen farbigen Basar und ein großes, rechteckiges Wasserbecken im Zentrum, aber keine eigentlichen Sehenswürdigkeiten. Seine Bedeutung für den Touristen erwächst aus der günstigen Lage zu einer Anzahl sehenswerter Plätze im südlichen Karnataka in Verbindung mit seiner Hotelkapazität. Viele weniger bekannte **Hoyshala-Tempel** wie **Doddagaddavalli, Nuggihalli** und **Harnahalli** liegen in erreichbarer Nähe der Stadt. In Hassan gibt es nahe dem Hotel *Ashok* ein Tourist Office. Will man in Belur oder Halebid übernachten, ist es sinnvoll, hier die KSTDC-Unterkünfte im voraus zu buchen.

Belur

11 (S. 352) 155 km nordwestlich von Mysore, 37 km von Hassan, 14 000 Einw.

Noch in der zweiten Hälfte des 10. Jh. waren die Hoyshalas Kleinfürsten in einer wenig entwickelten, hauptsächlich von Wald bedeckten Region westlich von Belur. Der Legende nach wurde ein Asket bei seinen Übungen von einem Tiger bedroht; er schrie ›Hoy, Sala‹ (Schlag zu, Sala) und Sala, der Gründer der Dynastie, tötete den Tiger. Als

›Staatswappen‹ ist diese Szene an jedem Hoyshala-Tempel zu sehen.

Der erste überragende König der Hoyshalas, Vishnuvardhana (1110–1152), hieß am Anfang seiner Regierungszeit Bittiga und war ein frommer Jaina. Als Ramanuja, der große tamilische Philosoph und Erneuerer des Vishnuismus, vom militanten Shivaismus der Cholas ins Exil getrieben wurde, nahm ihn der König auf. Unter dem Einfluß des Heiligen konvertierte er zum Vishnuismus und nahm seinen neuen Namen an. Er wurde der eigentliche Gründer des Großreiches, welches sich in seiner Hochzeit von Gadag im Norden bis Madurai im Süden erstreckte. Auf seinen Kriegszügen, die ihn in die alten Kulturlandschaften des Südens führten, hatte der König die prächtigen Tempel der eroberten Länder gesehen und wollte dem nun Gleichwertiges entgegensetzen. So begann unter seiner Herrschaft in größerem Umfang die Bautätigkeit – und aus den Vorgaben der Chalukyas entwickelte sich der unverwechselbare Hoyshala-Stil. Mit dem Vishnu geweihten Chennakeshara-Tempel in Belur entstand bereits 1117 eines seiner bedeutendsten Meisterwerke.

Der **Chennakeshara-Tempel** liegt mit zwei kleineren Hoyshala-Tempeln und Nebenschreinen, Hallen und Pavillons späterer Zeit in einem weiten Hof (132 × 108 m), der entlang der Mauer von einem Säulengang umgeben und im Osten durch zwei Tore mit Türmen darüber zu betreten ist. Der Tempel weist einen kreuzförmigen Grundriß und Eingänge im Osten, Süden und Norden auf. Nach Westen schließt sich das sternförmige Sanktum mit drei Kultnischen an. Der gesamte Tempel steht auf einer 1,5 m hohen Terrasse, die mit einigem Abstand der äußeren Form des Tempels folgt und so eine Umwandlung ermöglicht.

Um den Sockel des Tempels laufen Friese mit endlosen Reihen von Elefanten, Makaras, Vyalas und Reiterprozessionen. Darüber sieht man kunstvoll gearbeitete Steinfenster mit Stern- und Pflanzenornamenten oder mythologischen Darstellungen, wobei keines dem anderen gleicht. Und um den Turm herum zeigt sich das ganze Pantheon der Götter in großen, von Ornamenten überzogenen Skulpturen. Unter dem vorkragenden Dach stehen Trägerfiguren in Gestalt junger Frauen (Madanikas) in einer vollendeten Darstellung weiblicher Reize. Der Eingang wird von Torhütern flankiert und von einem Krokodilstor (Makara-Torana) exquisiter Machart überspannt. Daneben befinden sich Abbildungen König Vishnuvardhanas und seiner Gemahlin Santaladevi.

Im Inneren entdeckt man Säulen aus Speckstein, die auf einer Drehbank gedrechselt wurden, darüber Trägerfiguren von großem Liebreiz, an der Decke die Acht Weltenhüter. Das Kultbild stellt Vishnu als Prasannacennakeshara dar. Es soll der Legende nach aus Candradrona (Mondkrater) in den Bababudan-Bergen stammen.

Halebid

12 (S. 359) 16 km nordöstlich von Belur, 31 km nördlich von Hassan, 4000 Einw.

König Vishnuvardhana war ein toleranter Herrscher. Er ließ prächtige Tempel für Vishnu bauen, gestattete aber auch den Bau solcher für Shiva. So begann Ketamalla, einer seiner Generäle, 1121 mit dem Bau des Hoyshaleshvara-Tempels in Dvarasamudra, dem heutigen Halebid, dem Platz, der bald zur unumstrittenen Hauptstadt des Reiches aufstieg. An diesem Tempel wurde fast 100 Jahre gebaut. Spätere Herrscher und Edle des Reiches schmückten die Metropole mit weiteren Tempeln. So ist von König Ballala II. (1173–1220) und seiner Königin Abhinava Ketala Devi der 1219 erbaute Kedareshvara-Tempel erhalten geblieben. Auch König Someshvara (1235–1260) machte sich um die Stadt verdient, bevor er sich, von Lepra befallen, auf den Pushpagiri, einen Hügel südlich der Stadt, zurückzog. 1310 erreichte Malik Kafur, ein Heerführer Alauddin Khiljis, auf seinem beispiellosen Raubzug durch Süd-Indien die Stadt, plünderte sie und machte Ballala III. zu seinem Vasallen. 1326 zerstörte eine Armee des Sultans von Delhi die Stadt endgültig. Die Stätte verödete, und später sprach man von ihr als ›Halebidu‹, der alten Hauptstadt.

Der **Hoyshaleshvara-Tempel** ist ein Doppelheiligtum für Shiva. Zwei gleiche Hallen mit kreuzförmigem Grundriß und Toren nach Osten, Norden und Süden liegen nebeneinander, wobei das Südtor des einen und das Nordtor des anderen die Verbindung zwischen beiden bilden. Nach Westen schließt sich jeweils ein sternförmiges Sanktum mit einem Linga als Kultbild an, nach Osten mit geringem Abstand eine offene Halle mit einem großen monolithischen Nandi. Die gesamte Anlage steht auf einer 1,60 m hohen Terrasse, die mit ca. 6 m Abstand den Grundriß des Doppeltempels nachvollzieht. Hier ist eine freistehende

Halebid, Architekturfragmente vor dem Museum beim Hoyshaleshvara-Tempel

Säule zu beachten, die an einen rituellen Selbstmord erinnern soll. Die Außenwände, 7,50 m hoch, gliedern sich in den hohen Sockel mit neun Reliefbändern übereinander und kunstvoll durchbrochene Steinfenster an der Ostseite der Halle bzw. über 280 große nebeneinanderstehende Skulpturen an der Westseite und in den beiden Sanktuarien. Die Reliefbänder zeigen von unten nach oben Elefanten, Löwen, Pflanzenornamente, Pferde, Episoden aus dem Ramayana, Mahabharata und Shiva-Legenden, Makaras und Hamsas (Wildgänse).

Im Inneren stützen schön gedrechselte Säulen mit Trägerfiguren die Decke mit Darstellungen Shivas und der Acht Dikpalas sowie vieler anderer Götter. Auf der leicht angehobenen runden Fläche in der Mitte der Halle tanzten einst die Devadasis zu Ehren der Gottheit. In der Nähe des Tempels steht ein großer, aus einem Stein gehauener **Ganesha**. Folgt man dem Weg entlang der Tempelmauer nach Süden, gelangt man zu einigen **Jain Bastis** aus dem 12. Jh. mit einer Stambha davor. Östlich davon steht der kleinere, aber nicht weniger kunstvolle **Kedareshvara-Tempel** von

1219. Der Bau auf dem Grundriß eines Sterns mit 16 Spitzen ist ebenfalls mit großartigen Skulpturen besetzt.

Das Umfeld des Tempels, der dem Archaeological Survey untersteht, wurde in einen gepflegten Park verwandelt. Gleich gegenüber befindet sich auch das **Museum** mit einer Sammlung schöner und interessanter Skulpturen und Architekturfragmente, die z. T. auch im Freien aufgestellt sind.

Sravana Belgola

13 (S. 395), 50 km südöstlich von Hassan, 89 km nördlich von Mysore, 5000 Einw.

Der Ort liegt zwischen zwei runden Granithügeln, dem 66 m hohen Chandragiri (auch Chikkabetta) und dem Indragiri (auch Vindyagiri oder Dottabetta), der sich 143 m über die Ebene erhebt. Der Name leitet sich ab von Sravana (Sanskrit für Asket) und Bili-Gola (weißer Teich). Um welches der vielen Wasserbecken sich die erste Niederlassung bildete, ist ungewiß. Der den Ort beherrschende **Kalyana Tank**, eine Stiftung Cikkadevaraja Wodeyars, wurde jedenfalls erst 1723 fertiggestellt. Sravana Belgola ist einer der heiligsten Pilgerorte der Jainas und das Zentrum der Digambaras, der ›Luftgekleideten‹, in Süd-Indien.

Neben anderen Superlativen bietet Sravana Belgola auch die größte Anzahl von Inschriften an einem Platz: um die 580 in der engeren Umgebung der Stadt. Eine der ältesten (600) und frühe Werke der Literatur berichten vom Heiligen Bhadrabahu, der im 3. Jh. v. Chr. in Ujjain lebte, wo der Maurya-Kaiser Chandragupta, einer seiner Anhänger, herrschte. Dem Heiligen wurde eine Hungersnot von zwölf Jahren Dauer prophezeit, so daß er sich dazu entschloß, mit 2000 seiner Schüler nach

Süden zu ziehen. Auch der Kaiser dankte ab und schloß sich ihm an. In Sravana Belgola angekommen, fühlte Bhadrabahu sein Ende nahen; seine Anhänger schickte er weiter südwärts, doch der Heilige und der Exkaiser bezogen eine Höhle auf dem Chandragiri. Bhadrabahu begann sich auf den Tod vorzubereiten. Er reduzierte die Tagesration von 32 Bissen jeden Tag um einen Bissen und fastete sich so zu Tode. Chandragupta lebte hier noch zwölf Jahre in strenger Askese.

Die frühe Geschichte Sravana Belgolas ist eng verbunden mit dem Herrscherhaus der Gangas, die von Kuvalalapura (Kolar) bzw. Talakat aus regierten. Schon die Gründung der Dynastie im 2. Jh. durch die beiden Brüder Madha und Dadiga soll mit dem Segen des Jaina-Acarya Simhanandi erfolgt sein. Viele der nachfolgenden Ganga-Könige waren fromme Jainas und großzügige Stifter religiöser Einrichtungen: Die ersten Tempel hier und besonders die Kolossalstatue des Gommata stammen aus ihrer Zeit. Unter ihren Nachfolgern, den Hoyshalas, deren frühe Könige selbst Jainas waren, wurden weitere Tempel gebaut, und auch die Wodeyars von Mysore traten als großzügige Gönner auf. In einer Inschrift von 1159 wird die Stadt unter dem Namen Gommatapura erstmals erwähnt. Sravana Belgola heißt sie erst seit dem frühen 19. Jh.

Chandragiri

In der Zeit zwischen 600 und dem Bau der ersten Tempel im 9. Jh. lebten auf dem Hügel viele Einsiedler. Über 92 von ihnen, ihr Leben und ihren Tod durch rituelles Fasten, berichten Inschriften auf

Jain-Mönche auf dem Weg zum Gipfel des Indragiri

Sravana Belgola, der große Kopf des Bahubali

Griha), einer Vorhalle (Antarala) und der Haupthalle (Navaranga) mit oder ohne Portikus. Die sog. **Kuge Brahmadeva-Säule**, die ältere der beiden Manstambhas, wurde 974 zu Ehren des Ganga-Königs Narasimha errichtet, die andere, neben der Parshvanatha Basti, stammt aus dem 17. Jh.

Indragiri

Chavundaraya, ein General des Ganga-Königs Racamalla, ließ um 980 die 17,5 m hohe Skulptur des **Bahubali** (auch Gommata oder Gommateshvara) aus einem Granitfelsen herausarbeiten; es ist bis heute die größte der Welt. Bahubali war der Legende nach der zweitgeborene Sohn des Königs Vrishabha, der später als Adinatha zum ersten der 24 Tirthankaras wurde. Zwischen ihm und seinem Bruder Bharata brach, nachdem sich der Vater in die Einsamkeit der Wälder zurückgezogen hatte, ein erbitterter Kampf aus, in dem Bahubali siegte. Aber er wurde dessen nicht froh, überließ das Königreich und all seinen weltlichen Besitz seinem Bruder – dem ›Urvater‹ Indiens und Namenspatron der heutigen Republik – und zog sich zum Meditieren in die Einsamkeit zurück. Die eindrucksvolle Statue zeigt ihn in bewegungsloser Versenkung; Ameisenhügel umgeben seine Beine, Pflanzen ranken an ihm empor. Die langen Arme und die langen Ohrläppchen sind Zeichen eines Auserwählten.

Alle zwölf bis dreizehn Jahre wird das große Fest der ›Kopf-Salbung‹ (Mahamastaka-Abhisheka) gefeiert. Von einem eigens zu diesem Zweck errichteten Gerüst hinter dem Rücken bis hoch über den Kopf des Bahubali wird aus 1008 Tongefäßen heiliges Wasser über Kopf und Körper des Heiligen gegossen. Nach diesem rituellen Bad beginnt die Salbung. Gemische aus fünfzehn Sub-

dem Fels. Auf dem Hügel, dessen Gipfel man über in den Fels gehauene Treppen erreicht, stehen innerhalb einer Mauer aus dem 19. Jh. zwölf Tempel, sieben Hallen, zwei Gedenksäulen und eine beschädigte Skulptur. Außerhalb der Einfriedung liegt die Höhle, in der Bhadrabahu und Chandragupta gelebt haben sollen. Die Tempel auf dem Hügel stammen aus der Zeit vom 9. Jh. bis 1125.

Als ältester Bau gilt die **Chandragupta Basti**, angeblich errichtet von Kaiser Ashoka, dem Enkel Chandraguptas. Der heutige Bau, eine schöne Hoyshala-Arbeit, stammt aber aus dem 12. Jh. Die **Chavundaraya Basti** entstand im 10. Jh.; benannt ist sie nach dem Stifter des Gommata-Monolithen auf dem Indragiri. Architektur und plastischer Schmuck des stattlichen Baus verraten den Stil der Gangas. In der **Parshvanatha Basti** aus dem 11. Jh. steht als Kultbild eine 4,5 m hohe, fein gearbeitete Skulptur Parshvanathas, des 23. Tirthankaras. Die drei wichtigsten Tempel sind komplett in Granit gebaut, die späteren meist aus Ziegeln. Sie gehören fast alle zum südindischen Vimana-Typus und bestehen aus dem Sanktum (Garbha

stanzen – u. a. Milch, Ghee (Butterfett), Joghurt, Zuckerrohrsaft, Kokosnußmilch, Mandeln, Datteln, Safran, Mohn, zerriebenes Sandelholz und Goldmünzen, angereichert mit verschiedenen Farbpigmenten – werden über den Kopf des Kolosses ausgegossen und rinnen seinen Körper entlang. Eine Inschrift von 1389 berichtet erstmals über eine ähnliche Zeremonie. Die Feierlichkeiten von 1981, gleichzeitig die Tausendjahrfeier für die Riesenskulptur, besuchten 750 000 Menschen. Die nächste Feier steht erst wieder 2006/2007 an. Im 12./13. Jh. bekam die einst freistehende Figur zwei Wedelträger (Yaksha und Yakshi) zur Seite gestellt und wurde nach und nach mit Tempelkorridoren umbaut, in denen 53 Kultbilder, die meisten Statuen der 24 Tirthankaras, von Yakshas und Bahubali, aufgestellt wurden. An der Decke der Vorhalle finden sich neun Felder mit Reliefs von Indra und den Acht Weltenhütern und vor der Halle eine Manstambha mit Brahmadeva.

Aus der Zeit des Stifters stammt das **Akhanda-Bagilu** genannte, aus zwei nebeneinander stehenden Felsen geschaffene Tor mit einem eindrucksvollen, großen Gajalakshmi-Relief darüber. Die zwei Zellen zu beiden Seiten des Tores mit den Darstellungen Bahubalis und Bharatas wurden 1130 gestiftet. Eine in der Nähe stehende, reich verzierte Brahmadevi-Säule, **Tyagada Kamba**, stammt ebenfalls von Chavundaraya, aber die Yaksha-Skulptur auf der Säule wurde erst um 1200 hinzugefügt. Im frühen 14. Jh. entstand die **Odegal Basti**; in den drei Sanktuarien des Tempels stehen (von links nach rechts) Neminatha, Adinatha und Santinatha. Die **Siddhara Basti** stammt aus dem späten 14. Jh., **Chauvisa Tirthankara Basti** und **Chennanna Basti** aus dem

17. Jh. Ab dem 18. Jh. wurden die Festungsanlagen angelegt.

Die **Stadt** hat sich weitgehend ihren mittelalterlichen Charakter bewahrt. In den schönen alten Häusern mit ziegelgedeckten, flachen Giebeldächern mit offener Front kann man Handwerker und Händler beobachten. Es gibt eine Menge Coffee und Tea Shops sowie mehrere sehenswerte Tempel. Der älteste und größte ist die **Bhandara Basti**, errichtet 1159 von Hullamayya, General und Schatzmeister des Hoyshala-Königs Narasimha I. Von besonderem Interesse sind hier das Relief eines zwölfarmigen, tanzenden Indras über dem Eingang und die im Sanktum in einer Reihe stehenden Skulpturen der 24 Tirthankaras.

In unmittelbarer Nähe befindet sich das **Matha**, der Sitz der obersten Autoritäten der Digambaras. In dieser Klosteranlage sind die Wandmalereien aus dem 17./18. Jh. sehenswert, die u. a. die Parshvanatha-Legende und das Leben Bharatas erzählen; stilistisch erinnern die Malereien an Hampi und Lepakshi. Am anderen Ende des Städtchens liegt die **Akkana Basti**, 1181 von der Frau eines Ministers König Ballalas II. gestiftet, ein schöner Hoyshala-Bau mit sternförmigem Grundriß.

Das kleine Dorf **Jinanathapura** liegt im Norden am Fuße des Chandragiri, leicht erreichbar von der Akkana Basti oder über den Hügel. Die **Shantishvara Basti**, erbaut um 1200 von Recana, einem General König Vira Ballas II., ist derjenige Jain-Tempel, der die Hoyshala-Architektur am typischsten widerspiegelt. Sternförmiger Grundriß, gedrechselte Säulen, aufs feinste ausgearbeitete Tore und Decken, exquisite Kultbilder und 68 vorzügliche Darstellungen von Tirthankaras, Yakshas, Musikanten und Begleitfiguren an den Außenwänden zeichnen ihn aus.

Aufstieg und Fall eines Weltreiches: Vijayanagar

Hospet

1 (S. 361), 105 km östl. von Gadag, 150 km südöstl. von Badami, 135 000 Einw.

Die Stadt, eine Gründung Krishnadevarayas, nannte er zu Ehren einer seiner Gemahlinnen Nagalapuram. Der portugiesische Kaufmann Nuniz berichtete mit Bewunderung von dieser stark befestigten, reichen Stadt und davon, daß der König die Fürsten seines Reiches anhielt, die neue Siedlung mit Palästen zu schmücken.

Von all dieser Pracht blieb nichts erhalten: Hospet ist heute ein typisches Landstädtchen. Ein großer Stausee in unmittelbarer Nähe liegt trocken und wird landwirtschaftlich genutzt. Über die 12–15 m hohe Mauer führt die Straße nach Harihar. Dafür wurde 1945–1953 westlich von Hospet (5 km) die Tungabhadra mit einer gewaltigen Staumauer (2420 m lang und 49 m hoch) zu einem 370 km² großen See aufgestaut; er dient der Bewässerung weiter Gebiete in Karnataka und Andhra Pradesh und der Energieerzeugung, in seiner Nähe beginnt sich Industrie anzusiedeln. Für die Inder ist er die größere Attraktion der Gegend, weshalb auch das staatliche Hotel *Mayura Vijayanagar* unterhalb des Staudamms steht und nicht bei den Ruinen. Hospet hat sich in den letzten Jahren recht gut auf seine Rolle als Standquartier für Besuche der alten Hauptstadt eingestellt.

Hampi/Vijayanagar

2 (S. 359), 13 km nordöstlich von Hospet.

Der einstige Brennpunkt eines mächtigen Reiches, der Schauplatz einer der größten Katastrophen Indiens und heute eine der spektakulärsten Sehens-

Hospet und Umgebung

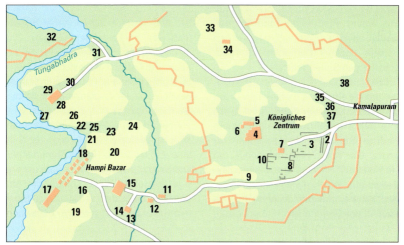

Hampi 1 Bad der Königin 2 Thronplattform oder Mahanavami Dibba 3 Audienzhalle des Königs 4 Zenana 5 Stallungen der Staatselefanten 6 Quartier der Wachen
7 Ramachandra oder Hazara Rama-Tempel 8 Königliche Münze 9 Unterirdischer Tempel 10 Danaik-Komplex 11 Uddhana Virabhadra-Tempel 12 Chandeshvara-Tempel
13 Yoga-Lakshmi-Narasimha-Skulptur 14 Linga 15 Krishna-Tempel 16 Zwei Granitskulpturen Ganeshas 17 Virupaksha-Tempel 18 Prozessionsstraße 19 Hemakuti-
Hügel 20 Matanga-Hügel 21 Chakratirtha Bade-Ghat 22 Kodandarama-Tempel
23 Sulai-Bazar 24 Achyutaraya-Tempel 25 Varaha-Tempel 26 Rama-Tempel und Sugrivas Höhle 27 Reste einer Steinbrücke 28 Königswaage 29 Vitthalashvami-Tempel
30 Prozessionsstraße 31 Talarigattu 32 Anegondi 33 Malyavanta-Hügel 34 Ragunatha-Tempel 35 Oktogonales Wasserbecken 36 Sarasvati-Tempel 37 Chandrashekhara-Tempel 38 Ganigitti Jaina-Tempel

würdigkeiten Süd-Indiens, heißt ganz
einfach Hampi oder Hampi Ruins.
Hampi ist ein ärmliches Dorf, das sich in
die Überreste einer Weltstadt eingeni-
stet hat. Diese strahlende Metropole
hieß Vijayanagar, Siegesstadt, und war
1343 bis 1565 die Hauptstadt des letzten
großen Hindu-Königreichs. Sie umfaßte
ein Gebiet von 26 km², war von sieben
Mauern umgeben und wurde ob ihrer
Prachtentfaltung von europäischen Reisenden bewundernd mit Rom verglichen.

Aus dem Ramayana wissen wir, daß
die Gegend um Hampi Kishkindha hieß
und lange vor Vijayanagar schon einmal
Schauplatz dramatischer Ereignisse

war. Der Affenkönig Vali hatte seinen
Bruder Sugriva, den rechtmäßigen Herrscher, vertrieben, und dieser hatte mit
seinem früheren Minister Hanuman Zuflucht bei dem Weisen Matanga auf
einem nahen Hügel (dem heutigen Matanga Hill) gefunden. Rama und sein
Bruder kamen auf der Suche nach Sita
hierher, und Sugriva konnte ihnen berichten, daß er Ravana, den Kidnapper,
mit seinem Opfer in Richtung Lanka vor-
beifliegen sehen und daß Sita Schmuck
und ein Kleidungsstück abgeworfen
habe. (Die Stelle, wo die Beweisstücke
aufschlugen, und die Höhle, wo Sugriva
sie aufbewahrte, kann man natürlich besichtigen!) Rama revanchierte sich für

diese wertvolle Nachricht, indem er Vali mit einem Pfeil tötete und Sugriva wieder auf den Thron half, der nun seinerseits dankbar Hanuman als Kundschafter gen Süden schickte.

Das Chaos und das politische Vakuum der auf die Kriegszüge Malik Kafurs folgenden Zeit nutzten die Prinzen Hakka und Bukka zur Gründung eines neuen Reiches (um 1336). Wahrscheinlich regierte der König von Anegondi am Nordufer der Tunghabadra, bevor Vijayanagar ab 1343 als neue Hauptstadt dienen konnte. Sowohl in Anegondi als auch in der Gegend von Hampi weisen

Tempel aus der Chalukya-Zeit darauf hin, daß der Platz schon vorher bedeutend war. Im Laufe der nächsten 200 Jahre dehnte sich das Reich bis an die Küsten im Osten und Westen und bis zur Südspitze Indiens aus; Vijayanagar wurde zu einer der glanzvollsten Städte der damaligen Welt.

Aber im Jahre 1565 kam es zur Katastrophe. Die vereinten Armeen der Sultane von Golkonda, Bidar, Ahmadnagar und Bijapur schlugen bei Talikota die riesige Armee des Hindu-Königreichs; begünstigt durch den Verrat zweier Moslem-Generäle in Vijayanagars Diensten

Hampi, Fähre und Waschplatz am Fluß Tungabhadra

Hampi, Sadhu auf dem Hemakuti-Hügel

und den Tod des Regenten und obersten Heerführers Ramaraya in der Schlacht. Der Hof floh in Panik südwärts, und Vijayanagar fiel kampflos erst in die Hände marodierender Banden und am dritten Tag nach der Schlacht in die der Moslems: Fünf Monate wurde die Stadt geplündert und verwüstet, 100 000 Menschen sollen in der Schlacht und vor allem danach ihr Leben gelassen haben. Die Stätte verödete und wurde nie wieder richtig besiedelt. Lokale Häuptlinge eigneten sich das fruchtbare Land an, und später bildeten sich an günstigen Stellen kleine Dörfer.

Die Paläste waren dem Erdboden gleich gemacht und die Tempel schwer beschädigt worden, aber eine großartige Schöpfung der Vijayanagar-Zeit blieb teilweise erhalten und konnte leicht wieder in Funktion genommen werden: die Wasserversorgung. Die optimal geplanten Anlagen dienten sowohl zur Deckung des Trinkwasserbedarfs der Riesenstadt als auch zur Bewässerung der Gärten, Parks und Pflanzungen. Das damals entstandene Kanalsystem mußte nur wenig an die heutigen Gegebenheiten angepaßt werden, wird genutzt und trägt so entscheidend zum einmaligen kontrastreichen Landschaftsbild von Vijayanagara bei.

Die Felsformationen entlang dem Fluß Tungabhadra und die steilen Hügel, die unvermittelt aus der Ebene aufsteigen, bestehen aus nacktem Granit. Erosion hat das Gestein in Blöcke aller Größen und Farben aufgespalten und deren Kanten gerundet. In den Senken dazwischen entstand fruchtbarer Boden, der nur noch bewässert werden mußte. So ragen heute Granitformationen – natürliche und die von Menschen geschaffene Tempel – aus dem satten Grün von Reisfeldern, Zuckerrohrdickicht und Bananenstauden.

Die **Kernstadt** der ausgedehnten Metropole lag auf hohem Niveau in einiger Entfernung südlich der Tungabhadra. Die Mauer, die sie umschloß, lief an drei Seiten auf der Kammlinie schroffer Hügelketten entlang. Den Südwesten der Zitadelle belegte die Palaststadt, das Zentrum der königlichen Macht. Außerhalb, im Nordwesten und Norden der Stadt, jenseits eines langen bewässerten Tals, lag entlang dem Fluß das sakrale und kultische Zentrum mit den meisten der wichtigen Tempel. Die Vorstädte erstreckten sich weit nach Südwesten und Süden.

Die Sehenswürdigkeiten konzentrieren sich im Palastbereich und entlang dem Fluß. Für beide Bereiche sollte man sich jeweils mindestens einen Tag Zeit lassen. Das Königliche Zentrum beginnt knapp hinter dem Dorf Kamalapuram. Wer gut zu Fuß ist, sollte bis Hampi laufen und von dort zurückfahren. Den Besuch der Stätten entlang dem Fluß kann man dann von Hampi aus starten.

Als ersten größeren Bau erreicht man nördlich von Kamalapuram das **Bad der Königin (1)**; das von außen schmucklose Gebäude umschließt ein Wasserbecken von 15 × 15 m. Der Bau verrät wie die meisten Profanbauten der Zeit starken islamischen Einfluß. Hinter der Innenfassade verläuft ein offener Korridor, man sieht luftige Balkone über dem Wasserbecken und schöne Stuckornamente.

Das **königliche Zentrum** besteht aus mehreren Bereichen, jeweils von einer Mauer umgeben. Sie gruppieren sich um den Ramachandra-Tempel, eine Art Staatsheiligtum, denn die Könige identifizierten sich gern selbst mit Rama. Die einzelnen Sektoren dienten unterschiedlichen Funktionen: So lag vermutlich die königliche Residenz mit den privaten Palästen der königlichen Familie westlich des Ramachandra-Tempels, während sich die repräsentativen, öffentlichen Gebäude des Reiches im südöstlichen Teil in dem großen, ehemals auch von einer hohen Mauer eingefaßten Bereich befanden. Hier waltete der König seines Amtes, hier liefen die Fäden der Verwaltung des Riesenreiches zusammen, von hier aus leitete bzw. beobachtete der König die wichtigen Zeremonien, Rituale und Feste. Dieser Bereich wird seit einiger Zeit schon besonders intensiv erforscht und rekonstruiert.

Das markanteste Bauwerk hier ist eine massive Steinplattform, bekannt unter dem Namen **Thronplattform** oder **Mahanavami Dibba (2)**. Sie stellte den Unterbau eines prächtig bemalten und wertvoll ausgestatteten mehrstöckigen Pavillons dar, von dem aus der König den Ablauf des neuntägigen Mahanavami-Festes verfolgte. Der portugiesische Reisende Domingos Paes hat uns den Bau beschrieben und berichtet, Krishnadevaraya habe ihn nach der Rückkehr von seinem erfolgreichen Feldzug nach Orissa erbauen lassen. Der Prunkbau aus Holz fiel dem Feuersturm zum Opfer, geblieben ist die Plattform mit lebendigen Flachreliefs, die alle Arten königlicher Vergnügungen zum Thema haben: Jagd, Tanz, Musik, Prozessionen und Empfänge.

In der Nähe der Plattform wurde eine unterirdische Kammer entdeckt, erbaut aus grünem Chlorit-Kalk, die den Staatsschatz beherbergt haben könnte oder lediglich ein Schrein war. Etwa 135 m westlich der Thronplattform steht der Unterbau einer riesigen 100-Pfeiler-Halle, der **Audienzhalle des Königs (3)**. Erst vor kurzem wurde ein Wasserbecken freigelegt, zu welchem von allen vier Seiten geometrisch reizvoll gestaltete Treppenfluchten hinabführen. Steinerne Wasserleitungen, denen man überall begegnet, versorgten dieses

Becken und die vielen anderen Teiche und Bäder mit Wasser.

Weiter nördlich liegt, ebenfalls von einer Mauer umgeben, eine Gruppe von Gebäuden, die als **Zenana (4**, Wohnbereich der Frauen) bekannt sind; diese Zuordnung stützt sich nur auf die außerordentliche Eleganz des **Lotus Mahal**, eines zweistöckigen, offenen Pavillons, der auf vollendete Art Elemente der Hindu- und Moslemarchitektur vereint. Innerhalb der Einfriedung befinden sich außerdem drei Wachtürme unterschiedlicher Bauart, ein Wasserpavillon, ein fensterloses Gebäude, welches vermutlich ein Lagerhaus war, und die Fundamente eines großen Palastes.

Außerhalb der Mauern steht ein repräsentatives Gebäude, das als **Stallungen der Staatselefanten (5)** gedient haben könnte. An einen zweistöckigen Pavillon schließen sich rechts und links gleichartige Gebäudeflügel an, die von jeweils fünf unterschiedlichen kuppelförmigen Dächern gekrönt werden. Die Fassade ist interessant gegliedert, die verschwenderische Stuckornamentierung ging jedoch weitgehend verloren. Das Gebäude mit der säulengeschmückten Veranda und einem offenen Innenhof, das im rechten Winkel zu den Stallungen steht, wird als **Guard's Quarters (6**, Unterkünfte der Wachen) bezeichnet, kann aber auch eine Trainingsstätte des Militärs gewesen sein.

Auf dem Weg von der Zenana zum Ramachandra-Tempel passiert man den **Hazara Rama Bazar**, der vom Tempel nach Nordosten verläuft, eine Hauptstraße der alten Stadt. Auch hier wird gegraben, und zahlreiche Schreine und Hallen aus der Frühzeit der Stadt kamen ans Tageslicht. Auf halbem Wege steht unter einem alten Margosa-Baum, halb in der Erde versunken, ein Tempel der Stadtgöttin Pattanada-Ellamma. Er wird

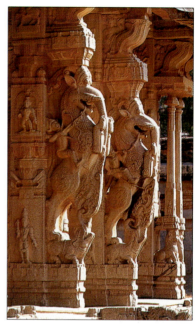

Hampi, Kompositpfeiler am Vitthalasvami-Tempel

noch heute von den Kurumbar besucht, einer Volksgruppe, der auch die Könige von Vijayanagar entstammen sollen. (Ein Bauwerk von großem Wert für den müden Kunstfreund ist die *Tourist Canteen* ganz in der Nähe.)

Der **Ramachandra-** oder auch **Hazara Rama-Tempel (7)** stammt im wesentlichen aus dem 15. Jh. und besteht aus dem Haupttempel, dem Devi-Schrein, einer Hochzeitshalle und mehreren Nebenschreinen. Sehenswert sind die Basaltsäulen in der großen Halle mit schönen Darstellungen der Avatare Vishnus und der Friese in Flachrelief entlang der Außenwände des Tempels und des benachbarten Devi-Schreins, die das gesamte Ramayana erzählen. Ähnliche ›Comics in Stein‹ befinden sich auch an der Innenseite der Umfassungsmauer. Leider wird ein Teil in der Nord-ostecke durch die erst 1521 hinzugefügte Hochzeitshalle verdeckt.

Im Westen bzw. Südwesten gibt es zwei große, von kräftigen Mauern – regelrechten Verteidigungsanlagen – eingeschlossene Bereiche, die früher mit der **Mint** (**8**, königliche Münze) und dem obersten Heerführer (Danaik, von Dandanayak) in Verbindung gebracht wurden. Neuere Grabungen haben hingegen hier und auch nördlich des sog. **unterirdischen Tempels** (**9**) Fundamente vieler Paläste zu Tage gebracht, was die These stützt, daß sich hier der private Teil des Königlichen Zentrums befunden hat.

Im **Danaik-Komplex** (**10**), der durch viele Mauern in kleinere Einheiten aufgeteilt ist, blieb eine an drei Seiten geschlossene Pfeilerhalle erhalten, die zu Unrecht als Moschee bezeichnet wird. Von mehreren Wachtürmen stehen noch der **Moslem-Wachturm** und der **Band Tower**, einem achteckigen Pavillon ähnlich. Westlich vom Danaik-Komplex liegt der große unterirdische Tempel. Diese etwas unübersichtliche Anlage geriet erst nach der Zerstörung der Stadt unter die Erde. Der Tempel war Virupaksha geweiht, der Familien-Gottheit der Vijayanagar-Könige, und diente, aus seiner Lage zu schließen, als ›Privatkapelle‹ der königlichen Familie.

Verläßt man die innere Stadt nach Norden in Richtung **Hampi Bazar**, passiert man nach einem halben Kilometer zwei Tempel. Der **Uddhana Virabhadra-Tempel** (**11**) ist noch in Puja. Im Sanktum ein 3,60 m hohes Kultbild Virabhadras, vierarmig mit Pfeil und Bogen, Schwert und Schild. Gleich gegenüber erhebt sich der **Chandeshvara-Tempel** (**12**), eine typische Vijayanagar-Anlage mit dem zugeordneten Devi-Schrein innerhalb eines Mauergevierts mit Kolonnaden. Die Garuda-Figur am Sockel im zerstörten Sanktum und der übrige Figurenschmuck weisen den Tempel als Vishnu-Heiligtum aus.

Wenig weiter nordwärts führt ein Weg nach links (Westen) zu der eindrucksvollen, 6,70 m hohen monolithischen **Granitskulptur** (**13**) eines sitzenden Narasimha (Vishnu als Mann-Löwe): Sie ist eine Stiftung Krishnadevarayas von 1528; die einst vierarmige Figur sitzt unter einem Makara-Torana, über sie wölbt sich eine siebenköpfige Schlangenhaube. Vor einiger Zeit fand man neben vielen anderen Bruchstücken der Figur auch eine Lakshmi, die ursprünglich auf dem linken Knie des Narasimha saß. So konnte die Darstellung richtig als Yoga-Lakshmi-Narasimha identifiziert werden, und der ASI begann die Skulptur zu restaurieren und ergänzen, was zu heftigen Auseinandersetzungen um Nutzen, Methoden und Umfang einer solchen ›Wiederherstellung‹ und schließlich zur Einstellung der Arbeiten führte. Nur wenig links der Umfassungsmauer des Narasimha steht in einem kleinen, oft überschwemmten Shiva-Schrein ein 3 m hohes **Linga** (**14**).

Als nächstes erreicht man den **Krishna-Tempel** (**15**). Dieser große Komplex mit Swami- und Amman-Schrein sowie zahlreichen Nebenschreinen innerhalb eines weiten Tempelhofs ist ebenfalls eine Stiftung Krishnadevarayas (1513), der hier eine von Udayagiri mitgebrachte Balakrishna-Figur aufstellen ließ. Einer der Pfeiler im Ardha-Mandapa zeigt die interessante Darstellung sämtlicher Vishnu-Avatare, inklusive Kalkin als sitzende menschliche Figur mit Pferdekopf; am Ost-Gopuram entdeckt man Kriegsszenen vom Orissa-Feldzug des Stifters. Die 50 m breite Festival- und Basarstraße verliert sich nach Osten in den Feldern.

Hinter dem Krishna-Tempel stehen am Hang des Hemakuti-Hügels zwei große Granitskulpturen **Ganeshas (16)**, links der Straße zuerst ein 2,40 m hoher sitzender Ganesha in einer großen offenen Halle, weiter oben am Hang der größere ebenfalls sitzende 4,50 m hohe Ganesha in einem Schrein mit einer luftigen Halle davor, deren Dach von ungewöhnlich schlanken Pfeilern getragen wird. Von hier aus bietet sich ein schöner Ausblick auf Hampi Basar und den Fluß.

Von Hampi Bazar nach Anegondi

Der **Virupaksha-Tempel (17)**, auch unter dem Namen **Pampapati-Tempel** bekannt, war über Jahrhunderte ein wichtiges Heiligtum und blieb als solches auch nach der Katastrophe von 1565 lebendig – als einziges im ehemaligen Stadtgebiet. Ihren Ursprung nahmen Kult und Tempel weit vor der Vijayanagar-Zeit. Pampa, als Personifizierung des Flusses Tungabhadra eine hochverehrte lokale Göttin, verliebte sich der Legende nach in Shiva-Virupaksha und wurde ihm schließlich angetraut. So kam Shiva zu seinem Namen Pampapati, Herr der Pampa. Diese Hochzeit ist Anlaß des alljährlichen großen Wagenfestivals. Kleinere Schreine aus der Zeit der Chalukyas und Hoyshalas innerhalb des Tempelkomplexes sowie am Hemakuti-Hügel und im Norden des Tempels bezeugen die frühe Bedeutung des Platzes.

Der große Tempelkomplex liegt, von einer hohen Mauer umschlossen, zwischen dem Hemakuti-Hügel im Süden und der Tungabhadra im Norden, der Haupteingang befindet sich im Osten. Der neunstöckige, 52 m hohe Gopuram stammt aus dem Jahre 1440, in seiner heutigen Form allerdings erst aus der Zeit Krishnadevarayas. Über den großen äußeren Hof mit vielen Nebenschreinen und durch einen zweiten, kleineren Torturm (von 1510) gelangt man in den von Kolonnaden umgebenen inneren Hof. Hier befindet sich der Haupttempel mit dem Sanktum und mehreren vorgelagerten Hallen. Die Ranga-Mandapa genannte fünfschiffige große Halle mit verschiedenartigen Kompositpfeilern stammt ebenfalls von Krishnadevaraya (1510). Bemerkenswert sind hier die Deckenmalereien, die neben denen von Lepakshi zu den bedeutendsten der Vijayanagar-Zeit zählen; dargestellt wird besonders Shiva in verschiedenen Erscheinungsformen. Historisch interessant ist eine Darstellung des Weisen Vijayaranga.

Vom Haupteingang ostwärts erstreckt sich über 750 m die 10 m breite **Prozessionsstraße (18)**. Am anderen Ende, wo das Gelände anzusteigen beginnt, liegt ein riesiger Nandi aus Granit. Davor steht eine zweistöckige Halle mit schön gearbeiteten und polierten schwarzen Säulen im Stile der Späten Chalukyas. Die Straße wird zu beiden Seiten gesäumt von den baufälligen Überresten ehemals vornehmer ein- und zweistöckiger Hallen und Pavillons aus Granit, in denen sich heute die Dorfbewohner eingerichtet oder in die sie ihre Lehmhütten gebaut haben – ein bizarrer Anblick! **Hampi Bazar**, wie diese eigenartige Dorfstraße heute heißt, ist das ›moderne Zentrum‹ von Vijayanagar. Bis hierher fährt der Bus. Zwischen Busstand und Tempel haben sich inzwischen zahlreiche Tea Stalls, Shops und vor allem Souvenirhändler breitgemacht. Hinter der Straßenfront in Richtung Fluß hat sich das Dorf zu einem Szenetreff gemausert. Viele preiswerte

Für ein paar Rupees tanzt Shiva für Pilger und Touristen

Unterkünfte, Klein-Restaurants mit typischer Musik und für Indien exotischen Angeboten (z. B. Israelische Küche) sowie Specials wie ein Reiseshop für Billigflüge, ayurvedische Massage etc. ziehen besonders die Rucksack-Traveller an. Ab und zu rückt die Goa-Kolonie geschlossen an und feiert hier eine Variante der berühmten Strandfeste.

Am kahlen Nordhang des **Hemakuti-Hügels (19)**, im Süden oberhalb des Virupaksha-Tempels, liegt eine Gruppe von Tempeln aus der Zeit vor der Gründung Vijayanagars, mehrheitlich aus dem 9. und 10. Jh. Die ganz aus Granit erbauten Tempel ähneln einander in Aufbau und Ausstattung. Jeweils zwei oder drei Schreine haben eine gemeinsame Halle mit einem halboffenen Vorbau, die Türme sind pyramidal gestuft. Die meisten Tempel waren Shiva geweiht. In der Frühzeit hatten die Vijayanagar-Könige den Hügel stark befestigt

– möglicherweise lag hier ihr erstes Machtzentrum.

Im Südosten von Hampi Bazar liegt, den Nordwesten der Stadt beherrschend, der **Matanga-Hügel (20)**. Hier fanden Sugriva und Hanuman beim Weisen Matanga Schutz vor dem mordlüsternen Vali. Der Tempel auf dem Gipfel ist Virabhadra, einer kämpferischen Erscheinungsform Shivas geweiht. Wer den steilen Aufstieg nicht scheut, erlebt Vijayanagar aus der Sicht des Adlers und bekommt eine Vorstellung von der einzigartigen Lage der Stadt.

Am Ende des Hampi Bazar führt ein Fußweg durch eine phantastische Felsenlandschaft hinunter zum Fluß und zum **Chakratirtha (21)**, dem heiligen Bade-Ghat. Oberhalb davon erhebt sich an der Stelle, wo Rama Sugriva nach der Vernichtung Valis zum König gekrönt haben soll, der **Kodandarama-Tempel (22)**. Im Sanktum stehen, in Hochrelief aus einem Felsblock herausgearbeitet, die großen Figuren von Rama, Sita und Lakshmana, davor, am Kalyana Mandapa, schön gearbeitete Säulen. Der Tempel in Puja ist das Ziel vieler Pilger. In der Umgebung des Tempels leben viele Affen. Überall an den Felsen, auch auf dem Felsplateau, das schräg zum Wasser hin abfällt, kann man zahlreiche Reliefs entdecken.

Vom Weg entlang dem Fluß zweigt nach rechts (Süden) der **Sulai Bazar (23)** ab, so benannt nach den Tempeltänzerinnen, die hier gewohnt haben sollen. Diese lange und breite Prozessionsstraße, die jetzt für den Reisanbau genutzt wird, führt zum **Achutaraya-Tempel (24)**. Ein Feldherr dieses Königs ließ den Tempel für die Gottheit Tiruvengalanatha errichten. Die Schreine für den Gott und seine Shakti sind von zwei Mauergevierten mit umlaufenden Kolonnaden umgeben, einige der Säulen der offenen Halle nahe dem großen Nord-Gopuram sind mit erotischen Darstellungen geschmückt. Am Nordende des Sulai Bazars steht der baufällige **Varaha-Tempel (25)**, der seinen Namen der Darstellung eines Ebers, dem Wappentier der Vijayanagar-Könige, an einer Tempelwand verdankt.

Der **Rama-Tempel (26)** ist, ähnlich den Bauten auf dem Hemakuti-Hügel, im Kadamba-Stil erbaut, für den der pyramidal gestufte Turm charakteristisch ist. Er liegt, von einer Mauer eingefaßt, auf einer Plattform; davor steht eine hohe Dipa-Stambha, eine Trägersäule für Öllampen. Gegenüber befindet sich in einem Felsspalt **Sugrivas Höhle,** wo er Sitas Juwelen für Rama aufbewahrt haben soll, daneben eine Vertiefung im Fels, wo die offenbar schweren ›Klunker‹ aufschlugen. Im Flußbett sieht man die Reste einer **Steinbrücke (27)** von 1383, nur wenig flußabwärts eine Säulenhalle, die mit Purandaradasa, einem berühmten Musiker des 16. Jh. in Verbindung gebracht wird.

Auf dem Weg zum Vittalasvami-Tempel gelangt man nun zu einer luftigen Konstruktion aus zwei schlanken, mit Reliefs verzierten Granitpfeilern und einem ebensolchen Querbalken mit drei Ösen. Hier sollen die Könige, z. B. anläßlich ihrer Krönung, zu Gunsten der Tempel-Brahmanen gegen Gold und Edelsteine aufgewogen worden sein – daher der Name **King's Balance (28,** Königswaage). An einem der Pfeiler entdeckt man die Darstellung eines Königs, vielleicht Krishnadevarayas, mit zwei seiner Gemahlinnen.

Der **Vitthalasvami-Tempel (29)** gehört zu den Spitzenleistungen der Vijayanagar-Kunst und ist, obwohl auch er verwüstet wurde, die prächtigste der in Hampi erhaltenen Anlagen. Sie stammt aus dem 16. Jh. und darf im Aufbau als typisch für den fortgeschrittenen Stil der Zeit gelten. Im Zentrum eines weiten, von einer Mauer mit drei Toren umschlossenen Hofes (165 × 95 m) steht der Haupttempel für Vittala, eine Form Vishnus. An das Sanktum mit einem gedeckten Umgang und einem Turm in Ziegelbauweise darüber schließen sich nach Osten eine geschlossene Halle und der prächtige Mahamandapa (30,5 × 30,5 m) an. Über einem vieleckigen Grundriß steht dieser auf einem 1,50 m hohen, mit Skulpturenfriesen von Pferden, Kriegern und Wildgänsen sowie Miniaturtempelnischen mit Darstellungen der zehn Avatare Vishnus geschmückten Sockel. Das Dach wird von 56 Säulen (3,60 m hoch, 1,50 m im Durchmesser) mit weitgespannten Konsolen getragen.

Die Säulen im Inneren zeigen Darstellungen von sich aufbäumenden Fabeltieren, von Tänzern, Musikanten und schönen Frauen oder verschiedene Formen Narasimhas. Die meisten Kompositpfeiler entlang der Außenseiten haben die Künstler in Gruppen schlanker Säulen verwandelt, an denen jeder Fremdenführer trotz eines Verbotsschildes wild herumklopft, um seiner Gruppe den Klang dieses steinernen Musikinstruments vorzuführen. Die Treppen zum Tempel sind von Elefanten- bzw. Yali- Balustraden gesäumt.

Auf einer Achse mit den Hallen steht im Westen vor dem Tempel der aus Granit geschaffene Garuda-Pavillon in Form eines reich geschmückten Tempelwagens. Die Nachbildung ist perfekt bis zu den ebenfalls aus Stein gehauenen und dann beweglich aufgehängten Rädern. Der Oberbau des Pavillons in Ziegelbauweise ging um die Jahrhundertwende verloren. In der Nordwestecke des Hofes steht der Devi-Schrein; links des hohen Süd-Gopurams, durch den man die Anlage betritt, liegt eine 100-Pfeiler-Halle und rechts, vor der großen Halle, der Kalyana-Mandapa, die Hochzeithalle des Götterpaares, von 1554, ebenfalls mit großartigem Skulpturenschmuck.

Verläßt man den Tempel in östlicher Richtung, parallel zu der von Kolonnaden gesäumten **Prozessionsstraße (30)**, stößt man nach ca. 600 m auf die Straße, die nordwärts zum Dorf **Talarigattu (31)** führt, von wo man sich in einem runden Korbboot nach **Anegondi (32)** übersetzen lassen kann. In südlicher Richtung führt die Straße nach Kamalapuram. Auf halbem Wege liegt links (Osten) der **Malyavanta-Hügel (33)**, auf dem sich Rama aufgehalten haben soll, während er auf die Rückkehr Hanumans von seiner Erkundungstour nach Lanka wartete.

Der **Ragunatha-Tempel (34)** aus dem 16. Jh., der an dieser Stelle steht, ist von der nach links abzweigenden Straße nach Kampli aus zu erreichen. Man betritt den Tempel durch den fünfstöckigen Gopuram. Innerhalb einer hohen Umfassungsmauer mit zwei Tortürmen liegen der Haupttempel, der Devi-Schrein und eine Hochzeitshalle. An dieser und der Halle des Tempels kann man schöne Skulpturen, an der Mauer phantasievolle Darstellungen von Fischen, Seeungeheuern und Schlangen entdecken.

Das Kultbild bildet die aus einem hohen Granitfelsen herausgearbeitete Gruppe von Rama und Sita mit Lakshmana und Hanuman. Der riesige Findling ragt oben aus dem Schrein hervor und dient, von einem Stupi gekrönt, als Tempelturm. In der Nähe, unterhalb eines kleinen Shiva-Schreins, hat man entlang einer Felsspalte, die Rama mit einem Pfeilschuß verursacht haben soll, zwei Reihen Lingas und Nandis aus dem Fels herausgearbeitet.

Kurz vor Kamalapuram liegt auf der rechten Seite ein oktogonales **Wasserbecken (35)** mit einem Pavillon in der Mitte, umgeben von einer Säulenkolonnade. Die schöne Anlage gehörte wohl einst zu einem der Vergnügungsgärten dieser Gegend. Dicht daneben steht auf einem niedrigen Hügel der kleine **Saravati-Tempel (36)**, und etwas weiter südlich der kompakte **Chandrashekhara-Tempel (37)**. Östlich der Straße steht mit einem gestuften Pyramidendach der **Ganigitti Jaina-Tempel (38)**, gestiftet 1385 von einem General Hariharas II., wie einer Inschrift der hohen monolithischen Säule vor dem Tempel zu entnehmen ist.

Anegondi

Ruinen von umfangreichen Befestigungsanlagen sowie Tempeln aus der Chalukya- und frühen Vijayanagar-Zeit belegen die Bedeutung dieses Platzes am Nordufer der Tungabhadra im Nordwesten der Stadt.

Vermutlich lag hier der erste Sitz der Vijayanagar-Herrscher, auf die auch die Rajas von Anegondi, die seit der Schlacht von Talikota hier über ein kleines Gebiet herrschten, ihre Herkunft zurückführen. Der Raja ist heute noch Schutzherr des Virupaksha-Tempels in Hampi.

Sehenswert sind mehrere frühe Tempel im Stadtgebiet und entlang dem Fluß, ein Palastbau aus dem 17. Jh., der heute als Versammlungshalle dient, und der Palast der Rajas.

Im Westen des Ortes finden sich innerhalb starker Befestigungsanlagen auf einem Felsen Ruinen von Palästen, Brunnen, Kasernen und Speichern.

Beim Dorf Ajjunahalli steht der große Pampa Sarovar-Tempel. An den Felsen in der Nähe finden sich hinduistische und jainistische Motive.

Von Kamalapuram nach Hospet

In Kamalapuram stehen die Überreste eines **Hindu-Forts** mit runden Bastionen an den vier Ecken und einem Turm innerhalb der Umfassungsmauer. Zu beiden Seiten des Tores sieht man als Flachreliefs Darstellungen Ganda-Bherundas, eines zweiköpfigen Vogelwesens, das den frühen Vijayanagar-Königen als eine Art Wappen diente. Östlich des Dorfes, an der Straße nach Bellary, liegt der große **Pattabhi-Rama-Tempel,** ein typischer Vijayanagar-Bau aus der Zeit Achyutarayas (1530–1552). Westlich vom Dorf führt die Straße nach Hospet über den Damm eines Stausees aus der Vijayanagar-Zeit. Nach ca. 3 km zweigt die Straße nach Hampi ab. Beim Dorf Kadirampuram stehen zwei **Moslem-Grabbauten,** ein kleinerer, von einer Kuppel überspannt, und ein größerer ohne Dach; sie erinnern an Gulbarga und werden ins 15. Jh. datiert. In Malpannagudi, an der Straße nach Hospet, steht der Mallikarjuna-Tempel. Er scheint mit seiner mit Bastionen besetzten Umfassungsmauer in das Verteidigungssystem der Stadt integriert gewesen zu sein. Der Kern des Mallikarjuna-Tempels, der noch in Puja ist, scheint aus früherer Zeit zu stammen. Bemerkenswert ist hier außerdem ein achteckiger Stufenbrunnen, bekannt unter dem Namen **Soolai Bhavi,** der wahrscheinlich im Jahre 1412 errichtet wurde.

Ungefähr 1,5 km vor Hospet, im kleinen Dorf **Anantasayanagudi,** liegt ein riesiger Tempel für Vishnu als Anantapadmanabha, dem Weltenschöpfer, auf dem Schlangenbett liegend. Über der rechteckigen Cella für das langformatige Kultbild Vishnus, das abhanden kam, erhebt sich ein mächtiger, 24 m hoher Turm mit einem ungewöhnlichen, an den Enden gerundeten Tonnendach in Ziegelbauweise von allein 10 m Höhe. Alles andere ist typisch für die Vijayanagar-Zeit. Die Anlage, die 1524 von Krishnadevaraya zusammen mit der Stadt Sale Tirumala Maharayapura (dem heutigen Dorf) gestiftet wurde, zeigt deutlich die Spuren des Feuersturms von 1565.

Verborgene Schätze
Tempelstätten der Späten Chalukyas

Im zentralen Karnataka liegen zahlreiche Orte mit mehr oder weniger gut erhaltenen Tempeln der Späten Westlichen Chalukyas, oft in ausgesprochen reizvollen, aber touristisch überhaupt nicht erschlossenen Gebieten. Mit Hilfe eines ortskundigen Fahrers kann man die oft kleinen Dörfer und Tempel finden und noch ganz ursprüngliche Landstriche und deren Bewohner kennenlernen. Als Standquartier für den Besuch einiger der schönsten Plätze können Harihar und Gadag dienen.

Harihar

3 (S. 360), an der Kreuzung des NH 4 zwischen Dharwad/Hubli (152/130 km) und Bangalore (276 km) mit der Hauptstraße zwischen Hospet (118 km) und Shimoga (80 km) bzw. der Küste bei Udipi/Mangalore.

Im alten Zentrum der betriebsamen, ansonsten wenig attraktiven Stadt steht etwas oberhalb der Tungabhadra in einer Einfriedung der **Harihara-Tempel**. Er wurde 1224 von einem Minister des Hoyshala-Königs Narasimha II. errichtet. Im Sanktum sieht man eine überlebensgroße Skulptur des sitzenden Harihara aus schwarzem Stein, bekleidet und mit einer Krone geschmückt, in den rechten Händen die Embleme Shivas, in den linken die Vishnus. Ein Turm aus neuerer Zeit ersetzt das zerstörte Original. Die große Halle mit mächtigen gedrechselten Säulen besitzt eine Decke mit den Acht Weltenhütern, aus deren Mitte eine Darstellung Hariharas entfernt wurde. Viele Stelen mit Inschriften schmücken den Tempelhof.

Kuruvati

4 30 km nordwestlich von Harihar.

In dem abgelegenen, großen Dorf an der Tungabhadra liegt der gut erhaltene **Mallikarjuna-Tempel** hinter hoher Mauer. Über den Nischen für die Skulpturen entdeckt man komplette, reich verzierte Miniaturtempel, zu beiden Seiten des Eingangs elegant gearbeitete Trägerfiguren.

Haveri

5 55 km nordwestlich von Harihar, am NH 4.

Der **Siddheshvara-Tempel** besitzt eine ungewöhnliche Saptamatrika-Decke rechts vor dem Hauptschrein, neben dem Tempel einen kleinen **Narasimha-Tempel** mit großer Kultfigur, mehrere interessante Skulpturen und Heldensteine um den Tempel herum sowie eine schöne Sapta-Matrika-Gruppe in der Wand des Stufenbrunnens vor dem Tempel.

Rattehalli

6 30 km südwestlich Harihar.

In dem großen Dorf gibt es einen lebendigen Basar in schöner Umgebung. Der **Kadambeshvara-Tempel** besteht aus drei Schreinen mit einer gemeinsamen Halle, an die eine weitere, ehemals offene Halle angebaut ist. Einer der Türme fehlt, der mittlere trägt das Wappen der Hoyshalas: Sala tötet den Löwen. Es stammt wohl von 1174, als der Tempel überholt wurde, wie eine Inschrift berichtet. An den Türmen sieht man Reihen von Nischen übereinander, die nach oben kleiner werden und je Reihe dasselbe Motiv zeigen.

Balgame

7 70 km westlich von Harihar.

Einer Inschrift ist zu entnehmen, daß Balgame eine Hauptstadt Jayasimhas II. (1018–1042) war. In der Zeit der Hoyshala-Könige muß es eine reiche Stadt mit einiger Bedeutung gewesen sein. Hauptsächlich aus dieser Zeit stammen die erhaltenen Tempel und die vielen Skulpturen, Säulen, Helden- und Sati-Steine sowie Funde aus der Umgebung, die in einem kleinen **Museum** auf dem Gelände des **Kedareshvara-Tempels** gesammelt und ausgestellt sind. Der Tempel steht am Ufer eines großen künstlichen Wasserbeckens am Südende des Dorfes. Er besitzt drei Schreine, verbunden durch eine Halle, der eine größere, offene vorgebaut ist. An der Decke ist eine bis ins feinste Detail ausgearbeitete Darstellung der acht Weltenhüter um einen tanzenden Shiva angeordnet. Am Turm prangt die bekannte Hoyshala-Gruppe. Interessant ist der leider etwas stärker beschädigte **Tripurantaka-Tempel** im Nordosten des Dorfes. Zwei Steinfenster, deren Maßwerk in Ranken integrierte Musikanten und Tänzer bilden, und weitere einmalig schöne Bildhauerarbeiten sind zu bewundern. Außen läuft um den Tempel ein Fries mit Darstellungen aus dem Ramayana und deftigen erotischen Szenen. Im Dorf und seiner reizvollen Umgebung gibt es viel zu entdecken. So erhebt sich im Zentrum eine 10 m hohe **Säule** mit einem Ganda-Bherunda, einem Vogelmenschen mit zwei Köpfen, der sich von Elefanten nährt. Heute steht die Skulptur zu Füßen der Säule in einem kleinen Schrein; errichtet wurde sie 1047 von einem Kadamba-General der Chalukya-Könige. Am Ostrand des Dorfes um einen idyllischen See herum findet man überall Tempelchen, Pavillons, Nandis, Stelen mit Inschriften und Reliefs, an anderen Stellen im Dorf auch Teile großer Jain-Figuren.

Banavasi

8 Ca. 90 km westlich von Harihar.

Banavasi ist ein Platz von großer historischer Bedeutung. Nach einer Inschrift in Belamve (Balgame) hielten sich die fünf Pandavas in der Zeit ihres Exils hier auf. Im 3. Jh. v. Chr. wurde ein buddhistischer Lehrer von Pataliputra nach Banavasi geschickt, Ptolemäus berichtete über die Stadt, und später war sie die Hauptstadt der Kadambas.

Gläubige mit tragbarem Kultbild vor dem Tempel der Göttin Yellama

An die alte Stadt erinnern noch die Mauern der Zitadelle in Form von bewachsenen Erdwällen, innerhalb derer das heutige Dorf liegt, und Ruinen alter Ziegel-Stupas im Nordwesten des Ortes. Innerhalb eines großen Mauergevierts steht der **Madhukeshvara-Tempel**. Vieles stammt aus neuerer Zeit. Im Inneren sind ein Thron und eine Art Sitzplattform aus Stein mit reichem plastischem Schmuck beachtenswert. Entsprechend der ihnen zugeordneten Himmelsrichtung stehen entlang der Hofmauer verteilt acht ungewöhnlich große, fein gearbeitete Reliefstelen der Weltenhüter. Auch Banavasi liegt in einer waldreichen und landschaftlich sehr reizvollen Umgebung.

Hangal

9 80 km nordwestlich von Harihar.

Der **Tarakeshvara-Tempel** ist einer der größten seiner Art und bis auf die Turmspitze gut erhalten. Die bemerkenswerteste Schöpfung an diesem Bau ist die zentrale Decke der Halle in Form einer flachen Kuppel von 7 m Durchmesser, getragen von acht großen Säulen an den Spitzen eines Achtecks und acht Paaren kleinerer Säulen dazwischen. Die aufs feinste gearbeitete, in 8 kreisförmigen Absätzen ansteigende, ca. 2,70 m hohe Kuppel endet in der Mitte in einem 1,5 m großen herabhängenden, sternförmig gestalteten Zapfen.

Gadag Betgiri

10 (S. 358), 53 km östlich von Hubli, 80 km südlich von Badami.

Gadag ist das wirtschaftliche Zentrum eines großen Baumwollanbaugebietes. In der Stadt stehen einige gut erhaltene Tempel der Chalukya-Zeit. Außerdem besitzt sie einige akzeptable Hotels und

kann so als Standquartier für den Besuch weiterer sehenswerter Plätze im Osten und Südosten dienen.

Im Süden der Stadt, im sog. Fort, stehen nebeneinander der **Trikuteshvara-Tempel** und der kleinere **Sarasvati-Tempel**. In der größeren Cella stehen drei Lingas nebeneinander – daher der Name Trikuteshvara: Herr der drei Gipfel. An der großen Halle prangt überreicher plastischer Schmuck.

Am Sarasvati-Tempel sind die 18 Säulen des Portikus von nicht zu übertreffender handwerklicher Finesse. Die vier Säulen in der Mitte entwickeln sich vom unteren quadratischen Schaftende mit reichen Götterdarstellungen über den achteckigen Dikpala-Fries in der Mitte zum runden und dünnsten Teil unterhalb des Kapitells, welches aus einer flachen runden Scheibe und einem achteckigen Teil besteht. Das einstmals prächtige Kultbild der Göttin des Lernens und Wissens ist leider arg verstümmelt. Unmittelbar hinter den beiden Tempeln befindet sich ein tiefer Stufenbrunnen. Im Stadtzentrum steht der kleinere **Someshvara-Tempel**, ebenfalls ein gutes Beispiel eines voll entwickelten Chalukya-Tempels, allerdings ohne die sonst offene Halle. Den Tempel überzieht rundherum, fast schon zu viel und zu regelmäßig, feinster Bauschmuck.

Lakkundi

11 (S. 371), 13 km ostsüdöstlich von Gadag, nahe der Hauptstraße nach Hospet.

Lokkigundi, wie es einst hieß, muß um das 12. Jh. herum ein wichtiger Platz gewesen sein. Der Hoyshala-König Ballala II. (1173–1220), der sein Reich weit nach Norden ausgedehnt hatte, machte es 1191 zu seiner nördlichen Hauptstadt. Das lebendige kleine Dorf ist voller Re-

Der Kashivishveshvara-Tempel in Lakkundi

likte aus dieser glanzvollen Zeit, doch viele alte Tempel wurden in Wohnhäuser einbezogen oder anderweitig zweckentfremdet. Künstlich angelegte Wasserbecken, Brunnen, Reste der Stadtbefestigung und Ruinen anderer Gebäude stehen noch inmitten der Häuser im traditionellen Stil, mit von Holzsäulen getragenen Vordächern und geschnitzten Türen. Diese Schatzkammer mittelalterlicher Kunst ist nun wohl auch von der Landesregierung als solche erkannt worden, so daß man sich bemüht, die Bauwerke vor dem weiteren Verfall zu bewahren und zu restaurieren.

Der älteste Tempel, ein großer **Jain-Tempel** im Westen des Dorfes, hat noch Ähnlichkeit mit den Bauten der Frühen Westlichen Chalukyas. Der dravidische Turm ist klar in Stockwerke gegliedert, wobei das untere besonders hoch ist, da es, wie bei vielen Jain-Tempeln üblich,

einen zweiten Schrein über dem Sanktum birgt. Dicht daneben stehen zwei weitere alte Jain-Tempel und nordöstlich der ehemalige **Parshvanatha-Tempel,** der heute dem Naga-Kult dient. Unterhalb des großen Jain-Tempels befindet sich das kleine **Museum** mit Fundstücken aus Lakkundi.

Am Südende des Dorfes steht der perfekteste der erhaltenen Tempel, der **Kashivishveshvara-Tempel**; eine Inschrift nennt 1087 als Entstehungsjahr. Wahrscheinlich fiel der Tempel der Chola-Invasion zum Opfer und wurde im 12. Jh. in seiner heutigen Form erneuert. Er besteht aus dem Sanktum mit dem Turm darüber, einer geschlossenen Halle, einem offenen Hof auf hohem Niveau und einem zweiten Schrein. Im Hauptschrein steht ein Linga; der zweite, nach Westen ausgerichtet, ist ungewöhnlicherweise Surya-Narayana ge-

Yellama, Kultbild der Göttin. Zu Bharata Purima, dem Fest der Göttin, zieht es alljährlich im Januar/Februar Hunderttausende nach Saundatti Yellamma

weiht. An diesem Granitbau erreichte die Bildhauer- und Tempelbaukunst der Chalukyas ihren Höhepunkt: Die Skulpturen sind von vollendeter Plastizität, die Gestaltung der Eingänge im Süden und Osten mit ihren lebendigen Friesbändern und den Gruppen von Göttern über der Tür und als Abschluß der Friese ist von einmaliger Schönheit.

Wenige Schritte westlich steht der etwas kleinere **Nanneshvara-Tempel**. Er entstand zeitgleich mit dem Kashivishveshvara-Tempel und ähnelt ihm auch weitgehend in Aufbau und Ausstattung.

Südlich dieser beiden Tempel liegt sehr reizvoll ein großes **Wasserbecken**. Unter einem riesigen Baum suchen die Herden Zuflucht vor der Hitze, am Wasser schlagen Frauen die Wäsche auf großen glatten Steinen sauber, rote Chilischoten werden zum Trocknen ausgelegt, und mit Hilfe ochsengezogener Steinwalzen wird das Getreide aus den Ähren gedrückt.

Am anderen Ende des Dorfes, nahe der Hauptstraße, steht eine weitere Gruppe interessanter Tempel. Der **Ishvara-Tempel** (13. Jh.) und der **Manikeshvara-Tempel** sind besonders wegen der schwarzen Basaltpfeiler an den Eingängen und dem schönen steingefaßten Wasserbecken beachtenswert. Ein tiefer Stufenbrunnen (Baoli) in unmittelbarer Nähe wurde kurz vor dem Zusammenbruch restauriert. Für Lakkundi sollte man sich einen langen Tag Zeit lassen (einfache Restaurants sind im Ort vorhanden).

Saundatti Yellamma

[12] (S. 394), 39 km nördlich von Dharwad, 20 000 Einw.

Die kleine Stadt liegt zu Füßen einer eindrucksvollen Festung mit mächtigen Bastionen an den fünf Ecken, innerem Fort mit Tempel, Brunnen und Zisternen. Das Yellamma-Heiligtum liegt 5 km östlich der Stadt, in der Senke eines baumlosen, steinigen Plateaus. Der Tempel (13./14. Jh.) ist bunt bemalt und von einer Mauer umgeben. Es gibt eine Quelle, einen kleinen Basar mit großem Angebot an gelbem und rotem Kurkuma-Pulver und Devotionalien sowie Pilgerunterkünfte.

Yellamma (Mutter der Erde) wird hauptsächlich von niederkastigen Hindus verehrt. Eine wirre Legende rechtfertigt auch den Brauch, junge Mädchen als Devadasis der Göttin zu weihen; das ist zwar durch ein Gesetz von 1982 verboten, wird aber nach wie vor praktiziert. Zur Bharata Purtima, dem Fest der Göttin, das im Januar/Februar 500 000 Pilger anzieht, sollen jedes Jahr mehrere tausend Mädchen, zwischen drei und 20 Jahre alt, der Göttin – und damit der Prostitution – zugeführt werden. Yellamma ist auch die Herrin der Hijras, der Eunuchen, was die Anwesenheit so vieler frecher, männlich wirkender ›Frauen‹ mit tiefer Stimme im Tempelbereich erklärt.

Höhepunkte früher Tempelbaukunst
Zentren der Frühen Westlichen Chalukyas

Von der Mitte des 6. bis zur Mitte des 8. Jh. beherrschte die Dynastie der Frühen Westlichen Chalukyas den mittleren Dekhan; hier lag ihr Machtzentrum, hier finden wir auch, vom 250 km entfernten Alampur abgesehen, die Zeugnisse ihres großartigen Kunstschaffens. Zwei schroffe Felsbarrieren an den Enden und Hügelketten parallel zum Fluß Malaprabha bilden ein Tal von 20 km Länge und 5 km Breite, das für die Chalukyas von zentraler Bedeutung gewesen sein muß. Badami, am äußeren Rand des Felsmassivs im Südwesten gelegen, fungierte als politische Hauptstadt des Reiches. Aihole, in gleicher Position am entgegengesetzten Ende, war ebenfalls eine wichtige und reiche Stadt, aber ihre genaue Funktion im Reich ist nicht bekannt. Dazwischen liegt inmitten des Tales Pattadakal, ein religiöses Zentrum mit den prächtigsten Tempeln; hier wurden die Könige gekrönt. Das beschriebene Gebiet ist von großer landschaftlicher Schönheit, dünn besiedelt, touristisch kaum erschlossen und deshalb wenig besucht.

Badami

1 (S. 349), 108 km nordwestlich von Hospet, 70 km nördlich von Gadag, 125 km südlich von Bijapur.

Zu Füßen schroffer Felsen, die ein hufeisenförmiges Tal umschließen und nach Osten unvermittelt in die Ebene

Zentren der Frühen Westlichen Chalukyas

abfallen, liegt das Landstädchen Badami an der Stelle, wo sich einst Vatapi, die Hauptstadt des Chalukya-Reiches, befand. Der aufgestaute See zwischen den weißen Häusern des Ortes und den roten Sandsteinklippen und die Festungsanlagen und alten Tempel schaffen ausgesprochen reizvolle Perspektiven. Diese Tempel und besonders die Felsheiligtümer aus dem 6./7. Jh. sind hier die Attraktionen für den Kunstfreund.

Pulakeshin I. (543–566), der Begründer der Chalukya-Dynastie, machte Va-

tapi zu seiner Hauptstadt und befestigte sie, nach einer Inschrift ›oben und unten‹. Wahrscheinlich entstanden in dieser Zeit auch der Damm am Ausgang des Tales und der künstliche See. Zur Zeit Kirtivarmans I. (566–598) wurden die hinduistischen Höhlentempel geschaffen; die Jain-Höhle entstand erst 100 Jahre später. Im Jahre 642 eroberte der Pallava-König Narasimhavarman die Stadt und konnte erst 13 Jahre später wieder vertrieben werden. 753 besiegte der Rashtrakuta-König Dantidurga die Chalukyas endgültig und

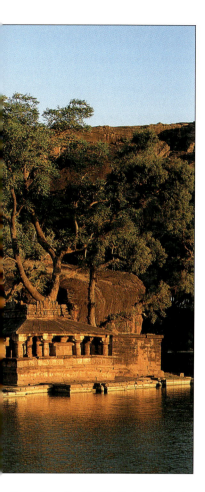

eine tiefere Säulenhalle und das kleine quadratische Sanktum an.

Die höhergelegene **Höhle Nr. 2** ist ein Vishnu-Heiligtum. An den beiden Stirnseiten der Veranda sind der Eber-Avatar (links) und Vishnu bei einem seiner raumgreifenden Schritte in der Vamana-Inkarnation abgebildet, an der Decke u. a. die interessante Darstellung eines Matsya-Cakras, einem Rad, dessen Speichen aus 16 Fischen geformt sind.

Die größte und schönste ist die ebenfalls Vishnu geweihte **Höhle Nr. 3**. Der Sockel der Veranda ist auch hier wie in Höhle Nr. 1 geschmückt mit einem Fries von Paaren dickbäuchiger Zwerge in einer Vielzahl witziger Posen. Die quadratischen Säulen der 23 m langen Fassade, aufs Feinste bearbeitet, zeigen phantasievolle Pflanzen- und Tiermotive, Medaillons, Girlanden und Ketten sowie fast vollplastische Konsolenfiguren von Göttern und Liebespaaren. Noch außerhalb der Veranda sieht man ein großes Relief Vishnus als Trivikrama, innen dann (von links nach rechts) Narasimha-Avatar, Harihara, Varaha-Avatar und Vishnu, auf einem Schlangenthron sitzend mit der fünfköpfigen Haube Sheshas über sich, wieder außerhalb, Vishnu achtarmig und aufrecht stehend. Oben an den Architraven von Veranda und Halle sieht man zahlreiche Friese mit Szenen aus alten Legenden, wie das Quirlen des Milchozeans und Vishnu als Mohini beim Verteilen des Unsterblich-keits-Nektars sowie all die Heldentaten des jungen Krishna. Beachtenswert sind die sechs Deckenpaneele mit Gottheiten und den Weltenhütern, kreisförmig angeordnet. Die vollkommenen, runden und kannelierten Säulen der Halle mit

übernahm die Macht. Badami hat danach viele Herren gesehen – ein Wunder, daß noch so viel zu sehen ist.

Im Südosten des Ortes, nahe einem moslemischen Kuppelgrab aus der Zeit Tipu Sultans, führt ein steiler Pfad hinauf zu den vier Höhlentempeln in der Flanke des südlichen der Burgfelsen. Die **Höhle Nr. 1** ist Shiva geweiht und nach dem gleichen Schema aufgebaut und nach Norden ausgerichtet wie die anderen auch: An eine breite, rechteckige und von Säulen getragene Veranda schließen sich auf einer Achse liegend

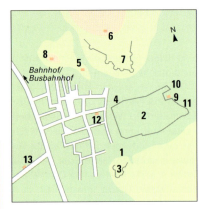

Badami 1 Höhlen Nr. 1–4   2 Agastya
Tirtha-Tank   3 Südliches Fort   4 Museum   5 Unterer Shivalaya-Tempel
6 Oberer Shivalaya-Tempel   7 Nördli-
ches Fort   8 Malegitti Shivalaya-Tempel
9 Bhutanatha-Tempel   10 Reliefs verschiedener Gottheiten   11 Natürliche
Höhle mit Skulptur   12 Jambulinga-Tempel   13 Hotel Mayura Chalukya, KSTDC

ihren geriffelten Kissenkapitellen erinnern an Ellora und Elephanta.

Die viel kleinere **Jaina-Höhle, Nr. 4**,
entstand ungefähr 100 Jahre später. Von
hier oben ergeben sich schöne Blicke
auf den algengrünen See, den **Agastya
Tirtha-Tank**, und die flach hingebrei-
tete, dicht gestaffelte Stadt; das ganze
Tal hallt wider vom Arbeitsrhythmus der
Wäscherinnen. Zwischen Höhle Nr. 2
und 3 führt eine steile Treppe hinauf zu
den Resten der Befestigungsanlagen
des südlichen **Forts**.

Auf der anderen Seite des Tals liegt
am Fuße des Felsens, von Resten der
unteren Festung umgeben, das **Museum**. Die kleine Sammlung zeigt Skulpturen und Architekturfragmente, Fundstücke aus Badami und Umgebung. Ein
reizvoller Weg führt von hier durch enge
Schluchten in vielen Windungen und
über steile Treppen auf den nördlichen

Festungshügel; Affen beobachten die
seltenen Besucher. Am Weg liegt der
Untere Shivalaya-Tempel und auf
dem Gipfel steht in beherrschender Position der **Obere Shivalaya-Tempel**.
Beide stammen aus dem 7./8. Jh. und
weisen den typischen südindischen
Baustil auf. Am oberen Tempel ist ein
schöner Fries mit Darstellungen aus der
Krishna-Legende beachtenswert. Die
Reste des nördlichen **Forts** stammen
aus der Vijayanagar-Zeit. An exponierter
Stelle, einem Felsvorsprung unterhalb
des Forts, am besten vom Ort aus zu erreichen, liegt der **Malegitti Shivalaya-
Tempel**, der wichtigste der Gruppe. Er
besteht aus dem Sanktum mit dem Vimana darüber, der Halle und einer Vorhalle mit kräftigen, schmucklosen Pfeilern.

Entlang dem Ufer des Sees liegt östlich vom Museum die Butanatha-Tem-
pelgruppe aus dem 11./12. Jh., und am
Ostufer steht inmitten späterer Zubau-
ten der **Butanatha-Tempel** aus der frühen Chalukya-Zeit. An den großen Felsen dahinter sieht man **Reliefs** diverser
Gottheiten wie Brahma, Durga, Ganesha und Vishnu in verschiedenen Formen, ein Stück weiter, von einem kleinen Schrein geschützt, ein mit vielen
Details liebevoll gearbeitetes Relief von
Vishnu auf der Weltenschlange. An der
Südostecke des Sees gibt es eine natürliche **Höhle**, mit niedrigem Eingang, in
deren Innerem, effektvoll beleuchtet
durch eine Einbruchstelle, ein Tirthankara auf dem Löwenthron zu sehen ist.
Einer örtlichen Legende nach handelt es
sich allerdings um einen gewissen
Koshtaraya, der durch ein Bad im See
von der Lepra geheilt wurde.

Auch im Ort gibt es einige interes-
sante Tempel, wie den **Jambulinga-
Tempel** von 699 mit drei Kultzellen für
Brahma, Vishnu und Shiva und den

Dattatreya-Tempel, nahe dem Aufstieg zu den Höhlen, mit einem interessanten Kultbild dieser Gottheit aus dem 12. Jh. und ebenfalls einem Matsya-Chakra.

Aihole

2 (S. 346), 27 km nordöstlich von Badami, 12 km nordöstlich von Pattadakal.

Aihole ist ein archaisch wirkendes Dorf und liegt an der Stelle der alten Chalukya-Stadt Aryapura (auch: Ayyavole). Innerhalb der annähernd kreisförmigen, zum Teil gut erhaltenen **Stadtbefestigung** von wenig mehr als 500 m Durchmesser sind über 30 Tempel des 7.–9. Jh. und andere aus späterer Zeit erhalten. Einige waren, als Wohnbauten oder Ställe genutzt, vollkommen in die labyrinthische Dorfstruktur integriert und wurden erst in den letzten Jahren entdeckt und ›herausgeschält‹; dabei wurden auch Ziegelfundamente aus der Zeit vor den Chalukyas gefunden. Die ungewöhnlichen Namen der Tempel sind oft nicht die ihrer göttlichen, sondern die späterer menschlicher Bewohner. Rund um das Dorf in den Feldern und entlang dem Fluß Malaprabha liegen malerisch zahlreiche weitere Kultbauten und Tempelgruppen verstreut.

Auf dem flachen Plateau des steilen Hügels im Südosten des Ortes erhebt sich der **Meguti-Tempel** von 634, aus der Zeit Pulakeshins II., eines der frühesten datierten Bauwerke Indiens. Ursprünglich bestand dieser Jain-Tempel nur aus der nach außen geschlossenen, quadratischen Pfeilerhalle mit dem Sanktum und einer Vorhalle. Die Halle im Norden wurde später hinzugefügt, das Kultbild im dunklen Inneren stellt einen sitzenden Tirthankara dar. Außerhalb der Wehrmauer liegen mehrere **Dolmen**, von hier ergibt sich ein informativer Blick über Dorf und Umgebung. In der südwestlichen Flanke des Hügels

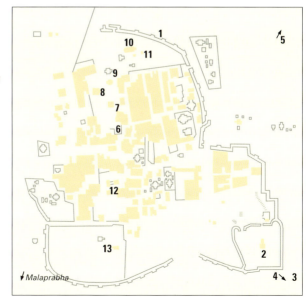

Aihole
1 Stadtbefestigung
2 Meguti-Tempel
3 Dolmen
4 Jaina-Kulthöhle
5 Ravana Phadi-
  Höhle
6 Chakra-Gudi
7 Gauda-Tempel
8 Lad Khan
9 Surya Narayana-
  Tempel
10 Durga-Tempel
11 Museum
12 Kont Gudi-
   Gruppe
13 Hucchappayya-
   matha-Tempel

Malaprabha

Aihole, Felsentempel Ravana Phadi

befindet sich eine **Kulthöhle der Jains** aus dem 8. Jh.

Das einzige hinduistische Felsheiligtum in Aihole, **Ravana Phadi**, liegt bei einer Geländestufe im Nordosten des Dorfes. Es soll um die Mitte des 6. Jh. entstanden sein und fasziniert mit seinen zahlreichen kraftvollen Skulpturen. In der Nähe befindet sich ein schöner Stufenbrunnen mit interessanten kleinen Paneelen.

Innerhalb der Mauern sind besonders zwei Gruppen von Tempeln interessant. Die eine liegt im Norden des Dorfes und wird gebildet aus dem **Chakra-Gudi** mit einem komplett erhaltenen nordindischen Shikhara, dem **Gauda-Tempel** und dem Lad Khan als typischen Hallen-

tempel sowie dem **Surya Narayana-Tempel** mit einem schönen Kultbild Suryas und dem berühmten Durga-Tempel.

Der **Lad Khan** aus dem 7./8. Jh. besteht aus einer fast quadratischen, geschlossenen Pfeilerhalle unter einem flachen, zweistufigen Schrägdach aus großen Steinplatten und einer offenen Vorhalle. Aufgrund der schlichten Bauweise wurde er fälschlicherweise als einer der frühesten Tempel eingestuft.

Der **Durga-Tempel** ist der größte in Aihole, ungewöhnlich in der Form und reich geschmückt. Er steht auf einem hohen Sockel; an ein halbrundes Sanktum mit Umgang schließen sich eine dreischiffige Halle und eine Vorhalle an;

um den gesamten Bau läuft eine offene Kolonnade; die Ähnlichkeit mit einer buddhistischen Chaitya-Halle ist unverkennbar. Über der Apsis erhebt sich mit quadratischem Grundriß ein Shikhara. Der Tempel wird ins 7./8. Jh. datiert. Seinen irreführenden Namen bekam das Vishnu-Heiligtum von einer Festungsmauer (Durga), innerhalb derer es stand und von der nur Reste eines Tores erhalten blieben. In der Nähe befindet sich das kleine **Museum** mit interessanten Fundstücken.

Die vier Tempel der **Kont-Gudi-Gruppe** mitten im Ort ähneln in Aufbau und Anordnung der Kultzelle dem Lad Khan. An der Decke der Vorhalle des nordwestlichen Tempels finden sich die für die Chalukya-Kunst charakteristischen drei Paneele: Brahma auf einem Lotus sitzend, Shiva mit Parvati auf Nandi und Vishnu auf dem Schlangenbett liegend. An der Decke des **Hucchappayyamatha-Tempels,** im Süden des Dorfes, sind ähnliche Darstellungen erhalten, nur scheint Brahma hier auf einem Brathendl zu reiten.

Pattadakal

3 (S. 389), 15 km nordöstlich von Badami, 12 km südwestlich von Aihole.

Zwischen Badami und Aihole, an einem heiligen Platz, wo der Fluß Malaprabha in nördliche Richtung, also auf das magische Zentrum der Welt, den Berg Meru, zufließt, errichteten die Chalukya-Könige ihre prächtigsten Tempel.

Pattadakal 1 Virupaksha-Tempel 2 Nandi-Pavillon 3 Tore 4 Umfassungsmauer
5 Mallikarjuna-Tempel 6 Sangameshvara-Tempel 7 Kashivishveshvara-Tempel
8 Kada-Siddheshvara-Tempel 9 Jambulinga-Tempel 10 Galaganatha-Tempel
11 Papanatha-Tempel

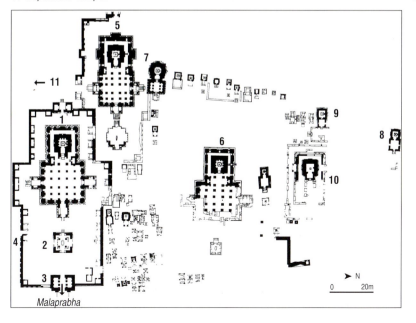

An diesem Platz, wo alle Herrscher gekrönt wurden, feierten sie ihre großen Siege in Stein. Die Stätte diente besonders im 7. und 8. Jh. der Verherrlichung der Götter und auch der Könige, die sich als deren Verkörperung auf Erden empfanden.

Der **Virupaksha-Tempel** ist der größte Tempel von allen. Er wurde von Lokamahadevi, einer Gattin Vikramadityas II. (733–746) zur Erinnerung an dessen Sieg über die Pallavas und die Eroberung Kanchipurams gestiftet und im südindischen Stil erbaut. An den Säulen der Vorhallen und an den Außenwänden des Tempels findet man Darstellungen wie Shiva Nataraj und Gajendramoskha (Norden), Narasimha und Ravana, der den Kailasha erschüttern will (Süden), Liebespaare und Torhüter. An den 18 Säulen im Inneren sind Szenen aus Ramayana und Mahabharata dargestellt. Entlang der umgebenden Tempelmauer stehen 32 Nebenschreine.

Der **Mallikarjuna-Tempel** ist dem Virupaksha-Tempel benachbart. Er wurde von Trailokyamahadevi, der jüngeren Schwester Lokamahadevis, die ebenfalls mit Vikramaditya verheiratet war, zur gleichen Zeit und aus gleichem Anlaß gestiftet. Er ist etwas kleiner, aber nach gleichem Plan und Programm erbaut. An den Säulen im Inneren sind Szenen aus Kindheit und Jugend Krishnas dargestellt .

Der **Sangameshvara-Tempel** in der Mitte des Tempelgeländes ist der älteste der Gruppe und stammt aus der Zeit Vijayadityas (697–733). Er wurde ebenfalls im südindischen Stil erbaut, aber nie vollendet.

Der **Kashivishveshvara-Tempel**, in der Nähe des Mallikarjuna-Tempels, sowie die **Kada Siddheshvara-**, **Jambulinga-** und **Galaganatha-Tempel** weiter nördlich sind überwiegend im nördlichen Stil gebaut, d. h. sie sind mit einem Shikhara ausgestattet. Der Galaganatha ähnelt stark den Tempeln in Alampur.

Weiter im Süden, abseits der eingezäunten Tempelgruppe, steht der **Papanatha-Tempel** aus der Mitte des 8. Jh. Er ist ungewöhnlich lang, weil sich an das Sanktum mit dem Umgang und die obligatorische Halle eine weitere Pfeilerhalle anschließt. An diesem Tempel sind deutlich die übernommenen Stilelemente zu erkennen: Shikhara, die Schmuckformen über den Nischen, und die Veranden vor den Steinfenstern aus dem Norden, die Brüstung mit Miniaturpavillons entlang der Dachkante und die Blattwerk speienden Makaras im schmuckbetonten Eingangsbereich aus dem Süden. Entlang der Außenwände laufen Ramayana- und Mahabharata-Friese.

Die Tempelstätte war ursprünglich keiner Niederlassung zugeordnet. Das kleine Dorf bei den Tempeln ist neueren Datums. Es gibt keine Unterkünfte in Pattadakal. Busse verkehren nach Badami und Aihole.

Mahakuta

4 Nordöstlich von Badami; erreichbar zu Fuß (5 km direkt oder 3 km von Bushaltestelle Shivayoga Mandir).

Das hochverehrte Shiva-Heiligtum liegt, umgeben von alten Bäumen, einsam am Fuße kahler Hügel. Eine hohe Mauer umschließt zwei größere und viele kleine Tempel des 7./8. Jh., angeordnet um ein rechteckiges Wasserbekken mit schönem viergesichtigen Linga (6./7. Jh.) in luftigem Pavillon. Der südindische Mahakuteshvara-Tempel (noch ›in Puja‹) und die kleinen Tempel im nordindischen Stil sind mit vielen reizvollen Skulpturen geschmückt.

Hauptstädte der Dekhan-Sultanate

Bijapur

5 (S. 353), 145 km südwestlich von Gulbarga, 125 km nördlich von Badami, Distrikt-Hauptstadt, 194 000 Einw.

Die Stadt, die nach Berichten von Zeitgenossen in ihrer Glanzzeit einen Umfang von 48 km gehabt haben soll, füllt heute nicht einmal ganz den Raum innerhalb der Festungsmauer von 10 km Länge. Über die ganze Stadt verteilt gibt es zahlreiche Monumente aus der Zeit der baufreudigen Adil Shahi-Sultane, überraschend gut erhalten oder auch als romantische Ruinen, oft umgeben von Parks und Gärten. Die verschlafene Stadt mit dem quirligen Basar hat sich ihren moslemischen Charakter bewahrt. Nähert man sich der Stadt, taucht ihr Wahrzeichen Gol Gumbaz wie eine Fata Morgana über dem Horizont auf, lange bevor man der Stadt ansichtig wird.

Bijapur war erst Hauptstadt einer Provinz und dann eines der fünf Staaten, in

Bijapur, Mihrab der Juma Masjid

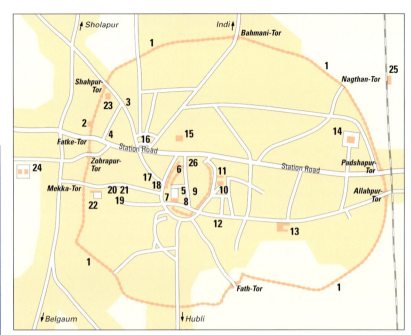

Bijapur *1 Stadtmauer   2 Burj-i-Sherza/Malik-i-Maidan-Kanone   3 Haidar Burj
4 Dakhani Idgah   5 Zitadelle   6 Gagan Mahal   7 Sat Manzil   8 Karimuddins Moschee
9 Mekka-Moschee   10 Asar Mahal   11 Jahaz Mahal   12 Mithar Mahal   13 Juma Masjid   14 Gol Gumbaz   15 Grabmal Ali Adil Shahs II.   16 Grabmal Sikandar Adil Shahs
17 Malika Jahan-Moschee   18 Busbahnhof   19 Grabmal Khan Muhammads
20 Grabmal Khawas Khans   21 Grabmal Abdul Razzaq Qadirs   22 Wasserreservoir Taj
Bauri   23 Wasserreservoir Chand Bauri   24 Grabanlage Ibrahim Rauza   25 Bahnhof
26 Hotel Mayura Adil Shahi*

die das Bahmani-Reich am Ende des 15. Jh. zerfiel. Yusuf Adil Shah, vom Sklaven zum Provinzgouverneur aufgestiegen, sagte sich 1489 von Bidar los und gründete seine eigene Dynastie. Knapp 200 Jahre beherrschten die Adil Shahi-Sultane ein großes Reich, wie ihre moslemischen Nachbarn in ständige Kriege untereinander, mit Vijayanagar und mit den Portugiesen verwickelt. 1686 übernahm Aurangzeb nach knapp einjähriger Belagerung die Stadt, sie wurde geplündert und gebrandschatzt, und noch während der Moghul-Kaiser in der Stadt

war, ließ eine Epidemie die Bevölkerung auf die Hälfte schrumpfen. Im frühen 19. Jh. fand der britische Historiker Grant Duff innerhalb der gut erhaltenen Stadtmauer eine Kakteenwüste, ›Einsamkeit, Stille und Verwüstung‹.

Die imposante **Ringmauer (1)** der Stadt ist komplett erhalten: 10 m hoch, 10–12 m breit mit 96 massiven Bastionen und neun Toren, umgeben von einem 13–17 m breiten Graben. Die Bastionen waren mit Kanonen bestückt, die z. T. heute noch in Stellung sind, so auf der **Löwenbastion (2**; Burj-i-

Sherza) die berühmteste Kanone Bijapurs, genannt Malik-i-Maidan (Herr des Schlachtfeldes); sie ist 4 m lang, 1,3 m im Durchmesser und wird auf ein Gewicht von 5,5 Tonnen geschätzt. Die Mündung weist die Form eines aufgerissenen Löwenrachens auf. Ebenfalls im Westen erhebt sich innerhalb der Festung freistehend auf ovalem Grundriß die 24 m hohe **Obere Bastion (3**; Haidar Burj) auch von 1583, bestückt mit zwei langen (9 bzw. 8,5 m) Kanonen. Schön zu sehen ist auch die mächtige Gebetsmauer, **Dakhani Idgah (4)**, von 1538.

Nicht ganz in der Mitte der Stadt liegt die **Zitadelle (5)** mit einem Durchmesser von 500 m. Hier befanden sich, von Mauern und Graben umgeben, die Paläste und Gärten des Sultans. Die Mauern wurden weitgehend abgetragen, von den Palästen stehen noch einige sehenswerte Fragmente, so im Nordwesten das **Gagan Mahal** (6; Himmelspalast), erbaut unter Ali Adil Shah um 1560. Von dieser königlichen Audienzhalle steht noch die Fassade mit drei gewaltigen Spitzbogen. Das Dach wurde von hohen Teakholzsäulen getragen, an den Seiten befand sich oben eine Galerie, von wo aus die Damen des Hofes durch enges Gitterwerk die Vorgänge in der Halle verfolgen konnten. Hier war es, wo Sikandar Adil Shah, der letzte Sultan, sein Reich an Aurangzeb abtreten mußte.

In der Nähe stehen an der Nordwestecke eines großen Palastkomplexes noch fünf Stockwerke des **Sat Manzil (7)**, eines siebenstöckigen Palastes Muhammad Adil Shahs (1627–1656). Davor befindet sich ein vorzüglich gearbeiteter kleiner Wasserpavillon, genannt Jal Mandir. Nahe dem Südtor der Zitadelle steht die **Karimuddin's Moschee (8)**, ein interessanter flacher Bau, hauptsächlich aus Bauteilen alter Hindu-Tempel errichtet und 1320 datiert. Nördlich davon liegt die kleine, aber wohlproportionierte und mit feingearbeiteten Flachreliefs versehene **Mekka-Moschee (9)** aus der Zeit Ali Adil Shahs II.

Im Osten, außerhalb der Zitadelle und mit dieser durch eine Brücke verbunden, steht das **Asar Mahal (10)**, einst Justizpalast und Aufbewahrungsort einer heiligen Reliquie: einiger Barthaare des Propheten, von Ibrahim Adil Shah um 1591 errichtet und verschwenderisch mit Intarsien und Malereien ausgeschmückt. Daneben spiegeln sich die trostlosen Ruinen des **Jahaz Mahal (11)** in einem Teich.

Die Straße vom Südtor der Zitadelle ostwärts zum **Allahpur-Tor** war eine Hauptstraße der Stadt. Das **Mihtar Mahal (12)** an der rechten Seite, ein hoher Bau mit Zierminaretten und Balkonen, ist kein Palast, sondern der Torbau einer bescheideneren Moschee dahinter. Beachtenswert an diesem Bau von um 1620 sind die ungewöhnlich langen Stützen an Balkonen und Vordächern mit reichen und extrem feinen Steinmetzarbeiten.

Die große Freitagsmoschee, **Juma Masjid (13)**, wurde von Ali Adil Shah I. 1567 errichtet, aber nie vollendet. Sie ist 137 × 70 m groß und bietet 2250 Gläubigen Platz. Über der Gebetshalle, neun Joche breit und fünf Joche tief, mit einem prächtigen, in Gold und kräftigen Farben gearbeiteten Mihrab, erhebt sich auf einem quadratischen Unterbau die halbrunde Kuppel von 17 m Durchmesser, gekrönt von einem Halbmond.

Gol Gumbaz (14), das Mausoleum Sultan Muhammad Adil Shahs (1627–1656), gilt als Hauptattraktion Bijapurs und trägt der Stadt den Vergleich mit Agra ein; dabei ist der Bau sicher eine einmalige technische Glanzleistung, erreicht jedoch nicht annähernd die ästhetischen Qualitäten des Taj Mahal. Auf einem gemeinsamen Sockel (180 × 180 m, 60 cm hoch) stehen ein Torbau mit Musikgalerie, der heute ein archäologisches Museum beherbergt, eine Moschee, ein Dharmashala und in der Mitte der Kuppelbau mit dem Grab. Sein Grundriß ist quadratisch, fast 60 × 60 m. Über vier siebenstöckige Ecktürme erhebt sich die Kuppel auf eine äußere Höhe von 59 m; innerer Durchmesser 37 m; (zum Vergleich St. Peter in Rom 38,5 m!). Die überkuppelte Gesamtfläche ist mit 1600 m² die größte der Welt! Unter der Kuppel läuft ein 3,60 m breiter Umgang, bekannt als Flüstergalerie. Der akustische Effekt geht leider meist im lautstarken ›Geflüster‹ mindestens dreier Schulklassen unter.

Im Norden der Zitadelle steht auf großer Grundfläche das unvollendete **Grabmal Ali Adil Shahs II.** (**15**; 1656–1672) und wenige hundert Meter westlich findet man das einfache **Grab Sikandars (16)**, des letzten Sultans. Die **Malika Jahan Moschee (17)** von 1587, im Westen der Zitadelle, sticht durch feine Steinmetzarbeiten hervor und ist die erste, bei der die Kuppel einen Dreiviertelkreis umschreibt. Geht man vom **Busbahnhof (18)** daneben westwärts, kommt man zuerst zu den schön in einem Park mit hohen Bäumen gelegenen **Grabbauten** von Khan Muhammad **(19)**, der wegen Hochverrats umgebracht wurde, seines Sohnes Khawas Khan **(20)** sowie des Heiligen Abdul Razzaq Qadir **(21)**. Nahe dem Mekka-Tor liegt das große **Wasserreservoir Taj Bauri (22)** mit eindrucksvollen Treppenanlagen und Türmen, benannt nach Taj Sultana, der Hauptfrau Ibrahims II. Eine ähnliche Anlage liegt im Nordwesten der Stadt: **Chand Bauri (23)**, benannt nach der berühmten Chand Bibi, die hier einige Jahre für den unmündigen Ibra-

him regiert hat, bevor sie zurück nach Ahmadnagar ging und die Stadt erfolgreich gegen ein Moghul-Heer verteidigte. Das **Mekka-Tor**, durch das jetzt nur ein Fußpfad führt, ist ein beeindruckendes Beispiel für die perfekten Verteidigungsanlagen Bijapurs.

Außerhalb der Stadtmauer liegt die Grabanlage **Ibrahim Rauza (24)**, Grab und Moschee Sultan Ibrahims II. (1580–1627), seiner Frau Taj Sultana, für die das Grabmal ursprünglich errichtet wurde, und weiterer Familienmitglieder. Diese zu Recht berühmte Anlage zeigt den Bijapur-Stil in seiner vollendeten Form. Innerhalb einer Gartenanlage von 137 × 137 m stehen sich das Mausoleum, umgeben von einer offenen Veranda, und die Grabmoschee auf einem gemeinsamen Sockel gegenüber. Beide tragen eine Dreiviertelkuppel auf einem Ring von Blütenblättern und zeigen eine Fülle feinster Steinmetzarbeiten als Bauschmuck. Die zahlreichen hohen Zierminarette dürfen ebenfalls als charakteristisch für Bauwerke in dieser Stilphase gelten.

Gulbarga

6 (S. 358), 53 km südwestlich von Bidar, 140 km nordöstlich von Bijapur, Distrikt-Hauptstadt, 311 000 Einw.

Muhammad ibn Tughluk konnte trotz aller Anstrengungen der vielen Aufstände in seinem Reich nicht Herr werden. So scharte beispielsweise Hasan Zafar Khan, einer der Adeligen an seinem Hofe, eine große Zahl Aufständischer um sich; 1347 wurde er unter dem Namen Alauddin Hasan Bahman Shah zum König gewählt, 1350 machte er Gulbarga als Hasanabad zu seiner Hauptstadt. Sein Reich teilte er in vier Provinzen: Gulbarga, Daulatabad, Berar und das moslemische Telingana, die von Gouver-

Gulbarga: Dargah des Hazrat Gesu Daraz, eines der heiligen Zentren des Islam auf dem Dekhan

neuren regiert wurden. In der Regierungszeit seines fähigen Sohns Muhammad I. (1358–1375) wurde die Stadt stark befestigt und die ersten religiösen Bauten entstanden: die Shah Bazar-Moschee, die Juma Masjid und das Grabmal des Herrschers. Nur die Regierungsjahre Muhammads II. (1378–1397) verliefen weitgehend friedlich, alle anderen Herrscher waren in endlose Kriege, hauptsächlich mit Vijayanagar, verwickelt. Im Inneren spitzte sich der Konflikt zwischen den alteingesessenen Adligen, den Dakhnis, und den Afakis, Zugewanderten aus Persien, Transoxanien etc.,

zu. Unter Tajuddin Firoz (1397–1422), einem gebildeten und fähigen Herrscher, kam 1401 der einflußreiche Moslemheilige Hazrat Muhammad Gesu Daraz nach Gulbarga. Nach dessen Tod verlegte Ahmad I. (1422–1436) 1424 die Hauptstadt nach Bidar. Sowohl während des 15./16. Jh. unter den Bahmanis und ihren Nachfolgern in Bidar, den Bariden, als auch ab Ende des 16. Jh. unter der Herrschaft Bijapurs blieb Gulbarga eine wichtige Provinzstadt; unter den Gouverneuren der Adil Shahis entstanden weitere prächtige Bauwerke in der Stadt.

Die Stadt wird von der stark befestigten **Zitadelle** beherrscht, die eine 16 m dicke Mauer mit halbrunden Bastionen und ein 30 m breiter Graben umschließen. Von den beiden Toren im Osten und Westen ist das letztere ein beeindruckendes Beispiel militärischer Architektur. Der Zugang führt in ständigen Windungen zwischen hohen Mauern durch vier Tore und vier Höfe. Überhaupt sollte man einen Spaziergang entlang der Mauer, auf der viele Kanonen liegen und von der sich herrliche Blicke bieten, nicht versäumen.

Die große Fläche innerhalb der Mauern wirkt hingegen ziemlich leer. Die **Bala Hisar** ist ein hoher, rechteckiger und vollkommen fensterloser Bau mit einigen halbrunden Bastionen. Den Eingang hoch oben an der Nordwand erreicht man über eine schmale äußere Treppe. Diese Zwingburg muß sowohl als Wachturm als auch als letzte Zuflucht gedacht gewesen sein. Der **Bazar** besteht aus zwei Reihen gleichartiger Räume entlang einer gepflasterten Straße, alle mit einem eigenen pyramidenförmigen Dach und separatem Eingang.

Die **Große Freitagsmoschee** (Juma Masjid) ist in ihrem Aufbau einmalig in Indien: Nur sie ist komplett überdacht und besitzt keine offenen Höfe. Der 70 × 60 m weite Raum wird von einer großen Kuppel über dem religiösen Zentrum, 75 kleinen über dem Hauptraum und vier mittelgroßen Kuppeln an den Ecken sowie drei Reihen von Spitzbogen an der Nord-, Ost- und Südseite überspannt. Der konsequente Aufbau, unterstützt durch das Fehlen jeglichen Schmucks an den Säulen, läßt faszinierende Perspektiven entstehen. Die Spitzbogen entlang der Außenseiten waren einst mit gemauertem Maßwerk ausgefüllt. Nach einer Inschrift bereits im

Jahre 1367 begonnen, wurde die Moschee vermutlich erst Anfang des 15. Jh. fertiggestellt. Sie faßt 5000 Menschen und war damit der größte Bau ihrer Zeit auf dem Dekhan. Das Fehlen eines Mimbars und der Waschanlagen legen die Vermutung nahe, daß der Bau den frühen Bahmani-Herrschern primär als Versammlungshalle zu politischen Anlässen diente. Eine oberflächliche Ähnlichkeit mit der Großen Moschee in Cordoba hat zu Spekulationen über ein Mitwirken spanisch-maurischer Baumeister geführt. Wahrscheinlicher ist jedoch eine Adaption arabischer oder persischer Vorbilder.

In den Feldern außerhalb des Westtors der Festung liegen die **Grabbauten der frühen Bahmani-Sultane**, einfache Baukörper auf quadratischem Grundriß mit nach oben leicht konisch zulaufenden Wänden, einer flachen Kuppel und Zierminaretten. Typisch sind die simplen, kantigen Spitzbogenfenster und die Spitzbogentür in der Mitte jeder Seite; deutlich erkennt man das Vorbild der Tughluk-Grabbauten. Nördlich der Grabstätten der ersten Könige steht die ihres geistigen Führers und Lehrers, des Heiligen Shaykh Sirajuddin Junaydi. Dem einfachen Grab und einer schmucklosen kleinen Moschee aus dem späten 14. Jh. fügte Yusuf Adil Khan im frühen 16. Jh. einen monumentalen Torbau mit zwei flankierenden hohen Minaretten hinzu.

Die in dem Stadtteil nördlich des Forts gelegene älteste Moschee Gulbargas, die **Shah Bazar-Moschee** aus der Zeit Muhammads I., wurde zum Vorbild aller nachfolgenden Moscheebauten auf dem Dekhan. Umfassungsmauer und Gebetshalle schließen einen quadratischen Raum ein. Den Eingang in der Mitte der Ostseite bildet ein überkuppelter würfelförmiger Baukörper mit einem

Spitzbogen als Öffnung an jeder Seite. Das von 15 × 6 Kuppeln geformte Dach der Gebetshalle tragen schlichte gemauerte Säulen.

Auf der östlichen Seite der Stadt liegen die **Grabstätten der späteren Bahmani-Sultane**, die von Gulbarga aus regierten. Die Gruppe heißt nach der Anzahl der Kuppeln **Haft Gumbad**, sieben Kuppeln. Anders als bisher sind hier nun die Mausoleen von Dawud I. und Tajuddin Firoz aus zwei Kuppelbauten zusammengesetzt und durch einen schmalen Gang verbunden. Der aufwendige Stil der Bahmanis zeigt sich hier bereits voll ausgereift.

Nordöstlich des Haft Gumbad erstreckt sich ein ausgedehnter Komplex von Grabbauten, Moscheen, Schulen, Pilgerunterkünften und Höfen, der **Dargah des Hazrat Gesu Daraz**. Diese Anfang des 15. Jh. von dem Moslem-Heiligen gegründete Institution stellt auch heute noch eines der heiligen Zentren des Islam auf dem Dekhan dar. Das Mausoleum des Gründers, errichtet 1422, ist ein stolzer Bau mit einer zweistöckigen Fassade, reichem ornamentalen Bauschmuck und einer aufwendig ausgemalten Kuppel im Inneren.

Weiter im Südosten liegt auf einem Hügel, umgeben von anderen Moslem-Grabbauten, der **Dargah des Shah Kamal Mujarrad**, eines Heiligen, der ebenfalls in Gulbarga lebte. Der Komplex besteht aus einem einfachen Grabmal im Stile des späten 14. Jh., einer kleinen, mit feinen Stuckarbeiten versehenen Moschee und zwei weiteren Gebäuden.

Bidar

[7] (S. 353), 53 km nordöstlich von Gulbarga, Distrikthauptstadt, 133 000 Einwohner

Die von Touristen wenig besuchte Stadt auf 750 m Höhe hat außer einem gesunden Klima und dem Reiz einer ländlichen Moslem-Stadt zahlreiche beeindruckende Baudenkmäler zu bieten.

Bidar besaß schon zur Zeit der Chalukyas von Kalyani eine kleine, aber wichtige Festung. Später gehörte es zum Königreich von Warangal und wurde 1322 von Ulugh Khan, dem späteren Muhammad ibn Tughluk, erobert, zu dessen Reich es gehörte, bis er durch Alauddin Hasan Bahman Shah vom Dekhan verdrängt wurde. Der neunte der Bahmani-Sultane, Shihabuddin Ahmad I., verlegte 1424 seine Hauptstadt von Gulbarga nach Bidar. Als das Reich unter seinen schwachen Nachfolgern zu zerbrechen drohte, machte Alauddin Humayun (1458–1461) den fähigen Perser Khwaja Mahmud Gavan zu seinem Premierminister. Die Provinzgouverneure erzwangen nach und nach ihre Unabhängigkeit, und die Premierminister der Familie Baridi beherrschten den Reststaat, bis sich Ali Barid 1543 selbst zum König machte und eine neue Dynastie gründete. 1619 wurde Bidar von Ibrahim Adil Shah annektiert und gehörte hinfort zu Bijapur, bis es 1656 von Aurangzeb erobert und dem Moghul-Reich eingegliedert wurde. 1724 fiel es an Hyderabad.

Stadt und Fort liegen auf einem ansteigenden Plateau, das im Norden und Osten bis zu 100 m steil abfällt. Das Fort, stark befestigt mit gewaltigen Mauern und meist polygonalen Bastionen, sichern nach Westen und gegenüber der Stadt im Süden zusätzlich drei aus dem Lateritboden herausgeschlagene Gräben, im Südosten verbinden es drei befestigte Tore mit der Stadt.

Das älteste und wichtigste Gebäude im großräumigen Inneren der Festung, die Solah Khamba Moschee, stammt

Bidar: Die Madrasa des Khwaja Mahmud Gavan hat ihre Vorbilder in den Bauten der Timu-riden in Zentralasien

nach einer Inschrift von 1327, aus der Zeit Muhammad Ibn Tughluks, und wurde später erneuert.

Die Palastbauten zerfielen zu Ruinen. Das Takht Mahal war wohl der Palast von Shihabuddin Ahmad I., an einem hohen Torbau im Westen lassen Überreste von farbigen Fliesen die einstige Pracht ahnen. Das Rangin Mahal nahe dem Tor, der besterhaltene Teil, bietet ein gutes Beispiel der Palastarchitektur zur Zeit Ali Barids. Die Säulen, Konsolen und Deckenbalken aus edlem Holz oder hartem Stein, kunstvoll bearbeitet und mit Perlmutt ausgelegt, zeigen sowohl Moslem- als auch Hindu-Motive.

Eine Mauer mit mehreren befestigten Toren umschließt die Stadt. Zwei Hauptstraßen schneiden sich im rechten Winkel, an deren Kreuzung steht ein massiver, 23 m hoher Turm aus der Zeit Ahmads I.; der **Chaubara** genannte Bau diente vermutlich der Beobachtung und Überwachung. Die Hauptbasarstraße verläuft in Ost-West-Richtung. An der Nord-Süd-Achse liegen einige der wichtigsten Gebäude der Stadt, so südwestlich der Kreuzung die **Juma Masjid**, ein schlichter Bau der späten Bahmani-Zeit vom Anfang des 16. Jh., von den Baridis erneuert und ausgeschmückt. Nahe dem nördlichen Ende der Straße steht an der Straße der Torbau eines verschwundenen Palastes, **Takht-i Kirman** genannt; an der Fassade des gut erhaltenen Baus von 1430 erkennt man Stuckarbeiten, die zu den feinsten der Bahmani-Zeit gehören.

Das wichtigste Bauwerk der Stadt, die **Madrasa des Khwaja Mahmud Gavan** von 1472, steht für den wachsenden Einfluß der persischen Afakis am Hofe der Bahmani-Sultane und die Ausbreitung des Shiismus. Der dreistöckige, um einen quadratischen Innenhof angeordnete Bau mit ehemals zwei hohen Minaretten wurde nach dem Vorbild der Koranschulen der Timuriden-Zeit in Zentralasien errichtet. Von dem leuchtenden Fliesenschmuck an Minarett und Fassade blieben nur noch Teile erhalten. Das Gebäude wurde 1695 durch Blitzschlag stark beschädigt.

Bei **Ashtur**, in den Feldern östlich der Stadt, drängen sich dicht beieinander die **Grabbauten der Bahmani-Sultane**; der späte Bahmani-Stil zeigt zunehmend persischen Einfluß. Die Wände sind nicht mehr nach innen geneigt, die Kuppeln wirken voll und rund. Das früheste und eines der schönsten Mausoleen, das von Shihabuddin Ahmad I. (1422–1436), beeindruckt durch die in kräftigen Farben mit floralen, geometrischen und arabesken Motiven ausgemalte Kuppel. Am Grabmal Alauddin Ahmads II. (1436–1458) fallen die ungleich hohen Spitzbogen und Reste schöner Fliesendekorationen auf.

1 km stadtwärts steht der **Chawkhandi** genannte Grabbau für den shiitischen Heiligen Khalil Allah (gestorben 1460). Ungewöhnlicherweise wird der quadratische Kuppelbau mit dem Grab von einer achteckigen, zwei Stockwerke hohen Umbauung eingeschlossen. Man beachte die schöne Kalligraphie in schwarzem Basalt.

Westlich der Stadt liegen, etwas weiter voneinander entfernt, da sie einst von schönen Gartenanlagen umgeben waren, die **Gräber der Baridi-Sultane**. Die Wände sind durch Spitzbogennischen gegliedert: je zwei kleine zu beiden Seiten eines größeren. Die Zinnen der umlaufenden Brüstung und die Basis der unten leicht eingezogenen Kuppel zeigen sorgfältig gearbeitete florale Verzierungen. Eindrucksvoll ist die Grabanlage von Ali Barid (1543–1580).

Von Goa entlang der Küste nach Mangalore

Die gesamte Küste Karnatakas, gesäumt von Hunderten Kilometern feiner Strände, ist weitestgehend touristisches Niemandsland, abgesehen von einigen Plätzen, die von Hindus und Jains aus religiösen Gründen aufgesucht werden. Um die Region verkehrsmäßig zu erschließen, kommt zum NH 17, der von z. T. privaten Linienbussen viel befahren wird, bald noch die Konkan-Bahn hinzu.

Gokarn

1 150 Kilometer südlich von Panjim und 50 Kilometer südlich der Distrikthauptstadt Karwa, dem wichtigsten Hafen des nördlichen Teils der Küste, liegt der sympathische kleine Ort zwei Kilometer abseits des NH 17.

Gokarn ist mit dem Mahabaleshvara-Tempel und seinem Atmalinga der heiligste Platz in diesem Teil Indiens und ein Zentrum für Sanskritstudien. Die Frauen der Halaki Gowda, die hier die Bevölkerungsmehrheit stellen, fallen auf durch ihre aparte Kleidung und ihren Schmuck. Von Pilgerunterkünften abgesehen, gibt es nur wenige einfache Pensionen an der Hauptstraße. Dafür erstrecken sich die paradiesischen Strände bis zum Horizont.

Jog Falls

2 (S. 363), 52 km südlich von Sirsi, ca. 55 km von Honavar oder Bhatkal an der Küste.

Entlang der Küste nach Mangalore

Der Fluß Shiravati stürzt hier in vier einzelnen Kaskaden (Rani, Rocket, Raja, Roarer) nebeneinander in eine 260 m tiefe Schlucht. Allerdings stürzt dieser höchste Wasserfall Indiens nur während des Monsuns oder kurz danach, ansonsten rieselt er. Ein eindrucksvoller Panoramablick bietet sich von der anderen Seite der Schlucht.

Bhatkal

3 (S. 353), 85 km nördlich von Udipi, 135 km südlich von Karwar.

Das moderne ›Zentrum‹ der Stadt ist eine Straßenkreuzung an der großen Nord-Süd-Küstenstraße NH 17: Shamshuddin Circle. Der eigentliche Ort und der Hafen liegen an einer kleinen Lagune, verborgen zwischen Kokospalmen. Die Stadt mit einem hohen Bevölkerungsanteil von Moslems war im 15./16. Jh. ein wichtiger Hafen, über den – wie auch über Mangalore und Goa – Pferde aus Arabien importiert wurden. Heute liegen bunt bemalte Kutter am Kai und auf dem Pflaster Garnelen zum Trocknen. Abends verläßt eine ganze Flottille kleiner Boote zum Fischfang die schützende Bucht.

Aus Bhatkals großer Zeit blieben einige kleine, aber originale Tempel erhalten, vollendete Nachbildungen von Holzbauten in Stein, die perfekt den klimatischen Bedingungen besonders der Monsunzeit gerecht werden: Die schrägen Dachflächen lassen das Wasser ablaufen, die Steinlamellen der Seitenwände die Luft zirkulieren. Manche, wie der Santappa Nayak Tirumal, stehen dazu noch auf einer Art von Stelzen.

Der große Jain-Tempel **Chandranatheshvara Basti** westlich der Straße wirkt außen wie innen sehr streng. Beachtenswert sind die fein gearbeiteten Torhüter (Dvarapalas). Im Osten der

Jog Falls

Straße stehen zwischen niedrigen Häusern und hohen Palmen einige schöne Tempel wie der von einer Mauer umgebene **Ketapai Narayana Devasthana,** dessen Kolonnaden nur an der Eingangsseite erhalten blieben (am Sockel Darstellungen aus dem Alltag). Im Tempel ein Kultbild Vishnus und fein ausgearbeitete gedrungene Säulen mit Skulpturen. Neben der Tür Dvarapalas und rund um den Tempel am Sockel Darstellungen aus dem Ramayana. Auch der **Santappa Nayak Tirumal** blieb gut erhalten; seine Kolonnaden werden als Wohnungen benutzt. Im **Narasimha-**

Tempel sind das Kultbild und die Decke mit den Acht Dikpalas interessant.

Einige Kilometer nordwärts, beim Abzweig zum Ort Murdeshvara, stehen in einem Mauergeviert etwa 20 **Helden-** und **Sati-Steine.** Von Bhatkal gibt es eine direkte Busverbindung zu den Jog Falls. Die schöne Fahrt führt die Westlichen Ghats hinauf und entlang dem **Hirebhasagar-Stausee.** Interessant ist auch eine Fahrt über Honavar, ein Hafenstädtchen in reizvoller Lage an der Mündung des Shiravadi-Flusses, weiter mit dem Boot bis Gersoppa (mit Ruinen aus der Zeit der ›Pfeffer-Königin‹ in der

Bhatkal, Relief von einem Fries mit häuslichen Szenen am Ketapai Narayana Devasthana

Nähe) und dann über die Ghat-Straße zu den Wasserfällen.

Maravanthe

4 39 km nördlich von Udipi.

Die Fahrt von Udipi entlang der Küste nordwärts kann man ebenfalls genießen. Die schmale Küstenebene wird von Palmenhainen und Reisfeldern bestimmt, die Hügel dahinter sind oft kahl. In mehr oder weniger großer Entfernung sieht man immer die Kammlinie der Westlichen Ghats. Die Städte, z. B. Coondapur und Honavar, liegen oft reizvoll an Flußmündungen oder Lagunen. 9 km nördlich von Coondapur liegt der angenehme Strand von Maravanthe. Die Straße läuft hier mehrere Kilometer dicht hinter der Küste (keine Unterkünfte in unmittelbarer Nähe).

Udipi

5 (S. 400), 58 km nördlich von Mangalore, 55 km nordöstlich von Mudabidri.

Udipi, Namensgeber für unzählige vegetarische Restaurants in ganz Indien, ist ein freundliches, altertümliches, aber lebendiges Städtchen im dichten Kokospalmengrün der Küstenebene. Hier liegt die Keimzelle der vishnuitischen Dvaita-Sekte. Ihre Anhänger heißen auch Madhvas nach Madhvacarya, der im 12./13. Jh. diese religiöse Richtung begründet hat und hier in Udipi mit dem Bau des Krishna-Tempels ein religiöses Zentrum schuf.

Der **Krishna-Tempel** ist eine bemerkenswerte Anlage: Es macht Spaß, ihn zu erkunden und das vielfältige Tempelleben zu beobachten. Drei Torhüterpaare bewachen den Hauptschrein, doch Krishna zeigt den Eintretenden den Rücken. Grund für diese Kehrtwendung war der Hochmut eines Brahmanen, der einst ein Bäuerlein aus dem Tempel warf. Der fromme Mann ging zur Rückseite des Schreins, um seinem Gott zu huldigen – da drehte sich dieser ihm zu. Man kann das eigenwillige Kultbild durch ein schönes Silbergitter in der

Tempelrückwand betrachten; auch die Pujaris haben ihre Aktivitäten hinter den Schrein verlegt.

Im Säulengang um das Heiligtum, dessen Wände mit naiven Malereien bedeckt sind, sitzen fromme Männer, die in heiligen Schriften lesen und aus diesen rezitieren. In den Tiefen des Tempelkomplexes gelangt man zu Schreinen für andere Götter, z. B. für Shiva. In dunklen Fluren bereiten Brahmanen Sandelholzpaste oder trennen Kokosnüsse aus der äußeren Schale. Man kommt an großen Stallungen mit Reihen ›glücklicher Kühe‹ vorbei, und in einer der hinteren Hallen stößt man plötzlich auf eine Versammlung von Göttern: Prozessionsfiguren. Am äußersten Ende steht in einem Pavillon der Tempelelefant, sicher auch glücklich. Neben dem Tempel drängen sich auf einer Seite des Tempelteichs Fische und Schildkröten, und davor stehen die großen Tempelwagen für das Tempelfest im Januar.

Um den großen Platz, dessen Mitte ein unbedeutender Tempel mit einer bemalten Fassade bildet, stehen die schönen alten Häuser der **Mathas** oder Klostergemeinschaften. Über den Eingängen sieht man oft Schnitzereien und Malereien der Vishnu-Avatare wie Narasimha und Varaha. Schräg gegenüber dem Krishna-Tempel liegt der **Anandeshvara-Tempel**; der interessante Bau mit einer Apsis, einem zweiten Stockwerk über dem Sanktum sowie mit Steinplatten gedeckten Schrägdächern verrät deutlich seine Herkunft aus der Holzarchitektur. Das Tempelinnere ist für Touristen tabu. In den Kolonnaden um den Tempel herum finden sich zahlreiche neuzeitliche Götterdarstellungen.

5 km östlich liegt am Hang der ersten Vorberge der Westlichen Ghats Manipal, die moderne Schwesterstadt Udipis. Hier gibt es außer einer der modernsten

medizinischen Hochschulen des Landes und anderer Forschungs- und Bildungseinrichtungen einige gute Hotels.

Mangalore

6 (S. 377), Distrikthauptstadt, 240 km westnordwestlich von Mysore.

Mangalore liegt an einer Lagune hinter der Küste und ist von alters her ein wichtiger Hafen, wie uns schon Ibn Battuta, der arabische Weltreisende aus dem 14. Jh., berichtet. Haidar Ali ließ hier seine Schiffe bauen. Heute ist Mangalore ein wichtiger Exporthafen für Kaffee und Cashew-Nüsse und inzwischen auch eine moderne Industriestadt. Attraktionen gibt es in der Stadt kaum, aber mit ihren guten Hotels eignet sie sich als Ausgangspunkt einer Rundfahrt zu sehenswerten Jain-Kultstätten und Mudabidri. 8 km südlich von Mangalore gibt es in Ullal einen schönen Strand und ein sehr gutes Hotel.

Das Hinterland von Udipi und Mangalore: Mudabidri

7 (S. 379), 30 km nordöstl. Mangalore.

Mudabidri ist ein verschlafenes Städtchen, herrlich in Grün eingebettet, was die Orientierung jedoch etwas erschwert. Der Name Mudabidri bedeutet ›Bambushain im Osten‹ (der Küste). Bambus gibt es zwar heute weniger, dafür um so mehr Kokos- und Areka-Palmen. Mudabidri, genannt ›Jain Kashi (Benares) Südindiens‹, war schon um die Zeitenwende eine reiche Stadt und ein wichtiges religiöses Zentrum. Eine Katastrophe unbekannter Art ließ den Platz veröden. Jahrhunderte später sah ein Jaina-Mönch – so erzählt es die Legende – im Dschungel eine Kuh und einen Tiger friedlich nebeneinander aus einem Teich trinken. Er ging dem Phänomen nach und fand an dieser Stelle im Boden eine Granitstatue des Parshvanatha. Daraufhin weihte er das Kultbild aufs neue und baute einen großen Tempel, das Guru Basadi: Die Stadt erwachte wieder zum Leben.

Heute gibt es hier 18 Tempel, entstanden in der Zeit zwischen dem 12. und 15. Jh. Sie stehen konzentriert entlang der **Jain Temple Street**, wo sich auch das **Guru Basadi** befindet. In diesem werden kostbare Palmblattmanuskripte und wertvolle Kultbilder, aus edlen Metallen und mit Edelsteinen besetzt, aufbewahrt.

Der eindrucksvollste Tempel, das **1000-Säulen-Basadi**, liegt etwas abseits, umgeben von einer hohen Mauer, entlang deren Innenseite ein Säulengang läuft. Die große, mehrstöckige Anlage wurde 1429 erbaut und 1451 um die große Halle erweitert. Sie erinnert mit ihren von skulptierten Holzpfeilern getragenen Pagodendächern an Nepal, entspricht aber im Aufbau den Hindu-Tempeln der Malabar-Küste: mehrere Hallen hintereinander mit hohen, ornamentierten Granitsäulen. Im Sanktum befindet sich eine Sammlung von Bronzen, am Sockel außen sieht man Flachreliefs, u. a. von einer Giraffe und einem chinesischen Drachen, was die weltweiten Kontakte der Jaina-Kaufleute dokumentiert, vor dem Eingang eine knapp 17 m hohe Säule (Manastambha).

Nicht weit entfernt steht der alte **Palast** der örtlichen Fürsten, der Chautas. Durch ein äußeres, von Elefanten flankiertes Tor gelangt man in einen weiten Hof, durch ein zweites Tor schließlich zu dem relativ kleinen, unscheinbaren Palast aus dem 17. Jh. Das Dach der Halle, die sich zum Innenhof öffnet, wird von mächtigen Holzsäulen mit großartigen Schnitzereien getragen. Interessant die Darstellungen von Tieren, die sich aus Körpern von Mädchen zusammensetzen. Am anderen Ende des Ortes stehen ca. 15 **Grabmale** für prominente Jaina-Mönche. Sie bestehen aus Laterit-Quadern und haben die Form von Pagoden.

Venor

8 Erreichbar von Beltangadi aus. Standort einer 12 m hohen monolithischen Statue des Gomateshvara aus dem Jahre 1604.

Sringeri

9 (S. 395), 90 km östlich von Udipi, 100 km nordwestlich von Belur. Sringeri liegt, umgeben von Wäldern und weitab der großen Zentren, in 800 m Höhe oberhalb der regenreichen Westlichen Ghats.

Hier gründete der große Reformer Shankara die berühmte shivaitische Klostergemeinschaft Amnaya Matha, hier verließ er auch auf geheimnisvolle Weise unsere Welt. Zuerst wurde an diesem heiligen Platz ein Lingam aufgestellt, später ein kleiner Tempel gebaut und um 1350/60 schließlich von den Gründern des Vijayanagar-Reiches, Harihara und Bukka, für ihren geistigen Lehrer, den Weisen Vidyaranga, der großartige **Vidyashankara-Tempel** errichtet. Dieses bemerkenswerte Bauwerk aus rötlichem Granit, ein wahres künstlerisches Experiment, vereinigt harmonisch Elemente verschiedener indischer Stile. Der Grundriß hat die Form zweier nebeneinander liegender und miteinander verbundener Kreise, d. h. der Bau besitzt zwei Apsiden. Im westlichen Teil befindet sich, durch einen Umgang von der Außenmauer getrennt, das Sanktum, welches außer der zentralen Cella mit dem Vindyashankara-Linga drei weitere von Süden, Westen und

Osten zugängliche Schreine für Brahma und Sarasvati, Vishnu und Lakshmi sowie Mahesha (Shiva) und Uma umfaßt. Dazu kommen noch zwei Kulträume für Durga und Ganesha. Den östlichen Teil des Innenraums bildet eine Halle mit zwölf Kompositpfeilern. Ihr Motiv sind brüllende Vyalas über unterwürfigen Elefanten. Die Säulen, mit Tierkreiszeichen markiert, werden nacheinander von dem durch die drei Eingänge einfallenden Sonnenlicht getroffen. Über dem Sanktum steht der sich über drei Stockwerke verjüngende und von Shikhara und Stupi gekrönte Turm.

Der Tempel steht auf einer Terrasse, die der äußeren Form des Baukörpers folgt. Über einem Sockel mit Reihen von Friesen folgen rund um den Tempel Nischen mit Abbildern der Götter: die Avatare Vishnus, sogar ›eingemeindete‹ Buddhas und Tirthankaras, vielfältige Erscheinungsformen Shivas und der Devi. Die Dvarapala-Paare an den sechs Toren tragen die Symbole Vishnus, Shi-

vas und Brahmas. Die im Zickzack geführten Baulinien der Apsiden und des Turmes ergeben je nach Sonnenstand überraschende rhythmische Effekte.

Auf dem Gelände gibt es noch weitere Tempel. Die kleineren im Westen sind früheren Datums, der große, außen fast schmucklose **Sharadoka-Tempel** im Norden ist das Hauptziel der vielen Pilger. Um das Sanktum aus poliertem schwarzen Stein sind andere Schreine mit interessanten großen Bronzen und u. a. einem silbernen Tempelwagen angeordnet. Am Ghat unterhalb des Tempels füttern die Pilger Schwärme großer, gieriger Fische, auf der anderen Flußseite besuchen sie die Hütte des Weisen.

Ein Erlebnis ist schon die Fahrt von Udipi nach Sringeri. Am Fuße der Berge beginnen ausgedehnte Wälder, bei Rameshvaram liegt ein Wildschutzgebiet. Dann geht es durch herrliche Wälder über vierzehn Haarnadelkurven die Agumbe Ghat Road hinauf zum **Sunset Point** mit großartigem Fernblick.

Mädchen in Gokarn

Andhra Pradesh Von Hydera- bad nach Tirupati

Andhra Pradesh darf als besonders signifikantes Beispiel für die Entwicklung der Bundesstaaten gelten. Bestrebungen, den telugusprachigen nördlichen Teil der ehemalig direkt von den Briten regierten ›Madras Presidency‹ mit den übrigen telugusprachigen Gebieten zu einer Provinz zu vereinigen, gab es schon seit Anfang unseres Jahrhunderts. 1953 konnte ein Teil des Planes verwirklicht werden. Elf Distrikte im Südwesten des heutigen Staates und entlang der Küste sowie einige kleinere Gebiete im Grenzbereich zu Karnataka, wurden zu einer Provinz zusammengeschlossen, zu Andhra Pradesh, d. h. ›Land der Andhra‹, nach alten Quellen der Name des Volkes, welches diese Gebiete ursprünglich bewohnte. 1956 wurde dem neuen Staat dann auch Telengana, das vormalige Herrschaftsgebiet des Nizams von Hyderabad, angegliedert. 1960 erlangte der Staat mit einem kleinen Gebietsaustausch zwischen Madras und Andhra Pradesh seine heutige Form.

Andhra Pradesh, mit 277 000 km² der zweitgrößte Staat unseres Reisegebietes, hat 60 Mio. Bewohner, wobei sich die Bevölkerung in den fruchtbaren Küsten- und den weiten Schwemmlandebenen der Flußmündungen konzentriert, während die kargen Granitlandschaften hinter den Östlichen Ghats relativ dünn besiedelt sind. Wo Landwirtschaft möglich ist, liefert das Hochland in bescheidenem Umfang die gleichen Produkte wie die vergleichbaren Dekhan-Gebiete Karnatakas, während in den küstennahen Gebieten alles im Überfluß gedeiht: Reis, Zuckerrohr, Bananen, Palmenprodukte, Tabak und Mais. Im Gebiet um Guntur floriert die Viehzucht.

Von den reichen Mineralienvorkommen des Landes baut man Asbest, Glimmer, Graphit und Mangan ab. Vor der Küste wird unter Schwierigkeiten die Erdölgewinnung vorangetrieben. Die wenige Industrie konzentriert sich um den Hafen Vishakhapatnam. Hyderabad ist mit jetzt 5 Mio. Einwohnern die Hauptstadt des Bundesstaates und die fünftgrößte Stadt der Indischen Union. Die bedeutende islamische Minderheit Hyderabads spricht Urdu, eine dem Hindi verwandte, mit arabischen Lettern geschriebene Sprache.

Hyderabad – Stadt der Perlen

■ (S. 361) Als die Qutb Shahi-Dynastie im nahen Golkonda auf der Höhe ihrer Macht stand, gründete 1590 ihr fünfter Herrscher, Muhammad Quli Qutb Shah (1580–1612), Bhagnagar am Südufer des Flusses Musi. Mit dem Char Minar als Zentrum der städtebaulich wohldurchdachten Stadt setzte sich der kunstsinnige Fürst ein bleibendes Denkmal. Sein Nachfolger Sultan Muhammad Qutb Shah (1612–1626) baute die riesige Mecca Masjid, und Sultan Abdullah Qutb Shah (1626–1672), der nächste Herrscher, wurde von Aurangzeb aus der Stadt vertrieben. 1687 fiel auch Golkonda an die Moghuln.

Nach Aurangzebs Tod 1707 verloren die schwachen Kaiser in Delhi rasch die Kontrolle über ihre fernen Provinzen

◁ *Die Krishna bei Amaravati*

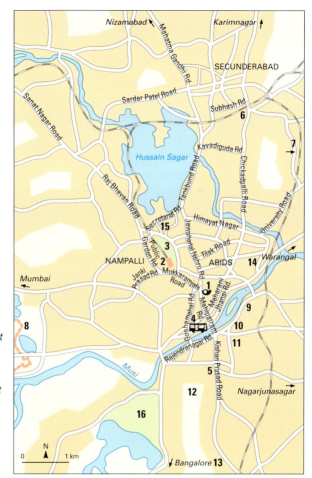

Hyderabad

1 Hauptpostamt
2 Bahnhof von
   Hyderabad
3 Public Gardens/
   Archäologisches
   Museum
4 Busbahnhof
5 Char Minar/
   Juma Masjid/
   Mecca Masjid
6 Bahnhof von
   Secunderabad
7 Osmania-
   Universität
8 Festung
   Golkonda
9 Badshahi Ashur
   Khana
10 Salar Jang-Palast
11 Purani Haveli
12 Chaumahalla-
   Palast
13 Faaknuma-Palast
14 King Kothi
15 Shri Vekatesh-
   vara-Tempel
   (Birla Mandir)
16 Zoo und
   Nehru-Park

und die Statthalter der Krone entwickelten sich zu selbständigen Fürsten. Asaf Jah (1671–1748), ein fähiger Staatsmann turkmenischer Herkunft, avancierte 1713 zum Vizekönig des Dekhan mit dem Titel Nizam-ul-Mulk. 1724 besiegte er Mubariz Shah, den der wankelmütige Moghul-Herrscher gegen ihn ausgesandt hatte, und etablierte sich als de facto unabhängiger Fürst in Hyderabad. Seine Nachfolger waren Figuren der Engländer oder Franzosen im blutigen Spiel um die Macht in Süd-Indien. Der fünfte Nizam Ali schlug sich letztlich auf britische Seite, und die Herrscher von Hyderabad stiegen unter der diskreten Kontrolle britischer Residenten zu den ranghöchsten Fürsten Indiens auf.

1948 wurde auch der Nizam gezwungen, sein Reich in die Union einzubringen. Er hegte noch Ambitionen, sich selbständig zu machen. Indem er sich jedoch durch eine radikale Moslem-Vereinigung unterstützen ließ, schuf er selbst

Char Minar, Mittelpunkt und Wahrzeichen von Hyderabad

die Begründung für eine Militäraktion der Zentralregierung: Die 85 % Hindus in der Bevölkerung des Fürstentums mußten geschützt werden. Mir Osman Ali Khan Asaf Jah, der siebte Nizam, lenkte ein und dankte ab; er starb 1967. Telengana, der größte Teil des ehemaligen Staatsgebietes des Nizam, wurde 1956 mit anderen telugusprachigen Landesteilen zusammengeschlossen; Hauptstadt des neuen Bundesstaates Andhra Pradesh wurde **Hyderabad**.

Das moderne Zentrum der Stadt, mit 4,5 Mio. Einwohnern die fünftgrößte Indiens, liegt zwischen dem Fluß Musi im Süden und dem großen, künstlich angelegten See Hussain Sagar im Norden.

Hier lag auch schon die Stadt der späten Nizams; ihren Mittelpunkt bildet der Stadtteil **Abids**, wo sich in den vielen Basaren das kommerzielle Leben der Stadt konzentriert. Im Süden, nahe dem Fluß, stehen prächtige Kuppelbauten des 19. Jh. im indosarazenischen Stil wie das riesige Osmania General Hospital.

Secunderabad, aus dem Cantonment der Engländer erstanden und heute mit Hyderabad zu einer Zwillingsstadt zusammengewachsen, erstreckt sich nördlich des Hussain Sagar. Man erreicht es über eine eindrucksvolle Uferstraße, besetzt mit zahlreichen Denkmälern. Wichtig ist Secunderabad wegen seines Bahnhofs, der der Hauptbahnhof der Zwillingsstadt ist.

Zwischen Hyderabad und Secunderabad liegt im Osten das ausgedehnte Gelände der **Osmania Universität**. Im Westen der Stadt, zehn Kilometer vom Zentrum, liegen die Festung **Golkonda** und die **Gräber der Qutb Shahi Sultane**.

Südlich der Musi liegt die Altstadt, die Stadt der Qutb Shahis, zum Teil noch in den Mauern, die der Moghul-Statthalter Mubariz Khan später aufführen ließ. Mittelpunkt und Wahrzeichen Hyderabads ist der mächtige Bau des **Char Minar** (Vier Türme). Über quadratischem Grundriß ruhen drei Stockwerke auf 15 m hohen Bögen, die sich nach vier Seiten öffnen; an den Ecken reichen vier Minarette 53 m hoch in den Himmel. Über den Torbogen ziehen sich Arkadengänge um den Bau, in dessen Innerem sich u. a. eine Moschee befindet. Errichtet wurde dieser bemerkenswerte Bau 1591, kurz nach der Stadtgründung, der Legende nach zum Gedenken an eine gerade überstandene Epidemie. Der Blick von oben über die Kuppeln der Stadt und auf das Menschengewimmel zu seinen Füßen ist überwältigend. Der selbstmörderische Sprung einiger Frauen in die Tiefe veranlaßte die Behörden, den Aufstieg vorübergehend zu sperren und aufwendige Sicherheitseinrichtungen zu installieren.

Am Char Minar schneiden sich rechtwinklig die Nord-Süd-Achse der Stadt und die in Ost-West-Richtung verlaufende Hauptbasarstraße. Nur wenig nördlich davon werden an einer Kreuzung die gleichen städtebaulichen Akzente gesetzt: Vier gewaltige Bogen, **Char Kaman** überspannen die abgehenden Straßen. Zwischen den beiden Kreuzungen führt ostwärts eine Gasse zur **Juma Masjid** mitten im Basar. Sie

ist, 1598 ebenfalls von Muhammad Quli Qutb Shah erbaut, die älteste Moschee der Stadt.

Im Südwesten, unmittelbar gegenüber vom Char Minar, steht die **Mecca Masjid**, mit einem Fassungsvermögen von 10 000 Menschen eine der größten Moscheen Indiens; sie wurde aus riesigen Granitquadern erbaut, der Fassade der Großen Moschee in Mekka nachempfunden. Außerdem sollen in die Pfeilerbogen Ziegel eingelassen sein, die aus Erde von Mekka geformt wurden. Der Bau der Moschee, 1614 begonnen, wurde erst unter Aurangzeb vollendet. In dem langgestreckten Bau links vor der Moschee befinden sich die Gräber der Herrscher seit Nizam Ali.

Meist im Gewirr enger Gassen liegen versteckt einige alte Paläste; leider wurden die der Qutb Shahis fast vollständig zugunsten von Neubauten der nachfolgenden Herrscher abgerissen. Eine Halle, die auf Muhammad Quli Qutb Shah zurückgeht, ist noch im **Badshahi Ashur Khana** zu sehen, nahe dem Palast von **Salar Jang**. Der ›Alte Palast‹ des Asaf Jah, **Purani Haveli**, liegt ungenutzt im Nordosten vom Char Minar. Südlich davon erstreckt sich der ausgedehnte Komplex des **Chaumahalla-Palastes**, seit dem 18. Jh. die Residenz der Nizams, und auf einem Hügel im Süden außerhalb der Stadt steht der **Faaknuma-Palast**, aus dem 19. Jh., der sich noch im Besitz der Fürstenfamlie befindet. Die ›griechische‹ Fassade sieht man gut vom Zug aus, wenn man gen Süden fährt.

In den Stadtteilen nördlich der Musi gibt es viele meist öffentliche Gebäude aus dem 19. Jh., die mit ihren Kuppeln und Ornamenten zur orientalischen Atmosphäre der Stadt beitragen. Versteckt in den Basaren liegen die ehemalige **Britische Residenz**, erbaut 1803 und heute eine höhere Mädchenschule, sowie der **King Kothi**, wo der letzte Nizam bis zu seinem Tod lebte. (Leider ist der Zutritt schwierig.)

Auf einem der beiden Hügel nahe den Public Gardens steht der **Shri Venkateshvara Tempel,** die neueste Attraktion Hyderabads. Dieser handwerklich vorzüglich gearbeitete Tempelkomplex aus makellos weißem Marmor im ›All India-Mischstil‹ wurde in den 70er Jahren von dem Großindustriellen Birla gestiftet, deshalb sein volkstümlicher Name ›Birla Mandir‹ – der richtige Platz, um den Sonnenuntergang zu erleben und dabei halb Hyderabad zu treffen! Angenehm sind auch die Public Gardens zur Erholung von der Hektik der Stadt und ihrer abgasgesättigten Luft. Zwischen hohen alten Bäumen, Rasenflächen und Teichen verstreut liegen hier u. a. Parlamentsgebäude und -bibliothek, eine Moschee und ein bunt bemaltes Tempelchen, die Jubilee Hall, erbaut anläßlich des letzten Nizams Thronjubiläum 1934, ein Freiluftkino und das **Archäologische Museum**.

Letzteres ist in einem interessanten nizamzeitlichen Bau untergebracht. Die Sammlungen sind nicht groß und nicht gerade nach modernsten museumsdidaktischen Erkenntnissen aufgestellt, aber doch recht sehenswert: Skulpturen und Architekturfragmente buddhistischer, jainistischer und hinduistischer Kultbauten von Fundstätten des östlichen Dekhan, Bronzen, Münzen, Waffen und Kunsthandwerk, z. B. Bidri-Arbeiten (im Eingangsgebäude ein Laden mit Büchern aus staatlichen Verlagen).

Das **Salar Jang Museum** befindet sich heute einige Schritte die Musi fluß-

abwärts hinter der Afzalgani-Brücke in einem Neubau. Die Exponate beschränken sich nicht mehr nur auf Kuriositäten, die Salar Jang, der 30 Jahre lang bis zu seinem Tode 1883 Premierminister der Nizams war, in aller Welt zusammengetragen hat. Sehenswerte Sammlungen von indischen Bronzen, Malereien auf Stoff, Miniaturmalereien, Skulpturen, Elfenbein und kostbaren Waffen sowie Ausstellungsstücke von historischer Bedeutung werden in großzügigen Räumen ansprechend präsentiert. Die Abteilung mit europäischen Gemälden, Skulpturen und Kunsthandwerk bringen den fremden Besucher dagegen eher zum Schmunzeln über den Sammeleifer und den Geschmack eines indischen Gentlemans des 19. Jh.

Über 120 ha erstreckt sich südwestlich der Stadt einer der größten Zoos Indiens. Die Tiere werden in weit über die

Grabbauten der Qutb Shahi-Sultane bei Golkonda

Landschaft verstreuten, großen Gehe-
gen gehalten. Ein angegliederter
Löwen-Safaripark, ein naturhistorisches
Museum und andere Ausstellungen,
sowie Vergnügungseinrichtungen für
Kinder erhöhen die Attraktivität des
Nehru-Parks für die Einwohner von
Hyderabad.

Golkonda

■ (S. 358) Unter dem Namen Mangal-
waram oder Mankal war diese Festung
schon unter den Kakatiya-Königen von
Warangal von Bedeutung, 1346 kam sie
durch Alauddin Khilji unter die Oberhoheit Delhis, 1364 fiel sie in die Hände der
Bahmanis von Gulbarga und blieb über
150 Jahre in deren Besitz; sie ersetzten
die Erdwälle durch Steinmauern. Zwischen 1512 und 1518, als das Bahmani-
Reich immer mehr verfiel, machte sich

auch die Provinz Telingana unter ihrem
letzten Gouverneur Muhammad Quli
Qutb Shah unabhängig. Er verlegte die
Hauptstadt von Warangal nach Golkonda. Die Qutb Shahi-Sultane beherrschten von hier aus ein reiches Land
mit ergiebigen Diamantenfeldern und
durch Bewässerung ertragreicher Landwirtschaft. 1590 zog der Hof in die neue
Hauptstadt Bhagnagar/Hyderabad um,
von wo ihn 1656 die Moghuln wieder
nach Golkonda zurücktrieben. Die Festung hielt jedoch stand; erst 1687 fiel
sie nach acht Monaten Belagerung
durch Verrat an Aurangzeb. Die Frauen
des letzten Sultans Abdul Hasan Tana
Shah begingen ›Johar‹: Beim Nahen des
Feindes sprangen sie in einen Brunnen.

Die Stadt ist umgeben von einem
Graben und einem dreifachen Mauer-
ring mit 87 **Bastionen** und acht **Toren**.
Von Hyderabad kommend gelangt man

Die Gräber der Qutb Shahi-Dynastie

Im Nordwesten der Stadt, 1 km außerhalb der Mauern, liegen die Grabbauten aller Qutb Shahi-Herrscher und vieler Mitglieder der königlichen Familie. Abdul Hasan Tana Shah, der letzte der Dynastie, konnte sein Mausoleum allerdings nicht mehr beziehen. Er wurde 1687 von Aurangzeb entthront und starb 1704 als dessen Gefangener in der Festung Daulatabad. Die ganze Anlage war heruntergekommen, als Salar Jang I., Minister der Nizams, sich ihrer annahm, sie restaurieren, die Gartenanlagen wiederherstellen und eine Mauer um den ganzen Komplex ziehen ließ. Nur der majestätische Kuppelbau des Abdullah Qutb Shah (gest. 1672) steht außerhalb dieser Einfriedung.

Die Grabbauten sind eine Weiterentwicklung der Bahmani-Gräber von Bidar. Die unten leicht eingezogene Lotuskuppel ruht auf einem runden Tambour und dieser wiederum auf einem Unterbau mit quadratischem Grundriß, einstöckig bei den einfacheren, doppelstöckig bei den großen Bauten, umgeben von Spitzbogenarkaden. Treppen führen zu den eigentlichen Gräben und hinauf zum Fuß der Kuppel. Die Bauten sind reich mit floralen Stuckelementen geschmückt, auf den Eckpunkten der Stockwerke stehen kleine Türmchen. Von den farbigen Fliesen, mit denen die Außenwände z. T. bekleidet waren, sind nur noch Reste zu sehen. Den großen Grabbauten ist nach Westen eine kleine Moschee vorgelagert: eine schmale Halle mit Mihrab, zum Kuppelbau hin offen, mit zwei Minaretten an den Seiten. Das mit 56 m Höhe größte und auch eines der schönsten ist das Mausoleum Muhammad Quli Qutb Shahs. (Die Anlage wird bei Sonnenuntergang geschlossen.)

durch das Siegestor, **Fateh Darwaza**, in die Stadt. An der Straße zur Burg sollen die Juweliere Quartier und Läden gehabt haben. Das schöne **Mekka-Tor** war den Pilgern und Gesandtschaften vorbehalten. Durch das **Banjara Darwaza**, das man auf dem Weg zu den Königsgräbern passiert, drang Aurangzeb mit Verräterhilfe ein. Besonders eindrucksvoll sind die Festungsanlagen im Westen mit der **Petla-Bastion**. Im Osten wurden die Befestigungen nach der ersten Moghulbelagerung durch die **Naya Quila** vervollständigt.

In der Stadt blieben nur wenige Gebäude erhalten, weit verstreut um die Zitadelle. Die **Juma Masjid**, vom ersten der Qutb Shahis erbaut, liegt nicht weit vom Tor zur Zitadelle. Nördlich der Juma Masjid befindet sich eine Zisterne und ein großes Wasserbecken, das **Kotara Houz**, in dem sich die Könige mit ihren Damen vergnügt haben sollen. Außerdem gibt es noch einige kleinere Moscheen und im Südosten Gebäude aus der Moghul- und Nizam-Zeit.

Überragt wird die Stadt von der **Zitadelle** (Balahisar), die sich auf einem Granitbuckel bis zu 115 m über die Ebene erhebt. Gegenüber einem mächtigen Triumphbogen mit schönen Stuckarbeiten öffnet sich hinter einer vorgebauten Bastion das prächtige **Balahisar-Tor** zur Residenz der Qutb Shahi-Sultane. Gleich nach Passieren des Tores wird der Besucher mit einem akustischen Phänomen konfrontiert: In der Vorhalle Gesprochenes kann ganz oben im Palast verstanden werden. Links vom Tor steht der dreistöckige Bau des **Aslah Khana**, eines Waffen- und Munitionsdepots – davor unter kühlem Gewölbe Tische, Stühle, kalte Getränke und Informationen vom **Tourist Office**. Vorbei an den **Unterkünften der Wachen**, ehemaligen Verwaltungsgebäuden, dem **Nagina Bagh**, einem schönen Garten, und einem einst prächtigen **Stufenbrunnen** (Badi Baoli) erreicht man einen steil nach oben führenden Treppenweg.

Auf halber Höhe stößt man auf das **Gefängnis des Ramdas**, der unter Abdul Hasan Tana Shah Steuereinnehmer im Bezirk Bhadrachalam war und hier einsaß, weil er sechs Lakh Rupien vereinnahmter Gelder, statt sie abzuliefern, zur Renovierung des dortigen berühmten Rama-Tempels abzweigte. Gott Rama belohnte die fromme Unterschlagung und ließ den Sultan träumen, er habe alles zurückbekommen. Ramdas erhielt Freiheit und Posten zurück, der König veranlaßte darüber hinaus jährliche großzügige Geschenke an den Tempel, die den Brahmanen auch unter den Nizams weiter zuflossen.

Knapp darüber passiert man den **Ambar Khana**, wo Schießpulver gela-

Händler im Basar von Warangal

gert wurde, und erreicht die recht gut erhaltene **Moschee des Ibrahim**, des dritten der Qutb Shahi-Sultane. Unter dem Gipfel steht rechts ein kleiner **Höhlentempel für Mahakali** mit naiven farbigen Malereien, und ganz oben dann ein dreistöckiger Palastbau, **Baradari** mit der **Durbar Hall**, wo die Könige Hof hielten. Von der Dachterrasse aus hat man den besten Blick auf Burg, Stadt und Umgebung. Direkt unterhalb, über eine steile Treppe erreichbar, liegt der große Komplex der privaten Paläste und des **Harems**. Durch Nischen gegliederte Wände, intime Höfe und Brunnen lassen die vergangene Pracht ahnen. Interessant sind die Reste des für die damalige Zeit einmaligen Wasserleitungssystems. Das Wasser wurde von einem Becken zum anderen mit Hilfe persischer Wasserräder auf den Gipfel befördert und von da über ein raffiniertes System von Tonröhren zu den Zapfstellen geleitet, sogar eine Toilette mit Spülung wurde gefunden. Vorbei an der kleinen **Taramati-Moschee** kommt man wieder zum Tor.

Von Hyderabad ins Reich der Kakadiyas

Warangal

1 (S. 402), 55 km nordöstlich von Hyderabad, wenige Kilometer vom Eisenbahnknotenpunkt Kazipet, Distrikthauptstadt, 468 000 Einw.

Als Ekasilanagari und später Orakkal (dravidisch: freistehender Fels) war die geräumige Stadtfestung 1110–1326 die glanzvolle Hauptstadt der Kakatiyas oder Ganapatis. 1310 wurde Warangal von Malik Kafur, dem Günstling, Gelieb-

Andhra Pradesh, der Norden

ten und General des Alauddin Khilji von Delhi, schwer bedrängt, der König zur Tributzahlung gezwungen. 1323 eroberte dann Ulugh Khan, der spätere Muhammad ibn Tughluk, im zweiten Anlauf die Festung. Aber schon 1346 verjagte Krishna Naik die Moslems und machte sich selbst zum König von Warangal; wenig später erstand ihm in dem Bahmani-Reich ein machtvoller Rivale.

Ahmad Wali I. Bahmani verleibte 1424 Warangal und Telingana seinem Reich ein. Als dieses schließlich zerfiel, erklärte sich 1518 dessen letzter Gouverneur von Warangal, Quli Qutb Shah, für unabhängig.

Die Stadt Warangal eignet sich gut als Standquartier zum Besuch der bekanntesten Relikte des Kakatiya-Reiches: der Festung Warangal, der Tempel von Ha-

namkonda (Hanumankonda) und der Gegend um Palampet.

Warangal Fort

Ein Mauerring von über 6 km Länge umschließt das unübersichtliche Gelände des Forts. Als zweite Verteidigungslinie wurde ein Erdwall angelegt. Zwölf kleinere Tempel, verstreute Kultbilder von Hanuman und Ganesha, in die Mauern eingelassene Reliefteile sind zu entdekken. Am eindrucksvollsten wirkt ein weiter Platz, übersät mit Architektur- und Skulpturfragmenten aus grünlichem und rosa Granit, begrenzt von vier großartigen, einzig noch aufrechtstehenden Schmucktoren. Auch aus der Moslem-Zeit existieren Zeugnisse, so der kraftvolle Bau des Khasi Mahal.

Hanamkonda

Der Ort Hanamkonda ist im Laufe der Zeit mit Warangal zusammengewachsen. (Wer z. B. in Warangal Geld tauschen will, muß die reichlich abgelegene State Bank of India in Hanamkonda finden.) Die Attraktion hier ist der sog. **1000 Pfeiler-Tempel**. Er wurde 1162 von König Pratapa Rudra für Rudra

Palampet, Nebenschrein im Ramappa-Tempelkomplex und Trägerfiguren am Haupttempel (unten)

errichtet, die vedische Form des späteren Shiva. Es handelt sich um eine Anlage im Trikuta-System: Auf einer gemeinsamen hohen Plattform stehen drei Kultzellen, halbkreisförmig nach Süden, Westen und Norden ausgerichtet, um eine zentrale Halle angeordnet und mit ihr verbunden. An der vierten Seite schließt sich die eigentliche 1000-Pfeiler-Halle an, der Mandapa. Die 300 Säulen der Halle sind Meisterwerke der Steinmetzkunst. Der Raum wird nach außen durch kunstvolles Steingitterwerk zwischen den äußeren Pfeilern abgeschlossen. Figurenfriese laufen um die hohe Plattform.

Palampet

■2 (S. 386) 60 km nordöstlich von Warangal.

Über die weite Ebene unterhalb des antiken Staudamms verstreut, zwischen Reisfeldern und Gruppen von Rafia-Palmen, verstecken sich die Überreste aus der glanzvollen Zeit der Kakatiya-Könige. Im Zentrum steht der hochgerühmte **Ramappa-Tempel**. Über einen Weg zum Damm und diesen entlang erreicht man, zu Fuß oder auf einem Ochsenkarren, nach ca. 2 km die einzige Unterkunft; gleich daneben wie auch auf der anderen Seite des Staudamms liegen zugewachsene und versteckte Tempel und Tempelchen mit schönen Skulpturen. Der Damm, der den 20 km² großen **Ramappa-See** aufstaut, die Bewässerungsanlagen und die Bauten gehen auf das 13. Jh., der Haupttempel nach einer Inschrift auf Recerla Rudra, einen General des Kakatiya-Königs Ganapati, zurück.

Der von mehreren kleinen Schreinen umgebene Tempel steht in Ost-West-Ausrichtung auf einer hohen Plattform. Das Sanktum unter dem Turm (Vimana) birgt ein Linga mit Schlangenhaube. Schwarze polierte, abwechselnd gedrechselte und mit Skulpturen ge-

schmückte Säulen tragen die Decke der Halle, die u. a. Dikpalas zieren. Über dem Eingang zur Cella tanzt ein Shiva zwischen den Matrikas und Ganesha, gegenüber liegt ein riesiger Nandi, mit der für Andhra Pradesh typischen Glokkenkette um den Hals. Um die Außenwände des Tempels und den hohen Sokkel ziehen sich endlos lange Friese mit Darstellungen von Tänzerinnen und Musikanten, Mithunas, Kriegern und Göttern. Das vorkragende Dach ruht auf fein gearbeiteten Trägerfiguren, überschlanken Frauen in manierierten Posen. Störend wirken die Betonstützen dazwischen, die verhindern sollen, daß das von Erdbeben stark beeinträchtigte Wunderwerk wie einige der umliegenden Tempel in sich zusammenbricht.

Bhadrachalam

3 320 km östlich von Hyderabad, 207 km nördlich von Vijayawada.

Bhadrachalam, am linken Ufer der Godavari gelegen, ist mit seinem **Rama-Tempel** ein berühmter Wallfahrtsort. Rama soll hier auf seinem Weg nach Lanka den Fluß überquert haben. Sein Haus wird den Gläubigen ebenso gezeigt wie – wenige Kilometer entfernt – eine Quelle, von der Lakshmana Badewasser für Sita geholt haben soll. Der fromme Hindu pilgert auch noch die 35 km nach Parnasala, wo ein Tempel die Stelle markiert, an der Rama und Sita wohnten, bevor sie ihm hier abhanden kam. Auch hat man die Steine gefunden, wo Sita ihre Saris zum Trocknen auszulegen pflegte. Der Tempel, den 24 kleinere Schreine umgeben, birgt als Kultbild einen vierarmigen Rama mit Sita und Lakshmana und ist außen mit interessanten Skulpturen bestückt.

Vishakhapatnam (Vizag)

4 (S. 401) Nordöstlich der Godavari-Mündung am Golf von Bengalen.

Vishakhapatnam ist ein wirtschaftliches Zentrum und wichtigster Hafen in Andhra Pradesh. Er wird durch ein Vorgebirge der Östlichen Ghats geschützt, das weit ins Meer hinausragt – von dieser ›Dolphins Nose‹ überblickt man gut die ganze Bucht. Der Aufstieg des einstigen Fischerdorfes begann Anfang dieses Jahrhunderts mit dem Bau der Eisenbahnstrecke zu den Erzlagern im Landesinneren durch die Briten. Heute besitzt die Universitätsstadt Werften, Ölraffinerien, Düngemittelfabriken, Zinkschmelzen und ein riesiges Stahlwerk.

Für den Reisenden eignet sich Vizag mit seinen guten Hotels und brauchbaren Stränden zum Auftanken nach anstrengenden Fahrten im Landesinneren oder als Basis für Ausflüge in die Umgebung. In der Stadt selbst kann man den Hafen, die Hindustan-Werft und die große Ölraffinerie der ›Hindustan Petroleum Corporation Ltd.‹ besichtigen.

Waltair, das ›Brighton Indiens‹, ist heute quasi ein Vorort von Vizag, ein elegantes Seebad, Wohnort der Reichen und Sitz der Universität.

Simhachalam

5 (S. 395), 16 km nördlich von Vizag, auf einem Hügel in den östlichen Ghats.

Der Simhachalam-Tempel, Narasimha geweiht, hat als Pilgerzentrum die gleiche Bedeutung wie Tirupati im Süden. Der Tempel im Orissa-Stil ist reich mit Skulpturen geschmückt.

Das Godavari-Delta

Rajahmundry

6 (S. 393) An der Godavari, 75 km unterhalb der landschaftlich äußerst reizvollen Gegend, wo der Fluß durch eine eindrucksvolle Schlucht aus den Östlichen Ghats die Ebene erreicht.

Die Stadt besitzt eine glanzvolle Vergangenheit. Schon im 3./2. Jh. v. Chr. war sie die südliche Hauptstadt der Kalingas, später eine Residenz der Vengi-Könige und der Östlichen Chalukyas. Sie gehörte zum Reich der Cholas und danach zu dem der Kakatiyas, bevor die Moslems kamen. Aus der Zeit Muhammad ibn Tughluks blieb die Hauptmoschee der Stadt erhalten.

Rajahmundry hat komfortable Hotels und kann als Ausgangspunkt für Besuche der Godavari-Schluchten und der interessanten Plätze im Delta dienen. Letztere sind allerdings besser von Kakinada aus zu erreichen.

Kakinada

7 66 Kilometer nordöstlich von Rajahmundry.

Kakinada ist eine geschäftige Stadt am östlichen Rand des Godavari-Deltas. Von Kakinda aus sind drei Tempelstätten der Östlichen Chalukyas (624–1061) gut zu erreichen. Ihr Besuch kann zu einer Rundfahrt durch die reizvolle Landschaft des Godavari-Deltas verbunden werden.

Chalukya-Bhimavaram

8 (S. 355) Der Ort liegt bei Samalkot, 18 km nordwestlich von Kakinada, versteckt in einem großen Palmenhain. Der **Bhimeshvara-Tempel** ist eine großzügige Anlage. Der äußere, mauerumgebene Hof ist gartenartig mit großen alten Frangipane-Bäumen und Palmen bestanden. Den inneren Hof umschließt ebenfalls eine hohe Mauer, an die sich zum Tempel hin ein doppelstöckiger Umwandlungspfad (Pradakshinapatha) anschließt, ähnlich einem Kreuzgang. Das Kultbild, ein riesiges Linga, reicht über beide Tempelstockwerke und wird bei der Puja von oben aus mit Wasser, Milch usw. übergossen. Schöne Skulpturen schmücken die Säulen im Obergeschoß. Beachtenswert ist links vom Eingang ein Steinmodell des Tempels.

300 m entfernt steht der kleinere **Manadavganarayan-Tempel**. Er ist, wie schon der Name sagt, Vishnu geweiht, ebenfalls noch ›in Puja‹ und weit mehr als sein größerer Nachbar durch ›Modernisierungen‹ verschandelt.

Biccavolu

9 (S. 353) 25 Kilometer westlich von Kakinada.

Im Zentrum des kleinen Dorfes stehen innerhalb einer Umfassungsmauer mit modernem Gopuram drei Shiva geweihte Tempel aus der Zeit zwischen 950 und 1050. Der mittlere, der **Golingeshvara-Tempel**, ist reich mit interessanten Skulpturen geschmückt. Er bietet ein gutes Beispiel für den Stil der Östlichen Chalukyas mit seinen Einflüssen sowohl von Orissa als auch von Süd-Indien. Drei weitere Tempel und ein großer monolithischer Ganesha stehen einzeln am Dorfrand bzw. in den Reisfeldern, sie stammen aus der Zeit zwischen 850 und 950.

Draksharama

[10] (S. 357) 45 km südöstlich von Rajamundry, 17 km südwestlich von Kakinada.

Der **Bhimeshvara-Tempel** entspricht im Aufbau dem von Chalukya-Bihmavaram, nur ist er größer, weiß gestrichen und noch heute ein wichtiges Pilgerzentrum. Das hochverehrte, 6 m große Linga im Sanktum gilt als Schöpfung aus den sieben ›Mündern‹ des heiligen Godavari-Flusses, und ein Bad an den Tempel-Ghats bringt dem gläubigen Pilger in konzentrierter Form das gleiche wie eine mühsame Badereise zu den sieben Mündungsarmen des Flusses.

Entlang dem Pradakshinapatha kann man interessante Nebenschreine entdecken, links vom Eingang befindet sich ebenfalls ein Tempelmodell aus Stein. Vom oberen Umgang gibt es einen direkten Zugang zum oberen Stockwerk des Tempels. Interessant sind auch die hängenden Trägerfiguren an den Pfeilern, sie stellen Musik- und Tanzszenen dar, u. a. den Volkstanz Kolattam, bei dem die Tänzerinnen mit einem Stock gegen Stöcke der Mittänzerinnen schlagen und so den Takt angeben.

Vijayawada

[11] (S. 401) Am linken Ufer der Krishna, ca. 60 km vor der Mündung, 846 000 Einw.

In dieser lebendigen und sympathischen Stadt treffen Straßen und Bahnstrecken aus dem Norden (Bengalen, Orissa), von Hyderabad und Warangal im Westen und von Madras im Süden aufeinander. Aus diesem Grunde und wegen ihrer guten Hotels ist sie ein idealer Ausgangspunkt zum Besuch interessanter Stätten in der Umgebung.

Der Legende nach fand die Begegnung zwischen Shiva und Arjuna nach dessen beeindruckender Bußübung – beschrieben im Mahabharata – auf dem die Stadt überragenden Indrakiladri-Hügel statt. Bezvada, wie Vijayawada früher hieß, war schon vor über 2000 Jahren im Königreich von Vengi eine wichtige Stadt, der Buddhismus blühte. Um 605 eroberte Vishnuvardhana, der Begründer der hinduistischen Dynastie der Östlichen Chalukyas, die Gegend. Der berühmte chinesische Reisende Huen Tsang, der hier eine Zeitlang in einem Kloster lebte, mußte bereits um 640 den Niedergang des Buddhismus bedauern.

Vom 11. Jh. an beherrschten die Cholas das Land für 200 Jahre, danach die Kakatiyas von Warangal für 100 Jahre. 1323 eroberten es die Moslems, und nach deren Rückzug regierte hier eine lokale Dynastie, die Reddi. Von 1427 an bis zur Übernahme durch die Briten gehörte die Stadt erst zum Reich der Qutb Shahis von Golkonda und später zu Hyderabad.

Direkt am Fluß, unterhalb des steilen Indrakiladri-Hügels, liegt die quirlige Altstadt mit ihren zahlreichen Kanälen, Seitenarmen und Brücken. Dahinter schließt sich weiträumig und mit vielen Grünanlagen die moderne Stadt an.

Am Fuße des Hügels und an seiner Flanke befinden sich mehrere Tempelhöhlen, die unteren stark beschädigt und verwittert. Über eine Treppe erreicht man die **Akkanna-Madanna-Höhle** aus dem 7. Jh.; sie beeindruckt mit ihren kräftigen, einfachen Pfeilern – und einer schönen Aussicht. Die meisten der Funde, die man u. a. beim Ausheben der Bewässerungskanäle machte, stehen in dem sehenswerten, schon 1890 gegründeten Museum an der Straße nach Mogalrajapuram.

Die Umgebung von Vijayawada

Mogalrajapuram

 Die Höhlentempel von Mogalrajapuram liegen nur 5 km vom Zentrum Vijayawadas entfernt südöstlich der Stadt über das ganze Dorf verteilt. Sie stammen aus der Zeit der Vishnukundin-Dynastie aus dem 6. Jh. und gelten als Vorbilder für die frühen Höhlentempel des Pallava-Königs Mahendravarman in der Umgebung von Kanchipuram. Am eindrucksvollsten ist Höhle 4 mit Brahma, Vishnu und Shiva in der dreifachen Cella und Dvarapalas zu beiden Seiten.

Undavalli

 Der Höhlentempel-Komplex von Undavalli liegt fünf Kilometer von Vijayawada entfernt auf der anderen Flußseite. Vom viergeschossigen Haupttempel **Anantashayanagudi** blickt man über den Fluß und die intensiv bewässerte, fruchtbare Ebene der Krishna mit den charakteristischen eingestreuten Hügeln.

Die interessante Anlage aus der Zeit der Vishnukundin-Dynastie (5./6. Jh.), ursprünglich wohl ein buddhistisches Kloster, bekam ihren Namen später von der Kolossalskulptur des auf der Weltenschlange liegenden Vishnu im 3. Stock. Leider ist diese, wie auch die anderen Skulpturen und Säulenreliefs an diesem Tempel, durch einen Stucküberzug verschandelt worden. Originalskulpturen an den kleineren Kulthöhlen rechts und links.

Höhlentempel von Undavalli

Auf dem Weg nach Amaravati

Guntur

14 (S. 359), 32 km südlich von Vijayawada, Distrikthauptstadt, 472 000 Einw.

Die staubige Stadt ist drangvoll eng im geschäftigen Zentrum und umgeben von endlos weiten Wohngebieten. Interessant ist hier nur der Busstand. Hier starten die Busse nach Amaravati, wo dann die Straße am Krishna River endet (30 km). Man hat außer der Rückfahrt nach Guntur nur noch die Möglichkeit mit einem anderen ›Local Bus‹ an die Straße nach Vijayapuri (Nagarjunasagar) zu gelangen und dort umzusteigen in einen Bus nach Westen.

Amaravati

15 (S. 347), 30 km nordwestlich von Guntur.

Amaravati ist ein verschlafenes Dorf. Die Hauptstraße führt von der Bushaltestelle bis zum Fluß und dem großen Amareshvara-Tempel. Er stammt im Kern aus der Zeit der Östlichen Chalukyas. Vom Tempel aus bietet sich ein herrlicher Blick über eine unberührte Flußlandschaft. Rechts an der Dorfstraße liegt das Hotel *Brundaran;* nach links führt eine Straße zum kleinen **Museum**. Dahinter liegt der Platz, wo einst der berühmte Stupa stand. Heute sieht man einen sehr flachen, grasbewachsenen Hügel von 48,5 m Durchmesser. Der Umgang wird durch Fundamentfragmente des Steinzauns definiert. Das Museum zeigt neben sehr schönen Originalfundstücken und Abgüssen von Reliefs ein großes Modell des Stupa, der sich heute im Museum von Madras befindet.

Ganz in der Nähe von Amaravati lag Dhanyakataka, die östliche Hauptstadt der Satavahanas. Unter dieser Dynastie, die vom 2. Jh. v. Chr. bis ins 2. Jh. n. Chr. einen großen Teil des Dekhan beherrschte, erreichte die indische Kunst eine Hochblüte, die am Stupa von Amaravati kulminierte. Er war der größte in Süd-Indien, wahrscheinlich über 25 m hoch und 58,5 m im Durchmesser inklusive Umwandlungspfad und Steinzaun. Letzterer war fast 4 m hoch und besaß reich verzierte Tore. Der Stupa war mit Marmorplatten verkleidet, die im unteren Bereich ausnahmslos mit Reliefs geschmückt waren. An den erhaltenen Kunstwerken kann man noch die Stilentwicklung vom früharchaischen Flächenstil bis zur überfeinen Eleganz der Spätzeit ablesen. Dazu muß man aber weit reisen: in die Museen von Madras, Calcutta, London und Paris.

Als Colonel Mackenzie, Kunstwissenschaftler im Dienste des Archeological Survey of India, Amaravati 1797 besuchte, stand der Stupa noch weitgehend unversehrt. 1816 fand er nur noch eine Ruine vor: Der örtliche Raja und die Bauern der Umgebung hatten sich den bequemen Steinbruch nutzbar gemacht.

Amaravati hatte einen kaum zu überschätzenden Einfluß auf die Kunst SüdIndiens, besonders auf die der Chalukyas und der Pallavas. Der Stupa von Amaravati war jedoch nur einer von hunderten in diesem Gebiet, wenn auch der größte und prächtigste. Viele blieben erhalten, so in Ghantasala und Gudivada im Krishna-Distrikt und auf der anderen Flußseite im Guntur-Distrikt z. B. in Bhattiprolu, Garikapadu und Pedda-Ganjam.

Auf dem Weg nach Nagarjunakonda

Nagarjunasagar/Vijayapuri

16 (S. 384) In der Mitte des Staates, ungefähr gleich weit entfernt von Hyderabad (149 km) und Vijayawada (152 km).

1955 legte Jawaharlal Nehru den Grundstein für eine der größten Betonstaumauern der Welt, die heute die Krishna zum riesigen Nagarjunasagar aufstaut. Das Kraftwerk erzeugt 900 000 Kilowatt Elektroenergie; über ein von zwei gewaltigen Kanälen gespeistes System werden 15 000 km² Land bewässert – in einiger Entfernung vom See. Die direkte Umgebung ist karg, steinig und trocken. Zu beiden Seiten der Staumauer hat sich **Vijayapuri** entwickelt, eine Doppelstadt, denn der Fluß ist die Grenze zwischen den Distrikten Nalgonda und Guntur. Administrative Rivalitäten wirken sich aus. So scheint sich für das verwahrloste Straßennetz unterhalb des Dammes keiner zuständig zu fühlen. Die Touristenunterkünfte liegen in Vijayapuri Nord; Nagarjunakonda, auf einer Insel im Guntur-Distrikt gelegen, ist nur von Vijayapuri Süd zu erreichen.

Nagarjunakonda

Auf einer Insel im See; 1/2 Stunde Bootsfahrt.

Der Name Nagarjunakonda (Hügel des Nagarjuna) war die spätere Ehrenbezeichnung für das ehemalige Vijayapuri, das, auf drei Seiten umgeben von einer Hügelkette, am rechten Krishna-Ufer lag. Nagarjuna, der im zweiten vorchristlichen Jahrhundert lebte, war ein bedeutender Denker und Reformer des Mahayana-Buddhismus und Vijayapuri die glanzvolle Hauptstadt der Ikshvakus,

die sich für ihre kurze Regierungszeit (175–200) ein Stück aus dem sich auflösenden Satavahana-Reich herausgebrochen hatten. In Vijayapuri herrschte absolute religiöse Toleranz. Die Könige waren Hindus, die Damen des Hofes häufig Buddhistinnen. So entstanden neben einem Amphitheater für 1000 Zuschauer, schönen Treppenanlagen am Fluß und Hallen für Versammlungen und Tanz sowohl Tempel für Shiva und Karttikeya als auch buddhistische Klosteranlagen und Stupas.

Nach diesem Höhenflug versank die Stadt für Jahrhunderte in der Bedeutungslosigkeit und wurde dann verlassen und vergessen, bis sie 1926 wiederentdeckt wurde. 1927–1931 und 1938 fanden sehr erfolgreiche Grabungen statt; 1954 begann dann ein Wettlauf mit der Zeit. In den nächsten sechs Jahren wurde noch einmal intensiv gegraben; gleichzeitig wurden die wichtigsten Monumente abgetragen und auf höherem Niveau rekonstruiert. Dann überfluteten die Wasser der aufgestauten Krishna das Tal, der Komplex ragt nun als Insel aus dem Stausee. Eine zweite Gruppe von geretteten Relikten steht bei Anupu am Ufer.

Das moderne **Museum** zeigt Skulpturen und Reliefs, hauptsächlich mit Darstellungen aus der Buddha-Legende, im Stil ähnlich dem eleganten Spätstil Amaravatis. Ein großes Modell des gesamten Gebiets und Einzelmodelle helfen der Phantasie auf die Sprünge. Im Freigelände sind u. a. eine große Opfer- und Badeanlage der Könige, Klosteranlagen und vor allem der Mahastupa mit 27,5 m Durchmesser originalgetreu, wie man sie ausgegraben hat, wiederherge-

stellt. Vom Südende der Staumauer verkehren zwischen 9 und 13.30 Uhr regelmäßig Boote zur Insel.

Das waldreiche Gebiet zwischen Nagarjunasagar und Srisailam wurde zum Wildschutzgebiet (Wildlife Sanctuary) erklärt. Motorbootfahrten über die 110 km langen Wasserwege sind möglich.

Srisailam

🔟 (S. 396), 180 km südsüdöstlich von Hyderabad, 130 km nordöstlich von Kurnool.

Srisailam liegt auf dem Rishabagiri, einem steilen Hügel in der waldreichen Nallamala-Kette der Östlichen Ghats. Die Krishna windet sich in tiefen Schluchten durch die Berge. Srisailam, ein vielbesuchtes Pilgerzentrum, ist berühmt für seinen Tempel, in dem Shiva als Mallikarjuna verehrt wird, das Kult-

bild ist einer der zwölf Jyotirlingas Indiens. Devi tritt hier in Form der Bhramaramba auf, einer der 18 Mahashaktis der Puranas. Zum Ruhme des Tempels trägt außerdem bei, daß sowohl Nagarjuna (im 1. Jh.) als auch Shankara (im 8. Jh.) hier gelebt haben sollen. Die Lingajats (oder Veera Shaivas), eine wichtige shivaitische Sekte, hat hier eines ihrer Zentren. Kleine steinerne Lingas, die hier Patala Ganga heißen, werden in der Krishna gesammelt; die Lingajats tragen sie in einem silbernen Schmuckbehälter um den Hals.

Die große Tempelanlage, umgeben von einer hohen Granitquadermauer mit vier Gopurams, stammt hauptsächlich aus der Vijayanagar-Zeit. Um das Haupttheiligtum mit schöner Eingangshalle und großem Nandi gruppieren sich zahlreiche kleinere Schreine. Das Schönste an diesem Tempel ist die Au-

Nagarjunasagar und Staumauer. Vom Südende der Staumauer verkehren Boote zur Insel im See

ßenseite seiner sechs Meter hohen Umfassungsmauer. Sie ist rundum bedeckt von Flachreliefs, welche die Puranas illustrieren, einen riesigen ›Bilderbogen‹ mit Legenden und Erscheinungsformen der Götter.

Oberhalb des Tempels haben sich in einem malerischen Dorf Lambadis niedergelassen, unterhalb befindet sich der profane Teil der Tempelstadt mit zahlreichen Pilgerunterkünften, Kantinen, Priesterwohnungen und religiösen Einrichtungen. Der Basar ist weit entfernt, auf halbem Wege zu einem weiteren gewaltigen Damm (512 m lang, 274 m hoch), der neben Bewässerung und Stromversorgung die Aufgabe hat, Madras mit Trinkwasser zu versorgen.

Von Kurnool nach Alampur

Kurnool

18 (S. 371) 240 Kilometer südlich von Hyderabad.

Die Bedeutung von Kurnool ergibt sich für den Reisenden aus der Nähe zu Alampur, wo es keine Übernachtungsmöglichkeiten gibt, was man aber von hier gut mit dem Bus erreicht. Die Distrikthauptstadt hat brauchbare Hotels und liegt günstig an Straße und Bahnstrecke von Hyderabad. Kurnool war bis 1839 Sitz eines Nawabs. Das Mausoleum des ersten, Abdul Wahab, schön gelegen zwischen Altstadt und Tungabhadra, ist sehenswert. Von der Stadtbefestigung stehen noch einige Bastionen, die einen guten Blick über den Ort ermöglichen.

Alampur

19 18 Kilometer nordöstlich von Kurnool.

Alampur, heute ein verschlafenes Nest, wurde im 7. Jh. ein wichtiger Platz, nachdem der Chalukya-König Pulakeshin II. die Gegend 620 erobert und seinem Reich als Provinz einverleibt hatte. Davon zeugt u. a. eine schöne Gruppe von neun Tempeln, die hier nahe dem Fluß erhalten blieb. Der pittoreske Anblick der Anlage, wozu auch noch eine kleine Moschee, Moslem-Gräber, ein schönes Tor und Reste von Festungsanlagen gehören, wird heute beeinträchtigt von einer hohen Betonschutzmauer, die an die Stelle der alten Ghats getreten ist, weil der Wasserspiegel der Tunga-

bhadra durch den Bau eines Staudamms beträchtlich anstieg.

Die Tempel folgen alle bis auf den
Taraka-Brahma-Tempel einem einfachen Bauschema: In einer Halle, die
durch kräftige Pfeiler in Schiff und Seitenschiffe gegliedert wird, befindet sich
gegenüber dem Eingang die Cella mit
dem Kultbild, einem Linga. Nach drei
Seiten bleibt zwischen Cella und Tempelwand Raum für den Umwandlungspfad. Über dem Sanktum erhebt sich ein
Turm vom nordindischen Shikhara-Typ.
Da alle neun Tempel Shiva geweiht sind,
dominieren Darstellungen seiner Erscheinungsformen. Am reich geschmückten **Svarga-Brahma-Tempel**
fallen u. a. ein sechzehnarmiger Shiva,
ein Biksha-tana (Shiva als Bettler), die
Manifestation des Lingas (Lingodbhava-
Murti) und große Darstellungen der Dikpalas ins Auge. Bemerkenswert sind außerdem die für die Chalukyakunst typischen reizenden Mithunapaare und die
Gandharvas, himmlische Wesen im
Knieflug.

Der **Bala-Brahma-Tempel**, Haupttempel der Gruppe, ist noch im Puja-Stil.
Er liegt innerhalb einer Mauer mit Um-

gang und einem Vorhof. Sowohl im Inneren als auch an den Außenwänden ist
er reich an interessanten Skulpturen,
z. B. Brahma und Ardanarishvara beim
Eingang und wieder die acht Dikpalas.
Im Tempel befindet sich eine Sapta-Matrika-Gruppe in Einzelfiguren. Besonders schön ist auch der nördlichste Tempel der Gruppe, der **Vishva-Brahma-
Tempel**. Leider sind viele der Skulpturen
hier, z. B. ein Dakshina-Murti und ein
Narasimha, stark beschädigt.

Mitten in der Gruppe steht, umgeben
von Architekturfragmenten, das kleine
Museum mit einer Sammlung schöner
Skulpturen: Durga, die den Büffeldämon
tötet, die Sieben Mütter, Surya und
Bhairava sind gleich in mehreren schönen Beispielen vertreten. Interessant
sind auch zwei Kultbilder, die man ›Lajja
Gauri‹ nennt: Der weibliche Körper steht
hier für Fruchtbarkeit, den Kopf ersetzt
eine Lotusblüte.

2 km flußaufwärts blieb eine weitere
Gruppe von Tempeln erhalten, die vom
Archaeological Survey restauriert wor-
den ist. Die vielen kleinen Tempel der
Papasana-Gruppe stehen dicht beiein-
ander und bieten ein geschlossenes

*Alampur, Mithunapaar am Svarga-
Brahma-Tempel*

*Alampur, Gandharvas (himmlische Wesen)
im Knieflug*

Mahanandi: Der Quellteich des Mahanandishvara-Tempels dient auch als Swimming Pool

Bild. In der Nähe des Dorfes steht auch der **Sangameshvara-Tempel**, der von seinem ursprünglichen Standort nahe dem Zusammenfluß von Krishna und Tungabhadra hierher versetzt wurde, um ihn vor den steigenden Fluten der aufgestauten Flüsse zu retten.

Mahanandi

[20] (S. 376), 115 km südöstlich von Kurnool, 25 km östlich von Nandyal.

Mahanandi, am Rande eines großen Waldgebiets zu Füßen der Nallamala-Berge gelegen, besteht nur aus wenigen Häusern, Pilgerunterkünften und der typischen Budenzeile. Ziel der vielen Besucher ist der **Mahanandishvara-Tempel**. Den Haupttempel innerhalb der Umfassungsmauer mit den vier neuzeitlichen Gopurams überragt ein schöner Shikara aus der Zeit und im Stil der Tempel von Alampur. In dem von einer kräftigen Quelle gespeisten und von Arkaden eingefaßten Wasserbecken zwischen Eingang und Haupttempel wird fröhlich gebadet; in einer Ecke planschen bescheiden die Frauen und Mädchen, im größeren Teil lärmen und spritzen die männlichen Tempelbesucher.

Auf den Spuren der Könige von Vijayanagar

Tadpatri

1 (S. 396), 150 km südlich von Kurnook, über 100 km nordwestlich von Cuddapah.

Sehenswert sind in Tadpatri zwei Tempel aus der Vijayanagar-Zeit. Der **Bugga Ramalingeshvara-Tempel** liegt sehr schön am Rande der Stadt und nahe dem Fluß Penner, wo dieser eine Biegung nach Norden vollzieht. In einem Mauergeviert stehen der Haupttempel für Shiva und ein zweiter für Parvati und Rama (jeweils eigenes Sanktum, gemeinsame Vorhalle). Die Tempel entstanden vermutlich schon um 1450. Das Bemerkenswerte an der Anlage sind die beiden Gopurams im Norden und Süden vom Beginn des 16. Jh., die nur in ihren unteren, aus Granit gebauten Teilen erhalten blieben. Beide stellen mit ihrem reichen Bauschmuck Meisterwerke der Vijayanagar-Kunst dar. Eine große Zahl der interessanten Skulpturen wurde vollplastisch ausgeführt. Am Nord-Gopuram kann man außer den Kombinationen Shiva-Parvati (= Ardhanarishvara) und Shiva-Vishnu (= Harihara) auch eine Skulptur sehen, die je zur Hälfte Vishnu und Lakshmi darstellt.

Der Vishnu geweihte **Chintala-Venkatarama-Tempel** liegt mitten in der Stadt, er stammt aus dem ersten Viertel des 16. Jh. Hier interessiert den Besucher der große Haupttempel, der Devi-Schrein und ein kleiner Rundtempel zwischen beiden. Am Sanktum des ersteren bedecken Szenen aus dem Ramayana und der Krishnalegende die Außenwände. Die Decke der Großen Halle (Mahamandapa) wird von reich skulptierten Säulen getragen. Vor der Halle

steht ein schön gearbeiteter steinerner Tempelwagen als Behausung für Garuda. Der Rundbau zwischen den Tempeln ist ein Unikat in der Baugeschichte Vijayanagars. Auf der Dachkante des Devischreins tummeln sich übermütige Affen – aus Stein.

Hindupur

40 km südlich von Penukonda, 14 km westlich von Lepakshi, 105 000 Einw. An der Straße Hyderabad–Anantapur–Penukonda–Bangalore. Bahnstation. Geeignet als Standquartier für Besuche von Penukonda und Lepakshi.

Penukonda

2 (S. 389) Nördlich von Bangalore (140 km) und Hindupur (40 km).

Der kleine Ort am Fuße eines Felsmassivs war nach der Schlacht von Talikota (1565) eine Zeit lang Hauptstadt des Vijayanagar-Reiches. Tirumala, der Bruder von Ramaraya, hatte, als er von dessen Tod in der Schlacht und deren Ausgang erfuhr, den Thronschatz auf 1550 Elefanten geladen und sich samt Familie hierher abgesetzt. Er versuchte, der Anarchie Herr zu werden und machte sich schließlich 1570 selbst zum König. Die Festung hielt mehreren Belagerungen stand, aber bereits sein Sohn regierte zeitweise vom sichereren Chandragiri aus das Reich.

Die Stadt innerhalb der Mauern macht einen geruhsamen Eindruck. Hohe, schattenspendende Bäume säumen die Hauptstraße. Es gibt hier zwei Jaina-Tempel, eine Moschee, zwei sehenswerte, Rama und Shiva geweihte

Hindu-Tempel aus der frühen Vijayanagar-Zeit und einen kleinen **Palast** von Krishnadevaraya, genannt Gagana-Mahal. Unter dem Tor zum Fort wird eine große Hanuman-Skulptur verehrt.

Lepakshi

3 (S. 371), 14 km östlich von Hindupur, 100 km nördlich von Bangalore.

Der **Virabhadra-Tempelkomplex** auf dem Kurmashaila (Schildkrötenhügel) wurde zur Zeit des Vijayanagar-Königs Achyutaraya (1529–1542) errichtet. Für die Heiligkeit des Platzes und den Namen Lepakshi wird wieder einmal das Ramayana bemüht: Rama soll hier den nach einem Kampf mit Ravana schwer verletzten mythischen Vogel Jatayu gefunden haben und ihm mit dem Ruf »le-pakshi« (steh auf, Vogel) wieder auf die Beine geholfen haben. Den Bau des großen Tempels soll Virupanna, Schatzmeister des Königs, mit veruntreutem Geld finanziert haben, was ihn Augenlicht und Leben kostete.

Der Tempelkomplex, von einer doppelten Mauer umgeben, beherbergt außer dem Haupttempel für Virabhadra mehrere kleinere Schreine, u. a. für Vishnu und Durga. Sehenswert in der großen Halle sind sowohl die Säulen mit lebensgroßen Skulpturen als auch die einmaligen Deckenmalereien. Die Hochzeitshalle blieb unvollendet; ihre Säulen zeigen das Brautpaar Shiva und Parvati

Andhra Pradesh, der Süden

und die himmlische Hochzeitsgesellschaft. Im Süden der Anlage sieht man aus dem Felsen geschlagen, ein riesiges Naga-Linga, einen Ganesha und 60 m vom Haupteingang entfernt, ebenfalls unter freiem Himmel, den größten Nandi Indiens, ein besonders schönes Exemplar, über vier Meter hoch und acht Meter lang.

Cuddapah

4 (S. 357), 115 km südöstlich von Tirupati, Distrikthauptstadt, 216 000 Einw.

Die frühere Hauptstadt der Nawabs von Cuddapah, ab 1800 unter britischer Verwaltung, bietet außer einigen verwitterten Moscheen keine Sehenswürdigkeiten, eignet sich aber gut als Standquartier für den Besuch von Pushpagiri und Bhairavakonda.

Pushpagiri

5 (S. 392), 15 km nordwestlich von Cuddapah.

Pushpagiri ist ein kleines Dorf am Penner; die Straße dorthin endet am Fluß. Auf der anderen Seite, an einem langgestreckten, kahlen Hügel, dem Pushpagiri (Blumenhügel), stehen zahlreiche Tempel und Tempelchen in unterschiedlichen Stadien der Verwilderung und des Verfalls. Der Platz war einst berühmt als geistiges Zentrum einer religiösen Gemeinschaft (Shankara Pitam). Aus dieser Zeit stammen wohl auch die stattlichen Gebäude entlang der Dorfstraße, die nicht so aussehen, als hätten die Bauern, die sie heute mit ihren Kühen bewohnen, sie gebaut. In einem kleinen **Museum** werden Fundstücke gesammelt und gezeigt.

Die andere Flußseite erreicht man zu Fuß durchs niedrige Wasser. Über eine Felsentreppe gelangt man zu einem

hohen Gopuram und dahinter zu einer Gruppe von drei besonders schönen Tempeln: **Santanamalleshvara-, Umamaheshvara-** und **Cennakeshvara-Tempel**. Die Anlage in ihrer heutigen Form stammt aus dem 15. Jh.; ihre Attraktion sind die unglaublich fein gearbeiteten Skulpturen an den Außenwänden der drei Tempel. Man benutzte hier nicht Granit, sondern einen feinporigen gelben Stein, der diese extrem detaillierte Gestaltung überhaupt erst möglich machte. Dargestellt wurden wiederum das ganze Pantheon und Szenen aus den großen Epen. Man beachte auch weniger oft dargestellte Formen und Begebenheiten wie z. B. Shiva Kankala-Murti, Arjuna und Shiva als Jäger (Kiratarjunya) sowie die Szene aus dem Mahabharata als Krishna Arjuna die Bhagavat Gita lehrt.

Die Höhlen von Bhairavakonda

6 (S. 352), 120 km nordöstlich von Cuddapah.

Die Höhlentempel von Bhairavakonda liegen weitab der großen Städte in einer touristisch vollkommen unberührten Gegend. Von Cuddapah oder Nellore fährt man zunächst nach Udayagiri, einem Städtchen mit mehreren verfallenden Tempeln aus der Vijayanagar-Zeit unterhalb einer schwer zugänglichen Bergfestung, und weiter nach Norden nach Kotapalle. Vom Dorf führt ein Weg (bei trockenem Wetter mit dem Auto befahrbar) zu den bewaldeten Hügeln in 5–6 km Entfernung. An einem Bach, gegenüber einem kleinen Tempel mit buntbemaltem Bhairava-Kultbild, liegen acht Höhlentempel neben- und übereinander. Sie sind in das dunkle Schiefergestein gehauen.

Höhle Nr. 1 öffnet sich als einzige nach Osten, alle anderen blicken nach Norden. Die Cella mit einem Linga ist in den Fels gehauen; zu beiden Seiten stehen prächtige Dvarapalas, rechts und links davon in flachen Schreinen Brahma und Vishnu, vierarmig, an den Seitenwänden Ganesha und Chandesha und in der Mitte vor dem Sanktum Nandi. Die **Höhlen Nr. 2, 3** und **4** sind ähnlich aufgebaut. Die übrigen vier besitzen jeweils eine von zwei Säulen getragene Vorhalle, wobei in **Höhle Nr. 7** und **8** sitzende Löwen die Säulenschäfte bilden wie in Mamallapuram. Unterhalb des Bhairava-Tempels sieht man neben einigen unfertigen Höhlen Reliefs von Harihara und Nataraj. Nach Inschriften und Stilvergleichen sind die Tempel Nr. 7 und 8 in die erste Hälfte des 8. Jh., die restlichen in die Zeit zwischen 750 und 850 zu datieren.

Im Dschungel der Ostghats: Ahobilam

7 (S. 346), 40 km südlich von Nandyal, 85 km nördlich von Cuddapah.

Ahobilam ist ein wichtiger Platz der Narasimha-Verehrung. In ›Lower Ahobilam‹ steht einer der beiden Haupttempel aus der Vijayanagar-Zeit mit interessanten Darstellungen an den Säulen. 5 km weiter, mit dem Bus durch dichten Wald bergauf, erreicht man am Eingang einer steilen Schlucht ›Upper Ahobilam‹. Hinter einem weiteren großen Tempel verstecken sich im Dschungel der beiden Hügel Vedadri und Garudadri höchst romantisch kleine Tempel und Kultstätten für die neun Formen des Narasimha, erreichbar über schmale, zugewachsene Pfade. (Schuhe mit durch den Tempel nehmen.)

Tirupati und Tirumala

8 (S. 399), 140 km nordwestlich von Madras, 115 km südöstlich von Cuddapah, 189 000 Einw.

Das größte Pilgerzentrum Süd-Indiens mit dem reichsten Tempel des ganzen Landes besteht aus der eigentlichen Stadt und dem Tempel hoch oben auf dem Tirumala-Hügel. Die Stadt ist nicht übermäßig groß, aber sehr geschäftig und lebendig. Alles liegt dicht beieinander. Der Rajagopuram des **Govindarajaswami-Tempels**, der größte der zahlreichen Tempel, überragt die Stadt. ›Der Tempel‹, d. h. der Tirupati Tirumala Devasthanam, unterhält in der Stadt zahlreiche Sozial- und Bildungseinrichtungen, wie z. B. ein Waisen- und Krankenhaus, ein Polytechnikum und die Shri Venkateshvara-Universität, deren moderne Gebäude man zwischen Stadt und Tirumala-Hügel sieht. Direkt am Fuße des Hügels liegt ein alter heiliger Platz, genannt Kapila Theertam. In dem von einem Wasserfall gespeisten und von Tempeln umstandenen Wasserbekken pflegten die Pilger früher vor dem Aufstieg ein Bad zu nehmen.

Hauptziel der Pilgermassen ist der heilige **Venkateshvara-Tempel** von Tirumala. Er liegt, umgeben von einer eigenen Tempelstadt, 860 m hoch auf einem der sieben Gipfel der Seshachalam-Hügelkette. Der Ursprung des Tempels liegt im Dunklen. Er wird schon in den Puranas erwähnt, und Könige der Pallavas, Cholas und Pandyas bis hin zu den Fürsten von Mysore werden als Verehrer und Gönner genannt. Ramanuja (geboren 1017), der große vishnuitische Reformer, soll den ehemals Shiva geweihten Tempel in ein Vishnu-Heiligtum umgewandelt haben. Auch das Kultbild, ein 2,5 m großer Vishnu, soll ursprünglich Shiva dargestellt und erst durch

Hinzufügen der typischen Attribute seine heutige Erscheinung erhalten haben.

In mehreren Hallen des Tempels sind neben anderen Schätzen wertvolle und interessante Großbronzen aufgestellt, u. a. die Krishnadevarayas und seiner zwei Frauen sowie anderer Vijayanagar-Könige. Für Nicht-Hindus ist nur ein Teil der Anlage zugänglich (nach langem Warten in der Menschenschlange oder für Rs 25,- über eine ›Abkürzung‹).

Aber auch die Umgebung des Tempels ist hochinteressant. Die Tempeladministration hat alles im Griff: Unterkünfte in großen Hallen oder in Bungalows werden vergeben, in anderen Hallen die Pilger verpflegt. Eine Halle dient nur dem Opfer: Dutzende von Barbieren sind ständig damit beschäftigt, Männern, Frauen und Kindern den Kopf kahl zu scheren. Das ›Opfergut‹ wird exportiert.

Auf den Tirumala-Hügel führen zwei Wege. Busse und Autos fahren 18 km die neue Ghat-Straße hinauf (herrliche Ausblicke) – und kommen auf der anderen Seite die alte Ghat-Straße wieder herunter. Zwischen beiden führt der traditionelle Pilgerpfad über zahllose Treppen und durch mehrere Gopurams nach oben. Kleinere Tempel, Erfrischungsstände und ein Gehege mit Damwild bieten willkommene Abwechslung. Als neueste Errungenschaft wird der Weg von Sonnendächern aus scheußlichstem, schweren Beton beschattet. Wegen der Gefahr von Raubüberfällen mahnen Schilder, den Weg nach Einbruch der Dunkelheit nicht oder nur in Gruppen zu benutzen!

Die Umgebung von Tirupati

Chandragiri

9 (S. 355), 11 km westsüdwestlich von Tirupati.

An der Straße nach Chittor liegt am Fuße eines 200 m hohen Granitmassivs das Fort von Chandragiri. Die Festung wurde um 1500 von den Vijayanagar-Königen erbaut. 1576 ließ König Shriranga I. den Thronschatz von Penukonda hierherbringen und bis 1635 König Venkata III. Velore den Vorzug gab, diente Chandragiri dem desolaten Reich als Hauptstadt. 1639 wurde hier der Vertrag geschlossen, der die Briten berechtigte, bei dem Dorf Madraspatnam eine befestigte Faktorei zu errichten.

In den Mauern des weiträumigen Forts unterhalb der verfallenen Zitadelle stehen zwei Paläste und zwischen überwachsenen Ruinen, Baumgruppen und Reisfeldern sieben meist kleinere Tempel. Der größere der beiden Paläste, **Raja Mahal**, soll von Krishnadevaraya (1509–1529) erbaut worden sein, während der Palast der Königin (Rani Mahal) seinem Nachfolger Achyutaraya zugeschrieben wird. Typisch für Palastbauten der Hindus in dieser Zeit ist der starke islamische Einfluß. Nur die pyramidenförmigen Dächer oder Türme scheinen südindischen Tempeln entlehnt. Im Raja Mahal ist ein kleines Museum eingerichtet worden.

Sri Kalahasti

10 36 Kilometer ostnordöstlich von Tirupati.

Der große **Kalahastishvara-Tempel** stammt im Kern aus der Cholazeit, aber

Tirumala: Nach dem Haaropfer für Vishnu im Venkateshvara-Tempel

mit Krishnadevaraya angefangen, haben mehrere Vijayanagar-Könige daran weitergebaut. In drei Höfen hintereinander stehen unter anderem der **Kashi-Vishveshvara-Tempel**, die bemerkenswerte **100-Pfeiler-Halle** sowie der **Haupttempel** mit gewaltigen Säulenkorridoren, die die Schreine Shivas und Parvatis umgeben. Der Legende nach wurde das Kultbild, ein Linga, einst von einer Spinne (Sri), einer Schlange (Kala) und einem Elefanten (Hasti) angebetet. Und schon wissen wir, wie Tempel und Stadt zu ihrem Namen gekommen sind.

Tamil Nadu
Von Madras
bis Kochi

Tamil Nadu, das ›Land der Tamilen‹, heißt so seit 1969. Bis zu diesem Zeitpunkt gab die Hauptstadt Madras dem Bundesland ihren Namen. Tamil Nadu ist das Kerngebiet der kolonialen ›Madras Presidency‹, zu der damals auch die südlichen Teile Andhra Pradeshs und Karnatakas sowie das gesamte Kerala gehörten.

Die Landessprache Tamil ist die Urform der Dravida-Sprachen, und die Tamilen rühmen sich einer großen, alten Kulturtradition. Begünstigt von langen Zeiten friedlicher Entwicklung unter mächtigen Herrscherhäusern und von islamischen Invasionen erst spät und nur sporadisch beeinträchtigt, bildete sich auf der Grundlage großer literarischer, architektonischer und künstlerischer Leistungen sowie wirtschaftlicher Erfolge ein starkes Selbstwert- und Zusammengehörigkeitsgefühl unter den Tamilen heraus, was sie mißtrauisch und abweisend auf die ›nationalen‹ Bestrebungen aus dem fernen Delhi reagieren läßt.

60 Mio. Menschen bewohnen ein Gebiet von 136 400 km². Entsprechend der Vielfalt der Landschaftsformen – von den häufig vom Monsun benachteiligten Trockengebieten im Südosten, über die fruchtbaren Kulturlandschaften um die großen Flüsse bis zu den Hochlagen und Hängen der Nilgiri- und Kardamom-Berge – erbringt die Landwirtschaft eine breite Skala von Produkten: Hirse, Öl- und Hülsenfrüchte, Baumwolle, Zuckerrohr, Kokosprodukte und Reis sowie Kautschuk, Gewürze, Kaffee und Tee. Die Hochsee- und Küstenfischerei bilden wichtige Wirtschaftszweige.

Die Industrie hat sich seit der Unabhängigkeit rasant entwickelt. In und um Madras konzentrieren sich die Petrochemie und pharmazeutische Industrie. Hier werden Lkws und Eisenbahnwagen gebaut – und Filme gedreht; ein nicht unwichtiger Wirtschaftsfaktor. Dazu kommen Stahlerzeugung, Maschinenbau und Textilindustrie sowie Lederverarbeitung und -export, worin Tamil Nadu in Indien führend ist.

Madras – Stadt mit Vergangenheit

■ (S. 372) Die Hauptstadt von Tamil Nadu ist das Zentrum der tamilischen Kultur (5,43 Mio. Einwohner, viertgrößte Stadt Indiens). Sie besitzt einen leistungsfähigen Hafen und hat sich seit der Unabhängigkeit von einem wichtigen Handelsplatz zur Industriemetropole entwickelt. Die traditionelle Baumwollindustrie bildet immer noch den Schwerpunkt, dazu kommen u. a. Petrochemie, Werkzeugmaschinen-, Motoren-,

Waggon- und Lkw-Produktion und die umfangreichste Filmproduktion Indiens. Mit seiner Universität und zahlreichen Forschungsinstituten ist Madras auch Bildungszentrum des Südens.

Mylapore, heute ein südlicher Stadtteil von Madras, war schon vor Beginn unserer Zeitrechnung ein wichtiger Hafen. Im 4. Jh. lebte dort der Tamil-Dichter Tiruvalluvar. Die eigentliche Geschichte der Stadt beginnt aber erst 1639. Um 1595 hatten die Holländer den Portugiesen den lukrativen Gewürzhandel entrissen und erhöhten in Europa

Palmyra-Palmen prägen die Landschaft
◁ *von Tamil Nadu*

Madras, Central Station

kräftig den Preis für den begehrten Pfeffer. Königin Elisabeth I. von England
stattete daraufhin ihre gerade erst gegründete East India Company durch
eine Charta mit dem Monopol auf den
Asien-Handel aus. Nach dem Vorbild der
Holländer, die 1605 in Masulipatnam im
Krishna-Delta eine Faktorei gegründet
hatten und gute Geschäfte mit leuch-
tend rot eingefärbten und bemalten
Baumwollstoffen machten, dem ›Masu-
lipatnam-Chintz‹, (den ungewöhnlich
haltbaren Farbstoff, das Krapprot, gewann man aus einer Pflanze; die Stoffe
wurden in Südostasien dann gegen Gewürze getauscht und diese in Europa
mit großem Gewinn weiterverkauft),
schlossen die Briten 1611 ebenfalls
einen Vertrag mit dem Sultan von Gol-

konda: Pferde gegen Handelsrechte.
Durch Intrigen der Holländer wurden sie
jedoch 1628 zum Rückzug in den Süden
gezwungen. 1639 sicherte Francis Day
der East India Company durch einen
Vertrag mit dem Raja von Chandragiri
das Recht, an der Küste südlich der holländischen Niederlassung Pulicat und
nicht weit nördlich des portugiesischen
São Thomé eine befestigte Faktorei zu
errichten. Ein Jahr später begann man
bei den Dörfern Chennapatnam und Madraspatnam zu bauen; 1644 stand das
erste kleine Fort St. George.

Die Geschäfte begannen zu florieren.
Nördlich des Forts ließen sich Händler,
Weber, Färber und andere Handwerker
nieder, angelockt vom Versprechen drei-
ßigjähriger Steuerfreiheit. Außer Indern

ließen sich auch Portugiesen und Armenier hier nieder. Die so entstandene ›Black Town‹ erhielt bald eine Mauer. 1683 erlangte Madras die Unabhängigkeit von der Zentrale in Bantam auf Java und wurde eine selbständige ›Presidency‹. Fünf Jahre später gewährte König Jakob II. der ›Town of Fort St. George and City of Madraspatnam‹ als erster Siedlung in Indien Stadtrechte. Inzwischen waren im Fort das erste Krankenhaus (1664), die erste Bank und die Kirche St. Mary's (1680) errichtet worden. Das Stadtgebiet wurde nach und nach erweitert – durch Landerwerb vom Sultan von Golkonda, von Aurangzeb und dem Nawab von Karnatik, die wechselweise die Herren des Umlandes waren.

1746 griff der Österreichische Erbfolgekrieg auf Indien über. Im 1. Karnatischen Krieg eroberten die Franzosen Madras und zerstörten es weitgehend. Nach dem Frieden von Aachen (1748) erhielten die Briten die Stadt zurück. Sie bauten das Fort um und ließen die alte ›Black Town‹ aus verteidigungstechnischen Gründen abreißen. 1756 brach in Europa der Siebenjährige Krieg aus – und Madras wurde 1758/59 wieder von den Franzosen belagert und teilweise zerstört. Mit dem Frieden von Paris endeten auch die Karnatischen Kriege .In den nächsten 40 Jahren sorgten Haidar Ali, der Madras 1769 angriff, und sein Sohn Tipu Sultan für Unruhe. Erst nach dessen Tod in der Schlacht bei Srirangapatna hatten die Briten den Süden fest in der Hand.

Obwohl Madras 1774 Calcutta untergeordnet worden war, begann die Stadt nun schnell zu wachsen. Wo einst die Black Town stand, legte man den Esplanade-Park an. Nach Norden anschließend entstand die ›Georgetown‹, das neue kommerzielle Zentrum der Stadt

mit seinem Schwerpunkt ›Parry's Corner‹ an der Südostecke der Siedlung, genannt nach dem britischen Geschäftsmann, der sich mit seinem erfolgreichen Handelshaus 1803 hier niederließ. Bis 1809 hatten alle Kaufleute das Fort verlassen und siedelten jetzt auch südlich des Forts. Entlang der Sandpiste nach Südosten, dem alten Pilgerweg zum Thomas Mount, entstanden luxuriöse Landsitze mit schönen Gärten. Der Stadtteil Egmore wurde angelegt.

Als Handikap erwies sich für Madras von Anfang an die Tatsache, daß die Schiffe auf offener See vor Anker gehen und Waren wie auch Passagiere in kleinen Booten, den Massulahs, durch die heftige Brandung an Land gebracht werden mußten. 1875 begann man vor Georgetown mit dem Bau eines Hafens, der sich dann schnell zu einem der wichtigsten in Südasien entwickelte. Die First Line Beach (heute North Beach Road) schmückte sich mit repräsentativen Bauten, doch schon nach wenigen Jahrzehnten wurde es zu eng um den Hafen herum, und sie verlor ihre Bedeutung an die Mount (Thomas) Road, die sich mit ihren Verlags- und Handelshäusern, Theatern, Hotels, Klubs und vornehmen Geschäften bald zum ›Boulevard Nr. 1‹ entwickelte. 1844 erschien die erste indische Zeitung – in englischer Sprache, 1855 die erste in Tamil. 1857 wurde die Universität gegründet.

1858 wurde die East India Company abgelöst. Königin Victoria avancierte zur Kaiserin von Indien. Wie auch Mumbai wurde Madras in dieser Zeit mit pompösen Bauten geschmückt. 1864 errichtete der Architekt Chisholm als Gewinner eines Wettbewerbs das Senatsgebäude und das Presidency College in einem indo-orientalischen Mischstil – und danach eine Menge weiterer repräsentativer Bauten, besonders an der Poonamallee High Road und in Egmore. Im gleichen Stil entstand 1889–1892 der kuppelreiche Justizkomplex auf dem Gelände des Esplanade-Parks. 1895 fuhr die erste Straßenbahn. Bis zur Unabhängigkeit Hauptstadt der Madras Presidency, einer der vier Verwaltungsbezirke Britisch-Indiens, wurde Madras nach der Unabhängigkeit Hauptstadt des Bundeslandes Tamil Nadu.

Die weitläufige Stadt besitzt weder ein eindeutiges Zentrum noch erstrangige Sehenswürdigkeiten, abgesehen von Museen und dem Kalakshetra. Fort St. George als Keimzelle der Stadt könnte man als historisches Zentrum betrachten, touristischer Mittelpunkt ist die mittlere Mount Road.

Mount Road, Egmore, Georgetown

Die Mount Road (heute offiziell: Anna Salai) lohnt immer einen Bummel: Ab und zu erblickt man noch Reste alter kolonialer Pracht. Stadteinwärts liegen links eine Filiale der alteingesessenen Buchhandlung Higginbotham's, etwas weiter im Gebäude der Government Press das Kaufhaus für Kunsthandwerk (Poompuhar), auf der rechten Seite das Klubhaus des einst vornehmen Cosmopolitan Club und das alte Elphinstone-Theater. Das liebenswerte Kaufhaus Spencers mußte in den letzten Jahren den gesichtslosen Spencers Towers weichen.

Nordwestlich von hier, im Stadtteil Egmore, befinden sich an der Pantheon Road das **State Government Museum** 2 von 1851, die **Art Gallery** in der prächtigen **Victoria Memorial Hall**, erbaut 1906 von Irwin, und die Connemara-Bibliothek. Sehenswert ist hier vor allem die umfangreiche Bron-

zensammlung, die das gesamte hinduistische Pantheon anhand großartiger Kultbronzen vorstellt sowie Jaina-Bronzen und interessante buddhistische Kultbilder von Nagapattinam zeigt. Unter den Steinskulpturen ragen vor allem die Funde von Amaravati heraus. In einem anderen Gebäude werden Holzarbeiten von Tempeln und Tempelwagen, Kunsthandwerk in Metall, Waffen und ethnologische Exponate ausgestellt. Die Kunstgalerie zeigt eine magere Sammlung von Werken moderner Künstler, Miniaturen nord- und zentralindischer Schulen und interessante Malereien aus Travancore/Kerala.

Weiter nordöstlich liegen die quirligen Basare der Georgetown mit ihrem Schwerpunkt Popham's Broadway/Parry's Corner, kurz Parry's (heute offiziell Netaji Subhash Bose Road) sowie der **Justizkomplex** 5 mit dem High Court und dem Law College.

Das Fort St. George

9 Das Fort lag früher direkt am Strand; heute versperren Hafenanlagen den Blick aufs Meer. Man gelangt durch zwei Tore an der Ostseite in die Festung. Die interessanten Gebäude stammen vom Ende des 18. Jh.; Anfang des 20. Jh. wurden **Governor's House** und **Assembly Hall** umgebaut. Genutzt werden die Gebäude vom Parlament, den Ministerien Tamil Nadus und dem Militär.

St. Mary's Church, 1680 geweiht, ist die älteste anglikanische Kirche in Indien. Zu sehen sind Grabsteine aus dem 17. und 18. Jh., im Inneren Gedenktafeln für ehemalige Gouverneure und andere Größen, ein Taufbecken von 1681, und ein Altarbild aus der Schule von Raffael. Die **Alte Börse** wurde später Offiziersmesse und beherbergt heute das **Fort-**

museum. Neben Waffen, Uniformen, Münzen und Dokumenten der Company werden Bildnisse von Gouverneuren und indischen Fürsten sowie zeitgenössische Darstellungen in Stichen ausgestellt.

Die Marina und der Süden

Im Gegensatz zur schmuddeligen, übervölkerten North Beach Road mit ihren Hafenanlagen und den Buden des Burma Bazar präsentiert sich die **South Beach Road** oder **Marina** als großzügig angelegter Straßenzug, gesäumt von repräsentativen Bauten und Parkanlagen auf der Landseite. Gleich südlich der Mündung des Cooum liegen Se-

nat/**Universität** 10, Presidency College und PWD Building von 1864/68. Der etwas nach hinten versetzt am Buckingham-Kanal gelegene **Chepauk-Palast** 11 wurde 1768 von den Engländern für einen lokalen Fürsten, den Wallajah-Nawab, gebaut. Das **Vivekananda-Haus** 12 war ursprünglich das Eishaus, in dem ab 1842 aus Amerika importiertes Kühleis gelagert wurde; 1892 hat Vivekananda hier gelebt. An der Marina stehen außerdem das **Aquarium** 13 und der neue, 50 m hohe Leuchtturm.

Im Stadtteil Mylapore steht der **Kapalishvara-Tempel** 15. Inschriften deuten auf ein sehr hohes Alter dieses Shiva-Tempels hin. Der heutige Bau ist nicht sehr alt. Der große Gopuram wurde erst

1906 gebaut. In Strandnähe liegt die **St. Thomas-Kathedrale** 🔢. Hier gründeten die Portugiesen 1505 ihre Niederlassung São Thomé, die 1672 von den Franzosen besetzt wurde, 1674 an die Holländer fiel und 1749 von den Engländern übernommen wurde. Über dem vermutlichen Grab des Apostels Thomas errichteten wohl schon Nestorianer eine Kapelle. Die Portugiesen erweiterten 1516 den Bau zu einer kleinen Kirche. Die heutige neugotische Basilika entstand 1898.

An dem bis zu 250 m breiten Strand wird wegen gefährlicher Unterströmungen, wegen der Gaffer und aus hygienischen Gründen kaum gebadet. Am späten Nachmittag aber, wenn die Fischerboote auf den Strand gezogen werden, trifft sich hier ganz Madras.

Adayar

Die Stadtteile südlich des Flüßchens Adayar haben dem ›Stadtflüchtling‹ viel zu bieten, angefangen mit **Elliot Beach**, einem echten Badestrand. Inmitten gepflegter Parkanlagen und Palmenhainen liegt in Adayar das Welthauptquartier der Theosophischen Gesellschaft: Die Bibliothek birgt reiche Schätze an indischen Manuskripten. Im Garten der Theosophischen Gesellschaft steht der größte Banyan-Baum Indiens: Seine Luftwurzeln entwickelten sich im Lauf der Jahre zu neun Stämmen und ließen einen ›Ein-Baum-Wald‹ entstehen, der ein Drittel Hektar groß ist.

Im Jahr 1875 wurde die Theosophische Gesellschaft von der Russin Helena Petrowna Blavatsky in New York gegründet. Die Theosophen streben die Überwindung der Gegensätze zwischen den Religionen an; das Göttliche in jedem Menschen soll geweckt und entwickelt werden, was nicht zuletzt durch die Förderung seiner kreativen Fähigkeiten geschehen soll. Aus diesem Geiste heraus gründete die gefeierte Tänzerin Shrimathi Rukmini Devi Arundal 1936 die Schule für Tanz, Musik und Kunsthandwerk **Kalakshetra** 🔢. 1963 bezog die Schule ein eigenes Areal weiter im Süden, in Tiruvanmiyur. In einem wunderschönen, luftigen Auditorium kann man hier Tanzvorführungen erleben. Über Weihnachten/Neujahr veranstaltet Madras ein Festival, während dessen hier jeden Abend erstrangige Aufführungen geboten werden (Programm in ›Hello Madras‹ und beim TTDC Tourist Office).

Ebenfalls südlich des Adayar liegt an einem künstlichen See der **Guindy-Park** 🔢, ein Naturschutzgebiet, wo man neben Affen, Mungos, Damwild zahlreiche der selten gewordenen Hirschziegenantilopen beobachten kann. Im benachbarten Schlangenpark sind die Reptilien und Amphibien Indiens zu sehen.

Im Südwesten der Stadt findet man die beiden christlichen Pilgerziele **Little Mount** und **Thomas Mount**. In einer Höhle am Little Mount hat der Legende nach der Apostel Thomas gelebt und wurde dort von einem Brahmanen mit einer Lanze verwundet – er flüchtete zu dem höheren Hügel in der Nähe und wurde hier angeblich im Jahre 68 (oder 72) getötet; auf der Hügelkuppe soll eine kleine von ihm selbst erbaute Kapelle gestanden haben. Marco Polo beschreibt ein von Nestorianern dort errichtetes Kirchlein, das die Portugiesen 1523 zur heutigen Kirche **Our Lady of Expectation** erweiterten. 1547 wurde das ›blutende Kreuz‹ gefunden, das heute noch große Pilgerscharen anlockt – ebenso wie ein Ölbild von der Hand des Apostels Lukas, das der hl. Thomas nach Indien mitgebracht haben soll.

Die Umgebung von Madras

Pulicat

1 (S. 391) 61 km nördlich von Madras.

1609 gegründet, war Pulicat im 17. Jh. die wichtigste Niederlassung der Holländer an der Ostküste. Von dem Fort Geldria sind nur Ruinen geblieben – wie es einmal aussah, sieht man auf einem Grabstein des alten Friedhofs. Heute ist das Dörfchen zwischen Lagune (Krabbenfang) und Strand beliebt als ›Picnic Spot‹.

Cholamandal

2 20 km südlich von Madras (Bus). Im Künstlerdorf Cholamandal haben

sich seit 1966 Maler, Grafiker, Bildhauer und Keramiker angesiedelt. Sie unterhalten eine gemeinsame Verkaufsausstellung, gelegentlich finden in dem Freilufttheater der Kolonie Theater- und Folkloreveranstaltungen statt.

Covelong (Kovilam)

3 (S. 357) 38 km südlich von Madras (Bus).

Bei den Ruinen einer Hafenfestung von Sadat Ali, Nawab von Karnatik, liegt das Luxus-Strandhotel *Fishermen's Cove*; im nahen Fischerdorf sind eine alte katholische Kirche sowie eine Moschee sehenswert.

Tamil Nadu,
von Madras
bis Pondicherry

Bucht von Bengalen

Shalavankuppam

Koneri Road

Felsenhügel

Koneri Tank

Buckingham-Kanal

↓Madras

Mamallapuram
1 *Die fünf Rathas*
2 *Dharmaraja-
   Mandapa*
3 *Unfertiges
   Großrelief
   ›Herabkunft
   der Ganga‹*
4 *Krishna-
   Mandapa*
5 *Pancha-Pan-
   dava-Mandapa*
6 *Großrelief
   ›Herabkunft
   der Ganga‹
   oder ›Arjunas
   Buße‹*
7 *Darstellung
   einer Affen-
   familie*
8 *Ganesha-Ratha*
9 *Trimurti-Höhle*
10 *Tiergruppe mit
   Affen, Elefanten
   und Pfauen*
11 *›Krishnas
   Butterkugel‹*

12 Kotikal-Mandapa 13 Koneri-Mandapa 14 Varaha-Höhle 2 15 Rayala-Gopuram
16 Varaha-Höhle 1 (Adivaraha) 17 Palast des Königs 18 Mahishasuramardini-Höhle
19 Olakkanatha-Tempel (›Old Light House‹) 20 Ramanuja-Mandapa 21 Strandtempel
22 Mahishasura-Felsen 23 Sapta-Matrika-Gruppe 24 Tigerhöhle 25 Archäologisches
Büro 26 Busbahnhof 27 Post-und Telegraphenamt

4 km weiter südlich kann man auf der **Krokodilfarm** von Romulus Whittaker indische und afrikanische Krokodile (u. a. mit 7 m das längste der Welt!) sowie Schildkröten bestaunen.

Mamallapuram (Mahabalipuram)

4 (S. 377) 61 km südlich von Madras.

Dieses kleine Dorf ist der einzige Platz in Süd-Indien, wo Kunstfreund und Strandfan gleichzeitig auf ihre Kosten kommen. Ein kilometerlanger feinsandi-

ger Strand – ohne Gaffer und ›Fishermen's Souvenirs‹ – bietet Erholung nach Großstadtstreß, langer Fahrt und Exkursionen zu Höhlentempeln, Rathas, den großen Reliefs und dem Ufertempel in ihrer schönen Umgebung, die man portionsweise genießen sollte.

Mamallapuram ist benannt nach dem großen Pallava-König Narasimhavarman I. Mamalla (630–668); der Ehrenname Mamalla (Mahamalla) bedeutet ›Großer Kämpfer‹. Mamallapuram war mit seinem Hafen die zweite Stadt im Reich. Hier rüstete Narasimhavarman seine Flotte aus und startete zwei erfolg-

Strand bei Mamallapuram

reiche Kriegszüge nach Ceylon. Nach dem Untergang des Pallava-Reiches begann der Hafen zu versanden, Mamallapuram geriet in Vergessenheit.

In einigem Abstand zur Küste zieht sich eine der für Süd-Indien so typischen Hügelketten entlang. Die Granitbuckel unterschiedlicher Größe ragen unvermittelt aus dem Schwemmland empor. Aus dem größten der Hügel (bis 40 m) ließen schon Mahendravarman I. (600–630) und besonders Narasimhavarman I. Mamalla Höhlentempel und Reliefs herausschlagen. Einige kleinere Buckel südlich davon wurden zum Rohmaterial für seine Modelltempel-Sammlung, die **Rathas (1)**, bestimmt. Der

Ufertempel entstand unter Narasimhavarman II. Rajasimha (680–720;).

Die Bezeichnung Rathas (Tempelwagen) stammt aus späterer Zeit und erinnert an die in Stein nachgebildeten Tempelwagen, die vor Tempeln aufgestellt wurden; auch die Benennung nach den fünf Pandava-Helden des Mahabharatas und ihrer gemeinsamen Frau Draupadi ist eine nachträgliche Zutat. Diese fünf monolithischen Tempelchen wurden nie benutzt. Wozu sie geschaffen wurden, ist nicht überliefert. Sie wirken wie eine Bestandsaufnahme der damals verfügbaren Bauformen.

Der **Dharmaraja-Ratha** (so benannt nach dem ›gerechten‹ Yudhisthira, dem ältesten der Brüder) steht auf quadratischem Grundriß. Der Unterbau mit von Löwensäulen gestützten Veranden trägt ein dreifach gestuftes Pyramidendach, gekrönt von einer Kuppel. Die Dachterrassen sind reich mit Miniaturpavillons, Kudus und Götterfiguren bestückt, der Unterbau mit stehenden Figuren von Harihara, Brahma, Skanda, Ardhanarishvara und von König Narasimhavarman I., dem Bauherrn.

Der **Bhima-Ratha** hat einen rechtekkigen Unterbau (16 × 8 m); jeweils vier Löwensäulen flankieren die Längsseiten und bilden einen Umgang.

Der **Arjuna-Ratha** entspricht in kleinerem Maßstab dem Dharmaraja-Ratha; seinen Sockel bilden Elefanten und Löwen. Der Bau besteht aus einer Vorhalle mit zwei Löwensäulen und der Cella mit einer gehörnten Figur als Kultbild. Die Außenwände sind geschmückt mit zwei Torhütern, Vishnu auf Garuda, Indra auf seinem Elefanten, Shiva auf Nandi, einem Rishi mit Schüler und mit Mithunapaaren. Daneben liegt ein monolithischer Stier.

Der **Draupadi Ratha** bietet das steinerne Abbild einer strohgedeckten Hütte dieser Zeit und Gegend. In der Cella steht eine Durga als Kultbild, davor ein Löwe; in den Nischen der Wände finden sich Aspekte der Durga.

Der **Nakula-Sahadeva-Ratha** (genannt nach den jüngsten der Brüder, den Zwillingen Nakula und Sahadeva) ist ein kleiner apsisförmiger Bau, fast ohne Schmuck. Daneben steht ein großer Elefant.

Wenn diese Miniaturtempel wirklich geschaffen wurden, um Klarheit über den Stil geplanter freistehender Kultbauten zu gewinnen, dann ist klar, daß die Wahl auf Dharmaraja-Ratha und Arjuna-Ratha fiel. Sie gelten als Prototypen des südindischen Tempels mit dem Vimana als Schwerpunkt und Hauptmerkmal.

Umrundet man, von den Rathas kommend, den 40 m hohen Felsbuckel, auf dem einst ein Palast des Königs stand, kann man sich alle folgenden Sehenswürdigkeiten bequem erlaufen. Der **Dharmaraja-Mandapa (2)** ist ein einfacher Höhlentempel mit dreifacher Cella und den typischen kräftigen Pfeilern der Mahendravarman-Zeit. Ein Stück weiter sieht man ein unfertiges **Großrelief (3)** mit dem Thema ›Herabkunft der Ganga‹. Ob es sich dabei um eine Studie oder um eine spätere Variante zu dem berühmten Relief handelt, ist unklar.

In der Felswand hinter dem Talasayana-Dorftempel liegt der **Krishna-Mandapa (4)**, eigentlich ein Großrelief in der Felswand, ohne Cella, dem später eine Vorhalle beigefügt wurde. Dargestellt ist die Szene aus der Krishna-Legende, da dieser die Bauern und Hirten, die er von einem Opfer an Indra abgehalten hatte, vor dessen Zorn schützt, indem er den Berg Govardhana mit einer Hand hochhält. Das großartige Relief zeigt neben Krishna in der Gebärde der Wunschgewährung und seinem Bruder Balarama viele gelungene und anrührende Szenen aus dem Leben der Landbevölkerung. Der **Pancha-Pandava-Mandapa (5)** ist eine große, unvollendete Halle; fertiggestellt wurden nur sechs Säulen und zwei Pilaster mit Löwenschaft.

Die östliche Wand eines Felsens, 32 m lang und 14 m hoch, durch eine Spalte in zwei Flächen aufgeteilt, bildet Träger und natürlichen Rahmen für das Meisterwerk **Herabkunft der Ganga (6)**, ein Großrelief, das die Welt der Götter, der Menschen und der Tiere in einer großartigen Komposition erfaßt und darstellt. Die natürliche Vertiefung im Fels bildet das Bett der Ganga, über das

Großrelief ›Herabkunft der Ganga‹ an einer Felswand in Mamallapuram

aus einer oberhalb des Felsens befindlichen Zisterne Wasser geleitet werden kann; Nagas schlängeln sich darin nach oben. Sonne und Mond, Götter, Asketen, Jäger und die Tiere des Waldes sind herbeigeeilt, um das Ereignis, durch das die Erde und ihre Lebewesen gerettet und erhalten werden, zu feiern. Eine andere Version bringt die Darstellung mit der Kiratarjuniya-Legende in Verbindung, derzufolge Arjuna durch jahrelange Askese am Ufer des Ganges Shiva dazu bringt, ihm die Wunderwaffe Pashupata zu überlassen – daher der Name ›Arjunas Buße‹. In der Nähe sieht man die lebensechte Darstellung einer **Affenfamilie (7)**.

Der **Ganesha-Ratha (8)**, ein monolithischer, 9 m hoher Tempel, stammt aus der späten Mamalla-Zeit. Der Name rührt von einem erst in unserer Zeit installierten Ganesha-Kultbild her. Die **Trimurti-Höhle (9)** besteht aus einer dreifachen Cella – ohne Vorhalle, aber unter einem gemeinsamen Dach – mit Flachreliefs von Vishnu, Shiva und Brahma. Rechts am Fels entdeckt man Durga auf dem Kopf des Büffeldämons, in der Nähe eine unvollendete **Tiergruppe (10)** mit Affen, Elefanten und Pfauen, auf dem Felsrücken eine gefährlich instabil wirkende, natürliche Steinkugel, die **Krishnas Butterkugel (11)** genannt wird.

Oben am Hang liegt der **Kotikal-Mandapa (12)**, ein kleiner Schrein mit Pfeilerhalle im Mahendra-Stil; die zwei Dvarapalikas (Torhüterinnen) mit Pfeil und Bogen lassen auf ein Durga-Heiligtum schließen. Neben dem unfertigen **Koneri-Mandapa (13)** liegt die **Varaha-Höhle 2 (14)**, ein Höhlentempel aus dem 7. Jh. Vier schöne Reliefs zeigen: an der Nordwand Vishnu in seiner Erscheinungsform als Eber (Varaha), eine Gajalakshmi-Gruppe, eine vierarmige Durga, vor der sich ein Asket enthauptet, und an der Südwand schließlich Vishnu in seiner Vamana-Inkarnation. Der **Rayala-Gopuram (15)** ist ein ebenfalls unvollendeter Bau aus der Vijayanagar-Zeit.

Die **Varaha-Höhle 1 (16**, Adivaraha), ein Höhlentempel aus dem 7. Jh., zeigt Flachreliefs von Vishnu als Eber, Harihara, Brahma, Gajalakshmi, Durga Mahishasuramardini, Shiva als Gangadhara und – besonders interessant eine Darstellung von zwei Pallava-Königen, durch Inschriften belegt als Simhavishnu (574–600), auf einem Thron sitzend, flankiert von seinen Frauen, und Mahendravarman I. (600–630), der seinem Vater seine beiden Frauen vorstellt. Vom **Palast des Königs (17)** blieb nichts als ein steinerner Löwe mit abgeflachtem Rücken, der wahrscheinlich als Thron diente, erhalten.

Bemerkenswert ist die **Mahishasuramardini-Höhle (18)** mit zwei großen Reliefs: Vishnu auf der Weltenschlange Ananda ruhend und eine dynamisch agierende achtarmige Durga im Kampf mit dem Büffeldämon, die sich gegenseitig in ihrer Wirkung steigern. Der **Olakkanatha-Tempel (19**, auch Old Light House genannt), eigentlich der untere Teil eines Tempels ohne Obergeschoß und Dach, stammt aus der Rajasimha-Zeit. Der Skulpturenschmuck des

Ramanuja-Mandapa (20), eines shivaitischen Höhlentempels aus der Mamalla-Zeit, ist weitgehend zerstört.

Östlich von Hügel und Dorf, direkt am Meer, liegt innerhalb einer mit vielen Nandi-Skulpturen besetzten niedrigen Umfassungsmauer eine aus drei Kultzellen bestehende Tempelanlage, der **Ufertempel (21)**. Der Shiva geweihte Haupttempel öffnet sich nach Osten, damit die aufgehende Sonne das Linga trifft; an der Rückwand ein Somaskanda-Paneel. Darüber erhebt sich der höhere der beiden eleganten Vimanas mit dem spitz auslaufenden Stupi. Die Kultzelle unter dem zweiten Turm ist nach Westen zum Ort hin ausgerichtet, so wie es die hinduistische Architekturlehre verlangt. Zwischen beiden befindet sich ein Sanktum für Vishnu, nach Osten orientiert, mit einem Vishnu auf der Weltenschlange als Kultbild. Die schlanken Türme dieser von Narasimhavarman II. Rajasimha Anfang des 8. Jh. erbauten Anlage entsprechen im Prinzip dem Vorbild des Dharmaraja-Ratha. Ehemals auf der Ost-West-Achse gelegene Mandapas und Tortürme sind verschwunden. Im weiten Hof befinden sich die freistehende Skulptur einer Durga auf einem Löwen, eine Opferplattform und Reste von ehemaligen Wasserbecken. Etwas nördlich am Strand weist der **Mahishasura-Felsen (22)** eine achtarmige Durga als Kultbild auf.

Außer diesen zentral gelegenen Hauptsehenswürdigkeiten gibt es verstreut um den Ort eine Anzahl weiterer Rathas, Tempelchen, Höhlen und Skulpturen. So steht bei der Nordostecke des Dorfes eine interessante **Sapta-Matrika-Gruppe (23)**, 5 km nördlich des Ortes liegen in Strandnähe die **Shaluvankuppam-Höhlen**: Die sog. **Tigerhöhle (24)** ist ein Durga-Heiligtum mit neun Löwenköpfen um den Eingang, zwei weitere Löwen sitzen als Wächter davor. Wenig weiter nördlich zeigt eine Höhle eine Somaskanda-Gruppe mit Vishnu und Brahma im Hintergrund.

Im Ort selbst gibt es eine staatliche Schule für Bildhauer und Steinmetze, außerdem Werkstätten, die Skulpturen im alten Stil – hauptsächlich für Restaurierungsarbeiten, aber auch zum Verkauf – herstellen. Kleinere Figuren werden aus einer Art Speckstein gefertigt, worunter sich raffinierte und originelle Arbeiten finden.

Tirukkalikundram

5 (S.399) Zwischen Mamallapuram (15 km) und Chingleput (14 km).

Den großen **Bhaktavatsala-Tempel** mit 4 hohen Gopurams baute der Pandya-König Jatavarman Sundara im 13. Jh. um einen älteren Tempel aus der Pallava- und Chola-Zeit herum. Auf dem steilen **Vedagiri-Hügel** (152 m) erhebt sich ein Pallava-Tempel vom Ende des 7. Jh. Hier werden mittags von den Priestern zwei Adler – es sind Milane – gefüttert, die der Legende nach auf ihrem täglichen Flug von Benares nach Rameshvaram hier Rast machen. Auf halber Höhe liegt der **Orukal-Mandapa**, ein Pallava-Höhlentempel im Mahendra-Stil.

Vedanthangal

6 (S. 401) 30 km südwestlich von Chingleput (5 km südlich Abzweig vom National Highway 45 nach Westen).

Das älteste Vogelschutzgebiet Indiens (Jagdverbot seit 1798) bietet bei einem Baringtonia-Hain an (und in) einem kleinen Stausee zwischen November und Januar (Brutzeit) gute Beobachtungsmöglichkeiten einer großen Vielfalt von Wasservögeln.

Heilige Stadt mit berühmten Tempeln: Kanchipuram

7 (S. 364) 65 km südwestlich von Madras, 65 km nordwestlich von Mamallapuram, 173 000 Einw.

Nach traditioneller Zählung ist Kanchipuram (auch: Kanchi, Conjiveram) eine der sieben heiligen Städte der Hindus, die einzige davon in Süd-Indien und sowohl Shiva als auch Vishnu heilig. Über 100 Tempel – 1000 sollen es einmal gewesen sein – sind das Ziel großer Pilgerscharen. Einige der Tempel – zum Glück sind es nicht die Pilgerziele – stellen Kostbarkeiten früher indischer Tempelbaukunst und Tempelskulptur dar. Trotz aller belastenden Nebenerscheinungen, wie Scharen kranker und verkrüppelter Bettler, habgieriger Brahmanen und schmuddeliger Restaurants, ist die Stadt unbedingt einen Besuch wert.

Unter den großen Pallava-Herrschern Simhavishnu (574–600), Mahendravarman I. (600–630) und Narasimhavarman I. Mamalla (630–668) wurde Kanchi zur glanzvollen Hauptstadt ausgebaut. Das Reich dehnte sich zeitweise von der Krishna im Norden bis weit ins Pandya-Land südlich der Cauvery aus. Unter dem Druck der Rashtrakutas und der erstarkenden Cholas ging das Reich um 795 unter. Später gehörte Kanchi zum Reich der Cholas und zu Vijayanagar.

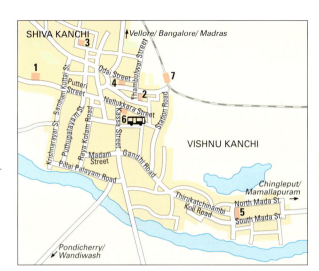

Kanchipuram

1 Kailashanatha-
  Tempel
2 Vaikuntha
  Perumal
3 Ekambareshvara-
  Tempel
4 Kamakshi-
  Amman-Tempel
5 Varadaraja-
  Tempel
6 Busbahnhof
7 Bahnhof

In the map:
SHIVA KANCHI
Vellore/ Bangalore/ Madras
Odai Street
Thambutwar Street
Puttery Street
Santham Kurai St.
Nellukkara Street
Kassa Street
Station Road
Krishnarayar St.
Puthupalayam St.
Raya Kolam Road
Madam Street
Pillai Palayam Road
Gandhi Road
VISHNU KANCHI
Chingleput/ Mamallapuram
Thirukatchinambi Koil Road
North Mada St.
South Mada St.
Pondicherry/ Wandiwash

Der Buddhismus war hier weit verbreitet. Kaiser Ashoka (268–233 v. Chr.) soll in Kanchi einen Stupa errichtet haben. Auch Huen Tsang, 629–645 als Pilger in Indien unterwegs, berichtet von Buddhisten in Kanchi und ihrer Verdrängung durch Jainas. König Mahendravarman I., ursprünglich Jaina, wurde vom Nayanar Appar zum Shivaismus bekehrt und verfolgte fortan die Jainas. Er wirkte als ein großer Förderer der Künste und veranlaßte den Bau der ersten Höhlentempel. Der Kailashanatha-Tempel in Kanchi entstand, wie der Ufertempel in Mamallapuram, unter Narasimhavarman II. Rajasimha und seinem Sohn Mahendravarman III. (720–728), die weiteren Pallava-Tempel in Kanchi ebenfalls im 8. Jh. unter den Nachfolgern.

Man bezeichnet das eigentliche Kanchi mit dem Zentrum als Groß (Periya)-Kanchi oder Shiva Kanchi und den südöstlichen Stadtteil als Klein (Chinna)-Kanchi oder Vishnu Kanchi, was sich auf die heutigen Pilgerschwerpunkte bezieht, meist große Tempel aus der Vijayanagar-Zeit. So befindet sich in Vishnu Kanchi, 4 km vom Zentrum, der Karivaradaswami-Tempel; in Shiva-Kanchi besuchen die Pilger hauptsächlich den Ekambareshvara-, den Kachareshvara- und den Kamakshi-Tempel. Dort stehen auch die sehenswerten Pallava-Tempel, von denen der Vaikuntha Perumal Vishnu geweiht und noch ›in Puja‹ ist.

Der **Kailashanatha-Tempel** liegt am Westrand der Stadt in dörflicher Umgebung. Umgeben von einer Mauer, die zum Hof hin mit 58 kleinen Schreinen (Reste von Malereien) besetzt ist, steht ein prächtiger vierstöckiger Vimana. Das Zentralheiligtum umgeben sieben kleinere Schreine mit exquisiten Skulpturen verschiedener Aspekte Shivas. Die Säulen weisen hier springende statt der sonst üblichen sitzenden Löwen auf. Vimana und Mahamandapa, die ursprünglich separat standen, wurden im 16. Jh. durch einen Zwischenbau verbunden.

Auf dieser Achse schließt sich dem großen Hof ein kleiner Hof an, der nach drei Seiten den Mahendravarmeshvara-Schrein umschließt, ein rechteckiger

Kailashanatha-Tempel, Kanchipuram

Bau mit zweistöckigem Vimana-Dach, ähnlich einem Gopuram. Der Schrein wurde, zusammen mit dem kleinen Hof und den acht Kultnischen für verschiedene andere Gottheiten, von Mahendravarman III. dem Bau seines Vaters hinzugefügt.

Im Gegensatz zu früheren Bauten bestand ab der Zeit Narasimhavarman II. Rajasimhas nur noch der Sockel aus Granitquadern. Die Tempel selbst wurden in weichem Sandstein ausgeführt. Um die weitere Erosion aufzuhalten, versah man Anfang dieses Jahrhunderts die angegriffenen Skulpturen mit einer Gipsschicht und modulierte diese nach: Das Ergebnis waren Karikaturen. Später entfernte der Archaeological Survey den Überzug zum Teil wieder.

Der **Vaikuntha Perumal** wurde von Nandivarman II. Pallavamalla (731–796) gestiftet. Im quadratischen, vierstöckigen Vimana liegen drei Kultzellen übereinander – Vishnu stehend, sitzend und liegend. Um diese umwandeln zu können, ist der Turm begehbar (nur für Hindus). Die den Tempel umgebende Mauer besitzt innen einen Umgang mit Löwensäulen. An den Wänden stellen Flachreliefs die Geschichte der Pallava-Könige dar, Tamil-Inschriften begleiten die Bilder. Nach dieser Chronik wurde der erste Pallava aus einem Pflanzenschößling geboren!

Weitere, allerdings kleinere Pallava-Tempel aus dem 8. Jh. sind der **Matangeshvara-**, der **Mukteshvara-**, der **Tripurantakeshvara-** und der **Airavateshvara-Tempel**. Sie sind zum Teil stark verwittert oder durch Zutaten verschandelt; in ihrem Inneren blieben jedoch gute Skulpturen erhalten.

Der **Ekambareshvara-Tempel** ist der größte in Kanchi. Die hohe Mauer mit den gewaltigen Gopurams umschließt eine Fläche von 9 ha. Um einen

Kern aus der Chola-Zeit wurden unter den Vijayanagar-Herrschern eine Vielzahl von Hallen, Schreinen und Pavillons sowie ein großes Bassin für das Bootsfest gebaut. Der zehnstöckige, 57 m hohe Süd-Gopuram wurde 1509 von Krishnadevaraya gestiftet. Auf der Prozessionsstraße vor dem Tempel wie an den Säulen einiger Mandapas im Tempel, z. B. an der 1000-Pfeiler-Halle, findet man gut gearbeitete und interessante Darstellungen aus der Shiva-Legende.

In einem Tempelhof wächst ein heiliger, 3500 Jahre alter Mango-Baum, der Früchte in vier Geschmacksrichtungen trägt. Er soll dem Tempel den Namen gegeben haben: Herr des Mango-Baums – seine Früchte fördern angeblich das Kinderkriegen. Im Sanktum ist das Pritheri Linga installiert, eins der fünf Lingas der Elemente (Pritheri = Erde). Shiva wird in diesem Tempel als nackter, asketischer Bettler verehrt – vielleicht einer der Gründe, warum so viele Sadhus, Kranke und abgerissene Gestalten beiderlei Geschlechts vor dem Tempel und in einigen der Hallen lagern.

Im **Kamakshi-Amman-Tempel** wird Parvati verehrt, die Göttin ›mit den liebevollen Augen‹. Hier fallen unter den Besuchern die vielen jungen Paare und die schwangeren Frauen auf. Verehrt wird auch der große Philosoph und Lehrer Shankara-Acharya, der 820 hier gestorben und begraben sein soll.

Der **Varadaraja-Tempel** (Karivaradaswami) in Vishnu Kanchi ist gleichfalls eine riesige Anlage aus dem 16. Jh. mit einem cholazeitlichen Kern, umgeben von einer hohen Mauer mit mächtigen Gopurams. Sehenswert ist die 100-Pfeiler-Halle, der Kalyana-Mandapa, mit 96 exquisit gearbeiteten Säulen; die äußeren mit Reitern auf sich aufbäumenden Pferden über Fabelwesen. Dieser Tempel mit seiner goldgeschmückten Kultfigur, einem stehenden Vishnu als Varadaraja, dem König der Gnade, gilt als eines der bedeutendsten Vishnu-Heiligtümer in Tamil Nadu.

Kanchipuram besitzt eine lange Tradition in der Herstellung kostbarer Seidenstoffe. Für Interessenten gibt es das **Weavers Service Centre** in der Railway Station Road 20.

Vellore

8 (S. 401) 140 km westlich von Madras, 205 km östlich von Bangalore, am NH 46. Distrikthauptstadt am Südufer des Flusses Palar, 311 000 Einw.

Vellore besitzt eine der eindrucksvollsten Festungen Indiens. Die Mauer aus Granitblöcken, in Abständen mit runden und eckigen Bastionen besetzt, ist von einem Graben umgeben. Erbaut wurde das **Fort** von einem Vijayanagar-Fürsten um 1500, vermutlich unter Anleitung eines italienischen Spezialisten. Von 1630–1646 residierten hier die letzten beiden Könige des untergehenden Vijayanagar-Reiches. In den Wirren der Karnatischen Kriege und danach wechselte das Fort mehrmals den Besitzer. Die Engländer hielten hier die Kinder Tipu Sultans als Geiseln gefangen und schlugen 1806 einen Sepoy-Aufstand nieder.

Im Inneren der Festung befinden sich eine Kirche, eine Moschee, einige um Höfe gruppierte Palastbauten und der **Jalakanteshvara-Tempel**, eine harmonische Tempelanlage aus der Vijayanagar-Zeit mit allen Attributen des ausgereiften Stils des 16. Jh. Ein besonderes Schmuckstück ist die Hochzeitshalle mit den in üppige Skulpturen verwandelten Säulen: Reiter auf hochaufgerichteten Pferden, Fußvolk und Fabeltiere in dramatischer Pose. Ein Kilometer westlich vom Fort liegen Gräber von Familienmitgliedern Tipu Sultans und der Witwe Haidar Alis.

Gingee (Jinji, Cenji)

9 (S. 358) 140 km südlich von Madras, 80 km nordwestlich von Pondicherry.

Als Krishnadevaraya von Vijayanagar die Verwaltung seines Reiches neu ordnete und im Süden die drei Nayaktümer Madurai, Tanjavur und Senji (Gingee) schuf, entstanden die Konzeption der heutigen Festung und ein großer Teil der Bauten. Nach der Schlacht von Talikota 1565 erlangte Gingee wie auch die beiden anderen Fürstentümer weitgehende Unabhängigkeit. Im 17. und 18. Jh. wurde die als uneinnehmbar geltende Festung mehrmals erobert: 1638 vom Sultan von Bijapur, 1677 von Shivaji, 1698 von Aurangzeb. Nach dessen Tod war Gingee unter Raja Desingh noch einmal für zehn Jahre unabhängig, ehe 1717 der Nawab von Karnatik das

Tiruvannamalai, Figurenschmuck an einem Tempelwagen

Fort eroberte. In der Kolonialzeit war es zuerst in französischem, dann in englischem Besitz.

Eine 5 km lange Mauer mit sieben Toren verbindet drei Hügel zu einem klug durchdachten Verteidigungssystem. Zitadellen liegen auf dem Krishnagiri und dem Rajagiri, unterhalb letzterer befindet sich das innere Fort mit den meisten der erhalten gebliebenen Bauten, so im Zentrum der Palastkomplex **Kalyana Mahal** mit dem markanten achtstöckigen Turmbau. Wie bei den meisten Hindu-Profanbauten wurden moslemische Bauweise und Fassade mit einer vom Hindu-Tempel entlehnten pyramidalen Dachkonstruktion kombiniert. Außerdem gibt es ein Gymnasium (Übungshalle), Kasernen, Kornspeicher und Stallungen, einen Tempel, zwei Moscheen und den **Venkataramana-Tempel** aus dem 16. Jh. mit schönen schlanken Säulen.

Anstrengend, aber unbedingt lohnend (Fernsicht) ist der Aufstieg zum Rajagiri. Eine Felsspalte mit Holzbrücke bildet die letzte Sperre vor der Zitadelle mit Audienzhalle und Schatzkammer, dem Ranganatha-Tempel, Magazinen und Getreidespeicher.

Tiruvannamalai

10 (S. 400) 97 km westnordwestlich von Pondicherry, 36 km westlich von Gingee, 110 000 Einw.

Am Fuße des Arunachala-Hügels, auf dem Shiva Lingodbhava in einer Feuersäule erschienen sein soll, liegt einer der größten Tempel Indiens, der **Arunachaleshvara**, eine regelrechte Tempelstadt. Um das bescheidene cholazeitliche Sanktum entstanden im Laufe der Zeit drei immer weiträumigere Mauergevierte (Prakaras) mit Toren nach den vier Himmelsrichtungen und immer gewalti-

Tiruvannamalai, Markttreiben vor den riesigen Tempelwagen an der Hauptstraße

geren Türmen darüber: Der Papageien-
turm (Kili-Gopuram) der inneren Mauer
stammt von Vira Rajendra Chola aus
dem 11. Jh., drei Gopurams der zweiten
Einfriedung baute der Hoyshala-König
Ballala III. im 14. Jh., den Westturm der
äußeren Mauer stiftete Krishnadevaraya
von Vijayanagar Anfang des 16. Jh. und
den Ost-Gopuram, 66 m hoch mit dreizehn Stockwerken, Serappa, Nayak von
Tanjavur (Tanjore).

Beachtenswert sind eine 100-Pfeiler-
Halle, der heilige Lotusteich und die
1000-Pfeiler-Halle Ayirakkan-Mandapa
von Krishnadevaraya. Die 108 Tanzstellungen nach dem Natyashastra wurden
neben Tanjavur (11. Jh.) und Chidambaram (13. Jh.) hier am äußeren West-Gopuram zum dritten Mal vollständig dargestellt.

Auf dem Hügel, von dem man einen
hervorragenden Überblick über die
Tempelanlage hat, wird einmal im Jahr,
in einer Neumondnacht im Novem-
ber/Dezember, mit einem großen Feuer
die wundersame Erscheinung Shivas
nachvollzogen. Zum Festprogramm des
Karthigai Deepam gehören ein Tempel-
wagenumzug und ein zehntägiger Vieh-
markt.

Pondicherry

Das Unionsterritorium Pondicherry umfaßt ein wie ›ausgefranst‹ wirkendes
Gebiet um die ehemalige Hauptstadt
Französisch-Indiens und die Enklaven
Karaikal, 150 km südlich von Pondicherry, Mahé in Kerala und Yanam in der
Nähe von Kakinada in Andhra Pradesh.
Mit einer Fläche von 492 km² wird Pondicherry von 650 000 Menschen bewohnt, die Tamil und z. T. auch noch
Französisch sprechen. Es konnte sich als
ehemals französisches Territorium sowohl ein besonderes Flair als auch einen
exklusiven politischen Status bewahren.
Angebaut werden u. a. Baumwolle, Reis
und Zuckerrohr wie in den angrenzenden Gebieten Tamil Nadus. Von der
Industrie verdient nur die Schnaps-
herstellung Erwähnung.

Pondicherry

11 (S. 390) 160 km südlich von Madras,
402 000 Einw.

Der Hafen Arikamedu, 3 km südlich
der heutigen Stadt, war ein wichtiger
Handelsplatz der Römer an der Route
nach Hinterindien. Die Franzosen erwarben vom Sultan von Bijapur das Fischerdorf Pulicheri und begannen 1674 Pondicherry aufzubauen; sie handelten
schon damals mit Branntwein und begannen mit dem Anbau von Erdnüssen.
1693 eroberten die Holländer den Platz
und hielten sich sechs Jahre. Während
der Karnatischen Kriege wurde Pondicherry 1761 von den Engländern erobert
und verwüstet. Gerade wieder aufgebaut, ging die Stadt 1778 erneut verloren und ein drittes Mal 1793. Die ostindische Handelsgesellschaft wurde aufge-
löst und die Besitzungen dem Staat
übertragen. Am 1. November 1954 über-

stellte Frankreich seine Besitzungen in
Indien der Regierung der Indischen
Union; sie wurden aber nicht den umliegenden Bundesstaaten einverleibt, sondern bilden gemeinsam als ›Union Territory‹ eine eigene Verwaltungseinheit.

In französischer Zeit war Pondicherry
in eine ›weiße‹ und eine ›schwarze‹
Stadt unterteilt, getrennt durch einen
parallel zum Strand verlaufenden
Kanal. Dieses Grenzgewässer ist heute
ein verschmutztes, stinkendes Rinnsal,
aber die ›weiße‹ Stadt hat sich den
Charme einer französischen Provinzstadt bewahrt. Das Schmuckstück der
Stadt, die 1,5 km lange **Strandpromenade** (Goubert Salai) beginnt im Süden
am *Park Guest House*, einem der Ash-
ram-Hotels, und endet im Norden bei
der größten Schnapsbrennerei der
Stadt. Auf halber Strecke dazwischen
sieht man eine **Plattform** mit acht
schönen Säulen, die die Franzosen sich
1761 aus Gingee ›mitbrachten‹, sie stan-

*Pondicherry: Nehru, Gandhi und die acht
Säulen von Gingee*

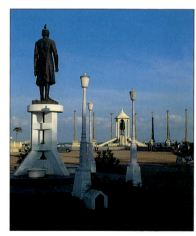

Pondicherry

1 Kanal
2 Strandpromenade
3 Park Guest House
4 Säulen aus Gingee
5 Gandhi Memorial
6 Tourist Office
7 Gouvernment Park
8 Residenz der Gouverneure
9 Alter Leuchtturm
10 Museum
11 Hauptpostamt
12 Bahnhof
13 Tiruvalluvar-Bahnhof
14 Expreß- und örtlicher Busbahnhof
15 Gouvernment Tourist Home

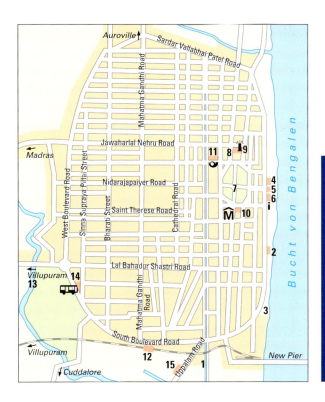

den bis zur Unabhängigkeit im Halbkreis um ein Standbild des als rauflustig bekannten französischen Gouverneurs Dupleix (1742–1754), das dann einer der bekannten Gandhi-Statuen weichen mußte. Dupleix steht jetzt solo beim Kinderspielplatz weiter unten an der Straße.

Hinter dem **Gandhi Memorial** erstreckt sich der zentrale Platz der Stadt, der kleine **Government Park** mit schönen alten Bäumchen, Pavillons, Springbrunnen und einer Statue der Jungfrau von Orléans. Nördlich davon liegen die ehemalige **Residenz der Gouverneure** (Raj Nivas) und der alte **Leuchtturm**, an der Südseite das **Museum**, untergebracht in einem herrschaftlichen Stadthaus. Zu sehen ist eine amüsante

Mischung: die Funde der Großgrabung von M. Wheeler 1945 in Arikamedu, einige wenige interessante Steinskulpturen und Bronzen sowie Mineralien, Muscheln und Schnecken, kunsthandwerklicher Kitsch, eine zufällige Sammlung von Gemälden geringerer Güte und französischer ›Sperrmüll‹ – alles, was aus der Zeit noch aufzutreiben war.

Echte Sehenswürdigkeiten sind in Pondicherry kaum zu finden. Was den Aufenthalt angenehm macht, sind die lässige Atmosphäre und das Fehlen so mancher Negativerscheinung anderer indischer Städte. Was die Besucher anzieht, sind nicht Attraktionen, sondern Ideen und die Versuche, sie zu realisieren: der Sri Aurobindo Ashram und Auroville.

Der Sri Aurobindo-Ashram und Auroville

Aurobindo Ghosh, 1872 in Calcutta geboren, studierte in Cambridge Philosophie. 1893 trat er in den Dienst des Maharajas von Baroda und arbeitete als Sekretär, Lehrer und schließlich Professor für Englisch. 1906 kehrte er nach Calcutta zurück und übernahm bald eine führende Rolle in der Nationalen Unabhängigkeitsbewegung. Er wurde 1908 verhaftet, kam nach einem Jahr frei und entzog sich einer erneuten Festnahme durch die Flucht in die kleine französische Enklave Chandranagar, von wo er 1910 nach Pondicherry kam. Hier wendete er sich von der Politik ab und widmete sich ganz dem Yoga, sammelte Freunde und Schüler um sich und veröffentlichte seine Erfahrungen und Erkenntnisse in der Zeitschrift ›Arya‹.

1914 stieß auch die Französin Mira Alfassa zum Kreis um Aurobindo. Die Tochter türkisch-ägyptischer Eltern, 1878 in Paris geboren, mit musischer Begabung und spirituellen Neigungen, wurde bald zur engen Vertrauten des Meisters. 1920 begannen sie, den Ashram aufzubauen; 1926 zog sich Aurobindo vollständig zurück. Er arbeitete an seiner Lehre, dem ›Integralen Yoga‹, und teilte sich seinen Schülern nur noch in Briefen mit.

»Der Mensch ist als höchstentwickeltes Wesen der Evolution noch weit entfernt vom Göttlichen. Diese Kluft zu schließen, sollte der Mensch fähig sein und anstreben. Der Weg heißt ›Integraler Yoga‹. Körper und Geist werden geschult, Wille und Gefühlswelt weiterentwickelt, Moralempfinden und der Sinn für Schönheit sensibilisiert. Das Bewußtsein weitet sich und wird aufnahmebereit für göttliche Impulse.«

Mira Alfassa leitete jetzt den Ashram und wurde bald ähnlich verehrt wie Aurobindo. 1962 zog sich die ›Mutter‹, wie sie genannt wurde, aus der Öffentlichkeit zurück, blieb aber bis zu ihrem Tode 1973 die Integrationsfigur des Ashrams.

Heute leben im Sri Aurobindo-Ashram über 2000 Menschen in der Nachfolge des Meisters. Gleichzeitig ist der Ashram ein wichtiger Faktor im wirtschaftlichen, erziehungspolitischen und kulturellen Leben der Stadt. Alles, was in Pondicherry Geld bringt, gehört dem Ashram – sagen Neider und Gegner. Neben Krankenhäusern, Schulen und einer Universität, Büchereien, Sportanlagen und Gästehäusern gehören zum Ashram u. a. Schneidereien, Webereien, eine Papierfabrik, ein Verlag mit Druckerei, eine Betonfabrik, Reparaturwerkstätten verschiedenster Art und landwirtschaftliche Betriebe wie auch Werkstätten für Kunsthandwerk, Läden und eine Kunstgalerie. Dem Ashram gehören ca. 400 Gebäude in der Stadt. Sie konzentrieren sich um das noble Hauptgebäude in der Rue de la Marine, dem Stadtteil, der weitestgehend seinen französischen Charakter bewahrt hat. (Der Ashram kann besichtigt werden. Über Filme, Diavorträge und Vorlesungen gibt es Informationen im nahegelegenen *Sri Aurobindo Centre of International Education.*)

Die Idee zu dieser Stadt entsprang dem Wunsch, einen Platz zu schaffen, wo Menschen nach der Lehre von Sri Aurobindo zusammenleben und ein ›göttlich inspiriertes Menschsein‹ verwirklichen können. Auf der Weltkonferenz der Sri Aurobindo-Gesellschaft 1964 wurde der Traum zu einer Idee: Die ›Mutter‹ beauftragte den französischen Architekten Roger Anger mit der Planung der Stadt. Regierungen, internationale Organisationen wie die UNESCO und prominente Persönlichkeiten wurden für die Idee gewonnen.

Die Stadt wurde für 50 000 Menschen geplant, sie sollte einen Durchmesser von 6 km haben. Ihr Grundriß entspricht einem Mandala, berücksichtigt aber durchaus moderne städtebauliche Überlegungen. Man begann mit dem Landankauf 10 km nördlich von Pondicherry. Am 28. 2. 1968 wurde unter größter internationaler Anteilnahme der Grundstein gelegt. Aus wüstem, trockenen Brachland entstand bald eine abwechslungsreich gestaltete Kulturlandschaft mit ertragreichem Boden, was nach und nach auch die Bewohner der Tamil-Dörfer aus dem Stadtgebiet überzeugte.

Neben dem geographischen Mittelpunkt der Stadt, einem großen **Banyan-Baum**, sollte das spirituelle Zentrum entstehen, das **Matrimandir**, ein kugelförmiges Gebilde auf vier Stützen, belegt mit Goldplatten. Nach dem Tod der ›Mutter‹ 1973 zerstritten sich die Bewohner der Stadt mit der Sri Aurobindo Society. Es kam zu gerichtlichen Auseinandersetzungen, bösartigen Intrigen und gar zu Handgreiflichkeiten. Der Geist des Meisters war nicht mehr präsent. 1982 erließ das höchste indische

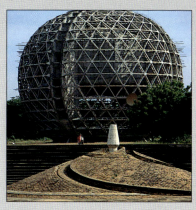

Auroville, das Matrimandir

Gericht den ›Auroville Act‹, und die Regierung versucht seitdem mit einem internationalen Gremium, das Chaos zu ordnen.

Heute leben etwa 550 Menschen aus verschiedenen Nationen in Auroville. Man hat sich eingerichtet und kleinere Projekte funktionieren; am Matrimandir wird sporadisch weitergebaut, aber andere größere Vorhaben ruhen noch immer. Das Bharat Nivas, seit Jahren eine Bauruine, ist das erste einer Reihe geplanter Kulturzentren verschiedener Nationen. Es soll Indien repräsentieren. Zur Zeit floriert im Untergeschoß eine Boutique.

Man erreicht Auroville per Taxi oder besser mit dem Fahrrad, entweder über die Hauptstraße nach Madras – hinter Promesse mit dem *Auroville Information and Reception Centre* die erste Straße rechts – oder über die Küstenstraße und beim Dorf Chattram Muddaliyarchavadi nach links. Eine detaillierte Karte mit allen Projekten, Siedlungen und Pfaden bekommt man mit weiteren nützlichen Informationen in der *Boutique d'Auroville*, Nehru Road 12, im Stadtzentrum.

Tanjavur und das Cauvery-Delta

Tiruchirappalli (Trichy, Tiruchi)

1 (S. 399) 56 km westlich von Tanjavur, Distrikthauptstadt, 712 000 Einw.

In Trichy selbst lohnt eigentlich nur der ›Rock‹ mit seiner großartigen Aussicht und den frühen Höhlentempeln an seinen Flanken einen Besuch. Wegen der verkehrsgünstigen Lage und guter Hotels eignet sich die Stadt jedoch als Basislager für Besuche der an kunsthistorischen Stätten reichen Umgebung.

Der Rock war wohl seit jeher ein begehrter Stützpunkt im Grenzgebiet der Pandyas, frühen Cholas und Cheras. Ab dem 6. Jh. herrschten die Pallavas hier, spätestens vom 10. Jh. an die Cholas.

Zur Zeit Shivappas (1532–1560), des ersten von Krishnadevaraya eingesetzten Nayaks von Tanjavur, gehörte Trichy zu dessen Gebiet. Er gab es im Austausch gegen Vallam an die Nayaks von Madurai, und diese verlegten 1616 ihre Hauptstadt nach hier. Erst Tirumallai Nayak zog 1634 wieder nach Madurai um. Seine Nachfolger bis zum Ende der Dynastie 1739 pendelten zwischen beiden Residenzen hin und her. Danach gerieten Stadt und Fort in den Strudel der Karnatischen Kriege.

Tiruchirappalli besteht aus der Altstadt (dicht unterhalb des steilen Festungshügels nahe der Cauvery), und der modernen Stadt, die sich aus dem britischen Cantonment entwickelt hat und sich weit nach Süden ausdehnt.

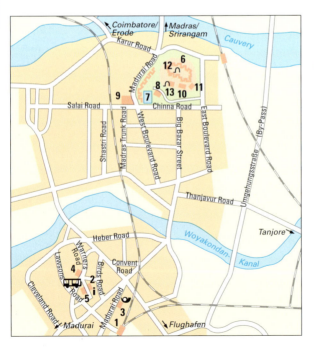

Tiruchirappalli

1 Trichy Junction
2 Tourist Office
3 Hauptpostamt
4 Bushaltestelle
5 Bushaltestelle
6 Festung
7 Heiliges Wasserbecken: Teppakulam
8 Alter Nayak-Palast
9 Bishop Heber's College
10 Shiva-Tempel
11 Ganesha-Tempel
12 Lalitankura-Höhle
13 Pallava-Höhlentempel

Tamil Nadu, von Pondicherry bis Rameshvaram

Dort ragen noch zwei weitere, niedrigere Granitbuckel aus der Ebene: Fakir's Rock und Golden Rock. Im Südwesten unterhalb der **Festung** liegen das große heilige Wasserbecken, **Teppakulam**, umgeben von alten Häusern, direkt am Fuße des Felsens der alte **Nayak-Palast**, heute von der Stadtverwaltung genutzt, und in der Nähe des Tanks auch das **Bishop Heber's College**, das aus der Schule hervorging, die der Missionar C. F. Schwartz 1765 hier gründete.

Die große Basarstraße führt direkt auf den 83 m hohen Felsen zu. Überdachte Treppen mit 440 Stufen führen zum Gipfel, vorbei an einer zerstörten 1000-Pfei-

ler-Halle, einem **Shiva-Tempel** und einem **Ganesha-Tempel** (nur für Hindus). Hoch an der steilen Wand weist ein früher **Pallava-Höhlentempel** (Lalitankura-Höhle) eine Inschrift Mahendravarmans I. (600–630) auf, in der er seine Abkehr vom Jainismus kundtut. Eine großartige Darstellung Shivas als Gangadhara zeigt den vierarmigen Gott, wie er in seinen Haaren den Strom, der durch die Göttin Ganga dargestellt ist, auffängt und sanft auf die Erde leitet.

Auf dem Gipfel wird der Aufstieg durch die herrliche Rundsicht belohnt, wobei besonders der Blick nach Norden fasziniert: über den Fluß und die zahlrei-

chen Tortürme der Tempel von Srirangam, die aus dem Meer von Palmen ragen. Am Fuße des Felsens, weiter südlich liegt ein weiterer **Höhlentempel der Pallavas** aus dem 7. Jh., ebenfalls ein Shiva-Heiligtum mit Reliefs von Ganesha, Shiva, Durga, Surya und Brahma.

Srirangam

2 (S. 396) 2,5 km nördlich von Trichy, 70 000 Einw.

Der **Raghanatha-Tempel** liegt im westlichen Teil einer 27 km langen, aber nur 2 km breiten Insel zwischen der Cauvery und ihrem Seitenarm Kollidam. Der Fluß ist hier schon in das überregionale Bewässerungssystem des Deltas einbezogen: Am östlichen Ende der Insel (24 km von Trichy) wurde schon in der Chola-Zeit der Grand Anicut, ein knapp 330 m langer Damm, zur Verteilung des wertvollen Wassers gebaut.

Srirangam war schon früh ein Zentrum des Vishnuismus und zu Zeiten der Verfolgung durch Shiva-Fanatiker auch eine Art Fluchtburg. Berühmte Heilige wie Ramanuja im 12. Jh. und Dichter wie Kamban, der eine Tamil-Fassung des Ramayana schuf, haben hier gelebt und gewirkt. Vom ersten Tempel aus dem 10. Jh. blieb nichts erhalten. Die Pandyas erweiterten im 13. Jh. eine cholazeitliche Anlage und stifteten das goldene Dach für das Sanktum. Die Vijayanagar-Könige und die Nayaks von Tanjavur und Madurai bauten weiter – und entsprechend der Zeittendenz – immer größer und höher.

Der Tempel, das größte Vishnu-Heiligtum Süd-Indiens, stellt das Paradebeispiel einer regelrechten Tempelstadt

dar. Konzentrisch gruppieren sich um den eher bescheidenen Haupttempel 7 nach außen immer größer werdende Höfe, umgeben von Mauern mit insgesamt 21 Tortürmen, die entsprechend ihrem Abstand zum Sanktum immer höher ausfallen. Die äußere Mauer begrenzt eine Fläche von 960 × 825 m.

Man betritt die Anlage von Süden. Der Bau des 100 m hoch geplanten Gopurams war in den Anfängen steckengeblieben und ruhte danach für Jahrhunderte, bis in den 70er Jahren mit Unterstützung der UNESCO auf dem Sockel von 43 × 33 m weitergebaut und er in den 80er Jahren fertiggestellt wurde. Im äußeren Hof befinden sich Lagerräume, Pilgerunterkünfte und ein kompletter Basar. Seine Hauptstraße führt weiter zu den beiden nächsten Höfen, der Wohnstadt der Brahmanen. Vor den Häusern kann man täglich neu mit Reismehl oder Farbpulver freihändig geschaffene Yantras sehen.

Mit dem vierten Hof beginnt der eigentliche Tempel: Schuhe ausziehen und abgeben! Vom Dach eines Mandapas kann man einen Blick auf den inneren Teil des Tempels werfen, der Hindus vorbehalten ist. In diesem vierten Hof steht die 1000-Pfeiler-Halle und ihr gegenüber die sog. Pferdehalle (Sheshagiri-Rao-Mandapa). Die monolithischen Frontpfeiler variieren in unübertroffener Kunstfertigkeit das Thema der Reiter auf sich aufbäumenden Pferden über angreifenden Tigern (ähnlich wie in Vellore und Kanchi). Im selben Hof einige weitere sehenswerte Hallen und Tempel, wie z. B. ein kleiner **Krishna-Tempel** mit schön ornamentierten Außenwänden und meisterlichen Skulpturen sich schmückender junger Frauen.

Östlich der großen Ausfallstraße nach Norden, die die Insel schneidet, und ca. 3 km vom beschriebenen Vishnu-Heilig-

Srirangam, in der riesigen Halle des Jambukeshvara-Tempels

tum entfernt liegt der **Jambukeshvara-Tempel**, in dem Shiva als ›Herr des Rosenapfels‹ verehrt wird. Der Platz heißt auch Tiruvannaikaval nach einem Elefanten, der dem Linga einst seine Verehrung gezollt haben soll; dieses Linga soll unter Wasser stehen, was von Nicht-Hindus aber nicht nachgeprüft werden kann. Die Anlage besteht aus fünf ineinandergeschachtelten Höfen mit sieben Gopurams und entstand in der Zeit der Pandyas und Nayaks.

Empfehlenswert ist auch ein Spaziergang von der Brücke entlang dem Fluß zum Tempel. Das tägliche Leben spielt sich hier im Freien ab: Töpfer bei der Arbeit, Frauen beim Waschen an den Ghats, Brahmanen, mit ihrer Kundschaft unter alten Bäumen sitzend, beim Zelebrieren komplizierter Riten.

Tanjavur
Die Hauptstadt der Cholas

3 (S. 397) 310 km südlich von Madras, 159 km nordöstlich von Madurai und 54 km östlich Tiruchirapalli, 202 000 Einw.

Die Distrikthauptstadt liegt in der Cauvery-Ebene am oberen Ende des Deltas. Die Umgebung, eine der ältesten Kulturlandschaften Süd-Indiens, ist dicht besiedelt, reich an kunsthistorischen Sehenswürdigkeiten und außerordentlich fruchtbar. Man spricht von der ›Reisschüssel‹ Süd-Indiens.

Vijayalaya (ca. 850–871), mit dem der Aufstieg der Cholas begann, machte Tanjavur zu seiner Hauptstadt. Der Rashtrakuta-König Krishna III. legte die Stadt in Schutt und Asche, bevor sie zur strahlenden Metropole König Rajarajas I. (985–1014) heranwuchs; er und seine nicht minder erfolgreichen Nachfolger erbauten im Cholamandalam nicht weniger als 70 königliche Tempelanlagen.

Die Städte, die sie zierten, sind oft verschwunden oder zu Dörfern geschrumpft, die Tempel stehen heute noch. Mit dem Tode des letzten Chola-Königs Rajendras III. (um 1279) fiel das Kernland der Cholas und damit Tanjavur an die Pandyas. Um 1370 wurde der ganze Süden durch Kumarakampanna von Vijayanagar erobert und in der Folgezeit von Vizekönigen regiert.

1532 wurde Tanjavur Sitz eines Nayaks. Shivappa, der erste Nayak, regierte bis 1560, sein Sohn Achyutappa bis 1600. Als er starb, ließen sich 170 Frauen seines Harems mit ihm verbrennen. Der fähigste und erfolgreichste dieser treuen Gefolgsleute der Könige von Vijayanagar war Raghunatha (gestorben 1633). 1673 eroberte der Nayak von Madurai die Stadt. Der 80jährige letzte Nayak von Tanjavur, Vijayaraghava, wie auch sein Sohn fielen in der Schlacht. Vorher versammelte er seine Familie in einem Raum des Palastes und sprengte sie in die Luft.

1674 okkupierte der Marathe Venkaji (Ekoji), ein Halbbruder Shivajis, mit List und Gewalt den Thron von Tanjavur und etablierte eine neue Dynastie. 1773 fiel die Stadt an Muhammad Ali, den Nawab von Karnatik, und wurde geplündert. Die Engländer halfen dem Marathen-Raja Tuljaji anschließend wieder auf den Thron, doch er stand fortan unter Aufsicht der East India Company. Als er starb, war sein Adoptivsohn Serfoji noch ein Kind; der Missionar Schwartz übernahm seine Erziehung. 1798 bestieg Serfoji den Thron und überschrieb wenig später seine Territorien den Briten – nur Tanjavur und Vallam blieben ihm. Als sein Sohn Shivaji II. 1853 ohne Erben starb, kassierten die Briten auch den Rest des Reiches.

Von den Verteidigungsanlagen der Cholas und Nayaks blieb nicht viel erhal-

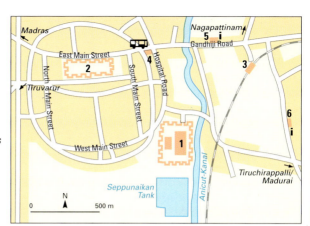

Tanjavur
1 Brihadishvara-
  Tempel
2 Palast der Nayaks
3 Bahnhof
4 Busbahnhof
5 TTDC Tourist
  Office
6 ITDC Tourist
  Office

ten. Abgesehen von etwa 70 kleineren, mehrheitlich cholazeitlichen Tempeln in den verwinkelten altertümlichen Gassen ist besonders der **Palast der Nayaks** besuchenswert, er stammt aus der Zeit um 1550 mit Ergänzungen aus der Marathen-Zeit. Die unübersichtliche Anlage befindet sich bis auf wenige Teile in unterschiedlichen Stadien des Verfalls. Das markanteste Gebäude ist ein achtstöckiger Turm, der als Arsenal gedient haben soll. Er beherbergt eine obskure Sammlung unterschiedlichster Dinge, so u. a. das Skelett eines gestrandeten Wals. Die Aussicht allein lohnt jedoch schon den Aufstieg.

In der **Art Gallery** findet man dagegen eine hervorragende Sammlung von Steinskulpturen und Kultbronzen des 9.–12. Jh.; nur hier kann man gleich mehrere Großbronzen des Tanzenden Shiva im Vergleich sehen. In der **Sarasvati Mahal-Bibliothek** aus dem 17. Jh. liegen Schätze an Palmblattmanuskripten und illustrierten Handschriften. Wenn man die Räumlichkeiten und Schränke sieht, fragt man sich, wie die Kostbarkeiten auch nur einen Monsun überdauern können. In der **Durbar-Halle** sind Wandmalereien der Mara-

then erhalten, und die Musikhalle **Sangeetha Mahal** wird noch gelegentlich genutzt.

Im Park nahe dem Shivaganga-Teich steht ein **Kirchlein** von 1777 und das Wohnhaus des Missionars Schwartz von der Tranquebar-Mission, der Erzieher des späteren Rajas Serfoji war und wiederholt als integrer Vermittler zwischen den Briten und ihren Widersachern, z. B. Haidar Ali, fungierte. Eine Marmorgruppe des Bildhauers Flaxman in der Kirche zeigt den sterbenden Schwartz, Serfoji und einen weiteren Missionar.

Den **Brihadishvara** oder nach seinem Erbauer, König Rajaraja I. (985–1014) auch Rajarajeshvara genannten Tempelkomplex, betritt man von Osten durch einen höheren äußeren und einen zweiten Gopuram mit übergroßen, grimmig blickenden Dvarapalas. Auf der gleichen Achse liegt im Tempelhof in einem schönen Mandapa aus dem 13. Jh. Indiens zweitgrößter Nandi (4 m hoch, 5 m lang), aus schwarzem Granit, hochglänzend von der täglichen Pflege mit Öl. Der Tempel selbst mit Vorhalle, Halle und dem 66 m hohen Turm über dem Sanktum steht auf einem Sockel.

Der Turm mit dem quadratischen Unterbau von 31 × 31 m verjüngt sich über 16 Stockwerke bis hinauf zur 80 Tonnen schweren monolithischen Kuppel. An der Frage, wie dieser schwere Stein in solch schwindelerregende Höhe gebracht wurde, scheiden sich die Geister. Ein Dorf in 6 km Entfernung heißt Sarapallam (Senke des Gerüstes). Nach der Überlieferung soll von dort der Abschlußstein mit Elefanten über eine hölzerne Rampe zu seinem Platz gezogen worden sein. Realistischer erscheint die Theorie vom Transport über eine spiralförmige Erdrampe um den Turm herum.

In der zweistöckigen Cella steht ein riesiges Linga, und an den Wänden des Umwandlungsganges entdeckte man wertvolle Malereien zur Shiva-Legende aus der Entstehungszeit des Tempels, die im 17. Jh. übermalt worden waren. Im ersten Stock darüber sind die Skulpturen interessant: Shiva selbst zeigt die 108 Tanzhaltungen nach dem Natyashastra. Da das Tempelinnere nur für Hindus zugänglich ist, muß man sich mit Reproduktionen in dem kleinen Museum am Eingang begnügen. Die Außenwände zieren in zwei Reihen übereinander Nischen mit Götterdarstellungen.

Um den Sockel läuft ein schöner Fries von Fabeltieren mit Reitern. Darüber stehen Inschriften, die uns viel über den Bauherrn, seine Kriegszüge und frommen Stiftungen, die Entstehung des Tempels und seine Organisation berichten. So erfahren wir z. B., daß alle Städte des großen Reiches zu Lieferungen und Leistungen für den Tempel verpflichtet waren.

Den Tempelhof von ca. 150 × 75 m umgibt eine Galerie, in deren westlichem Teil ›1000 Lingas‹ stehen. An den Wänden sieht man volkstümliche Malereien. Der kleinere **Subrahmanya-**

Tempel in der Nordwestecke des Tempelhofes, bietet ein hervorragendes Beispiel dafür, daß auch in der Nayak-Zeit, im 16./17. Jh., noch akzeptable Bauten und Skulpturen entstanden. Ein Ganesha-Tempel befindet sich im Südwesten und der Devi-Tempel nördlich vom Nandi-Mandapa.

Darasuram

4 (S. 357) 33 km nordöstlich von Tanjavur, 5 km vor Kumbakonam.

Der **Airavateshvara-Tempel**, erbaut von König Rajaraja II. (1146–1173), gilt als ein besonderes Meisterwerk der Chola-Kunst. Bestehend aus einem fünfgeschossigen Vimana mit kugelförmigem Stupi, einem Haupt- und einer offenen Eingangshalle, scheint er auf einem von dahinstürmenden Pferden, Fabelwesen und Elefanten gezogenen Wagen zu stehen. Der außerordentlich reiche plastische Schmuck überrascht mit vielfältiger Thematik. Im Gegensatz zum Granit der Architektur sind die Skulpturen in den Nischen aus einem schwarzen Stein gearbeitet. Die etwas grob wirkenden Reste von Malerei stammen aus der Nayak-Zeit.

Beachtenswert sind die Aufgänge zur Eingangshalle mit laufenden Elefanten an den Seiten sowie die acht äußeren Pfeiler mit Fabeltieren als Schaft. Die Haupthalle birgt bemerkenswerte Skulpturen, u. a. den Weisen Agastya, einen Ardhanarishavara mit drei Gesichtern und acht Armen, Shiva als Sharabeshvara, einen vierarmigen Virabhadra mit drei Köpfen, Tripurantaka, Mahesha mit drei Köpfen und vier Armen, Gajantaka unter der Elefantenhaut tanzend und Szenen aus dem Leben der Heiligen. Am Sockel unter dem Säulengang um den Hof läuft ein langer Fries mit Tanz- und Musikszenen. Östlich der Tanzhalle ent-

Nischenskulptur aus schwarzem Stein im Tempel von Darasuram

deckt man an einer Opferhalle Figuren von Königen und ihren Frauen sowie im Westen eine beeindruckende Darstellung Shivas als nacktem Bettler Kankala, von den Frauen der Rishis bewundert.

Kumbakonam

5 (S. 371) 38 km nordöstlich von Tanjavur, am Ufer der Cauvery.

Die cholazeitliche Gründung des 9. Jh. ist für den gläubigen Hindu auch heute noch von großer religiöser Bedeutung. Im Zentrum der Stadt befindet sich der von Treppenanlagen und Pavillons

für die Götter der Stadt gesäumte Mahamakham-Teich. Alle zwölf Jahre fließen nach einem alten Mythos die heiligen Wasser des Ganges in dieses Becken. Dann überrollen Heerscharen von Pilgern die Stadt. Alle wollen im heiligsten aller Flüsse ein Bad nehmen.

In der sonst wenig attraktiven Stadt stehen mehrere bemerkenswerte Tempel. Der größte, der **Sarangapati**, ein Vishnu-Tempel aus dem 12./13. Jh., besitzt die Form eines Wagens, d. h. Räder, Pferde und Elefanten an den Seiten vermitteln diese Vorstellung. Am elfstöckigen, 50 m hohen Gopuram zeigt Krishna die 108 Tanzstellungen des Natyashastra. Aus der gleichen Zeit stammt der **Kumbheshvara**, mit einem Linga als Kultbild, das Shiva der Legende nach aus einem zerschlagenen Nektartopf (Kumbha) formte. Er gab der Stadt ihren Namen.

Der **Nageshvara-Tempel** aus der frühen Chola-Zeit besitzt eindrucksvolle Skulpturen, sowohl Shiva und andere Götter als auch Edelleute und Prinzessinnen darstellend. Die Halle aus dem 12. Jh. suggeriert wieder einen Tempelwagen. Raghunatha, Nayak von Tanjore, stiftete den **Ramaswami-Tempel** mit Skulpturenschmuck aus dem Ramayana. Im kleinen **Chakrapani-Tempel** wird Vishnu als die Personifizierung des Rades (Chakra), einem seiner Hauptsymbole, verehrt.

Gangaikondacholapuram

6 (S. 358) 68 km nordöstlich von Tanjavur, 30 km nördlich von Kumbakonam, 45 km südwestlich von Chidambaram.

Rajendra I. (1012–1044), der Sohn Rajarajas I., erbaute sich hier in den Wäldern eine neue Hauptstadt, nachdem er auf seinem zweijährigen Feldzug nach Norden alles besiegt hatte, was sich ihm entgegenstellte. Er hatte den Ganges erreicht und von seinem Wasser mitgebracht. Stolz nannte er sich ›Gangaikondachola‹ (der Chola, der das Wasser des Ganges besitzt). In der neuen Stadt (Puram) ließ er einen Tempel nach dem Vorbild des Brihadishvara, dem Tempel seines Vaters in Tanjavur, bauen und gab ihm den Namen **Gangaikondacholishvara-Tempel**. Der Vimana ist 60 m hoch und leicht konkav geschwungen; die Skulpturen, teils fast vollplastisch, sehr fein gearbeitet und von beschwingter Eleganz, zeigen das volle Programm des shivaitischen Götterhimmels.

In der Nähe ließ der König ein großes Becken anlegen – quasi als ›flüssige Siegessäule‹ – in dem das Wasser gesammelt wurde, das die besiegten Könige als Tribut vom Ganges herbeibringen mußten. Er baute Paläste und schmückte seine Stadt mit repräsentativen Gebäuden, doch nach seinem Tode geriet Gangaikondacholapuram schnell wieder in Vergessenheit. Der Chola Gangam genannte Teich ist verfallen, der große Tempel steht allein auf weiter Flur. Umfassungsmauer mit Säulengang und Gopuram wurden im vorigen Jahrhundert zum Steinbruch. Sie haben jetzt die Form eines Bewässerungsdamms. Die gesamte Stadt ist verschwunden, in der Nähe liegt lediglich ein kleines Dorf.

Chidambaram

7 (S. 356) 64 km südlich von Pondicherry, 113 km nordöstlich von Tanjavur, 69 000 Einw.

Die Geschichte der Stadt steht in enger Verbindung mit der ihres Tempels, eines der ältesten und heiligsten Südindiens. Eine von mehreren Legenden berichtet, daß der Chola-König Vira Chola (927–997) einst Augenzeuge eines Tanzwettstreits zwischen Shiva und Parvati gewesen sei. Beide tanzten gleichermaßen perfekt: Da schwang Shiva das Bein in der Tandava-Geste hoch bis an den Kopf – und Parvati mußte sich geschlagen geben, denn es ihm gleich zu tun, wäre für sie als Frau unschicklich gewesen. Der König veranlaßte daraufhin den Bau einer goldenen Halle (Kanaka-Sabha) für Nateshvara, den Herrn des Tanzes, an dieser Stelle.

Der heutige Tempelkomplex hat eine Ausdehnung von 600 × 495 m; eine Mauer mit vier hohen Gopurams umgibt ihn. Die heiligen Kulthallen und äl-

Chidambaram, die ›Goldene Halle‹ im Nataraja-Tempel

testen Teile des Tempels liegen dicht beieinander, umgeben von einer weiteren hohen Mauer, im südlichen Zentrum des äußeren Prakara. In der **Kanaka-Sabha** steht das Kultbild des Nataraj, in der **Chit-Sabha** wird Shiva in Form des unsichtbaren Äther-Linga (Akasa Linga) verehrt. Die Dächer beider Hallen sind mit vergoldeten Kupferplatten belegt. Dicht daneben sieht man die besonders schöne, kleine Tanzhalle (**Nritta-Sabha**) mit 56 fein gearbeiteten Säulen sowie Rädern und Pferden an den Seiten, um den Eindruck eines Tempelwagens zu suggerieren. Diese drei Bauteile sind in die Chola-Zeit zu datieren. In den düsteren Hallen und Korridoren des Komplexes gibt es außerdem Schreine für Ga-

nesha und Muruga, für Bhairava, für die 43 Heiligen und die neun Planeten. Der **Govindaraja-Schrein** mit Vishnu auf der Schlange ist quasi eine staatliche Enklave im großen Shiva-Tempel der Dikshitar-Brahmanen, die der Legende nach von einem König aus dem Norden Indiens als Dank für seine Lepraheilung im Shivaganga-Teich hier ansiedelt wurden.

Nördlich von diesem Komplex liegt der große Tempelteich **Shivaganga**, umgeben von Säulengängen und Treppenanlagen. Auf seiner westlichen Seite steht der **Parvati-Tempel** mit eleganter Vorhalle und Deckenmalereien aus der Nayak-Zeit (17. Jh.), daneben ein Subrahmanya-Tempel und an der östlichen Seite die **1000-Pfeiler-Halle** (Raja-Sabha) aus dem 17. Jh.; sie diente als Festhalle der Könige. In ihrem hinteren Teil führt eine Treppe zum Dach, von wo sich ein schöner Blick über den Tempel bietet. In dieser Halle werden auch die Jungbrahmanen zwölfjährig mit zehnjährigen Mädchen aus immer denselben 300 Familien verheiratet. Danach beginnen sie ihr Sanskritstudium und werden in die Vielfalt der Tempelzeremonien eingeführt. Sie tragen von klein an eine auffällige Haartracht. Schläfen und Nacken werden ausrasiert, die langen Haare auf dem Kopf rechts oder links zu einem Knoten gebunden.

Drei der Gopurams wurden im 13. Jh. von Pandya-Königen gestiftet, der hohe Nord-Gopuram mit seinen bemerkenswerten Skulpturen stammt von Krishnadevaraya aus dem 16. Jh.; an Ost- und Westtor sind die 108 Tanzstellungen des Bharatanatyam dargestellt. Parallel zu den vier Seiten des Tempels verläuft die breite Tempelwagenstraße, Schauplatz der großen Prozessionen an den Festtagen im Dezember/Januar.

Tarangambadi (Tranquebar)

8 45 km südlich von Chidambaram.

1616 erwarben die Dänen Land vom Nayak von Tanjavur, bauten die Festung Dansborg und starteten 1706 die erste protestantische Mission in Indien. Die Missionare Ziegenbalg und Schwartz übersetzten Tamil-Texte und gründeten erste Druckereien (Tamil-Bibel). 1845 übernahmen die Briten die Niederlassung. Die Festung mit einem Museum und die Altstadt nahe dem modernen Dorf befinden sich in desolatem Zustand. Innerhalb der verfallenden Mauern findet man mehrere frühe protestantische Kirchen und Friedhöfe mit alten Grabsteinen in mehreren Sprachen.

Pudukkottai

9 (S. 391) 50 km südlich von Trichy, 100 km nordöstlich von Madurai, Distrikthauptstadt.

Pudukkottai war von 1686–1948 ein selbständiges Fürstentum. Die Tondaman Rajas führten ihre Herkunft auf die Pallavas zurück. Der Gründer des Fürstenstaates, Raghunatha Tondaman (1668–1730), wirkte vor seiner Raja-Zeit an den Höfen des Südens als gefragter Elefantenzähmer. Sein Reich überdauerte die Wirren des 18. Jh. in dieser Region, weil seine Nachfolger unbeirrt auf die Engländer setzten – die letztendlich Sieger blieben. Pudukkottai wurde 1974 als eigenständiger Distrikt konstituiert.

Pudukkottai ist eine weitläufige Stadt, zu großen Teilen nach 1812 erbaut, als ein Großfeuer ganze Stadtteile vernichtet hatte. In den zahlreichen Palästen sind Verwaltungen, Gerichte, Schulen und in einem auch das kleine sehenswerte **Museum** untergebracht. Die Stadt eignet sich bestens als Ausgangspunkt für Besuche der landschaftlich reizvollen, kunsthistorisch interessanten und touristisch weitgehend unberührten Umgebung.

Kultplatz für Aiyanar bei Pudukkottai

Die Umgebung von Pudukkottai

Für den Besuch der anschließend beschriebenen Stätten empfiehlt sich ein Mietwagen (Tourist Taxi, Vermittlung über Hotelrezeption). Die Fahrt durch die trockene, dünn besiedelte Landschaft ist von großem Reiz und immer für überraschende Entdeckungen und Erlebnisse gut. In der Nähe der Dörfer gibt es vielfach Kultstätten für Ayanar, die Schutzgottheit für Dorf und Flur. Neben den Schöpfungen der neueren Zeit, großen, bunt bemalten Zementplastiken der grimmig blickenden Gottheit, von Pferden und Elefanten, gibt es auch noch die traditionellen Plätze mit Ansammlungen von schönen Keramikpferden.

Narttamalai

10 16 km nördlich von Pudukkottai.

Das archaisch wirkende Lehmhüttendorf am Fuße von neun Hügeln, die der Legende nach als Krümel des Berges Sanjira herunterfielen, als Hanuman damit die Gegend überflog, besitzt auf halber Höhe des Hügels Melamalai, in großartiger Lage und nur zu Fuß zu erreichen, den **Vijayalaya-Choleshvara-Tempel,** nach einer Inschrift die Stiftung König Vijayalayas (850–871), des Gründers der Chola-Dynastie. Von den acht Nebenschreinen innerhalb einer Mauer existieren noch sechs. Die Cella des Tempels und der Turm darüber sind rund. Beachtenswert sind die schönen Skulpturen und im Inneren Reste von Malereien.

In der Felswand dahinter befindet sich ein Höhlentempel mit zwölf völlig gleichen Darstellungen Vishnus (Mahavishnu) in Hochrelief. Sein Name **Samanar Kudagu** (Jaina-Höhle) deutet auf die spätere Umwandlung eines Jaina-Heiligtums aus dem 7. Jh. in einen Vishnu-Tempel hin (frühes 11. Jh.). Ein Höhlentempel für Shiva (links daneben) stammt aus der Zeit des Pallava-Königs Nrupatungavarman (859–899).

Sittannavasal

11 15 km westlich von Pudukkottai.

In dem jainistischen Höhlentempel am Fuße einer senkrechten Felswand, genannt Arivarkoil (Tempel des Mönchs), entdeckte man 1920 sehr schöne Wandmalereien, die in Stil und Qualität denen von Ajanta vergleichbar sind. An der Decke der Halle ist ein Teich mit Lotus und Wasserlilien, Fischen, Enten, Büffeln und jungen Männern, die Blüten pflücken, dargestellt.

Kudumiyanmalai

12 18 km westlich von Pudukkottai.

Hier wurden die Tondaman-Rajas gekrönt. In dem verschlafenen Dorf steht am Fuße eines schroffen Granitfelsens der große **Sikhanatha-Tempel,** dessen Kern aus dem 9. Jh., große Teile aus der Pandya- und Vijayanagar-Zeit stammen. In der 1000-Pfeiler-Halle vor dem Sanktum beeindrucken Säulen von großer handwerklicher Finesse, u. a. Ravana, Manmatha und Rathi, Hanuman, Sugriva und Vali – in extremer Bewegung erstarrt. Bemerkenswert sind außerdem ein Höhlentempel aus der Pallava-Zeit, daneben ein großes Ganesha-Relief, eine aufschlußreiche Inschrift über Musik und hoch oben am Fels ein Fries mit Shiva und Parvati auf Nandi mit den 63 Shiva-Heiligen.

Rameshvaram, Blick von der neuen Brücke auf die Insel Pamban

Tirumayam

13 19 km südlich von Pudukkottai.

Das Bild der Stadt bestimmt die Festung auf einem Granitbuckel, erbaut 1687 von Kilavan Setupati, einem der Marava-Könige von Ramnad. Am Südhang des Hügels liegen zwei Höhlentempel aus der Zeit Mahendravarmans I. Pallava: Der **Satyagirishvara** gehört zum Shiva-Tempelkomplex gleichen Namens, während der **Yogasayana-Murti-Schrein** mit einer Darstellung Vishnus auf der Schlange in den benachbarten **Satyamurti-Tempel**, das zweitwichtigsten Vishnu-Heiligtum im Süden, integriert ist.

Rameshvaram

14 (S. 393) 139 km südöstlich von Madurai, 300 km nordöstlich von Kanyakumari, 33 000 Einw.

Stadt und Tempel liegen auf der palmenbestandenen Insel Pamban, der Fortsetzung einer Landzunge zwischen Palk Bay und dem Golf von Mannar. Dhanushkodi im Südosten der Insel trennen nur 30 km von Talaimannar auf Sri Lanka. Rameshvaram, einer der heiligsten Plätze Indiens, wird von Shivaiten und Vishnuiten gleichermaßen hoch verehrt und viel besucht. Zu dieser Wallfahrt gehört vor allem die Puja im Ramanathaswamy-Tempel. Die Tempelpriester waschen die beiden Shiva-Linga mit Gangeswasser und verkaufen dieses dann an die Pilger. Absolvieren diese das fromme Programm gewissenhaft, haben sie noch viele weitere Plätze zu besuchen und vor allem an runden drei Dutzend Stellen ein heiliges Bad zu nehmen. Dafür war früher ein Zeitraum von einem Monat vorgesehen – heute schaffen ganz Flinke es an einem Tag!

Auf dem **Gandhamadhanam-Hügel** im Norden der Insel, von wo aus Rama die Stadt des Sita-Entführers Ravana entdeckt hatte, wurde um seine Fußabdrücke herum ein Tempel gebaut. Von der Brücke, die Nala, der Sohn des göttlichen Baumeisters Vishvakarma, für das Affenheer unter Hanumans Führung erbaut hatte, ragen noch die Fundamente der Pfeiler aus dem Meer. Andere

nennen die Kette von Koralleninselchen zwischen Pamban und der Insel Mannar auch Adams Brücke und glauben, Adam und Eva hätten auf diesem Wege das Paradies (Ceylon) verlassen. Dazu paßt auch, daß die Moslems hier die Gräber Kains und Abels verehren. Um das Hauptziel der Pilger, die von Rama persönlich aufgestellten Shiva-Linga, entstand im Laufe der Zeit der riesige **Ramanathaswami-Tempel**.

Der Tempel ist aufgebaut wie die meisten Großtempel der Spätzeit. Um das Sanktum, den ältesten Teil der Anlage, gruppieren sich zahlreiche Schreine und Hallen innerhalb von drei ineinandergeschachtelten Höfen, jeweils umgeben von einer Mauer. Das Besondere an diesem Tempel stellt die Anlage der äußeren Hallen in Form gewaltig hoher (10 m), breiter (5–7 m) und vor allem langer (bis zu 230 m) Korridore dar, flankiert von skulpturengeschmückten Pfeilern, von denen viele neuerdings durch Nachbildungen in Beton ersetzt werden. Die Gesamtlänge der Korridore beträgt

1300 m! An prominenter Stelle sieht man Portraitfiguren der Bauherren, der Setupatis von Ramnad. Aufdringliche Führer (im 50 : 50-Bunde mit den Priestern) ›verkaufen‹ Touristen einen Blick (von der Seite) in das Sanktum, das Nichthindus eigentlich verboten ist.

Um 1600 beschlossen die Nayaks von Madurai, Ordnung in ihrem ›Wilden Osten‹ zu schaffen, und unterstellten das Gebiet der Führung der Maravar-Fürsten dieser Gegend. Diese sollten die Stämme der Gegend disziplinieren, ein Auge auf die Portugiesen haben, die sich um Rameshvaram niedergelassen hatten, und für den Schutz der Pilger sorgen. Dementsprechend nannten sie sich Setupati (Herr des Dammes, d. h. der von Rama errichteten Brücke). Der erste von ihnen, Sadaikka Tevar Udaiyan Setupati (1605–1622) begann mit dem Bau der Anlage, seine Nachfolger bauten sie ehrgeizig immer weiter aus, bis Mitte des 18. Jh. die Arbeit an den großen Gopurams in den Kriegswirren dieser Zeit eingestellt wurde.

Madurai und Umgebung

Madurai, die Perle des Südens

1 (S. 375) 140 km südwestlich von Tiruchirapalli, 1 095 000 Einw.

Dort, wo einst ein Tropfen göttlichen Nektars von Shivas Locken auf die Erde fiel, baute der Pandya-König Kusekhara die Stadt Madurai – behauptet eine Legende. Megasthenes, der griechische Botschafter am Hofe Chandragupta Mauryas, berichtete um 300 v. Chr. von den Pandyas, und auch die Römer kannten das Minakshi-Heiligtum. In diese Zeit wird auch die Gründung der ersten der drei Sangams, der berühmten Dichterakademien, datiert. Die dritte, das gilt als sicher, wirkte unter dem Schutz der Pandya-Könige bis ins 3. Jh. in Madurai. Vom 6.–10. Jh. und noch einmal im 13. Jh. war Madurai die glanzvolle Hauptstadt eines großen Pandya-Reiches.

Malik Kafur, ein General Alauddin Khiljis, des Sultans von Delhi, nutzte 1311 die Thronfolgekämpfe zweier Halbbrüder, in das Pandya-Land einzufallen. Ungehindert plünderte er Land und Hauptstadt und legte Feuer an den großen Tempel. Ein 1329/30 von Muhammad ibn Tughluk eingesetzter Gouverneur gründete das Sultanat von Ma'bar in Madurai, das 50 Jahre, bis zur Eroberung Madurais durch Kumara Kampanna, den Sohn des Königs Bukka I. von Vijayanagar, im hinduistischen Süden Bestand hatte.

Krishnadevaraya setzte 1529 Vishvanatha als ersten Nayak von Madurai ein. Mit dem Verfall der Zentralgewalt strebten dessen Nachfolger die Unabhängigkeit an, die Tirumallai Nayak (1623–1659) schließlich erlangte. Mit dem Jahr 1739, in dem die letzte Herrscherin, Minakshi, Selbstmord verübte, ging der Staat von Madurai in den Wirren der Karnatischen Kriege unter und fiel 1781 an die Briten.

Madurai besteht aus der Altstadt, südlich der Vaigai mit dem **Minakshi-Tempel** als Zentrum und der Neustadt, dem ehemaligen Cantonment, nordöstlich davon auf der anderen Flußseite gelegen. Die Altstadt ist konzentrisch um den Tempel herum angelegt. Die äußere

Die Umgebung von Madurai

von fünf Ringstraßen, die breite Veli Street, entstand 1840, als die Engländer die Stadtmauer niederreißen und den Wallgraben zuschütten ließen. In diesem Teil der Stadt pulsiert das Leben. Die Handwerker- und Händlerbasare quellen über von Waren, dazwischen drängen sich zahllose Pilgerunterkünfte, Billighotels, Restaurants und viele kleinere Tempel. An den vielen Festtagen werden die riesigen Tempelwagen durch die Ringstraßen gezogen.

Der große **Minakshi-Tempel** war ursprünglich das Heiligtum einer vor-

hinduistischen Lokalgottheit, die dann mit Parvati gleichgesetzt wurde. Der Legende nach hatte Minakshi, die ›Fischäugige‹, Tochter eines Pandya-Königs, drei Brüste. Nach einer Prophezeiung sollte die überzählige verschwinden, wenn Minakshi den ihr bestimmten Mann treffe. Am Kailasha begegnete sie Shiva, das Wunder geschah, und acht Tage später erwartete sie in Madurai Sundareshvara, den ›schönen Bräutigam‹, zur Hochzeit. Diese Begebenheit wird jedes Jahr beim berühmten Chaitra-Fest im April/Mai aufs neue gefeiert.

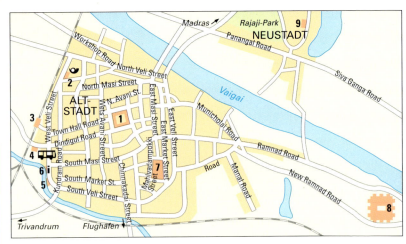

Madurai 1 *Minakshi-Tempel* 2 *Hauptpostamt* 3 *Bahnhof* 4 *Busbahnhof* 5 *Hotel Tamil Nadu (II)* 6 *Tourist Office* 7 *Tirumallai Nayak-Palast* 8 *Mariamman Teppakulam-Tempelteich* 9 *Gandhi-Museum*

Mit dem Bau des heutigen Tempels begann der erste Nayak, Vishvanatha, 1560. Der bedeutendste seiner Nachfolger, Tirumallai Nayak (1623–1655), vollendete den Bau, u. a. mit den vier gewaltigen äußeren Gopurams, von denen der östliche, genannt **Rajagopuram**, mit knapp 50 m und neun Stockwerken der höchste ist. Diese in eleganter Kurve zum Himmel aufsteigenden Pylone sind wahre ›Götterberge‹ mit himmlischen Wesen, Dämonen, Helden, Zwergen und Riesen, voll von barocken Leibern, ineinander verschlungen und mit kräftigen Farben überzeichnet.

Außerhalb des Tempels steht vor dem Rajagopuram, vom gleichen Bauherrn in elfjähriger Bauzeit errichtet, der riesige **Pudu-Mandapa** (111 × 35 m), genannt **Tirumalla Choultry**. Hier hatte der fromme Fürst eine Begegnung mit seinem Gott. Das Flachdach der Halle wird von vier Reihen mit überlebensgroßen Skulpturen geschmückter Säulen getragen. Zehn davon stellen Fürsten

dar, darunter auch Tirumallai Nayak mit seiner Frau, einer Prinzessin von Tanjavur. Die klaffende Stichwunde am Bein handelte sie sich mit einer Unbotmäßigkeit ihrem Gemahl gegenüber ein. – Heute kann man sich bei einem der vielen Schneider in der Halle billig eine Hose nähen lassen.

Man kann den äußeren Umgang des Tempels durch alle vier Gopurams betreten, aber der eigentliche Zugang zum Tempel führt durch das **Ashta Shakti-Mandapa**, das sich links neben dem Rajagopuram befindet. Über dem Eingang ist – bunt und figurenreich – die Götterhochzeit dargestellt. An je vier Säulen zu beiden Seiten sind die acht Shaktis, die weiblichen Erscheinungsformen Shivas, abgebildet.

Am Tempelteich absolvieren Pilger ihre rituellen Waschungen, in den umlaufenden Säulengängen treffen sich nachmittags alte Herren zum Plausch und zum Singen und Rezitieren alter Texte, zum Abend hin wird in der offenen Halle gegenüber musiziert, während im nördlich benachbarten **Kalyana-Mandapa** (schöne Decke) die allabendliche, von Tempelelefanten angeführte Prozession vorbereitet wird; an der Westseite befindet sich der Eingang zum **Minakshi-Tempel** (nur für Hindus).

Nach Norden schließt sich an den Minakshi-Tempel der bedeutend größere **Sundareshvara-Tempel** an. Unter einem Gopuram hindurch betritt man seinen Umwandlungskorridor. In der Halle vor dem Tempel kann man vortrefflich südindische Tempelbräuche beobachten. Wenn der Tempel geöffnet wird, stürmen die Gläubigen im Laufschritt den Eingang (nur für Hindus). Rechts steht auf einem Sockel eine Figurengruppe der Neun Planeten, die von den Besuchern mehrmals im Uhrzeigersinn umrundet wird. An einer Säule links vom Eingang ist die Abbildung einer Frau, die sich breitbeinig präsentiert, das Ziel der mit Unfruchtbarkeit geschlagenen Frauen. Während ein sitzender Ganesha ständig mit weißer, heiliger Asche überstäubt wird, bewerfen gegenüber dem Sanktum die Gläubigen bevorzugt zwei große Pfeilerfiguren mit Butterkugeln. Von Zeit zu Zeit klettert der Brahmane auf ein Gerüst, schabt die Butter vom Stein in einen Topf mit kaltem Wasser und verkauft sie dann zum wiederholten Male.

Nach dem Verlassen dieser Halle durch das Tor gegenüber dem Schrein erreicht man links in der Mitte der anschließenden langen Halle voller Händler den Eingang zur **1000-Pfeiler-Halle**. Von vielen der 997 Stütze springen dem Besucher theatralisch bewegte Figuren entgegen: Reiter auf Kompositieren, Helden der großen Epen und Götter. In der Halle ist das didaktisch gut aufgebaute, aber leider nicht gepflegte

Tempelmuseum mit einer Sammlung von Bronzen, Steinskulpturen, Holzarbeiten und Textilmalereien untergebracht.

Der **Palast des Tirumallai Nayak** scheint für Riesen konzipiert. Den Thronsaal gegenüber dem Eingang überwölbt in 23 m Höhe eine Kuppel im Durchmesser von 20 m. Das Dach der Arkaden um den Innenhof (84 × 50 m) wird von 12 m hohen Granitsäulen getragen. In der nicht minder pompösen Tanzhalle (47 × 23 m und 23 m hoch) sind im Halbdunkel schöne Skulpturen der frühen Pandyas, der Pallavas und Cholas und eine Fotodokumentation über Tirumallai Nayak und seine Bauten zu entdecken. Der schon stark verfallene Palast wurde in der zweiten Hälfte des 19. Jh. von einem Gouverneur der Madras Presidency restauriert und so wenigstens zum Teil erhalten.

Der **Mariamman Teppakkulam**, mit 305 m² Indiens größter Tempelteich, liegt 5 km östlich der Stadt und ist im Januar/Februar Schauplatz des Teppam-Festes. Das Götterpaar wird auf Flößen in großer Prozession mehrmals um den zentralen Pavillon herum über den See gezogen.

Das **Gandhi-Museum** im ehemaligen Palast der Rani Mangamal vermittelt mit Fotos und Texten sowie Originalbriefen und persönlichen Dingen des ›Vaters der Nation‹ ein klares Bild seines Wirkens. Gerade hier im Süden bekämpfte er die einseitig profitorientierte Wirtschaftspolitik der Briten und stärkte die Heimindustrie gegen den Import billiger maschinenproduzierter Textilien. Im Dorf Gandhigram (58 km) und einigen anderen wird noch heute nach Gandhis Vorstellungen gearbeitet. Khadi-Produkte von dort und südindisches Kunsthandwerk sind im Museum ausgestellt und können auch erworben werden.

Alagarkoil

2 20 km nördlich von Madurai.

Hier, in einem Tempel aus der Nayak-Zeit, ›wohnt‹ Alagar alias Vishnu, der Bruder von Parvati/Minakshi. Zur Hochzeitsfeier seiner Schwester (s. Madurai) begibt er sich einmal im Jahr nach Madurai – mit großem Gefolge, versteht sich! Der Tempel liegt in reizvoller Umgebung am Fuße des Alagarmalai. Schöner Kalyana-Mandapa mit Skulptursäulen der Spätzeit. 4 km östlich, in Pazhamudhircholai, steht einer der sechs Haupttempel Murugas.

Anamalai

3 13 km nördlich von Madurai.

In der Flanke eines Hügels von der Gestalt eines sitzenden Elefanten finden sich zwei Höhlentempel aus der Zeit der Pandyas, datiert 770. Der erste, der **Ladamuni-Tempel**, ist dem Kriegsgott Subrahmanya und seiner Shakti Devasena, der Personifizierung des Götterheeres, geweiht (in der Cella das Götterpaar, am Eingang die Reittiere Pfau und Hahn); der zweite ist Vishnu als Narasimha heilig.

Tirupparankundram

4 8 km südwestlich von Madurai.

In schöner Landschaft mit See und Palmyrapalmenhainen am Fuße des mächtigen Skandamalai liegt im Dunkel des von Tirumallai Nayak vorgebauten **Subrahmanya-Tempels** ein Höhlentempel der frühen Pandyas (590–920), mit durch eine Stuckschicht und Ölspuren der Puja fast unkenntlichen Skulptu-

ren von Shiva, Vishnu und Durga sowie Ganesha und Skanda. Mehrere Höhlentempel etwas jüngeren Datums finden sich an der Rückseite des Hügels.

Srivilliputtur

5 (S. 396) 75 km südwestlich von Madurai, 50 km nördlich von Sankarankoil. 68 000 Einw., nette Kreisstadt vor der Kulisse der plötzlich aus der Ebene aufsteigenden Kardamom-Berge.

In Srivilliputtur, einem der 108 vishnuitischen Pilgerziele, wurde Mitte des 8. Jh. Andal geboren, eine der drei Frauen unter den zwölf Alvars. Die berühmte Dichterin verfaßte glühende Liebesgedichte für Ranganatha (Vishnu). In Srirangam wurde sie mit ihm vermählt und gilt deshalb als Inkarnation Lakshmis.

Der alte Tempel der Stadt, der **Vadabhadrasayee-Tempel**, stammt aus der Pandya-Zeit. Das Sanktum mit Vishnu auf Adishesha als Kultbild befindet sich im oberen Stockwerk, wo schöne Holzdecken und -skulpturen zu sehen sind. Davor erhebt sich mit 59 m und zwölf Stockwerken einer der höchsten Gopurams Indiens, ein schlanker – äußerst reparaturbedürftiger – Bau mit einem gewaltigen Tonnendach. Südwestlich davon steht der **Andal-Tempel** aus der Nayak-Zeit mit Pfeilerfiguren von höchstem Raffinement; in der Nähe einer der größten Tempelwagen Indiens.

Sankarankoil (Sankaranarayanarkovil) und Umgebung

6 (S. 394) 50 km südlich von Srivilliputtur, 51 km nördlich von Tirunelveli.

Das Landstädtchen besitzt einen großen **Shiva-Tempel**; verehrt werden ein

Figurengruppe an einem Gopuram des Minakshi-Tempels in Madurai

Kanyakumari, die Südspitze Indiens

Linga (von den Lingas der fünf Elemente das Erd-Linga), Shiva als Harihara und Gomati Amman (Shivas Devi, also Parvati). Letztere hatte der Legende nach den Wunsch, Shiva und Vishnu in einer Person zu sehen. Um ihrem Begehren Nachdruck zu verleihen, stieg sie auf die Erde herab und tat neun Tage lang Buße, dann erschien ihr in einer Vollmondnacht Shiva als Harihara. Als Adi Tapas-Festival wird dieses Ereignis jedes Jahr gefeiert.

Im Tempel, einer Anlage mit düsteren Hallen, Tempelteich und Tempelelefant, werden nach dem Volksglauben verschiedene Krankheiten geheilt. Wie in christlichen Wallfahrtsorten bringen die Gläubigen dem Gott Nachbildungen der befallenen oder geheilten Glieder dar. Vor dem Tempel bieten Stände grobe Nachbildungen der gängigsten Körperteile in Holz und Metall zum Verkauf an.

Sankarankoil eignet sich gut als Ausgangspunkt für den Besuch von Kalu-gumalai und einiger Höhlentempel der Pandyas südlich der Stadt. Auch hier ist der Weg oft genauso interessant wie das Ziel. In den Dörfern unterwegs tragen die Frauen schweren Goldschmuck in den langgezogenen Ohrläppchen; außerhalb liegen Kultstätten für Dorfgottheiten – manchmal in regelrechten Heiligen Hainen.

Kalugumalai

7 22 km östlich von Sankarankoil, 18 km westlich von Koilpatti.

Beim Dorf am Fuße eines mächtigen Granitbuckels liegt ein **Subrahmanya-Tempel** der typisch südindischen Art, lebendig und leicht chaotisch. Neben dem aus dem Fels gehauenen Haupttempel entdeckt man in umliegenden Hallen Schreine für die 63 Shiva-Heiligen, für die neun Planeten, zusätzlich für Sonne und Mond, für Indra, Dakshinamurti und Brahma, Bronzen von Subrahmanya, Somaskanda und Kankala und hölzerne Prozessionsfiguren, u. a. eine goldbeschlagene Wunschkuh.

Das ›Kronjuwel der Pandya-Kunst‹, der **Vattuvaikovil-Tempel** (Tempel des Bildhauers), liegt weit oben auf einem Sattel hinter der ersten Felskuppe. Die Legende erzählt von einem Wettstreit zwischen Vater und Sohn. Der Vater arbeitete am oberen Tempel. Der Sohn, unten mit der Arbeit fertig, prahlte, daß sein Tempel geweiht werde und immer in Puja bliebe, der Tempel seines Vaters aber würde nie fertig. Da erschlug ihn der Vater.

Der Vattuvankovil stammt aus der Zeit um 800 und wurde aus unbekannten Gründen nie vollendet. Er blickt nach Osten und steht hoch über dem Dorf in einem Felseinschnitt von 25 m Tiefe, 13 m Breite und 10 m Höhe. Der harte Stein wurde mit Hammer und Meißel von oben nach unten abgetragen und der Tempel in der gewünschten Form ›stehengelassen‹. An der Halle sind nur zwei hinreißend schöne Friese mit musizierenden Ganas fertiggestellt worden, doch der Vimana ist zu großen Teilen voll ausgearbeitet. Am oberen Turmgeschoß, unterhalb der schön ornamentierten Turmkappe, sieht man u. a. Shiva und Parvati, Dakshina-Murti, Narasimha und Brahma als jungen Mann ohne Bart.

An der Felswand südlich oberhalb des Vattuvankovil befinden sich Reliefs aus derselben Zeit mit jainistischer Thematik, u. a. Dharanendra Yaksha, Padmavati und mehrere Reihen der 24 Tirthankaras.

Tirumalaipuram

[8] 25 km südwestlich von Sankarankoil.

An der Südflanke des Vannachchipparai-Hügels, auf dem eine christliche Kirche steht, befindet sich ein schöner Höhlentempel der frühen Pandya-Zeit mit gut erhaltenen Skulpturen. Den Eingang flankieren typische Pfeiler mit Lotusmotiven; das Innere schmücken Reliefs von anrührender Einfachheit: Dvarapalas beidseitig der Cella, gegenüber Brahma und an der langen Wand parallel zur Fassade Ganesha, Vishnu und ein tanzender Shiva.

Die Landschaft mit den vielen Palmyra-Palmen, im Schatten der hohen Berge im Westen, ist von besonderem Reiz. Die Fahrt von hier nordwärts in Richtung Srivilliputtur führt immer entlang dem Gebirge durch sehr fruchtbares Gebiet mit Kokospalmen-Pflanzungen und Gemüseanbau. Im Gegensatz dazu sind die Gebiete weiter östlich trocken und teilweise recht eintönig.

Tirunelveli

[9] 81 km nördlich von Kanyakumari, 150 km südlich von Madurai.

Die südlichste Distrikthauptstadt Tamil Nadus besitzt einen großen Tempelkomplex (190 × 252 m) mit mächtigen 1000-Pfeiler-Hallen (21 × 173 m bzw. 10 × 100 Pfeiler) in den zwei im Aufbau fast völlig identischen Tempeln für Shiva und Parvati.

Tiruchendur

[10] Etwa 80 km östlich von Tirunelveli, 85 km nordöstlich von Kanyakumari.

Der wenig aufregende Tempelkomplex, eines der sechs großen Heiligtümer Subrahmanyas, hier auch Shanmukha, der Sechsköpfige, genannt, liegt großartig direkt am Golf von Mannar. Interessant zu beobachten ist das Leben am Wasser, entlang der Treppenanlagen von neun heiligen Badeplätzen.

Kanyakumari

🔟 (S. 365) 80–85 km südlich von Tirunelveli, südöstlich von Trivandrum.

Kanyakumari, ein Platz für Sammler
denkwürdiger Momente, bildet den südlichsten Punkt des indischen Subkontinents. Sonnenuntergang und Mondauf-
gang über dem Meer kann man hier (bei
Vollmond) gleichzeitig erleben, Sonnen-
auf- und -untergang über dem Meer
vom selben Platz aus. Den Sonnenauf-
gang erwarten jeden Morgen Tausende

Inder mit großer Spannung; die strand-
nahen Straßen und Plätze sind dann
vollgestellt mit Reisebussen.

Als wieder einmal Dämonen die Götter bedrohten, schuf Shiva aus seiner
Shakti zwei Göttinnen. Die blutdürstige
Kali schickte er nach Kalighat (Calcutta)
und die jungfräuliche Göttin zum Kap
Komorin, um das Gleichgewicht der
Welt wiederherzustellen. Ihr Tempel
hier, schön gelegen, aber kaum von
kunstgeschichtlichem Interesse, stellt
ein bevorzugtes Ziel des innerindischen

hebt sich das 1970 im All-India-Mischstil erbaute **Vivekananda Memorial.** Der große indische Philosoph pflegte hier in jungen Jahren (um 1882) zu meditieren.

Die schönen Strände der Umgebung haben vielfarbigen Sand. Bei Vattakottai an der Ostküste überragt ein holländisches Fort aus dem 17. Jh. das Meer

Suchindram

🔲 (S. 396) 13 km nordwestlich von Kanyakumari.

Im Ort stehen dicht gedrängt nette kleine Brahmanenhäuser um einen großen Tempelteich mit einem Pavillon in der Mitte. Der sich anschließende Tempel wird von einem 41 m hohen Gopuram überragt. Etliche der 33 Schreine und Hallen stammen ›nur‹ aus dem 17. und 18. Jh., aber es gibt viele interessante Details zu entdecken. Shiva verkörpert in diesem Tempel die Hindu-Trias in seiner Person und heißt deshalb Tanumalayan (Sthanu – Shiva, Mal – Vishnu und Aya – Brahma). Als Kultbild fungieren entweder drei Lingas oder wie im ersten Hauptschrein eines, das an der Basis Brahma, in der Mitte Vishnu und oben Shiva verkörpert. Im Tempel gibt es einen großen weißen Nandi, einen riesigen Hanuman und einen kaum kleineren Ganesha, Dipa Lakshmi genannte Lampenträgerinnen und Tempeltänzerinnen als lebensgroße Skulpturen an den Säulen. Vier Säulen sind als Pfeilerbündel mit 33 bzw. 25 Einzelzylindern gearbeitet, die, wenn sie angeschlagen werden, ganz unterschiedlich klingen. Sowohl die Fürsten von Travancore als auch die Nayaks von Madurai, die sich als Gönner des Tempels hervor-

religiösen Tourismus dar. Er ist umgeben von unzähligen Devotionalien- und Souvenirläden. Ein Bad bei den beiden Felsen Pitra Tirtha und Matru Tirtha, genau an der Stelle, wo das Arabische Meer und der Golf von Bengalen sich treffen – und die dazugehörige Puja – sollen die Vorfahren gnädig stimmen.

Nahe dem Kap steht das **Gandhi Memorial** an der Stelle, wo die Urne mit der Asche des Mahatma aufgestellt war, bevor sie dem Meer übergeben wurde. Auf zwei Felsen, 200 m vor der Küste, er-

getan haben, wurden als Pfeilerskulpturen verewigt.

Dieser Tempel ist der letzte, den man von innen zu sehen bekommt (mit einem Brahmanen-Führer), wenn man auf dem Weg nach Kerala ist, und der erste nach langer ›Tempelabstinenz‹, wenn man von dort kommt.

Das Kalakad-Mundanthurai-Wildschutzgebiet

🔟 (S. 364) 45 km westlich (Kalakad) bzw. 52 km westsüdwestlich (Mundanthurai) von Tirunelveli.

Die großartige Gebirgslandschaft in den Ashambu Hills mit primären Regenwäldern (3000 bis 5000 mm Niederschlag/Jahr in den höheren Regionen) und hochgelegenem offenem Grasland erschließt sich besonders gut bei Wanderungen. Attraktion des Wildschutzgebietes sind die tropischen Bergwälder (Shola), in denen aber Tierbeobachtungen sehr schwierig sind. Im südlichsten Tigerschutzgebiet (20 Tiere) Indiens sind die Primaten besonders interessant: Hanuman- und Nilgiri-Languren, Hutaffen und Wanderus; häufiger sieht man Sambarhirsche, Axishirsche (im Südteil) und Wildschweine, mit etwas Glück Elefanten und Gaurs. In beiden Teilgebieten, zwischen denen keine Straßenverbindung existiert, gibt es Unterkünfte (Rasthäuser), die mit dem Auto erreichbar sind.

An das Mundanthurai-Schutzgebiet schließt im Westen das kleinere Neyyar-Schutzgebiet an, das vom 32 km entfernten Trivandrum leicht zu erreichen ist – und entsprechend viel besucht wird. Von hier aus kann man den 1868 m hohen Agastiyamalai besteigen.

Die Blauen Berge – die Nilgiris

Die Nilgiris bilden einen gewaltigen Gebirgsstock, der unvermittelt aus der Ebene aufsteigt und mit seinem höchsten Gipfel, dem Dotabetta, eine Höhe von 2670 m erreicht. Aus dem ewigen Nebel an seinen dichtbewaldeten Flanken ragen die Blauen Berge empor: für die Hindus der Ebene Sitz der Götter – in den niederen Bereichen Heimstatt von Dämonen und Bestien. Nie wären sie auf die Idee gekommen, dorthin vorzudringen. Dieses Tabu galt nicht nur für die Fremden. 1818 gelangten erstmalig zwei Briten – mehr tot als lebendig – durch den Dschungel der steilen Hänge auf die Höhen der Nilgiri-Berge. Sie staunten nicht schlecht, hier oben von Menschen begrüßt zu werden.

Die von Hitze und Fieber geplagten Europäer waren begeistert, ein Stück Land gefunden zu haben, das vom Klima her der fernen Heimat entsprach. 1924 legte man im Hochtal von Ootacamund einen künstlichen See an und baute Bungalows. Die ersten Siedler hatten bereits 862 Chinchona-Bäume angepflanzt, aus deren Rinde Chinin (Chinarinde) gewonnen wird, das erste wirksame Mittel gegen die Malaria. Die Nilgiris wurden zur Hill Station und Ootacamund zur Sommerresidenz der Madras Presidency ausgebaut. Die Todas, denen man anfangs noch Pacht gezahlt hatte, wurden in die Randgebiete abgedrängt und die neue Umgebung nach den eigenen Vorstellungen und Bedürf-

Tamil Nadu, Nilgiri-Gebirge

nissen umgestaltet. Über die sanften Hügel ziehen sich Kartoffel- und Kohlfelder hin, zwischen Eukalyptus- und Nadelbäumen stehen Kirchen und Häuser wie in England, umgeben von Blumengärten – und am Abend wird es empfindlich kalt.

Ootacamund (Ooty, in Tamil: Udhagamandalam)

1 (S. 386) 89 km nordnordwestlich von Coimbatore, 159 km südlich von Mysore, Distrikthauptstadt auf 2286 m Höhe, 82 000 Einw.

Bedingt durch die kurvenreiche Anlage der Straßen, die sich dem hügeligen Gelände anpaßt, fällt die Orientierung anfänglich etwas schwer. Ooty bietet eine heiße Mischung von kolonialzeitlicher Tradition und Auswüchsen des Massentourismus indischer Art. In der Saison (April–Juni und September/Oktober) sind die Hotels überfüllt und doppelt bis dreifach so teuer wie während des Monsuns (Juli/August) und im ›Winter‹. Dann ist das Wetter zwar auch oft schön, aber die Nächte sind sehr kalt und die Hotels nicht geheizt. Die Temperaturen bewegen sich nach offiziellen Angaben im Sommer zwischen 21° C und 11° C und im Winter zwischen 19° C und 6° C. (Ein Prospekt der ITDC schlußfolgert von den gemäßigten Temperaturen ›verständnisvoll‹ auf die Beliebtheit Ootys bei indischen Hochzeitsreisenden.)

Man sollte den alten Teil der Stadt auf sich wirken lassen, den **Botanischen Garten**, die Kirchen aus dem 19. Jh. und ihre Friedhöfe, aber auch einige kleinere Paläste besuchen, u. a. die der Rajas von Mysore und Jodhpur (Arran-

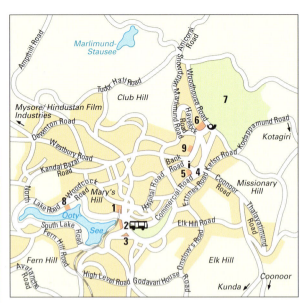

Ootacamund
1 Bahnhof
2 Busbahnhof
3 Rennbahn
4 Charing Cross
5 Tourist Office
6 Hauptpostamt
7 Botanischer
   Garten
8 Bootshaus
9 Tourist
   Bungalow

more Palace, 3 km vom Zentrum). Einmal sollte man auch der Atmosphäre wegen im alten *Savoy Hotel* dinieren. Auch der Basar mit seinem vielfältigen Angebot verdient einen Besuch; sehr schöner Silberschmuck in der Art, wie ihn die Todas tragen, wird hier angeboten. Die Rennbahn ist nicht nur der schnellen Pferde, sondern auch der Besucher wegen interessant: Man trifft sich, zeigt sich und wettet mit Leidenschaft. Es gibt einen schönen Golfplatz, am Bootshaus beim See kann man Motor- und Ruderboote mieten und gleich daneben auch Pferde für einen Ausritt in die herrliche Umgebung.

Die Umgebung von Ootacamund

Dotabetta, 10 km südöstlich, 2623 m, höchste Erhebung in den Nilgiris, die Fahrt über die Straße nach Kotagiri und durch herrliche Nebelwälder bietet großartige Fernsicht.

Elkhill, 5 km südöstlich, 2438 m, über dem Teeanbaugebiet des Lovedale-Tales, Blick auf Ooty. **Valley View** (5 km südwestlich), an der Straße nach Coonoor, Blick über das Ketti-Tal.

Snowdon Hill, 3,5 km nördlich, 2529 m, über St. Stephen's Church, Blick in Richtung Mysore. **Wenlock Downs** (8 km nordwestlich), schöne Hügellandschaft, hier auch *Hindustan Film Industries,* Indiens einziger Hersteller von Filmmaterial (Marke Indu). In den Kunda-Bergen finden sich schroffe, bewaldete Gipfel im Südwesten von Ooty: u. a. der **Avalanche**, 19 km südwestlich, 2590 m und der **Mukurti Peak**, 2554 m (26 km); dünnbesiedelte und weitgehend ursprüngliche Landschaft mit artenreicher Flora und Fauna (u. a. Nilgiri-Steinbock), Rückzugsgebiet der Todas.

Bei **Muttanad** an der Sigur Ghat Road, nordwestlich, liegt eine Toda-

Die Todas

V on den fünf Stämmen unterschiedlicher Herkunft, die in den Nilgiris lebten, sind die Todas die bemerkenswertesten. Sie sind auffallend hochgewachsene Menschen von angenehm selbstbewußter Art, die Männer mit kräftigem Bartwuchs, die gutaussehenden Frauen mit langen, schwarzen gedrehten Locken. Männer wie Frauen tragen weiße Baumwolltücher mit schwarz-roter Borte wie eine Toga um den Körper geschlungen. Ihre Herkunft ist ungeklärt und nährt unterschiedlichste Theorien. Sie sprechen eine eigenständige Sprache, als Kunstäußerungen kennen wir die eigenwilligen Tempel und Häuser, den schönen, fast modern wirkenden Schmuck, gestaltete Kult- und Gebrauchsgegenstände wie z. B. Butterlöffel sowie Stickereien auf Baumwolltüchern.

Der Büffel ist für die Todas sowohl sakral als auch ökonomisch von größter Bedeutung: Die Verarbeitung der Milch, eine kultische Handlung, bleibt den Priestern vorbehalten. Von diesen Milchprodukten abgesehen leben die Todas streng vegetarisch. Andere Stämme, die sich ihnen untergeordnet hatten, versorgten sie einst mit allem Lebensnotwendigen – Landwirtschaft haben sie selbst nie betrieben. Stirbt ein Toda, werden Büffel getötet, damit ihre Seelen den Toten begleiten; dieser Brauch wurde allerdings von der indischen Regierung stark eingeschränkt.

Die heute ca. 1000 Todas leben in einer Art Polyandrie (Vielmännerei). Ein Teil des Stammes lebt nach ihren alten Traditionen, während andere Christen geworden sind und moderne Lebensformen angenommen haben.

Siedlung mit einigen Hütten in der traditionellen tonnenartigen Form und mit dem Eingang (60 × 60 cm) als einziger Öffnung. Der Tempel daneben, ein 4 m hoher, spitzkegeliger Bau aus Bambus auf einem Steinsockel, ist mit Gras gedeckt und spiralförmig mit Lianen umwunden.

Kotagiri

2 (S. 369) 28 km östlich von Ooty auf einer Höhe von 1983 m. 38 000 Einwohner.

Das Klima ist milder, der Ort kleiner, ruhiger und wenig spektakulär, und die Unterkünfte sind bescheidener als in Ooty.

Ausflüge: Elk Falls (8 km), St. Catherine Falls, 76 m hoch (8 km), Kodanad View Point (16 km), Blick über die östlichen Hügel auf die Ebene. Rangaswamy-Felsen, 1785 m (19 km).

Coonoor

3 (S. 357) 19 km südöstlich von Ooty, Höhe von 1712 m. 99 000 Einw.

Nilgiri-Gebirge

315

Coonoor ist, wie auch das nahe Wellington, in den letzten Jahren seiner einstigen Reize beraubt worden. Häßliche Neubau-Wohnblocks und Industriebauten dominieren die zersiedelte Landschaft. In der Stadt **Sim's Park,** eine Art botanischer Garten, von 1874.

Das Mudumalai-Wildschutzgebiet

4 (S. 379) 67 km nordwestlich von Ooty, 12 km von Devarshola, 88 km südlich von Mysore.

Das 321 km² große Waldgebiet liegt an den nördlichen Ausläufern der Nilgiri-Berge in einer durchschnittlichen Höhe von 1000 m. Das Landschaftsbild wechselt von feuchten Laubwäldern im Südwesten über Bambusdickichte in Sumpfgegenden und an Flüssen zu Trockenwäldern und Dornbuschsteppe im Osten. Es grenzt im Westen an das Wildschutzgebiet von Wynad in Kerala und im Norden an das von Bandipur in Karnataka. Mudumalai ist besonders reich an Elefanten. Viel zu sehen sind Wildrinder (Gaur), deren Bestände sich nach der Rinderpestepidemie von 1968 regeneriert haben, Sambar- und Axishirsche, Muntjaks, Wildschweine, Hanuman-Languren, Hutaffen und viele Vogelarten. Im Moyar-Fluß leben Otter und Krokodile.

Die Anamalai-Berge

5 (S. 348) 80 km südlich von Coimbatore, 35 km südwestlich von Pollachi.

Die Anamalai-Berge sind der erste Gebirgsstock im Zuge der Westlichen Ghats südlich der Palghat-Senke. Ihre höchste Erhebung, der Anaimudi, mit 2695 m höchster Berg Süd-Indiens, liegt im **Eravikulam-Nationalpark** (Kerala).

Hier lassen sich besonders gut Nilgiri-Wildziegen beobachten. Im Norden schließt sich das 958 km² große **Anamalai-Wildschutzgebiet** (Indhira Gandhi Wildlife Sanctuary) an. In den artenreichen feucht-tropischen Bergwäldern und auf den grasbedeckten Hängen leben Sambar- und Axishirsche, Elefanten, Gaur, Muntjaks, Wildschweine, Hanuman-Languren, Hutaffen und Wanderus. Von den Raubtieren finden sich Tiger, Leoparden und Dekhan-Rothunde, – letzterer ist am ehesten zu sehen. Sehenswert ist das Elefantencamp **Varagaliar**, wo Elefanten gezähmt und für Waldarbeiten trainiert werden.

Kodaikanal

6 (S. 368) 100 km nordwestlich von Madurai.

Die Hill Station ist der Hauptort in den Palni-Bergen, die sich nach Osten an die Anamalai- und Kardamom-Berge anschließen. Kodaikanal (tamil: Kanal = großer Wald) liegt 2133 m hoch über dem steilen Südhang des Gebirges und wurde um die Mitte des vorigen Jahrhunderts von amerikanischen Missionaren gegründet. Der Platz entwickelte sich dann zum bevorzugten Urlaubsort der Briten, die 1863 auch den See anlegen ließen, um den sich der Ort gruppiert. Die zahlreichen Kirchen repräsentieren die Missionsgesellschaften, die bevorzugt hier ihr Hauptquartier etablierten. 1875 wurde die Eisenbahnstrecke Trichy-Dindigul-Madurai geschaffen und für die 80 km von Palani Road Station nach Kodaikanal mit dem Bau einer Straße begonnen, die aber erst 1916 fertiggestellt war.

Heute ist Kodaikanal eine beliebte und in der Saison von März bis September überlaufende Sommerfrische. Der Hill Station-Charakter geht durch die un-

Kodaikanal

kontrollierte Ausbreitung der Bebauung mit Hotels, Ferienwohnungen, aber auch durch die Armensiedlungen auf den umliegenden Hängen immer weiter verloren. In der Umgebung werden Kaffee, Tee und Obst angebaut. Für den Besucher bieten sich viele reizvolle Ziele für Spaziergänge, Ausflüge und längere Wanderungen an: Coakers Walk – mit Blick über die Ebene im Süden und den Vaigai-Stausee; Green Valley View (5,5 km); Pillar Rocks – ein 122 m hoher Felsen mit vielen Höhlen (7 km); Silver Cascade – ein Wasserfall (8 km); Doctor's Delight – mit herrlichem Blick (10,5 km); Perumal Peak, 2440 m (20 km); Dolmen aus vorgeschichtlicher Zeit (20 km).

Im ehemaligen Sacred Heart College (an der Law's Ghat Road) haben die Jesuiten das **Shembaganur-Museum** eingerichtet; es zeigt archäologische Funde sowie Flora und Fauna der Palni-Berge und eine Orchideen-Sammlung.

Das astrophysikalische **Observatorium** von 1899 steht auf einem Hügel 3 km westlich des Sees.

In Palani, 64 km weiter nördlich, steht auf einem kahlen Granitbuckel das wichtigste der sechs Heiligtümer Murugas (Subrahmanyas). Hier wird er als Kind verehrt (Skanda).

Coimbatore

7 (S. 356) 99 km südöstlich von Ooty, 500 km südwestlich von Madras, 1 135 000 Einw.

Industriestadt ohne besondere Sehenswürdigkeiten. Wichtiger Flughafen und Ausgangspunkt zum Besuch der Nilgiris; 53 km bis Mettupalayam, wo die Ghat-Bahn nach Ooty startet. **Ausflug: Perur**, 5 km südwestlich der Stadt; drei Tempel aus der Zeit Tirumalai Nayaks mit fein gearbeiteten Kompositpfeilern, Steinketten.

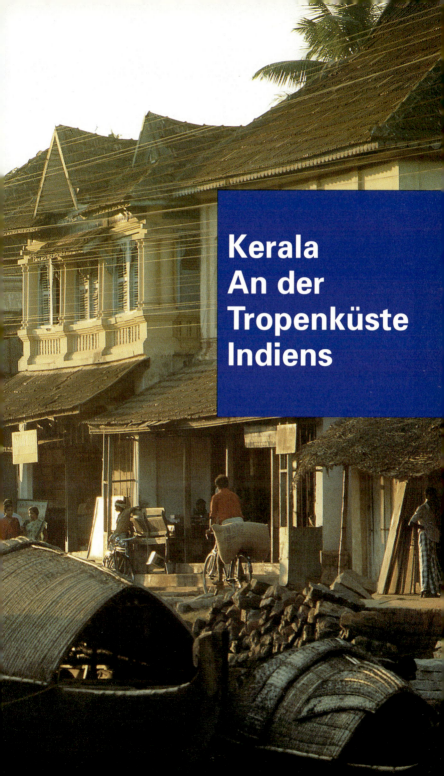

Kerala
An der
Tropenküste
Indiens

Mit einem Staatsgebiet von 38 340 km² ist Kerala nach Goa der kleinste der südindischen Staaten, mit 30 Mio. Einwohnern jedoch der am dichtesten besiedelte Gesamtindiens. Er wurde 1956 durch Zusammenfassung aller malayalamsprachiger Gebiete geschaffen: der Fürstentümer Travancore und Cochin und des Distrikts Malabar, die unter den Briten zu Madras gehörten, sowie eines kleinen Teils von Südkarnataka. Die Landessprache Malayalam hat sich erst im 12. Jh. aus Tamil und lokalen Dialekten entwickelt.

Kerala, das sich über 555 km entlang der Malabar-Küste erstreckt, an seiner breitesten Stelle jedoch nur eine Ausdehnung von 120 km erreicht, ist ein tropisches, überaus fruchtbares Land. Die von Kokospalmen beherrschten Küstenebenen ebenso wie die sich landeinwärts anschließenden, z. T. noch dicht bewaldeten Hügel und Berge der Westlichen Ghats, der Anamalai- und Kardamom-Berge werden intensiv genutzt und liefern eine Vielzahl tropischer Produkte: Areca-, Kokos- und Cashewnüsse, Reis, Kardamom, Pfeffer und andere Gewürze, Kautschuk, Tee und Hölzer. Schon aus der Länge der Küste ergibt sich die Bedeutung von Fischfang und -verarbeitung.

Die Industrie dagegen ist noch unterentwickelt und besteht überwiegend aus Kleinbetrieben, die u. a. die landwirtschaftlichen Produkte des Landes weiterverarbeiten. So hat das Land trotz eindeutiger Begünstigung durch die Natur wegen der bedrohlichen Überbevölkerung besonders der küstennahen Gebiete Probleme, seine Menschen zu ernähren: Ungefähr die Hälfte der benötigten Lebensmittel müssen eingeführt werden. Eine spürbare Entspannung der Lage bewirken die beträchtlichen Überweisungen durch die zahlreichen indi-

schen Gastarbeiter von jenseits des Arabischen Meers.

Thiruvananthapuram (Trivandrum)

1 (S. 397) 223 km südöstlich von Kochi (Cochin), 267 km südwestlich von Madurai, 87 km nordwestlich Kanyakumari, 828 000 Einw.

Statt der Kurzform Trivandrum trägt die Hauptstadt Keralas jetzt offiziell wieder den Namen Thiruvananthapuram. Das bedeutet Stadt der heiligen Schlange. Ananta oder Shesha, auf der Vishnu ruhend im kosmischen Ozean treibt, soll der Legende nach hier geboren sein.

Als Marthanda Varma (1729–1758) die Macht im Staate Travancore übernahm, befand sich dieser in reichlich desolatem Zustand. Der neue König griff hart gegen seine adligen Widersacher durch, baute eine schlagkräftige Armee auf und dehnte das Reich weit nach Norden aus. Die Holländer, deren Festungen in der Gegend er alle erobert hatte, wurden von ihm 1741 bei Colachel vernichtend geschlagen. 1750 übertrug der König sein Reich Shri Padmanabha, seiner Hausgottheit Vishnu, und regierte fortan als dessen Treuhänder.

In Vorbereitung dieses Vorhabens ließ er zwischen 1731 und 1733 den bis dahin eher bescheidenen Padmanabhaswami-Tempel in Thiruvananthapuram überholen, ausbauen und seine Verwaltung reorganisieren. Der Gopuram des Staatstempels wurde unter Karthika Tirunal Rama Varma (1758–1798), genannt Dharma Raja, vollendet. Dieser Herrscher war es auch, der in sei-

S. 318/19 Alapuzzha

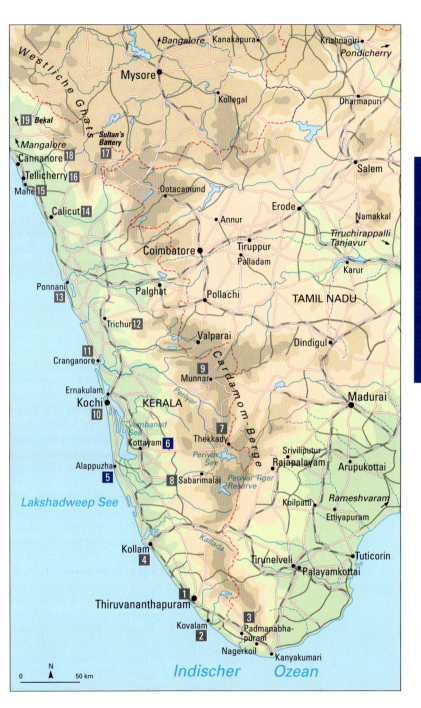

nen späteren Regierungsjahren die Hauptstadt nach Thiruvananthapuram verlegte. 1956 wurde es Hauptstadt des nach Sprachgesichtspunkten neuentstandenen Staates Kerala.

Eingebettet in eine üppige Tropenlandschaft, einige Kilometer abgesetzt vom Meer, breitet sich Thiruvananthapuram weiträumig über mehrere grüne Hügel aus. Charakteristika anderer indischer Metropolen wie Hektik, Verkehrs-

Thiruvananthapuram *1 Fort 2 Padmanabhaswami-Tempel 3 City-Busbahnhof (Kovalam Beach) 4 Zoo und Botanischer Garten 5 Napier-Museum 6 Bahnhof 7 Busbahnhof 8 Hauptpost 9 Regierungsgebäude 10 Universität 11 Tourist Office 12 Shri Chitra Art Gallery*

chaos und extreme Luftverschmutzung lassen sich hier kaum feststellen. Die Menschen sind freundlich und hilfsbereit, und die Behörden arbeiten effektiv. Dafür wird mehr gestreikt als anderswo.

Die für indische Verhältnisse junge Stadt hat denn auch kaum touristische Glanzlichter zu bieten. Es gibt jedoch gute Hotels und Restaurants, und was man sehen sollte, liegt bequem erreichbar an den beiden Enden der Hauptstraße. Im Süden der Mahatma Gandhi Road befindet sich das **Fort** mit der rechtwinklig angelegten Altstadt. Durch das dekorative Stadttor gelangt man direkt zum **Padmanabhaswami-Tempel.** (Nicht-Hindus haben keinen Zutritt.) Der siebenstöckige, 17 m hohe Gopuram spiegelt sich im großen Tempelteich, den schöne alte Brahmanen-Häuser mit Schnitzereien umgeben. Einige Palastbauten werden von der Stadtverwaltung und Institutionen wie Banken und Versicherungen genutzt.

Um ans nördliche Ende der Mahatma Gandhi Road zum Zoo und zum Museum zu gelangen, empfehlen wir eine Motorrikscha zu nehmen. Auf halbem Wege passiert man rechts das alte säulengeschmückte **Regierungs-Gebäude** und etwas weiter auf der linken Seite die **Universität**. Der Zoo ist gleichzeitig ein üppiger **Botanischer Garten**; hier kann man seltene Tiere wie den Gharial (Gangeskrokodil) und indische Löwen sehen, aber auch bettelnde (!) Straußen, Flußpferde und Stachelschweine erleben. Das **Napier-Museum** gleich nebenan liegt in einem schönen Park mit blühenden Bäumen. Im Hauptbau von 1880, einem Phantasiepalast im Kerala-Stil, werden schöne Bronzen, Stein- und Holzskulpturen, ein Tempelwagen, Elfenbeinarbeiten und Kathakali-Kostüme gezeigt. Die **Shri Chitra Art Gallery** von 1935 ist in einem kleinen Sommer-

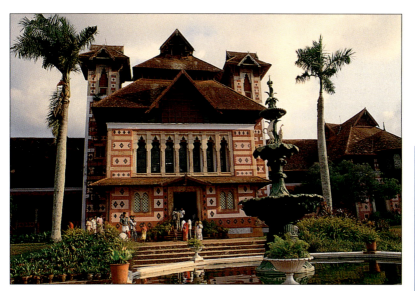

Thiruvananthapuram, das Napier-Museum

palast untergebracht. Neben nordindischer Miniaturmalerei, Bildern aus Tanjavur und Kopien der Wandmalereien von Ajanta und den Palästen Keralas, Blättern aus Japan, China und Bali gibt es Gemälde des russischen Malers Nicholas Roerich, der in Indien lebte, und von Ravi Varma, der viele der Größen des Travancore-Hofes portraitiert hat, zu sehen.

Das **Aquarium** in der Nähe des Flughafens ist zur Zeit geschlossen.

Ananas, Papayas und Bananen: Kovalam Beach

(S. 370) 13 km südlich von Thiruvananthapuram.

Der berühmte Kovalam Beach, nicht besonders breit und ganze 4 km lang, schwingt sich von der Felsnase im Norden, auf der das *Ashoka Beach Resort* liegt, in zwei vollendeten Bögen zum Leuchtturmfelsen. Nicht durch Dünen zurückgedrängt, reichen die Palmenhaine direkt bis an den Strand. Von den Terrassen der kleinen Strandrestaurants blickt man auf die von Felsen begrenzte Bucht und genießt den Sonnenuntergang.

Der Strand wirkt nie überfüllt. Der nördliche Teil, an dem nur ein Hotel steht, ist weniger besucht als der südliche. Hier wird ein großer, durch Flaggen markierter Teil von Rettungsschwimmern beobachtet. Unterströmungen können selbst geübte Schwimmer in Schwierigkeiten bringen, wenn sie sich zu weit hinaus wagen. Die langen Wellen der Brandung sind ideal zum Surfen. Am Strand stehen Fischersfrauen, die frische Früchte wie Papaya und Ananas verkaufen, im harten Konkurrenzkampf miteinander. Morgens und spätabends holen die Fischer gemeinsam die endlos langen Netze ein, wozu sie im Takt ihrer Bewegungen singen.

Kovalam Beach

Die Strände, die sich im Norden und Süden anschließen, werden noch wenig besucht. Im Norden liegt bei einem weiteren Felsvorsprung das *Hotel Samudra* (KTDC). Der Strand südlich vom Leuchtturm reicht bis Vizhinjam, wo ein neuer Hafen gebaut wird.

Ein Palast ungewöhnlicher Art: Padmanabhapuram

3 (S. 387) 48 km südöstlich von Thiruvananthapuram.

Der große Palastkomplex innerhalb einer nur zum Teil erhaltenen Verteidigungsanlage ist das beste Beispiel für die traditionell aus Holz erstellten Profanbauten Keralas. Die seit dem 14. Jh. organisch gewachsene Anlage war Sitz der Fürsten von Travancore, bevor in der zweiten Hälfte des 18. Jh. Trivandrum zur Hauptstadt avancierte. Zahlreiche Hallen und Höfe gruppieren sich um einen dreistöckigen Bau, eine Art Wohn-

Kovalam Beach   *1 Busbahnhof
2 Kovalam Junction   3 Ashoka Beach Resort   4 Hotel Samudra   5 Hotels an der Straße oberhalb der Bucht   6 Hotel Sea Rock   7 Kleinere und einfachere Hotels   8 Rockholm Hotel*

turm des Herrschers; übereinander liegen das Schlafgemach mit schönen Schnitzereien an Säulen, Decke und Bett, ein Meditationsraum und der Gebetsraum, dessen Wände mit Malereien des 17./18. Jh. bedeckt sind. Zwischen schönen Darstellungen des bekannten Hindu-Pantheons sieht man auch Szenen aus dem täglichen Leben in Kerala.

Als Keimzelle der Anlage gilt der Mutterpalast. Weitere sehenswerte Bauten sind die Eingangshalle und die darüber befindliche Versammlungshalle mit einem raffinierten Kühlsystem und spiegelblankem Boden aus einer Naturlackmischung, die Speisehalle für bis zu 2 000 Brahmanen, die der König täglich beköstigte, und das königliche Gästehaus mit endlos langen Galerien. Aus Stein gebaut sind der Sarasvati-Tempel mit dem Navaratri-Mandapa davor und die anschließende Tanzhalle. Hier befinden sich oben Galerien mit Holzgittern, von wo aus die Frauen des Hofes den Aufführungen folgen konnten. In einigen der Räume werden Palmblattmanuskripte, Kupferplatten mit Inschriften, Waffen sowie Holz- und Steinskulpturen ausgestellt.

Keralas Backwaters: Kollam (Quilon) – Alappuzha (Alleppey) – Kottayam

Hinter der Küste Keralas, zwischen Kollam im Süden, Kochi im Norden und Kottayam im Osten, erstreckt sich eine der faszinierendsten Landschaften Indiens, halb Wasser, halb Land. Ein unüberschaubares System von Lagunen, Flüssen und Kanälen durchzieht das von Palmen beschattete, fruchtbare Land, das vielfach dem Wasser abgerungen wurde. Die Straßen sind Wasserstraßen

und die Busse, die darauf verkehren, behäbig wirkende, aber wendige Motorschiffe. Sie fahren im Linienverkehr und nach festem Fahrplan; sie halten oft, und immer steigen Leute aus oder zu.

In Kollam starten die Boote am Ashtamudi-See. Hier stehen, wie in Kochi auch, große chinesische Senknetze. Die abwechslungsreiche Fahrt nach Alappuzha führt über schnurgerade Kanäle und schmale, gewundene Wasserläufe, in denen sich die hohen Palmen von beiden Ufern oben berühren. Schwere Lastkähne mit Coir (die äußere Schale der Kokosnüsse, woraus die Fasern gewonnen werden) und Copra (getrocknetes Kokosfruchtfleisch) werden mit langen Stangen lautlos bewegt. Auf den offenen Lagunen und Seen fahren schöne Boote mit hohem Bug und großflächigen Segeln.

Kollam (Quilon) 4 (S. 369), 72 km nordwestlich von Thiruvananthapuram, 156 km südlich von Kochi, 363 000 Einw.

Kollam war wahrscheinlich schon zur Zeit der frühen Cholas ein bedeutender Hafen, frequentiert von arabischen und besonders chinesischen Kaufleuten. Anfang des 9. Jh. gründete Kulashekhara Alvar, ein großer Vishnu-Heiliger des Südens, die zweite Chera-Dynastie und einen blühenden Staat; in diese Zeit fällt der Bau der Stadt Kollam. Der Staat entwickelte sich in Frieden zu einer großen Handelsmacht an der Malabar-Küste. Arabische, christliche und jüdische Kaufleute mehrten den Reichtum.

Marco Polo berichtete Ende des 13. Jh. von ›Koilum‹ und seinem regen Handel mit China. 1330 wurde Kollam Bistum und der Mönch Jordanus der erste römisch-katholische Bischof Indiens. Später stritten sich Portugiesen, Holländer und Briten um Handelsrechte und befestigte Plätze an der Küste. Aus dieser Zeit stammt die einzige historische Reminiszenz, die Ruinen der Festung Thangasseri (3 km nördlich von Kollam).

Kollam ist eine für Kerala typische Stadt mit alten Holzhäusern unter mit roten Ziegeln gedeckten Dächern, die jedoch langsam von der Industrie vereinnahmt wird. Sie liegt eingebettet in große Kokosnuß- und Cashew-Plantagen, deren Früchte in der Stadt verarbeitet werden. Für den Touristen ist Kollam Ausgangspunkt oder Endstation einer Backwaters-Fahrt, eines der stärksten Reiseerlebnisse, die Kerala zu bieten hat.

Alappuzha, Fischer am Strand

Alappuzha (Alleppey) 5 (S. 347), 64 km südlich Kochi, 265 000 Einw.

Erst im 18. Jh. zu einiger Bedeutung gelangt, ist Allappuzha heute der größte Binnenhafen der Backwaters. Die Stadt wird von Kanälen durchzogen, auf denen die Rohstoffe und Produkte der örtlichen Kokosindustrie transportiert werden. Die recht archaisch wirkenden Betriebe, in denen u. a. Fußmatten, Läufer und Seile hergestellt werden, kann man sich ansehen. Echte Sehenswürdigkeiten gibt es nicht, aber die Stadt hat durchaus ihre Reize. So stehen z. B. entlang dem breiten Kanal, der zum Leuchtturm führt, eine typisch englische Kirche und Kerala-Häuser im viktorianischen Stil des vorigen Jahrhunderts. Der breite Strand gehört ganz den Fischern, die in ihren Hütten in den Palmenhainen unmittelbar dahinter leben. (Schöne Atmosphäre am Spätnachmittag und am Abend.)

Das große Ereignis in Allappuzha ist das Onam-Fest mit dem Schlangenbootrennen um den Nehru-Cup am zweiten Samstag im August. Die Wettfahrten der von bis zu 100 Männern vorwärtsgepeitschten langen, schmalen und kunstvoll verzierten Boote locken jährlich viele Besucher an.

Kottayam 6 (S. 369) 72 km südöstlich von Kochi, 166 000 Einw.

Die angenehme Stadt liegt auf mehreren Hügeln am Fuße der Westlichen Ghats, östlich der Lagunenlandschaft zwischen Kochi und Kollam. Sie ist ein Zentrum der Christen und ihrer vielen verschiedenen Kirchen in Kerala, seit 1879 auch Sitz des römisch-katholischen Bischofs von Südkerala (Travancore und Kochi). In einem Dorf vor der Stadt, 5 km südwestlich vom Zentrum, stehen zwei alte Kirchen der syrischen Christen. Die im Laufe der Zeit mehrfach umgebaute und erweiterte Kirche **Valia Pallia** liegt auf einem Hügel und gewährt einen Blick auf viele weitere Kirchen im Palmenmeer der Umgebung. Im Inneren kann man interessante Relikte der Frühzeit entdecken: eine Granitplatte mit ›persischem Kreuz‹ und Inschriften, eine originelle Altarwand mit Malereien, eine schöne Holzdecke im Chor und Reste von Schnitzereien mit Tieren und Fabelwesen im Schiff.

Im Periyar-Wildschutzgebiet
Dort, wo der Pfeffer wächst

Die über dreistündige Anfahrt von Kottayam nach Thekkady (110 km) ist schon ein wichtiger Teil des Erlebnisses Periyar. Zuerst geht die Fahrt durch dichtbesiedeltes tropisches Hügelland mit Palmen, Bananen und Reisfeldern und ab und zu einer Kakao-Plantage. Anschließend fährt man eine Zeitlang fast nur durch Kautschuk-Plantagen; Kaffee- und die ersten Pfeffer- und Kardamom-Pflanzungen kommen dazu – und plötzlich sind die Hügel bis zum Horizont mit dunkelgrünen Teesträuchern bedeckt, dazwischen Teefabriken und Teepflückersiedlungen. Dann wird es kühl, und die Fahrt geht hinein in die Wolken – kurz vorm Ziel dann wieder Kaffee, Pfeffer, Kardamom.

Der Bus erreicht zuerst das Dorf Kumily, direkt an der Grenze zu Tamil Nadu, und fährt dann noch 5 km weiter bis zum Periyar-See. Auf halbem Wege passiert er beim Forest Checkpost das schöne Hotel *Ambadi,* dann das kleine Dorf **Thekkady** 7 und ca. 1,5 km vor dem See, mitten im Wald, *Periyar House*. Endstation ist das Hotel *Aranya Nivas* oberhalb des Sees, dicht beim *Wildlife Information Centre.*

Der **Periyar-See** ist Teil eines genialen Bewässerungsprojekts. 1889–1895 baute man am Fluß Periyar, der westwärts fließt und bei Cranganore ins Arabische Meer mündet, einen Damm, um einen Teil der überreichen Monsunfluten aufzuhalten. So entstand aus vielen Hochtälern der vielfach verzweigte Periyar-See mit 26 km² Wasserfläche. Durch einen 2 000 m langen Tunnel leitet man das Wasser in den Fluß Vaigai, der ostwärts fließt und die vom Monsun benachteiligten Trockengebiete im Süden Tamil Nadus bewässert.

Bereits 1934 wurde das waldreiche Gebiet um den See zum Wildschutzgebiet erklärt und dieses nach Erlangen der Unabhängigkeit auf 777 km² erweitert. Ein kleiner Teil davon, 50 km², kann von Touristen besucht werden.

Das **Schutzgebiet** liegt in den Kardamom-Bergen in Höhen zwischen 914 und 1828 m und ist bekannt für seine großen Elefantenherden (1000 Tiere). Außerdem beherbergt es Sambarhirsche, Gaurs, Munjaks, Wildschweine, Königsriesenhörnchen, Hanuman- und Nilgiri-Languren sowie Hutaffen. Von den Raubtieren werden die Tiger (45 Tiere) selten gesichtet, dafür gibt es viele Rudel Dekhan-Rothunde, die man vom Schiff aus bei der Jagd sehen kann. Von den 275 Vogelarten im Gebiet sieht man am See Kormorane und Schlangenhalsvögel, Seeadler und Eisvögel, im Wald u. a. viele Arten Greifvögel, Kuckucke, Spechte, Eulen, Tauben und Kleinvögel wie Fliegenschnäpper und Bachstelzen.

Das Wildlife Information Centre organisiert Fahrten mit Motorschiffen entlang der vielen Arme des weitverzweigten Sees. Aus dem Wasser ragen die

Pfeffer rankt empor an den Schattenbäumen einer Kaffeepflanzung

auf Farbtafeln und Fotos bekannter Fotografen sehen, was man gesehen – oder verpaßt hat.

Nur zu Fuß erreichbar liegt einsam in den Wäldern der westlichen Kardamom-Berge, noch innerhalb des Periyar-Schutzgebietes, der **Sabarimala-Tempel** 8, *das* Pilgerzentrum des Ayyapa-Kults. Jedes Jahr schlagen sich Millionen meist jüngerer Männer zur Mandala-Puja hierher durch. Während einer Vorbereitungszeit von 41 Tagen haben sie strenge religiöse Vorschriften zu beachten; sie tragen schwarze Lungis und Hemden. Im November/Dezember bestimmen sie damit im Süden vielerorts das Straßenbild.

Die kleine Hill Station Munnar 9 besitzt viktorianischen Charme. Sie liegt in 1524 m Höhe inmitten von Tee- und Kardamom-Plantagen und ist umgeben von den höchsten Gipfeln der Kardamom-Berge.

schwarzen Stämme der abgestorbenen Bäume. Die Tiere kommen zum Trinken ans Wasser, und da der Wald nicht bis an den See reicht, bekommt man sie auch tatsächlich zu sehen. Von den Elefantenherden weiß man gewöhnlich, wo sie sich aufhalten. Leider sind die Motoren der Boote sehr laut, so daß scheue Tiere frühzeitig verschreckt werden. Das Wildlife Information Centre hält auch Elefanten für Ausritte in den Dschungel bereit. In der Saison werden Wanderungen mit sachkundiger Führung angeboten. Außerdem kann man

In unmittelbarer Nachbarschaft steht die interessante Kirche **Cheria Pallia.** Auf die später vorgebaute Barockfassade führt ein gedeckter Gang zu, wie wir ihn bei den Hindu-Tempeln Keralas finden. Über dem Seiteneingang finden sich eigenartige Reliefs, z. T. verdeckt durch einen Holzvorbau mit schönen Schnitzereien im Giebel. Kottayam eignet sich gut als Ausgangspunkt für die abwechslungsreiche Busfahrt hinauf zum Periyar-Wildschutzgebiet.

Auf den Spuren von Vasco da Gama: Kochi und Ernakulam

Kochi (Cochin) ⑩ (S. 366) (64 km nördlich von Allappuzha, 1 141 000 Einw.) ist geschichtlich, geographisch und atmosphärisch die interessanteste Stadt an der ganzen Malabarküste. Die Anlage der Stadt ist etwas unübersichtlich, aber ausgesprochen reizvoll. Für den Besucher erweist sich das gut ausgebaute Fährbootnetz zwischen allen wichtigen Plätzen rund um den Hafen als äußerst nützlich.

Um 1500, als die Europäer begannen, in das Geschehen an der Malabarküste einzugreifen, gab es drei ernstzunehmende politische Mächte in der Region. Die Kolattiri-Rajas beherrschten die Exporthäfen im Norden (Cannanore), der mittlere Küstenbereich gehörte zum Reich des Zamorin von Calicut, und den Süden kontrollierten die Venad-Herrscher von Kollam aus.

Im Dezember 1500 landete Pedro Alvarez Cabral mit sechs Schiffen (mit 33 Schiffen und 1500 Mann war er in Lissabon gestartet) in Kochi und wurde vom Raja herzlich empfangen. Kochi war zu dieser Zeit ein politisch bedeutungsloser, ewig bedrohter Kleinstaat, was sich, so hoffte der Herrscher, mit Hilfe der Portugiesen ändern sollte. Und so gewährte er großzügig Handelsrechte und verkaufte den Fremden die begehrten Gewürze zu Vorzugspreisen. 1502 kam Vasco da Gama auf seiner zweiten Reise (mit 15 Schiffen und 800 Mann) nach Kochi, ein Jahr später Francisco d'Albuquerque. König Unni Rama Koil wurde zwar reich beschenkt, u. a. mit einer goldenen Krone, aber auch gezwungen, einen ersten Vertrag nach den Vorstellungen der habgierigen Fremden zu unterzeichnen. 1503 entstand mit Fort Manuel die erste europäische Festung auf indischem Boden.

1504 steckte der Zamorin von Calicut seine erste große Niederlage ein, und Kochi erlangte als Verbündeter der Portugiesen formal die angestrebte politische Stellung. 1505 wurde mit Francisco d'Almeida der erste Vizekönig für die portugiesischen Besitzungen in Indien eingesetzt; sein Nachfolger war der fähige, aber skrupellose und gefürchtete Alfonso de Albuquerque. 1524 kam Vasco da Gama als Vizekönig ein drittes Mal nach Indien und starb in Kochi 3 Monate nach seiner Ankunft.

Mitte des 17. Jh. wurden die Portugiesen an der Malabar-Küste von den Holländern vertrieben – und mit ihnen auch die Engländer, die in Kochi seit 1636 eine Niederlassung hatten. 1663 schloß der Raja von Cochin einen ersten Vertrag mit der holländischen Ostindien-Gesellschaft und unterstellte sich deren Schutz, aber bereits 1678 degradierte ihn ein weiterer Vertrag zur machtlosen Repräsentationsfigur, und die Holländer regieren nun direkt mit Hilfe einheimischer Ministerpräsidenten.

Von 1790–1805 regierte mit Saktan Tampuram ein ausgesprochen fähiger Herrscher den Staat. Er brach, wie vor ihm Marthanda Varma in Travancore, die Macht des Feudaladels, beschnitt die Rechte der Tempel-Brahmanen, bekämpfte die lateinischen (katholischen) Christen und schuf eine straffe Verwaltung. 1791 willigte der Raja in einen Vasallenstatus gegenüber den Briten und eine jährliche Tributzahlung ein, und 1800 wurde der Cochin-Staat der politi-

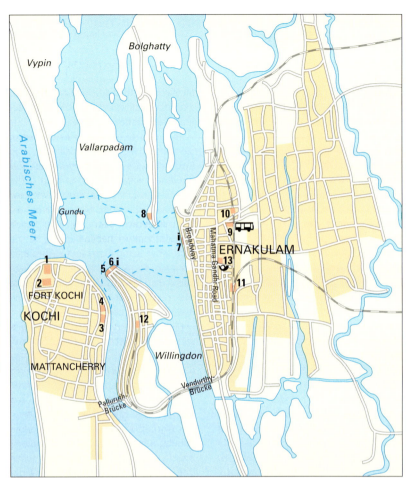

Kochi und Ernakulam 1 St. Francis-Kirche 2 Kathedrale Santa Cruz 3 Mattancherry-Palast 4 Judenstadt und Synagoge 5 Malabar-Hotel 6 ITDC Tourist Office 7 KTDC Tourist Office 8 Bolghatty-Palast 9 Busbahnhof 10 Bahnhof {Stadt} 11 Ernakulam Junction 12 Bahnhofterminus Kochi/Hafen 13 Hauptpostamt

schen Kontrolle der Regierung in Madras unterstellt.

Für **Kochi Fort**, den Stadtteil, wo einst Fort Manuel stand, sollte man sich Zeit lassen. Am Ufer sieht man eine ganze Reihe von mächtigen Holzkonstruktionen, an denen, von schweren

Steinen als Gegengewicht ausbalanciert, große viereckige Netze ins Wasser gesenkt und nach einigen Minuten wieder nach oben geholt werden. Chinesische Fischer, die mit Kaufleuten vom Hofe des Kublai Khan Anfang des 13. Jh. hierherkamen, brachten diese spezielle

Art des Fischens mit. Hinter dem Strand stehen unter riesigen alten Bäumen Häuser aus holländischer und englischer Zeit; hübsch ist das gut gepflegte Haus des holländischen Hafenkommandanten.

Die **St. Francis-Kirche**, die älteste Kirche nach europäischer Bauart auf indischem Boden, wurde von Franziskaner-Mönchen, die mit Pedro Alvarez Cabral hierher gekommen waren, zuerst in Holz und später größer in Stein erbaut. 1524 wurde Vasco da Gama in dieser Kirche begraben, vierzehn Jahre später überführte man seine Gebeine nach Belem in Portugal, der schlichte Grabstein ist in der Kirche noch zu sehen. In dem einfachen Bau mit der schönen Fassade stehen viele interessante Grabsteine aus portugiesischer und holländischer Zeit. Man beachte auch die ›Punkha‹ genannte Frühform des ›Fan‹, des heute unverzichtbaren Deckenventilators: geflochtene Matten, die an einem Gestänge von der Decke hängen und über Seile von außerhalb der Kirche bewegt werden.

Der **Mattancherry-Palast** wurde 1555 von den Portugiesen errichtet und dem Raja Vira Kerala Varma (1537–1565) geschenkt. Es handelt sich um einen schlichten zweistöckigen Bau mit quadratischem Grundriß. Über eine Treppe im Süden gelangt man in einen Vorraum und von da in den Krönungssaal mit schön geschnitzter Decke, Porträts der späteren Cochin-Rajas, Kleidungsstücken und Turbanen. Links davon zeigt das Schlafgemach des Rajas Wandmalereien des 16./17. Jh., hauptsächlich Szenen aus dem Ramayana. In anderen Räumen stammen die Wandmalereien aus dem 17. bis 19. Jh. Der Palast, im 17. Jh. von den Holländern gründlich renoviert, heißt seitdem auch ›Dutch Palace‹.

Nach Süden schließt sich an das Palastgelände die **Judenstadt** mit der **Synagoge** der ›weißen Juden‹ von 1567 an. Die Juden, die von Cranganore hierher gekommen waren, erfreuten sich der Gunst des Rajas, wurden aber von den Portugiesen verfolgt; 1662 zerstörten sie die Synagoge. Zwei Jahre später – die Holländer herrschten inzwischen in Cochin – wurde sie wieder aufgebaut. In dem äußerlich schlichten Bau wurde der Boden mit handgemalten chinesischen Fliesen ausgelegt, die der Kaufmann Ezekiel Rahabi Mitte des 18. Jh. aus Kanton mitgebracht hatte; er baute auch den Glockenturm nebenan.

In einem schmalen Raum des Hauses vor der Synagoge zeigt eine Serie naiver Bilder die Geschichte der Juden in Indien bis zu ihrer Ansiedlung in Mattancherry. So auch die Episode vom Kaufmann Joseph Rabban, der um das Jahr 1000 vom König mit einem Dorf bei Cranganore und diversen Privilegien ausgestattet wurde und dort wie ein kleiner König herrschte. Die Schenkungsurkunde Bhaskara Ravi Varmans (962–1020), in Kupfertafeln eingeschnitten, wird in der Synagoge aufbewahrt. Von der Synagoge der ›schwarzen Juden‹, die lange vor den anderen in Indien siedelten, ist nur eine Inschriftentafel erhalten, die im Hofe der Mattancherry-Synagoge in eine Wand eingelassen ist. Der größte Teil der indischen Juden wanderte nach der Gründung des Staates Israel aus. Heute leben hier kaum noch 50 meist ältere Juden.

Mattancherry ist ein Zentrum des Gewürzhandels. Allenthalben steigen dem Besucher bei einem Spaziergang durch die engen Gassen Duftwolken von Pfeffer, Kardamom, Zimt und Nelken in die Nase; in Mattancherry kann man verfolgen, wie Gewürze verlesen, sortiert und verpackt werden.

Die Insel **Willingdon Island** wurde zu ihrer heutigen Form aufgeschüttet, als 1932 der Hafen vergrößert und ausgebaggert wurde. Im Süden liegen der Flughafen und Anlagen der Marine, an der Ostseite Dockanlagen und nördlich vom Hafenbahnhof Lagerhallen, u. a. für Tee und Gewürze, Büros von Frachtgesellschaften, Hafenbehörden und Zollbüros. Dieser Teil der Insel hat einen gewissen Charme. Seine wenigen, aber guten Hotels liegen ruhig und gleich nahe zu Kochi Fort und Ernakulam.

Ernakulam ist die modernste Stadt Keralas, lebendig und nicht ohne Reiz. Leider hat man in letzter Zeit einige Protzbauten an die Wasserfront gestellt. Das kommerzielle Zentrum der Stadt befindet sich zwischen der Gandhi Road und den ufernahen Straßen Shanmugham Road und Broadway. Ein schöner Park zieht sich die Hafenfront entlang.

In Ernakulam gibt es die Möglichkeit, Kathakali-Aufführungen, die für Kerala typische Form des Tanztheaters, zu besuchen; man sollte jedoch seine Erwartungen nicht zu hoch schrauben. Die Vorstellungen der ›See India Foundation‹, einer ehemals (unter anderem Namen) vorzüglichen Truppe, sind zur

Mattancherry, Palast-Tempel u. Synagoge

flachen Touristen-Show verkommen, und unter dem hochtrabenden Namen eines ›Cochin Cultural Centre‹ wird eine wahrhaft ärmliche Vorstellung geboten.

An der Südspitze der langgestreckten parallel zum Festland verlaufenden Insel **Bolghatty Island** liegt in einem Park mit alten Bäumen und einem Golfplatz der **Bolghatty-Palast**. Die Holländer errichteten ihn 1744, später nahm der britische Resident in Cochin hier seinen Sitz, heute beherbergt der Palast ein Hotel. Man erreicht die Insel mit einer Fähre vom Highcourt Jetty aus.

Auf der kleinen Insel **Gundu Island** verarbeitet eine Kooperative Kokosfasern zu Fußmatten. Man kann den Leuten bei ihrer schweren Arbeit in der staubigen Luft dunkler Räume und an primitiven Webstühlen und Knüpfrahmen zusehen. Die robusten Matten in unterschiedlichem Design sind überwiegend für den Export bestimmt. Von Bushaltestelle und Fährboot-Jetty an der Südspitze Vypins geht man zwei Busstationen auf der Hauptstraße nordwärts und dann nach rechts zum Ufer; kleine Fährboote setzen den Besucher über .

11 Cranganore (Kodungallore), 33 km nördlich von Kochi.

Muziris, so der alte Name, war einst der wichtigste Hafen Indiens. Nahe der Stadt, von deren sagenhaftem Reichtum Plinius berichtet, stand ein Augustustempel, und eine 1200-Mann-Garnison schützte die römischen Handelsinteressen. 52 n. Chr. landete hier der Apostel Thomas und baute die erste Kirche. An ihrer Stelle erhebt sich heute eine moderne syrisch-katholische Kirche. Die angeblich älteste Moschee Indiens ist ein recht einfacher Bau. Gegenüber der Stadt an der Nordspitze von Vypin Island liegt das alte portugiesische Fort Pallipuram.

Entlang der Küste nach Norden

Die bewegte Geschichte der Küste Nordkeralas hat vergleichsweise wenige Spuren hinterlassen. Reizvoll sind hier die von moslemischen Traditionen geprägten Städte und die tropischen Landschaften. Die sehenswerten Orte liegen fast alle an der Bahnstrecke Thiruvananthapuram – Mangalore bzw. sind über den verkehrsreichen NH 17, der meist einige Kilometer hinter der Küste entlangführt, erreichbar.

Trichur

12 (S. 400) 75 km nördlich von Kochi, Distrikthauptstadt.

Die Stadt ist um einen Hügel erbaut, auf dem der wichtige **Vadakkunatha-Tempel** aus dem 12. Jh. steht. Nicht-Hindus können nur die vier Gopurams mit den für Kerala typischen schrägen Giebeldächern betrachten und vom oberen Stockwerk der Tempelverwaltung, neben dem großen West-Gopuram, einen Blick auf das Tempelgelände werfen. Im **Archäologischen Museum** sind außer Kopien von Wandmalereien des Tempels und des Mattancherry-Palastes in Kochi Funde der zahlreichen Megalithkulturstätten der Umgebung, römische Fundstücke sowie schöne Holzskulpturen und Bronzen zu sehen. Nebenan liegen die **Gemäldegalerie** und der **Zoo**. Der große Platz vor dem Tempel ist im April/Mai Hauptschauplatz des Pooram-Festes, eines der prächtigsten Feste Keralas.

Ponnani

13 100 km nördlich Kochi.

Die Stadt ist das religiöse Zentrum der Mappilas (Moplas), der Moslems der Malabarküste und Sitz ihres geistigen Oberhauptes, des Makhdum Tangal. Sie besitzt etwa 30 meist sehr schlichte Moscheen, von denen die **Jumi Masjid** ihrer Größe und integrierter hinduistischer Bauelemente wegen sehenswert ist.

Kozhikode (Calicut)

14 (S. 371) 190 km nördlich Kochi, Distrikthauptstadt, 802 000 Einw.

Am 20. Mai 1498 erreichte Vasco da Gama nach einer Reise von zehn Monaten und zwei Tagen 10 km nördlich von Calicut, bei dem Dorf Kappad, die Küste Indiens. Calicut war zu der Zeit bereits mehr als 200 Jahre lang eine wichtige Hafen- und Handelsstadt. Seine Herrscher wurden bekannt unter dem Namen ›Samuri‹, woraus die Europäer ›Zamorin‹ machten. Die anfänglich freundlichen Beziehungen wandelten sich schnell in bittere Feindschaft. Cabral, der zwei Jahre später arabische Schiffe im Hafen gekapert und ihre Mannschaften massakrieren lassen hatte, verlor die Hälfte seiner Leute, und die gerade errichtete Faktorei ging in Flammen auf. Vasco da Gama stellte 1502 auf seiner zweiten Reise ein unerfüllbares Ultimatum und bombardierte die Stadt. 1513 erzwang man den Bau einer Festung. Die Holländer erlangten 1604, die Briten 1615 Handelsrechte in Calicut. 1695 wurde der Hafen von dem englischen Seeräuber Kapitän Kidd geplündert und verwüstet. Als Haidar Ali 1766 auf seinem ersten Eroberungszug durch Kerala der Stadt unannehmbare Forderungen stellte, verbrannte sich der Zamorin mitsamt seinem Palast. 1789 diente das zerstörte Calicut Tipu Sultan als Steinbruch für seine neue Hauptstadt Farrukhabad, die ›Glücksstadt‹.

Bei dieser Geschichte ist es kein Wunder, daß in der Stadt nicht viel zu sehen ist. Die unbedeutenden Tempel und Moscheen stammen aus dem 19. Jh., die Engländer bauten die Strandpromenade. In den Docks der Stadt und dem weiter südlichen gelegenen **Beypore** werden noch heute nach alten Plänen für arabische Kunden Daus gebaut. Diese Schiffe, die man häufig vor der Küste sieht, segeln wie vor 1000 Jahren mit den Passatwinden zwischen Arabien und Indien.

Mahé

15 61 km nördlich Kozhikode.

Das Städtchen, schön gelegen auf einem Hügel über dem Fluß, war die einzige französische Eroberung (1725) an der indischen Westküste. Heute gehören die 7 km^2 (!) zu Pondicherry. Sehenswert ist die schlichte Avila-Kirche.

Tellicherry

16 (S. 397) 67 km nördlich von Kozhikode, 21 km südlich von Kannur.

Die Stadt, lange Zeit eine britische Besitzung, ist eine alte Moplah-Siedlung mit traditionellen Häusern und einem orientalisch wirkenden Basar. Der natürliche Hafen dient dem Export der Produkte des Hinterlandes: Tee, Kaffee und Gewürze vom Wynad-Plateau und aus Coorg.

Sultan's Battery (Ganapati Vattam)

17 (S. 396) 103 km nordöstlich von Kozhikode, 109 km südwestlich von Mysore.

Die Hill Station liegt ca. 1000 m hoch inmitten des 344 km^2 großen Wildschutzgebietes von Wynad, das an die Wildschutzgebiete Mudumalai (Tamil Nadu) und Bandipur (Karnataka) angrenzt.

Kannur (Cannanore)

18 (S. 365) 88 km nördlich von Calicut, Distrikthauptstadt, 464 000 Einw.

Cannanore war der Hafen der Kolathiri Rajas, Rivalen des Zamorin im Norden Keralas. 1505 errichteten die Portugiesen das Fort S. Angelo, aus dem sie 1663 mit Hilfe des Ali Raja von den Holländern wieder vertrieben wurden. Der Ali Raja, Oberhaupt der Moplahs, war Herrscher über die Stadt und ihre Umgebung (sowie bis 1911 auch über die Inselgruppe der Lakkediven). Später war das Fort die wichtigste Militärbasis der Briten an der südlichen Küste.

Die Festung auf einer Felsnase im Nordwesten der Stadt ist einen Besuch wert und bietet einen herrlichen Blick über das Meer und die Altstadt am Ende der weiten Bucht, wo einige Moscheen, die Häuser der reichen Moplahs und der ehemalige Palast des Ali Raja sehenswert sind.

Eindrucksvoll ist die Fahrt von Kannur auf der wenig befahrenen Ghat-Straße durch prächtige Wälder hinauf nach Madikeri.

Bekal

19 Die größte und besterhaltene Festung Keralas, erbaut von den Maharajas, liegt 71 km nördlich Kannur.

Verzeichnis der Fachbegriffe – Glossar

Abhaya-Mudra	Geste der Schutzgewährung
Acarya	Lehrer
Agni	Vedischer Gott des Feuers, → Dikpalas
Alvar	Vishnuitischer Heiliger
Amalaka/Kalasha	Geriffelte Abschlußkuppel mit Spitze auf dem nordindischen Tempelturm, → Shikhara
Amman	Südindische Muttergottheit
Andhakasura-Murti	Darstellung der Tötung des Dämons Andhaka durch Shiva
Antarala	Bedecktes Vestibül zwischen → Ardha- und → Maha-Mandapa
Apsara	Himmlische Nymphe
Ardha-Mandapa	Halbe Halle in Verbindung mit den Grundmauern des Turmaufbaus
Ardhanarishvara	Shiva halb Mann, halb Frau
Arjuna	Held aus dem Geschlecht der Pandavas, → Mahabharata
Aryas/Arier	Frühgeschichtlicher Volksstamm, der über den Nordwesten nach Indien einwanderte
Asana	Sitzhaltung
Ashram	Wohn- und Wirkungsstätte einer religiösen Gemeinschaft, meist um einen → Guru herum
Asuras	Dämonen, Feinde der Götter
Avalokiteshvara	Wichtigster der → Bodhisattvas; Verkörperung der Barmherzigkeit
Avatara	Erscheinungsformen (10) → Vishnus: 1. Schildkröte (Kurma), 2. Fisch (Matsya), 3. Eber (Varaha), 4. Mann-Löwe (Narasimha), 5. Zwerg (Vamana/Trivikrama), 6. Parashurama, 7. → Rama, 8. → Krishna, 9. → Buddha, 10. Kalkin
Bagh	Park, Garten
Bahmanis	Dynastie auf dem Dekhan
Bahubali	Jainistischer Heiliger; auch: Gommateshvara, Gomnata
Balakrishna	→ Krishna als Kleinkind
Balarama	Bruder von → Krishna
Baoli	Stufenbrunnen
Basadi/Basti	Jaina-Tempel
Bhagavadgita	Philosophisches Gedicht innerhalb des → Mahabharata
Bhagavata Mela	Tanztheater, dem → Bharata-Natyam zugeordnet
Bhairava	Furchterregende Form Shivas
Bhakti	Gottesliebe, Verschmelzung des Gläubigen mit der Gottheit
Bharata Natyam	Klassischer südindischer Tanz
Bhikshatana-Murti	Shiva als Bettelmönch
Bidri-Arbeiten	Silbereinlegearbeit in geschwärztes Metall
Bodhisattva	Erleuchteter; potentieller Buddha, der anderen den Weg zur Erleuchtung weist
Brahma	Hinduistischer Gott, Weltenschöpfer

Buddha	Religionsstifter Gautama nach der Erleuchtung; später selbst zum Gott geworden
Buddha Amitabha	Buddha des westlichen Paradieses
Burj	Bastion in der Festungsmauer
Chakra	Wurfscheibe, Attribut von Vishnu; Rad als Symbol für die Lehre Buddhas
Camunda	Furchterregender Aspekt der → Devi (Parvati), → Sapta-Matrikas
Cantonment	Aus den Wohnsiedlungen der Briten hervorgegangener Stadtteil
Cella	Allerheiligstes eines Sakralbaus
Chaitya-Halle	Bauform früher buddhistischer Klosteranlagen: Versammlungshalle der Gläubigen
Chalukyas	Südindische Dynastien auf dem Dekhan
Chatri	Grabstätte in Form eines Pavillons
Chattra	Schirm, auch Insignium der Königswürde
Cheras	Dynastie im Südwesten von Süd-Indien
Chini	Von ›China‹, glasierte Ziegel
Cholas	Dynastie im südlichen Süd-Indien
Dakshina-Murti	Shiva als großer Lehrer
Dargah	Grabschrein eines moslemischen Heiligen
Darwaza	Tür/Tor
Dau	Arabisches Segelboot
Devadasi	Tempeltänzerin
Devi	Göttin, auch Name von → Parvati, der Gemahlin → Shivas
Dharma	Recht, Lehre, Pflicht
Dharma-Chakra	Rad der Lehre Buddhas
Dharmashala	Pilgerunterkunft
Digambaras	Die ›Luftbekleideten‹, Jaina-Sekte
Dikpalas	Weltenhüter, Wächter der acht Himmelsrichtungen/Reittier: Osten: Indra/Elefant; Südosten: Agni/Widder; Süden: Yama/Büffel; Südwesten: Nritta/Mensch; Westen: Varuna/Makara; Nordwesten: Vayu/Antilope; Norden: Kubera/Pferd; Nordosten: Ishana/Stier
Doab	Fruchtbare Niederung zwischen zwei Flüssen
Dormitory	Schlafsaal, Gemeinschaftsunterkunft
Dravidas	Ureinwohner Süd-Indiens
Dravida-Baustil	Südindischer Baustil
Durga	Hochverehrte heldenhafte Form der → Devi
Dvarapala	Türhüter, zu beiden Seiten des Tempeleingangs stehend
Gaja	Elefant
Gajalakshmi	→ Lakshmi, flankiert von zwei Elefanten, die Wasser über sie ausgießen; Glückssymbol
Gajendra-Moksha	→ Vishnu als Erretter eines von einem Krokodil attackierten Elefanten
Ganas	Zwerge im Gefolge Shivas
Gandharvas	Fliegende Himmelswesen

Ganesha/Ganapati	Elefantenköpfige, vielverehrte Volksgottheit
Gangadhara	→ Shiva, der die Wasserfluten des Ganges – symbolisiert durch die Flußgöttin Ganga – in seinen Haarsträhnen auffängt
Ganga und Yamuna	Flußgöttinnen, häufig links und rechts am Eingang eines Tempels dargestellt
Garbha-Griha	Kultzelle, das Allerheiligste eines Sakralbaus
Garh	Festung
Garuda	Sonnenadler, Reittier Vishnus
Gaur	Indisches Wildrind
Ghat	Treppenanlage an einem Fluß oder Teich; Geländestufe, Gebirge
Gommata/ Gommateshvara	Jainistischer Heiliger; auch → Bahubali
Gopis	Kuhhirtinnen, Verehrerinnen von → Krishna
Gopuram	Torturm südindischer Tempel
Govardhana-dhara	Form Krishnas, wie er den Berg Govardhana über sich und die Hirten hält
Guptas	Bedeutende Dynastie in Nord-Indien (4.–6. Jh.)
Guru	Lehrer
Hamsa	Wildgans, Reittier von → Brahma/Brahmi
Hanuman	Anführer der Affen im → Ramayana; eine vielverehrte Volksgottheit
Harihara	→ Shiva und → Vishnu in einer Gestalt
Harijan	nach Ghandi: ›Kinder Gottes‹, d. h. Kastenlose
Haveli	Stadtpalast
Hinayana-Buddhismus	›Kleines Fahrzeug‹, frühe buddhistische Lehre
Hoyshalas	Südindische Dynastie
Indra	Vedischer Himmelsgott und Götterkönig, → Dikpalas
Isha/Ishvara	Herr, → Shiva
Ishana	Form → Shivas als Weltenhüter, → Dikpalas
Jali	Durchbrochenes Steinwerk, z. B. in Fenstern
Jatakas	Erzählungen aus früheren Leben des → Buddha
Juma Masjid	Freitagsmoschee, Große Moschee
Jyotir-Linga	Eins von zwölf besonders heiligen → Lingas
Kailasha	Götterberg im Himalaya, Wohnsitz → Shivas
Kakatiyas	Dynastie auf dem östlichen Dekhan
Kali	Göttin, furchterregende Form der → Durga
Kalyana-Mandapa	Hochzeitspavillon
Kalayana-Sundara-Murti	Darstellung der Hochzeit → Shivas mit → Parvati
Karma	›Taten‹ des Menschen mit Auswirkungen auf seine Wiedergeburt
Karttikeya	Kriegsgott
Kathakali	Klassisches Tanzdrama
Kauravas	Gegner der fünf → Pandavas aus dem → Mahabharata

Khana	Haus, Gebäude
Khandoba	Volksgott in Maharashtra
Kinnara	Vogelmenschen, geflügelte Himmelsmusikanten
Kirti-Mukha	›Gesicht des Ruhms‹, grimmig blickende Maske, Dekor über Götterdarstellungen, Türen etc.
Konda	Hügel (= Malai)
Kothi	Haus, kleiner Palast
Krishna	Beliebtester indischer Gott, 8. Avatar von → Vishnu
Kubera	Gott des Reichtums und Hüter der irdischen Schätze, → Dikpalas
Kudu	Kleine, hufeisenförmige ›Fenster‹, Dekor z. B. auf dem Kranzgesims
Kudu-Fenster	Hufeisenförmiger Fensterbogen
Kumari	Göttin, eine der Sieben Muttergottheiten, → Sapta-Matrikas
Lakh	100 000
Lakshmana	Halbbruder von → Rama
Lakshmi	Göttin des Glücks und des Wohlstands, Gemahlin → Vishnus
Lambadis	Nomadisierender Volksstamm, Zentralindien
Linga	Kultsymbol von → Shiva in phallischer Form
Madrasa	Islamische Bildungsstätte, Koranschule
Maha	Groß
Mahabharata	Großes indisches Heldenepos
Mahadeva	Großer Gott, Name → Shivas
Maha-Mandapa	Große Halle, Haupthalle
Maharaja	König
Mahavira	Der 24. und letzte → Tirthankara
Mahayana-Buddhismus	›Großes Fahrzeug‹, buddhistische Lehre ab ca. 3 Jh.
Mahesha/ Maheshvara	Dreigesichtiger → Shiva, dargestellt als Erzeuger, Erhalter und Zerstörer
Mahut	Elefantenführer
Maidan	Großer Platz
Makara	Krokodilähnliche Fabelwesen; Seeungeheuer mit buschigem Schwanz
Makara-Torana	Bogen über Tür oder Fenster, der an beiden Seiten dem Maul eines → Makara entspringt
Malai	Hügel (= Konda)
Manastambha	Säule mit Pavillon darauf, vor Jaina-Tempeln
Mandapa	Offene/geschlossene, pfeilergestützte Halle
Mandir	Tempel
Manjusri	→ Bodhisattva der Weisheit
Manuelinischer Stil	Stil portugiesischer Kirchen und Paläste mit exotischen Elementen, benannt nach König Emanuel I. (1495–1521)
Marathen	Dynastie auf dem westlichen Dekhan
Masjid	Moschee
Matsya-Chakra	Fisch-Rad, Architekturdetail in hinduistischen Sakralbauten

Mihrab	Gebetsnische der Moschee, nach Mekka ausgerichtet
Minar	Turm
Minbar	Predigtkanzel in der Moschee
Mithuna-Paar	Liebespaar
Moplas	Moslems im nördlichen Kerala
Mudra	Haltungen der Hände und Finger, die eine bestimmte Bedeutung haben
Mukha-Mandapa	Vorhalle, Eingangshalle
Nadir	Gegenpol zum Zenith
Naga	Schlange; Attribut → Shivas
Nagaraja	Schlangenkönig
Nandi	Reittier von → Shiva
Nataraj	→ Shiva als König des Tanzes
Natyashastra	Altes indisches Lehrbuch der schönen Künste
Navagraha	Neun Gestirnsgötter: Sonnengott Surya, Mondgott Chandra/Soma und die Planetengötter: Der weise Buddha/Merkur, der freundliche Dämonenlehrer Shukra/Venus, der kriegerische Mangala/Mars, der Götterlehrer Brihaspati/Jupiter, der unheilvolle Shani/Saturn sowie Rahu und Ketu
Nawab/Nabob	Moslemischer Provinzgouverneur, Fürst
Nayak	Militärgouverneure im Vijayanagar-Reich, später selbständiger Herrscher
Nidhis	Padma (Lotus)- und Shankha (Muschel)-Nidhi; Glücksbringer im Gefolge des Reichtumsgottes → Kubera; dickbäuchige Zwerge, links und rechts am Eingang zu Sakralbauten
Nimrod	Babylonischer Gott, leidenschaftlicher Jäger
Nirvana	›Erlöschen‹ (Sanskrit), von Buddhisten erstrebter Zustand nach dem Ausscheiden aus dem Kreislauf der Wiedergeburten
Nizam	Titel des Herrschers von Hyderabad
Nritta	Gott der Zerstörung und des Todes, → Dikpalas
Padma	Lotus
Pallavas	Dynastie im südöstlichen Süd-Indien
Pandavas	Die fünf Söhne des Pandu im → Mahabharata, Gegner der → Kauravas
Pandyas	Dynastie im mittleren Teil von Süd-Indien
Parshvanatha	Der 23. → Tirthankara
Parvati	Gattin von → Shiva, auch → Durga, → Uma, → Kali genannt
Plinthe	Quadratische oder rechteckige Platte, auf der die Basis einer Säule oder eines Pfeilers ruht
Pradaksinapatha	Umwandlungspfad um die Kultzelle eines Tempels oder Felsentempels
Prakara	Umfassungsmauer eines Tempels
Puja	Verehrung; Opferrituale für eine Gottheit: Darbringen von Gebeten, Blumen, Wasser etc.
Pujari	Opferpriester, der das Ritual ausführt
Raja	König

Rajagopuram	Wichtigster (größter) Torturm einer südindischen Tempelanlage
Rakshasa	Dämonen
Rama	Held des → Ramayana, 7. Avatar → Vishnus
Ramayana	Großes indisches Heldenepos
Rashtrakutas	Südindische Dynastie auf dem Dekhan
Ratha	Tempelwagen
Rauza	Grab
Ravana	Dämon und König von Lanka im → Ramayana
Rishi	Weiser, Heiliger
Rudra	Vedischer Gott, Vorform von → Shiva
Sadhu	Heiliger
Sagar	See
Sanktum	Das Allerheiligste eines Kultbaus
Sapta-Matrikas	Sieben Muttergottheiten mit ihren Reittieren: Brahmi/Gans; Maheshvari/Stier; Kaumari/Pfau; Vaishnavi/Garuda; Varahi/Eber; Indrani/Elefant; Camunda/Hund; zwischen → Shiva und → Ganesha
Sarasvati	Göttin der Gelehrsamkeit und der schönsten Künste, Gemahlin → Brahmas
Sari	Klassische indische Frauenkleidung
Satavahanas	Dynastie auf dem Dekhan
Sepoy	Indischer Soldat in der britisch-indischen Armee
Shaiva	Anhänger → Shivas
Shakti	Weibliche Energie eines Gottes, personifiziert als dessen Gemahlin
Shikhara	Nordindischer Tempelturm
Shikhara und Stupi	Krönende Abschlußkuppel in Form einer Faltkuppel mit Spitze auf dem südindischen Tempelturm → Vimana
Shiva	Hinduistischer Gott: der Zerstörer
Shri/Sri	Glück, Wachstum; Ehrerbietungsbezeichnung; Bezeichnung für → Lakshmi
Sita	Gattin → Ramas
Skanda	Jugendliche Form des → Karttikeya
Stambha	Säule
Stupa	Zentrales buddhistisches Kultobjekt, anikonische Verehrung des Gautama Buddha
Sudarshana	›Schöne Erscheinung‹
Surya	Sonnengott
Svetambaras	Die ›Weißgekleideten‹, Jaina-Sekte
Swami	Herr, Verehrungswürdiger, Heiliger
Tank	Tempelteich
Tantrayana-Buddhismus	›Buddhismus der Tantra-Texte‹, späte Form des Buddhismus, verbreitet im Himalaya und in Tibet
Tantrismus	Esoterische Ganzheits- und Rituallehre vorarisch-altindischen Ursprungs

Tara	Buddhistische Göttin
Tirthankara	›Furtbereiter‹ der Jainas
Tonga	Zweirädrige Pferdedroschke
Torana	Tor
Traufdach	Überkragendes Dach, von → Konsolen gestützt
Traufe	Untere waagerechte Begrenzung eines Daches
Trimurti	Dreigestalt der höchsten indischen Götter: → Brahma, → Vishnu und → Shiva als Schöpfer, Erhalter und Zerstörer
Trommel	Zylinderförmiger Unterbau am → Stupa
Uma	Gemahlin → Shivas
Vahana	Gefährt, Reittier
Vaishnava	Anhänger → Vishnus
Vajra	›Donnerkeil‹, Waffe → Indras, Kultobjekt
Vajrapani	→ Bodhisattva mit dem Donnerkeil
Vajrayana-Buddhismus	›Diamantenes Fahrzeug‹, im Himalaya und in Tibet verbreitet
Vakatakas	Dynastie auf dem Dekhan
Varada-Mudra	Geste der Wunschgewährung
Varuna	Vedischer Himmelsgott, → Dikpalas
Vayu	Vedischer Gott des Windes, → Dikpalas
Vihara	Bauform innerhalb einer buddhistischen Klosteranlage: Wohnstätte der Mönche
Vijayanagar	Südindische Dynastien
Vimana	Südindischer Tempelturm
Vina	Indische Laute, Bogenharfe
Vira	Held
Vishnu	Hinduistischer Gott: der Erhalter
Vithoba/Vitthala	Form → Vishnus; populär in Maharashtra
Vyala	→ Yali
Wada/Raj Wada	Palast/Fürstenpalast
Yadavas	Dynastie auf dem westlichen Dekhan
Yaksha/Yakshi	Männliche und weibliche Baumgötter
Yali/Vyala	Raubtierähnliches Fabeltier als dekoratives Element an Tempeln
Yama	Gott des Todes oder der Zeit, → Dikpalas
Yamuna	Flußgöttin, → Ganga
Yantra	Magisches Zeichen und Diagramm
Yoga	Umfassendes geistiges und körperliches Schulungssystem zur Bewußtseinserweiterung
Yogishvara	→ Shiva als Asket
Yoni	Weibliche Entsprechung zu → Linga
Yuvaraja	Thronfolger
Zenana	Abgeschlossener Bereich der Frauen im Palast

Kerala, auf den Backwaters unterwegs nach Kottayam ▷

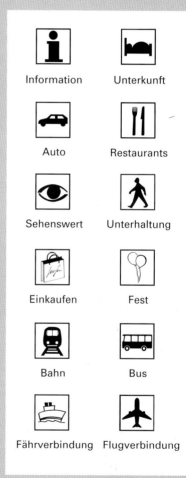

Information   Unterkunft

Auto   Restaurants

Sehenswert   Unterhaltung

Einkaufen   Fest

Bahn   Bus

Fährverbindung   Flugverbindung

Serviceteil

Serviceteil

So nutzen Sie den Serviceteil richtig

▼ Das erste Kapitel, **Adressen und Tips von Ort zu Ort**, listet die im Reiseteil beschriebenen Orte in alphabetischer Reihenfolge auf. Zu jedem Ort finden Sie hier Empfehlungen für Unterkünfte und Restaurants sowie Hinweise zu den Öffnungszeiten von Museen und anderen Sehenswürdigkeiten, zu Festen, Unterhaltungsangeboten etc. Piktogramme helfen Ihnen bei der raschen Orientierung.

▼ Die **Reiseinformationen von A bis Z** bieten von A wie ›Anreise‹ bis Z wie ›Zeitungen‹ eine Fülle an nützlichen Hinweisen – Antworten auf Fragen, die sich vor und während der Reise stellen.

Bitte schreiben Sie uns, wenn sich etwas geändert hat!
Alle in diesem Buch enthaltenen Angaben wurden von den Autoren nach bestem Wissen erstellt und von ihnen und dem Verlag mit größtmöglicher Sorgfalt überprüft. Gleichwohl sind – wie wir im Sinne des Produkthaftungsrechts betonen müssen – inhaltliche Fehler nicht vollständig auszuschließen. Daher erfolgen die Angaben ohne jegliche Verpflichtung oder Garantie des Verlages oder der Autoren. Beide übernehmen keinerlei Verantwortung und Haftung für etwaige inhaltliche Unstimmigkeiten. Wir bitten daher um Verständnis und werden Korrekturhinweise gerne aufgreifen:
DuMont Buchverlag, Mittelstraße 12–14, 50672 Köln.

Inhalt

Fremde Kulturen kennenlernen und gastfreundlichen Menschen begegnen – wie sehr genießen wir das auf Reisen. Zu Hause bei uns jedoch wird mancher Ausländer von einer kleinen Minderheit beschimpft und sogar mißhandelt. Alle, die in fremden Ländern Gastrecht genossen haben, tragen hier besondere Verantwortung. Deshalb: Lassen Sie uns gemeinsam für die Würde des Menschen einstehen.

    Verlagsleitung, Mitarbeiterinnen und Mitarbeiter des DuMont Buchverlages

Adressen und Tips von Ort zu Ort

Vorwahl für Indien: ✆ 00 91

Hotelklassifizierung

Offiziell – im *Hotel and Restaurant Guide India* – können die Hotels sich um eine Einordnung in fünf Kategorien bemühen, aber leider sind längst nicht alle Hotels (besonders im mittleren und unteren Bereich) erfaßt: ***** Luxus-Kategorie, **** 1A-Kategorie, *** 1B-Kategorie, ** 2. Kategorie, * *Tourist Hotels* einfacher Art.
Wir unterscheiden vier Kategorien:
L: Luxushotels (meistens die Häuser der internationalen und indischen Hotelketten mit zentraler Buchung, wie *Sheraton-Oberoi, Taj-* und *Welcome-*Gruppe)
A: Sehr gute Hotels.
B: Mittelklassehotels im weitesten Sinne: von guten Hotels europäischen Standards in den Städten bis zu staatlichen Einrichtungen in guter Lage, aber u. U. mit eingeschränktem Komfort.
C: Einfache Hotels, die durchaus ihr eigenes Badezimmer (u. U. mit Hocktoilette und Schöpfdusche) haben können, sowie sonstige einfache Unterkünfte.

Ahobilam

 Busverbindungen: Busse von Allaguddi an der Straße Nandyal–Cuddapah.

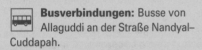 **Unterkunft:** In Nandyal.

Aihole

 Busverbindungen: Busse u. a. von/nach Badami, Pattadakal und Bagalkot.

 Unterkunft: *Tourist Home,* KSTDC, ✆ 41 (Aminagad), ca. 500 m nördlich des Durga-Tempels, sauber, Verpflegung nach Absprache.

Ajanta

 Busverbindungen: Busverbindung mit Aurangabad und Jalgaon. Organisierte Fahrten von Aurangabad.

 Unterkunft: B: In Faradapur: *MTDC Holiday Resort* (Restaurant Vihar). **C:** *Faradapur Guest House* und *Travellers Bungalow Faradapur* (Executive Engineer B & C Padampura, ✆ 48 74); **bei den Höhlen:** *MTCD Travellers Lodge,* Ajanta Caves (mit Restaurant), ✆ 4 26. **In Jalgaon: B:** *Hotel Moroko,* Nevi Path 64; *Nataraj Hotel,* ✆ 40 21, nahe Chowk. **C:** *Ajanta Guest House; Amar Guest House; Raisoni Vishram Grah; Seva Ashram; Visawa Lodge.*

 Sehenswürdigkeit: Ajanta-Höhlen, tägl. 9–18 Uhr.

Alappuzha (Alleppey)
Vorwahl: 04 77

 Busverbindungen: Busse nach Kochi/Cochin (ca. alle 30 Min./ 1,5 Std.), Thiruvanantapuram/Trivandrum, über Kollam/Quilon (häufig/ca. 3 Std.).

 Schiffsverbindungen: Bootsfahrt auf den Back Waters nach Kollam/Quilon (tägl. 10.00 Uhr/8 Std.) und Kottayam (11 × tägl. zwischen 5.00 und 21.00 Uhr/2 Std.). Auch Fahrten zu anderen Orten möglich, Problem: Rückfahrt/Übernachtung; sporadisch auch nach Kochi/Cochin. Jet-Boot am Hauptkanal, nahe Bushaltestelle.

Unterkunft: A/B: *Alleppey Prince Hotel,* mit Pool und gutem Restaurant, A. S. Road (NH 47), ✆ 37 52-7, Fax 37 58. **C:** *Hotel Komala,* ✆ 36 31, nahe Bushaltestelle, gutes Restaurant; *Kartika Tourist Home,* A.S. Road, ✆ 25 54, 55 24; *PWD Rest House,* Beach Road, nahe Leuchtturm und Strand, vom Monsum gezeichnet, aber mit viel Atmosphäre, ✆ 34 45 (Zimmer unbedingt reservieren lassen); *Hotel Kuttanad,* ✆ 43 54; *Narasimhapuram Lodge,* ✆ 36 98; *St. George's Lodge, Dhanalakshmi Lodge, Krishna Bhavan* und weitere einfache Hotels nahe Busbahnhof und Bootsanlegestelle.

Restaurants: *Indian Coffee House* (nonveg.), nahe Hindu Tempel; *Arun,* im Komala Hotel, schmackhaft (vom Bus Stand jenseits Kanalbrücke); mehrere vegetarische Restaurants.

Feste: Das Onam-Fest lockt im August/September unzählige Besucher an. Höhepunkt ist die Schlangenboot-Regatta. Jeweils 100 Männer peitschen mit ihren Stechpaddeln die schlanken, schön geschnitzten und geschmückten Boote vorwärts.

Alibag
Vorwahl: 0 21 43

Busverbindungen: Busverbindung von/nach Rewas (Fähre von/nach Mumbai), nach Chaul/Revdana, nach Pen (NH 17 – nach Mumbai oder nach Süden, Ghatstraße nach Lonavala/ Pune).

Unterkunft: B: *Hotel Alibag,* Thal Road, Chendre, nicht weit von der Bushaltestelle, ✆ 23 78, Fax: 26 85; *Rajnigandha Holiday Home,* ✆ 22 66, 22 85 (in Strandnähe, Restaurant); *Tushar Rest House* (direkt am Strand) und *Sarang Rest House,* Reservierung über *Executive Engineer PWD,* Alibag, ✆ 2 84; *Hotel Ravi Kiran* (groß und neu, weit entfernt vom Strand); *Rohini Holiday Inn* (in Strandnähe); *Prajakta Hotel, Saaz Hotel* und *Safeena Lodge* (alle nahe Busbahnhof). **C:** *MTDC Resort* (mit Restaurant).

Alleppey   siehe Alappuzha

Amaravati

Busverbindung: Bus von Guntur.

Unterkunft: B: Hotel Brundaran, an der Hauptstraße.

Anamalai-Wildschutzgebiet

 Unterkunft: in Pollachi und Topslip.
Drei *Forest Rest Houses* an verschiedenen Stellen im Gelände.
Reservierung: *Wildlife Warden Anaimalai Sanctuary,* 78F Meenkarai Road, Pollachi 642 002. ✆ 43 45. *Forest Range Officer,* Anaimalai Sanctuary, Topslip P.O. 642 141, TN. Elefanten und Jeeps stehen zur Verfügung. Das Gebiet ist auch über das nette Bergstädtchen Valparai erreichbar. In Kerala liegend, schließt im Westen das *Parambikulam Sanctuary* (Verwaltung und Rezeption am Parambikulam-Stausee) und im Süden der *Eravikulam-Nationalpark* an. Beste Reisezeit: Oktober bis Mai.

Anjuna, Vagator Beach, Chapora
Vorwahl: 08 32

 Informationen: Reisebüro *MGM,* an der Straße zum Kliff, ✆ 27 43 17.

 Unterkunft: *Vagator Beach Resort,* Fort Chapora Anjuna, ✆ 26 29 18, empfehlenswert. **B:** *The Royal Resort,* Vagator Beach, ✆ 27 43 65, Fax: 27 32 60; *Don João Resorts,* ✆ 27 43 25. **C:** *Palacete Rodrigues Holiday Home,* stilvoll, ✆ 27 33 58; *Poonam Guest House,* ✆ 27 32 47; *Motel Rose Garden,* in Strandnähe, Restaurant, ✆ 27 43 08; *Dolrina Guest House,* ✆ 27 43 47; *Valles Happy Holiday Home,* ✆ 27 33 29. Die wenigen einfachen Hotels in Anjuna sind fast immer belegt. Es gibt zahlreiche Möglichkeiten, Häuser, Hütten oder einzelne Zimmer von Privatleuten zu mieten.

Restaurants: Restaurants gibt es reichlich – und für jeden Geschmack: z. B. hinter Vagator und Little Vator Beach: *Noble Nest and Rest. Mangotree,* ✆ 27 32 14; *Abu John, Primrose,* ✆ 27 32 10; *Shahi Darbar,* ✆ 36 23 44. Über dem Kliff: *Sea Rock,* ✆ 27 43 06 und *Fernandes.* Direkt am Strand: *Francis, Reggae, Shore Bar and Rest., Rose Garden, Sea Breeze, Xavier's* (bei der Windsurf-Schule unter Palmen).

Arambol

 Busverbindung: Bus über Pernem (umständlich), Taxi.

Unterkunft: Zimmer von privat im Ort hinter dem Strand und an der felsigen Küste nördlich von Hauptstrand und Kap.

Aurangabad
Vorwahl: 02 40

Informationen: *Tourist Office* (Govt. of India) Krishna Vilas, Station Road, ✆ 3 12 17. *Tourist Office* (MTDC) Holiday Resort, ✆ 33 156 13, 33 42 59, und am Flughafen.

Flugverbindungen: *Indian Airlines* fliegt nach Mumbai, Udaipur, Jodhpur, Jaipur und Delhi; Vayudoot nach Mumbai, Nanded und Pune. Flughafen Chikalthana 13 km östlich der Stadt; Indian Airlines-Büro im *Anvikar Building,* Adalat Road, nahe Bushaltestelle.

 Bahnverbindungen: Aurangabad liegt an der Meterspur-Strecke Manmad–Secunderabad;

Manmad an der Breitspur-Strecke von Mumbai nach Norden; über diese Strecke ist auch Jalgaon 60 km nördlich von Ajanta zu erreichen.

Busverbindungen: Gute Verbindungen in alle Richtungen; Expreßbusse mit Platzreservierung nach Mumbai und Pune; viele Busse vom Hauptbusbahnhof nach Ellora (halbstündl.), Ajanta, Jalgaon. Busse nach Paithan vom Busbahnhof am Bahnhof.

Unternehmungen: Organisierte Rundfahrten: *Ellora + City-Tour* (Daulatabad, Ellora Höhlentempel, Grishneshvara-Tempel, Aurangzebs Grab, Bibika-Maqbara, Pan Chakki) mit *State Transport,* ab Bushaltestelle am Bahnhof, täglich 8–16.30 Uhr, zusätzlich bis 18 Uhr in der Saison. Mit *MTDC,* ab *Holiday Resort,* täglich 9.30–18 Uhr. Nach Ajanta mit *State Transport* täglich 7.30–17.30 Uhr; mit *MTDC* täglich 8–18 Uhr.

Unterkunft: L: *Welcomegroup Rama International,* Airport (Jalna) Road, ✆ 8 44 41-4, 8 42 07, Fax: (0 24 32) 8 47 68; *Ambassador Ajanta Hotel,* Airport (Jalna) Road, ✆ 48 52 11, 48 54 51-3, Fax: 48 43 67; *Quality Inn Vedant,* Station Road, ✆ 2 49 23, 2 43 29, Fax: 2 47 46; *Taj Residency,* ✆ 33 35 01-5, Fax: 33 12 23. **A:** *President Park,* Airport (Jalna) Road, ✆ 48 62 01-10, Fax: 48 48 23. **B:** *Amarpreet,* Pt. Nehru Marg, ✆ 3 25 21/2, Fax: (0 24 32) 3 25 21; *Aurangabad Ashok,* Dr. Rajendra Prasad Road, ✆ 45 20, 45 21; *Hotel Ravi Raj,* Dr. Rajendra Prasad Road, ✆ 2 75 01-4; *Cavesland,* Jalgaon Road, ✆ 48 20 19, 48 49 41; *Great Punjab,* Station Road; *Peshwa,* off Station Road; *MTDC Holi-*

day Resort, Station Road, ✆ 3 11 98, 2 92 59; *Nandanvan,* Station Road, ✆ 35 74, 33 11; *Shail,* Station Road; *Rajdhani,* Station Road, ✆ 61 03 (sauber, empfehlenswert); *Neelam,* Jubilee Park, ✆ 45 61, 45 62; *Printravel,* Adalat Road, ✆ 2 97 07, 2 94 07; *Devgiri,* Airport Road, ✆ 86 32. **C:** *Hotel Natraj, Tourist Home, Hotel Kathiawad* u. a. m. am Bahnhof. Jugendherberge, Station Road (Padampura), ✆ 38 01, zwischen Bahnhof und Stadt.

Restaurants: *Tandoor, Orchids,* beide Station Road (nahe Hotel Vedant); chinesisch: *Mingling* und *Shaolin,* beide Airport (Jalna) Road; und in allen L-, A- und B-Hotels.

Badami
Vorwahl: 083 57

Bahnverbindungen: Badami liegt an der Bahnstrecke Hubli/Gadag–Bijapur/Sholapur. Es verkehren nur ›Passenger‹-(Bummel)-züge u. a. nach Bijapur (4 Std.)/ Sholapur und Hospet (Umsteigen in Gadag). Bahnhof 5 km vom Zentrum entfernt.

Busverbindungen: Direkte Busverbindung nach Bijapur (4 × tägl./3 Std.), Bijapur (1 × tägl./ 7 Std.), Hospet (1 × tägl./5 Std.), nach Bangalore, Bagalkot, Gadag, Hubli mehrmals täglich. Verbindung nach Pattadakal und Aihole beinahe stündlich. Bushaltestelle zentral an der Hauptstraße.

Unterkunft: B: *Hotel Mayura Chalukya,* KSTDC, sauber und angenehm, Ramdurg Road, am Westrand des Ortes, ☏ 32 46; *Badami Court,* Station Road, mit Restaurant. Alle weiteren Unterkünfte an der Hauptstraße/nahe dem Busbahnhof. **C:** *Hotel Mukambika,* ☏ 32 67. Mehrere sehr einfache Unterkünfte wie *Laxmi Vilas,* ☏ 32 77, *Mahakuteshvara Lodge* und *Chalukya Lodge.*

Restaurants: Die *Canteen* am Busbahnhof ist einfach, aber das Essen schmeckt. Die Restaurants der Hotels Mukambika und Laxmi Vilas sind akzeptabel.

Bandipur-Nationalpark

Informationen: Gut organisiertes Camp. Vorab-Buchung ist obligatorisch. In Mysore: *Field Director, Project Tiger,* Government House Complex, ☏ 2 09 01, Mo–Sa 10.30–13.30 Uhr. In Bangalore: *Chief Wildlife Warden,* Aranya Bhavan, 18th Cross, Mallesvaram, ☏ 34 19 93. In Bandipur: *Assistant Director,* Bandipur-Nationalpark. Rundfahrten mit Geländefahrzeugen regelmäßig morgens und nachmittags. Ausritte auf Elefanten in den Dschungel: 6–9 Uhr und 16.30–18.30 Uhr (frühzeitig buchen). Beste Besuchszeit: März–Juni und September/Oktober.

Busverbindungen: Busverbindung nach Mysore und Ooty (über Mudumalai).

Unterkunft: Im Camp 10 *Lodges* mit je zwei Räumen und mehrere Schlafsäle.

Bangalore
Vorwahl: 0 80

Informationen: *ITDC Tourist Office* im *KFC Building,* Church Street 48 (nahe Gandhi Road), ☏ 58 54 17; zentrales *KSTDC Tourist Office* in der St. Mark's Road 9, ☏ 21 31 39. Info-Schalter außerdem im *Shrungar Shopping Centre,* Mahatma Gandhi Road, im Bahnhof und am Flughafen. Das Stadtmagazin *Bangalore this fortnight* gibt es gratis in Hotels, in manchen Geschäften und an den Infoschaltern.

Flugverbindungen: *Indian Airlines* fliegt nach Ahmadabad, Mumbai, Calcutta, Kochi, Coimbatore, Dabolim (Goa), Delhi, Hyderabad, Madras, Madurai, Mangalore, Pune, Tirupatti, Thiruvananthapuram. *Vayudoot:* Flüge nach Bellary, Hyderabad, Mysore, Tirupatti. *Jet Airways* fliegt nach Mumbai. *Indian Airline Office:* Karnataka Housing Board Building, Kempegowda Road, ☏ 56 62 33. *Vayudoot:* bei Indian Airlines und Schalter am Flughafen, ☏ 56 65 41. *Lufthansa:* Dickson Road, ☏ 58 81 38. Der Flughafen liegt 15 km vom Stadtzentrum entfernt und ist zu erreichen mit den Stadtbussen Nr. 321, 326, 333.

Bahnverbindungen: Täglich Expreßzüge nach allen wichtigen Städten Zentral- und Süd-Indiens: Mumbai (26 Std.), Hyderabad (17 Std.), Madras (7 Std.), Thiruvananthapuram(18 Std.), Kochi (14 Std.), nach Mysore (mehrmals tägl./3,5 Std.) und Hospet (9 Std.). Reservierungen (frühzeitig) im Bahnhof.

 Busverbindungen: Expreßbusse in alle wichtigen Zentren

in Süd-Indien und Karnataka: Mumbai (24 Std.), Madras (9 Std.), Pondicherry (8 Std.), Madurai (10 Std.), Ooty (7 Std.), Kochi (15 Std.), nach Mysore (ständig/3,5 Std.), Hassan/Sravanabelgola (5 × tägl./4–5 Std.), Hospet (8 Std.). Gut organisierter Busbahnhof direkt gegenüber dem Bahnhof; in den Straßen drumherum viele private Busunternehmen – gleiche Ziele, Busse komfortabler und entsprechend teurer.

Unterkunft: Nördlich der Rennbahn: L: *Welcomgroup Windsor Manor Sheraton,* Sankey Road 25, ✆ 2 26 98 98, 2 29 63 22, Fax: 2 26 49 41; *Hotel Ashok,* Kumara Krupa High Grounds, ✆ 2 26 94 62, 2 25 02 02, Fax: 2 26 00 33; *Holiday Inn,* Sankey Road 28, ✆ 2 26 22 33, Fax: 2 26 76 76. **B:** *Hotel Bangalore International,* Crescent Road 2A–2B, High Grounds, ✆ 2 26 80 11; *Hotel Cauvery Continental,* Cunningham Road 11/37, ✆ 26 69 66, Fax: 2 26 09 20, 2 66 69 67.
Im Zentrum: L: *Hotel Taj Residency,* Mahatma Gandhi Road 14, ✆ 5 58 44 44, Fax: 5 58 47 48. **A:** *Gateway Hotel,* Residency Road 66, ✆ 5 58 45 45, Fax: 5 58 40 30; *Hotel Ramanashree Comfort,* Rajaram Mohan Roy Road 16, ✆ 2 22 51 52, 2 23 52 50, Fax: 2 22 12 14. **B:** *Hotel Curzon Court,* Brigade Road 10, ✆ 5 58 29 97, Fax: 8 45 81 66; *Hotel Nilgiri Nest,* Birgade Road 171, ✆ 5 58 84 01, 5 58 87 02, Fax: 5 58 53 48; *Woodlands Hotel,* Rajaram Mohan Roy Road 5, ✆ 2 22 51 11, Fax: 2 23 69 63. **B/C:** *New Victoria Hotel,* stilvoll und sympathisch, Residency Road, ✆ 5 58 40 76, Fax: 5 58 49 45; *Hotel Rama,* Lavelle Road 40/2, ✆ 2 27 33 11, Fax: 2 22 57 38. **C:** *Airlines Hotel,* Madras Bank Road 4, ✆ 2 27 16 02; *YWCA Guest House,* Infantry Road 86,

✆ 2 57 09 97; *Youth Hostel,* Gangadhara Chetty Road 25, ✆ 2 61 12 92.
 Komplette Hotelliste bei den Touristen-Info-Schaltern (Bahnhof, Flughafen) erhältlich.

Restaurants: *Amaravathi* (Andrha-Küche), Residency Cross Road 45/3. *Tandoor. The Ethnic Indian Restaurant* (Nordindisch, Moghul), M. G. Road 28. *Tycoons* (Indisch/Tandoori/Europäisch), Cooper Arch, Infantery Road 83. Zahlreiche Restaurants in der Nähe von Chickpet Road und östlich von Cubbon Park; viele *Kamat-Restaurants.*

Unternehmungen: Organisierte Rundfahrten: *Bangalore City Tour:* Lalbagh, Bullentempel, Tipu's Palast, Ulsoor Lake, Vidhana Soudha, Museum und Government Seifenfabrik, täglich 7.30–13.00 und 14.00–19.30 Uhr. *Mysore Tour:* Mysore und Seringapatam, täglich 7.15–22.45 Uhr, drei Komfortklassen: De luxe, Video, A/C. Nandi Hills, täglich (in der Saison) 8.00–18.00 Uhr. Außerdem: Sravana Belgola, Belur, Halebid; Hampi; Tirupatti; Ooty.

Sehenswürdigkeiten: Government Museum, 9–17 Uhr, Mi. geschl.
Sommerpalast des Tipu Sultan, tägl. 8–18 Uhr.
Vishveshwaraya Industrial and Technological Museum, 10–17 Uhr, Mo. geschl.
Stadtpalast der Maharajas von Mysore, tägl. 10–17.30 Uhr (Zugang an der Südseite des Forts).
Shri Chamarajajendra Art Gallery, 8.30–17 Uhr, Do. geschl.
Government Sandalwood Oil Factory, 9–11 und 14–16 Uhr, So. geschl.

Camundeshvari-Tempel, tägl. 9–12 und
17–21 Uhr.

Bassein

 Bahnverbindungen: Vorortzug
von *Churchgate Station* bis Vasai
Road; von da 10 km mit der Motor-Rik-
scha durch fast dörfliches Gebiet bis
Bassein Fort oder auf dem National
Highway 8 am Flughafen vorbei über
den Ghorbandar Creek und dann links
ab nach Vasai.

 Unterkunft: In Mumbai.

Bedsa

 Auto: Taxi oder Bus zum Dorf
Bedsa und dann 3,5 km zu Fuß.

 Unterkunft: Lonavala oder
Pune.

Belur

 Busverbindungen: Busse oder
Kleinbusse von/nach Hassan,
nach Halebid und Mysore.

 Unterkunft: C: *Hotel Mayura
Velapuri,* KSTDC, nahe dem
Tempel, ℰ 22 09; *Hotel Vishnu Prasad,*
Main Road; *New Gayatri Hotel,* Main
Road.

 Restaurants: Im Hotel Mayura
und entlang der Hauptstraße.

Benaulim Beach
Vorwahl: 08 34

 Busverbindungen: von/nach
Margao.

 Unterkunft: B: *Carina Beach
Resort,* mit Pool, ruhig, sauber,
angenehm, ℰ 73 41 66; *Hotel Failaka,*
nahe Hauptkreuzung im Ort,
ℰ 73 44 16. **C:** *L'Amour Beach Resort,*
strandnah, gutes Restaurant,
ℰ 7 32 37 20; *O'Palmar Cottages,*
strandnah, ℰ 7 32 32 78; *Libra,* ruhige
Lage, ℰ 40 37 16; *Tansy* und *Liteo,*
beide an der Straße zum Strand;
Rosario's Inn, etwas abseits der Straße,
ruhig.

 Restaurants: *L'Amour,* nahe
Strand, und *Xavier's,* am Strand
Richtung Colva.

Bhadrachalam

 Busverbindungen: Busse von
allen großen Städten im Norden
von Andhra Pradesh. Eisenbahn bis
Bhadrachalam Road, weitere 40 km per
Bus.

 Unterkunft: Einige kleine Hotels **(C),** reichlich Dharmashalas;
in Parnasala ein Tourist Rest House.

Bhairavakonda

 Auto: Erreichbar nur mit dem
Auto/Taxi. Keine Übernachtungsmöglichkeiten.

Bhaja

 Auto: Taxi ab Lonavala/Pune) oder zu Fuß von der Bahnstation Malavli (3 km).

 Unterkunft: In Lonavala oder Pune.

Bhatkal

 Busverbindungen: Entlang der Küste reger Busverkehr (staatliche und Privatbusse).

 Unterkunft: C: Am Highway/Bus Stop beim Abzweig zum Ort.

Biccavolu

 Busverbindungen: Bus/Taxi von Rajahmundry oder Kakinada.

Bidar
Vorwahl: 0 84 82

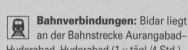 **Bahnverbindungen:** Bidar liegt an der Bahnstrecke Aurangabad–Hyderabad. Hyderabad (1 × tägl./4 Std.), Bangalore (1 × täglich/18 Std.).

 Busverbindungen: U. a. von/nach Gulbarga (alle 30 Min./4 Std.), Hyderabad (stündlich/3 Std.), Bijapur, Sholapur, Hospet.

 Unterkunft: C: *Hotel Mayura,* Barid Shahi, KSTDC, angenehm, mit Restaurant und Bar, Main/Yadgir Road, nahe Bus Stand, ✆ 65 71; *Hotel Airlines,* Ganesh Maidan, ✆ 68 83. Um den Busbahnhof und an der Straße zur Stadt weitere kleine Lodges: *Kailash,* ✆ 77 27; *Prince,* ✆ 57 47; *Palace Lodge,* Khila Road, nahe Fort.

 Restaurants: *Udipi Krishna* (veg.), *Roof top Restaurant,* Gandhi Gunj Road; *Ashoka* (u. a. Tandoori, Bier).

Bijapur
Vorwahl: 083 52

 Informationen: *Tourist Office* im Hotel Mayura Adil Shahi; Anand Mahal Road.

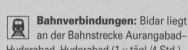 **Bahnverbindungen:** Bijapur liegt an der Bahnstrecke Sholapur (Mumbai, Secunderabad) – Gadag (Hubli/Bangalore). Züge nach Badami (3,5 Std.), Hospet (9 Std.) und Mysore. Stadtbusse (alle 15 Min.) vom Zentrum zum Bahnhof außerhalb der Stadtmauer (2 km).

 Busverbindungen: Direktbusse nach Gulbarga (mehrmals tägl./4 Std.), Badami (2 × tägl. morgens/4 Std./sonst umsteigen in Bagalkot), (3 × tägl./11 Std.), nach Hyderabad (4 × tägl.), Hubli (5 × tägl.), Hospet tägl./sonst umsteigen in Bellary) sowie u. a. nach Belgaum (häufiger), Gadag, Bangalore, Pune, Aurangabad. Die Bushaltestelle liegt zentral, d. h. westlich direkt neben der Zitadelle.

 Unterkunft: B: *Hotel Mayura Adil Shahi* (mit Annex), KSTDC, z. Zt. das beste Hotel der Stadt, Anand Mahal Road, am Nordeingang zur Zitadelle, ✆ 2 04 01, 2 09 34, Restaurant, Bar, Tourist Info. **C:** *Hotel Megharaj* (mit Restaurant), MG Road; *Hotel Midland*

und *Hotel Samrat,* Station Road (einfach); *Hotel Tourist,* MG Road (laut und schmuddelig); *Mysore Lodge,* Station Road (neben Hotel Midland, sehr einfach). An der östlichen Station Road, Richtung Gol Gumbaz, sind einige bessere Hotels in Bau.

 Restaurants: Im Hotel Mayura; *Kamat Hotel; Bombay Restaurant* (nahe Modern Lodge).

Bogmalo Beach

 Unterkunft: L: *Bogmalo Beach Hotel – Hotel Oberoi,* ✆ 51 32 91. **B:** *Vinny's Holiday Home,*20✆ 51 35 08.

Bombay siehe Mumbai

Bondla- und Bhagwan Mahavir (Molem)-Wildschutzgebiete

Busverbindungen: Von Panaji organisierte Rundfahrten oder mit dem Bus über Ponda nach Bondla oder Molem.

 Unterkunft: In Bungalows, Buchung im *Tourist Office Panaji.*

Bor-Wildschutzgebiet

Busverbindung: Bus von Wardha (32 km) zum Bor-Damm.

Unterkunft: *Forest Rest House* (Divisional Forest Officer, Wardha).

Calangute – Baga
Vorwahl: 08 32

 Informationen: Im *Tourist Resort* am Strand und Reisebüro MGM, ✆ 27 60 73, Fax: 27 60 73.

Busverbindungen: Busverbindung von/nach Panjim und Mapusa sowie entlang der Hauptstraße hinter dem Strand; Taxi (Auto oder Motorrad).

Unterkunft: A: *The Ronil Royale,* Baga Road, ✆ 27 61 83; *Hotel Baia do Sol,* Baga, ✆ 27 60 84. **B:** *Varma Beach Resort,* Calangute, ✆ 27 60 77 (zentral, aber ruhig gelegen, gepflegt und geschmackvoll ausgestattet); *Beach Resort Estela do Mar,* Baga Road; ✆ 27 60 14; *Sunshine Beach Resort,* Baga Road, ✆ 27 60 03; *Cavala Motel,* Baga, ✆ 27 60 90, saubere Anlage. **C:** *A'Canôa,* Calangute, ✆ 27 60 82; *GTDC Tourist Resort,* Calangute (direkt beim hektischen Strandzentrum); *Golden Eye,* Calangute, ✆ 27 61 87; *Villa Bomfin* (einfache Hütten bei einem alten Herrenhaus), Baga Road, ✆ 27 61 05; *Hotel Riverside,* Baga (geöffnet Mai–Okt.). Mehrere kleinere Hotels und Beach Resort an der Seeseite der Straße zwischen Calangute und Baga, so am Weg zum Richdavy Restaurant.

 Restaurants: *Sousa Lobo,* am Calangute-Strand, ✆ 27 64 63; *Planters,* (nobel), ✆ 27 74 47; *Meena Lobo's;* Restaurant im *GTDC Tourist Resort; Golden Eye,* ✆ 27 61 87; *Casa Portuguesa,* Baga Road; *St. Anthony's Bar;* River Side und zahlreiche Strandrestaurants.

Calicut   siehe Kozhikode

Candolim – Fort Aguada
Vorwahl: 08 32

 Busverbindungen: Busverbindung von/nach Panjim und Mapusa sowie entlang der Hauptstraße hinter dem Strand. Taxi (Auto oder Motorrad).

 Unterkunft: L: *Fort Aguada Beach Resort,* angeschlossen die komfortablen *Aguada Hermitage*-Bungalows und daneben das *Taj Holiday Village,* Sinquerim, ✆ 27 62 01-10, Fax: 27 60 44. **A:** *Marbella Guest House, Whispering Palms Beach Resort,* ✆ 27 61 40, 27 64 26-31, Fax: 27 61 42; *Dona Florina Beach Resort,* ✆ 27 68 78. **B:** *Carmo Lobo Resort, Sunset Beach Resort,* ✆ 27 61 84; *Shanu's Holiday Home,* ✆ 27 68 99. **C:** *Silver Sands Holiday Village,* ✆ 27 67 44.

Restaurants: *Palm Shade,* ✆ 27 74 29; *Nezvila* (Seafood); *Bob's Inn,* ✆ 27 64 02; *Sea Shell Inn,* ✆ 27 61 31; *Coconut Inn;* 21 Coconut (am Strand).

Cannanore   siehe Kannur

Cavelossim und Mobor Beach
Vorwahl: 08 34

 Auto: Nur mit dem Taxi.

 Unterkunft: L: *The Leela Beach,* ✆ 24 63 63-70, Fax: 24 63 52; *Averina Beach Resort – Holiday Inn,* ✆ 24 63 03-7, Fax: 24 63 33; *The Old*

Anchor, ✆ 74 63 37-40; *Dona Sylvia,* ✆ 74 63 21-28, Fax: 74 63 20. **B:** *Gaffino's Beach Resort,* ✆ 74 63 85 (für Reservierung: 72 29 15).

 Restaurants: *Shallop,* Sea Food, nahe Old Anchor, ✆ 24 63 31.

Chalukya-Bhimavaram

 Auto: Eisenbahn/Bus von Rajahmundry, Bus/Taxi von Kakinada.

Chandragiri

 Busverbindungen: Bus von Tirupati, Chittor.

 Unterkunft: In Tirupati.

Chandrapur
Vorwahl: 0 71 72

 Bahnverbindungen: Bahnhof und Busbahnhof zwischen der modernen Stadt und dem Chanda Fort; Chandrapur liegt an der Bahnstrecke Kazipet/Secunderabad–Wardha/Nagpur. Busse nach Wardha und Nagpur (häufig) sowie nach Hyderabad.

 Unterkunft: B: *Hotel Kundan Plaza,* Nagpur Road, ✆ 2 48 22; *Hotel Ganpati International,* Goods Shed Road, nahe Bahnhof und Zentrum, ✆ 2 44 54, 2 39 83.

Chaul und Revdanda

 Busverbindungen: Bus u. a. nach Rewas, Alibag und Murud. Der Busbahnhof liegt zwischen Festung und Fluß.

 Unterkunft: C: *Sea Star Hotel*

Chidambaram
Vorwahl: 0 41 44

Informationen: *Tourist Office* beim Hotel Tamil Nadu. Achtung: Es ist schwierig bis unmöglich, in Chidambaram Geld zu tauschen.

 Busverbindungen: Bushof und Bahnhof im Südosten der Stadt. Viele usse u. a. nach Madras, Pondicherry, Tanjavur und Tiruchirapalli.

 **Unterkunft: B:** *Hotel Saradharam,* recht komfortabel, V.G.P. (Venugopal Pillai) Street 19, nahe Busbahnhof, ✆ 2 29 66; Fax: 2 22 65, gutes Restaurant (veg.). **C:** *Hotel Tamil Nadu TTDC,* Railway Feeder Road, ✆ 2 23 23, ruhige Lage, Restaurant mäßig; *Hotel Raja Rajan,* West Car Street 163, ✆ 2 26 90; *Star Lodge,* South Car Street, ✆ 2 27 43, nahe Bushaltestelle; *Hotel Palace, Hotel Sri New Rajalakshmi,* beide Railway Feeder Road; *Deen Lodge,* West Car Street.

Chingleput

Auto: Liegt am NH 45 und der Bahnstrecke Tiruchirapalli/Madurai–Madras und ist Umsteigeplatz für Kanchi bzw. Mamallapuram (Bus).

 Unterkunft: B: *Hotel Kanchi,* Kreuzung NH 45/Mamallapuram Road, Restaurant; *Hotel Thendral.*

Cochin
siehe Kochi und Ernakulam

Coimbatore
Vorwahl: 04 22

Auto: Flughafen, Eisenbahn-Knotenpunkt, gut organisierter Busbahnhof. Umsteigeplatz für Fahrten in die Nilgiris.

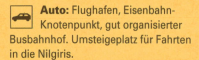 **Unterkunft: B:** *Hotel Surya International,* Race Course Road 105, ✆ 21 77 55, Fax: 21 61 10; *Heritage Inn,* Ramnagar, Sivasamy Road 38, ✆ 23 14 51, Fax: 23 32 23. **B/C:** *Hotel Alankar,* Ram Nagar, Sivasamy Road 10, ✆ 2 62 93; *Hotel Tamil Nadu,* TTDC, Dr. Nanjappa Road, ✆ 3 63 11. **C:** *Hotel Sree Shakti* und *Zakin Hotel,* beide Hotels in der Sastri Road, gegenüber der Bushaltestelle.

Restaurants: Restaurants in den Hotels Surya, Heritage Inn, Alankar, Tamil Nadu. *Bombay Anand Bhavan,* Big Bazar Street; viele einfache Restaurants in der Sastri Road gegenüber vom Bus Stand.

Colva Beach
Vorwahl: 08 34

 Informationen: Im GTDC Colva Beach Cottages.

 Unterkunft: A: *Sea Queen Beach Resort,* ✆ 7 32 04 99;

Longuinhos, im Norden, strandnah,
☏ 7 32 29 18/19. **B:** *William's Resort*
(klein und komfortabel, an der Straße
zum Dorf), ☏ 7 32 10 77; *GTDC Colva
Beach Cottages,* ☏ 72 22 87; *Colmar
White Sands,* Zimmer und Cottages,
Restaurant, ☏ 7 32 12 53; *Hotel Silver
Sands,* ☏ 7 32 16 45; *Sukhsagar Beach
Resort,* ☏ 7 32 18 88. **C:** *Jimmy's Cotta-
ges; Tourist Nest Hotel* (romantisches
Hotel mitten im Palmenhain beim Dorf,
winzige Zimmer, gutes Restaurant).

 Restaurants: *Dolphin* (im Colmar
White Sands Hotel), *A Tartaruga*
(Hotel Longuinhos); *Nossa Lar* (nahe
Tourist Nest Hotel) und zahlreiche
Strandrestaurants.

Coonoor
Vorwahl: 0 42 64

 Unterkunft: L: *Taj Garden
Retreat,* Upper Coonoor, ☏
2 00 21, Fax: 2 27 75, Restaurant.
B: *Hotel Wellington Riga,* Applay Road,
☏ 2 05 23. **B/C:** *Hotel Tamil Nadu,*
TTDC, Mount Pleasant, ☏ 2 28 13.

 Unternehmungen: Ausflüge
(die auch von Ooty aus unternommen werden können): Lamb's Rock
(10 km); Lady Canning's Seat (11 km);
Dolphin's Nose (12 km); Hulikal Drug
(13 km), 1917 m hoch gelegen, mit
einer verfallenen Festung Tippu Sultans,
was beweist, daß die Engländer nicht
die ersten waren, die hierher vorge-
drungen sind.

Covelong (Kovilam)

 Busverbindung: Busstrecke
Madras–Mamallapuram.

 **Unterkunft: L:** Strandhotel
Fishermen's Cove, noble Anlage
der Taj-Gruppe, gut in die Ruinen eines
alten Forts integriert, ☏ (0 41 13) 4 43 03,
Fax: (0 41 14) 4 43 03.

Cranganore (Kodungallore)

 Fährverbindungen: Fährboot
von Ernakulam oder Bus entlang
Vypin Island.

Cuddapah

 Auto: Gute Bus- und Bahnver-
bindungen. Nach Pushpagiri und
Bhairavakonda am besten per Taxi
(Kontakte über Hotelrezeption).

 Unterkunft: B/C: *Ashoka Lodge*
und *Gokul Lodge,* beide im
Stadtzentrum.

Dabolim (Goa Flughafen)

 Unterkunft: *Airport Hotel,*
☏ 51 31 92, 51 26 15, gutes
Restaurant.

Darasuram

 Busverbindungen: Ständig
Busverbindungen mit Kumbakonam und Tanjavur.

Draksharama

 Busverbindungen: Bus/Taxi
von Rajahmundry oder Kakinada.

Ellora
Vorwahl: 0 24 37

 Unterkunft: *Kailash,* ✆ 4 10 43, 4 10 68, Fax: 4 10 67, schöne Bungalow-Anlage nahe den Höhlen, Restaurant.

 Restaurants: MTDC-Restaurant beim großen Parkplatz und Kleinstrestaurants an der Straße gegenüber dem Hotel.

Ernakulam   siehe Kochi

Gadag Betgiri

 Bahnverbindungen: Eisenbahnverbindungen nach Westen (Hubli/Goa), Norden (Badami/Bijapur) und Osten (Hospet).

 Busverbindungen: U. a. nach Badami, Bijapur, Goa, Harihar, Hospet, nach Lakkundi stündlich mit Stadtbus. Bus nach Kukanur und Ittagi umständlich, Taxi empfehlenswert. Taxihaltestelle unmittelbar neben Busbahnhof.

 Unterkunft: *Prasat De Luxe Lodge* (ca. 1 km vom Busbahnhof mit vegetarischem Restaurant, bestes Hotel am Ort, sauber und ruhig). Mehrere einfache Hotels nahe dem Busbahnhof, u. a. *Durga Lodge.*

Ganapatipule

 Auto: Bus oder Taxi von Ratnagiri.

 Unterkunft: *MTDC Holiday Resorts* (schöne Anlage, abseits des Tempels).

Gangaikondacholapuram

🚗 **Auto:** Mit Bus schwer zu erreichen, besser mit Taxi von Kumbakonam, Tanjavur oder Chidambaram. Keine Übernachtungsmöglichkeit.

Gingee

🚌 **Busverbindungen:** Bus von Pondicherry über Villupuram oder von Tiruvannamalai. Die Straße führt 2 km vor dem Ort durch das Fort.

Golkonda

🚌 **Busverbindungen:** Busverbindung von Nampalli, gegenüber dem Bahnhof Hyderabad (Nr. 119 und 142), und von Afzalgaj (Nr. 80). Endstation am Tor zur Zitadelle.

🛏 **Unterkunft:** In Hyderabad.

Gulbarga
Vorwahl: 0 84 72

🚆 **Bahnverbindungen:** Gulbarga liegt an der Bahnstrecke Pune/Sholapur–Hyderabad bzw. Guntakal. Züge nach Mumbai (15 Std.), Hyderabad (5 Std.), Bangalore (12 Std.), Madras (18 Std.).

🚌 **Busverbindungen:** Verbindungen u. a. nach Bidar (alle 30 Min./3,5 Std.), Hyderabad (mehrmals tägl./

5 Std.), Bijapur (4 Std.), nach Bangalore und Sholapur.

 Unterkunft: B: *Hotel Mayura Bahmani,* KSTDC, liegt schön im Stadtpark, ☏ 2 06 44, Restaurant, Bar. Mehrere Hotels im Zentrum und nahe dem Busbahnhof am Stadtrand: **C:** *Hotel Aditya,* Main Road, ☏ 2 40 40, Restaurant, empfehlenswert; *Hotel Udaya,* Main Road, ☏ 2 00 09; *Hotel Pariwar,* Station Road, ☏ 2 15 22, Restaurant (veg.); *Hotel Mohan,* Station Road, ☏ 2 02 94.

 Restaurants: Zahlreiche einfachere Restaurants im kommerziellen Zentrum – zwischen Bushaltestelle und Fort.

Guntur
Vorwahl: 08 63

Bahnverbindungen: Eisenbahnknotenpunkt an der Strecke Calcutta – Visakhapatnam – Rajahmundry – Vijayawada – Madras mit Verbindungen nach Warangal/Hyderabad und Hospet. Guntur liegt 32 km von Vijayawada und hat Busverbindungen zu allen wichtigen Städten in Andhra.

Unterkunft: B: *Hotel Vijayakrishna International,* Nagarampalem, Collectorate Road, ☏ 22 22 21, 22 51 02; *Hotel Shivan International,* Achari Street 18/1, ☏ 2 71 81, Fax: 2 44 71, Restaurant. **B/C:** *Hotel Sudarsan,* Kothapet, Main Road, wenige Minuten vom Bus Stand, ☏ 22 26 81. **C:** Etwas weiter entfernt und einfacher: *Hotel Balaji* und mehrere sehr einfache Lodges: *Ramalodge* u. a.

Halebid

 Busverbindungen: Busse/Minibusse von Hassan und Belur.

 Unterkunft: *Tourist Cottages,* KSTDC, mit Cafeteria, gegenüber dem Tempel, ☏ 32 24.

 Restaurants: Mehrere kleine Cafés/Restaurants.

Hampi

Busverbindungen: Busse/Motor-Rikschas von/nach Hospet – direkt oder über Kamalapuram.

Unterkunft: Beim Virupaksha-Tempel hat sich zwischen Basarstraße und Fluß eine regelrechte Szene entwickelt. Neben zahlreichen Übernachtungsmöglichkeiten und Restaurants gibt es u. a. Geldwechsler, ein Reisebüro und Ayurvedische Massage. **C:** *Sri Rama Tourist Home,* gleich neben dem hohen Gopuram, sieht ganz ordentlich aus. Daneben: *Shanti Guest House,* auch gut. Mitten im Ort: *Vicky Guest House,* mit Dachgarten-Restaurant. Im *Pushpa Guest House* werden sogar Deluxe-Zimmer angeboten, mit eigenem Badezimmer! Viele einfache Lodges: *Archana Lodge, Gopi Lodge, Ashok Hotel.*

Restaurants: Viele kleine Restaurants, wie das des *Durga Guest House* (Israelische Küche), Hotel Ashok, Vicky …

 Sehenswürdigkeit: Museum, 10–17 Uhr, Fr. geschl.

Hanamkonda

 Busverbindungen: Stadtbus, Motorrikscha.

 Unterkunft: In Warangal.

Harihar

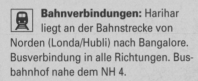 **Bahnverbindungen:** Harihar liegt an der Bahnstrecke von Norden (Londa/Hubli) nach Bangalore. Busverbindung in alle Richtungen. Busbahnhof nahe dem NH 4.

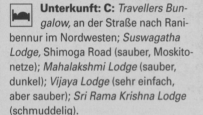 **Unterkunft: C:** *Travellers Bungalow,* an der Straße nach Ranibennur im Nordwesten; *Suswagatha Lodge,* Shimoga Road (sauber, Moskitonetze); *Mahalakshmi Lodge* (sauber, dunkel); *Vijaya Lodge* (sehr einfach, aber sauber); *Sri Rama Krishna Lodge* (schmuddelig).

Harmal   siehe Arambol

Hassan
Vorwahl: 0 81 72

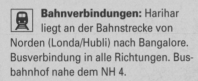 **Bahnverbindungen:** Täglich drei Bummelzüge (Passenger) von und nach Mysore (4½ Std.) und Arsikere. Bahnhof 2 km vom Zentrum.

 Busverbindungen: Täglich 20 Busse von und nach Mysore und Bangalore. Gute Busverbindungen nach Belur (18 × täglich, 1½ Std.) und Halebid (10 × täglich, 2 Std.). Viele Busse zwischen beiden Orten. Direktbusse nach Sravana Belgola (3 × tägl.) oder mit Umsteigen in Channaraya-

patna. Dichte Busfolge nach Arsikere. Direktbusse nach Mangalore.

 Unterkunft: B: *Hotel Hassan Ashok,* ITDC, B. M. (Bangalore) Road, ✆ 6 87 31, sehr angenehm, Restaurant, häufig ausgebucht; *Regency,* B. M. Road, ✆ 6 72 85, Restaurant. **B/C:** *Prince Cottage Lodge,* B. M. Road. **C:** *Hotel Apoorva,* Park Road, ✆ 6 71 53; *Hotel Harsha Mahal,* Harsha Mahal Road, ✆ 68 53; *LJV Lodge,* BM Road, ✆ 6 85 74; *Hotel Sanman,* BM Road, ✆ 6 80 24; *Hotel Satya Prakash,* Bus Stand Road, ✆ 6 85 21, mit *Restaurant Shanbag; Hotel Sujatha,* Bus Stand, ✆ 6 80 81. Viele weitere einfache Hotels wie *Hotel Dwaraka* am Busbahnhof, *Vijaya Lodge* in der Nasipur Road, *Hotel Madhu Nivas* u. a. m. Das angenehme Hotel *Kothari Residency* (B/C), B. M. Road, ✆ 6 72 85, ist aus unerfindlichen Gründen ab und zu geschlossen.

 Restaurants: *Moon Light,* nahe Busbahnhof im 1. LG; *Shanbag Cafe; Madhu Nivas Hotel, Shanthala –* alle am Bus Stand.

Hindupur

 Busverbindungen: Busverbindung u. a. nach Lepakshi, Hyderabad, Bangalore, Hospet. Privater Busbahnhof im Zentrum.

 Unterkunft: C: *B. S. Tourist Lodge,* gegenüber APSTC Busbahnhof.

Horsley Hills

🛏 **Unterkunft:** *APTDC Tourist Guest House* und weitere Hotels und Pensionen in waldreicher Umgebung.

Hospet
Vorwahl: 0 83 94

🚆 **Bahnverbindungen:** An der Strecke zwischen Hubli/Gadag und dem Knotenpunkt Guntakal; Verbindungen in alle Richtungen, zeitlich lohnen sich aber nur längere Strecken. Nach Badami und Bijapur mit Umsteigen über Gadag. Bahnhof im Nordwesten am Stadtrand.

🚌 **Busverbindungen:** Direktbusse u. a. nach Badami, Hyderabad, Bangalore, Harihar/Shimoga und Karwar. Viele Busse nach Gadag und Bellary, stündlich nach Hampi, Kamalapuram und dem Tungabhadra-Staudamm.

🛏 **Unterkunft: L:** *Vaikunta Guest House,* Luxushotel auf einem Hügel oberhalb des Tungabhadra-Staudamms. Übernachtung nur nach Anmeldung beim Executive Officer, HLC Division, Tungabhadra-Damm, ✆ 5 82 41. **B:** *Malligi Tourist Home* (ein weiteres, modern und luftig gestaltetes Gebäude mit gut ausgestatteten Zimmern ist hinzugekommen: *Malligi Complex*), das beste Haus am Platz, empfehlenswert, J.N. Road, etwas abseits der Bellary/Hampi Road, östlich des Busbahnhofs, ✆ 5 81 01-8, Fax: 5 70 38, vegetarisches Restaurant, Freiluftrestaurant mit Bierausschank im Garten gleich gegenüber. **B/C:** *Hotel Priyadarshini,* Station Road, zwischen Bus Stand und Bahnhof, ✆ 5 85 74,

Fax: 5 88 04; *Hotel Vishwa,* Station Road, gegenüber Bus Stand, ✆ 5 71 71. Einfachere Hotels auch nahe altem Busbahnhof. *Hotel Mayura Vijayanagar,* KSTDC, unterhalb des Tungabhadra-Damms, ✆ 5 82 70.
In Kamalapuram: B: *Hotel Mayura Bhuvaneshvari,* KSTDC, ✆ 5 13 74, empfehlenswert; *Hampi Power House Guest House,* ✆ 5 82 72 (3 km vom Dorf); *PWD Inspection Bungalow,* ✆ 5 87 54 (in einem ehemaligen Vishnu-Tempel).

Hyderabad
Vorwahl: 08 42

ℹ️ **Informationen:** *APTDC* (Andhra Pradesh Tourism Development Corporation Ltd.), Yatri Niwas, Sardar Patel Road, ✆ 84 39 31, 81 63 75. *Government of India Tourist Office,* Sandozi Building, Street No. 1, Himayatnagar, ✆ 66 68 77. Die Info-Schalter in den Bahnhöfen und am Flughafen sind wenig nützlich. Monatlich erscheint der *Twin City Guide – Channel 6.*

✈️ **Flugverbindungen:** Hyderabad ist gut in das innerindische Flugnetz eingebunden. *Indian Airlines* bietet Flüge nach Delhi (2 × tägl.), Calcutta über Bubhaneshvar und Nagpur (3 × pro W.), Madras (2 × tägl.), Mumbai (5 Flüge tägl. wechselweise) und Bangalore (2 Flüge). ✆ Auskunft: 1 40 (allgem.), 1 41 (Reservierung) und 1 42 sowie 59 93 33. Büro in Saifabad, nahe Public Gardens/Secretariat Building, ✆ 23 69 02. *East West Airlines* fliegt täglich nach Mumbai und Vizag, ✆ 81 35 68, 81 59 32; *Jet Airways* täglich nach Mumbai, ✆ 23 12 63, 23 09 78. *Sahara Airways* fliegt Calcutta – Patna – Varanasi, ✆ 20 17 07, 20 45 01, und

NEPC Airlines je 6 × pro Woche Bangalore/Coimbatore und Madras. Weitere innerindische Ziele bei *Vayudoot,* ✆ 84 28 55, 23 47 17, und *Moduluft. Air India* startet von Hyderabad u. a. nach Mumbai, London, New York und Jeddah. Der Flughafen Begumpet befindet sich 7 km nordwestlich vom Stadtzentrum.

Bahnverbindungen: Der Hauptbahnhof der Stadt ist *Secunderabad Station.* Von dort gute Verbindungen nach allen Großstädten in Indien und zu touristisch interessanten Plätzen in Andhra Pradesh. Züge nach Vijayawada auch von *Hyderabad Station. Kachiguda Station,* östlich von Abids, liegt günstig zum Zusteigen an der Strecke von Secunderabad nach Süden: Kurnool, Tirupatti, Bangalore, Madras... Reservierungsbüro von Secunderabad Station nicht im Bahnhofsgebäude, sondern wenige hundert Meter links (östlich). Zentrale Auskunft ✆ 1 31, Reservierung ✆ 1 35.

Busverbindungen: Der Busbahnhof *Gowliguda* liegt zentral an der Maulvi Alauddin Road südlich von Abids am Fluß. Schnellbusse, auch in die Nachbarstaaten, können im voraus gebucht werden. Auskunft und Reservierung ✆ 80 22 03.

Unterkunft: Die meisten guten Hotels liegen zwischen Abids und Hussain Sagar, am Südufer des Sees. **L:** *The Krishna Oberoi,* Banjara Hill, ✆ 39 23 23, Fax: 39 30 79; *Hotel Taj Residency/Gateway,* Banjara Hill, ✆ 39 99 99, Fax: 39 22 18; *Hotel Bhaskar Palace,* ✆ 39 79 86, Fax: 39 79 92; *Holiday Inn Krishna,* Banjara Hill, ✆ 39 39 39. **A:** *Hotel Viceroy,* Tank Bund Road, ✆ 61 83 83; *Quality Inn Green*

Park, Greenlands Area Begumpet, ✆ 29 19 19, 22 44 55; *Ritz Hotel* (gepflegte britisch-koloniale Atmosphäre, verblichene Pracht, ursprünglich als Palast für eine Schwiegertochter des Nizams gebaut, im Stil eines schottischen Adelssitzes), *Hill Fort Palace Adarshnagar,* ✆ 23 35 70/1; *Hotel Grand Kakatiya,* Greenlands, ✆ 31 45 15, 31 45 12. **B:** *Hotel Central Court,* Lakdi Ka Pul, ✆ 23 32 62; *Hotel Blue Moon,* Begumpet, ✆ 31 28 15; *Hotel Parklane,* Parklane/S. D. Road, ✆ 84 04 66, und *Hotel Asrani International,* M. G. Road, ✆ 84 22 67 (beide in Secunderabad). Viele Mittelklasse-Hotels konzentrieren sich in Abids: *Hotel Jaya International,* Abids Road (nahe GPO), ✆ 23 29 29; *Hotel Siddhartha,* Troop Bazar; *Taj Mahal Hotel,* King Kothi Road/Abids Road, ✆ 23 79 88; *Hotel Rajmata,* Public Gardens Road (gegenüber Nampally Station), ✆ 20 10 00. In der gleichen Straße: *The Residency,* ✆ 20 40 60, und *Hotel Harsha. Hotel Sai Prakash,* Nampally Station Road, ✆ 55 77 86. **C:** *Hotel Sri Brindavan,* in einem Innenhof der Nampally Station Road (nicht weit vom GPO, sauber, ruhig (!), empfehlenswert), ✆ 20 39 70, 20 42 68; *Hotel Kakatiya,* ✆ 51 15 69, und *Hotel Apsara,* ✆ 55 82 83, ebenfalls Nampally Station Road; *Royal Lodge, Neo Royal Hotel, Hotel Imperial* und andere mehr gegenüber dem Bahnhof *Nampally; Tourist Hotel,* Kachiguda Station Road (liegt günstig zum Kachiguda-Bahnhof), ✆ 66 86 91. Sehr einfache Hotels in der Altstadt, rund ums Charminar. Eine *Jugendherberge* befindet sich in Secunderabad am Nordufer des Hussain Sagar. *YMCA* und *YWCA* befinden sich in Abids (werden hauptsächlich von Gruppen frequentiert).

Restaurants: *Firdaus* (Moghul) und *The Szechuan Garden* (Chinesisch) im Krishna Oberoi; *Kebab-e-Bahar* und *Dakhni* im Gateway Hotel, Banjara Hill; *Nanking* (Chinesisch), Parklane, Secunderabad; *Palace Heights,* oben im Hochhaus *Triveni Complex,* nahe GPO (Rundblick); *Taj Mahal* (veg.), Abids, neben Taj Mahal Hotel; *Kamat,* Saifabad (nahe Indian Airline Office).

Unternehmungen: Organisierte Rundfahrten: Ganztägige Stadtrundfahrten (täglich 7.40–18 Uhr) werden von APTDC (s. o.) angeboten: ℰ 81 63 75, 84 39 32. Sie besuchen die Osmania-Universität, Buddha Purnima, Birla Mandir, Golkonda und Qutb Shahi-Gräber, Salar Jang Museum, Charminar, Mecca Masjid, Zoo und Birla Planetarium. Die De Luxe- oder AC-Busse nehmen die Teilnehmer bei den beiden Touristen-Büros oder am Bahnhof Secunderabad auf. Außerdem organisiert die APTDC zwei- und mehrtägige Fahrten zu anderen Plätzen in Andhra Pradesh, zum Beispiel nach Tirupati, Srisailam, Nagarjuna Sagar, Bhadrachalam oder Warangal.

Sehenswürdigkeiten: Archäologisches Museum, 10.30–17 Uhr, Mo. geschl.
Birla Mandir, 7–12 und 15–21 Uhr.
Nehru Zoological Park, 9–17 Uhr, Mo. geschl.
Qutb Shahi-Gräber, 9.30–16.30 Uhr, Fr. geschl.
Salar Jang Museum, 10–17 Uhr, Fr. geschl.

Einkaufen: Hyderabad ist berühmt für Perlen und Bidri-Arbeiten. Das sind Metallgefäße und -gegenstände, deren dunkel geätzte Oberflächen mit Silber in wunderschönen Mustern ausgelegt sind. Schmuckgeschäfte gibt es in der ganzen Stadt. Aber die größte Auswahl findet man im Schmuck-Basar, der sich rund um das Charminar erstreckt. Im Laad Bazaar, ganz in der Nähe, ist das Zentrum für die von indischen Frauen heiß begehrten Glas- und Lack-Armreifen und andere Glasarbeiten. Schöne Textilien wie handgewebte Baumwolle und Seide sowie in verschiedenen Techniken gefärbte und bedruckte Baumwollstoffe findet man u. a. im *APCO Handloom House,* Abids Road; bei der *Central Cottage Industries Corporation of India*, S. D. Road, Secunderabad; im *Handloom House,* Mukkarramjahi Road, Nampally, oder im *Lepakshi Handicrafts Emporium,* Gunfoundry. Hier und im Kalanjali, Hill Fort Road, gegenüber den Public Gardens, kauft man auch Bidri-Ware und anderes Kunsthandwerk.

Janjira
Unterkunft siehe Murud

Jog Falls

Bahnverbindungen: Bei Talguppa, ca. 20 km südöstlich der Jog Falls, endet die Bahnstrecke, die bei Birur von der großen Nord-Süd-Linie abzweigt.

Busverbindungen: Direktverbindung Bhatkal, Karwar/Colva; außerdem nach Hubli über Sirsi, Shimoga.

Unterkunft: C: *Sharavathi Tourist Home* (KTDC), ℰ 32;

Tunga Tourist Home. Hotel Woodland,
✆ 22, Restaurant (nicht ganz auf der
Höhe moderner Gastlichkeit). Jugendherberge am Aussichtspunkt.

Kakinada
Vorwahl: 08 84

 Busverbindungen: Bus von/
nach Rajahmundry.

 Unterkunft: B: *Hotel Tripura
International,* Srinagar,
✆ 7 59 22-6, 7 36 00, Fax: 7 35 22;
Hotel Manosarovar. **C:** *Ganesha Lodge,
Venus Lodge.*

Kalakad-Mundanthurai-Wild-
schutzgebiet

Informationen: *Field Director
Kalakad-Mundanthurai Tiger
Reserve,* Perumalpuram, Tirunelveli
627011, TN (auch Reservierung).
*Deputy Director Kalakad-Mundanthurai
Tiger Reserve,* Ambasamudram 627401
(nahe State Bank), TN, ✆ 5 94. *Forest
Range Officer,* Kalakad 627501. Beste
Reisezeit: September–November,
Januar/Februar (Tiger).

Auto: Ein Mietwagen ist für die
Anreise empfehlenswert (beson-
ders für den SO-Teil). Mundanthurai-
Gebiet (NW): Bus von Tirunelveli nach
Ambasamudram; von hier täglich
Busse nach Mundanthurai und Kariyar.
Kalakad-Gebiet (SO): Bus von Tirunel-
veli nach Kalakad. Es existiert keine
Straßenverbindung zwischen den bei-
den Teilgebieten!

Unterkunft: Rasthäuser: im
NW: Mundanthurai und Kanni-

katty; im SO: Thalayanai und Sengal-
theri. Alle mit Auto erreichbar.

Kanchipuram
Vorwahl: 041 12

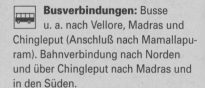 **Busverbindungen:** Busse
u. a. nach Vellore, Madras und
Chingleput (Anschluß nach Mamallapuram). Bahnverbindung nach Norden
und über Chingleput nach Madras und
in den Süden.

Unterkunft: B: *Ashoka Travel-
lers Lodge,* Kamakshi Amman
Sannathi Street 78, ✆ 2 25 61. **C:** *Hotel
Tamil Nadu,* TTDC, Kamakshi Amman
Sannathi Street 73, ✆ 2 25 53; *Hotel
Baboo Soorya,* East Raja Street 85,
✆ 2 25 55, Fax: 47 30 84, Restaurant;
NCS Lodge, Gandhi Road 461-A/B,
✆ 30 54; *Sri Rama Lodge,* Nellukkara
Street 19–20, ✆ 2 24 35; *Sri Krishna
Lodge,* Nellukkara Street 68-A,
✆ 2 28 31; *SV Lodge,* Mettu Street 53,
✆ 2 20 59.

Restaurants: *Baboo Soorya,
New Madras Cafe* und Restaurant
im Hotel Tamil Nadu (nonveg.). In der
Nähe des Busbahnhofs mehrere vegetarische Restaurants (Thalis).

Kanheri

 Bahnverbindungen: Kanheri ist
mit dem Vorortzug von Mumbai
aus zu erreichen. Von Churchgate fährt
man bis Borivli, von der Bahnstation
sind es dann noch ca. 7,5 km. Vom Eingang zum Nationalpark kann man zu
den Höhlen laufen oder auch eine
Riksha nehmen. Um einen Sitzplatz zu
bekommen und einigermaßen bequem

zu reisen, sollte man den Zug am Endbahnhof Churchgate besteigen, da die
Züge sich schnell füllen. Für Frauen gibt
es spezielle *Ladies Compartments;*
diese werden jedoch häufig von den
Fischerfrauen mit ihren geruchsinten-
siven Lasten genutzt und fallen somit
aus. Die beste Lösung ist eine Rück-
fahrkarte 1. Klasse, denn die Abteile
2. Klasse sind auf der Rückfahrt meist
hoffnungslos überfüllt – und an den
Schaltern stehen lange Schlangen.
Dasselbe gilt auch für die Fahrt nach
Bassein.

 Unterkunft: In Mumbai.

Kannur (Cannanore)
Vorwahl: 04 97

Informationen: *Tourist Information Centre,* ein Pavillon vor dem
Taluk Office.

Unterkunft: B: *Hotel Kamala
International,* S. M. Road,
☎ 6 69 10; *Hotel Savoy,* typischer groß-
zügiger Kolonialbau im ehemaligen
Cantonment, Beach Road, im Restaurant mehr Trinker als Esser, ☎ 6 00 74;
Kavitha Tourist Hotel, S. N. Park Road,
☎ 6 33 91; *P.V.S. Tourist Home,*
☎ 6 33 71; *Saphir Tourist Home,* Bank
Road, ☎ 6 00 41; *Gouvernment Guest
House,* Payyambalam, ☎ 6 83 66.

Kanyakumari

Bahnverbindungen: Züge nach
Thiruvananthapuram (3 Std.),
Kochi (6 Std.), Expreß nach Mumbai (48
Std.)

Busverbindungen: Kovalam/
Thiruvananthapuram (sehr häu-
fig/2,5–3 Std.), Madurai (3 ×tägl./6 Std.),
Madras (6 × tägl./6 Std.), Rameshvaram
(1 × tägl.). Busbahnhof im Zentrum.

Unterkunft: A/B: *Cape Hotel,*
TTDC, nahe neuem Busbahnhof
und Leuchtturm, ☎ 7 12 22. **B:** *Hotel
Tamil Nadu,* TTDC, ☎ 7 14 24, oberhalb
Strandstraße, Restaurant, Bar; *Tamil
Nadu Guest House,* TTDC, Zimmer und
Bungalows, ☎ 7 12 57; *Kerala House,*
KSTDC, ☎ 7 12 29, Restaurant; *Hotel
Samudra,* Sannathi Street, ☎ 7 11 62,
Restaurant. **C:** *Laxmi Tourist Home,*
East Car Street, ☎ 7 13 33; *Hotel
Sangam,* Mainroad, nahe GPO,
☎ 7 13 51; *Manickam Tourist Home,*
North Car Street, ☎ 7 13 87, Restaurant;
Sankar Guest House, Main Road, nahe
Bhf., Restaurant, ☎ 7 12 60; *NTC Lodge;
Raja Tourist Home; Tri Sea Lodge*
u. a. m. Jugendherberge TTDC, Reser-
vierung über Cape Hotel. Reservierung
generell empfehlenswert.

Restaurants: Restaurants im
Kerala House, Hotel Tamil Nadu,
Samudra, Manickam Tourist Home,
Sangam und viele kleinere vegetarische
Restaurants.

Sehenswürdigkeit: Vivekananda Memorial, 7–17 Uhr,
Di geschl.

Karle

Busverbindungen: Busse von
Bombay, Pune und Lonavala
(via Karle Holiday Camp).

Unterkunft: B: *Peshwa Holiday
Resort,* nahe den Höhlen,

Restaurant; *Karle Holiday Camp,* MTDC, am Abzweig von NH 4, Restaurant, ✆ 8 22 30, Busanschluß, Taxis.

Kerala Backwaters

Schiffsverbindungen: Kollam–Alappuzha 8–8,5 Std.; Abfahrt in Kollam: 10 und 20.30 Uhr. Abfahrt in Alappuzha: 10 und 22.30 Uhr. Von Alappuzha nach Kottayam – zuerst entlang dem Südufer des Vembanad-Sees, dann über breite Kanäle und schließlich entlang schmaler ›Dorfstraßen‹ mit Hütten, Kirche und KP-Parteibüros – ca. 2,5 Std., täglich 11 × in jede Richtung. Boote zwischen Alappuzha und Kochi leider meistens nachts – besser mit dem Bus. Von den drei Plätzen Boote auch zu anderen Orten im großen Lagunengebiet; vorher sicherstellen, daß und wann Boote zurückfahren. Reservierungen nicht nötig.

Kochi und Ernakulam
Vorwahl: 04 84

Informationen: *ITDC Tourist Office,* Willingdon Island, am Hotel Malabar, ✆ 34 03 52, Mo.–Fr. 9–17.30 Uhr, Sa. bis 13 Uhr. *KTDC Tourist Office,* Shanmugham Road, Ernakulam, ✆ 35 32 34, tägl. 8–18 Uhr.

Flugverbindungen: Vom Flughafen auf Willingdon Island täglich Direktflüge nach Mumbai, wöchentlich mehrmals Thiruvananthapuram, Bangalore/Madras und Goa/Delhi. *Indian Airlines Office:* Durbar Hall Road, Ernakulam, ✆ 36 19 01.

Bahnverbindungen: *Malabar Express* täglich von Mangalore bis Trivandrum die gesamte Küste entlang. Außerdem Züge nach Delhi (43 Std.), Mumbai (38 Std.), Bangalore (14 Std.), Madras, Kottayam/Kollam/ Thiruvananthapuram.

Busverbindungen: Vom zentralen Busbahnhof, nahe MG Road und Ernakulam Stadtbahnhof, Direktverbindungen zu den wichtigen Zielen in Südindien und Kerala: Nach Mysore/ Bangalore (4 × tägl./12 bzw. 15 Std.), Madras (2 × tägl./16 Std.), Madurai über Kumily (4 × tägl./9 Std.), Kanyakumari über Kollam/Thiruvananthapuram (9 Std.), Mumbai (2 × tägl.); nach Goa über Mangalore (umsteigen). 2–3 Busse stündlich nach Alappuzha (1,5 Std.), Qilon (3,5 Std.), Thiruvananthapuram (5 Std.); stündlich nach Trichur (2 Std.) und Kottayam (2 Std.). Nützlich ist das überall erhältliche Heft *JAICO Time Table* (Travel & Tourist Guide) mit aktuellen Fahr- und Flugplänen und Preisen.

Unterkunft: Willingdon Island: L: *Taj Malabar Hotel,* großartige Lage an der Nordspitze der Insel, ✆ 66 68 11, Fax: 66 82 97. **B:** *Casino Hotel,* nahe Hafenbahnhof, ✆ 66 82 21, Fax: 66 80 01, gutes Freiluft-Restaurant mit *Sea Food.* **C:** *Island Hotel Maharaj* (Island Inn), ruhig, mit Garten, Bristow Road, nahe Hafenbahnhof, ✆ 66 68 16-18, Fax: 22 80 13.

Fort Cochin: C: *Hotel Seagull,* sauber preiswert, direkt am Wasser, Calvetty Road, ✆ 22 81 28. Einfache Hotels in ruhiger Lage nahe Hauptpostamt und St. Francis. *Hotel Abad,* Chullickal, Mattancherry, nahe Palast, ✆ 22 82 12, Fax: 37 07 29, gutes Sea Food-Restaurant; *Grace Tourist Home,* KB Jacob Road; *Hotel Elite,* Princess Street, ✆ 22 57 33; *Tharavadu Tourist Home,* Quiros Street, nahe GPO.

Ernakulam: A: *Taj Residency,* Marina Drive, ✆ 37 14 71, Fax: 37 14 81; *The Avenue Regent,* M. G. Road, ✆ 37 26 60/1, 37 35 37, Fax: 37 01 29; *Hotel Presidency,* Paramara Road 47, ✆ 36 31 00, Fax: 37 02 22. **B:** *Hotel Abad Plaza,* M. G. Road, ✆ 68 20 35, 36 16 36, Fax: 37 07 29; *International Hotel,* M. G. Road, ✆ 35 39 11, 35 35 60, Fax: 37 39 29; *Hotel Sealord,* Shanmugham Road, ✆ 35 26 82, 36 80 40, Fax: 37 01 35, Standard des Hotels niedriger, als die 3 Sterne versprechen, schönes Dachgartenrestaurant. **B/C:** *Grand Hotel,* M. G. Road, ✆ 35 32 11; *Hotel Woodland,* MG Road, ✆ 35 13 72, Fax: 37 37 95; *Bharat Hotel* (BTH), Durbar Hall Road, ✆ 35 35 01, Fax: 37 05 02. **C:** *Hotel Sangeetha,* Chittoor Road, ✆ 36 84 87, Fax: 35 42 61; *Hotel Luciya,* Stadium Road, ✆ 35 44 33; *Hotel Blue Diamond,* Market Road, ✆ 35 32 21; *Hotel Hakoba,* Shanmugham Road, ✆ 35 39 33, und viele mehr zwischen Busbahnhof, Bahnhof (Ernakulam Junction) und Shanmugham Road.

Bolghatty: *Bolghatty Palace,* KTDC, sehr schön und preiswert, geringe Kapazität! ✆ 35 50 03; zusätzlich gibt es zwei runde, auf Stelzen stehende *Honeymoon Cottages.*

Restaurants: Willingdon Island: Restaurants in den Hotels Taj Malabar und Casino (Sea Food sehr gut!).

Ernakulam: Restaurant und Dachgarten im Hotel Sealord; *New Tandoor* (Punjabi/chin.), Layam Road; *Chinese Garden* (Spezialität: Mandarinfisch), M. G. Road; *Pandhal* (Indisch/Pizza …), M. G. Road; *Ranjim Vegetarian Restaurant,* Chittor Road; *Bharat Coffee House,* nahe Indian Airlines; eine Reihe von *Indian Coffee Houses,* z. B. nahe der Bootsanlegestelle (sehr gut).

Fort Cochin: *Seagull* (Sea Food), Hotel Seagull; *Elite Hotel,* nahe St. Francis Kirche; *Golden Dragon Restaurant* (chinesisch), gegenüber Parkhotel.

Unternehmungen: Organisierte Rundfahrten: Zweimal täglich *Boat Cruise-cum-Sightseeing Tour* 9–12.30 und 14–17.30 Uhr; Tickets bei den Tourist Offices; Start vom *Sealord Jetty Ernakulam:* Mattancherry-Palast, Synagoge, Fort Cochin mit St. Francis und Fischernetzen, Gundu Island und Bolghatty Island. (Alle Plätze sind auch mit Fährschiffen mühelos und billig zu erreichen.)

Kathakali: Vorführungen für Touristen: In der *India Foundation,* Kalathiparampil Lane, nahe Chittor Road, hinter dem Laxman Theatre, ✆ 36 94 71, tägl. 19 Uhr (Schminken ab 18 Uhr); im *Kochi Cultural Centre,* Durbar Hall Ground, nahe Parishath Thambuan Museum, tägl. 18.30 Uhr (Schminken ab 16.30 Uhr) und im *Art Kerala Theatre,* Kannanthodathu Lane, 19 Uhr. Technik des Schminkens, Bedeutung der Masken und Inhalte der Stücke werden gut erklärt. Infos im Tourist Office über Vorführungen im *Kathakali Club,* Layam Road, und Besuch des *Kathakali Dance Centre* in Fort Kochi. Wer sich ernsthaft für diesen indischen Tanz interessiert, sollte Keralas bester Kathakali-Schule *Kerala Kala Mandalam* in Cheruthuruthy, 100 km nördlich von Kochi, kurz vor Shoranur, einen Besuch abstatten. Morgens kann man dem Training zusehen, abends finden häufig Vorführungen statt.

Sehenswürdigkeiten: Synagoge in der Judenstadt, 10–12 und 15–17 Uhr, Sa. geschl. Mattancherry-Palast, 10–17 Uhr, Fr. geschl.

Kodaikanal
Vorwahl: 0 45 42

Busverbindungen: Direkte Busverbindung mit Madurai, Kodaikanal Road (Bahnstation), Palani und
Coimbatore. Schöne Fahrt über Munnar
in den Kardamom-Bergen nach Kochi.

Unterkunft: L: *Carlton Hotel,*
historisches Luxushotel von
1919, Blick über den See, Lake Road,
✆ 4 00 56, 4 00 59. **A:** *Hilltop Towers,*
Club Road, ✆ 4 04 13. **A/B:** *Kodai International,* Laws Ghat Road, unterhalb
des Sees, ✆ 4 06 49, Fax 4 07 53; *Hotel
Cliffton,* ✆ 43 25, 40 94. **B:** *Hotel Raku
International,* angenehm, ruhig, mit
Blick über Tal/See, Upper Lake Road
(Norton Bungalow), ✆ 4 01 85-7,
4 06 92; *Hotel Sivapriya,* großer Neubau
ohne Atmosphäre, Convent Road 45,
✆ 4 12 26-9, Fax: 4 11 00; *Hotel Tamil
Nadu,* TTDC, Fern Hill Road,
✆ 4 13 36/7; *Vaigai Inn,* kleineres Hotel
unterhalb Sivapriya, Convent Road,
✆ 4 01 58, 4 22 46; *Vijaya Cottage,* Zimmer und Bungalows, Convent Road,
unterhalb Sivapriya, ✆ 4 06 58, 4 04 70.
Auf der anderen Seite des Sees, nahe
dem alten Zentrum, freundliche, ruhig
gelegene Unterkünfte: **B:** *Kodai Hotel,*
Bungalows und nettes Restaurant,
Coakers Walk, ✆ 40 32/3, 4 13 01,
Fax: 4 21 08. **B/C:** *Taj Villa,* nette kleine
Anlage mit Weitblick, Coalkers Walk,
✆ 4 09 40. **C:** *Yagappa Lodge,* Noyce
Road, ✆ 4 12 35, 4 09 17. Die Jugendherberge ist dem Hotel Tamil Nadu benachbart und über dieses zu erreichen.
Viele kleinere Hotels an der Ostseite
des Sees. Die Saison März–September
bedeutet Höchstpreise. Während der
Regenzeit November/Dezember Hotel-
preise 50 % und mehr niedriger.

Restaurants: *Carlton Hotel*
(europäische, nord- und süd-
indische Küche) Lake Road; *Hilltop
Woodlands* (Hotel und Restaurant) und
Hilltop (daneben) im alten Zentrum,
Packiadeepam und *Shanmugavilas*
(veg.), nahe Busbahnhof; *Hotel Jai,*
Lloyds Road; *Hotel India,* am östlichen
Ende des Sees.

Sehenswürdigkeit: Obser-
vatory, März, April, Juni tägl.
10–12.30 und 19–21 Uhr, sonst nur Fr.
10–12 Uhr.

Kodiakarai (Point Calimere)

Informationen: *Wildlife Warden, Point Calimere Wildlife
Sanctuary,* Kadampadi, Nagapattinam
611 001, TN, ✆ 23 49 (auch Reservierung). *Forest Range Officer, Point Calimere Wildlife Sanctuary, Poonarai Il-
liam Rest House,* Kodiakarai 614 807,
TN, ✆ 24. Der Wildpark ist ganzjährig
geöffnet. Beste Zeit ist Dezember bis
Februar (nicht bei starkem Regen).
Boote verfügbar.

Busverbindungen: Bus von
Trichi, Tanjavur, Nagapattinam
nach Vedaranyam. Von da Bus/Minibus
nach Kodiakarai (11 km).

Unterkunft: *Rest House* in
Kodiakarai.

Kolhapur
Vorwahl: 02 31

Busverbindungen: Kolhapur
liegt verkehrsgünstig am NH 4.
Täglich Expreßbusservice u. a. mit
Mumbai/Pune und Hubli/Darwar. Gute

Straßen- und Busverbindung nach Ratnagiri an der Küste (125 km).

 Unterkunft: Die Stadt ist gut mit Hotels ausgestattet, mehrere gleich an dem großen Platz gegenüber dem Busbahnhof. **B/C:** *Hotel Tourist,* New Shahupuri, ✆ 65 04 21-4, Fax: 65 33 46.
Gute Hotels auch im Grünen verstreut, z. B.: **B:** *Hotel Pearl,* New Shahupuri, ✆ 65 04 51, Fax: 65 99 897. **B/C:** *Woodlands Hotel,* Tarabai Park 204-E, ✆ 65 09 41-6; *Hotgel Panchshil,* Shivaji Park, ✆ 66 06 60, Fax: 65 93 22.

 Unternehmungen: MTDC-Stadtrundfahrt.

Kollam (Quilon)
Vorwahl: 04 74

Bahnverbindungen: U. a. nach Thiruvananthapuram, Madurai/Madras und über Kochi (3–4 Std.) nach Mangalore, Mumbai.

Busverbindungen: Rund um die Uhr nach Thiruvananthapuram (2 Std.), nach Alappuzha (2 Std.) und Kochi (3,5 Std.), nach Kumily (Periyar) via Kottayam (8 Std.). Busbahnhof dicht bei der Bootsanlegestelle.

Schiffsverbindungen: Bootsfahrt auf den Back Waters nach Alappuzha/Alappuzha: entweder auf dem öffentlichen Linienboot (tägl. 10 Uhr/8 Std., Rs 10,–) ab ATDC-Pier, ca. 100 m vom Bus Stand, Tickets an Bord, oder auf einem Luxusboot (ATDC) für Touristen (10.30 Uhr in der Saison, Rs 80,–), Infos beim Tourist Office, Tickets vorab bei Tourist Office und einigen Hotels.

 Unterkunft: B: *Tourist Bungalow,* ehemals britische Residenz am Ashtamudi Lake; der noble Bau in einem großen gepflegten Garten ist den weiten Weg vom Stadtzentrum dorthin wert, ✆ 7 86 38. **B/C:** *Hotel Sudarsan,* Paramesvar Nagar, Hospital Road, ✆ 7 53 22. **C:** *Hotel Shah International,* angenehm, Tourist Bungalow Road, ✆ 7 53 62. *Hotel Prasanthi,* Beach Road, ✆ 7 52 92-5, Fax: 7 67 92. *Hotel Sea Bee,* Jetty Road, ✆ 7 53 71-5.

 Restaurants: Im Hotel Shah International; *Indian Coffee House.*

Kotagiri

Unterkunft: *Tourist Bungalow* und Jugendherberge des TTDC.

Kottayam
Vorwahl: 04 81

Bahnverbindungen: Reger Expreß-Verkehr auf der Strecke Kochi/Cochin–Thiruvananthapuram/Trivandrum.

Busverbindungen: U. a. nach Kumily/Thekkady/Periyar (7 × tägl./ca. 4 Std.), Madurai, über Kumily (4 × tägl./7 Std.), Kochi, Thiruvananthapuram. *Central Bus Stand* zwischen City und Bootjetty (1 km).

Schiffsverbindungen: Zwischen 7.30 und 20.30 Uhr 8 × nach Alappuzha/Alleppey (2,5 Std.).

Unterkunft: A: *Coconut Lagoon,* Kumarakom, 10 km außerhalb der Stadt, am Ufer des Vembanad-See, ✆ (04 81 92) 3 73 und 4 91, Fax:

604 81 92) 4 95. **B:** *Hotel Anjali,* K. K. Road, ✆ 56 36 61, Fax: 56 36 69. *Hotel Green Park,* Nagampadom, Kurian Uthup Road, ✆ 56 33 11/2. **B/C:** *Hotel Aida,* M. C. Road, nahe Bus Stand, ✆ 56 83 91, Fax: 56 83 99. **C:** *Hotel Ambassador,* K. K. Road, nahe Hotel Anjali, ✆ 56 32 93; *Hotel Arcadia,* T. B. Road; *Rajadhani,* Post Office Road.

Restaurants: Nettes Restaurant im Hotel Anjali, Spezialität: *Karimeen,* ein Fisch aus den Backwaters, mit Spezial-Curry. *Vyak, Indian Coffee House.*

Kovalam Beach
Vorwahl: 04 71

Busverbindungen: Zwischen 6 und 22 Uhr alle 30 Min. Busse von/nach Thiruvananthapuram. Die Bushaltestelle liegt oberhalb der nördlichen Strandbucht. Direktbusse nach Kanyakumari (3 Std.) und Kollam/Alappuzha/Kochi.

Unterkunft: L: *Kovalam Ashok Beach Resort,* ✆ 48 01 01, Fax: 48 15 22. **B:** Nördlich vom Ashoka liegt abseits, aber in Strandnähe, das *Hotel Samudra,* ✆ 48 00 89, Fax: 48 02 42; *Kadaloram Beach Resort,* G. V. Raja Road, nahe Samudra, ca. 5 Min. vom Strand, ✆ 48 11 16, Fax: 48 11 15; *Al Italia Beach Resort,* Samudra Beach, ✆ 48 03 19. **B/C:** Oberhalb der nördlichen Bucht liegen u. a. die Hotels: *Raja,* ein großer Neubau, ✆ 48 04 55; *Blue Sea,* ein stilvolles altes Haus in einem großen Garten, herrlicher Blick, ✆ 48 04 01; *Neela, Sun and Waves, Deepak* und *Palm Garden* – leider sehr weit vom Strand entfernt. **B:** Direkt am nördlichen Strand nur das *Hotel Sea Rock,*

✆ 5 44 22. Die besseren Hotels im Bereich des Südstrandes liegen auf der Felsnase um den Leuchtturm, meist an der Light House Road. **B:** Das gepflegte *Rockholm Hotel* liegt hoch über der Bucht, ✆ 48 03 06, 48 04 06, Fax: 48 06 07; *Varmas Beach Resort,* sympathische Zimmer mit herrlicher Aussicht, ✆ 48 04 78; *Hotel Palmanova,* ruhige Lage und schöner Blick, ✆ 48 14 81, Fax: 48 04 95. **B/C:** *Hotel Seaweed,* ✆ 48 03 91, 48 07 91, Fax: 46 21 16. **C:** Die meisten der kleineren Hotels liegen hinter dem südlichen Strandbogen (Light House Beach), etwa in der Mitte, strandnah, das *Achutha;* oberhalb davon *Wilson Tourist Home,* ✆ 48 00 51; *Green Valley Cottages; Neptune,* ✆ 48 06 22; das *Sergeant Guest House;* und am unteren Ende *Shangri-La House* und *Flower Home* mit sauberen, hellen Zimmern, Bad und Terrasse. Etwas zurückgesetzt und luxuriöser das *Samudra Tara.* Bei einem längeren Aufenthalt kann man hier auch Privatzimmer und Häuser mieten.

Restaurants: Im *Balcony*-Gartenrestaurant des Rockholm Hotels, hoch oben auf einer Klippe, vorzügliche Langusten und Fisch. Gut auch das *Lucky Coral* beim Hotel Seaweed und das Terrassenrestaurant des Hotels Palmanova. Zahlreiche Strandrestaurants mit oft vorzüglichem Müsli zum Frühstück, Fisch und Meeresfrüchten.

Kozhikode (Calicut)
Vorwahl: 04 95

Unterkunft: B: *Hotel Malabar Palace,* G. H. Road, ✆ 6 49 74; *Hotel Regency,* Moulana Muhammadazi Road, ✆ 6 19 00; *Hotel Paramount Tower,* Town Hall Road, ✆ 6 27 31,

5 46 23; **C:** *Kakkodan Tourist Home,* G. H. Road, ✆ 6 37 27; *Hotel Maharani,* ✆ 7 61 61.

 Restaurants: In den Hotels Malabar Palace, Regency, Asma-Tower und Paramount Tower.

Kumbakonam
Vorwahl: 04 35

 Busverbindungen: Viertel-stündlich Busse von/nach Tajore und Kumbakonam.

 Unterkunft: C: *Hotel AAR,* Big Street, ✆ 2 12 34. *Hotel Pandiyan,* Sarangapani East Sannadi Street, ✆ 2 03 97.

Kurnool
Vorwahl: 0 85 18

 Bahnverbindungen: Kurnool liegt an der Eisenbahnstrecke zwischen Hyderabad und dem Knoten-punkt Guntakal. Direkte Busverbindun-gen u. a. nach Hyderabad, Srisailam, Vijayawada, Nandyal/Cuddapah/ Tirupati, Bangalore.

Unterkunft: B: *Hotel Raja Vihar Deluxe,* Bellary Road, ✆ 2 07 02, Restaurant (nord-/südindisch); *Hotel Nalanda,* Bellary Road, neben Raja Vihar, zwischen Zentrum und Busbahn-hof; *Hotel Ravi Prakash,* Railway Station Road, ruhige Zimmer und Bungalows, ✆ 2 11 16, Restaurant; *Hotel Maharaj,* mit Restaurant.

Lakkundi

Unterkunft: Mit dem Bus von Gadag. Dort auch Übernachtungsmöglichkeit.

Lepakshi

Busverbindungen: Zahlreiche Busse nach Hindupur (APRTC und privat). Busse zwischen Hindupur und Kadiri fahren über Lepakshi.

Unterkunft: C: Rest House *Abhaya Griha* im Dorf, Hotels in Hindupur.

Lonavala
Vorwahl: 0 21 14

Busverbindungen: Sta-tion an der Bahnstrecke Mumbai–Pune, Expreßbusse nach Mumbai und Pune, Busse zu den Karle-Höhlen.

Unterkunft: A: *Fariyas Holiday Resort,* Tungarli, Frichley Hills, ✆ 7 38 52-5, Fax: 7 20 80. **A/B:** *Quality Inn Rainbow Retreat,* Bombay-Pune Road, ✆ 7 34 45, Fax: 7 39 98. **B:** *Hotel Star Regency,* Justice Telang Road, ✆ 7 33 31, Fax: 7 28 25; *Lions Den Hotel,* Tungarli Lake Road, ✆ 7 29 54, Fax: 7 06 42. **B/C:** *Adarsh Hotel,* Shivaji Road, ✆ 7 23 53. **C:** *Hotel Sahyadri, Highway Lodge, Hotel Annapurna, Grand Lodge* (alle an der Bombay-Pune Road); *Chandra Lok Hotel,* C. S. Road.

Madikere (Mecara)
Vorwahl: 0 82 72

 Busverbindungen: Bus von Mysore oder Cannanore.

 Unterkunft: A/B: *Coorg International,* Convent Road, ✆ 2 93 90, 2 80 71, Fax: 2 80 73; **B:** *Hotel Rajdarshan,* neu, schöne Zimmer, M. G. Road, ✆ 2 61 42, 2 70 21; ebenfalls in der Nähe von *Rajas Seat: Hotel Mayura Valley View,* KSTDC, ✆ 2 83 87. **C:** *Hotel Chitra,* School Road, nahe Bus Stand, ✆ 2 73 11-3; *Hotel Chauvery,* School Road, ✆ 2 62 92.

Restaurants: *Red Fern Restaurant,* angenehmes Ambiente, schmackhaftes Essen, Sudarshan Road, Brahmins Valley; Restaurants im Coorg International und im Hotel Mayura.

Madras
Vorwahl: 0 44

Informationen: *ITDC Tourist Office,* Anna Salai (Mount Road) 1 54, ✆ 86 96 85, Mo.–Fr. 9–18 Uhr, Sa. bis 13 Uhr. Stadtplan und Madras-Infos, aber auch Material über Tamil Nadu. Gute, freundliche Beratung; leider sind die vom Computer ausgedruckten Infos hoffnungslos veraltet. *Tamil Nadu Tourism Office* (TTDC), nur ein paar Häuser weiter, Anna Salai (Mount Road) 143, ✆ 83 03 90, 83 04 98. In dem finsteren Hinterzimmer befaßt man sich hauptsächlich mit Stadtrundfahrten und Touren (s. u.). Monatliches Stadtmagazin *Hello Madras* beim Zeitschriftenhandel, nützlich.

Flugverbindungen: *Indian Airlines* fliegt täglich nach Mumbai, Delhi, Bangalore, Calcutta und Hyderabad, sowie mehrmals wöchentlich nach Ahmedabad, Trivandrum, Pune, Kozhikode, Coimbatore, Madurai, Kochi, Tiruchirapalli, Bhubaneshwar, Vizag, Port Blair sowie nach Colombo (tägl.), Singapore und Kuala Lumpur. Büro: Marshalls Road 19, nahe Mount Road/Tourist Office, geöffnet tägl. 8–20 Uhr, ✆ 8 55 30 39, Fax: 8 55 52 08. *NEPC Airlines* bieten täglich Flüge nach Kochi, Coimbatore und Madurai sowie mehrmals wöchentlich nach Hyderabad, Tiruchirapalli, Mangalore, Bangalore, Vizag, Calcutta. Büro: G. R. Complex, Mount Road 407/408, ✆ 45 86 50, 4 34 45 80, Fax: 4 34 43 70. *Jet Airways,* Khadar Nawaz Khan Road 14, ✆ 8 25 98 17, fliegen tägl. 2 × Mumbai an. *East West Airlines,* Kodambakkam High-Road 9, ✆ 8 27 70 07, fliegen tägl., nach Mumbai und Delhi; und *Damania Airways,* Mount Road 407/408, ✆ 45 86 58, fliegt nach Mumbai, Delhi, Calcutta und Bangalore/Ahmedabad. *Vayudoot* fliegt u. a. nach Kochi, Tirupathi und Hyderabad. *Air India,* ✆ 8 55 44 77, *Singapore Airlines, Malaysian Airlines, Airlanka* fliegen nach Mumbai, Delhi, Dubai, Singapore, Kuala Lumpur, Colombo. *Lufthansa,* Mount Road 167, ✆ 8525095, 8525197, fliegt 2 × pro Woche nach Frankfurt/M. Der Flughafen Meenambakkam liegt 15 km (international) bzw. 17 km (national) südwestlich vom Zentrum. Flughafenbus zu den großen Hotels und alle 20–30 Min. ab Egmore Station zum Flughafen.

Bahnverbindungen: Von *Central Station* gehen hauptsächlich Züge nach Norden, zu Zielen außerhalb von Tamil Nadu, (km/Std.): Delhi: 2188/40; Mumbai: 1279/26; Calcutta: 1662/33; Hyderabad: 794/16; Bangalore: 356/7; Kochi 700/12 – Kollam – Thiruvananthapuram.

Von *Egmore Station* fast alle Züge zu Zielen in Tamil Nadu (km/Std.): Tiruchirapalli 337/8; Madurai 492/11; Rameshvaram, 666/18; Tirunelveli.

Mehrere Buchungsstellen in Madras. Empfehlenswert: *Southern Railway Booking Office* nahe Central Station (Hochhaus links vom Bhf.) und in der Egmore Station: 8.30–13 und 13.30–16.30 Uhr.

 Busverbindungen: *Tamil Nadu State Road Transport Corporation TSRTC* und *Thiruvalluvar Transport Corporation Ltd.* sind die zwei Gesellschaften, die den Busverkehr in Tamil Nadu abwickeln. Die separaten Busbahnhöfe liegen nebeneinander an der Esplanade Road, nahe Parry's/Highcourt. Expreßbusse vom TTC Bus Stand u. a. nach Kanyakumari (4 × tägl./16 Std.), Trivandrum (4 × tägl./ 17 Std.), Kumily, Grenzort zu Kerala, Periyar-Wildschutzgebiet (14 Std.), Kochi (16 Std.), Ooty (15 Std.), mehrmals täglich nach Pondicherry (4 Std.), Tiruchirapalli und Madurai (10 Std.). Von hier auch Busse der *APSRTC* (Andhra Pradesh), u. a. nach Tirupati und der *KSRTC* (Karnataka) nach Bangalore (8 Std.), Mysore und Mangalore. Buchungen und Resevierungen an den Busbahnhöfen 7–21 Uhr, ✆ 5 34 18 35. Busse nach Mamallapuram und Kanchipura in schneller Folge vom *Broadway Terminal.*

Unternehmungen: Organisierte Rundfahrten: Stadtrundfahrten tägl.; TTDC: 7.30–13.30 Uhr und 13.30–18.30 Uhr; ITDC: 13.30–18 Uhr.

Nach Kanchipuram und **Mamallapuram:** ITDC tägl. 7.30–18 Uhr; TTDC tägl. 6.20–19 Uhr. Nach **Tirupati** und **Tiruchanur:** ITDC tägl. 6.15–21.30 Uhr;

TTDC tägl. 6–21 Uhr. Buchungen im jeweiligen Tourist Office oder am TSRTC Express Bus Stand. Ähnliche Fahrten werden auch von privaten Reisebüros – zum Teil billiger – angeboten, z. B. von *Sangita Travel Agency,* schräg gegenüber Central Railway Station, ✆ 58 56 52.

 Unterkunft: In Madras gibt es reichlich Hotels aller Kategorien. Sie konzentrieren sich schwerpunktmäßig an fünf Stellen in einem weiten Bogen um das Tourist Office.

An oder nahe der Anna Salai (Mount Road): **L:** *Connemara,* traditionsreiches Spitzenhotel, Binny Road, nahe Mount Road/C-in-C Road, ✆ 8 52 01 23, Fax: 8 52 33 61. **A:** *Ahrilekha Intercontinental,* Mount Road 564, ✆ 4 34 94 84, Fax: 4 34 92 97. **B:** *Madras International,* Mount Road 693, ✆ 81 18 11.

Zentral und trotzdem angenehm ruhig liegen die Hotels im **südlichen Egmore,** zwischen Pantheon Road und Mount Road: **L:** *Ambassador Pallava,* Montieth Road 53, ✆ 8 55 44 76, Fax: 8 26 87 57. **B:** *Ashoka,* sehr angenehm, Pantheon Road 33, ✆ 8 25 33 77; *Kanchi,* empfehlenswert, C-in-C Road 28, ✆ 47 11 00; *Atlantic,* Montieth Road 2, ✆ 8 55 39 14.

Viele Hotels der Mittelklasse liegen in der Umgebung von **Egmore Station** und entlang der geschäftigen **Ponnamallee High Road:** (E.V.R. Periyar Salai): **A:** *Breeze Hotel,* Poonamallee High Road 850, ✆ 6 41 33 34-37, Fax: 6 41 33 01; *The Sindoori Central Hotel,* neu, noch günstig, Poonamallee High Road 26/27, ✆ 58 37 97, 58 66 47, Fax: 58 70 22. **B:** *Hotel Pandian,* Kennet Lane, ✆ 8 25 29 01, Fax: 8 25 84 59; *Hotel Chandra Towers,* Gandhi Irwin Road 9, ✆ 8 25 81 71, Fax: 8 25 17 03; *New Victoria,* Kennet Lane 1, ✆ 8 25 36 38; *Blue*

Diamond, Poonamallee High Road 934, ✆ 6 41 22 44, Fax: 6 42 89 03; *Hotel Merryland Inn,* im 1. OG, ruhig und sauber, Poonamallee High Road 815, ✆ 6 41 13 43.
B/C: *Dasaprakash,* eigenwillige Architektur, angeordnet um weiten Innenhof/Garten, angenehm, Poonamallee High Road 100, ✆ 8 25 51 11; *Hotel Tamil Nadu,* Poonamallee High Road 3, ✆ 58 91 32; *Imperial,* Gandhi Irwin Road 6, ✆ 8 25 03 76; *YWCA Guest House,* mit Camping und Parkgelegenheit, Ponnamallee High Road; *Tourist Home,* Gandhi Irwin Road 21, ✆ 8 25 00 79.
C: *Hawwa Guest House,* ✆ 8 23 36 26; *Hotel Majestic,* beide sauber und preiswert, Poonamallee High Road, nahe Hotel Dasaprakash. *Devi, Premier, Everest,* einfach, alle Poonamallee High Road.

In oder nahe **Nungambakkam High Road,** zentral und in relativ ruhiger Lage: **L:** *Taj Coromandel,* Nungambakkam High Road 17, ✆ 8 27 28 27, Fax: 8 25 71 04. **A:** *Quality Inn Aruna,* Sterling Road 144, ✆ 8 25 90 90, Fax: 8 25 82 82; *The Sindoori Hotel,* Greams Lane 24, ✆ 8 27 11 64, 8 27 66 64, Fax: 8 27 58 38. **B:** *Palm Grove,* großzügig und sauber, Kodambakkam High Road 5, ✆ 8 27 18 81; *Hotel Pratap Plaza,* Kodambakkam High Road 96-C, ✆ 8 27 11 47, 8 27 68 23; *Hotel Ranjith,* Nungambakkam High Road 9, ✆ 8 27 05 21.

Zwischen **Mount Road** und **Mylapore,** gute Hotels in angenehmer Umgebung: **L:** *Welcomgroup Chola Sheraton,* Cathedral Road 10, ✆ 8 28 01 01. **A:** *Savera,* Dr. Radhakrishnan Road (Edward Elliots Road) 69, ✆ 8 27 47 00, Fax: 8 27 34 75; *Hotel President,* Dr. Radhakrishnan Road 16, ✆ 83 22 11, Fax: 83 22 99. **B:** *New Woodlands,* Dr. Radhakrishnan Road 72/75, ✆ 8 27 31 11; *Maris,* Cathedral Road 9, ✆ 47 05 41; *Gupta's Ajanta Hotel,* Swagath, beide Royapettah High Road.
Direkt am **Flughafen: A:** *The Trident,* G. S. T. Road, ✆ 2 34 47 47, Fax: 2 34 66 99.

Einfache Hotels finden sich in den von Parry's abgehenden Parallelstraßen zu **Popham's Broadway/Prakasam Road: C:** Bekannt unter Travellern die *Malaysia Lodge* in der Armenian Street 44; *Hotel Surat,* Prakasam Road; *Hotel Jayalakshmi,* Kondi Chetty Street. Die *Jugendherberge* liegt am südlichen Stadtrand, 2nd Avenue, Indiranagar, ✆ 41 28 82.

Restaurants: Sehr gut im Taj Coromandel: *The Pavilion* (Coffee Shop, Snacks), *Mysore, Golden Dragon;* Chola Sheraton: *Mercara* (Coffee Shop), *Sagari, Peshawri,* und im Connemara: *Veranda.* Das *Ritz,* gegenüber Hotel Dasaprakash; *Jewel Box,* im Hotel Blue Diamond; *Shalimar Garden,* Gandhi Irwin Road; *Impala* (veg., Snacks) Kreuzung Kennet Lane/Gandhi Irwin Road; *Rama Krishna* (veg.) Netaji Subhash Bose Road, nahe YMCA. *Mathura* (veg.) Mount Road; *Amaravati* (Andhra-Küche) Cathedral Road.

Sehenswürdigkeiten: Aquarium, 14–20 Uhr, Sonn- und Feiertag 8–20 Uhr.
Art Gallery/Victoria Memorial Hall, 8–17 Uhr, Fr. geschl.
Fort Museum, 9–19 Uhr, Fr. geschl.
Krokodilfarm (Covelong), 8–18 Uhr.
Künstlerdorf Cholamandal, 6–20 Uhr.
Schlangenpark (Guindy Park), 9–18 Uhr, Giftabnahme Sa. und So. 16–17 Uhr.
State Government Museum and Art Gallery, 9–17 Uhr, Fr. geschl.
Theosophische Gesellschaft (Adayar), Mo.–Fr. 9–10.30 und 14–16 Uhr.

Madurai
Vorwahl: 04 52

Informationen: *TTDC Tourist Office:* West Veli Street 180, nahe Bus Stand, ☏ 2 29 57.

Flugverbindungen: U. a. mit Tiruchirapalli, Madras, Kochi, Bangalore. *Indian Airlines Office:* WFI Build-ings, West Veli Street 7A, ☏ 2 67 95.

Bahnverbindungen: Tourist Office im Bahnhof, ☏ 2 45 35. Madurai ist ein wichtiger Eisenbahn-knotenpunkt: 6 × tägl. Madras via Trichy (8 Std.), 4 × Rameshvaram (6 Std.), 2 × Kollam (8 Std.).

Busverbindungen: Vom *Thiru-valluvar Bus Stand,* West Veli Street, täglich Expreßbusse u. a. nach Thiruvananthapuram (7 ×/8 Std.), Kochi (4 ×/9,5 Std.), Pondicherry (4 ×/10 Std.); häufig nach Kodaikanal (4 Std.), Banga-lore (10 Std.), Madras (10 Std.). Ne-benan starten Stadtbusse zu nahen Zie-len, z. B.: Nr. 5 Tirupparankundram, Nr. 44 Alagarkoil.

Unterkunft: Im NW der Altstadt liegen im modernen Teil Madu-rais, dem ehemaligen **Cantonment,** die besten Hotels der Stadt. **L:** *Taj Gar-den Retreat,* Pasumalai Hills, 6 km vom Zentrum, ☏ 60 10 20, Fax: 8 86 01.
An der **Alagarkoil Road** liegen: **A:** *Pandyan Hotel,* ☏ 4 24 71-79, Fax: 4 20 20; *Hotel Madurai Ashok,* ITDC, ☏ 4 25 31, FAx: 4 25 30. **B:** *Hotel Tamil Nadu Star(I),* TTDC, ☏ 4 24 61-69, Fax: 4 438 07.
Nahe dem Busbahnhof an der **West Veli Street** liegen einige empfehlens-werte Mittelklassehotels: *Hotel Tamil Nadu (II),* West Veli Street, ☏ 3 74 70, Restaurant mäßig; *Hotel Aarathy,* Perumal Kovil Westmada Street 9, an ruhigem Innenhof, sauber, mit Blick auf Madurais größten Vishnutempel, kleines Restaurant, ☏ 3 33 45, 3 15 71. **C:** *Hotel Laxmi,* Koodalalagar Perumal Kovil South Mada Street 36, ☏ 3 33 51; *Hotel Vijay,* Tirupparankundram Road 122, ☏ 3 63 21.
An einer Seite der **West Perumal Maistry Street** konzentrieren sich die Mittelklassehotels; auf der anderen und an der sie kreuzenden **Town Hall Road** findet man viele einfache Hotels.
B: *Hotel Park Plaza,* West Perumal Maistry Street 114–115, ☏ 54 21 12-18, Fax: 54 36 54; *Hotel Supreme,* West Perumal Maistry Street 102, ☏ 54 31 51, Fax: 54 26 37. **B/C:** *Hotel Prem Nivas,* West Perumal Maistry Street 102, ☏ 54 25 32-39; *Hotel Sulochna,* West Perumal Maistry Street 96, ☏ 54 06 27.
C: *Hotel Padmam,* Perumal Tank West Street 1, ☏ 3 71 13; *Hotel Subam,* ☏ 54 20 22; *Hotel Keerthi, Hotel Grand Central, Hotel International, TM Lodge,* alle West Perumal Maistry Street; *Manis Lodge, Santhanam Lodge, Hotel Times, Saraswathi Lodge,* alle Town Hall Road.

Restaurants: Restaurant im Pandyan Hotel (sehr gut). *Aurya* (veg.) und *Surya Roof Top* (schöne Aus-sicht) im Hotel Supreme; *Amutham* (veg.), *Mahal* und *Taj Restaurant,* Town Hall Road; zahlreiche vegetarische Re-staurants rund um den Minakshi-Tem-pel.

Sehenswürdigkeiten: Gandhi Museum, 10–13 und 14–18 Uhr, Mi. geschl.
Minakshi-Tempel und Tempel-Museum, 8–20 Uhr.

Palast des Tirumalai Nayak, 9–13 und 14–17 Uhr.
Sundareshvara-Tempel, tägl. 4.30–12.30 und 16–21.30 Uhr.

Mahabaleshvar
Vorwahl: 0 21 68

Informationen: *Tourist Information Bureau* gegenüber dem Busbahnhof; *Tourist Counter* im *Holiday Resort* (gute Beratung).

Busverbindungen: Mahabaleshvar ist am besten mit dem Bus zu erreichen, von Pune über Wai und in großartiger Fahrt das Parasmi Ghat hinauf nach Panchgani und Mahabaleshvar oder von Mumbai bzw. Goa auf dem National Highway 17 (Konkan Highway) kommend bei Poladpur über eine nicht minder beeindruckende Ghat-Straße steil bergauf. Nach Satara auf der direkten Straße oder über Wai. Busse u. a. von/nach Mumbai, Pune, Satara.

Unterkunft: A/B: In der oberen Preisklasse gibt es einige herrliche alte Hotels – im Grünen um den Stadtkern gruppiert, z. B. das *Fountain Hotel,* mit Blick über das Koyna-Tal, ℘ 6 02 27, 6 01 31, Fax: 6 01 37, und das *Hotel Dina,* ℘ 6 02 46. Moderne Anlagen sind u. a. *Valley View Resort,* Valley View Road, nahe Markt, ℘ 6 00 66; *Belmount Park Hill Resort,* Wilson Point, Satara Road, ℘ 6 04 14, Fax: 6 02 86; *Anarkali Hotel,* Kasam Sajan Road, ℘ 6 03 36, 6 08 00. **B:** *Fredrick Hotel,* ℘ 6 02 40; *Hotel Dreamland,* nahe Bus Stand, ℘ 6 02 28, 6 00 60-3. Das *MTDC Holiday Camp* (im Dschungel beim Old Government House) bietet alles vom *Super Deluxe Bungalow* bis zum *Dormitory* (Schlafsaal), ℘ 6 02 18. **C:** Billige Unterkünfte an der und um die Main Street.

 Restaurants: Einige der Hotels bieten Übernachtung nur mit Vollpension (American Plan). Restaurants in den besseren Hotels und zahlreich in der Main Street.

 Unternehmungen: Organisierte Rundfahrten: Mahabaleshvar, Pratapgad und Panchgani täglich mit Führer, Buchung MTDC Holiday Resort und Tourist Bureau. Rundfahrt Mahabaleshvar nachmittags und Pratapgad morgens ohne Führer. Buchung an der Bushaltestelle.

Mahanandi

Busverbindungen: Busse von/nach Nandyal.

Unterkunft: in Nandyal: *Dwarka Lodge, Meenakshi Lodge* und *Tourist Lodge* (alle mit vegetarischem Restaurant) nahe Bus Stand.

Majorda Beach und Betalbatim
Vorwahl: 08 34

Unterkunft: A: *Majorda Beach Resort,* Majorda, ℘ 22 00 25/26, Fax: 73 02 12; *Nanu Resort,* Betalbatim Beach, ℘ 73 30 29, Fax: 22 38 70.

Malwan und Sindhudurg

 Busverbindungen: Busse nach Ratnagiri und Goa (moderne Busse).

Unterkunft: C: *Vinay Lodge* (im Zentrum) und *Tourist Lodge* (direkt neben dem Busbahnhof), sehr einfach, Beschriftung nur in Marathi.

Mamallapuram (Mahabalipuram)
Vorwahl: 0 41 13

Busverbindungen: Von der Bushaltestelle im Dorf zahlreiche Busse nach Madras und über Tirukkali-kundram (15 km) nach Chingleput (29 km) zur Weiterfahrt nach Norden (Kanchipuram) und Süden (Pondicherry, Tiruchirapalli usw.) und zum Vogel-schutzgebiet Vedanthangal. Bahnan-schluß in Chingleput.

Unterkunft: Zwischen dem Ort und dem Dorf Shaluvankuppam, 5 km nördlich, hinter dem Strand meh-rere z. T. recht luxuriöse Hotels und Bungalowanlagen (von S nach N): **A:** *Temple Bay Ashok Beach Resort,* ITDC, Bungalows o.k., Pool, ✆ 4 22 51-55, Fax: 4 22 57; **B:** *Hotel Tamil Nadu Beach Resort Complex* (Shore Temple Resort), TTDC, großzügige Anlage, Zimmer/ Bungalows mit leichten Verschleißspu-ren, sonst o.k., Pool, Restaurants, ✆ 4 23 61-65; daneben komfortables Resort im Bau. **B:** *Mamalla Beach Resort,* neue Anlage auf dem Gelände einer Farm/Baumschule, Zimmer schön, sehr preiswert, aber noch keine Atmosphäre; *Silversands,* große An-lage, Bungalows z. T. reichlich verkom-men, dafür teuer (Saison), ✆ 4 22 28, 4 22 83, Fax: 4 22 80. **C:** *Silver Inn* ist der *Budget Complex* von Silversands, einfachste Bungalows nahe der Straße, Handtücher und Bettwäsche kosten extra! **B:** *Golden Sun Beach Resort,* wenig gepflegte Anlage, ✆ 4 22 45/6,

Fax: 94 44 44. Des weiteren **A/B:** *Ideal Beach Resort,* sehr schöne gepflegte Anlage mit sauberen Bungalows, großem Pool und stimmungsvollem Freiluft-Restaurant, ✆ 4 22 40, 4 24 43, Fax: 4 22 43. Im Ort zwei neue Hotels: **B:** *Hotel Veeras,* neu, ganz komfortabel, East Raja Street, ✆ 22 88, 24 01-3; *Mamalla Bhavan,* neu, neben Hotel Veeras, ✆ 4 22 60, 4 23 60. Mehrere kleinere Hotels ohne Komfort, **C:** *Mamalla Bhavan, Namalia Lodge, Royal Lodge, Pallava Lodge, Menna; J. P. Lodge,* nahe Straße nach Chingle-put. (Vorsicht mit offenen Fenstern: Affen!)

Restaurants: Restaurant im Hotel Veeras; *Sunrise, Rose Garden, Tina Blue View* (Seafood) in Strandnähe; *Mamalla Bhavan* (veg.) nahe Bushaltestelle; *Village* (Frühstück, Seafood).

Mangalore
Vorwahl: 08 24

Flugverbindungen: Mumbai und Bangalore.

Bahnverbindungen: Nach Fertigstellung der Konkan-Bahn durchgehende Verbindung nach Mum-bai und entlang der Malabar-Küste nach Kochi. Verbindung über Hassan nach Bangalore und in den Norden.

Busverbindungen: In alle Rich-tungen. Entlang der Küste Karna-takas viele Privatbusse aller Kategorien.

Unterkunft: A: *Summer Sands Beach Resort,* Ullal, Chotaman-galore (10 km), Bungalowanlage im lokalen Baustil, zwischen Kokospalmen direkt am Meer, ℐ (0 82 46) 46 76 90, Swimmingpool, Restaurant. **B:** *Hotel Manjarun* (Taj), Bunder Road, nahe Hafen und Meer, ℐ 42 04 20, Fax: 42 05 85, Restaurant, Pool; *Hotel Moti Mahal,* Falnir Road, ℐ 44 14 11, Fax: 44 10 11, Restaurant, Pool; *Hotel Poonja International,* K. S. Rao Road, ℐ 44 01 71, Fax: 44 10 81; *Hotel Srinivas,* Ganpathy High School Road, ℐ 44 00 61. **C:** *Hotel Navaratna Palace,* K. S. Rao Road, ℐ 44 11 04; *Hotel Mayura Nethravathi,* KSTDC, Kadri Hill, 3 km vom Bus Stand, ℐ 2 41 92; *Panchami, Varnath Mahal, Nirmal Lodge* u. a. m. nahe Bus Stand.

Mapusa
Vorwahl: 08 32

 Informationen: Im Tourist Home, nicht weit vom Busbahnhof.

Unterkunft: B: *Tourist Home,* ℐ 26 27 94; *Hotel Bardez,* ℐ 26 26 07; *Hotel Sayaheera,* ℐ 26 28 49; *Hotel Vilena,* ℐ 26 31 15.

Restaurants: *The Lobster, Imperial Bar & Restaurant,* Restaurant im *Tourist Hostel, Casa Bella* (Taxi-Stand), *Woodlands* und *Poornima* (veg.).

Margao
Vorwahl: 08 34

Informationen: Im *GTDC Tourist Hotel* beim Rathaus (Municipal House).

Unterkunft: B: *Hotel Metropole,* Avenida Conceicao,

ℐ 7 32 15 52; *Mabai Hotel,* Praca Dr. George Baretto, gegenüber Municipal Garden, ℐ 7 32 16 53 (empfehlenswert). **C:** *GTDC Tourist Hotel,* ℐ 72 19 66.

Restaurants: *Mabai* (Hotel-Restaurant), *Kandeel* (am Hauptplatz), *Longuinhos* (gegenüber Rathaus), *La Marina Cafe* (nahe Colva Bus Stand).

Matheran
Vorwahl: 0 21 48

Informationen: Tourist Office und GPO gegenüber dem Bahnhof. Während der Monsunzeit ist Matheran nicht oder nur sporadisch erreichbar. Bei der Ankunft zahlt man, wie auch in anderen Bergstationen, eine *Kopfsteuer* (= Kurtaxe). Auf dem Plateau gibt es keine Motorfahrzeuge. Rikschas werden im hügeligen Gelände von drei Mann bewegt. Für Ausritte stehen Ponies zur Verfügung.

Bahnverbindungen: Man erreicht Matheran am besten mit der Eisenbahn. Von Victoria Station in Mumbai mit dem *Deccan Express,* dem *Miraj Express* oder einem Nahverkehrszug Richtung Karjat (Karjat Local) bis Neral und von hier mit einer Schmalspurbahn die letzten 21 km hinauf nach Matheran. Diese 2-Stunden-Fahrt ist ein Vergnügen ganz besonderer Art.

Busverbindungen: Von Mumbai oder Pune nach Neral. Dann auf neuer, 11 km langer Straße Taxi-Service der MTDC (Sammeltaxis) nach Matheran.

Unterkunft: Viele der größeren Hotels bieten nur Vollpension: **B:** *The Byke,* ℐ 3 03 65/6, Fax: 3 03 26; *Royal Hotel,* Kasturba Road, ℐ 3 02 47;

Hotel Alexander, Madhvji Road,
℘ 3 02 51; *Lord's Central Hotel,* ℘/Fax:
3 023 28, stilvoll; *Regal Hotel,* Kasturba
Road, ℘ 3 02 43; *Hotel Rugby,* Vithalrao
Kotwal Road, ℘ 3 02 91/2. Andere bieten auch Unterkunft ohne Verpflegung:
A/B: *Brightlands Resorts,* Maulana
Azad Road, ℘ 3 02 44, Fax: 3 05 32;
B/C: *MTDC Holiday Camp,* 2,4 km
außerhalb des Ortes. Zug hält am
Camp: Station Aman Lodge, Bungalows mit unterschiedlicher Ausstattung,
℘ 3 02 77. **C:** *Girivihar,* Sivaji Road, ℘
3 02 31; *Preeti,* nahe Bhf.; *Laxmi Hotel,*
M. G. Marg, nahe Basar.

Mecara siehe Madikere

Mudabidri

 Busverbindungen: Bus von
Mangalore und Udipi.

 Unterkunft: C: *Tourist Cottages,*
KTDC, sehr einfach. Oder in
Mangalore oder Udipi.

 Sehenswürdigkeit: Guru
Basadi-Tempel, tägl. 7–8 und
19–20 Uhr.

Mudumalai-Wildschutzgebiet

 Informationen: Anmeldung
und Reservierungen beim *Wild
Life Warden* in Ooty, Mahalingam
Building, Coonoor Road, Mo.–Sa. 10–13
und 14–17.30 Uhr, ℘ (04 23) 4 40 98.
Rezeption und Versorungszentrum befinden sich in Theppakadu an der
Mysore-Ooty Road. Dort auch Unterkünfte, ein Restaurant, Teestube und

ein Elefantencamp, wo Elefanten gehalten und zur Waldarbeit abgerichtet werden. An der Rezeption kann man sich
für eine Rundfahrt einen Platz in einem
(lauten) Bus reservieren lassen, oder
man bucht einen Elefantenritt in die nä-
here Umgebung: 7–9 und 16–18 Uhr. Je
4 Besucher sitzen bequem in einem
Aufbau, der Mahud (Elefantentreiber)
auf dem Hals des Tieres. Schon der ge-
mächliche, vorsichtige Gang des Elefanten macht Vergnügen. Beste Zeit:
März–Juni, September/Oktober.

Unterkunft: B: *Jungle Hut,*
℘ 5 62 40. **B/C:** *Holiday Inn,*
Mountaniya Rest House, ℘ 5 62 37;
Oasis Holiday Home. **C:** *Blue Bell,* Jain
Resort, ℘ 5 63 18 sowie *Rest House* und
Log House im Dorf Masinagudi, östlich
von Theppakadu. **B:** *Monarch Safari
Village,* ℘ 5 62 50, und *Blue Valley
Resorts,* ℘ 5 62 44 in Bokkapuram.
C: *Guest House* und Annex in Abhaya-
ranyam an der Ooty-Mysore Road.
Sylvan Lodge, Log House und verschie-
dene Dormitories in Theppakadu.

Restaurants: Die Häuser in
Msinagudi und Bokkapuram
haben eigene Restaurants.

Mumbai (Bombay)
Vorwahl: 0 22

Informationen: *Government
of India Tourist Office* (Info-Center
der Zentralregierung), Maharshi Karve
Marg (Queens Road) 123, nahe Churchgate Terminus, ℘ 29 31 99, Informationen und Material über Mumbai/Maha-
rashtra und alle anderen Bundesstaaten. *Maharashtra Tourism Development
Corporation* (MTDC), Zentrale: Express
Towers, Nariman Point, ℘ 2 02 44 82,

2 02 45 22, 2 02 45 84. Fax: 2 02 45 21.
Stadtbüro: Madame Cama Road,
✆ 2 02 67 13, 2 02 77 62, 2 02 46 27.
Weitere Info-Schalter: Sahar Internatio-
nal Airport, Santacruz Airport National,
Victoria Terminus, Kohinoor Road (nahe
Pritam Hotel), Dadar T. T. und beim Ga-
teway of India.

Flugverbindungen: Knotenpunkt im nationalen Flugnetz.

Bahnverbindungen: Von Central Station mit der Western Railway nach Norden, Richtung Gujarat
und weiter nach Rajasthan. Vom Victoria
Terminus mit der Central Railway über
Thane, Kalyan nach Nasik, Jalgaon
(Ajanta) und Nagpur oder ebenfalls
über Thane und Kalyan nach Pune und
von da nach Süden und Südwesten,
nach Karnataka, Andhra Pradesh und
weiter.

Busverbindungen: Nach Nor-
den fährt man von Mumbai auf
dem Western Express Highway, der in
den National Highway (NH) 8 übergeht,
in Richtung Baroda (Vadodara) und
Ahmadabad. Auf dem Eastern Express
Highway verläßt man die Insel bei
Thane, wo nach Nordosten der National
Highway 3 nach Nasik führt und nach
Südosten der National Highway 4 nach
Pune. Bei Panvel zweigt nach Süden
der National Highway 17 nach Goa ab.
Von Pune aus führt der National Highway 50 nach Norden (Nasik), eine
Straße nach Nordosten (Aurangabad/-
Ajanta/Ellora), der National Highway 9
nach Südosten (Pandarpur/Sholapur)
und der National Highway 4 nach Süden,
oberhalb der Ghats über Satara/Kolhapur
nach Karnataka und Goa. Die grün-
weißen Expreßbusse nach Pune starten
stündlich neben der Dadar Railway

Station; Reservierung mit numerierten
Plätzen. Nahe Dadar Station auch Ge-
meinschaftstaxis, bei denen man pro
Platz bezahlt.

Schiffsverbindungen: Schnelle
Verbindung mit Katamaran der
DAMANIA Shipping Ltd. nach **Goa:** Ab
Goa Pier 20.30 Uhr – an Panjim 6.30
Uhr. Ab Panjim 9 Uhr – an Mumbai
16.30 Uhr. Infos: Damania Shipping,
✆ 2 66 02 53, Fax: 2 66 36 71; Tickets im
Tourist Office und in Reisebüros. Fähre
nach **Rewas:** New Ferry Warf, einige
hundert Meter vom Goa-Pier seewärts.
Täglich 7 Fahrten zwischen 6 und
17.30 Uhr, in Gegenrichtung zwischen 7
und 19 Uhr. Tickets am Pier. Kein Fährverkehr in der Monsunzeit. Weiterfahrt
mit Bus oder Motorrikscha.

Unterkunft: Mumbai ist von
allen indischen Städten am besten mit Hotels ausgestattet. Das Preis-
niveau liegt allerdings, besonders für
die einfachen und Mittelklassehotels,
viel höher als sonst im Lande. Die hier
aufgeführten, ausgewählten Hotels beschränken sich auf die touristischen
Zentren. Für viele Hotels ist eine frühzeitige Reservierung anzuraten. Am
Flughafen gibt es einen Schalter, wo
man eine umfängliche Hotelliste einsehen und den Reservierungsservice in
Anspruch nehmen kann.

Colaba/Fort/Marine Drive:
L: *Taj Mahal Hotel*, Apollo Bunder,
✆ 2 02 33 66, Fax: 2 87 27 11; *The
Oberoi*, Nariman Point, ✆ 2 02 57 57,
Fax: 2 04 15 05; *Oberoi Towers*, Nariman
Point, ✆ 2 02 43 43, Fax: 2 04 32 82;
President (Taj), Cuffe Parade 90, Colaba,
✆ 2 15 08 08, Fax: 2 15 12 01; *Ambassa-
dor*, Veer Nariman Road, ✆ 2 04 11 31,
Fax: 2 04 00 04; *Fariyas Hotel*, off Arthur
Bunder Road 25, Colaba, ✆ 2 04 29 11,

Fax: 2 83 49 92. **A:** *Nataraj*, 135 Netaji Subhash Road (Marine Drive), ℰ 2 04 41 61, Fax: 2 04 38 64; *Diplomat*, B. K. Boman Behram Marg, (früher Mereweather Road, nahe Taj Mahal Hotel), ℰ 2 02 16 61, Fax: 2 83 00 00; *Hotel Godwin*, Garden Road 41, ℰ 2 87 20 50, 2 84 12 26, Fax: 2 87 15 92; *Ascot Hotel*, Garden Road, ℰ 2 84 00 20, 2 87 21 05, Fax: 2 04 64 49; *Garden Hotel*, Garden Road, ℰ 2 84 14 76, 2 84 17 00, Fax: 2 04 42 90; *Apollo*, Lansdowne Road, ℰ 2 02 02 23, 2 87 33 12, Fax: 2 87 49 90; *Suba Palace*, Apollo Bunder, ℰ 2 02 06 36, Fax: 2 02 08 12. **B:** *Ritz Hotel*, J. Tata Road, ℰ 22 01 41, Fax: 2 85 04 94; *Astoria*, Jamshedji Tata Road, ℰ 2 85 26 26, Fax: 2 87 17 65; *West End Hotel*, New Marine Line 45, ℰ 2 03 91 21, Fax: 2 05 75 06; *Sea Green Hotel*, 145 Netaji Subhash Road (Marine Drive) 145, ℰ 22 22 94. *Regent Hotel*, Ormiston Road (Best Marg) 8, ℰ 2825696, 2 87 18 54, Fax: 2 02 03 63, *Shelly's Hotel*, ℰ 2 84 02 29, 2 84 02 70, Fax: 2 84 03 85; *Strand Hotel*, ℰ 2 84 16 24, 2 84 16 73, Fax: 2 04 11 60; *Sea Palace Hotel*, ℰ 2 84 18 28, 2 85 44 04, Fax: 2 85 44 03, alle nebeneinander an der P. J. Ramchandrani Mark (früher Strand Road), ehemalige britische Stadtvillen, angenehm. **C:** Viele einfachere Hotels in **Colaba**, zwischen Shahid Bhagat Singh Road (Colaba Causeway) und P. J. Ramchandani Marg (Strand Road), u. a. *Cowie's*, Walton Road, ℰ 2 84 02 32, 2 84 04 37; *Moti International*, Best Marg, ℰ 2 02 57 14, 2 02 16 54; *Whalley's*, Mereweather Road, ℰ 2 82 18 02, 2 83 42 06; *Kerewalla Chambers Guest House*, über Strandhotel (3./4. Etage), ℰ 2 82 10 89; übereinander im *Kamal Mansion*, Mondoo Desai Marg, Ecke Arthur Bunder Road: *Sea Shore Hotel* (4. Etage), ℰ 287 42 37,

2 87 42 38, und *Indian Guest House* (3. Etage), ℰ 2 83 37 69, sauber, aber winzige Räume; *Sealord Hotel* (2. Etage), ℰ 2 84 53 92, ganz ordentlich; *Gulf Hotel* und *Al-Hijaz* an der Arthur Bunder Road, *Rex Hotel* und *Stiffles* an der Orniston Road; *Red Shield House* (Heilsarmee), Mereweather Road, ℰ 2 84 18 24, max. 6 Tage, sehr preiswert, auch mit Vollpension, frühzeitige Reservierung nötig; *YWCA International Guest House*, Madame Cama Road, Cooperage, ℰ 21 51 35. Weitere YWCA-Gästehäuser in Wodehouse Road 12 und Motlibai Street 34, Byculla. *YMCA-International Guest House*, Club Back Road, Bombay Central, ℰ 37 06 01.

Weitere, meist *sehr* einfache Hotels nahe GPO und **Victoria Terminus**, u. a. *Rupam Hotel*, P.D. Mello Road 239, ℰ 2 61 62 25; *Welcome Hotel, Narsimha Guest House, Empire Hindu Hotel*.

Am International Airport: L: *Leela Kempinski*, ℰ 8 36 36 36, Fax: 6 36 06 06; **am National Airport: A:** *Centaur Airport*, ℰ 6 11 66 60, Fax: 6 11 35 35. **B:** *Airport International*, ℰ 6 12 28 91; *Airport Kohinoor*, Andheri, Kurla Road, ℰ 8 34 85 48, Fax: 8 38 24 34; *Kamat Plaza*, Santa Cruz, Nehru Road 70C, ℰ 6 12 33 90, Fax: 6 10 59 74; *Samraj*, Andheri, Chakala Road, ℰ 8 34 93 11, Fax: 8 36 39 32.

Juhu Beach: L: *Ramada Palm Grove*, ℰ 6 11 23 23, Reservierung: ℰ 6 14 74 66, Fax: 6 11 36 82; *Centaur Hotel*, ℰ 6 11 30 40, Fax: 6 11 63 43; *Holiday Inn*, ℰ 6 20 44 44, Fax: 620 44 52; *Sun'n Sand*, ℰ 6 20 18 11, 6 24 29 85, Fax: 6 24 29 93, 6 20 21 70, nicht zu groß, angenehm. **A:** *Citizen Hotel*, ℰ 6 11 72 73, 6 11 77 66, Fax: 6 11 71 70; *Juhu Hotel*, ℰ 6 14 61 40, Fax: 612 25 93, kleinere, flache Anlage; *Sands*, ℰ 6 20 45 11, Fax: 6 20 52 68, in 2. Reihe, leicht verwohnt. **B:** *Sea View Hotel*,

✆ 6 10 59 42, 6 17 99 32, einfache Bungalows, populär, oberhalb des Haupstrandes; *Sea Side Hotel*, ✆ 6 20 02 93, 6 20 62 97, in 2. Reihe. Alle Hotels strandnah und über Juhu Tara Road zugänglich.

Restaurants: Mumbai bietet die größte Vielfalt aller indischen Städte.

Spitzenrestaurants in den großen Hotels: *Tanjore* (indisch), *golden Dragon* (chinesisch) und *Roof Top Rendezvous* (französisch) u. a. im Taj Hotel, angenehm das *Shamiana* gegenüber den Shops; *Moghul Room* (islamisch-indisch), *Supper Club* (Continental) und *Café Royal* (französisch) im Oberoi; *Gulzar* (islamisch-indisch) und *Trattoria* (italienisch) im President; *The Village* (gujaratisch) im Poonam International; *The Society* und *The Top* (großartiger Rundblick) im Ambassador; *Silver Plate* (köstlich: Pomfret, reichlich Snacks zum Bier) im Diplomat.

Indische Restaurants: *Kyber* und *Copper Chimney*, Kaikushroo Dubash Marg, nobel und teuer; nahebei: *The Wayside Inn*, Restaurant/Café, einfach, angenehm; *Rasraj* und *Kamath's Vaibhav* nebeneinander in der Mahatma Gandhi Road; *Chetana* (gujaratisch, veg.), Rampart Row, Kala Ghota; *Gaylord*, Veer Nariman Road; 2 × *Delhi Durbar:* Falkland Road und Shahid Bhagat Singh Road, Colaba; *Oasis* in Colaba; *Thacker's* (gujaratisch), M. Karve Road/Marine Drive; *Sher-e-Punjab*, Mint Road; *New Indian Coffee Shop* (südindisch), Kittridge Road; *Purohit* (südindisch), Churchgate; *Royal Cafe & Bar*, Wellington Fountain; *Palkhi*, Walton Road, ✆ 2 04 13 02, *Vintage*, Mandilik Road, ✆ 2 85 63 16, 2 02 35 92, *Eduard VIII, Leopold's* und *Olympia Cafe*, Säfte, Frühstück, Snacks, *Kailash Parbat* (Ecke

Pasta Lane, veg., Lassi – vorzüglich!) alle Shahid Bhagat Singh Road, Colaba. Chinesische Restaurants: *Nanking* und *Mandarin*, Shivaji Marg; *Kamling* und *Chop Sticks*, Veer Nariman Road.

Sehenswürdigkeiten: Victoria and Albert Museum, 10–17 Uhr, Mo. 8.30–16.45 Uhr, Mi. geschl. Prince of Wales Museum of Western India, 10–18 Uhr, Mo. geschl. Taraporevela Aquarium, 11–20 Uhr, Mo. geschl.

Murud
Vorwahl: 02 14 47

Unterkunft: Im Palmenhain unmittelbar hinter dem Strand: **B:** *MTDC Holiday Resort*, Durbar Road, ✆ 40 78. Etwas weiter südlich – einfach, angenehm und romantisch: **C:** *Aman Place*. *Ruchit*, Dr. Rajendra Prasad Road, ✆ 42 19. Weitere einfache Unterkünfte: *Neelam Cottage*, ✆ 7 40 52, in Mumbai: 6 42 80 97, 6 42 10 79; *Sea Green*, ✆ Mumbai: 2 83 03 26.

Mysore
Vorwahl: 08 21

Information: KSTDC Tourist Office im Hotel Mayura Hoysala/ Yatrinivas Komplex, Jhansi Laxmi Bai Road 2, ✆ 2 36 52, außer einer Handskizze von Mysore kein Material; Buchung von Stadtrundfahrten und Ausflügen (s. u.). Regional Tourist Office, Old Exhibition Buildings, Irwin Road, ✆ 2 20 96, 3 10 61, Handzettel mit primitiver Karte und sparsamen Infos – aber Gästebuch!

Bahnverbindungen: nach Bangalore (ca. 5× tgl./3,5 Std.), Hassan (3× tgl./4,5 Std.) und weiter zur Küste (Mangalore) oder nach Norden (über Londa nach Pune/Mumbai oder Goa)

 Busverbindungen: Busse u. a. nach Bangalore (ca. alle 20 Min./3,5 Std.), Madras (16, 17, 21 Uhr/11 Std.), Kochi (3× tgl./12 Std.), Ooty (6 × tgl./5 Std.) über Bandipur (auch 2 × direkt) und Mudumalai, Hassan (häufig/2,5 Std.). Central Bus Stand, Bangalore-Nilgiri Road/Ecke Irwin Road; Auskunft ✆ 2 08 53.

 Unterkunft: L: *Lalitha Mahal Palace Hotel*, ITDC, erbaut für die Gäste des Maharajas, originale Möblierung der Jahrhundertwende, nostalgische Atmosphäre, Narsipur Road, ✆ 57 12 65-76, Fax: 57 17 70.

Westlich von Palast und City liegen um die **Jhansi Laxmi Bai Road** gute Hotels in gepflegter Umgebung: **L:** *Hotel Quality Inn Southern Star*, Vinoba Road 13/14, ✆ 56 41 41, 56 47 29, Fax: 52 16 89. **A:** *Kings Court Hotel*, Jhansi Laxmi Bai Road, ✆ 2 52 50, Fax: 56 31 31. **A/B:** *Hotel Metropol*, traditionsreiches Haus, angenehm, Jhansi Laxmi Bai Road 5, ✆ 52 06 81, 52 08 71, Fax: 52 08 54. **C:** *Hotel Mayura Hoysala*, KSTDC, ✆ 2 53 49 und *Hotel Mayura Yatrinivas*, KSTDC, ✆ 2 36 52, nebeneinander in der Jhansi Lakshmi Bai Road 2, preis- und empfehlenswert

Unmittelbar nördlich von **Palast** und **Curzon Park** liegen mehrere empfehlenswerte Hotels der gehobenen und preiswerten Mittelklasse: **A:** *Hotel Ramanashree Comforts*, Hardinge Circle, ✆ 3 05 03, 2 78 13, Fax: 56 57 81. **B:** *The Viceroy*, geschmackvoll, Sri Harsha Road, ✆ 2 40 01, 2 80 01, Fax: 2 54 10;

Hotel Palace Plaza, Sri Harsha Road, ✆ 2 71 36, 3 00 34, Fax: 52 10 70. **B/C:** *Hotel S.C.V.D.S.*, Sri Harsha Road, ✆ 52 13 79, 2 51 61, empfehlenswert; *Mysore Hotel Complex*, großzügig, aber etwas nüchtern, viel Parkraum, Bangalore-Nilgiri Road, ✆ 2 62 17-9; *Hotel Darshan Palace*, Lokarajan Mahal Road, direkt am Zoo, ✆ 52 07 94, 56 40 83. **C:** *Hotel Ritz*, Bangalore-Nilgiri Road, ✆ 2 26 68; *Ganesh Palace*, Chandragupta Road L-17, nahe Bus Stand, ✆ 2 89 85, 56 44 15.

Viele einfache Hotels am **Gandhi Square** und in der **Dhanvantri Road: B:** *Hotel Dasaprakash*, Sardar Patel Road 793, ✆ 2 44 44, 2 44 55. **C:** *Hotel Ashraya*, Danavanthri Road, ✆ 2 70 88; *Hotel Durbar*, Gandhi Square, ✆ 2 00 29.

Zentral, aber ruhig liegen gegenüber dem **Jaganmohan Palace** die einfachen Hotels: **C:** *Sudarshan Lodge*, ✆ 2 67 18; *Hotel Palace View*, Raja Bhavan.

19 km nordwestlich von Mysore liegen oberhalb der **Brindavan Gardens** zwei Hotels: **B:** *Hotel Krishnarajasagar*, Brindavan Gardens, ✆ (0 82 36) 5 72 22, 5 72 60, Fax: (08 21) 52 08 54; *Hotel Mayura Cauvery*, KSTDC, Brindavan Gardens, ✆: Belagola 52 (nur mit Reservierung). Das *Rajendra Vilas Palace Hotel* auf dem Camundi Hill, seit Jahren geschlossen, soll von der Taj-Gruppe übernommen worden sein und demnächst wiedereröffnet werden.

🍴 **Restaurants:** *Gun House* (Moghul/Tandoori), gegenüber dem Palast im ehemaligen Zeughaus der Maharajas, die auch das nette Restaurant betreiben, Bangalore-Nilgiri Road, ✆ 52 06 08. *Ilapur* (Andhra-Küche), geschmackvoll und sympathisch, Sri Harsha Road, ✆ 3 28 78. *Parklane Hotel*, populäres Gartenrestaurant, phantasievolle Speisekarte, Sri Harsha Road. Restaurant im Hotel Ritz, sehr gut besucht, Bangalore-Nilgiri Road. *New Gayathri Bhavan, Hotel Indra Bhavan, Punjabi Restaurant Bombay Juice Centre, Kwality Restaurant* in der Dhanvantri Road. *Bombay Indra Bhavan, Indra Cafe* in der Sayaji Rao Road. *Hotel Durbar, Shilpashtri Restaurant* am Gandhi Square.

Sehenswürdigkeiten: Chamarajajendra Art Gallery im Jaganmohan Palace, 8–17 Uhr.
Government Sandalwood Oil Factory, 9–11 und 14–16 Uhr.
Silk Factory Manathandy Road, Mo.–Fr. 9–11 und 12.30–16.30 Uhr.
Stadtpalast der Maharajas von Mysore/ Maharaja's Residential Museum, 10.30–17.30 Uhr.

Nagarhole-Nationalpark

Information: *Assistent Conservator of Forests*, Wildlife Sub-Division, Vanivilas Road, Mysore, ✆ 2 11 59, und *Range Forest Officer*, Nagarhole. Beste Reisezeit ist September bis Mai, ganzjährig geöffnet.

 Busverbindungen: Bus nach Mysore und Madikere.

Unterkunft: *Cauvery Lodge* und *Gangotri Lodge*, Nagarhole. Buchung über: *Assistent Conservator of Forests*, Mysore (s. o.) oder *Chief Wildlife Warden*, Aranya Bhavan, 18th Cross, Mallesvaram, ✆ 34 19 93.
C: *Kabini River Lodge* und Zeltcamp (Tented Camp), Karapur. Buchung über *Jungle Lodges & Resorts Ltd.*, Brooklands 348/349, 13th Main Road, Rajmahal Vilas Extension, Bangalore-560 080.

Nagarjunasagar/Vijayapuri

 Busverbindungen: Komfortable Busverbindungen nach Hyderabad, Guntur/Vijayawada, Srisailam. Von Macherla (22 km, an der Strecke nach Vijayawada) eine Bahnlinie nach Guntur. Die Hyderabad-Busse passieren den Vijaya Vihara-Komplex (s. u.) und halten auf Handzeichen. Busbahnhof, Taxi und Rikschas vor *Project House.* Vom Südende der Staumauer verkehren zwischen 9 und 13.30 Uhr regelmäßig Boote zur Insel.

Unterkunft: *Vijaya Vihara-Komplex*, noble Anlage oberhalb der *Hill Colony* mit Blick über den See; Hauptgebäude mit Restaurant; *Soundarya Tourist Annex*, wochentags ein erholsamer Ort, an Wochenenden weniger. *Project House, Hill Colony, Vijayapuri-Nord*: zwei Hotels in einem weitläufigen Gebäude (Rezeption im Erdgeschoß: Department of Travel and Tourism. Rezeption im 1. Stock: Department of Irrigation). Für Vijaya Vihara und Project House 1. Stock: ✆ 26 72, 26 35. Für Tourist Annex und Project House Erdgeschoß: ✆ 26 68.

Nagpur
Vorwahl: 07 21

Information: *Tourist Office Maharashtra*, Sitabaldi, Sanskrutik Bachat Bhavan, ✆ 53 33 25.

Flugverbindungen: *Indian Airlines* fliegt nach Delhi, Mumbai, Bhubaneshvar/Calcutta (tägl.) und nach Hyderabad. Flughafen 10 km südwestlich des Zentrums.

Bahn-/Busverbindungen: Direktanschlüsse mit der Bahn in alle Richtungen. Expreßbusverbindungen zu allen umliegenden Großstädten und Mumbai. Bahnhof und Busbahnhof liegen im Zentrum, 1 km voneinander entfernt.

 Unterkunft: B: *Jagson's Regency*, Wardha Road, ✆ 22 81 11, Fax: 22 45 24; *Hotel Royal Palace*, Ramdaspeth, C.B. Road 22, ✆ 53 54 54; *Hotel Centre Point*, Ramdaspeth, Central Bazar 24, ✆ 52 09 10, Fax: 52 30 93; *Hotel Rawell Continental*, Wardha Road, ✆ 52 38 45.

Viele Hotels der unteren Mittelklasse entlang der **Central Avenue**, die nördlich des Bahnhofs über die Bahn nach Osten führt. **B/C:** *Hotel Blue Moon*, C.A. Road, ✆ 72 60 61-5, Fax: 72 75 91; *Hotel Pal Palace*, Central Avenue 25, ✆ 72 47 24, Fax: 72 23 37; *Hotel Skylark*, Central Avenue 119, ✆ 2 46 54-8, Fax: 72 61 93; *Hotel Upvam*, Mount Road 64, ✆ 53 47 04, 53 84 36.

Einfache Hotels im Stadtteil Sitabaldi, südlich des Bahnhofs und in der Nähe des Busbahnhofs.

 Sehenswürdigkeit: Zentralmuseum, 10–17 Uhr, Mo. geschl.

Nasik
Vorwahl: 02 53

 Flugverbindungen: Flugverbindung nach Mumbai. Flughafen 5 km vom Zentrum.

Bahnverbindungen: Bahnstation Nasik Road, 8 km südöstlich der Stadt, an der Hauptstrecke Mumbai–Agra.

 Unterkunft: *Sai Palace*, Agra Road, ✆ 38 15 01–03, Fax: 38 15 04, gepflegte neue Anlage, am Stadtrand; daneben: *Hotel Ashoka Castle; Hotel Wasan's Inn*, Old Agra Road, ✆ 7 78 81-6, Fax: 7 42 02; *Hotel Surya, Agra Road*, ✆ 38 30 57-60, Fax: 38 30 56; *Hotel Samrat*, Old Agra Road, ✆ 57 82 11, Fax: 57 39 73. **B/C:** *Hotels Sudin, Sunflower, Dwarka, Mathura, Godavari/Ramdev* – alle nahe Dwarka Circle; *Hotel Green View*, Trimbak Road, nette Bungalow-Anlage, Moskitos (!), ✆ 57 22 31-4, Fax: 57 97 54. **C:** *Raj Mahal Lodge, Hotel Padma* – nahe Bus Stand; *Hotel Vasco Tourist*, Shastri Path, ✆ 65 11 (nahe Bahnhof Nasik Road).

 Restaurants: *Riviera* und *Sai Vihar* im Hotel Sai Palace.

Old Goa

 Busverbindungen: Panaji–Old Goa: Direktbusse und alle Busse nach Ponda.

 Unterkunft: In Panaji. Getränke und Snacks in *Canteen*.

Ootacamund
(Ooty, Udhagamandalam)
Vorwahl: 04 23

Information: *TTDC Tourist Office*, Supermarket Complex, am Anfang der Commercial Road, Charing Cross, ✆ 4 39 77.

Flugverbindungen: Vom nächsten Flughafen, Coimbatore (105 km südöstlich), mit *Indian Airlines* nach Gangalore, Madras, Kochi; mit

JET Airways nach Mumbai; mit *Vayudoot* nach Tanjavur, Madurai.

Bahnverbindungen: Vom Eisenbahnknotenpunkt Coimbatore 53 km nach Mettupalayam im Südosten am Fuß der Berge. Hier startet die Nilgiri-Bahn. Die Fahrt über 32 km mit dieser Schmalspurbahn durch die tropische Vegetation den Steilhang hinauf bis Coonoor (oder in der Gegenrichtung) ist schon ein Reisehöhepunkt an sich. Bis Ooty (46 km) 4^1/$_2$ Std., abwärts 3^1/$_2$ Std.

Busverbindungen: Auf der Straße erreicht man Ootacamund von Kozhikode an der Küste und Mysore aus über eine Ghat-Straße von Nordwesten, von Coimbatore über Mettupalayam auf einer landschaftlich einzigartigen Bergstraße mit 14 Haarnadelkurven von Südosten über Coonoor. Direkte Busverbindungen nach Coimbatore, Kozhikode, Bangalore, Hassan und Mysore mehrmals täglich. Die Mysore-Busse fahren über Theppakady/Mudumalai (Wildschutzgebiet). Busse nach Coonoor (1 Std.) und Kotagiri(1^1/$_2$ Std.) stündlich.

Unterkunft: *Holiday Inn Gem Park*, Sheddon Road, ✆ 4 29 55, 4 35 61; *Comfort Inn Aruna*, Gorishola Road, ✆ 44 41 40; *Monarch Hotel*, Havelock Road, ✆ 4 44 08, 4 43 06; *Hotel Savoy* (Taj Group), schöner kolonialzeitlicher Bau, Sylkes Road 77, ✆ 4 41 42-7. **A:** *Fernhill Palace* (Taj Group), mit allem Charme eines alten Maharajapalastes, Fernhill, ✆ 4 39 10-7; *Merit Inn Southern Star*, Havelock Road, ✆ 4 36 01-9; **B:** *Regency Villa*, ehemals Gästehaus der Maharajas von Mysore, Fern Hill Post, ✆ 4 25 55, 4 30 97; *Maduvana Holiday Inn*, Garden

Road, ✆ 44 39 46; *Hotel Tamil Nadu*, TTDC, zentral gelegen, empfehlenswert, oberhalb Charing Cross, ✆ 4 43 70-8; *Hotel Mayura Sudarshan*, KSTDC, Fernhill, ✆ 4 38 28; *Hotel Nilgiri Woodlands*, schöne Lage, Ettins Road, ✆ 4 25 51, Fax: 4 25 30; *Shornam Palace*, Shornam Palace Road, ✆ 4 33 88. **C:** *YWCA Guest House*, Anandagiri, Ettines Road, ✆ 4 22 18, empfehlenswert; *Sanjay*, Charing Cross, ✆ 4 31 60; *Geetha*, ✆ 4 41 84, u. v. m. Jugendherberge, nahe Tourist Office, ✆ 4 36 65. Dutzende einfache Hotels und Pensionen finden sich besonders im Zentrum: Ettins Road, Commercial Road, Upper/Lower/Main Bazaar.

Restaurants: Gute Restaurants in allen besseren Hotels, besonders empfehlenswert Savoy und Fern Hill Palace; außerdem: *Hotel Paradise* (Punjabi-Küche und nordindische Küche); *Zodiac Room* (chinesische Küche), nahe der GPO/State Bank, *New Tandoori Mahal* (veg./nonveg.), *Kaveri* (nonveg.)

Padmanabhapuram

Busverbindungen: Busse von Thiruvananthapuram (55 km) und Kanyakumari (32 km).

Sehenswürdigkeit: Palast der Maharajas von Travancore, tägl. 9–17 Uhr, Mo geschl.

Palampet

Busverbindung: *Local Bus* von Warangal, umsteigen im Dorf Mulug.

Unterkunft: C: *Vanavihar*, Tourist Rest House, sehr einfach, Reservierung über *Divisional Engineer PWO*, Warangal.

Palolem Beach

Busverbindung: Bus von Margao nach Chauri (Canacona), dann *Local Bus* oder Taxi.

Unterkunft: C: *Palolem Beach Resort*, direkt am Strand, Zweibett-Zelte mit Boden, Licht, empfehlenswert, ✆ (08 34) 64 30 54, für Reservierung: 64 33 05; am Strand und im Ort einfache Lodges, wie z. B. *D'Mello Tourist Home*, an der Dorfstraße.

Südlich von Chauri (Canacona) und Palolem: **B:** *Hotel Molyma*, Kindlebaga, 10 Minuten Fußweg zum Strand, Restaurant, ✆ 64 30 28, 64 30 82-87, Fax: 64 30 81.

Restaurants: *Sun and Moon* und *Amigos Restaurant* an der Dorfstraße.

Panaji (Panjim)
Vorwahl: 08 32

Information: *Goa Tourist Office* im Erdgeschoß des *GTDC Tourist Hotel*, Pato Bridge, ✆ 22 71 03 oder 22 33 96, 100 m östlich des Adil Shahi Palastes; hier auch Buchung und Start der Rundfahrten. Die Informationsbüros der Zentralregierung und von Karnataka unterhalb der Kirche im *Communidade Building*, ✆ 4 34 12, bzw. am anderen Ende der Municipal Gardens, im *Velho Building*. Hauptpostamt (GPO) nahe Tourist Hotel, Pato Bridge. Reisebüro: Menezes Air Travel, Rua de Ourem, ✆ 22 50 81, 22 32 61-4, Fax: 22 32 65,

Reconfirmation etc., American Express Service (kein Geldwechsel). Geldwechsel bei *Thomas Cook*, Alcon Chambers, D. Bandodkar Marg 8.

Flugverbindungen: Mehrmals täglich von/nach Mumbai, tägl. Delhi, Bangalore, Kochi und Thiruvananthapuram. Mit *Vayudoot* 3 × wöchentl. nach Pune und Hyderabad. *Indian Airlines* im Dempo Hotel, ✆ 4 51 97; *Air India:* Hotel Fidalgo, Straße des 18. Juni, ✆ 4 40 81; *East West Airways*: Hotel Fidalgo, ✆ 4 41 08; *Goa Way:* Carpenters House, ✆ 4 38 19. Der Flughafen Dabolim liegt 29 km südlich Panaji, 3 km von Vasco da Gama; Busverbindung zwischen Stadtbüro und Flughafen.

Bahnverbindungen: Goa ist über die Bahnstrecke Vasco da Gama–Londa (Karnataka) an das gesamtindische Bahnnetz angeschlossen. Von Norden her ist der nächste Bahnhof Vasco da Gama, 30 km südlich von Panaji. Wer sich im Süden aufhält, zum Beispiel in Colva Beach, reist besser ab Margao. Direktverbindungen: Goa–Pune/Mumbai/Delhi (Gomantak Express, Miraj Express), Goa–Mumbai (770 km; Mandovi Expreß, Lakshmi Express, 22–25 Std.) Goa–Bangalore (675 km; Mandovi Express). Reservierung am Busbahnhof: Schalter 5, Mo.–Sa. 10–13 und 14–17.30 Uhr.

Busverbindungen: Neben den Bussen der staatlichen Transportunternehmen Goas (Kadamba), Maharashtras und Karnatakas im Fernverkehr, z. B. zwischen Goa und Mumbai und entlang der Küste nach Süden, zahlreiche Busse privater Gesellschaften; sie bieten allen Komfort (luxury, video luxury oder semi luxury), sind etwas teurer und sehr beliebt, weshalb sie frühzeitig gebucht werden sollten. Büros der Privaten nahe dem Hotel Vistar. Von hier und vom *Old Bus Stand* starten auch die Busse, nach z. B. Mumbai meist am Nachmittag. Fahrzeit ca. 17 Std. Der *Kadamba Busbahnhof*, ☎ 56 20, befindet sich jenseits des Ourem Creek, auf der Höhe der Mandovi-Brücken. Reservierungen (bis zu drei Tagen im voraus): *Kadamba Transport Corporation*, ☎ 54 01 und 50 58, 6–15 Uhr; *Maharashtra S.T.C.*, ☎ 43 63 und *Karnataka S.T.C.*, ☎ 51 26, 8–10 und 14–16 Uhr. Das Busnetz innerhalb Goas ist gut ausgebaut, der Fahrzeugpark moderner und besser gewartet als in den Nachbarstaaten; auf den Hauptstrecken fahren die Busse sehr häufig.

Schiffsverbindungen: Damania Shipping Ltd. fährt mit einem superschnellen Katamaran täglich Goa–Mumbai–Goa; Büro (im Fisheries Building) und Abfahrt/Ankunft an der Uferstraße: Dayanand Bandodkar Marg, schräg gegenüber dem Hotel Mandovi, ☎ 22 87 11-13, Fax: 22 87 14. Abfahrt 9 Uhr, Ankunft in Mumbai, New Ferry Warf 16.30 Uhr. Preise einfache Fahrt: 1. Klasse USD 50, 2. Klasse USD 40 (ab 16.12. über Weihnachten: USD 50). Buchung im Damania Büro, im Tourist Office oder bei Reisebüros. Abfahrt in Mumbai: New Ferry Warf, 20.30 Uhr, Ankunft in Goa am nächsten Tag 6.30 Uhr. Buchungen in Mumbai: ☎ 3 74 37 37-40; Tourist Office und Reisebüros.

Unterkunft: Hotels in der Stadt, in Miramar und im Vorort Dona Paula. **L:** *Cidade de Goa*, Welcome Group, Vainguinim Beach, Dona Paula, ☎ 22 11 33. **A:** *Hotel Fidalgo*, 18th June Road, ☎ 22 62 91; *Keni's Hotel*, 18th

June Road, ☎ 22 45 81; *Hotel Mandovi*, D. Bandodkar Road, ☎ 22 62 70-74; *Hotel Solmar*, D. Bandodkar Road, Miramar, ☎ 22 65 55/56; *Prainha*, Cottages am Strand, *Dona Paula* (reizvolle Anlage im portugiesischen Stil in einem Palmenhain, kleiner Privatstrand), ☎ 22 41 62, 22 59 17, Fax: 4 67 19. **B:** *Hotel Rajdhani*, Dr. Atmaram Borkar Road/Cunha Rivara Road, ☎ 22 53 62; *Hotel Nova Goa*, Dr. Atmaram Borkar Road, ☎ 22 62 31-39; *Hotel Delmon*, Caetano de Albuquerque Road, ☎ 22 56 16; *GTDC Tourist Hotel*, Pato, ☎ 22 71 03, 22 33 96, (staatliches Hotel, gut, aber meistens ausgebucht); *Hotel Park Plaza*, Azad Maidan, ☎ 4 26 01, Fax: 22 56 35; *London Hotel*, Miramar, ☎ 22 60 17; *Aroma Hotel*, Cunha Rivara Road – am Municipal Garden, ☎ 22 35 19; *Hotel Garden View*, Diego de Couto Road – am Municipal Garden, ☎ 22 37 31. **C:** *Safari Hotel*, Cunha Rivara; *Hotel Republica* und *Hotel Palace*, Jase Falcao Road und viele mehr zwischen Adil Shahi Palast und Ourem Creek.

Restaurants: *O Coqueiro* in Porvorim, jenseits des Mandovi-Flusses (goanesisch, Fisch); *O Pescador* in Dona Paula (goanesisch, polynesisch, Fisch); *Rio Rico*, im Hotel Mandovi (portugiesisch, goanesisch), *Coenchin* (chinesisch), in kurzer Seitenstraße der Dr. Dada Vaidya Road; *Gaylord*, luftige Terrasse über dem Tourist Office, Frühstück, Spezialitäten mittags-/abends. *Sher-e-Punjab*, 18th June Road; *New Punjab* und *Kamat* an den Municipal Gardens; *Hotel Venite* in der Altstadt hinter dem GPO.

Aktivitäten: Organisierte Rundfahrten: *Nord-Goa-Tour*: Mapusa, Sri Saptakotzeshwar-Tempel

in Narva, Mayem-See, Bicholim, Vagator Beach, Anjuna, Calanguti Beach, Fort Aguada, tägl. 9–18 Uhr.
Süd-Goa-Tour: Old Goa, Sri Mangesh-Tempel bei Mardol, Shantadurga-Tempel bei Ponda, Margao, Colva Beach, Marmagao, Missionszentrum Pilar, Dona Paula, Miramar Beach, tägl. 9.30–18 Uhr. Besonders an Feiertagen Fahrten zum Bondla-Wildschutzgebiet, zum Dudhsagar-Wasserfall und zum Tambdi Surla-Tempel (2 Tage), zur Festung Terekhol und dem Arambol Beach.

Pandharpur

 Busverbindungen: Gute Busverbindungen nach Satara und Pune sowie über Sholapur (74 km) nach Hyderabad und Bijapur. Pandharpur liegt an einer Nebenlinie der South Central Railway mit Anschluß an die Hauptstrecken in Kurduwadi und Miraj.

Unterkunft: Als Pilgerort hat Pandharpur von Hotels verschiedener Güte bis zu riesigen *Dharmashalas* (Pilgerunterkünften) alles zu bieten. Das *MTDC Holiday Camp* liegt ruhig am Rande der Stadt, empfehlenswert.

Panhale
Vorwahl: 023 14

Unterkunft: *Cottages* über MTDC, ✆ 3 50 48. *Municipal Guest House.*

Pattadakal

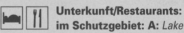 **Busverbindungen/Unterkunft:** Busse nach Badami

und Aihole. Dort auch Übernachtungsmöglichkeiten.

Penukonda

Auto: Günstige Lage an der Nord-Süd-Straße Hyderabad – Bangalore und an der Bahnstrecke Guntakal Junction–Bangalore.

Unterkunft: C: *Gheeta Lodge, Baba Lodge*, zwischen Fort und Hauptstraße, äußerst bescheiden. Alternative: Hindupur.

Periyar-Wildschutzgebiet
Vorwahl: 0 48 69

Information: Kumily: *Tourist Office*, an der Hauptkreuzung gegenüber Hotel Lake Queen. **Thekkady:** *Tourist Information Center, Periyar Tiger Reserve*, Thekkady 685 536, Kerala, ✆ 20 28 (am Checkpoint, beim Hotel Amadi). Ganzjährig geöffnet, günstig für Tierbeobachtung März/April.

Busverbindungen: Von Kumily Busse nach Kottayam (8 × tägl./ 4,5 Std.), Kochi (4 × tägl./6 Std.), Thiruvananthapuram (3 × tägl./8 Std.), Madurai (4× tägl./4 Std.), Munnar, Kodaikanal.

Unterkunft/Restaurants: im Schutzgebiet: A: *Lake Palace*, ehemaliges Sommerhaus der Rajas von Travancore, auf einer kleinen Insel im See, sehr nobel, ✆ 2 20 24, nur Vollpension. **A/B:** *Aranya Nivas*, unter riesigen alten Bäumen auf einem Hügel über dem See, ✆ 2 20 23, gutes Restaurant. **B:** *Periyar House*, großzügig, Tourist-Bungalow-Stil, mitten im Wald, 1,5 km vom See entfernt, Restaurant,

✆ 2 20 26, Fax: 2 22 82, **C:** Vier Hütten im absoluten Schutzgebiet, jeweils zwei Räume mit zwei Betten, Turm für die Tierbeobachtung, Buchung über Information Centre (s. o.); Verpflegung/ Wasser muß mitgenommen werden; Moskitoschutz unerläßlich; Anfahrt mit Motorboot.

In Thekkady: A/B: *Spice Village*, neuere Bungalow-Anlage nahe Check Point, ✆ 2 23 15, Fax: 2 23 17, Pool und gutes Restaurant. Restaurant auch über dem *Casino Hotel*, Willingdon Island, Kochi. **B:** Hotel Ambadi, geschmackvoll gestaltet, am Forest Checkpost zwischen Kumily und See, Restaurant, ✆ 2 21 92.

In Kumily (5 km nordwestlich vom See): **C:** *Hotel Lake Queen*, kirchlich geführt, empfehlenswert, ✆ 2 20 84, Restaurant nebenan; *Holiday Home*, ✆ 2 20 16; *Mukkungal Tourist Home*, ✆ 2 20 70, Restaurant (veg.); *Hotel Woodlands*, Kumily-Thekkady Road, ✆ 2 20 77.

Pichavaram

 Busverbindungen: Busverbindung mit Chidambaram (16 km).

 Unterkunft: B: *Hotel Tamil Nadu*, Bungalow-Anlage TTDC.

Ponda

 Busverbindungen: Busse in schneller Folge von/nach Panjim.

 Unterkunft: B: *Hotel Pearl*, Main Road, ✆ (08 34) 31 21 41; *Hotel President*, Super Market Complex, ✆ (08 34) 31 28 03.

Pondicherry

Vorwahl: 04 13

 Information: *Tourist Information Bureau*, Old Secretariat Building, Compagnie Street, nahe Government Park, und *Pondicherry Tourism*, Goubert Salai, ✆ 2 35 90. Buchung von Stadtrundfahrten (9–18 Uhr).

 Bahnverbindungen: *Pondicherry Express* 1 × tägl. Madras direkt. Ansonsten – und alle anderen Ziele: *Passenger-Züge* nach Villupuram und umsteigen. Der Bahnhof liegt im Süden der Stadt.

Busverbindungen: *State Bus Terminal* und *Thiruvalluvar Bus Stand* liegen – $^1/_2$ km voneinander entfernt – an der Straße nach Villupuram. Von ersterem starten u. a. Direktbusse nach Mamallapuram. Vom Thiruvalluvar Bus Stand Busse nach Madras (stündl./ 4 Std.), Bangalore (2 × tägl./8 Std.), Madurai (8 Std.), Kanyakumari, nach Ooty, Kochi und Trivandrum. Übersichtlicher Fahrplan, schnelles Computer-Reservierungssystem.

Unterkunft: In Pondicherry hat man die Wahl zwischen drei Arten von Unterkünften.

1) B: *Government Tourist Home*, Upplam Road, am Südrand der Stadt, hinter dem Bahnhof, ruhig und sauber, ✆ 2 63 76.

2) Die Gästehäuser des Ashram: B: *Park Guest House*, Gingee Salai, nahe Ashram, ✆ 2 66 95; *Sea Side Guest House*, Goubert Salai 10, ✆ 3 64 94; *Society Guest House*, Rue Romain Rolland; **C:** drei Gästehäuser in Auroville. Buchung über *Promesse Reception Centre*.

3) Private Hotels: A: *Pondicherry Ashok*, Chinnakalapet, 12 km vom Zentrum, ✆ Kalapet 460, gutes Restaurant. **A/B:** *Hotel Mass*, Maraimalai Adigal Salai, nahe Tiruvalluvar Bus Stand, ✆ 2 72 21, Fax: 3 36 54. *Hotel Anandha Inn*, S.V. Patel Road, ✆ 3 07 11. **B/C:** *Hotel L'Abri*, Zamindar Gardens, ✆ 56 73. *Ajanthas Guest House*, Goubert Salai 22, ✆ 2 89 27. *Hotel Ellora*, Rangapillai Street, ✆ 2 21 11. *Aristo Guest House*, Mission Street 50A, ✆ 2 67 28. *Hotel Ram International*, West Boulevard 212, ✆ 2 72 30. **C:** *Amala Lodge* und Annex, Rangapillai Street.

Am Strand zwischen Stadt und Auroville: C: *Palm Beach Cottages,* Serenity Beach, mit Restaurant. Cottage Guest House.

 Restaurants: *Le Club de l'Alliance Française*, nobel, Rue Dumas, nahe Park Guest House. *Rendezvous Café*, Rue Suffren 30. *Aristo Hotel*, Dachgartenrestaurant. Jawaharlal Nehru Road. *Hotel Bilal* (nonveg.), West Boulevard. *Seagull* (nonveg.), nahe Park Guest House. *Dhanalakshmi* (veg.), Rangapillai Street.

 Sehenswürdigkeit: Pondicherry Museum, 10–17 Uhr, Mo. geschl.

Pudukkottai
Vorwahl: 0 43 22

 Bahnverbindungen: Nach Madras, Rameshvaram, Tiruchirapalli.

Busverbindungen: Nach Tiruchirapalli, Tanjavur, Madurai, Ramnad und Rameshvaram.

 Unterkunft: B: *Hotel Shivalaya*, ruhige Lage, Restaurant mit Garten empfehlenswert, Tirumayam Road 2, ✆ 28 64. **C:** *Prince Lodge* und *National Lodge* (beide gegenüber Busbahnhof).

Pulicat

 Bahn-/Busverbindungen: Bus oder Bahn ab Madras bis Ennore, von da 17 km mit dem Boot (1 Std.) auf einem Teilstück des Buckingham-Kanals bis Pulicat.

Pune
Vorwahl: 02 12

Information: *Tourist Offices* im Central Building, Block I, ✆ 66 88 67, oder im *Saras Hotel*, Nehru Stadium, ✆ 43 04 99. Info-Schalter am Bahnhof und am Flughafen.

Flugverbindungen: Der Flughafen befindet sich 8 km nordöstlich der Stadt, das Büro von *Indian Airlines* im Hotel Amir. Flüge mit Indian Airlines zwischen Mumbai und Pune, 2 x tägl., nach Delhi und Bangalore, mit *Vayudoot* nach Sholapur und Goa.

Bahn-/Busverbindungen: Pune ist sowohl Straßen- wie auch Eisenbahnknotenpunkt und damit Drehscheibe für die Weiterreise. So fahren Busse von Mumbai nach Aurangabad, nach Osten sowie in den Süden und nach Goa, meist über Pune. Bis zum Bau der Konkan-Eisenbahn fuhren alle Züge von Mumbai in den Süden über Pune. Von Pune aus kann man Karle, Bhaja und Bedsa oder auch Mahabaleshvar besuchen. Der Bahnhof liegt zentral, östlich vom Zusammenfluß Mutha/Mula; unmittelbar daneben der Hauptbusbahnhof und davor der Taxistand, u. a. für Gemeinschaftstaxis nach Mumbai.

A: In Shivajinagar: *Pride Executive*, University Road, ✆ 32 38 81, 32 45 67, Fax: 32 32 28; *Kohinoor Executive*, Apte Road, ✆ 32 18 11, Fax: 32 24 47. **B:** *Hotel Nandanvan*, ✆ 32 12 12, Fax: 32 14 14; *Hotel Ajit*, Deccan Gymkhane, ✆ 33 90 76-9, Fax: 33 00 94; *Hotel Pearl*, Jungli Maharaj Road, ✆ 32 42 47; *Hotel Pathik*, nahe Jungli Maharaj Road, ✆ 32 20 85. **C:** *Hotel Rupam*, Apte Road, ✆ 32 19 19, Fax: 62 31 31; *Hotel Safari*, nahe Shivajinagar Bus Stand, ✆ 32 65 22-5, Fax: 32 60 94.

Nahe dem Bahnhof und Stadtzentrum: A: *Hotel Blue Diamond*, Koregaon Road 11, ✆ 62 55 55, Fax: 62 77 55; *Hotel Aurora Towers*, Moledina Road 9, ✆ 63 18 18, Fax: 63 18 26; *Hotel Regency*, Dhole Patil Road 192, ✆ 62 94 11, Fax: 62 62 52; *Hotel Amir*, Connaught Road 15, ✆ 62 18 40-9, Fax: 47 79 02. **B:** *Hotel Woodland*, B. J. Road, Sadhu Vaswani Circle, ✆ 62 61 61, Fax: 62 31 31; *Hotel Srimaan*, Band Garden Road 361/5, ✆ 62 23 69, Fax: 62 36 36. **C:** *Hotel Gulmohr*, Connaught Road 15A71, ✆ 62 27 73, 62 17 74; *Shalimar Hotel*, Connaught Road 12A, ✆ 62 91 91; *Hotel Sunderban*, Koregaon Park, nahe Rajnesh Ashram, ✆ 62 49 49, Fax: 62 31 31; *Hotel Saras*, MTDC, nahe Nehru Stadion. Viele einfache Hotels rund um den Bahnhof (Sadhu Vaswani Road, Wilson Gardens) und im Altstadtbereich.

Restaurants: In Shivajinagar: *Khyber* (nordindisch, Tandoori), Deccan Gymkhana; *Gandharv* (süd-

indisch/punjabi), gegenüber Balgandharva Tempel; *Hotel Vaishal* (ind.), Fergusson College Road; *Hotel Roopali* (veg.).

Bahnhofsnähe und City: *Sher-e-Punjab* (ind./punjabi). Sadhu Vaswani Road; *Sagar*, im Gebäude des Dreamland Hotels; *Neelam Restaurant; Hotel Madhura; Savera Restaurant*.

Aktivitäten: Organisierte Rundfahrten: Stadtrundfahrten 8–11 und 15–18 Uhr; Start vom MTDC-Gebäude in der Station Road oder vom Busbahnhof. Touren mit MTDC, für 1–5 Tage zu allen Touristenzielen in Maharashtra. Eine Maharashtra-Spezialität ist die mehrmals im Jahr durchgeführte 3tägige *Ashta-Vinayak-Tour*. Auf dieser Rundfahrt werden rund um Pune acht Tempel (Moregaon, Theur, Ranjangaon Siddhatek, Ojhar, Lenyadri, Pali, Madh) für Ganesha , der sich in Maharashtra besonderer Verehrung erfreut, besucht. Die Kultbilder sind alle *Swayambu Moorthi*, Zufallsgebilde der Natur, die Tempel, meist ohne kunsthistorischen Anspruch, liegen weitab in kleinen Dörfern. Die Fahrt ist eine gute Gelegenheit, das ländliche Maharashtra kennenzulernen.

Pushpagiri

 Busverbindungen/Unterkunft: Busse/Taxi von Cuddapah. Dort auch Übernachtungsmöglichkeiten.

Quilon   siehe Kollam

Raigad

 Busverbindungen: Busse von/nach Pune, Mahad (am NH 17) und Mahabaleshvar.

 Unterkunft: *Holiday Camp*, MTDC.

Rajahmundry
Vorwahl: 08 83

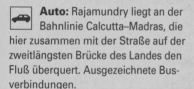 **Auto:** Rajamundry liegt an der Bahnlinie Calcutta–Madras, die hier zusammen mit der Straße auf der zweitlängsten Brücke des Landes den Fluß überquert. Ausgezeichnete Busverbindungen.

 Unterkunft: B: *Hotel Anand Regency*, Jampet, ✆ 6 12 01, Fax: 6 12 04, Restaurant. **B/C:** *Hotel Mahalakshmi*, ✆ 7 32 31-8, Fax: 7 32 39, Restaurant. **C:** *Hotel Panchvati*.

Rameshvaram
Vorwahl: 0 45 73

 Bus- und Bahnverbindung: Eisenbahnverbindung über Madurai u. a. mit Tiruchirapalli und Madras. Nachdem die Straßenbrücke vom Festland zur Insel Pamban im dritten Anlauf fertiggestellt werden konnte, direkte Busverbindung mit zahlreichen Städten in Tamil Nadu: mehrmals tägl. Madurai, 1 × tägl. Madras und Kanyakumari.

Der Fährverkehr zwischen Dhanushkodi und Talaimannar/Sri Lanka wurde wegen des Bürgerkrieges im Norden von Sri Lanka eingestellt.

 Unterkunft: B: *Hotel Tamil Nadu*, TTDC, schön gelegen am Strand, nahe Agnitheertham und Tempel, ✆ 2 12 77, frühzeitige Zimmerreservierung ist zu empfehlen.
B/C: *Devasthanam Lodge and Cottages*, ✆ 2 12 41, Reservierung Executive Officer, Devasthanam, Rameshvaram.
C: Hotels rund um den Tempel: *Hotel Maharaja*, Middle Street 7, ✆ 2 12 71; *Hotel Venkatesh, Hotel Alankar, Hotel Chola, Hotel Michael, Nadar Lodge, Santhanam Lodge, Sornam Lodge* .

In Mandapam – auf dem Festland vor der Brücke, 19 km vor Rameshvaram – gibt es zwischen Straße und Strand ein weiteres Hotel: *Tamil Nadu*, ✆ 4 15 12.

 Restaurants: Restaurant im Hotel Tamil Nadu. Kantine des *Devasthanam Trust*, gegenüber dem Osttor des Tempels. Zahlreiche vegetarische Restaurants rund um den Tempel, z. B. *Ashok Bhawan*, West Car Street; *Vasantha Bhawan* am Bus Stand.

Ramtek

 Bahn-/Busverbindungen: Eisenbahn oder Bus von/nach Nagpur; von der Endstation des Busses ist es nicht weit nach Ambala.

 Unterkunft: C: *Holiday Camp*, MTDC, oben am Berg mit herrlichem Fernblick. Sonst in Nagpur.

Ranganathittoo-Wasservogel-Schutzgebiet

Busverbindungen/Unterkunft: Bus von/nach Mysore. Dort auch Übernachtungsmöglichkeiten.

Ratnagiri

Vorwahl: 0 23 52

 Information: MTDC-Info im *Zilla Parishad Office*.

 Bahn-/Busverbindungen: Nächste Station der Konkan-Bahn: Nivasar. Busverbindungen u. a. mit Mumbai, Pune und Kolhapur, nach Murud über Hamkamba, Kolad und Mahad (305 km).

 Unterkunft: A: *Hotel Vihar Deluxe*, Shivaji Nagar, ✆ 2 29 45, Fax: 2 31 46, Restaurant. **B:** *Hotel Sai Kripa*, ✆ 2 34 13; *Hotel Vivek*, ✆ 2 21 62, Fax: 2 03 90, Restaurant und Hotel Swarup, ✆ 2 29 83 (alle an der Hauptstraße). *Hotel Regency*, ✆ 2 13 91 (direkt neben Busbahnhof, sauber). **Neu:** *Hotel Mangala*, ✆ 2 14 93; *Hotel Kanchan*, ✆ 2 82 50; *Hotel Landmark*, ✆ 2 37 91-4, Fax: 2 37 95

Rewas

 Fährverbindungen: Start der Fähre nach Rewas in Mumbai: New Ferry Warf, einige hundert Meter vom Goa-Pier seewärts. Täglich sieben Fahrten zwischen 6 und 17.30 Uhr, in Gegenrichtung zwischen 7 und 19 Uhr. Tickets am Pier. Kein Fährverkehr in der Monsunzeit. Weiterfahrt mit Bus oder Motorrikscha.

Sankarankoil

 Busverbindungen: Busse nach Tirunelveli und über Rajapalayam nach Madras.

 Unterkunft: C: *Assembly Lodge*, Hauptstraße, nahe Bus Stand.

Satara
Vorwahl: 0 21 62

 Busverbindungen: Direkte Busverbindung nach Mumbai, Pune, Kolhapur, Mahabaleshvar und Pandharpur.

 Unterkunft: Mehrere brauchbare Hotels, u. a. **B:** *Hotel Rajathadri*, sehr unterschiedliche Zimmer, vorher ansehen (!), Shivaji Circle, ✆ 20 21; *Hotel Monark*, Pune Bangalore-Road, Powai Naka, ✆ 27 89, mit Restaurant.

 Aktivitäten: Ausflug nach Mahuli (5 km), am besten mit Motorrikscha.

Saundatti Yellamma

 Busverbindungen: Bus von/ nach Dharwad.

 Unterkunft: *Hotel Gokul*, gegenüber Busbahnhof, einfachst (!). Alternative: Dharwad.

Sevagram und Punnar (Paunar)

 Information und Reservierungen: *Ashram Partishthan*, Secretary, ✆ 21 72.

 Busverbindungen: Sevagram liegt 6 km nordöstlich von Wardha, Punnar 10 km nordöstlich von Wardha, nahe der Straße nach Nagpur.

Busverbindungen mit Wardha und Nagpur (72 km).

 Bahnverbindungen: Gute Bahnverbindungen nach Wardha nach Nagpur und Chandrapur sowie nach Westen. Sevagram ist Bahnstation – aber nur für Bummelzüge.

 Unterkunft: Der Ashram unterhält Gästehäuser mit 2-, 4- und 8-Bett-Zimmern und Schlafsälen. In Wardha MTDC Holiday Resort, nahe dem Busterminal, sowie einige einfache Hotels, nahe Bus und Bahn.

Simhachalam

 Unterkunft: Im APTCD Tourist Guest House *Chandana*, ✆ 69; oder in Visakhapatnam.

Somnathpur

 Busverbindungen: Bus von Mysore.

 Unterkunft: *Hotel Mayura Keshava*, KSTDC, in Bannur (7 km entfernt), ✆ 85.

 Restaurants: Kantine, KSTDC, im Garten dicht beim Tempel.

Sravana Belgola

 Busverbindungen: Direkte Busverbindung mit Bangalore, Mysore und Hassan, weitere Busse über Channarayapatna (13 km).

 Unterkunft: C: *Rest House*, KSTDC, nahe Busbahnhof, ✆ 54, Kantine mit vorzüglichem Essen. Reservierung auch über *Karnataka Tourism*, Bangalore, St Mark's Road 9, ✆ (0 80) 57 91 39. *Traveler's Bungalow*, Reservierung: *Chief Executive Officer*, Taluk Board, Chennarayapatna.
C: *Dharamshalas:* Nicht vergleichbar mit den oft schmuddeligen Pilgerunterkünften bei Hindu-Tempeln, sondern großzügige Anlagen, extrem sauber und billig, das Bett ist oft eine auf dem Boden ausgerollte dünne Matratze. Ein Komplex gleich beim Busbahnhof. Reservierung über: *SDJMI Committee*, Secretary, Sravana Belgola.

 Restaurants: Im *Rest House*, kleine vegetarische Restaurants am Fuß des Indragiri und nahe dem Tank.

Sringeri

 Busverbindungen: Busse über Udipi und Chitradurga.

 Unterkunft: In Agumbe ein schön gelegener *Tourist Bungalow*. Außerdem hält der Tempel-Trust Übernachtungsmöglichkeiten bereit.

Srirangam

 Busverbindung/Unterkunft: Von Tiruchirapalli Stadtbus Nr. 1. Unterkunft in Tiruchirapalli.

Srirangapatna

 Busverbindung/Unterkunft: Bus von Mysore. Dort auch Übernachtungsmöglichkeiten.

Srisailam

 Busverbindungen: Direkte Busverbindungen u. a. nach Hyderabad, Guntur/Vijayawada, Kurnool; weniger gut oft Straßenzustand und Fahr-
stil auf den steilen Ghat-Straßen!
Achtung: nicht im Dunklen fahren!

 Unterkunft: Neben den *Coul-
tries*, die nur Mitglieder be-
stimmter Religionsgemeinschaften aufnehmen, gibt es zahlreiche Unterkünfte
für Touristen, so von der Tempeladministration (Srisailam Devastanam).
*Saila Vihar Tourist Rest House; Karna-
taka Guest House.*

Srivilliputtur

 Busverbindungen: Bus von
Madurai, Tirunelveli.

 Unterkunft: C: *Hotel Thangam*,
Madurai Road 36/6, sauber, sehr
empfehlenswert, vegetarisches Restaurant.

Suchindram

 Busverbindungen: Busverbindung mit Kanyakumari und
Thiruvananthapuram.

Sultan's Battery (Ganapati Vattam)

Unterkunft: B: *The Resort* (mit
Restaurant). **C:** *KTDC Motel* (und
Beerparlour!) *Araam; Hotel Rex; Hotel
Dwaraka; Modern Tourist Home; Eastern
Tourist Home.*

Tadpatri

  Bahn-/Busverbindungen:
Tadpatri liegt an der Bahn-
strecke Guntakal Junction–Tirupati/
Madras. Schnelle Busverbindungen
nach Norden (Hyderabad/Kurnool),
Süden (Cuddapah/Tirupati) und Westen
(Karnataka). Busbahnhof an der Durch-
gangsstraße gut organisiert.

 Unterkunft: C: *Ashoka Lodge*,
gegenüber Busbahnhof; *Hotel
Ramachandra Deluxe* vom Bus Stand
stadteinwärts; *Annapurna Lodge*, gegenüber dem Rathaus, wohl die beste
Wahl.

Tanjavur (Tanjore)
Vorwahl: 0 43 62

 Bahnverbindungen: Eisenbahnverbindungen nach Madras
(8,5 Std.), Villupuram (Umsteigen nach
Pondicherry/4,5 Std.), Madurai (7 Std.).

 Busverbindungen: Busse in
alle Richtungen: Tiruchirapalli
und Kumbakonam viertelstündl., Fahrzeit 1 Std.

Unterkunft: A: *Hotel Parisu-
tham*, Grand Anicut 55, nahe
Gandhiji Road, Pool, ✆ 2 18 01, 2 18 44,
Fax: 2 23 18. **B:** *Hotel Temple Tower*,
S.M. Road 20/1A (nahe der neuen
Hochstraße), ✆ 2 52 51, 2 52 25,
Fax: 2 37 27; *Hotel Ideal River View*,
neu, ✆ 2 41 12; *Hotel Pandiyan Residency*, Cutchery Road 14, Lage etwas
unglücklich direkt an Hochstraße,
✆ 2 42 95, 2 05 74; *Hotel Tamil Nadu*,
TTDC, ✆ 2 14 21, 2 10 24, Fax: 2 39 70
(nettes Gebäude, gut organisiert, sau-

ber, Restaurant: eine Katastrophe!).
Hotel Karthik, am Bus Stand, ✆ 2 21 16.
B/C: *Hotel Yagappa*, Trichy Road,
✆ 2 24 21. **C:** *Kasi Lodge, Eswari Lodge, Ganesh Lodge*, alle gegenüber Bus
Stand. *Srivenkata Lodge, Hotel Bilac, Padma Hotel*, alle an der Gandhiji Road.

🍴 **Restaurants:** Im Hotel Parisu-
tham; *Chalukiya* (veg.) und *Ka-
linga* im Hotel Tempel View; eine Reihe
meist vegetarischer Restaurants beim
Bus Stand, z. B. *Sathars* (nonveg./Tan-
doori).

👁 **Sehenswürdigkeiten:** Art Gallery, 10–17.30 Uhr, Mi. geschl.
Rajaraja Museum and Art Gallery, 9–12
und 15–18 Uhr, Fr. geschl.
Sarasvati Mahal-Bibliothek, 10–13 und
14–17 Uhr, Mi. geschl.

Taroba-Nationalpark

🚌 **Busverbindungen:** Busverbindung mit Chandrapur und
Nagpur.

🛏 **Unterkunft:** Bungalows und
Zimmer in den 3 Lodges am See,
Kantine. Reservierungen: *Divisional
Forest Officer*, West Chanda Division,
Chandrapur.

Tellicherry
Vorwahl: 0 49 84

🛏 **Unterkunft: C:** *Hotel Pranam*,
A.V.K. Nair Road, Narangapu-
ram, ✆ 22 06 34, Fax: 23 11 59. *Hotel
Victoria* und *Hotel Paris*.

Thiruvananthapuram (Trivandrum)
Vorwahl: 04 71

ℹ️ **Information:** *Tourist Informa-
tion Center* gegenüber Museum;
Info-Schalter am Busbahnhof, am
Bahnhof und am Flughafen.

✈️ **Flugverbindungen:** Flüge von
und nach Mumbai, Kochi (tägl.),
Madras und nach Colombo (Sri Lanka)
und Male (Malediven). Der Flughafen
liegt zwischen der Stadt und Kovalam
Beach.

🚆 **Bahnverbindungen:** Von Thiruvananthapuram fährt die Bahn
über Kollam und Kochi entlang der
Küste bis Mangalore (11 Std.); außerdem u. a. Direktverbindungen nach
Mumbai (45 Std.), Madras (17 Std.) und
Bangalore (19 Std.). Der Bahnhof liegt
dicht beim Central Bus Stand.

🚌 **Busverbindungen:** Zahlreiche
Busse nach Kollam, Alappuzha
und Kochi/Ernakulam (alle 30 Min./
5 Std.), Kottayam (stündl./4 Std.); Di-
rektverbindnungen nach Thekkady/Peri-
yar (3 × tägl./8 Std.) und Kanyakumari
(2,5 Std.) ab zentralem Busbahnhof;
vom City Bus Stand fahren zwischen
6 und 21 Uhr ca. alle 40 Min. Stadtbusse nach Kovalam Beach (Plattform
15). Die gleiche Strecke fahren auch
Sammeltaxis.

🛏 **Unterkunft: A:** *The South Park*,
M.G. Road, ✆ 6 56 66, Fax:
6 88 61; *Mascot Hotel*, KTDC, in einem
alten Palast, Mascot Junction, Palayam,
✆ 43 89 90, Fax: 43 44 06. **A/B:** *Hotel
Luciya Continental*, East Fort,
✆ 46 34 43 (25 L.), Fax: 46 33 47; *Hotel
Horizon*, Aristo Road, ✆ 6 68 88-97,

Fax: 6 76 42. **B:** *Hotel Pankaj*, M.G. Road, ℘ 7 66 67, schönes Dachgarten-restaurant; *Hotel Tara*, Patton Palace, ℘ 6 13 73; *Hotel Belair*, Agricultural College Road, ℘ 34 02. **B/C:** *Hotel Chaithram*, KTDC, Station Road, nahe Bahnhof und Bus Stand, ℘ 7 57 77, Tourist Informaton; *Jas Hotel*, Thycaud, ℘ 6 48 81, Fax: 6 44 43; *Hotel Amritha*, Thycaud, ℘ 6 30 91. **C:** *Hotel Geeth*, nahe G.P.O., ℘ 7 19 87, Fax: 46 02 78; *Hotel Mas*, Over-Bridge Junction, ℘ 46 05 66, Fax: 7 23 80, Restaurant; *Hotel Devas*, Press Road, ℘ 61 54 33; *Omkar Lodge*, MG Road, ℘ 7 85 03. *YWCA Guest House*, Spencer Junction, ℘ 7 73 08. Jugendherberge in Veli (10 km, Bus/Taxi), ℘ 7 13 64, sehr preiswert, Restaurant. Zahlreiche Hotels aller Kategorien nördlich Station Road.

Restaurants: *Kyber Restaurant*, Station Road, *Capri Hotel* gegenüber Busbahnhof. Sehr gut die Restaurants in den Hotels South Park, Luciya, Pankaj und Jas. *Azad Restaurant* (muselman.), *Arul Jyoti* (veg.), *Ananda Bhavan* und *Indian Coffee House* (2 ×) in M.G. Road; *Kalpakavadi* (nonveg.), in YMCA Road.

Aktivitäten: Organisierte Rundfahrten: *Stadtrundfahrt:* Tempel, Strand, Aquarium, Aruvikkara-Damm, Neyyar-Damm, Kopvalam Beach, Museum, Art Gallery, Zoo. Kap Komorin-Tour: Kovalam Beach, Padmanabhapuram-Palast, Suchindram-Tempel, Kanyakumari; 7.30–19 Uhr. Periyar-Wildschutzgebiet-Tour: Sa. 6.30 Uhr bis So. 21 Uhr.

Sehenswürdigkeiten: Aquarium, 9.30–18 Uhr, Mo. geschl. Botanischer Garten und Zoo, 9–16.45 Uhr, Mo. geschl.

Napier Museum, 10–17 Uhr, Mi. 13–16.45 Uhr. Shri Chitra Art Gallery, 10–17 Uhr, Mo. und Mi.-morgen geschl.

Tiracol (Therekhol)

 Fährverbindungen: Fähre über den Tiracol-Fluß ab Querim.

 Unterkunft: *Tiracol Tourist Rest House* (Heritage Resort), ℘ 2 48 (Redi), Reservierung im Tourist Office Panaji.

Tiruchirappalli (Trichy)
Vorwahl: 04 31

Information: *Tourist Office* beim Hotel Tamil Nadu, nahe Bus Stand, ℘ 2 53 36, Mo.–Fr. 10.30–17.30 Uhr.

Flugverbindungen: Flüge nach Madurai (4 × wöchentl.), Madras (4 × wöchentl.)Thiruvananthapuram/Colombo; *Indian Airlines*, Railway Cooperative Building, Dindigul Road, ℘ 2 31 16. Der Flughafen liegt 7 km außerhalb der Stadt.

Bahnverbindungen: Wichtiger Knotenpunkt; Direktverbindungen u. a. nach Madurai (2,5 Std.), Madras (6/8 Std.), Rameshvaram (7 Std.). Busverbindung u. a. nach Tanjavur (ständig/1 Std.), Madurai (ständig/ 4 Std.), Madras (alle 30 Min./8 Std.), nach Kanchipuram und Ooty.

 Unterkunft: A: *Hotel Sangam*, Collector's Office Road, ℘ 46 47 00, 46 44 80, Fax: 46 17 79. **A/B:** *Jenneys Residency*, Macdonald's

Road 3/14, Cantonment, ☎ 46 13 01, Fax: 46 14 51. **B:** *Femina Hotel*, Williams Road 14–c, ☎ 46 15 51, Fax: 46 06 15. **B/C:** *Hotel Aanand*, Raquet Court Lane, ☎ 46 05 45; *Ashby Hotel*, Junction Road 17A, gegenüber Thiruvalluvar Bus Stand, ☎ 46 06 52, 46 06 53, ältestes Hotel in Tiruchirapalli; *Ramyas Hotel*, Williams Road, Cantonment, ☎ 46 11 28, 46 16 55, Fax: 46 27 50. **C:** *Abirami's Hotel*, Macdonalds Road, ☎ 46 00 01; *Hotel Tamil Nadu*, TTDC, Macdonalds Road, ☎ 46 03 83; *Hotel Guru, Rajasugam Hotel, Sarada Lodge, Vijaya Lodge* (alle Royal Road); *Hotel Ajanta, Ashok Bhavan, Hotel Kaplana* (alle Rockins Road); *Municipal Tourist Bungalow*, Bus Stand.

Restaurants: Gute Restaurants in den Hotels Jenney's Residency (chin.), Abirami's (veg.) und Sangam's. Vegetarisches Restaurant nahe Busbahnhof im Guru Hotel (Royal Road) und in der *Selvam Lodge*, mit Dachterrasse, Junction Road; nonveg. im *Uma Shankar Hotel* (Vijay Lodge, Royal Road) und im Hotel Aanand.

Tirukkalikundram

 Busverbindungen: An der Busstrecke Mamallapuram–Chingleput.

 Unterkunft: In Mamallapuram.

Tirupati
Vorwahl: 0 85 74

Flugverbindungen: Verbindung mit Hyderabad und Madras. Der Flughafen liegt 15 km östlich der Stadt.

Bahnverbindungen: Tirupati liegt an der Bahnstrecke Nellore–Chittor, nicht weit von Renigunta Junction. Züge nach Hyderabad (17 Std.), Madras (häufiger/3 Std.), Bangalore (8 Std.). Der Bahnhof liegt im Stadtzentrum.

Busverbindungen: Direkte Busverbindungen zu zahlreichen Städten Südindiens: u. a. Hyderabad (4 × tägl./14 Std.), Madras (häufig/ 4–5 Std.), Bangalore (häufig/6 Std.). Der Bus Terminal liegt zentral und dicht bei den meisten Hotels. Busse nach Tirumala ebenfalls vom Stadtzentrum, wo auch Tourist Office, Bank, Post und Bahnhof liegen.

Unterkunft: B: *Guestline Hotel & Resort*, Karakambadi Road 14–37, Akarampalli, ☎ 2 03 66, Fax: 2 77 74; *Hotel Mayura Saptagiri*, KSTDC, nahe Pravasi Mandir, T.P. Area, ☎ 2 59 25, 2 52 51, Fax: 2 59 11; *Hotel Bhimas Paradise*, Renigunta Road 33–37, ☎ 2 57 47, Fax: 2 55 68. **B/C:** *Bhimas Deluxe Hotel*, Govindaraja Car Street 38, ☎ 2 55 21, Fax: 2 54 71. **C:** *Hotel Sri Urvasi International*, Renigunta Road, ☎ 2 02 02; *Vishnu Priya*, am APSRTC Bus Stand, ☎ 2 03 00.

Unterkünfte auf dem Tirumala-Hügel: A–C: Reservierung über *PRO*, TT Devasthanams, ☎ 27 53, oder beim *Central Reception Office 1*, ☎ 25 71, am Eingang zum Tempelkomplex, nahe der Bushaltestelle.

Restaurants: In den besseren Hotels und *Dwarka* (veg.), *Laxmi Narayan Bhawan* (veg.) und *Indian Coffee House* am APSRTC Bus Stand.

Tiruthani (Tiruttani)

 Busverbindungen: Von Madras oder Kanchi, Bahn (Strecke nach Tirupati).

Tiruvannamalai

 Bahnverbindungen: Über Chidambaram/Tanjavur /Tiruchirapalli nach Madurai (tägl./knapp 13 Std.) und über Vellore nachTirupati (tägl./6 Std.).

 Busverbindungen: Zu allen Zentren in TN; häufig nach Vellore und Gingee; nach Pondicherry über Villupuram.

 Unterkunft: C: *Hotel Park*, das beste Zimmer ist Nr. 25 auf dem Dach; *Modern Café; Hotel Brindavan; Aruna Lodge.*

Trichur
Vorwahl: 04 87

  Bahn-/Busverbindungen: Trichur liegt an der Eisenbahnstrecke Thiruvananthapuram – Mangalore. Gute Busverbindungen, u. a. über Pollachi nach Tamil Nadu.

 Unterkunft: B: *Casino Hotel*, T.B. Road, ✆ 2 46 99, Fax: 39 90 37; *Hotel Elite International*, Chembottil Lane, Round South, ✆ 2 10 33, Fax: 39 90 57. **C:** *Hotel Skylord*, M.O. Road, ✆ 2 46 60-5, Fax: 39 90 34; *Casino Hotel* und *Surya Hotel*, nahe Bus Stand.

Trivandrum
siehe Thiruvananthapuram

Udipi
Vorwahl: 0 82 52

 Busverbindungen: Am *City Bus Stand* Busse der staatlichen Busgesellschaft KSRTC. Am *Municipal Bus Stand* Privatbusse, komfortabler und weniger überfüllt. Zahlreiche Busse entlang der Küstenstraße nach Mangalore und nach Norden sowie nach Karkale/Mudabidri.

 Unterkunft: A: *Hotel Valley View International*, Manipal, ✆ 7 11 01, Fax: 7 13 27. **B:** *Hotel Sharada International*, Bannanje, ✆ 2 19 68, 2 16 72, nahe NH 17 (By-pass) und Abzweig nach Malpe; gutes Restaurant; *Hotel Mallika*, Surekha Building, Kavi Muddanna Marg, ✆ 2 11 21; *Hotel Kediyoor*, Shiribeedu, nahe Bus Stand, ✆ 2 23 81. **C:** *Kalpana Lodge*, Upendra Baug, ✆ 2 04 40, Fax: 7 11 12. Mehrere Hotels im Zentrum um die beiden Busbahnhöfe.

Varca Beach
Vorwahl: 08 34

 Unterkunft: L: *Goa Renaissance Resort – Ramada Hotel*, Varca, ✆ 74 52 08–18; *Resort de Goa*, Fatrade, ✆ 74 50 65.

Vedanthangal-Vogelschutzgebiet

 Information: *Wildlife Warden*, 50 Fourth Main Road, Gandhi

Nagar, Adyar, Madras 600 020, TN
(auch Reservierung).

 Unterkunft: *Forest Rest House*.

Vellore
Vorwahl: 04 16

Busverbindungen: Gute Busverbindungen u. a. nach Madras
und Bangalore. Ausflüge zu den waldreichen Javadi Hills und etwas weiter
im Südosten zu den Elagiri Hills empfehlenswert.

Unterkunft: B: *Hotel River
View*, Katpadi Road, 1 km nördl.
der Stadt, ✆ 2 55 68. **C:** *Nagha International Lodge*, KVS Chetty Road 13-A,
✆ 2 67 31; *Hotel Babarchees*, Mayura
Lodge, beide Babu Rao Street; *Hotel
Sangeet* und andere einfache Hotels
nahe Busbahnhof und Basar. Motel bei
Ranipet, 30 km, beim Abzweig des NH
46 vom NH 4.

Vijayanagar/Hampi
siehe Hampi

Vijayawada
Vorwahl: 08 66

Information: Tourist Office,
Gopal Reddy Road, am alten
Bus Stand, ✆ 7 53 82, 6–20 Uhr.

Flugverbindung: Hyderabad
(tägl. außer So.). Flughafen
20 km außerhalb.

Bahnverbindungen: V. ist ein
Knotenpunkt. Schnelle Verbin-

dungen nach Bhubaneshwar/Calcutta,
Madras, Hyderabad/Secunderabad.

Busverbindungen: In alle Richtungen. Bus Stand: Bandar Road
Highway, nahe dem Fluß; Auskunft
✆ 7 33 33.

Unterkunft: Die meisten Hotels
zentral, nahe Bus Stand: **B:** *Hotel
Krishna Residency*, Rajagopalachari
Street, ✆ 7 53 01, Fax: 6 43 73; *Hotel
Kandhari International*, M.G. (Bunder)
Road, Labbipet, ✆ 47 13 11; *Hotel Krish-
naveni*, Sitanagaram, ✆ 7 53 82, Re-
staurant; *Hotel Manorama*, M.G. Road,
✆ 7 72 20, Restaurant *Madhuvan* nicht
empfehlenswert! *Hotel Raj Towers*,
Congress Office Road, ✆ 6 13 11; *Hotel
Mamata*, Eluru Road, ✆ 6 12 51. **C:** *Sree
Lakshmi Vilas Modern Cafe*, Besant
Road, Governorpet, ✆ 6 25 25; *Hotel
Tilotthama* und *Hotel Chaya*, Shiva-
layam Street, ✆ 6 13 36. Weitere klei-
nere Hotels dazwischen.

Visakhapatnam (Vizag)
Vorwahl: 08 91

 Flugverbindungen: mit Hyderabad und Calcutta.

Bahnverbindungen: Waltair
liegt an der Strecke Calcutta–
Madras.

Busverbindungen: in das
Bergland von Orissa (Koraput,
Jeypore) und nach Bastar (Madhya
Pradesh) sowie nach Zentralindien und
weiter.

Unterkunft: A: *Taj Residency*,
Beach Road, ✆ 56 77 56,
56 43 72, Fax: 56 43 70; *Park Hotel*,

Beach Road, ℰ 55 44 88, Fax: 55 41 81.
A/B: *Hotel Dolphin*, Dabagardens,
ℰ 56 70 00-20, Fax: 56 75 55; *Hotel
Daspalla, Suryabah*, ℰ 56 48 25 (6L.),
Fax: 56 20 43. **B/C:** *Hotel Jyoti Swa-
roopa*, Dwarakanagar, ℰ 54 88 71-5;
Hotel Palm Beach, Beach Road,
ℰ 5 40 26, Restaurant, Biergarten.
C: *Saga Lodge*, zwischen Hospital Road
und Strand.

 Sehenswürdigkeiten: Hafen,
Besichtigung Di., Mi., Do.
16–18 Uhr.
Hindustan Petroleum Corporation Ltd.,
Mo.–Fr., vorher Besuchserlaubnis ein-
holen.
Hindustan-Werft, Mo.–Sa. 16–18 Uhr.

Warangal

Vorwahl: 0 87 12

 Bahnverbindungen: Nach
Hyderabad, Vijayawada und
nach Norden.

 Busverbindungen: U. a. nach
Hyderabad und Vijayawada.

 Unterkunft: B: *Hotel Ashok*,
Main Road Hanamkonda, 8 km
vom Bahnhof, ℰ 8 54 91. **B/C:** *Govern-
ment Tourist Rest House*, Kazipet Road,
ℰ 62 01. **C:** Mehrere Hotels nahe der
Kreuzung R.N. Tagore Road/Chowrasta,
1 km vom Bahnhof: *Nataraj Lodge,
Krishna Lodge* – beide R.N. Tagore
Road. *Annapurna Lodge, Ganesh
Lodge, Ananda Lodge, Venkatarama
Lodge, Hotel Kohinoor* – alle Chowrasta.
Hotel Shankar am anderen Ende der
Chowrasta, in Hanamkonda, ℰ 71 71,
75 41.

Reiseinformationen von A bis Z

Vor der Reise

Informationsmaterial zu aktuellen Einreisebedingungen oder -beschränkungen, über Reiseziele in Indien, Hotels, Feste und Reiseveranstalter verschicken auf Anfrage kostenlos die staatlichen indischen Reisebüros in der Bundesrepublik Deutschland und der Schweiz.

Indisches Fremdenverkehrsamt, Baseler Str. 48, D-60329 Frankfurt/M., ✆ 0 69/24 29 49, Fax: 0 69/24 29 49–77. Zuständig für Deutschland und Österreich.

Office National de Tourisme, 1–3, Rue de Chantepoulet, CH-1201 Genève, ✆ 0 22/7 32 18 13, Fax: 0 22/7 31 56 60.

Die folgenden Institutionen organisieren Ausstellungen, kulturelle Veranstaltungen, wie Konzerte indischer Musik und indischen Tanz, sowie Vorträge über unterschiedlichste Aspekte Indiens und Lesungen indischer Schriftsteller. Man bekommt dort keine aktuellen Reiseinformationen:

Deutsch-Indische Gesellschaft e. V., Charlottenplatz 17, 70173 Stuttgart, ✆ 07 11/29 70 78. In zahlreichen deutschen Städten gibt es Zweiggesellschaften, z. B. in Berlin: Achenseeweg 41, 12209 Berlin.

Indisches Kulturzentrum, Stormstr. 10, 14050 Berlin, ✆ 0 30/3 06 29 50.

In Südindien gibt es Tourist Offices der Zentralregierung in folgenden Städten: Aurangabad, Bangalore, Mumbai (Bombay), Kochi, Hyderabad, Madras und Panjim/Goa. Siehe unter: Adressen und Tips von Ort zu Ort. Das Tourist Office in Delhi finden Sie am Janpath 88, nahe Connaught Place, ✆ 0 11/3 32 00 08.

Einreisebestimmungen

Von Bürgern der Bundesrepublik Deutschland, Österreich und der Schweiz wird für die Einreise nach Indien ein **Visum** verlangt. Erteilt werden von den Diplomatischen Vertretungen (s. u.) folgende Visa:

1) Transitvisa, für ein- oder zweimalige Einreise, DM 9,–.

2) Touristvisa für maximal 3 Monate, mehrmalige Einreise, zählt ab Einreise (innerh. von 3 Monaten), Verlängerung nicht möglich, DM 35,–.

3) Touristvisa für maximal 6 Monate, mehrmalige Einreise, zählt – wie alle anderen Visa außer 2) – ab Ausstellung, DM 70,–.

4) Geschäftsvisa für max. 1 Jahr, mehrmalige Einreise, DM 85,–.

5) Studentenvisa, mehrmalige Einreise, DM 85,– und

6) längerfristige Visa für 1–5 Jahre, DM 170,–. Eine Verlängerung in Indien, außer für die 3-Monats-Visa, ist zwar möglich, aber umständlich und zeitraubend. Anträge sind zu richten an: *Foreigner's Regional Registration Office* in New Delhi, Mumbai, Calcutta und Madras (9 Village Road, Nungambakkam) oder *Office of the Superintendent of Police* in den Distrikthauptstädten.

Für die Visa-Beantragung sollte der Reisepaß noch mindestens sechs Monate gültig sein; zwei Formulare, erhältlich bei der diplomatischen Vertretung, und zwei Paßbilder werden gebraucht. Die Bearbeitung dauert wenige Tage (Achtung: Indische Feiertage). Einer schriftlichen Beantragung (Einschreiben) muß ein adressierter und frankierter Umschlag beiliegen.

Diplomatische Vertretungen Indiens

... in der
Bundesrepublik Deutschland

Indische Botschaft, Adenauerallee 262–264, 53113 Bonn, ✆ 02 28/5 40 50, Fax: 02 28/5 40 51 54. Visaabteilung: Baunscheidtstr. 7, 53113 Bonn, ✆ 02 28/ 5 40 51 33, Fax: 02 28/5 40 51 53.

Außenstelle Berlin der Indischen Botschaft, Majakowskiring 55, 13156 Berlin, ✆ 0 30/4 80 01 78, Fax: 0 30/4 82 70 34.

Indisches Generalkonsulat Frankfurt/M., Mittelweg 49, 60318 Frankfurt/M., ✆ 0 69/1 53 00 50, Fax: 0 69/ 55 41 25.

Indisches Generalkonsulat Hamburg, Raboisen 6, 20095 Hamburg, ✆ 0 40/ 33 80 36, 33 05 57, 32 47 44, Fax: 0 40/ 32 37 57.

Im Honorar-Konsulat München, Hanauer Str. 46, 80788 München, wurde Anfang März '96 ein Visa-Service eingerichtet. Geöffnet am ersten und dritten Donnerstag des Monats 10–12 Uhr zur Annahme von Visaanträgen; 16 Uhr Rückgabe der Pässe. ✆ (nur während der Öffnungszeiten): 0 89/38 21 16-55 und 0 89/38 21 16-56.

... in Österreich:

Indische Botschaft, Kärntnerring 2, A-1015 Wien, ✆ 01/5 05 86 66.

... in der Schweiz:

Indische Botschaft, Effingerstr. 45, CH-3008 Bern, ✆ 0 31/3 82 31 11, 3 82 31 41, Fax: 0 31/3 82 26 87. Indisches Generalkonsulat Genf, 9, Rue du Valais, 1202 Genève, ✆ 0 22/7 32 08 59, Fax: 0 22/7 39 45 48.

Wagenpapiere

Für die Einreise mit einem Kraftfahrzeug (von Pakistan oder über See) werden der internationale Führerschein (Kfz-Stelle, ein Jahr gültig), die internationale Zulassung und ein *Carnet de Passages* als Zolldokument verlangt. Letzteres wird bei den Automobilklubs gegen Abtretung einer Bankbürgschaft von z. Z. mindestens DM 20 000,– (entsprechend dem Zeitwert des Fahrzeugs) ausgestellt.

Diplomatische Vertretungen in Indien

... der Bundesrepublik Deutschland

Botschaft der Bundesrepublik Deutschland, 6 Shanti Path, Chanakyapuri, New Delhi 110001. ✆ 0 11/60 48 61. Fax: 0 11/6 87 31 17.

Deutsches Generalkonsulat in Mumbai: Hoechst House, 10. OG, Nariman Point, 193 Backbay Reclamation, Mumbai 400021, ✆ 0 22/23 26 61, 23 24 22, 23 15 17.

Deutsches Generalkonsulat in Madras: 22 Commander-in-Chief Road, Madras 600105, ✆ 0 44/47 17 47, 47 35 42, 47 76 37.

Deutsches Generalkonsulat in Calcutta: 1 Hastings Park Road, Alipore, Calcutta 700027, ✆ 03 33/4 79 11 41, 4 79 11 42, Fax: 03 33/4 79 30 28.

... Österreich:

Botschaft der Republik Österreich, EP-13, Chandergupt Marg, Chanakyapuri, New Delhi 110021, ✆ 0 11/60 12 38, 60 16 07, 60 15 55, Fax: 0 11/6 88 69 29.

Generalkonsulat Österreichs in Mumbai: Taj Building, 3. OG, 210 Dr. Dadabhai Naurojik Road, Mumbai 400021, ✆ 0 22/ 2 04 20 44.

Konsulat Österreichs in Madras: 114 Nungambakkam High Road, ✆ 27 60 36.

... der Schweiz:

Botschaft der Schweiz, 12 Nyaya Marg, Chanakyapuri, New Delhi 110021, ✆ 0 11/60 42 25-7, 60 43 23, Fax: 0 11/ 6 87 36 31.

Generalkonsulat in Mumbai:
Manek Mahal, 7. OG, 90 Vir Nariman
Road, Mumbai 400031, ✆ 0 22/
2 04 25 91, 2 04 30 03, Fax: 0 22/
2 02 99 36.
Konsulat in Calcutta:
16 Old Court House Street, Calcutta 1.

Gesundheitsvorsorge

Impfungen sind nicht mehr zwingend
vorgeschrieben. Ausnahme: Bei Einreise über Gelbfiebergebiete (Afrika/
Südamerika) wird ein gültiger Internationaler Impfpaß mit dem Nachweis
einer Gelbfieberimpfung verlangt (zehn
Jahre gültig).

Wenn man Indien bereisen will, sollte
man sich im klaren darüber sein, daß
man seinen Körper und seine Psyche
ungewohnten Belastungen verschiedenster Art aussetzen wird. Für persön-
liche Schwächen und Anfälligkeiten, die
man schon kennt, sollte man sich – und
die Reiseapotheke – besonders präpa-
rieren.

Von den großen Seuchen, gegen die
man sich früher zwingend impfen lassen mußte, gelten die Pocken als aus-
gerottet. Typhus und Cholera dagegen
treten immer wieder auf. Gegen Typhus
und Paratyphus A und B gibt es eine
Schluckimpfung, gegen Cholera eine
Injektion (zweimal), die aber nur einen
begrenzten Schutz bietet, d. h. die
Krankheit verläuft leichter. Wenn man
sich nicht gerade auf einer Expedition
befindet, erreicht man in Indien gewöhnlich recht schnell ein Hospital, wo
u. a. dem gefährlichen Flüssigkeitsver-
lust entgegengewirkt werden kann.

Problematischer verhält es sich mit
der Malaria, die in ihren verschiedenen
Formen überall wieder an Boden
gewinnt, da die Erreger gegen die
bewährten Prophylaxemittel (die ihrerseits bedenkliche Nebenwirkungen

zeigen können) zunehmend resistent
geworden sind. Der beste Schutz in Ge-
fahrengebieten – nahezu das gesamte
Indien – ist immer noch, sich nicht ste-
chen zu lassen. Also richtige Kleidung
für den Abend mitnehmen, Hautschutz-
mittel auf die unbedeckten Körperteile
wie Gesicht und Hände auftragen und
unter einem Moskitonetz schlafen.
Solch ein Moskitonetz sollte man am
besten selbst mitführen. Es gibt sie 500
g leicht und groß genug für ein Doppel-
bett. Ob Sie sich nun für eine Prophy-
laxe entscheiden oder Ihrer Vorsicht
vertrauen und nur für alle Fälle etwas in
der Reiseapotheke haben – das jeweils
wirkungsvollste Medikament sollten Sie
sich vom Fachmann empfehlen lassen!

Zur allgemeinen Stärkung der Ab-
wehrkräfte ist eine Gammaglobulin-In-
jektion, die bisher als einziger – leider
unvollkommener – Schutz vor Hepatitis
A (infektiöse Gelbsucht) empfohlen
wurde, immer noch sinnvoll. Aber vor
dieser Gelbsucht, die besonders mit
verunreinigten Speisen verbreitet wird,
bietet eine Impfung (3 Injektionen in
festgelegten Abständen) einen sicheren
Schutz. Auch gegen Hepatitis B (durch
Blut übertragbar) gibt es einen hundert-
prozentigen Impfschutz (teuer); Impfschutz gegen Tetanus und Polio sollte
obligatorisch sein – und alle 10 Jahre
aufgefrischt werden!

Beratung und Impfung führen die
Tropeninstitute (Hamburg und Berlin), die Landesimpfanstalten oder entsprechend erfahrene Ärzte, z. B. Fach-
ärzte für Tropenmedizin, durch.

Reiseapotheke: Neben den persönlich benötigten Medikamenten sind
Standardmittel für folgende Gelegenheiten sinnvoll: Vorbeugung gegen Rei-
sekrankheit, Erkältung (Halstabletten,
Grippemittel, Aspirin), Magen- und
Darmbeschwerden (Mittel gegen Ma-

genverstimmung, Kohle gegen einfachen Durchfall, leichte Verdauungshilfe).

Zur Grundausstattung gehören weiterhin: Verbandsmaterial (Mullbinde, elastische Binde, Pflaster), Desinfektionstinktur, Wundsalbe und Salbe gegen Sonnenbrand, Insektenstiche und Ausschlag (z. B. als Reaktion auf Hitze und Schweiß) und Pilzinfektionen, Augentropfen sowie ein gutes Schmerzmittel. Breitband-Antibiotika sollte man zu Hause lassen. Wird es ernst, kennt der indische Arzt bestimmt das richtige Medikament, und der *Medical Store* führt mehr, als man ihm zutraut. Wegen der großen Gefahr einer Infektion bei Injektionen empfiehlt es sich, für den Ernstfall selbst ein paar Einmalspritzen dabeizuhaben. Bluttransfusionen sollte man wenn irgend möglich meiden.

Krankenversicherung: Vor der Abreise ist unbedingt zu klären, ob der Krankenversicherungsschutz auch für das Zielland sichergestellt ist. Wenn nicht, sollte man eine spezielle Reisekrankenversicherung für die Zeit abschließen.

Reisegepäck

Im eigenen Interesse sollte man das Gepäck so klein und leicht wie möglich halten. Bewährt haben sich Reisetaschen aus kräftigem Material mit einem zusätzlichen Schultertrageriemen. Die Gepäckstücke müssen abschließbar sein; das verlangen die Fluggesellschaften – und der großen Neugier indischen Hotelpersonals bleiben einige Geheimnisse verschlossen. Man muß sich mit dem Gepäck in Busse drängeln und auch mal darauf sitzen können.

Abgesehen von dem, was für Abreise und Ankunft in Europa gebraucht wird, ist für Indien an Kleidung wenig vonnöten. Knappe Unterwäsche aus Baumwolle, weite Hosen/Röcke, Hemden/Blusen oder T-Shirts, leichte, strapazierfähige Schuhe oder Sandalen, eine Kopfbedeckung. Für den Abend sollte die Kleidung moskitounfreundlich sein: lange Ärmel, lange Hosen, Socken.

Für Reisen in touristisch weniger erschlossenen Gegenden ist es sinnvoll, einen Leinenschlafsack mitzuführen, da in einfachen Hotels das Bettzeug manchmal nicht sehr vertrauenserweckend aussieht oder gar erwartet wird, daß der Reisende Bettwäsche dabei hat. Manchmal wird auch kein Handtuch gestellt. Nützlich ist oft ein leichtes Moskitonetz als Malariaprophylaxe.

Die meisten der aufgeführten Dinge kann man leicht auch in Indien kaufen. Wichtig werden oft die kleinen Dinge, die man nicht vergessen sollte: Sonnenbrille und -schutzmittel, Insektenschutz (Autan) und -vertilgungsmittel (Paral), Taschenmesser (u. a. zum Schälen der Früchte), Bindfaden (u. a. als Wäscheleine), Reisewecker (nicht zuletzt für den mitternächtlichen Rückflug), Taschenlampe (für Indiens Abendunterhaltung: Power cut), Näh- und Schreibzeug, ein kräftiges Vorhängeschloß (für das Hotelzimmer), Wasserdesinfektionsmittel wie Micropur (z. B. zum Waschen von Trauben), Regenschutz.

Die Reisekasse

Abgesehen davon, daß die Ein- und Ausfuhr indischer Währung verboten ist, ist es auch nicht sinnvoll, die Rupees teuer in Europa zu kaufen. Wir empfehlen, die Reisefinanzen zum größeren Teil in Traveller Cheques und vom Bargeld einen Teil in kleinen Dollarnoten (für manchmal unumgängliche Direktinvestitionen) mitzuführen. Beides – wie auch Paß und Tickets – sollte

man sicher verwahren: in einem Geld-
gürtel oder Brustbeutel, körpernah und
in verschließbaren Taschen, z. B. einer
Innentasche der Hose. Traveller Cheques bringen einen besseren Kurs als
Bargeld. Die Reiseschecks sollten von
einer international gut bekannten
Adresse sein (z. B. American Express,
Thomas Cook u. a.) und wenigstens zu
einem Teil auf US $ lauten – besonders
im Landesinneren kann es sonst zu
Schwierigkeiten in der Bank kommen.
Die geringen Kursunterschiede recht
fertigen nicht das Risiko, auf dem
Schwarzmarkt zu tauschen. Die Unter-
schrift sollte man vor dem Tausch von
Traveller Cheques noch einmal üben,
denn bei geringen Abweichungen gibt
es sonst vielleicht kein Geld.

Devisenbestimmungen

Die Einfuhr von Devisen nach Indien ist
in unbegrenzter Höhe möglich; bei Be-
trägen über US $ 10 000 muß eine De-
klaration ausgefüllt werden, die bei der
Ausreise dem Zoll vorzulegen ist. Die
von Banken oder autorisierten Geld-
wechslern (Hotels) ausgestellten Um-
tauschbelege sollte man aufbewahren.
Sie werden gebraucht beim Rücktausch
überschüssiger Rupees sowie u. U. bei
der Bezahlung von Hotelrechnungen
und Flugtickets in Landeswährung. Im
Gegensatz zu Bargeld dürfen auf Rupees ausgestellte Reiseschecks beliebig
ein- und ausgeführt werden. Zu erhalten sind sie bei der State Bank of India,
Große Gallusstr. 10–14, 60311 Frankfurt,
✆ 0 69/1 30 90.

Zollbestimmungen

Zollfrei eingeführt werden dürfen Artikel des persönlichen Bedarfs, u. a. per-
sönlicher Schmuck, eine Kamera und
fünf (!) Filme, ein Fernglas, ein tragbares Musikinstrument, ein Plattenspieler

mit zehn Scheiben, ein Transistorradio,
ein tragbares Tonbandgerät, eine Reise-
schreibmaschine, ein Kinderwagen;
200 Zigaretten oder 50 Zigarren, 250 g
Tabak; alkoholische Getränke bis zu
0,95 Liter; Eau de Cologne bis zu 25 ml;
Geschenke bis zu einem Wert von Rs.
500/-; eine Camping- oder Sportausrü-
stung, ein Fahrrad, ein Surfbrett, ein
Kanu oder Kajak (bis 5,5 m Länge), ein
Paar Skier, zwei Tennisschläger. Die Ein-
fuhrbeschränkung für Filme ist für den
Touristen ohne Bedeutung.

Profiausrüstungen und -material
müssen deklariert werden, aber auch
wertvolle Kameras, Goldschmuck und
andere Wertgegenstände sollte man in
ein *Tourist-Baggage-Reexport-Formular*
eintragen lassen. Die Einfuhr von Goldmünzen und -barren, von Rauschgift
und von lebenden Pflanzen ist verboten.

Unbegrenzt ausgeführt werden
dürfen Souvenirs und Kunstgewerbe-
artikel, aber auch indische Seide und
Wolle, Schmuck bis zu einem Wert von
Rs. 10 000/- und Artikel aus Pfauen-
federn in begrenzter Menge.

Für Antiquitäten und Kunstgegen-
stände, die älter als 100 Jahre alt sind,
braucht man eine Ausfuhrerlaubnis, die
man (fast nie) bekommt beim Director
Antiquities, Archaeological Survey of
India, New Delhi, Janpath, oder dem jeweiligen Superintending Archaeologist
Antiquities, Archaeological Survey of
India, z. B. in Mumbai, Sion Fort, in Calcutta, Narayani Building, Brabourne
Road, oder in Madras, Fort St. George.

Andenken

Die Möglichkeiten, Geld für mehr oder
weniger nützliche Souvenirs auszuge-
ben, sind in Indien nahezu grenzenlos.

In dem Land von der Größe eines Kontinents werden eine Vielzahl uralter handwerklicher Traditionen gepflegt. Vieles gehört zur lebendigen Kultur der Menschen, anderes wird speziell für den Tourismus geschaffen. Die bequemste Art einzukaufen bieten die exquisiten Boutiquen in den großen Hotels. Hier bewegt man sich in stilvollem Ambiente. Die Auswahl ist vom Feinsten – und die Preise entsprechend hoch. Sicher und reell kauft man ein im Government Emporium. Das sind staatliche Läden oder Kaufhäuser, die entweder einen Querschnitt durch das gesamte Kunsthandwerk bieten (Government Handicraft Emporium) oder hauptsächlich Textilien (Government Cottage Industries Emporium). In den großen Städten unterhalten die einzelnen Bundesstaaten außerdem für ihre Produkte eigene Emporia. So gibt es z. B. in Thiruvananthapuram, Kochi, Mumbai, Madras, Delhi und anderen Städten Niederlassungen der Handicraft Development Corporation of Kerala. Sie tragen alle den Namen Kairali. Von Tamil Nadu gibt es eine Kette von Läden unter dem Namen Poompuhar und im Kashmir Government Arts Emporium locken u. a. die schönen Mitbringsel aus Papiermaché oder die praktischen und preiswerten Numdhas, Filzteppiche mit phantasievollen Stickereien in geschmackvollen Farben. Hier kauft der Kunde zu Festpreisen, und wenn er sich größere Stücke schicken läßt, kann er ziemlich sicher sein, daß auch ankommt, was er gekauft hat.

Aufregender und lustvoller ist das Einkaufen im Basar, wo Dutzende von Händlern miteinander konkurrieren, wo der Kunde König ist, Tee, Kaffee oder Limca serviert bekommt – und, wenn er nicht aufpaßt, beschummelt wird. Wer Spaß am Handeln hat, kann hier aber auch zu Erfolgserlebnissen kommen.

Der Süden bietet eine Fülle hochwertiger handwerklicher Spezialitäten. Für ihre Seidenerzeugnisse sind u. a. Kanchipuram, Mysore und Bangalore bekannt. Feine Baumwollprodukte werden in Madras und Mumbai hergestellt. Wunderbare Ikats kommen aus dem Nordosten von Andhra Pradesh und dem angrenzenden Orissa. Die bequemen, fein bestickten Hemden und weiten Hosen der Moslems kann man gut in Hyderabad kaufen und zu Hause als Pyjama tragen. Lederwaren verraten oft die Hand moderner Designer aus Europa (z. B. Italien) – wohin ein Großteil der Produktion auch exportiert wird. Die bekannten Sandalen aus Kolhapur kann man in ganz Indien kaufen.

Aus der Gegend von Kalahasti im Süden von Andhra Pradesh kommen die eigenwilligen Kalamkaris, Malereien meist mythologischer Themen in einer speziellen Technik auf Baumwolle. Im Süden Tamil Nadus werden kunstvolle Matten aus einer Art Zyperngras gewebt, und in Kerala ist alles zu haben, was man aus Kokosfasern herstellen kann.

Bidar und Hyderabad sind Zentren des Bidri-Kunsthandwerks. Das geschwärzte Metall von Schalen, Vasen, Dosen, Schmuckkästen wird kunstvoll mit traditionellen Mustern in Silber ausgelegt. Schnitzereien aus edlen Hölzern kommen von Tamil Nadu, Kerala und aus Mysore in Karnataka. Hier bekommt man Elefanten von mikroskopisch klein bis raumfüllend groß. Aus duftendem Sandelholz werden in vollendeter Technik verkitschte Götterfiguren geschnitten. Was abfällt, gibt den Duft von Wässerchen und Seife. In Kerala fertigt man prächtige Kathakali-Motive aus Holz und in Kondapalli bei Vijayawada farbenfrohes Spielzeug.

Schmuck gibt es in Indien in verwirrender Vielfalt, von den farbenfrohen Armreifen aus Lack und Plastik oder dem dekorativen Silberschmuck der Banjara-Frauen bis zu sündhaft teuren Stücken in Gold, mit Edelsteinen und Perlen aus Maharaja-Besitz. Goldschmuck gilt in Indien traditionell als wertvollster Besitz der Frauen und dient zur Absicherung ihrer sozialen Stellung. Der Bedarf ist enorm, die Importpolitik restriktiv und entsprechend der Preis fast doppelt so hoch wie bei uns. Den Preis von Silberschmuck bestimmt der Metallwert. Die oft großartige handwerkliche Arbeit bekommt man fast geschenkt. Wertvolle Steine und Perlen sollte nur kaufen (z. B. in Hyderabad), wer sich auskennt.

Vorsicht bei Antiquitäten! Erstens sind es oft gar keine, und zweitens unterliegen sie strengen Ausfuhrbestimmungen (s. Zollbestimmungen). Sowohl von den faszinierenden Bronzen gibt es handwerklich saubere Nachgüsse als auch von den entzückenden Motiven der höfischen Malerei gekonnte Kopien auf Papier und Baumwolle oder Seide. Auch die großen Museen bieten Repliken ihrer Schätze.

Anreise, Ankunft, Rückreise

Indien ist von Europa aus **auf dem Landweg,** über See oder per Flug zu erreichen. Die ersten beiden Möglichkeiten sind eigentlich nur im Rahmen einer größeren Asienreise realistisch. Über Land kann man Indien im eigenen Wagen erreichen, mit Bus und Bahn, individuell oder mit Busunternehmen, die beispielsweise in London starten. Die Route führt heute durch den Iran auf der Südroute durch die Dasht-i-lud direkt nach Pakistan. Der einzige Straßen-Grenzübergang nach Indien befindet sich bei Attari, nahe Lahore.

Seit die P & O Linie die letzten Passagierfahrten von Europa nach Indien eingestellt hat, kann man die Anreise **über See** nur noch von näher gelegenen Häfen aus realisieren. P & O z. B. fährt Mombasa–Karatchi–Mumbai (Bombay). Zwischen Penang (Malaysia) und Madras verkehrt z. B. alle 14 Tage die *Chidambaram* der Shipping Corporation of India.

Die meisten Besucher kommen **auf dem Luftweg** nach Indien. Anflughäfen sind New Delhi (Patam), Kalkutta (Dum Dum) und – für Südindien am günstigsten – Mumbai. Direktflugzeit ca. 8 Std. Zum offiziellen IATA-Preis kann man mehrmals täglich fliegen und unter vielen großen Fluggesellschaften wählen (natürlich Air India, Lufthansa, Swissair usw.). Es geht aber auch viel billiger, wenn man sich frühzeitig um einen Flug bemüht. Angebote vieler Reisebüros, die auf preiswerte Fernreisen spezialisiert sind, findet man u. a. im Reiseteil von Tageszeitungen, in Stadtillustrierten, Studentenzeitungen, Reisemagazinen ...

Die großen Fluggesellschaften bieten oft Spezialtarife oder spezielle Quasi-Charterflüge von bestimmten Städten aus an (Air India/Amsterdam). Andere fliegen generell billiger. Sie fliegen meist nicht direkt, sondern über ihre Hauptstadt, wo man dann umsteigen muß (Air Egypt über Kairo). Die billigsten dieser Gruppe sind einige der Staatslinien Osteuropas, voran Aeroflot. Man fliegt nach Moskau und von da – bei mehr oder weniger günstigem Anschluß – weiter nach Delhi oder Kalkutta. Überraschungen verschiedenster Art sind hier im Spartarif inbegriffen.

Von Delhi oder Kalkutta aus erreicht man mit Indian Airlines schnell die großen Zentren Südindiens. Mit der Eisenbahn braucht es mehr Zeit. Der schnelle *Rajdhani-Express II* braucht für die 1407 km zwischen Delhi und Mumbai nur 17 Stunden. Der Expreßzug *Madras Mail* überwindet in 33 Stunden die 1660 km zwischen Kalkutta und Madras. Hyderabad erreicht man per Bahn von Delhi aus in 24 Stunden und von Calcutta über Vijayawada in 35 Stunden.

Zeitverschiebung

Ganz gleich, wo man in Indien ankommt, es ist 4$\frac{1}{2}$ Stunden später als in Europa. Entsprechend muß beim Rückflug die Uhr 4$\frac{1}{2}$ Stunden zurückgestellt werden. Während der Sommerzeit beträgt der Zeitunterschied 3$\frac{1}{2}$ Stunden.

Reconfirmation/Flughafensteuer

Spätestens 72 Stunden vor Abflug sollte der Rückflug von der entsprechenden Fluggesellschaft bestätigt werden, da sonst die Buchung hinfällig werden kann. Will man das nicht selbst und vor Ort erledigen, sind Reisebüros unterwegs gegen eine Gebühr behilflich. Beim Verlassen des Landes muß eine Flughafengebühr von Rs. 300,- entrichtet werden.

Bettler

Bilder von Armut und Elend halten viele von einer Indienreise ab. Tatsächlich wird der Reisende unweigerlich mit diesem Problem konfrontiert werden und muß eine Einstellung dazu entwickeln. Weder ist es sinnvoll, sogleich Kofferinhalt und Reisekasse an die nächstbesten Bettler zu verteilen, noch diesen mit zynischer Ignoranz zu begegnen. Es gibt in Indien viel echte Not. Es gibt aber auch erbliche Bettelei (in Bettlerkasten werden die Kinder frühzeitig vom Vater in dessen »Beruf« eingeführt), organisierte Bettelei (der Boß vergibt die Reviere und kassiert seinen Anteil), religiöse Bettelei (jeder Inder weiß, daß höchstens jeder dritte Sadhu »echt« ist) und sportliche Bettelei (je nach Gegend verlangen die Kinder nach »pen«, »chocolade«, »coins« oder »rupees«). Erbarmungswürdige Krüppel schaffen es, ganze Großfamilien zu ernähren. Kinder auf dem Arm bettelnder »Mütter« können ausgeliehen sein – aber sicher weiß man das nicht! ... Man sollte sich nicht unter Druck setzen lassen (z. B. beim Stop an der Ampel-Kreuzung), immer »Kleingeld« in der Tasche haben und geben, wo man es für angebracht hält, auch wenn es einmal dem »Falschen« zugute kommt.

Drogen

Drogen sind erst mit den »Travellers« und ausgehend von Goa zum Problem geworden. Regierung und Polizei haben reagiert, den traditionellen Handel verboten und auch den Besitz von Drogen unter Strafe gestellt. 10 g Hasch können 10 Jahre Knast bringen – indischen Knast! Am Gateway of India und in den kleinen Straßen hinter dem Taj Mahal Hotel in Mumbai wird dem Fremden trotzdem jede Art von Stoff angeboten. Überflüssig die Warnung, sich auf irgendwelche Kontakte einzulassen.

Elektrizität

Städte und die meisten Dörfer sind heute an das Elektrizitätsnetz angeschlossen. Allerdings sind Stromausfälle an der Tagesordnung. Die Spannung beträgt fast überall 220 Volt

Wechselstrom. Einen Adapter für die indischen Schlitz-Stecker/Steckdosen sollte man mitführen.

Essen und Trinken

In Indien muß man beweglich sein: genießen, wo Gelegenheit ist, und sich auf bessere Tage freuen, wenn es mit ewig gleichen *meals* einmal eintönig wird. Und das kann auf dem Lande abseits der vielbesuchten Plätze schon passieren.

Auf die europäische Küche sollte man nicht fixiert sein. Einmal, weil es die nur in den großen Hotels und touristischen Zentren – und da nur als mäßige Imitation – gibt, und zum anderen, weil es die indische Küche wert ist, entdeckt zu werden. Darüber später mehr.

Indisches Essen ist gut bekömmlich – wenn auch in manchen Gegenden Südindiens einige Gerichte sehr scharf sind. Diese kann man mit viel Reis oder Fladenbrot verträglicher machen. Man kann essen, was frisch gekocht oder gebacken ist. Rohes Gemüse und Salate sind unbedingt zu meiden, genauso wie die leckeren Früchte, die geschält und mundgerecht präpariert, immer wieder mit frischem (?) Wasser übergossen, auf der Straße angeboten werden.

Man spricht in Indien von ca. 60 % Vegetariern und 40 % Nicht-Vegetariern. Letztere findet man mehrheitlich im Norden. Je weiter man in den Süden kommt, desto ausschließlicher wird vegetarisch gekocht und gegessen. Vegetarisch heißt nun nicht, daß im Essen einfach das Fleisch fehlt. Ohne die Verwendung tierischer Produkte hat diese Küche eine Vielfalt und Raffinesse entwickelt, daß sie Vergleiche mit anderen nicht zu scheuen braucht.

Vegetarisch essen muß nicht zum Dogma werden. Freuen Sie sich auf ihr Schnitzel zu Hause – aber verpassen Sie nicht die Gelegenheit, ganz neue Eß-Erfahrungen zu machen. Dem notorischen Fleischesser wird sowieso einiges nicht schmecken. Das Angebot ist begrenzt auf *Chicken* und *Mutton,* letzteres in Indien die Sammelbezeichnung für Schaf- und Ziegenfleisch. Die Kuh ist dem Hindu heilig und das Schwein dem Moslem unrein. Wenn Sie die Schweine in Indien sehen, vergeht Ihnen die Lust auf *Pork.* Die Hühner, argwöhnt man beim Essen bald, sind mehrheitlich Marathonlaufhühner, und in einem Mutton Curry sind häufig die markantesten tierischen Bestandteile eine Vielzahl von Knochensplittern. Und trotzdem: 14 Tage Thali – und dann ein leckeres Tandoori-Chicken! Großartig!

Das Frühstück besteht in Südindien meistens aus *Idlis,* das sind kleine Kuchen aus klebrigem Reis, oder *Dossas,* köstliche, ganz dünne Fladen aus Kichererbsenmehl. In *Masalla-Dossas* ist eine wohlschmeckende Füllung aus Kartoffeln, Zwiebeln und Gemüse in den Fladen eingeschlagen, eine *Paper-Dossa* ist riesiggroß und knusprig ausgebacken. Man ißt beides mit würzigen Tunken aus kleinen Schälchen. Hinterher trinken die Inder Tee oder weiter im Süden Kaffee. Daß wir die Getränke zum Essen wünschen, ist für Inder nicht einsichtig und wird hartnäckig ignoriert. Beim Frühstück haben Sie noch die größte Chance, das Gewohnte in ähnlicher Weise zu bekommen: Toast mit Butter/Margarine und Marmelade, ein Masalla-Omelette und vielleicht sogar indische Cornflakes.

Wenn man im heißen Klima unterwegs ist, hat man mittags oft gar nicht den großen Hunger. Ein paar Snacks, in Indien auf gut englisch: *tiffin,* wie Sa-

mosas oder *Pakoras,* oder noch besser ein paar Früchte tun es dann auch. Überall bekommen Sie Bananen oder Äpfel aus dem Norden, die prächtig aussehen, aber langweilig schmecken. Je nach Jahreszeit und Gegend finden Sie die sehr vitaminreichen Guaven, die mit einer Prise Salz gegessen werden, Mangos, Papayas, Ananas, Orangen, Grapefruit und Weintrauben, die im Wasser mit Entkeimungsmittel sehr sorgfältig gewaschen werden sollten. Abends ist man dann hungrig, und die Wahl des Restaurants fällt in den großen Städten schwer.

Feine Restaurants erkennt man daran, daß ein prächtig aufgeputzter Empfangschef die Gäste an der Tür – und später ein paar Rupees – in Empfang nimmt. Und daß es drinnen kalt vom Airconditioning und so dunkel ist, daß man die Karte nur mit großer Mühe entziffern kann. Was man dann sieht, liest sich gut. Die indische Küche ist sehr vielseitig. Bestellen Sie nicht zu viel auf einmal! In diesen Restaurants der gehobenen Preisklasse, die oft einem besseren Hotel angegliedert sind, bekommen Sie auch Bier zum Essen, was dann meistens das Teuerste an der ganzen Mahlzeit ist.

Im preislichen Mittelfeld gibt es vielfältige Möglichkeiten. Da sind die Lokale der diversen Restaurantketten, wie *Kwality, Gaylord* oder *Kamat,* letzteres mit dem Outfit eines europäischen Schnellrestaurants: saubere, schnelle Bedienung und begrenzte Zahl von Standardgerichten. Dann gibt es in den Städten fast überall ein chinesisches Restaurant, verbreitet sind auch die *Punjabi Restaurants* mit nordindischer Küche. Hier bekommt man auch Fleischgerichte: nonvegetarian. Typisch südindisch sind die *Brahmin Restaurants.* Hier wird ausschließlich vegeta-

risch und streng nach den religiösen Vorschriften gekocht. Was ein Brahmane kocht, darf jeder Hindu auch anderer Kasten essen! Hier müssen auch die recht brauchbaren Bahnhofsrestaurants und die Canteen auf dem Busbahnhof erwähnt werden.

Mittags und abends stellen die Restaurants Schilder auf die Straße: *Meals ready.* Was da fertig ist, ist überall das gleiche: *Thali,* das vegetarische Standardgericht! Auf den Tisch kommt ein großes Metalltablett mit einem Berg Reis und vielen kleinen Metallschälchen (katoris) drumherum. Dieses Geschirr gibt dem Gericht den Namen. In den Schälchen befinden sich verschiedene Gemüsecurries, würzige Suppen, Dhal, Raita, Joghurt, Chutney, Salz. Dazu kommen noch *Papadum,* eine knusprige Gewürzwaffel aus Linsenmehl und Fladenbrot.

Keiner steht hungrig auf, Nachschlag gibt's reichlich. Manchmal ersetzt ein Stück Bananenblatt das Tablett, und der Reis wird aus einem Eimer, die anderen Zutaten aus speziellen Messinggefäßen in einer Tragevorrichtung auf den grünen Einwegteller geklackt. Mit der rechten Hand bereitet man die Happen vor und schiebt sie in den Mund. Wer das nicht kann oder mag, muß hungern oder sich hier seinen Löffel mitbringen.

Am unteren Ende der Preisskala zu finden sind die zahlreichen Hotels, eine Art Imbißlokale, die sich meist in der Nähe von Bus Stand und Station drängen. Hier gibt es manch leckere Samosas, Pakoras, eingebackene Chilis und ähnliche Kleinigkeiten, auch Suppen, Reis oder Chapatis kann man bekommen. Und schließlich gibt es die tragbaren Restaurants, die Ein-Mann- oder Ein-Frau-Unternehmen, die da, wo viel los ist, jeden Tag neu eröffnen.

Pro Tag soll der Mensch 2 l Flüssigkeit zu sich nehmen – bei uns. Wo man schwitzt, muß man noch mehr nachfüllen. Aber was? Wasser zweifelhafter Herkunft sollten Sie auf alle Fälle meiden! Dazu gehört sowohl Leitungswasser als auch das Wasser aus ›kristallklaren‹ Bächen. Zweifelhaft ist auch, ob das angebotene Wasser im Hotel wirklich abgekocht ist. Trinken Sie am besten nur Wasser aus originalverschlossenen Flaschen, ohne oder mit Kohlensäure (Soda). In Indien trinkt man viel Tee, weiter im Süden mehr Kaffee. Der Tee in Indien ist aus dem gleichen indischen Tee zubereitet wie bei uns. Das Endprodukt aber ist nicht vergleichbar. Wasser, Milch, Zucker und Tee werden zusammengetan und zum Kochen gebracht. Das ganze wird durch ein Tuch gegossen, und dann folgt in einem guten Teastall die sehenswerte Akrobatennummer: Der Tee wird ein paarmal freihändig aus einem Becher in einen anderen ›geworfen‹. Zu sehen ist ein hellbrauner Bogen von bestimmt 80 cm Länge. Dann wird er in kleinen Tassen serviert und, da er heiß ist, meistens aus der Untertasse getrunken. Der Tee schmeckt überall anders, nach Ingwer, Kardamom, Nelken … Das Würzrezept ist das Geheimnis des Machers. Wenn man das Getränk mag, kommt am Tag eine Menge *Tschai* zusammen. Die Wirkung ist – besonders am Anfang der Reise – unangenehm: stopfend. Überall in Indien bekommen Sie reichlich Soft-Drinks angeboten, *icecold: Mangola, Fanta, Goldspot, Limca. Campa Cola* und *Thums up* sind mäßig gelungene Coke-Surrogate. Für den großen Durst sind sie nicht zu empfehlen, weil viel zu süß. Dagegen ist der Saft der grünen Kokosnüsse – garantiert keimfrei verpackt – ein idealer Durststiller. Gut ist auch *Fresh Lemon* (Lime) *Soda:* Soda-wasser mit frischem Limonensaft und etwas Zucker oder Salz. Das Sodawasser aus der lokalen Eigenproduktion in den Flaschen mit dem Glaskugel-Verschluß sollte man aber besser meiden.

Köstlich sind frische Fruchtsäfte und Milkshakes. Achten Sie darauf, daß sie einwandfrei zubereitet werden. Das gleiche gilt für *Lassi*, ein erfrischendes Getränk aus Yogurt und Wasser (!), salzig oder süß zubereitet. Frisch gepreßten Saft aus Zuckerrohr sollten Sie auch nicht gleich in der ersten Zeit probieren. Die Rohrstücke müssen sauber geschält sein. Alkohol ist in Indien ein Problem – besonders für die Regierungen der einzelnen Bundesstaaten. Sie tun sich manchmal schwer mit der Prohibition. Dabei hat Indien eine florierende Alkoholindustrie. In *Liquor shops, Winestalls* und Bars gibt es reichlich Gin, Whisky, Cognac und Rum mit klangvollen Namen und in stilvoller Aufmachung. Das indische Bier ist gut bekömmlich. Es wird in $1/2$-l-Flaschen verkauft und kostet um DM 2,–. Sogenanntes Starkbier wie *Knock out* oder *Kajuraho 2000* – nomen est omen – ist vor allem teuer und süß.

Probieren sollten Sie auch *Toddy*, den Palmwein. Man gewinnt ihn, indem man den Stamm des Baumes oben im Wipfel anritzt und die austretende Flüssigkeit in Sammelgefäßen auffängt. Dieser Saft vergärt sehr schnell. Ist er frisch, hat er wenig Alkohol. Er schmeckt angenehm und erinnert an Apfelwein. In größeren Mengen genossen, hat er die gleiche durchschlagende Wirkung wie dieser.

Feiertage und Feste

Feiertage - Gelegenheiten zum Feiern - gibt es reichlich in Indien. Staatliche, religiöse und immer mehr Festivals speziell für die Touristen.

Die offiziellen Feiertage haben ihr festes Datum: 1. Jan. Neujahr; 26. Jan. Tag der Republik; 15. Aug. Unabhängigkeitstag; 2. Okt. Gandhis Geburtstag; 25. Dez. Weihnachten.

Religiöse Feiertage werden meistens nach dem Mondkalender festgelegt und fallen so jedes Jahr auf ein anderes Datum. Jede Religionsgemeinschaft hat ihre speziellen Feiertage und jeder Tempel sein Fest. Gefeiert wird meistens von allen gemeinsam.

Auf Anfrage verschickt das Indische Fremdenverkehrsamt in Frankfurt jeweils im Herbst einen Kalender mit den aktuellen Daten für das kommende Jahr.

Feste und Feiertage von überregionaler Bedeutung:

Pongal (Jan.): Erntedankfest. Es wird Reis gekocht. Die Tiere werden geschmückt. Stierkämpfe etc.

Makar Sankranti (Jan.): Ende des Winters, die Drachen steigen.

Maha Shivaratri (Feb.): In allen Shivatempeln wird Shivas kosmischer Tanz gefeiert.

Carneval (Feb./März): Straßenumzüge in Goa.

Holi/Shigmo-Festival (März): Ein ausgelassenes Fest zu Ehren Kamas und Krishnas. Jeder bestäubt/besprüht jeden mit Farbpulver und eingefärbtem Wasser.

Pooram-Fest (April): Elefantenumzüge und Feuerwerk - besonders prächtig in Trichur.

Id-ul- Zuha (April/Mai): Die Moslems feiern Abrahams Opfer.

Meenakshi Kalyanam (April/Mai): Madurai feiert die Hochzeit Shivas mit Meenakshi/Parvati mit einem aufwendigen Tempelwagen-Umzug.

Nag Panchami (August): Zum Schlangenfest werden Korbas verehrt und gefüttert.

Muharram (Juli/August): Die Moslems gedenken des Martyriums Husseins, des Enkels des Propheten. Umzüge u.a. in Hyderabad.

Ganesh Chaturthi (Aug./Sept.): Ganeshas Geburtstag wird besonders überschwenglich in Mumbai gefeiert.

Onam-Fest (Aug./Sept.): Zu Ehren des Dämonenfürsten Bali finden in Kerala u.a. die berühmten Schlangenboot-Rennen statt.

Dussehra (Sept./Okt.): Der Sieg Durgas über den Dämon Mahisha wird besonders prächtig und aufwendig in Mysore gefeiert.

Diwali/Deepawali (Okt./Nov.): Zum Lichterfest wird mit dem Aufstellen unzähliger Öllämpchen von den einen die Rückkehr Ramas aus 14-jährigem Exil, von den anderen Krishnas Sieg über den Dämon Naraka und ganz allgemein Lakshmi als Göttin des Wohlstands gefeiert.

Fotografieren

Fotografieren macht Spaß in Indien. Motive gibt es reichlich. Die Menschen haben, von Ausnahmen abgesehen, nichts dagegen, fotografiert zu werden (Einverständnis oder Diskretion vorausgesetzt). Man sollte aber auch mitspielen, wenn man selbst als exotische Verzierung zu einer Gruppenaufnahme gebeten wird oder einem stolze Eltern für ein Erinnerungsfoto ihr Kleinkind auf den Arm setzen. Militärische und strategisch wichtige Anlagen (Flughäfen, Industrieanlagen, Brücken …) zu fotografieren ist verboten, und selbst auf dem Bahnhof kann man Ärger bekommen. Bei vielen kunsthistorischen Monumenten gibt es Einschränkungen durch den »Archaeological Survey of India«. Ohne eine entsprechende Erlaubnis (New Delhi, Janpath) darf entweder nur freihändig oder ohne Blitz oder gar nicht fotografiert werden. Das gleiche gilt für Museen. In großen Tempeln erteilt der Temple Trust die Aufnahmeerlaubnis, die für Fotokameras meist erschwinglich ist, für Videokameras aber unangemessen hoch sein kann. In Naturschutzgebieten wird ebenfalls entsprechend der Kamera eine Gebühr erhoben. Filme sollte man genügend mitbringen. Nur in Mumbai und u. U. in den Hauptstädten der Bundesstaaten kann man brauchbares Material teuer nachkaufen.

Geld und Währung

Die Indische Währungseinheit heißt Rupee (Rs). Eine Rupie wird unterteilt in 100 Paisa. Lange gab es nur Scheine zu Rs. 100/-, 50/-, 20/-, 10 -, 5-, 3-, 2/- und 1/-. Jetzt gibt es auch 500-Rupie-Scheine, aber in viel zu geringer Menge. Neben den Münzen im Wert von 50-, 25-, 20-, 10-, 5-, 3-, 2- und 1 Paisa gibt es 1/-, 2/- und 5/-Rupee-Stücke. Die Scheine werden häufig mit Stahlklammern zu Bündeln zusammengeheftet, was mit der Zeit recht große Löcher gibt. Das stört einen Inder nicht, aber wehe, wenn so ein »Lappen« einmal am Rande leicht beschädigt ist. Dann weist gar ein Bettler die Rupie zurück! Die indische Rupie ist in den letzten Jahren gegenüber den westlichen Währungen ständig gefallen. Kurs zur DM 1990 ca. 10:1; Ende 1995 ca. 23:1 (siehe auch Reisekasse).

Kleidung

Generell ist leichte, bequeme Baumwollkleidung angebracht. Am Abend sollte diese den Körper weitgehend bedecken. Für die kühlen Abende im Gebirge (Nilgiris) ist wärmere Kleidung zu empfehlen. Was man mitzunehmen vergißt, bekommt man auch in Indien – vom T-Shirt bis zum Maßanzug (sehr preiswert!). Reisende in verschmutzten und zerrissenen Klamotten können selbst bei den Armen nicht auf Sympathie hoffen. Frauen in knapper oder enger Kleidung stoßen vielerorts auf Unverständnis und provozieren Belästigungen und Aggressionen.

Kriminalität

Indien kann als recht sicheres Reiseland bezeichnet werden. Berüchtigt war zeitweise Goa – wo sich die Traveller gegenseitig beklauten. In den großen Städten, in Touristenzentren, besonders auf Bus- und Bahnhöfen ist – wie auf der ganzen Welt – Vorsicht geboten. Gewaltkriminalität kommt kaum vor, aber Trickdiebe und Betrüger versuchen schon, von der Sorglosigkeit und Vertrauensseligkeit der Touristen zu profitieren. Deshalb gilt auch hier: Gepäck nicht unbeaufsichtigt lassen. Wertvolles wie Paß, Geld und Tickets möglichst nicht sichtbar dicht am Körper tragen (oder, wo möglich, im Hotel-Tresor lassen). Geld und Paß nach dem Wechseln noch in der Bank sicher verstauen. Kopien wichtiger Dokumente an anderer Stelle im Gepäck aufbewahren. Bei gewaltsamen Auseinandersetzungen zwischen Bevölkerungsgruppen bleibt der Fremde meistens unbehelligt, es sei denn, er kommt unglücklich in die Schußlinie.

Landkarten

Übersichtlich und gut lesbar sind die Karten India 1–4 (1:500 000) aus dem Nelles Verlag, wobei die Karten 2 (West) und 4 (South) unser Reisegebiet weitgehend abdecken. Die einzelnen Bundesländer geben jeweils eigene, recht brauchbare Touristenkarten heraus, die in den jeweiligen Tourist Offices erhältlich sind.

Maße und Gewichte

Entfernungen werden oft noch in Meilen (miles), Furlongs und Yards angegeben. 1 Meile = ca. 1,6 km, 1 Furlong = ca. 200 m, 1 Yard = ca. 91 cm.

Weitere alte englische und noch gebräuchliche Maßeinheiten sind: 1 Inch = ca. 2,54 cm, 1 engl. Pfund (Lbs.) = ca. 0,45 kg, 1 Ounce = 2,8 g, 1 Gallon = ca. 4,55 l.

Temperaturen werden oft in Grad Fahrenheit angegeben. Beispiele: 32 °F = 0 °C, 68 °F = 20 °C, 86 °F = 30 °C … Umrechnung von Fahrenheit in Celsius: minus 32 mal 5 durch 9.

Öffnungszeiten

Banken haben geöffnet Mo.–Fr. 10–14 Uhr, Sa. 10–12 Uhr; Postämter 10–17 Uhr, Sa. 10–12 Uhr; andere Behörden gewöhnlich 10–16 Uhr (Mittagspause!). Größere Geschäfte, Reisebüros usw. arbeiten werktags 10–17 Uhr, kleinere Läden oft von 9 Uhr bis spät abends und teilweise auch sonntags.

Post

Die indische Post arbeitet gemeinhin zuverlässig, wenn auch nicht übermäßig schnell. Frankierte Sendungen läßt man, um dem Verlust der Marken – und damit der Sendung – vorzubeugen, am besten vom Schalterbeamten gleich abstempeln. Aerogramme, erhältlich am Schalter, sind von vornherein sicherer. In den großen Städten gibt es auch spezielle Schalter für Sondermarken (in Mumbai im 1. Stock des GPO). Paketsendungen müssen in Stoff eingenäht und versiegelt werden. Die entsprechenden »Service-Unternehmen« sitzen meistens direkt vor dem Postamt. Postlagernde Sendungen am besten an das jeweilige GPO. Bei Nachfragen sowohl unter dem Buchstaben von Vor- und Zunamen nachsehen (lassen).

Prohibition

In den meisten südindischen Bundesstaaten gilt: »Prohibition not in force.« Das kann sich aber mit wechselnden Mehrheiten in den Parlamenten schnell einmal ändern. So gilt zur Zeit in Andhra Pradesh strengste Prohibition. Selbst im Lande ansässige Europäer bekommen nur mit einem »Liquor Permit« alkoholische Getränke – und dürfen dann streng genommen nur mit sich selber trinken. Inder begründen ihren Antrag auf eine solche Bezugserlaubnis oft mit gesundheitlichen Gründen (Alkohol als Medizin). Ausländische Touristen können sich schon bei der Einreise im Tourist Office in Mumbai ein »Liquor Permit« ausstellen lassen oder dieses im Lande beantragen, wobei umfängliche Formulare auszufüllen, alberne Fragen zu beantworten, Belehrungen zu akzeptieren und Verpflichtungen einzugehen sind.

Reisen in Indien

Indien ist kein durchorganisiertes Reiseland. Es gibt nur wenige Einrichtungen und Bestimmungen oder Vergünstigungen, die auf den ausländischen Touristen zugeschnitten sind, und je weiter man sich von den touristischen Zentren entfernt, um so weniger kommen sie zum Tragen. Indien ist eine Welt für sich. Alles funktioniert irgendwie, und Unmögliches wird akzeptiert, auch wenn wir das mit unserem Verständnis von Effektivität, Ordnung und Gerechtigkeit manchmal kaum fassen können.

Die Versuchung ist groß, die eigene Vorstellung mit Gewalt durchsetzen zu wollen, anstatt zu versuchen, die Zusammenhänge und Mechanismen zu durchschauen, bestimmte Regeln zu akzeptieren und mit dem gewonnenen Insiderwissen und etwas Geschick am Spiel ›Reisen in Indien‹ teilzunehmen. Mit ›weißer Arroganz‹ und kolonialherrschaftlichem Gehabe ist dabei nichts zu gewinnen.

Mit dem Flugzeug

Indian Airlines, Vayudoot, Jet Airways, Damania, ModiLuft und einige weitere innerindische Fluglinien verfügen über ein dichtes Streckennetz in ganz Indien sowie u. a. nach Nepal und Sri Lanka. Trotz hoher Flugfrequenz sind die Flüge oft ausgebucht. Frühzeitige Reservierung ist zwingend notwendig. Man kann z. B. am Anfang der Reise in Mumbai auf Wochen im voraus Flüge auf individuellen Strecken buchen, z. B. einen Flug von Hyderabad oder Madras nach Mumbai am Ende einer Reise, um den Rückflug nach Europa nicht zu ver-

passen. Beim Kauf von Flugtickets wird Bezahlung in Devisen oder – bei Bezahlung in indischer Währung – die Vorlage der Umtauschbescheinigung in entsprechender Höhe verlangt. Die Flugpreise sind günstig. Es ist wichtig, daß man sich die Flüge jeweils noch einmal bestätigen läßt (reconfirmation).

Indian Airlines bietet folgende **Sondertarife** an:

Discover-India: US $ 400. 21 Tage unbegrenztes Reisen innerhalb Indiens.

India Wonderfares: 1 Woche unbegrenztes Fliegen für US $ 200 in einer indischen Region (N, O, S oder W).

21-Tage Süd-Indien-Rundreise: Preisermäßigung von 30 % in US $ für die Strecken zwischen Madras – Tiruchirapalli – Madurai – Thiruvananthapuram – Kochi – Coimbatore und Bangalore, gültig nur bei einer Anreise von Sri-Lanka oder den Malediven. Nähere Auskunft gibt jedes Reisebüro.

Der Pferdefuß an der Sache sind die oft lange vorher ausgebuchten Flüge. Also: erst planen, dann kaufen und gleichzeitig alle Flüge festmachen. Ist auch nur ein Flug zwischendurch unsicher, kann von da ab die ganze Planung umsonst sein. 25 % Ermäßigung erhalten Studenten und allgemein junge Leute zwischen 12 und 30. Gruppen von 10 Personen aufwärts fliegen bis zu 50 % billiger.

Auf großen Flughäfen gibt es – ähnlich wie bei der Bahn – Airport Retiring Rooms. Zwischen Flughafen und Stadtbüro verkehren in vielen Städten Busse der Fluggesellschaften, größerer Hotels oder anderer Organisationen, die die Fluggäste kostenlos oder recht günstig befördern. Für Taxifahrten vom Flughafen zum Zentrum gibt es in manchen Städten die Möglichkeit, Tickets vorab in der Halle zu kaufen (Prepaid Taxi). Anderenfalls sollte man unbedingt vorher im Flughafen den Preis erfragen. Oft sind die Preise für Fahrten zu den Hotels irgendwo angeschlagen.

Mit der Bahn

Die indische Eisenbahn befährt das mit 61 000 km Schienenweg zweitgrößte Streckennetz der Welt, unterhält über 7000 Bahnhöfe und befördert täglich 10 Millionen Passagiere. Die Anlagen stammen zu einem großen Teil noch aus der britischen Zeit. Wenn auch die vielen Privatbahnen und kleinstaatlichen Gesellschaften heute nicht mehr existieren, so stellen drei unterschiedliche Spurbreiten doch immer noch eine erhebliche Behinderung dar: Broad gauge (Breitspur) = 1,676 m; Meter gauge (Meterspur) = 1 m; Narrow gauge (Schmalspur) = 0,762 m oder 0,610 m. Die Hauptstrecken wurden inzwischen einheitlich in Breitspur ausgelegt. Es verkehren Schnellzüge (Superfast, Mail, Express) und Bummelzüge (Ordinary oder Passenger), die mehr stehen als fahren. Die Bahn ist billiger als das Flugzeug, und man lernt während der Fahrt das Land kennen. Vielfach ist im Süden eine Busfahrt schneller und bequemer.

Die Bahn bietet zwei Klassen: Zweiter Klasse fährt man sehr billig. Die Wagen sind häufig überfüllt, Abteile und Toiletten entsprechend schmutzig. Aber langweilig wird es nicht: Die Leute sind neugierig und gesprächig; Händler, Sänger, Gaukler und Bettler sorgen für Abwechslung. Für die Nacht hat man die Wahl: 3-Tier-Abteile haben drei ungepolsterte Betten übereinander, 2-Tier-Abteile nur zwei, aber flach gepolstert. Sie sind nicht einzeln abschließbar. Auf sein Gepäck muß man achten.

Die 1. Klasse ist bedeutend bequemer, kostet das 4 bis 5fache – und ist immer noch preiswert. Die normalen Abteile bieten tagsüber 6–8, nachts 4 Passagieren Platz. Es gibt auch kleinere Einheiten mit nur zwei Betten (als Reservierungswunsch *coupe* auf dem Antrag vermerken!). Die Abteile sind ausgestattet mit Fans, extra Jalousien und einer doppelten Verriegelung, was aber weder Staub und Mücken noch Lärm am Eindringen hindern kann. Ein leichter Leinenschlafsack ist auch hier von Nutzen. Auf manchen Strecken kann man beim Schaffner Bettzeug (bedding, bed roll) ausleihen.

Vermehrt werden jetzt auf Hauptstrecken auch AC-Wagen (klimatisiert, doppelter Preis der 1. Klasse) und ACCC-Wagen (Air Conditioned Chair Car, Großraum-Sitzwagen für Reisen am Tage) eingesetzt.

Meals (vegetarian/nonvegetarian) werden beim Zugschaffner bestellt und am nächsten größeren Bahnhof serviert. Preiswert und gut. Obst, Kekse (Glucose!), Soft-Drinks, Tee und Kaffee (in praktischen Einweg-Tongefäßen) bekommt man am Bahnhof durchs Fenster gereicht (das Stakkato der Händlerstimmen gehört zum Sound of India).

Buchung und Reservierung

Für Nachtfahrten ist eine Reservierung obligatorisch, für Fahrten am Tage ratsam. Man kann Plätze bis zu einem Jahr im voraus buchen, und manche Züge sind auch oft auf Wochen ausgebucht. Im Booking Office zeigt eine große Tafel, elektrisch oder von Hand aktualisiert, den Stand der Buchungen für die wichtigsten Züge in den nächsten Wochen. Man hat ein Formular auszufüllen und sich dann in die meist lange Schlange vor dem entsprechenden Schalter einzureihen (eigenwillige Öffnungszeiten beachten!). In manchen Bahnhöfen haben Frauen ihre eigenen Schalter.

In den großen Städten hat die Bahnverwaltung spezielle Buchungsbüros für ausländische Touristen geschaffen. Die Einrichtung einer *tourist quota* (auch: *quota for foreigners*) hält einen Teil der begehrten Plätze für ausländische Reisende bereit. Steigt man unterwegs zu, sollte man den Station Master ansprechen. Er hat seine eigene *quota* oder kann die *VIP quota* anzapfen.

Der Bahnhof

Die Großstädte (Mumbai, Madras, Hyderabad/Secunderabad) haben oft unterschiedliche Bahnhöfe für Züge in verschiedene Richtungen! Die Bahnhöfe sind gut organisiert und leidlich sauber. Meistens gibt es getrennte Hallen für die 1. und 2. Klasse, jeweils mit eigenen Ticket- und Reservierungs-Schaltern, Auskunft, Warteraum usw. Man kann sein Gepäck aufbewahren lassen, in der Kantine oft erstaunlich gut essen, und als Inhaber einer Fahrkarte in einem der blitzsauberen *railway retiring rooms* übernachten – wenn Platz ist (Reservierung!). Hier kann man die Reservierungslisten einsehen. Die gleiche Aufstellung hängt dann auch am Wagen. Reisende mit viel Gepäck sollten sich einen der – meist abenteuerlich uniformierten – offiziellen Träger nehmen. Er bringt sie und das Gepäck sicher ins richtige Abteil (vorher über Preis informieren und absprechen).

Der Indrail Pass

ist eine Netzkarte, mit der man in der vorgegebenen Zeit unbegrenzt oft und lange mit der Bahn fahren kann. Es gibt ihn für 7, 15, 21, 39, 60 und 90 Tage, für AC, 1. und 2. Klasse, und man bekommt ihn nur gegen Devisen an den Buchungs- oder Touristenschaltern in Ahmadabad, Agra Cantonment, Amritsar, Aurangabad, Bangalore, Mumbai, Calcutta, Chandigarh, Gorakhpur, Hyderabad, Jaipur, Madras, New Delhi, Rameshvaram, Secunderabad, Thiruvananthapuram, Vasco da Gama, Vadodara, Varanasi und an den internationalen Flughäfen von Mumbai, New Delhi und Madras sowie in Deutschland über: Asra Orient Reisedienst in 60329 Frankfurt/Main, Kaiserstr. 50, ✆ 0 69/25 30 98. Im Preis eingeschlossen sind Reservierungskosten und Schlafwagengebühr. Finanzielle Vorteile bringt der Indrail Pass im Normalfall kaum, aber das lästige Schlangestehen nach Tickets entfällt, die *tourist quota* kann besser genutzt werden, und der Reisende wird bei der Nutzung der Railway Retiring Rooms begünstigt.

Mit dem Bus

Ist die Bahn für lange Strecken, besonders für Nachtfahrten zu bevorzugen, so ist doch der Bus das universale Verkehrsmittel Indiens. Wenn auch mit großem Zeitaufwand und unter Strapazen – im Bus ist auch das letzte Dorf erreichbar, und der Busreisende ist immer mittendrin im indischen Leben.

Es gibt den Express mit bequemen, überkopfhohen Polstersitzen, vorgebucht und mit Video ausgestattet, und es gibt den klapprigen *local bus,* an dessen einziger Tür sich die Einsteigenden an jeder Station durch die Aussteigenden kämpfen, um vielleicht doch noch einen Platz auf einer der schmalen, harten Bänke zu ergattern. Es gibt die Verkehrsunternehmen der Bundesstaaten neben privaten Transportgesellschaften und Sightseeing Tours. Viele Städte haben heute großzügige Bus-Terminals am Stadtrand, aber auch das kleinste Dorf hat seinen Bus Stand mitten im Zentrum mit einem typischen Umfeld: Billighotels, Teastalls und Freßbuden, Obststände und Liquor-Shops, Taxi-, Tonga- oder Rikscha-Stand.

Ein Bus Stand ist ein Mikrokosmos, der sich tausendfach im Lande wiederholt. Der Hauptbestandteil sind die überdachten, luftigen Wartehallen, an die sich direkt die Bussteige anschließen, bezeichnet und numeriert, oft nur in der Landessprache und -schrift. Davor ein großer Hof, wo rangiert wird und Fahrzeuge stehen, die nicht gleich weiterfahren. Um die Halle gruppiert finden sich alle anderen notwendigen Einrichtungen: Das Büro des Stationsvorstehers, der Einsatzraum für Fahrer und Schaffner, die *Enquiry,* manchmal ein *Reservation Office,* die *Canteen* und die Toiletten, ergänzt durch einige Shops. An der Wand irgendwo, riesengroß und handgemalt, eine Tabelle mit allen Fahrzielen und -zeiten, letztere noch unterschieden in Passenger (schwarz) und Express (rot) – in Marathi, Tamil oder Malayalam, wenn man Pech hat. Drumherum oft noch Malereien und Sprüche religiösen, politischen oder moralisch-aufbauenden Inhalts. Die Auskunft kann von einem gut englisch sprechenden, freundlichen Mann besetzt sein, die Toiletten sauber und geruchsarm, und die Kantine kann ein leistungsfähiges Restaurant mit leckeren Angeboten sein (die in Badami z. B. die erste Adresse am Ort). Es kann aber auch ganz anders sein!

Für Sauberkeit wird ständig gesorgt. Meist sind es Kinder, die mit einem Rutenbesen in der Halle ständig den Staub wenden. Zwischen den Bussen patrouillieren Kühe, denen keine Bananenschale entgeht. Die ausgemergelten Hunde holen sich, was die Kühe verschmähen, und die schwarzen Schweine schließlich fressen, was die Hunde fallen lassen.

Wann, wo und wie:
Oft ist es schwer, zuverlässig herauszubekommen, wann wo der richtige Bus einfährt. Aber irgendwann kommt er, und nun geht's los. Ist man zu zweit, kann einer aufs Gepäck aufpassen, dann ist der andere beweglicher. Einsteigen will jeder zuerst, und das tun dann alle gleichzeitig, auch wenn durch die einzige Tür noch Leute aussteigen. Rollt ein leerer Bus an den Steig, und es gelingt einem durch geschicktes Stellungsspiel, als einer der ersten ins Innere zu gelangen, wird man oft mit einem spezifisch indischen Reservierungssystem konfrontiert: auf den Plätzen liegen Taschentücher, Schals und die typischen kleinen Henkeltaschen. Ihre Besitzer haben die Gegenstände durch die offenen Fenster geworfen und halten sich dann beim Drängeln vornehm zurück.

Die einzige Tür des Busses ist links: vorn oder ganz hinten. Hat man wirklich einmal die freie Wahl eines der Sitzplätze, kann man doch noch eine Menge falsch machen. Die Plätze in den letzten Reihen sind auf schlechten Straßen mörderisch, man fliegt ständig an die Decke. Dafür werden auf den Plätzen direkt über der Achse Steiß und Wirbelsäule malträtiert. Die Plätze vorne rechts – sie sind in Landessprache gekennzeichnet – sollte »Mann« nicht wählen, denn sie sind für Frauen reserviert, der Platz direkt an der Tür für den Schaffner. Als Fremder bekommt man oft einen Ehrenplatz angeboten: ganz vorn, direkt hinter der Frontscheibe, vom Fahrer durch den innenliegenden, heißen Motor getrennt. Ein hervorragender Platz mit Panoramablick – auf Indiens Straßen aber nur für Menschen mit starken Nerven geeignet. Zeigt man Angst, läuft der Fahrer erst zu richtiger Form auf. Eine Unterhaltung ist nicht möglich, da auch im ältesten Bus das Horn elektronisch verstärkt dröhnt – und das nicht zu wenig!

Die Wahl des richtigen Busses ist nicht einfach, denn der, der als Ziel genau den Ort anzeigt, wo man selbst hin möchte, fährt oft nicht direkt, sondern bedient vorher in großen Schleifen die gesamte Umgebung. Ein Fernbus, der am Wunschziel hält, kann um Stunden schneller sein.

Ein Problem kann sperriges Gepäck werden, wenn man es nicht – wie nur manchmal möglich – auf dem Dach unterbringen kann. Die Gepäcknetze oder -borde über dem Sitz sind schmal. Bleibt der Raum unter den Sitzen oder im Gang. Und das gibt manchmal Ärger.

Ein Mann von besonderer Konstitution und Begabung muß der Schaffner sein. In Bussen, wo man sich nicht mehr regen kann, bewegt er sich ständig von hinten nach vorn und zurück. Statt Wechselgeld bekommt man am Anfang der Fahrt oft eine Gutschrift auf den Fahrschein, die man vorm Aussteigen einlösen muß.

Unterschiede von Staat zu Staat

Die Bussysteme sind bundesstaatlich organisiert und entsprechend unterschiedlich. Was man darüber wissen sollte, ist im einzelnen anschließend beschrieben. Es gibt natürlich auch grenzüberschreitende Verbindungen in die Nachbarstaaten – aber nur wenige und hauptsächlich auf den National Highways. Das sollte man bedenken, wenn man sich in Grenzbereichen aufhält und weiter will.

Maharashtra hat das spartanischste Bussystem in unserem Reisegebiet. Die staatlichen rot-gelben Busse dominieren. Je abgelegener die Gegend, desto klappriger und überfüllter die Fahr-

zeuge. Grün-weiße komfortable, schnelle Busse mit numerierten Sitzplätzen und der Möglichkeit, sie im voraus zu buchen, fahren nur auf Hauptstrecken, z. B. Mumbai – Pune und weiter nach Süden über Wai nach Kolhapur und Dharwar in Karnataka, nach Mahabaleshwar und nach Norden, nach Nasik und Aurangabad.

Karnataka: Mit den besser gepflegten Bussen der staatlichen Transportgesellschaft K. S. T. C. konkurrieren besonders entlang der Küste viele Privatunternehmen mit Bussen aller Kategorien, besonders aber mit schnellen, komfortablen Luxusbussen. Sie haben ihre eigenen Terminals, und die Schaffner werben lautstark um die Fahrgäste.

Andhra Pradesh: Weite Gebiete werden von der staatlichen Busgesellschaft dominiert. Für Langstrecken werden zunehmend mehr komfortable bis luxuriöse Fahrzeuge eingesetzt – mit dunkel getönten Scheiben und Video! Die Privaten haben auch hier ihre eigenen Terminals.

Goa: Bestfunktionierendes Bussystem in Indien. Saubere Terminals und gepflegte Fahrzeuge, sowohl bei der Staatslinie KADAMBA als auch von privaten Gesellschaften. Gute Verbindungen in die Nachbarstaaten auch mit einfachen und Deluxe-Bussen der staatlichen Gesellschaften von Maharashtra und Karnataka.

Tamil Nadu besitzt ein sehr effektives Bussystem. Es gibt staatliche Transportgesellschaften und viele private. Sie benutzen oft gemeinsame Bus-Bahnhöfe. Dafür gibt es aber für Expressbusse einen separaten Bus Stand. Von einigen meist zwischenstaatlichen Hauptstrecken abgesehen – und im Gegensatz zu anderen Staaten – sind hier die staatlichen Busse den privaten Klapperkisten vorzuziehen, die oft jeden

Passagier einzeln einsammeln und abliefern. Schnellbusse erkennt man in der Regel an der hellgrün-weißen bzw. im Westen des Landes grün-beigen Bemalung. Die oben erwähnten Expressbusse mit dem eigenen Busstand sind die der staatlichen Tiruvalluvar-Linie, gepflegte Fahrzeuge, die zwar etwas teurer, dafür aber schnell und zuverlässig sind. Vorausbuchung und Reservierung der numerierten Sitzplätze per Computer!

Kerala: In Kerala unterhalten die staatliche K.S.R.T.C. und die privaten Busgesellschaften getrennte Bahnhöfe. Die schnelleren Busse sind auch hier an ihrer Farbgebung zu erkennen. Expressbusse sind grün-beige, andere Schnellbusse rot-hellgelb bemalt und oft zusätzlich gekennzeichnet mit *FP* (Fast Passenger) oder *limited stop*. Sie halten dann nur in großen Orten und schon gar nicht auf Wunsch der Fahrgäste an der Strecke.

Mit dem Mietwagen

Der Mietwagen ist für abgelegene Ziele die bequeme Alternative zum Bus. Oft lassen sich auch mehrere Ziele zu einer Rundfahrt zusammenfassen. Ein solcher Ausflug bietet den zusätzlichen Reiz, daß die Fahrt vielleicht durch interessante, kaum besuchte Gegenden führt und daß man anhalten kann, wo man möchte. Wir haben im Reiseteil einige solche Touren angeregt (z. B. Harihar, Arsikere, Pudukkottai oder Kakinada).

Ein Mietwagen-System wie bei uns existiert in Indien erst in Anfängen in den großen Städten. Man bekommt meistens nur Wagen mit Fahrer – diese aber problemlos und fast überall. Es ist sinnvoll, sich nach dem offiziellen Preis (Rs/km) zu erkundigen, am Taxistand selbst oder über das Hotel einen Wagen

zu bestellen (möglichst mit englisch sprechendem Fahrer!) und – am besten am Abend vorher – mit dem Fahrer die Modalitäten auszuhandeln: Abfahrtszeit, Route und Ziele (kennt der Fahrer sich aus?), u. U. Preis für Wartezeiten (waiting charge) … Abgerechnet und bezahlt wird am Schluß (Kilometer-Stand merken!) Der Kraftstoff ist im km-Preis enthalten, aber der Fahrer steuert meist die erste Tankstelle an und fragt dann nach einem Vorschuß, um bezahlen zu können. Oft muß man das Tempo der Kamikaze-Piloten drosseln, um die Fahrt genießen zu können. Die meisten Fahrer/Wagen haben kein *All India Permit*. Verläßt man mit ihnen ihren Staat, müssen sie an der Grenze die vorgesehene Route genauestens angeben – und dann auch einhalten. Für solche Touren ist ein Fahrer vorzuziehen, der auch die Sprache des Nachbarstaates beherrscht.

Reiserouten durch Süd-Indien
Karte siehe Umschlagklappe hinten

Für eine abwechslungsreiche und individuelle Gestaltung der Süd-Indienreise bieten sich Mumbai (Bombay), Panjim (Goa) im Nordwesten, Madras im östlichen Süden, Bangalore, Thiruvananthapuram/Kochi und Madurai im tiefen Süden als Ausgangsorte mit guten Verkehrsverbindungen an.

Von diesen Orten aus lassen sich per Flugzeug, Bahn, Bus oder Auto/Taxi und Schiff Routen zusammenstellen. Die Konkan-Bahn, die Mumbai mit Mangalore verbindet, ist weitgehend fertiggestellt. Damit wird in absehbarer Zeit die Westküste bis hinunter nach Kochi durchgehend mit der Bahn befahrbar sein.

Im Shivaji-Land/Konkan

Ausgangsort Mumbai (Bombay). Mit dem Bus nach Mahabaleshvar. Über Pratapgad und Raigad mit dem Bus nach Panchgani. Weiter nach Satara und Kolhapur. Über Panhale mit Bahn oder Bus nach Belgaum. Von dort nach Goa/Panjim mit Bahn oder Bus. Zurück nach Mumbai mit dem Flugzeug oder mit der Konkan-Bahn oder mit Bus oder Schiff.

Rundreise: Die Küste zwischen Mumbai (Bombay) und Goa

Ausgangsort Mumbai. Mit der Konkan-Bahn oder dem Bus werden folgende Orte erreicht: Rewas, Alibag, Chaul, Revdanda, Murud, Janjira, Ganapati-pule, Ratnagiri, Malwan, Sindhudurg. Von hier mit Bahn oder Bus nach Panjim (Goa). Zurück nach Mumbai gibt es wieder die Möglichkeit zu fliegen, mit der Konkan-Bahn zu fahren oder Bus- bzw. Schiffsverbindungen zu nutzen.

Karnataka-Rundreise: Von der Fels-bauarchitektur zu den Meisterwerken der Hoyshala-Tempelbaukunst

Ausgangsort Mumbai (Bombay). Von dort mit Bahn, Bus oder Schiff Ausflüge nach Elephanta, Kanheri, Bassein, Matheran, Lonavala, Bhaja, Bedsa und Karle. Nach Panjim (Goa) mit der Konkan-Bahn, per Flugzeug, Schiff oder Bus/Bahn. Von dort mit dem Bus nach Badami, Aihole, Pattadakal. Weiter mit Bahn oder Bus nach Hospet, Hampi/Vijayanagar. Weiter mit dem Bus nach Hassan, Belur, Halebid, Sravana Belgola. Von hier Busverbindung nach Mysore mit Brindavan Gardens, Srirangapatna und Somnathpur. Über Madikere und Coorg nach Mangalore (Mudabidri, Velor, Sringeri) mit dem Bus, weiter nach Udipi, Maravanthe, Bhatkal, Gokarn und schließlich wieder Panjim.

Von hier Rückkehr nach Mumbai mit Schiff, Flugzeug, Bahn und Bus.

Rundreise: Im tiefen Süden

Von Kochi/Ernakulam mit dem Bus nach Alappuzha (Backwater), Kollam, Thiruvananthapuram (Kovalam Beach) und Pamanabhapuram. Weiter mit dem Bus nach Suchindram, Kanyakumari, Tirunelvelli, Srivilliputhur, Madurai (Anaimalai, Alagarkoil, Rameshvaram, Kodaikanal). Von hier ebenfalls mit dem Bus weiter nach Thekkady/Periyar (Wildschutzgebiet), Kottayam, Alappuzha und schließlich zurück zum Ausgangsort Kochi.

Im Cauvery-Delta

Von Madras (Mamallipuram, Kanchipuram) mit Bahn oder Bus nach Pondicherry mit Auroville. Weiter mit Bahn oder Bus nach Chidambaram, Tanjavur (Darasuram, Kumbakonam, Gangaikondacholapuram), Tiruchirappalli (Srirangam), Madurai (Anaimalai, Alagarkoil, Rameshvaram, Kodaikanal).

Auf den Spuren der Vijayanagars

Von Goa mit dem Bus nach Hospet (Hampi, Vijayanagar) und nach Guntakal/Anantapur. Von hier mit Bahn oder Bus nach Penukonda, Lepakshi, Guntakal, Tadpatri, Cuddapah (Pushpagiri) und Tirupati (Chandragiri, Sri Kalahasti). Weiter mit Bahn oder Bus nach Madras, dem Ende dieser Route.

Höhlentempel und Moslem-Architektur

Mumbai (Bombay) mit den Ausflugsmöglichkeiten nach Elephanta, Kanheri, Bassein, Matheran, Lonavala, Bhaja, Bedsa und Karle ist Ausgangspunkt dieser Route. Von hier mit Flugzeug oder Bus nach Aurangabad (Daulatabad, Khuldabad, Ellora, Ajanta und Pitalkhora). Weiter mit dem Bus nach Pune und Mahabaleshvar. Mit Bus oder Bahn nach Bijapur und von dort mit dem Bus nach Gulbarga und Bidar. Den Abschluß dieser Reise, Hyderabad, erreicht man dann mit Bus oder Bahn.

Die Andhra-Tour
Von Hyderabad (Golkonda) mit dem Bus nach Vijayawada (Mogalrajapuram, Undavalli, Amaravati). Mit Bahn oder Bus nach Rajahmundry, Kakinada (Chalukya-Bhimavaram, Biccavolu, Draksharama). Den Abschluß dieser Reise bildet Vishakapatnam (Simhachalam), das man mit der Bahn oder dem Bus erreicht.

Verborgene Tempelstätten der Hoyshalas und der Späten Chalukyas
Vom Ausgangspunkt Mangalore Besichtigung von Udipi, Mudabidri, Karkal, Velor und Sringeri. Weiter mit dem Bus nach Madikere und Coorg und nach Mysore mit Brindavan Gardens, Srirangapatna und Somnathpur. Nächster Aufenthaltsort Hassan (per Bus) mit Belur, Halebid und Sravana Belgola. Mit Bahn oder Bus von dort nach Harihar. Von hier sind Kuruvati, Balgame, Rattehalli zu erreichen. Die nächsten Stationen mit Bahn oder Bus sind Hubli, dann Hospet/Hampi. Ebenfalls mit Bahn oder Bus zum Abschluß der Reise nach Goa/Marmagao.

Auf den Spuren Ibn Batutas: An der Küste von Mumbai nach Kanyakumari
Der erste Teil der Reise von Mumbai nach Goa ist ausführlich in der Reiseroute 1 beschrieben; der zweite Teil von Goa nach Mangalore in Reiseroute 3. Von Mangalore reist man dann mit Bahn oder Bus weiter nach Kannur

(Cannanore), Tellicherry, Kozhikode (mit Sultan's Battery), Tiruchirappalli und Kochi/Ernakulam. An die Besichtigung von Kochi kann man die Rundreise Kanyakumari–Kochi wie in Route 4 beschrieben anschließen.

Reisezeit

Hauptreisezeit für ganz Indien ist die Zeit nach dem SW-Monsun: Oktober bis März. In weiten Teilen Südindiens ist es dann trocken, sonnig, aber nicht zu heiß. Nur an der Ostküste muß von November bis Januar unter Einwirkung des NO-Monsuns mit gelegentlichen Regenfällen gerechnet werden. Von April bis zum Beginn des SW-Monsuns im Juni wird es in ganz Südindien heiß bis sehr heiß. Die Monsunzeit hat trotz aller möglicher Reisebehinderungen auch ihren speziellen Reiz. Oft wechseln heftige Regenschauer mit Aufheiterungen in schneller Folge.

Taxi

Die Alternative zu den oft überfüllten Stadtbussen sind in größeren Städten verschiedene Arten von Taxis: Autos wie bei uns, Scooter-Rikschas, Fahrrad-Rikschas und Tongas. Die, neben Kalkutta, letzten von laufenden Menschen gezogenen Rikschas in Kochi werden fast nur noch zum Warentransport eingesetzt. Von oben nach unten findet ein Verdrängungswettbewerb statt. In Zentral-Mumbai z. B. fahren nur noch Auto-Taxis. Der Taxometer, auf dessen Einsatz man oft nachdrücklich bestehen muß, ist meistens nicht auf dem aktuellen Eichstand. Aus einer mitgeführten Liste wird der korrekte Fahrpreis ermittelt. Auch Scooter-Rikschas sind oft mit einem Taxometer ausgestattet, aber nur in wenigen Städten kommt er zum Einsatz. Üblicherweise muß man den Preis vor Fahrtantritt aushandeln, genau wie bei Fahrrad-Rikscha und Tonga. Oft werden von Fremden Phantasiepreise gefordert. Um nicht zusätzlich das Gesicht zu verlieren, ist zu empfehlen, den Preis hart herunterzuhandeln und dann lieber ein gutes Trinkgeld zu geben. Von den Fahrrad-Rikschas fahren überall andere Modelle. Viele sind unbequem, aber die, wo der Fahrgast vor dem Fahrer sitzt, sind besonders unangenehm. Tongas, vielfach die einzigen Fortbewegungsmittel in abgelegenen Orten, sind Einspänner, die meist von kleinen, mageren Pferdchen gezogen werden.

Telefon

Das innerindische Telefonnetz ist in einem desolaten Zustand. Eine Verständigung über Telefon ist für Fremde fast nicht möglich. Inder schreien am Telefon, als wollten sie den Partner direkt erreichen. Die Verbindungen ins Ausland sind bedeutend besser. Von vielen großen Städten aus existieren direkte Durchwahlmöglichkeiten. Üblicherweise vermitteln die Telefon- und Telegrafenämter Gespräche innerhalb von 30 Minuten. Möglichkeiten zur Selbstwahl in den großen Hotels.

Trinkgelder

Tips sind in Indien durchaus üblich. In besseren Restaurants erwartet man ca. 10 % der Rechnungssumme. Taxifahrer bekommen gewöhnlich kein Trinkgeld. Für erwartete Dienstleistungen in Hotels und anderswo ist es sinnvoll, vorab etwas zu geben, um den Erwartungen

Nachdruck zu verleihen. Die Übergänge zur Bestechung sind fließend.

Unterhaltung

Kino ist die große Leidenschaft der Inder. Einen indischen Film, am besten einen der aktuellen Kassenschlager, muß man einmal erlebt haben. Ansonsten finden Veranstaltungen für Touristen, wie Tanz und Folklore, hauptsächlich in den internationalen Hotels statt. Dort befinden sich auch die Nachtclubs mit ihren wenig aufregenden Shows. Ort und Zeit von Konzerten indischer klassischer Musik kann man im Tourist Office erfragen oder u. U. in der Zeitung finden.

Unterkunft

Unterkünfte gibt es in Indien in verwirrender Vielfalt: von 5-Sterne-Hotels in den großen Städten und touristischen Zentren bis zu einfachsten Hinduhotels in der Provinz. Nur daß dort, was mit Hotel firmiert, ein Eßlokal ist. Wenn das Hotel *Lodge* heißt und einen Namen trägt, gilt die Regel: je hochtrabender desto unbedarfter das Haus.

Die Briten hatten zu ihrer Zeit ein weites und differenziertes Netz von Unterkünften für ihre reisenden Beamten installiert. Die einfacheren *Dak Bungalows* und diverse *Resthouses* wurden von allen genutzt, während *Inspection Bungalows* und vor allem die repräsentativ angelegten und luxuriös ausgestatteten *Circuit Houses* den höheren Rängen wie z. B. Steuereinnehmern und Richtern vorbehalten waren. Die Inder übernahmen diese Einrichtungen und gaben die Häuser bedingt auch für andere Reisende frei. Es sind z. T. herrliche Anlagen, weiträumig angelegt, mit schattigen Terrassen, in ruhiger Lage, umgeben meist von einem gepflegten Garten – eben britisch-kolonial! Ökonomisch sind sie nicht. Oft bestehen sie nur aus zwei bis drei Einheiten: Schlafzimmer, Badezimmer, Salon – eingerichtet mit indischen Nachbauten viktorianischer Möbel. Ein Verwalter (khansama), oft schon in der 3. Generation im Amt, erbittet die Wünsche des Reisenden, kauft ein im Bazar, kocht und serviert dem Sahib und der Memsab das Essen. *Early morning tea* und *5 o'clock tea* sind Standard.

Aber diese Romantik ist heute kaum noch zu erleben. Einen Teil der Häuser haben die Tourismus-Behörden durch die ebenfalls schönen, aber weit effektiveren Tourist Bungalows ersetzt, die Sie fast überall finden, wo es etwas zu sehen gibt. Viele andere sind wieder ihrem ursprünglichen Zweck zugeführt worden, unterstehen bestimmten Behörden wie der Forstverwaltung, der Wasserwirtschaft oder dem Straßenbau (PWD = Public Work Department), und man muß sich dort um eine Reservierung bemühen. Das ist sinnvoll und hat Aussicht auf Erfolg, wo es kaum alternative Unterkünfte gibt. Ein solcher Fall ist Palampet, wo in herrlicher Lage mit Blick über Landschaft und Ruinen das leicht verkommene Rest House liegt, weitab vom nächsten Teastall, wo der Bus hält. Ohne Erlaubnis vom *Divisional Engineer* in Warangal haben Sie da, auch wenn Sie der einzige Besucher sind, größte Mühe, den Verwalter zu motivieren, Sie aufzunehmen.

Zu dieser Gruppe von Unterkünften gehören auch die Railway Retiring Rooms auf den Bahnhöfen, die nutzen kann, wer im Besitz einer Fahrkarte ist. Die Räume sind preiswert und oft überraschend komfortabel und sauber. Vor-

ausbuchung ist zu empfehlen. Die Zahl der Übernachtungen ist begrenzt.

Ebenfalls gut sind die Häuser der Ashoka-Gruppe der staatlichen India Tourism Development Corporation, ITDC, meist mit angeschlossenem Restaurant. Neben der Zentralregierung haben auch die einzelnen Bundesstaaten ihre Programme und Institutionen zur Förderung des Tourismus, über die sie in Tourismusgebieten hotelähnliche Einrichtungen betreiben.

Maharashtra: Maharashtra Tourism Development Corporation, MTDC. Hier stehen dem Reisenden u. a. sogenannte Holiday Resorts zur Verfügung, meistens Bungalowanlagen in schöner Lage, z. B. in Ajanta, Aurangabad, Karle, Mahabaleshvar, Matheran, Panchgani, Pandharpur, Panhale, Raigad, Ramtek, Sevagram und Wardha. Buchungen sind über die Zentrale möglich: MTDC Ltd., Express Towers, 9th Floor, Nariman Point, Mumbai-400021, ✆ 2 02 44 82/2 02 45 22/2 02 45 84.

Karnataka: Karnataka State Tourism Development Corporation, KSTDC. Die akzeptablen Unterkünfte tragen alle den Namen *Hotel Mayura* und finden sich u. a. in Badami, Bidar, Bijapur, Gulbarga, Mangalore, Mercara, Mysore, Nandi Hills, Ootacamund und Srirangapatnam. Tourist Cottages gibt es in Belur und Halebid, Tourist Houses in Aihole, Sravana Belgola und Somnathpur. Außerdem gibt es einige Mayura-Restaurants. Reservierung über KSTDC, 10/4, Kasturba Road, Bangalore – 560001.

Andhra Pradesh: Andhra Pradesh Travel & Tourism Development Corporation: Gagan Vihar, 1st Floor, M. J. Road, Hyderabad – 500001. Tourist Guest Houses u. a. in Araku, Horsley Hills, Nagarjunasagar, Simhachalam, Tirupati, Warangal sowie das Krishnaveni Motel in Vijayawada.

Tamil Nadu: Tamil Nadu Tourism Development Corporation, TTDC. Die ehemaligen Tourist Bungalows firmieren heute fast alle mit *Hotel Tamil Nadu.* Sie sind in allen wichtigen Touristenzentren zu finden. Außerdem betreibt die TTDC einige schöne Bungalow-Anlagen und Beach Resorts, z. B. in Mamallapuram.

Kerala: Kerala Tourism Development Corporation, KTDC. Die KTDC unterhält einige gute Hotels, wie das *Mascot Hotel* in Thiruvananthapuram, das *Aranya Nivas, Lake Palace* und *Periyar House* in Thekkady und *Bolghatty Palace* in Kochi. Außerdem stehen einige Guest Houses unter der Regie der Tourismus-Behörde von Kerala.

In indischen Publikationen wurde lange unterschieden zwischen *Western Style Hotels* und *Indian Style Hotels,* wobei letztere sich von den Western Style Hotels unterschieden in der Art der Toiletten, der Duschanlage und darin, daß man seine Bettwäsche selbst mitbrachte. Heute ist die Unterscheidung hinfällig, und es zieren sich alle besseren Hotels mit dem Attribut Western Style. Daneben gibt es dann die ›anderen‹ Hotels. Häufig hat man schon die Wahl zwischen Sitz- und Hocktoilette, zwischen Dusche und Schöpfbecken. Im Zweifelsfall wird man der indischen Version den Vorzug geben. Was hat man schon von einer Dusche, aus der drei Strahlen Wasser kommen, die in drei verschiedene Richtungen zielen?

Eine gute Alternative zu den hohen Hotelpreisen in den Großstädten bieten jungen Reisenden YMCA und YWCA mit ihren gut organisierten und sauberen Unterkünften. Besonders in Pilgerorten stehen von religiösen Institutionen und Tempeln betriebene Gästehäuser, Dharmashalas oder Devasthanam genannt, auch ausländischen Touristen

offen. In Sravana Belgola z. B. wohnt man gut bei den Jains.

Verkehrsregeln

Indien hat bis heute den Linksverkehr beibehalten. Darüber hinaus gelten in etwa die gleichen Verkehrsregeln wie bei uns – theoretisch. In der Praxis herrscht das Recht des Stärkeren. Die Autos scheuchen die Scooter, diese die Fahrräder – und die Menschen müssen immer springen. Das nicht zu beachten, kann böse ausgehen. Eine Sonderstellung nehmen die Heiligen Kühe ein, die unbehelligt bleiben, wenn sie den Verkehr behindern oder gar blockieren.

Zeitungen, Zeitschriften

Es gibt in Indien zahlreiche englischsprachige Tageszeitungen. Von den überregionalen sind die in Mumbai erscheinende *Times of India* und der in Calcutta beheimatete *Statesman* die bekanntesten. Unserer Bildzeitung entspricht in etwa die Boulevard-Zeitung *Blitz.* Für unser Informationsbedürfnis werden internationale Themen bei fast allen ziemlich knapp behandelt. Ergiebiger sind die dem Spiegel vergleichbaren Nachrichtenmagazine wie *India Today* oder *Front Line.* Hauptsächlich in den Buchhandlungen der großen Hotels ist *The India Magazine* erhältlich, eine gut gedruckte, monatlich erscheinende Zeitschrift über Land, Leute und Kultur, und fast nur in Mumbai zu bekommen ist das hervorragende Kunstmagazin *Marq.* Pro Jahr erscheinen vier Ausgaben, von denen die meisten – leicht erweitert, ohne Werbung und teurer – anschließend auch gebunden erhältlich sind.

Literaturauswahl

Geschichte, Religion, Gesellschaft und Politik

Aurobindo, Sri: Die Grundlagen der indischen Kultur, Gladenbach 1984

Berg, Hans Walter: Indien. Traum und Wirklichkeit, München 1988

Collins, Larry/Lapierre, Dominique: Um Mitternacht die Freiheit, München 1983

Conrad, Jürgen: Die East India Company. Kaufmanns-Abenteuer und Kolonialherren, 1980

Embree, Ainslie, T./Wilhelm, Friedrich: Indien. Fischer Weltgeschichte, Bd. 17, Indien, Frankfurt/Main 1967

Erlbeck, Ruth: Frauen in Indien, Münster 1978

Fowler, Marian: Below the Peacockfan, Ontario 1987.

Glasenapp, Hellmuth von: Die Religionen Indiens, Stuttgart 1956

ders.: Die Philosophie der Inder, Stuttgart 1985

Hoerig, Uwe: Indien ist anders. Ein politisches Reisebuch, Hamburg 1987

Keilhauer, Anneliese: Die Religionen Indiens, Stuttgart 1980

Krack, Rainer: India obscura, Bielefeld 1986

ders.: Kultur-Schock Indien, Bielefeld 1987

Kulke, Herrmann/Rothermund, Dietmar: Geschichte Indiens, Stuttgart 1982

Malchow, Barbara/Tayebi, Keyumars: Menschen in Mumbai. Lebensgeschichten einer Stadt, Hamburg 1986

Myrdal, Jan: Indien bricht auf, Freiburg 1986

Naipaul. V. S.: Indien. Ein Land in Aufruhr, Köln 1992

Rothermund, Dietmar (Hrsg.): Indien. Kulturgeschichte. Politik, Wirtschaft, Umwelt, Darmstadt 1995

Rothermund, Dietmar: 5mal Indien. Panoramen der Welt, München 1979

ders.: Indische Geschichte in Grundzügen, Darmstadt 1989

Schwerin, Kerrin Gräfin von: Indien. Aktuelle Länderkunde, München 1988

Thabar, Romila/Spear, Persival: Indien, Von den Anfängen bis zum Kolonialismus, Zürich 1966

Wichterich, Christa: Stree Shakti. Frauen in Indien. Von der Stärke der Schwachen, Göttingen 1986

Zimmer, Heinrich: Philosophie und Religion Indiens, Frankfurt 1976

Historische Reiseberichte

Battutta, Ibn: Reisen ans Ende der Welt. Das größte Abenteuer des Mittelalters 1325–1353, Tübingen 1974

Challe, Robert: Abenteuer im Auftrag des Sonnenkönigs. Das Süd-Ost-Asiatische Tagebuch 1690–1691, Tübingen 1980

Polo, Marco: Von Venedig nach China. Die größte Reise des 13. Jahrhunderts, Stuttgart 1983

Tavernier, Jean Baptiste: Reisen zu den Reichtümern Indiens. Abenteuerliche Jahre beim Großmogul 1641–1667, Stuttgart 1984

Zeitgenössische Reisen und Erfahrungen

Boss, Medard: Indienfahrt eines Psychiaters, Bern 1976

Brunton, Paul: Von Yogis, Magiern und Fakiren, London 1934

Christ, Richard: Mein Indien, Berlin 1983

Denzan, Helmut/Neumann-Denzan, Gertrud: Reiseführer Natur Indien, Zürich 1992

Moravia, Alberto: Indienreise, Wien o. J.

Salentiny, Fernand: Die Gewürzroute. Die Entdeckung des Seeweges nach Asien, Köln 1991

Romane und Mythen

Beer, Roland (Hrsg.): Die sieben Gärten der Liebe, Berlin 1986

Desai, Anita: Berg im Feuer, München o. J.

diess.: Der Hüter der wahren Freundschaft, München o. J.

diess.: Spiele im Zwielicht, Berlin 1988

diess.: Baumgartners Mumbai, München 1993

Forster, E. M.: Auf der Suche nach Indien, Frankfurt/Main 1986

Frater, Alexander: Regen-Raga. Eine Reise mit dem Monsun, Stuttgart 1990

Kipling, Rudyard: Die gespenstische Rikscha und andere Indien-Novellen, Frankfurt/Main 1988

ders.: Geschichten aus Indien, München 1981

ders.: Kim, München 1981

Lapierre, Dominique: Stadt der Freude, München 1985

Riemenschneider, Dieter (Hrsg.): Shiva tanzt. Das Indien-Lesebuch, Zürich 1986

Ross, Thomas: Der Tod des heiligen Baumes, München 1991

Seth, Vikram: Eine gute Partie, Hamburg 1994

Altindische Literatur und Weisheit

Bhagavadgita/Aschtavakragita: Düsseldorf 1978

Bhagavadgita/Upanishaden: Düsseldorf 1977

Glasenapp, Hellmuth von: Indische Geisteswelt, Wiesbaden 1986

Greither, Aloys (Hrsg.): Pancatrantra. Die fünf Bücher indischer Lebensweisheit, Leipzig/Weimar 1986

Hertel, Johannes (Hrsg.): Indische Märchen, Düsseldorf 1973

Mahabharata: Düsseldorf, o. J., Diedrichs Gelbe Reihe

Mehlig, Johannes (Hrsg.): Buddhistische Märchen, Leipzig 1982

ders.: Weisheiten des alten Indien, Leipzig/Weimar 1987

Das Ramayana des Valmiki, Düsseldorf/Köln 1981

Nachschlagewerke

Hobson-Jobson: A Glossary of Colloquial Anglo-Indian Words and Phrases, London 1985

Sahni, Julie: Das große indische Kochbuch, München o. J.

Kunst, Architektur, Ikonographie

Brown, Percy: Indian Architecture. Buddhist and Hindu Period, Islamic Period, Mumbai 1981

Chandra, Subodh/Mode, Heinz: Indische Volkskunst, Leipzig 1984

Fischer, Klaus: Indische Baukunst islamischer Zeit, Baden-Baden 1976

Görgens, Manfred: Kleine Geschichte der indischen Kunst, Köln 1986

Keilhauer, Anneliese: Die Bildsprache des Hinduismus, Köln 1983

Mokerjee, Ajit: Rituelle Kunst Indiens, München 1987

Rebling, Eberhard: Die Tanzkunst Indiens, Berlin 1981

Schleberger, Eberhard: Die indische Götterwelt, Köln 1986

Volwahsen, Andreas: Architektur der Welt. Indien. Bauten der Hindus, Buddhisten und Jains, Fribourg 1968

Register

Orte

Agonda Beach 173
Ahobilam **261,** 346
Aihole 211, **215ff.,** 346, Abb. S. 216
Ajanta 139, **141f.,** 346, Abb. S. 143
Alagarkoil **307**
Alampur 84, **255ff.,** 257, Abb. S. 256
Alappuzha **326,** 347
Alibag 124, 347, Abb. S. 124
Alleppey siehe Alappuzha
Amaravati **252,** 347
Ambala 153
Anamalai **307,** 348
Anantasayanagudi 205, 251
Andra Pradesh **236ff.,** 248, Abb.
   S. 258/259
Anegondi 204
Anjuna **169,** 348, Abb. S. 169
Anjuna Beach 169
Arambol 170, 348
Arambol Beach **170,** Abb. S. 172/173
Arikamedu 26
Ashtur 227
Aurangabad 139, 348
Auroville 285, **286f.,** Abb. S. 287

Badami **211ff.,** 349, Abb. S. 212/213
Baga **169,** 354
Balgame **206f.**
Banavasi **207f.**
Bandipur-Nationalpark **186,** 350
Bangalore **176ff.,** 258, 259, 350, Abb.
   S. 179
Bassein 102, 119, 352, Abb. S. 120
Bedsa **121f.,** 352
Bekal **334**
Beltangadi 232
Belur **187f.,** 352
Benaulim Beach **171,** 352
Betalbatim 376
Betul 170, 173
Betul Beach 173

Bhadrachalam **248f.,** 352
Bhagamandala 186
Bhagwan Mahavir-Wildschutzgebiet
   167, 354
Bhairavakonda **260f.,** 352
Bhaja 74, 120f., 353
Bhima 12
Biccavolu **249,** 353
Bicholim 168
Bidar 90, **225ff.,** 353, Abb. S. 90, 226
Bijapur 91, 219, 353
Bogmalo Beach 167, 354
Bombay siehe Mumbai
Bondla-Wildschutzgebiet **167,** 354
Bor-Wildschutzgebiet **154,** 354
Borivli-Nationalpark **117f.**
Brindavan Gardens **183**

Cabo de Rama 170, **173**
Calangute **168f.,** 354
Calicut siehe Kozhikode
Candolim 355
Cannanore siehe Kannur
Cansaulim Beach 171
Cauvery 12, Abb. S. 291
Cavelossim Beach 173, 355
Chalukya-Bhimavaram **249,** 250, 355
Chandor 170
Chandragiri 258, **262,** 355
Chandrapur **154f.,** 355
Chapora **169f.,** 348
Chaul 124f., 356
Chauri 170
Chidambaram **296ff.,** 356, Abb.
   S. 297
Chingleput 356
Cholamandal 272
Chorao Island **166**
Cochin siehe Kochi
Coimbatore **317,** 356
Colva Beach **171,** 356,
   Abb. S. 173
Coondapur 230
Coonoor **315f.,** 357
Coorg 186
Covelong **272,** 357

Orte

431

Orte

433

Personen

Sachen

Abbildungsnachweis

Abbildungen von Petra Haubold und Günter Heil, Berlin, mit Ausnahme von
Seite 169 Wilkin Spitta, Loham
und Seite 40 Hans-Joachim Aubert, Bonn

Karten und Pläne
Berndtson und Berndtson, Fürstenfeldbruck

DUMONT

RICHTIG REISEN

»Den äußerst attraktiven Mittelweg zwischen kunsthistorisch orientiertem Sightseeing und touristischem Freilauf geht die inzwischen sehr umfangreich gewordene, blendend bebilderte Reihe ›Richtig Reisen‹. Die Bücher haben fast schon Bildbandqualität, sind nicht nur zum Nachschlagen, sondern auch zum Durchlesen konzipiert. Meist vorbildlich der Versuch, auch jenseits der ›Drei-Sterne-Attraktionen‹ auf versteckte Sehenswürdigkeiten hinzuweisen, die zum eigenständigen Entdecken abseits der ausgetrampelten Touristenpfade anregen.«
Abendzeitung, München

»Zum einen bieten die Bände der Reihe ›Richtig Reisen‹. dem Leser eine vorzügliche Einstimmung, zum anderen eignen sie sich in hohem Maß als Wegweiser, die den Touristen auf der Reise selbst begleiten.«
Neue Zürcher Zeitung

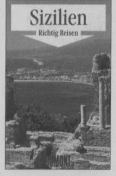

Weitere Informationen über die Titel der Reihe DUMONT Richtig Reisen erhalten Sie bei Ihrem Buchhändler oder beim DUMONT Buchverlag • Postfach 10 10 45 • 50450 Köln.

DUMONT
VISUELL-REISEFÜHRER

»Wer einen der atembe-
raubenden Reiseführer
aus der neuen Reihe
›DUMONT visuell‹ wie unsere Rezensentin in der
Badewanne aufschlägt,
der sollte sich vorsichts-
halber am Rand festhal-
ten, denn was einem in
diesen Bänden geboten
wird, verführt den Leser
geradezu, in das Land seiner Träume einzutau-
chen.« *Kölner Illustrierte*

»Sehfreude wird provo-
ziert, Neugierde geweckt,
Leselust angeheizt...«
Rheinischer Merkur

»Faszinierend sind die de-
tailgetreu gezeichneten
Ansichten aus der Vogel-
perspektive, die Form, Konstruktion und Struktur von
Stadtlandschaften und
architektonischen Ensem-
bles auf einzigartige Weise vor Augen führen.«
Hamburger Abendblatt

»DUMONT *visuell* bei Be-
sichtigungen stets bei sich
zu haben, bedeutet stets
gut informiert zu sein.«
Der Tagesspiegel

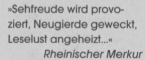

Weitere Informationen über die Titel der Reihe DUMONT *visuell*-Reiseführer erhalten Sie
bei Ihrem Buchhändler oder beim DUMONT Buchverlag • Postfach 10 10 45 • 50450 Köln.

DUMONT

RICHTIG WANDERN

»›Richtig Wandern‹ mit DUMONT, den ungemein brauchbaren, vielseitig informierenden, praktisch orientierenden besonderen Wanderführern. Die Bände machen einfach Lust, das Ränzel zu schnüren und den vorgeschlagenen Routen zu folgen. Wobei die Wanderungen nicht mit Scheuklappen unternommen werden, sondern sehr viel an Kultur und Geschichte mitgenommen wird.«

Oberösterreichische Nachrichten

»Jede Wanderung wird anhand einer Übersichtskarte und eines Kurztextes beschrieben. Länge, Dauer, Höhenunterschiede, Markierungen, Einkehrmöglichkeiten und Anfahrt sind in Stichpunkten übersichtlich dargestellt. Außerdem bieten die Bände noch zusätzliche interessante Hintergrundinformationen über Geschichte und Kultur.«

Aschaffenburger Zeitung

Weitere Informationen über die Titel der Reihe DUMONT Richtig Wandern erhalten Sie bei Ihrem Buchhändler oder beim DUMONT Buchverlag • Postfach 10 10 45 • 50450 Köln.

Titelbild: Badami (Karnataka)
Umschlaginnenklappe: Die Krishna bei Amaravati (Andhra Pradesh)

Über die Autoren: Petra Haubold, geboren 1945, studierte indische Philologie und Kunstgeschichte. Zahlreiche Reisen führten sie nach Indien.
Günter Heil, geboren 1938, Grafiker und Ausstellungsdesigner, veröffentlichte zahlreiche Reiseberichte, Fotobeiträge für kunsthistorische Werke und Reiseführer über Indien.
Die Autoren leben in Berlin

HOTEL KUMARIYA PRESIDENCY
TEL: 835'2603

Die Deutsche Bibliothek - CIP- Einheitsaufnahme

Haubold, Petra:
Süd-Indien/Petra Haubold; Günter Heil. - Köln: DuMont, 1996
(Richtig Reisen)
ISBN 3-7701-3775-2

NE: Heil, Günter

© 1996 DuMont Buchverlag
Satz und Druck: Rasch, Bramsche
Buchbinderische Verarbeitung: Bramscher Buchbinder Betriebe

Printed in Germany ISBN 3-7701-3775-2